中華民國憲法與立國精神

胡佛

學歷／美國愛默瑞大學碩士
現職／國立臺灣大學政治系教授

沈清松

學歷／比利時魯汶大學哲學博士
經歷／國立政治大學哲學系主任
現職／國立政治大學哲學系教授

周陽山

學歷／國立臺灣大學政治系畢業
　　　美國哥倫比亞大學政治學
　　　博士
經歷／美洲中國時報主筆
現職／國立臺灣大學三民主義研
　　　究所、新聞研究所教授

石之瑜

學歷／國立臺灣大學政治系畢業
　　　美國哈佛大學政府學院碩
　　　士、美國丹佛大學國際研
　　　究學院博士
經歷／國立臺灣大學政治系客座
　　　副教授、美國紐澤西羅曼
　　　波州立學院助教授、美國
　　　明尼蘇達維娜拿州立大學
　　　助教授、美國胡佛研究所
　　　東亞圖書訪問學者、美國
　　　科羅拉多礦業學院兼任教
　　　授
現職／國立臺灣大學政治系副教
　　　授、"Issues & Studies"
　　　編輯

三民書局 印行

網路書店位址　http://www.sanmin.com.tw

ⓒ　中國民國憲法與立國精神

著作人　胡　佛　沈清松　周陽山　石之瑜
發行人　劉振強
著作財
產權人　三民書局股份有限公司
　　　　臺北市復興北路三八六號
發行所　三民書局股份有限公司
　　　　地址／臺北市復興北路三八六號
　　　　電話／二五〇〇六六〇〇
　　　　郵撥／〇〇〇九九九八——五號
印刷所　三民書局股份有限公司
門市部　復北店／臺北市復興北路三八六號
　　　　重南店／臺北市重慶南路一段六十一號
初版一刷　中華民國八十二年十月
修訂二版一刷　中華民國八十四年八月
修訂三版一刷　中華民國八十九年二月
修訂四版一刷　中華民國八十九年十月
修訂四版二刷　中華民國九十年三月
編　號　S 58027
基本定價　拾肆元捌角
行政院新聞局登記證局版臺業字第〇二〇〇號

ISBN　957　　　　　（平裝）

編序

　　民國八十一年度起，各大學的「國父思想」課程，逐漸改以「中華
民國憲法與立國精神」的課程取代。依照教育部的本意，此一新設置的
課程並非單一的科目，而係一組課程的合稱，亦即一系列環繞著「中華
民國憲法」與「立國精神」的課程總稱。各校得依實際的師資人力、研
究專長及教學條件，設置若干門相關課程，供學生選擇。基於此，「中華
民國憲法與立國精神」應係一整體學程，而非單一之課程。

　　爲了符應此一新的學程教學所需，我們特別針對此一課程範圍的主
要內容，編撰了這本包羅範圍較廣、學術性亦較高的參考教材，並由四
位專長不同的學者各負責其中一部分的內容。分別是：

　　㈠第一編「立國精神之意義」。由臺大政治系石之瑜教授負責撰寫。
此編原係爲革命實踐研究院的一項教材編輯計劃所撰寫，現特加改寫，
大幅度增加內容，以符合本書所需。

　　㈡第二編「三民主義的時代意義」。由政大哲學系沈清松教授所撰寫。
此編部分內容原係針對大學考試入學中心的一項計劃所撰寫，經過該中
心同意，並增訂許多新的內容，以配合本書之主旨。

　　㈢第三編「政治現代化與建國的過程」。由臺大政治系胡佛教授撰寫。
此編原係胡教授應國科會之約，在二十年前撰寫的一份研究報告，由於
內容與「立國精神」及「中華民國憲法」均有密切關係，特經胡教授應
允，編入本書。

　　㈣第四編「民權主義與中華民國憲法」，由臺大三民主義研究所周陽

山教授撰寫。本編係周教授所著《中山思想新詮——民權主義與中華民國憲法》（三民書局出版）一書的節錄改訂本，此外並增加新撰的〈憲政改革與憲法增修條文〉一章，以配合當前憲政環境。

上列四編內容，雖然各自獨立，但在內容上則層層相扣，以立國精神的檢討爲始，進一步檢討三民主義的時代意義，中山先生的憲政理念及建國觀念，以及中國憲政制度與立憲主義的基礎，最後則歸結到民權主義及中華民國憲法的具體內涵，以及當前的憲政改革大業。可說是包羅了有關「中華民國憲法與立國精神」此一題旨的各項主要內涵。

不過，正由於「中華民國憲法與立國精神」在原初的規劃上是一組課程而非單一的科目，因此本書乃定位爲「參考教材」而非一般的「教科書」。授課老師們儘可根據興趣與專長選取本書的一部分或大部分內容，自行調整，做教學之用。但是卻不必勉強按照本書的章節次序，逐一講授。此外，在「中華民國憲法與立國精神」這一學程下開設的個別專門課程，（如「中華民國憲政改革」、「中華民國立國精神」、「民權主義與憲法」等）亦可以本書爲主要參考教材。此外，有關「中華民國憲法」、「中國近現代史」、「三民主義哲學」、「國父思想」、「立國精神」、「民權主義」等課程或研究科目，亦可以本書爲參考著作。

由於本書是四位作者過去分別爲不同目的及需要而撰述的專著，再配合本書之需而做修改，因此無論文體、格式及撰寫體例，均有所不同。爲了存實起見，在編撰本書時，我們並不要求作者強求格式統一，也希望讀者在閱讀時先有此一了解，以免有所不便。

另外，讀者若已有本書各位作者的前述各項著作，則因本書內容與前述各書有所重複，因此應考慮是否必要購置。

最後，我們特別希望各界方家讀者能惠允斧正。尤其因本書係當前國內首次出版的同類型著作，又係以合撰方式完成，其中問題缺失必多，

日後若有機會，當參酌各方意見，修正再版。

周陽山　謹誌

民國八十二年九月於台北

中華民國憲法與立國精神
目　次

第一編
立國精神的意義

第一章
導論——何謂立國精神

一、什麼是立國精神

　　簡單地說，立國精神就是一個國家之國民所願意共享並揭櫫之國家意義。在不同的國家，立國精神的詞語容或有所不同，有稱為國家目的或立國原則者，有識為國家認同者，有解為民族精神者，其國民對所屬之國家通常會有不可言傳，但可意會之歸屬感。這種歸屬感之發生多因生活方式類同，語言相通，互相理解、溝通，從而產生同情之感，並且對彼此互動模式與各自追求之生活目標，產生相互知覺並彼此認可 ❶。它的複雜性隨文化之差異而有所不同。由於立國精神受到文化影響，所以當它作為一種國家認同時，它所賴以表徵之方式及內容有極大之彈性。比如說，日本國之認同對象是天皇，美國是自由民主，中國是道統。對天皇膜拜、到選區投下一票、與祭孔大典這三者雖為極不相稱之行為，但這些行為作為肯定立國精神的儀式功能是不容抹煞的 ❷。而立國精神作為國家目的所歸納之原則與方針，則不可避免地具有高度的抽象性。國家目的涵蓋的範圍很廣，可以包括國民彼此之間的關係，國民與國家的關係，國家與世界之關係，國家發展所必須遵循的特殊規範等等。

❶這方面的討論，參見Ping-ti Ho, The Chinese Civilization: A search for the Roots of Its Longevity, *Journal of Asian Studies 35* （August 1976）。

❷關於儀式與政治認同之關係，參見David Kertzer, Rituals, *Politics and Power* （New Haven: Yale University Press, 1988）。

二、立國精神的多樣化層面

一國之立國精神可有許多不同的面貌。比如說，中華民國的立國精神可以是道統或法統，可以是三民主義，可以是五族共和(或者是大漢族主義)，可以是反共復國，可以是偏安自保，可以是經濟奇蹟等等，彼此之間可以抽象地共存而互不牴觸 ❸。一個國家之國民對立國精神中某些特定因素之強調會因時空移轉而演化，在同一時空中也可能發生立國精神方面之爭議，使人們難以決定應否特別突顯立國精神中某些因素。在歷史悠久的國家中，這種經驗是無可厚非也難以避免的。

三、立國精神之來源

正如中山先生創建三民主義時所說的一樣，立國精神的來源是多方面的：因襲吾國固有之傳統、參照外國之經驗、與當代政治家獨到的見解。在客觀環境方面，一國立國精神之內容必然受到國際環境，國家發展程度，國家所處之自然生態，及國家大小之影響。所以作為一個有悠久歷史，淵遠文化，分裂經驗，中度開發的島嶼政治體系，中華民國的立國精神來源非常豐富。

四、為什麼要研究立國精神

在立國精神不明確的國家裡，國民缺乏可以明確認定的國家對象，從而對各種公共事務，失去了可資指引的評斷標準，也對國家資源的分配，難以依據一個國人可大致共享的價值來決定優先順序 ❹。在這樣的社會裡，

❸關於中華民國之立國精神之現狀，可參見石之瑜，《當代臺灣的中國意識》(臺北：正中，民82年)，頁96-254。

❹關於立國精神與公共資源配置之關係，參見石之瑜，《兩岸關係的深層結構》(臺北：永然，民81年)，頁223-348。

國民向心力低，社會道德規範來源不穩定，政府缺乏作長遠規劃的國家目標，國民之間缺乏共識而引發相互猜忌。儒家所謂的「人無遠慮必有近憂」，應用到國家層面適足以發人深省。沒有國家目的的國家，對於國內外各種發展趨勢均無法界定其意義，自然發生短視近利的現象，進而引起社會成員的焦慮以致發生游離，偏差，與投機等不健康之社會行為。所以，由政府不時地澄清轉型社會中之立國精神，可以有振衰啓蔽，甚至畫龍點睛的作用❺。

五、有關立國精神之疑義

㈠立國精神是客觀還是主觀的現象？立國精神是以主觀認知為主的精神活動，希望藉主觀的認知對客觀環境賦予意義以理解、管理、實現並感受國家存在之意義。然而脫離客觀環境過遠的主觀意願不可能有長治久安的效果。比如清末假義和團來重振天威的作法徒然加速帝制之崩潰。

㈡立國精神是行為還是思想？立國精神既是行為又是思想。比如說，思想上企圖作為泱泱大國的中華民國，必須不計財力的援助開發中小國，捐助鉅款給國際組織，如此才能肯定我們自己作為全中國主權政府的認同。相反地，倘若我們一旦視自己為可用資源不足的小國家的話，我們自然必須調整行為，作一般小國作的事，否則便會發生認同上的危機。所以國家認同既是一種必須藉助行為方能彰顯的思想，又是必須藉思想方能產生意義的行為。

❺美國之立國精神，也是年年受到學界的檢討，作為九○年代的一本佳作，可參見Harvey Mansfield, *The American Constitutional Soul* (Baltimore: The Johns Hopkins University Press, 1991)。

㈢立國精神是靜止的還是動態的？立國精神是動態的。它必須不斷地接收新的訊息作出反應。國民的行為必然會與自然及社會生態環境發生不斷的互動影響，立國精神既然反映國民隱然之共識，所以自然會在歷史的長程中不斷地演化，因此它是一種同時包含了時間與空間概念的心理活動。這種動態的過程，在面臨轉型期的社會中表現得尤其明顯。然而，在大多數的國家裡，立國精神的演化常是緩慢且不為人自覺的過程。

㈣立國精神是結果還是原因？立國精神的浮現是國民互動後發生的，在認知上的結果。但這個結果一經在觀念上提昇並澄清之後，自然會在國民心靈深處積澱，所以便會對未來的國民的期望、行為、與自我評價產生影響，因而變成行為的原因。比如說，中華民國遷臺時建構了以強人政治為主的，把總統職能當作領導核心的反共體制，從而影響了四十年後的國家發展方向，這種以反共復國為內涵的國家目的原本是強人政治宣導的結果，後來成了規範往後行為之原因，厥為立國精神既是果，又是因的範例。

㈤立國精神是對內還是對外的？立國精神既是對內的，也是對外的。立國精神關切到國體，國民與政府之關係，國家發展之策略，國民與生產資源，生產工具之隸屬等等與民生大計息息相關之事。另一方面，立國精神也指導著國家在國際上的認同，到底是要革命、反共、作文明模範、孤立、還是依賴他國呢？這是一國立國精神不可或缺的內容。

當一國立國精神的對內意義混沌不明時，國民則有

誇大國家對外角色的可能，如此可以感受作爲該國國民
的榮耀；相反地，在國家對外意義不明確時，國民則會
在立國精神的對內意義方面有所誇大。

　　㈥立國精神是否必須是一國所獨有的呢？不是。追
求保障人權，發揚個人價值，建構民主自由的政治制度
並非任何一國所獨有的國家目的。但是擴展國族之生存
空間，強化儒家倫理與文化復興，建構大東亞共榮圈等
例子顯示，一個國家有時候不可避免地是要以突出立國
精神的獨特面來號召國民的向心與回歸。刻意強調自己
國家的獨特，雖然未必有助於國家的長遠發展，然而卻
是人類社會追求自我認同的常見現象。

第二章
立國精神與世界潮流

前　言

　　中華民國立國精神的建構和發展必須順應世界潮流，同時也要能反映自己的文化特性。在世界潮流中，自一九七○年代初期起，講意識型態，集團政治與國家對抗的趨勢逐漸由講環保意識，人權與合作的潮流所取代。我國憲政發展與文化變遷也經歷了由著重集體意識到個體發展，由著重社群規範到公民倫理，由重視國家目標到個人福祉，由著重安定和諧到多元並進，及由著重施政效能到朝野制衡的演化。在這一連串的演進過程中，中國的群體取向思維方式與西方個人主體的自我膨脹，發生了相互修正與影響。在我國，用集體的目標來界定個人義務或規範個人價值觀的作法已經式微了。在西方，藉誇張的個人主義否定群體，感知個人價值的極端態度也受到反省。只有極少數的極權社會裡，還存在著一批自命不凡的偽智者，想要告訴民眾什麼是對、錯。其實，當世之個人價值已經不能全然由集體的目標來判定。相反地，個人的人生價值觀卻對集體的認同目標發

生與日俱增的影響。但是，在另一方面，個人形體的單純存在，也不能構成個體人生價值的內涵，每一個個體必須能貢獻於集體意識與集體認同的創建、維護與修正，才算是有價值。社會的方向固然應該依由個體的人生價值來決定，但個體的人生價值也必須靠個人對社會的貢獻來肯定；同理，世界的方向應由每個國家與個人共同來決定，而國家的價值則在於它能協助個體建構世界的方向。所以，理想的世界裡，沒有天生的智者在指導人們，但也沒有流失散落的個體，能自以為是地假裝自己的人生價值是孤立於群體之外的。

立國精神這一編便是要探討這樣的潮流。除了要討論世界潮流中小國的貢獻能力和意願，與個人在整個世界中的定位，也要檢視中華民國的國家目的，尤其是在世界中的自我認同演化的歷史歷程，更要探討我國當前演變中的立國精神。本編之所以要研究世界潮流與歷史潮流，是要協助吾輩，有意識地知覺到中華民國所處的歷史時空格局，從而能在自我價值的追求過程中，一方面能放下不切實際的訴求，另一方面能建立自己的信心，超越物質環境的侷限。

壹、國際霸權的隕落

中華民國所處的世界，在民國七十年代以後發生急劇的變化，反共的潮流逐漸淡化，使得以反共前哨自居的臺北政府，有了角色定位上的困擾。尤有甚者，世界

超強美國不再以反共產主義作爲對外政策制定的標準，使得臺北對美國向來的依賴與信任，受到絕大的衝擊。民國七十年代以來，中華民國的國家認同也受到衝擊，正是肇因於反共意識型態所主導的兩極體系已發生動盪。

　　一九八〇年代中期以來，盛行多年的兩極體系瓦解了。最令人迷惑的，恐怕是資本主義和社會主義已經不再是兩個截然不同的對立意識型態了。東亞工業新興國的崛起，加上日本與西歐足資與美國抗衡的強大經濟實力，更使得風行多年的超級強權神話破碎。事實上，在政治與戰略的領域裡，美國與蘇聯兩個過去稱霸了幾十年的超強也無法完全控制許多區域性的爭端。最令他們頭疼的便是中東和東南亞，像伊朗、中共、南非，以色列似乎都是超強所難以理喻的對象。而到了一九八〇年代時，兩大超強也早就不再進行全面性的主導了❶。

　　無論如何，兩極體系的終結，仍使一些理想主義的思想家有了新希望，因爲他們現在不必非從資本主義和社會主義兩者之間選擇不可了，甚至可以根據受壓抑多年的，屬於自己文化背景裡的觀念，來建構新的世界正義觀。早自一九六〇年代以來的和解過程就曾一有激勵世人去蒐尋新的正義觀。人們由於文化背景的差異，對於正義的內涵也會有不同的看法。但基本上，正義通常指的是一種公平的分配，有的人關心權力的分配，有的人則強調財富、威望、機會、參與，上帝面前或眞理面前聆聽說敎的公平分配。這或許解釋何以追求和平、發展、人權、與環境保護的運動能逐漸從初期和解的氣氛

❶所謂兩極，就是指美國和蘇聯各擁集團，相互對抗。但是事實上，到了九〇年代之後，區域爭端已使國際霸權疲於奔命，美國雖然在1991年擊敗伊拉克，但這次戰後並未使伊拉克完全就範，而在同時，南斯拉夫與北韓等原本比較安靜的地區，則因爲地區性的問題導致國際安全的整體危機。由兩極主導的現象，不復存在。

中發跡，終至今日之大興。新的國際規範則顯得更混淆，因此作爲後冷戰時期的成員絕非是一件心情寬鬆的事，國家要面對的，不是壁壘分明，旗幟鮮艷的敵我抗爭，而是思想混沌，人人亟思重建主導，新的觀念主張橫流，無固定規範可放諸天下皆準的亂世。和解的來到或許反而使人懷念冷戰所曾帶來的心理安定，因爲在那個時代裡，人們既不需要擔憂回教的原教主義激進派擾亂區域安定，也不必緊張於第三世界聯手宣稱要改造世界經濟結構。所以有學者指出，今天到了後冷戰時期霸權隕落之際，歐美各國人民都還願意支持美國，使它好像還能像一個霸權那樣地管理著冷戰時期所建立的國際規範❷。

❷參見Robert Keohane, *After Hegemony* (Princeton: Princeton University Press, 1984)。

一、 國際和解的發生

霸權隕落是一種心理現象，也是一種經濟現象，但是政治人物則常習慣性地以爲，國際秩序的維護非得仰賴霸權不可。霸權國家爲了宣揚它自己的正義觀，它的政府便自然地會把大量的資源耗費在國際秩序的保障上，結果反而使得自己國內的經濟發展受到忽略，它一方面不能放棄自己在世界各地的軍事承諾，另一方面卻又無法與不須將資源耗費在國防支出上的新興強國，在工業產品科技上一較長短，自然會逐漸淪落成爲國際政治中一個普通的強國❸。當前國際經濟的特色，便是霸權國家已經不能成爲主導的力量。首先，霸權的勢力範圍在縮小。不僅它協助開發中國家反貧窮的經援計畫不再以反共爲要旨，而且在全球的軍事承諾均在退縮。這

❸西方有學者發現，爲了在未來的戰場上獲勝，超級強國對軍事支出往往傾向不理性的支持。參見Robert Gilpin, *War and Change in International Politics* (New York: Cambridge University, 1981)。

種承諾的收縮使得地區強權得以起而挑戰美國在冷戰時代所曾塑造的國際秩序❹。其次，霸權國家向來引以為傲的經濟體系與開放競爭的市場，正受到來自其他國家的穿透佔領，但它卻沒有能力像以前一樣，用政治力量去打開別人的市場。結果它也只好開始認真思考保護主義的理論，想要或多或少地閉關自守，如此則否定了它自己多年苦心經營的，亦即資本主義秩序中最核心的自由競爭理念。最後，在霸權社會裡的一些生產體系也開始學習只生產零組件，或心甘情願地作世界市場的分支。換言之，它們不再信心十足地只顧設計自己的產品，然後藉文化上的吸引力與廣告宣傳的優勢，半強迫地推銷成品；相反地，它們學習在生產某一特定產品中只扮演一個部分性的角色。霸權社會的生產者不再主導市場，它們只是企圖調整自己以適應市場了❺。

　　美國方面主張現實主義的政治人物曾有一度感到既驚愕又焦慮。他們認為如果美國放棄了霸權，那就等於上了蘇聯等國的大當。他們一度指控蘇聯，說它希望透過和解與社會民主黨的力量來瓦解西方反共的世界道德觀❻。所以在和解初期，美國尼克森總統一面削減美國在世界各地的軍事承諾，另一方面透過國務卿季辛吉的協助，希望把美、蘇對抗的兩極體系，轉變成再加上中共，日本與西歐的五極並存的權力均衡體系。在這個設計中，美國當然是希望蘇聯以外的四極都是站在同一條線上的。

　　後來在美國所流行的新現實主義學派，並不同意上述的現實主義者以意識型態和軍事來界定政治的方式。

❹參見D. Avery and R. Rapkin (eds.) *America in a Changing World Political Economy* (New York: Longman, 1982)。

❺科詹斯坦(Peter J. Katzenstein)，*Small States in World Markets* (Ithaca: Cornell University Press, 1985), pp.21-22。

❻其實美國自己在與蘇聯和解時，也是企圖瓦解蘇聯的戰鬥意志。在關於美蘇雙方各自的意圖方面，可參見武拉姆(Adam Ulam)，*Dangerous Relations* (New York: Oxford, 1983), pp.272-273。

新現實主義學者明白指出，身為霸權的美國，在心態上極不願承認霸權隕落的事實，因此也無法體會霸權國家在和解時代所能扮演的角色與履行的功能❼。新現實主義者認為，國際經濟的急速擴張已經改變了傳統上以軍事支配為主的霸權政治，而成為今天世界各國必須以相互協調，相互尊重的方式來共同建立國際規範的情況❽。換言之，國際政治經濟體系中，眾人均可得利的公共事業，必須靠霸權國家與其他國家配合方能成功。這些其它國家由於經濟關係緊密結合，彼此在對方的社會大量投資，購買財貨與服務，擁有互相控股的多國公司，因而使得任何對於本國國家利益的考量，均無法狹隘地限於只照顧本國的利益。沒有一個接受霸權管制的國家能夠在不傷害自己的情況下去傷害到別的國家。包括霸權在內的每一個國家，都因而必須著重整體規範之建立，就算只為自己利益著想的政客，都不得不考慮整體。所以冷戰的結束與和解的發生雖然挑戰了霸權國家控制主導的能力，但是對霸權之下的舊國際秩序，卻仍因為大家的合作，而能繼續運作。

對新現實主義批判不遺餘力的是新馬克思主義作家。新馬克思主義學派和新現實主義學派一樣，都認為傳統的現實主義者忽略了國際經濟對國際政治的限制。但是，新馬克思主義者主張國家存在的目的，原本是要混淆世界無產階級視聽的，所以並不是像新現實主義者想像的那樣，居然以為國家是在透過新的國際經濟秩序謀取自己最大的利益。對新馬克思主義者而言，真正得利的是世界資產階級，不是國家。因為當今的經濟發展

❼ 科萊斯諾(Steven D. Krasner), State Power and the Structure of International Trade, *World Politics 28:* pp.317-347。

❽這種現象，稱為「軟性權力」(soft power)的運用。

與資源挪移使市場的力量無遠弗屆，所以世界上的市場已經合而爲一。如果市場只有一個，爲什麼還要有這麼多的民族國家呢？新馬克思主義的學者認爲國家的功能最少有五個❾：

❾參見Christopher K. Chase-Dunn, *Socialist States in the World System* (Beverly Hills: Sage, 1982)。

㈠國家的存在，混淆了無產階級效忠的對象，使他們以爲最大的敵人是某個外國，而忘記了剝削他們最屬害的其實是組織與資源均是跨國界的資產階級。

㈡國家的存在，使得國界以外的農民與工人革命運動隔絕於本社會以外，以保證偶一發生的無產階級革命，其效果可以被孤立於某一社會之中，並能集中圍堵甚至消滅之。

㈢國家的存在，使得資本家可以義正詞嚴地指責本國工運，然後將資本移往他國，因而形成對勞工運動的威脅，並可以藉此打壓勞工運動，且贏取政府的支持，使它有正當理由規範甚至劃定勞工運動所被許可的有限發展範圍。

㈣使社會主義國家的政府因爲國籍不同，彼此猜忌，因而妨害到世界規模的社會主義運動之發生。

㈤使社會主義國家不得不將資源集中發展國防工業，因而製造其內部之緊張，與輕、重工業失調。

新馬克思學派的邏輯很難證明爲對或錯。它雖然提供了許多發人深省的見解，但是它對資產階級思考方式的分析卻似乎是倒果爲因。國家的存在，或許如他們所說，有防止無產階級革命運動國際化的效果，但並不能證明這就是國家存在的原因，也不能證明國家是被有這種想法的資本家所控制的。比如說，歐洲一九九二年的

整合運動可不是勞工運動發展的結果，而是資本家與政治家們協力推動的。如果資本家眞像新馬克思主義者所分析的一樣靠國家意識來欺騙勞工階級，那歐洲資本家進行整合豈不是在自掘墳墓嗎？又比如說，伊拉克在一九九〇年要兼併科威特，這不等於就是新馬克思主義者認爲不可能發生的，擁有全國資源調配權的伊拉克海珊總統居然打擊另外一個擁有資源主控權，屬於同一階級的科威特王室？

不同社會的整合，首先要靠凝聚雙方彼此的相互信賴。像美國與日本間的貿易歧見，就常常因缺乏互信而引起雙方在情緒上的不愉快 ❿。相較之下，歐美各國容或彼此政見不同，但因爲對彼此的政治制度，統治方法，生活方式，思維模式與專業態度是如此地熟稔且又相互尊敬與欣賞，他們之間尋求整合，實際上是展示對自己的信心以及對共享的既有生活方式的認同 ⓫。當歐美政府之間有政見或政策不同而起爭執的時候，鮮有政府會因此而感到自己的生存受到威脅。因此從文化心理的角度來觀察，美國霸權在歐、美工業國家圈子中的隕落，並不會對霸權所支持的秩序造成動盪。眞正影響霸權運作的，實在還是和解時代裡，不屬於歐、美世界中躍躍欲試的其他國家。

二、和解時代的挑戰

當國際霸權隕落時，最重要的跡象便是舊的意識型態不再能替世界各國作角色定位。霸權國家首先對自己過去扮演的角色發生懷疑。我們可以來比較一下美、蘇

❿以中共爲例，雖然想加入相互依存的世界經濟體系，卻又不信任西方，怕自己會失去自主性，這樣因缺乏信任而發生的矛盾，很難化解。參見石之瑜, Interdependence, Independence and Chinese Neorealism, *Working Paper Series 59* (Toronto: Joint Center for Asia-Pacific Studies, 1993)。

⓫參見Richard Cooper, Interdependence and Foreign Policy in the Seventies, *World Politics 24,* 2 (1972)：pp.159-181。

第一階段和解前夕的自我認同與和解以後有關文件中的說法，便可以看出在自我定位上明顯的轉變。美國國務卿魯斯克一九六八年在耶魯大學演講時有這麼一段鮮明的分析：

> ……我所了解的共產國家，不管它們之間有何歧見，都對世界革命有承諾……它們都主張用社會主義國家的國際結構去取代以聯合國憲章爲基準的那種世界體系。它們一向具有高度危險性，它們也能夠具有危險性，有時候它們真是危險。
>
> ……有關（美國簽）的協防條約最重要的就是信用。這些條約的目的便是要嚇阻它們所要對抗的可能侵略。我們必須警戒自己的安全。假如那些可能變成我們敵人的國家以爲這些協防條約正受到質疑，或這些條約言不由衷，那麼我們便會因爲其他國家政府錯誤的估計或判斷而處於極度危險之中，尤其是當脆弱的人類手中擁有史上（罕見的）千萬噸（摧毀力）。❶❷

❶❷ 魯斯克(Dean Rusk), *Vital Speeches of the Day,* XXXI, 1 (10-15-1968), pp.3-4。

　　相對於美國的世界角色定位，蘇聯第一書記布里茲涅夫當時也提醒他的國民在冷戰時期談和平共存的意義：

> ……蘇聯人民視他們自己的國際責任在於支持人們對帝國主義，殖民主義和新殖民主義的正義搏鬥，支持他們社會及國家的解放，支持和平、民

主、國家獨立與社會主義……

在我們的時代裡，和平與社會進化的因素愈來愈仰賴反帝勢力的凝結與強化，尤其是社會主義國家的團結與世界共產主義運動。本黨將致力於團結社會主義兄弟國家的偉大集團……以爲和平與社會主義共同奮鬥。 ⓭

⓭布里茲涅夫(Lionid I. Brez-hnev), *Vital Speeches of the Day,* XXXI, 1 (1964), p. 40。

這些典型的冷戰角色在一九七二年簽訂的「美蘇雙邊關係的基本原則」中起了結構性的變化。相較於上述雙方的談話，此一基本原則之文件宣稱：

美國與蘇聯社會體系中所存在的意識型態差異，不構成以主權、平等，互不干涉內政與互利爲原則來發展正常雙邊關係的障礙。 ⓮

⓮見「美國與蘇聯雙邊關係基本原則」文件。

雖然美、蘇雙方簽署此一文件的根本動機並不相契合，這種「意識型態無關論」由兩強親口說出，的確有損資本主義與社會主義作爲世界各國認同對象的信用。在「基本原則」中特別揭示了兩大霸權的責任：

就像所有其他聯合國安理會的常任理事國一樣，美國和蘇聯有個特殊的責任，要用它們的權力儘可能避免會導致國際緊張的衝突或情勢發生。依此，它們將尋求促進所有國家均生存於和平與安定之中的條件，進而免於外來的對內政的干涉。

❶同❶。

美蘇當年簽署這些原則，並非因為它們已彼此清晰認知自己或對方的國家角色。對於自由主義的社會而言，和解應該意味著更廣闊的世界市場，更多生意，更多對人權與公民政治權的尊重。相反地，對一個社會主義政權來說，美、蘇和解應該是表示西方國家對第三世界社會主義革命的容忍，以及在國際決策體系中社會主義國家更高的參與權利。這些差異有兩種含意：一方面，霸權國家認清了對方與自己的能力限制而願意妥協；另一方面，美、蘇雙方將因為發現對方日後之言行不符所期而感到沮喪與焦慮。

誤會處處可以發生。像從一九七○年代中期以來，蘇聯支援非洲革命運動的作法，受到美國的指責與對抗。但蘇聯否認它是在搞革命，它只是在盡作一個社會主義國家的責任，去「限制帝國主義……散佈仇恨與衝突的種子」，在蘇聯的想法裡，既然受帝國主義之害數世紀之久的第三世界國家「選擇社會主義道路是天經地義的事」，蘇聯當然應該表示歡迎新興國家所代表的「進步力量」❶。布里茲涅夫進一步質問美國的意圖，指控美國政府一方面以不存在的蘇聯超級軍力來欺騙大眾與國會，進而獲取更多的軍事預算，但另一方面卻又在大選時告訴民眾，西方軍事有絕對優勢的國防來作為信心的後盾❶。而美國則在七○年代中期以後開始的新冷戰裡，形容蘇聯在一九八○年舉辦奧運是像希特勒一樣想用奧運來贏得對獨裁者的崇拜，所以美國必須抵制奧運❶。雷根

❶布里茲涅夫(Lionid I. Brezhnev), *Peace, Detente and Sion-American Relations* (Cambridge：Harcourt, Brace, Giovannovich, 1979), p.164。

❶前文, p.134。

❶卡特(Jimmy Carter), *Public Papers of the President, Jimmy Carter* I (1981), p. 635。

⑲ *New York Times,* 1-30 -1981, p.10.

總統憤怒之餘，譴責蘇聯領袖，說他們爲了製造世界革命不惜從事任何犯罪行爲、欺騙、說謊，卻還自以爲代表道德的一方⑲。新冷戰無疑反應了兩大超級強權對於第一階段的和解所發生的誤會與隨之而起的互不諒解。但是新冷戰卻是欲振乏力。儘管美國領導人在進入一九九〇年代時都還受集團政治之陰影所影響（比如在入侵巴拿馬時，美國布希總統竟向蘇聯的戈巴契夫總統表示，他不會反對蘇聯涉入當時正在鬧革命的羅馬尼亞），世界大勢之所趨絕非霸權之復興，因爲世界各國已不再根據兩強的意識型態來界定自己的角色與認同。

六〇年代開始的和解已經解放了各國的思想，許多地區都開始有追尋新認同的熱潮。大約發生在一九七五年至一九八五年間的新冷戰，並未能挽回霸權國家逐漸失去的地位。在這一階段發跡甚至躍上世界舞臺的政治新認同非常多，現舉其中三個較主要者介紹之。

㈠**新國際經濟秩序**：許多在經濟上比較落後的地區，早在和解時代來臨之前，就聚集起來討論國際發展的問題。絕大多數建議已開發國家能夠對開發中國家大幅度開放市場。但是這些聚會活動並沒有什麼顯著的成效，而且由於受到冷戰陰影的籠罩，他們常把西方國家與社會主義國家分開來談論，使兩種國家對第三世界好像應該各有不同的義務。比如在一九六七年簽署的阿爾及爾憲章，要求西方國家以國民總生產毛額的百分之一作爲第三世界財貨流通的融資，但對社會主義國家則只要求應作出有同等經濟效果的其他讓步。但到了七〇年代初期，開發中國家集合於聯合國討論新國際經濟秩序

的觀念，並在一九七四年通過一項決議案，要求「所有」
國家享有相等的，完全的而且是永久的經濟主權。在這
項決議中，意識型態已與國際責任無關，而是「全體國
際社會⋯⋯應在不受政治與軍事條件限制下」，對第三世
界國家提供積極的援助❷。在冷戰時期，意識型態的分
野指導著開發中國家的發展期望；但到了和解時期，開
發中國家卻主動提出國際社會的新規範。

　　有的開發中地區原料產地早就想組成聯盟，自求多
福，像自五〇年代就開始醞釀的石油輸出國家組織，但
始終未能成功。一九七三年的中東危機卻一鼓作氣地促
成了該組織正式問世，使手中握有石油武器的阿拉伯世
界一夜之間變成了強權，他們積極介入，與美、蘇兩強
在這一次危機中，以破天荒的默契只求息事寧人的態度
相較，形成鮮明的對比，也讓開發中國家新經濟秩序觀
念的形成，在現實世界裡獲得有力的鼓舞。但是開發中
國家雖然成功地把東、西對抗的焦點成功地部分轉移到
了南、北對抗之上（南方係開發中國家，北方係已開發
國家），這並不保證他們可以立刻從中有所獲。南方國家
彼此之間有太多因為資源不同，宗教種族不同，政治立
場不同，與歷史仇恨而有不可妥協的差異，本也不可能
產生強有力的整合。但國際新經濟秩序觀念的提出仍困
擾著西方國家，使他們覺得好像世界輿論在指責他們今
天所擁有的財富，泰半是由第三世界巧取豪奪，剝削當
地勞工，操縱市場供需而創造的不義之財。歐洲國家，
尤其北歐人，對這種批評事實上非常同情。然而今天在
近二十年後回首看新秩序運動，在實際效果上幾乎繳交

❷摩斯(Alfred George Moss)
與文頓(N. M. Winton)
(Compiled),A New Interna-
tional Economic Order,
*UNITAR Documents Series
No.1* (1976), p.892。

白卷。這除了使開發中國家感到失望與沮喪之外，似乎
絲毫不影響他們對新經濟秩序的渴望。這也正是和解時
代國際政治的特色，即各國均只在道德與責任上作自我
的價值判斷，不顧自己在現實的利益上到底有沒有實質
的收穫。

到了七〇年代，國際上出現各種組織來討論國際貧
富不均的現象。比如說，國際發展問題獨立委員會在一
項後來被國際經濟學者視爲權威的報告書中，提出如此
的批判：

> 一項歷史性的演化不能透過決議或出書來促成，
> 既得利益集團絕不會自動或全面改變他們的態
> 度。辯論當然不是沒用，言詞也可以成爲利器。
> 但是，高頻率的溝通不見得會使人更加相互體諒。
> 意識型態與權力政治的邏輯使我們不但未能產生
> 共同的語言，反而易加隔閡。 ❷

❷國際發展問題獨立委員會(*Independent Commission on International Development Issues*), North-South (Cambridge: MIT Press, 1982), p. 23。

先進地區常像未開發地區一樣，有不切實際、一廂
情願的想法。比如雷根總統就主張，只要所有國家開放
競爭市場，問題便可迎刃而解。他的政敵蓋普哈德眾議
員則以爲，保護主義才是根本之道。就像開發中國家所
衷心的新經濟秩序宣傳無法有效對抗多國籍企業，美國
的經濟問題又豈能用單純政治化的口號解決呢？這就是
和解時代主導意識型態失控的必然現象，人人都碰到難
題，都提出國際新規範的見解，雖然這些見解不能真正
解決問題，但卻起碼提供人們思考經濟發展與國家方向

時一種落實感（或說是自我浸淫）。

㈡**反霸權主義**：西方學者口中的霸權，不是一個壞的名號，但在別的地區來說，可能就會有完全不同的印象。國際上宣揚反霸理論最積極的當推中共。早在六〇年代晚期，因爲美國介入越戰與蘇聯入侵捷克斯拉夫，使中共質疑兩大超強在互相交易成立自己的勢力範圍，而後瓜分世界。

中共認爲美國談的「國際主權」與蘇聯談的「國家有限主權」眞是沆瀣一氣地在替超強瓜分世界找理論基礎 ❷。林彪認爲第三世界必須群起抵抗，推翻新帝國主義者，像中共那樣受到兩大超強從西伯利亞與越南而來的夾攻，「眞是中國的榮耀」❸。在一九七四年和解正熾之際，中共在聯合國正式提出了反霸理論，後來成爲中共外交教科書必讀的文件：

> 兩個超強是當今世界最大的國際剝削與壓迫者與世界大戰的根源……他們不斷地顚覆、控制、干涉與侵略。兩者都進行經濟剝削，掠奪他人財物，攫取他人資源……開發中國家受害最深，他們反壓迫，尋求國家解放與發展的需要也最強烈……所有開發中國家都受害……他們都要求擺脫超強的奴役與控制……❹

一九八九年發生了天安門事件之後 ❺，鄧小平試圖把社會主義、新國際經濟秩序與反霸從邏輯上連貫起來。他認爲世界資本市場已被美國爲首的先進國家所佔領，

❷《人民日報》，5-11-1969。

❸ 林彪在中國共產黨九大所作的報告，輯於*Mao Tse-tung and Lin Piao*，由范恩(K. Fan)所編(Garden City, N.Y.: Anchor Books, 1972), p. 463。

❹ 參見石之瑜，Pedagogy of Chinese Diplomacy, *Issues and Studies 25*, 3 (March 1989)。

❺ 所謂天安門事件，指中共在1989年6月4日以軍隊鎭壓民主學生運動，引起舉世譴責。

中國大陸的發展必須具有獨立性，否則必被世界市場吞食。而要獨立的唯一本錢就是堅持社會主義道路，過去中共之所以能反抗美、蘇強權，正是因為它走與衆不同的眞正社會主義路線❷。

就像談國際新經濟秩序的衆多國家一樣，中共在談社會主義與反霸作爲國際規範的同時，根本不在乎社會主義的內涵爲何，也不管社會主義經濟體制已經遭到近乎完全的修正。在國際規範缺乏共識的情況下，能提出一套爲自己信服的道德標準就不錯了，誰還眞正管它有沒有用。

㈢**回敎原敎主義**：對霸權挑戰最激烈的，是回敎的原敎主義。「回敎世界」是個跨國界的觀念，但是霸權國家要維護的，恰恰正是現存的國界❷。原敎主義在伊朗柯梅尼政權的支持下，震撼世界。伊朗原是美國在中東地區維持霸業的區域伙伴，但在回敎革命政權將親美的巴勒維政權推翻了之後，霸權隕落與意識型態失控的趨勢便如東逝江水，無法挽回。伊斯蘭敎奉行眞主阿拉的指示，伊朗必須改造世界。柯梅尼曾被如此引述：

> 伊朗的權力超過絕大多數的國家……別讓你們自己只滿足於祈禱與齋戒紀律之傳授……我們要清洗每一個腐敗的社會……《可蘭經》指示我們只能把相信回敎眞主阿拉的人當成兄弟。它指示我們要用不同的方式對待其他人；要打他們，把他們關進監獄，殺死他們。 ❷

❷《世界日報》，7-15-1989。

❷1991年的中東戰爭，起因是美國要維護科威特的國界，而與伊拉克作戰。伊拉克在1989年以「回敎世界」的名義併吞了科威特。

❷塔哈里(Amir Taheri), *The Spirit of Allah, Khomeini and the Islamic Revolution* (Bethesda, MD: Adler & Adler, 1986), p.298。

　　兩伊戰爭對伊拉克與伊朗已然凋敝之經濟造成更大的破壞，但柯梅尼仍與伊拉克進行了八年的聖戰。這種聖戰追求的根本不是什麼國家利益，而是要「清除魔鬼」。魔鬼無所不在，「條條道路均可引人進入地獄」，不管是科學、神學，還是倫理學，是一神論還是神秘論，他們一般邪惡❷。未來的國際秩序一度是這樣規劃的：

❷前文，p.301。

　　……回教國家的領袖是柯梅尼。他作為伊朗和伊拉克的共同領袖殆無疑義，並跟隨他站在同一條線上。政府與國家的官員或許不能穿越國界，但他絕不受任何地理地形的限制。❸

❸巴哈希(Shaul Bakhash)，*The Reign of the Ayatollahs* (New York: Basic Books, 1984)，p.234。

　　在美國卡特政府時代，伊朗發生原敎派劫持美國大使館館員為人質的事件，是原敎派的聖戰宣示。這不過是告知世界，和解的來臨乃是象徵混亂的開始。霸權國家強調國際秩序，尊重國界；回教世界講求信仰純淨，越過國界清洗罪惡，與進行聖戰的道德義務。

　　事實上，各種重新定位國際政治與經濟的規範還有許多。蘇聯與東歐的解體，釋放了各種民族主義的力量。有的國家即令不提出新規範，但對國家認同重新省思與界定的也不在少數。比如某些日本領袖主張日本對亞洲開發要負領導與援助的責任❹，前蘇聯領袖則顯然在尋求新的認同，他們空有大宗武器，但不能餵飽人民，則自然會放棄對世界潮流主導的企圖。中共也似乎迷惘於反帝、反霸與和平共存之間。國際潮流雖不明確，每一個趨勢卻很清楚：沒有任何一個國家能企圖主導而且成

❹(Nomura Koichi)，The 'Japan-China' Problem in Modern Political Thought, *Japan Interpreter 7*, S-4 (Summer-Autumn 1972)，pp. 276-277.

功，追求主導者往往付出代價，放棄主導卻又令人沮喪與焦慮。在九○年代，霸權的隕落將是世界的現實，也是國際規範混沌的來源。

三、對中華民國的敎訓

國際霸權一旦失去了管理世界秩序的意圖與能力，各國就必須要靠自己來決定自己的角色。我們看到，世上一方面有一股勢力在保障冷戰時期美國強力建構的，自由市場與多國並存的世界政治經濟秩序，希望透過互相依存的經貿交流來加深彼此的信賴與合作，在不妨礙主權完整的前提下，進行功能性的協調與整合。另一方面，也有一股力量在破解過去的規範，希望重頭開始，強調獨特的立國原則或宗敎及種族認同，從非功能性的觀點來找尋國家的生存方向與意義。在先進工業國正隱約出現一股區域整合的趨勢來取代失控的霸權，比如美國與加拿大的北美貿易區，一九九二年的歐洲整合，和日本為首的亞太經濟圈。這可以說是第三股力量❸❷。

在這樣一個國際局勢中，任何國家企圖建立具有主導性的國際規範必然得不償失；而想發揚自己過去的經驗以成為別國的楷模，則除了在政治上享受自我膨脹的矯飾外，恐怕也沒有眞正的貢獻❸❸。在討論是否加入區域經濟體系時，歐洲各國通常關切自己的主權問題，這個問題並未因為英國反整合的保守黨黨揆柴契爾夫人下臺而完全抒解❸❹。看來九○年代一個合乎時宜的作法有四個：

(一)積極從事區域性的合作，確保資本持續累積。

❸❷區域貿易也有許多內部的問題。歐洲整合計畫原本要在1992年實現，但丹麥曾經一次否決了計畫的一個關鍵部分，法國人民則以些微的票數通過。而在引起疑懼最多的德國與英國內部，正出現一些極端的種族主義團體。亞太經濟圈的整合則似乎更是遙遙無期。

❸❸我國常自詡為開發中國家的楷模，但迄今對各開發中國家的具體貢獻，不僅有限，而且是短期性的居多，主要是我國對各開發中國家並不了解，也沒有能力作深入了解之故。

❸❹1992年時，丹麥的公民投票一度否決了整合歐洲貨幣體制的馬斯垂克條約；法國則以些微差距通過此一條約。種族主義的排外運動在英國、德國均出現。可見，區域整合將是個崎嶇的歷程。

㈡強化本國國際化的程度，不作無謂的意識型態定位。

㈢認清本國的立國精神根源存在於本國所創造的價值，而不在於本國改造世界體系中其他成員的能力。

㈣吸引其他區域經濟體系從事經貿往來以避免區域經濟合作形成相互對抗之壁壘。

根據全球總體的標準，中華民國雖然資源有限，但是透過區域性、經濟合作與觀念上的國際化，未嘗不能對二十一世紀的國際政治經濟規範，起一定的作用，使得國民能在創造實質價值的過程裡，獲得自尊心與自信心。

貳、人權理念的提昇

中華民國在反共上的堅強立場，一度形成國內政治人權的限制。然而在霸權隕落，集團政治瓦解與意識型態分崩離析的世局之中，人作為國際政治主體的聲音卻益見清晰。吾人若要在反共的價值之外添增中華民國立國精神廣度，充實國家認同的內涵，則不得不對世界人權提昇的潮流予以分析認識。

我們可以先以赫爾辛基人權條款為例，它是東、西兩大集團在沒有來自亞、非、拉各洲第三世界國家出席的情況下所簽訂的。這項對人權價值執意提昇的承諾，雖非所有與會國家所衷心理解或誠懇執行，但由於此一條款在七〇年代中期以後序幕的新冷戰前夕所完成，使

❶人權條款當然不能決定新冷戰的強度，但是，完成人權條款的過程卻可以讓歐洲國家對彼此產生更多的認識與互信。

❷中共學者尤其反對人權的觀念，認為世界上不存在普遍人性，所有的人權，都是資產階級創造的，參見張光博，〈堅持馬克斯主義的人權觀〉，《中國法學》4 (1990)。

❸萊維(Werner Levi), *Contemporary International Law* (Boulder: Westview, 1979),pp.195-196。

得爾後十年的新冷戰氣氛，在歐洲大陸顯得欲振乏力❶。這項來自先進工業國與兩大集團的人權承諾，更為七〇年代下半葉的美式人權外交奠下了基礎。處於九〇年代，面對人權提昇的世界潮流，重新省思人權所創造的價值，我國或可在此一時代背景下，釐清我國在人權問題上之立場，以符我千年立國的精神與原則。

一、國際法上的人權

在理想主義的角度裡，世界人權史在國際法上真是乏善可陳。國際法裡並不存在一個具有國際強制力的機關，可以迫使政府履行對人權尊重保護的道德義務。不僅如此，鮮有政府甚至會容許一個國際上的法律機關，來接受個人因人權受到侵害而在國際法庭向政府進行訴訟的權利，或謂這種沒有實力支持的人權宣言或會議，完全是受政客御用的政治工具而已❷。的確，這樣子的國際政治下是沒有人權可言的，但少許例外的發展反而值得大書特書。比如說，一九〇七年在中美洲法院成立的計畫中，確有容許法院受理有關一個政府與一個其他國家國民之間訴訟的議論。凡爾賽和約下的混合仲裁法庭可以受理少數民族的案子。聯合國則接受託管地居民的請、訴願案。到了一九六九年，西歐各國創立了一個區域性的機構，可以對個人提出的人權案件作決議。同年，美洲人權協定也有類似的安排，只是並未真正在運作❸。

嚴格來說，理想主義者努力推動人權運動，是因為這些對人權的宣示，起碼使得個人，而非國家，成為國

際法上的受益者。況且，如果國家要爲其人民索取因人權受外國侵害時之補償，其補償之標準則顯然是以受害人的觀點來計算，而不是以國家的觀點來決定索賠的數額，可見眞正受保障的是個人權益，而非國家之權益。只是國際法上不容許個人直接作這樣方式的權利主張。有些國際法律師持著與政治學裡理想主義學派類同的看法，認爲只要國際間不斷地有這種認知人權價值的普遍宣示，即足以表明人權作爲個人在國際法上之權利是確實存在的。況且，如果一國政府同意去提昇人權的話，它便有起碼的義務不可以損毀它。所以聯合國在一九五二年時由大會決議，種族歧視情況如果未獲改進，則可視爲是違悖了聯合國憲章的精神❹。

❹前文，p.196。

　　西方國家在聯合國中敦促各國對人權要重視，乃是恐懼於二次戰前及戰時納粹對德國境內採取種族滅絕策略會重現。事實上，這種大規模的屠殺不絕於戰後之人權史。與我們最接近，爲我們極度關心的起碼有三個❺。印尼在一九六五年敉平武裝政變後的屠殺牽連無數華僑，蓋中共在此一政變過程中扮演極曖昧之角色，咸信與政變之鼓勵與發起有密切的關聯。第二個是高棉的波布政權在一九七五年掌權之後所進行的整肅反革命運動，華裔棉人死傷無數。第三個是舉世注目，但規模甚小，在一九八九年發生的天安門屠殺，係中共政權對不滿的示威絕食學生動員坦克機槍以反革命爲由進行的。死亡學生人數或恐超過千人，但與前兩個屠殺比來，兇狠相當，殘暴無遜，唯死者人數遠爲不及。類似種族滅絕的部落間屠殺在南亞與非洲也時有所聞。到了九〇年

❺關於華人的人權問題，現今尚無有力的跨國組織專門監督，但已經出現專門對大陸或臺灣進行觀察批判的特定組織。

代，這種族群相殺之事在蘇聯與南斯拉夫境內也層出不窮。無怪乎悲觀者對世界人權抱著一種莫可奈何的態度。

華人的人權問題，在質與量上未必是當今世上最嚴重的，且對人權的迫害不僅僅只是種族之間才會發生。像在拉丁美洲，獨裁者與其所賴以統治的死亡部隊對持有不同政見的人進行各種各樣的迫害；在中東常發生異教徒相互拚命的事；就連印度這種民主制度已經建立的國家，集體暴力之事也屢見不鮮。也難怪冷酷的現實主義學派學者根本把人權看成是世界政治最邊際，甚或不相干的主張，而依此認為政府的首要任務，是鞏固國家的權力，不是保障人權。

然而，世界和平的維持與延續，在一個各地都在違反人權的世界裡，是不可能成功的，這點就算是現實主義者都不能否認。世界上政治最發達，最穩定的國家多數是願意尊重人權的。像在英國，有關人民權利的憲章在一六八八年就確立了。美國的獨立宣言、憲法，以及修憲時的人權條款，與美國相對來說堪稱穩定的政治史，可以說是相互輝映。這裡所說的人權，是指政府在法律上受到限制因而有義務保障與實踐的人民權利，而不是蒙主恩賜的權利。一九四八年，聯合國通過了人權宣言，該宣言正式宣告，人在世界上某些絕對權利的重要性超過國家主權的重要性。照理說，一個政府倘若不尊重自己的國民，它在國際上是不能被信任的，因為這種政府常必須利用仇外的情緒作為治理國家時採用高壓統治的藉口。這是何以歐洲各國在談統合的時候，只敢將範圍限於民主政府，以及何以歐安會議堅持要列入人權條款

❻，否則的話，國與國之間的緊張關係絕不可能化解，甚或轉換成合作關係。另一方面，對人權共有的認知有助於避免伊朗在一九七九年攻佔美國大使館，挾美國外交官為人質這等破壞國際安全與合作之事重演，或者限制外國僑民享受本國之參政權因而引起兩國交惡之事。所以，現實主義學派即令只相信權力與秩序，也應該協助提昇人權的世界地位。

　　雖然，徒喊人權口號不能改變現狀，但反過來說，現實主義學派所忽略的最嚴重的邏輯，則是忘記了人不分國籍與種族，都有作為人最基本的認同。任何一國之立國精神如果是根據違反人權尊嚴的原則所成立，勢必無法長存。再者，會違反人權的政府，都要找一個人權上的理由來說服世界及它的國民，它並沒有違反人權。違反人權的行徑有時如此違悖人道精神而常被視為舉世共憤的罪行。蘇聯政府在一九九〇年以坦克壓制立陶宛獨立運動使十三人喪生，這種規模本是小巫，卻引起歐洲人民普遍的傷感與譴責。所以違悖人道主義，殘害人權是一種違反人性的罪行 ❼。國際間若袖手旁觀，只會引起全人類的恐懼。而受迫害者亦將因缺乏人性的支援，永不能成為一個真正的人。

　　在一般推動人權的運動中，有一個所謂的國際人權大憲章，包括了聯合國人權宣言，與其後通過的有關公民暨政治權利，與有關經濟及社會權利的兩項公約。這兩項公約到了一九七五年才等候到足夠數目國家的支持而正式生效。另一方面，國際勞工組織在推動人權方面也不遺餘力，一九七六年的國際勞工大會在釐清人權的

❻ 有關人權與和平，見漢肯 (Louis Henkin)，*How Nations Behave* (New York: Columbia University, 1979)，p.94。

❼ 有關跨國間人與人之感情聯結，見佛可(Richard Falk)，Responding to Severe Violations, 編於J. I. Dominguez等編之 *Enhancing Global Human Rights* (New York: McGraw Hill, 1979)，p.211。

價值上大放異彩。約在同時，聯合國討論了罪犯防止與處置的問題。有關婦女權益的國際大會從一九七五年起每隔五年召開一次。國際反種族主義與反種族歧視的大會於一九七三年揭開序幕。一九七八年，前述未能運作的美洲人權公約開始生效。一九八二年，非洲團結組織通過了保護人權與種族權的班橘憲章。一九七五年的赫爾辛基人權協定特別羅列了一些與我們息息相關的人權，包括家庭團聚和兩集團間音訊流通自由的權利。

如果說各國政府在保護人權的承諾上常常猶豫不決，非政府間的國際組織在促進人權方面則已有著不可磨滅的功績。比如說，紅十字會積極地參與有關處置戰時傷者規範之建立，國際紅十字會委員會曾獲得諾貝爾和平獎與聯合國的人權獎❽。反奴協會是一九二六年禁奴條約的大力支持者。近年來，人權方面的民間國際組織活躍異常，在一九七四年，六十個被人稱作是「人權企業」的團體成立了非政府間人權委員會組織，以集結有限的資源，其中最有威望的便是國際特赦組織。該組織在一九七七年獲得諾貝爾和平獎以鼓勵其在解救各國政治犯與良心犯上所作出的貢獻。自一九六一年成立了二十年以後，該組織擁有跨九十五國的二十萬會員與兩千六百餘個地區性會員團體❾。另外幾個著名的團體包括了著重適當法律程序的國際法學委員會，強調建立客觀標準的國際人權聯盟，以及其他各種宗教，婦女與勞工團體。

國際上談的人權中最基本的是生命權、自由權，以及不分種族、膚色、性別、語言、宗教和信仰的平等權

❽佛賽德(David P. Forsythe), *Human Rights and World Politics,* (Lincoln: University of Nebraska Press, 1983), p.51。

❾ *Amnesty International Report,* 1982.

❿。作爲公民，沒有人應當受奴役、折磨、殘酷不仁道有損尊嚴的處罰，任意逮捕、拘留、放逐，未經獨立仲裁機關認定之刑事罪。自由權包括了思想、良心、宗教，意見表達、通訊、集會、結社、工會，組成家庭、婚姻、和擁有財產的權利。與我們最相關的是人有擁有國籍、遷徙、出境、返國與尋求政治庇護的權利。政治權利則包括參與政治，選舉代表，參與經常且眞正的選舉。經濟權包括很多，但特別值得提的是婦孺的衣、食、住、醫的權利，受教育的權利，工作權（包括選擇工作，同工同酬），享有合理的工資、工時的權利❶。一九八一年時，聯大通過一項不得因宗教不同而歧視的宣言。比較引起爭議的是民族自決權。根據非正式的統計，截至七〇年底，計有五十個以上的有關人權的國際宣言❷。

　　各國面對的人權運動壓力與日俱增，對人權重視的程度顯然在七〇年代中期以後變得愈來愈重要。上述許多宣言均在這個時期發布或生效。國際特赦組織也在此時期聲名大噪。如果要問它的權力那裡來，可能眞要讓現實主義學者張口結舌。國際特赦組織顯然是一個沒有一般權力資源的機構，但是它無孔不入，能夠深入各國社會內部訪談受迫害之人，提出令國際上信任的實際資料，它的權力便是它可以羞辱當事國政府。它所公布的資料常讓政府氣的跳腳，因而強迫有違反人權實踐的政府去思考國際人權標準。但這樣的制裁力對於任何一個寄望於制度化法律來規範人權價值的理想家來說，眞是隔山打牛，鞭長莫及。

❿漢肯，p.231。

❶卡泰時肯(Vladimir Kartashkin), Economic, Social and Cultural Rights, 編於K. Vasak, *The International Dimensions of Human Rights,* Vol. I (Westport, Conn: Greenwood Press, 1982), pp.111-134。

❷ Louis B. Sohn, The Improvement of the UN Machinery on Human Rights, *International Studies Quarterly,* 23, 2 (June 1979),p.187.

二、美國外交中的人權理念

早年美國外交是很具現實意味的❸。帶著濃厚理想主義的美國卡特政府，在美國瀕臨道德瓦解的狀態下於一九七六年接掌白宮。他以誠實號召選民的支持，在當時水門事件的醜聞陰影裡，的確讓人耳目一新❹。在國際政治中，卡特提出了讓所有受現實主義影響的國務院官員跌破眼鏡的原則。國務院是美國外交專講權力的這批現實主義者的大本營。卡特上任後半年，在紐約時報上有如此一段談話：

❸早年美國的現實主義外交特色，一方面表現為不干涉歐洲事務，另一方面則是反對歐洲國家干涉美洲事務。

❹水門事件是把美國前總統尼克森在競選期間安排在競選對手所在的水門大廈安置竊聽設備，失信於民主政治中公平的價值。

> 我相信我們可以有一種民主的外交政策……因為我們自己知道民主是行得通的……所以我們可以對那些違反他們人民人權的統治者的論點予以拒斥……我們既然對自己的未來有信心，我們得以免於對共產主義無邊的畏懼，那使我們一度擁抱那些與我們有一樣畏懼的獨裁者。多年來我們一直在推銷並採用我們敵人用的那種有缺陷的原則與計謀，有時放棄我們的價值去用他們的……我完全理解道德說服力有其界限……但我也相信低估了言詞和理念的力量是一項錯誤……。❺

❺*New York Times,* 5-23 -1977, p.12.

在卡特的主政之下，美國外交曾出現過一種大義滅親的姿態。國務院人權科的官員每年對世界人權狀況認真檢視作成報告。美國外交官不顧反共之需要，對反共最力的友邦如尼加拉瓜、菲律賓、南韓均施加壓力，要

求他們改善人權狀況。但對人權外交響應最熱烈的恐怕是國會裡自由派的議員，倒是行政部門裡有不少官員在與卡特總統作梗。

　　一些反共的國會議員也批評白宮敵友不分，怎麼為了所謂的人權去危害友邦的政治安全。卡特在競選連任時受到的一大批評，便是他對尼加拉瓜的蘇慕沙政府極盡批判，終致左傾的桑定解放陣線於一九七九年推翻該政府成立了社會主義政權。但也有議員利用人權的口號去與蘇聯鬥爭，要用蘇聯在人權問題上的讓步來換取其他領域裡的合作，比如要求釋放異議分子，或准許猶太裔的俄國人移民到以色列或者間接到美國。至此，人權便成了工具而不是目標。最明顯的批判是美國在人權問題上常有多重標準。像對中共這個侵犯人權最嚴重的地區性政權，美國在人權問題上就繳了白卷❶。美國自己對這種現象也知道，它所提出的解釋有兩種，一種當然是所謂聯中共以制俄國的冷戰角度，認為權力均衡的戰略考量超過了人權的價值。另一種說法便是美國反正無法改善中共的人權狀況，倒不如與它維持較好的關係，如此可以透過交往使大陸社會更開放，從而改變其人權的觀點。這種說法與卡特政府提的人權外交真是南轅北轍。卡特政府希望用外交來推進人權，結果後來卻變成用人權去執行外交，即要人權有助於外交時才肯談人權。

　　人權外交的執行畢竟掀開了潘朵拉的盒子，對人權的關切成了美國自由派學者的研究重點，也形成國務院人權科的專業精神動力。美國人民逐漸從越戰末期的反戰氣氛中解放出來。到了八○年代，社會上出現各式各

❶美國對中共人權問題的關切是遲到 1989 年天安門民運之後才開始的，而且仍以象徵性的關切為主。

樣的團體，聲援拉丁美洲受反共政權迫害的，人權缺乏保障的人民，使得美國外交政策的辯論，從如何以政治和軍事實力反共，變成了反共與人權應執者為先的意識型態大辯論。

相對於西方人權團體推動的政治人權，開發中地區也出現了一股重新定義國際政治的潮流。除了談政治與公民權利外，第三世界許多國家促請歐、美的領導人正視第三世界的社會與經濟權利，並且辯解，在獲得充分的經濟發展之前，談政治權利是沒有意義的⑰。但是世界上確有一些實例顯示，開發中國家也是可以發展出高度的政治民主，比如說印度、委內瑞拉、哥斯達黎加、迦納、波札納等國⑱。在主張經濟權利最前衛的社會主義集團卻也矛盾地出現了民主化的傾向。多黨政治在一九九〇年出現於許多東歐的國家，像是波蘭、匈牙利、捷克斯拉夫，甚至蘇聯。東歐民主化的浪潮顯然並不是因為社會與經濟權利已獲得了充分滿足，而是恐怕這些權利多年來無法獲得滿足而間接地導致了共產陣營的崩潰。

開發中國家對人權外交的另一個批評便是，人權常被用來當作一個鬥爭的工具。雖然美國在人權問題上對中共用的是近乎最低標準的要求，中共卻是對人權外交批評最兇的國家之一，中共甚至挑戰國際法的合法性，認為當前的國際法充滿了殖民主義、帝國主義、和霸權主義的味道⑲。對中共而言，人權外交有這麼一種含意：

「人權」這個名詞近年在西方很好用，美國⋯⋯

⑰唐納利(Jack Donnelly), Recent Trends in the UN Human Rights Activity, *International Organization,* 35, 4 (Autumn 1981), p. 642。

⑱佛賽德(David P. Forsythe), Socioeconomic Human Rights, *Human Rights Quarterly,* 4, 1 (Spring 1982), p.441.

⑲丁一(Yi Ding), Upholding the Five Principles of Peaceful Coexistence, *Beijing Review,* 33, 9 (February 26 -March 4, 1990), p.15。

　　自詡為世界的警察……華盛頓根據它自己定的人

權標準對他所認定的「壞人」任意進行制裁，看

起來好像今天世界上只有美國尊重保護人權。

　　　很明顯，所謂「尊重保護」只是一個美國政

府用來隨欲干涉他國內政，破壞彼等主權的一個

藉口罷了。❷

❷ 李 新(Xin Li)， Human Rights Concern or Power Politics, *Beijing Review*, 33, 10 (March 5-11, 1990)， p. 14。

❷ 東南亞國家在這方面的看法，與中共有許多類似之處。

　　許多亞洲領導人認為，各國文化背景不同，為何要

遵循同一種人權標準❷。如果硬說有普天下皆準的人權

標準，正好揭露了談這個標準的人背後所藏有的政治野

心。中共這種說法我們留待下節討論非洲國家認同時再

評論，目前只需說，一個政權沒有道德上的資格代替它

的人民來決定，他們是否要過與世界上其他人一樣的生

活，即令中國人民認為自己不需要享受世界性的人權，

並不能自我剝奪他們得以享有的世界性權利，遑論他國

人民用世界的標準來關切中國人民的道德判斷權利了。

三、對中華民國的教訓

　　西方國家講政治人權的標準與我國憲法裡所規定的

人民自由權利非常類似，故可以說我國立國精神與世界

人權精神是一致的。甚至我國人權的趨勢也與世界益加

重視人權的潮流有形無形之中頗為配合。到了七十年代

中期以後，我國諸多限制憲法上受保障權利之法律均受

到修正或檢討。但顯然並非人人均對我國人權演進的情

況抱持樂觀的態度。人權這項絕對的原則在什麼情況可

以擺下呢？在我國，有兩種理論比較說得過去：一種是

認爲基於國家安全的需要可以限制人權；另一種是認爲中華民國國小力薄，我們在國際上的所作所爲應以國家利益優先，人權之類太過理想化的主張應該暫時擱置(其他理論像指人權有礙社會安寧，革命黨員不講人權，人權非固有傳統等謬論似不值一駁)。

所謂爲了國家安全可以限制人權的主張，本係世界各國均能理解接納，並迭有以實踐來限制人權，護衛國家安全的便宜行事。但是正如將在第四單元討論小國價值時所提到，歐洲安全會議之召開最基本的一項假設，且後來成了它的果實，便是在人權和國家安全的觀念上作了突破性的再定位。在赫爾辛基人權條款的基本哲學觀裡，不再把國家安全與人權對立起來，而把人權當作國家安全之內涵。換言之，不僅國家安全之維護是以維護提昇人權來完成，而且保障國家安全的最終目的也是在維護提昇人權。強調武力與對抗不僅加深敵人之恐懼使它作出更違反人權之行爲，進而迫使我方效尤，更甚者會有害以國家促進人民福祉此一國家之所以存在的根本原因。

在國家生存受到直接與立即的危害致長遠提昇人權目標不能達成時，變國家工具爲目標而不得不限制人權自係無可厚非。一些學者曾著專書探討第三世界國家在安全與人權兩難抉擇中之自我定位 ❷。問題是，爲了軍事需要而限制人民集會、遷徙、通訊之自由固與接戰地域之安全息息相關，但以不信任人民爲出發點，甚至否定人民可以對戰爭涵義作出道德判斷的權利，則完全違反人民要爲國一戰之根本理由。因此在非直接接戰區域

❷參見A. James Gregor and Maria Hsia Chang, *The Republic of China and U.S. Policy* (Washington D.C.: Ethics and Public Policy Center, 1983)。

中限制著書、講學、結社、出版等自由在理論上是說不
通的，這表示政府是道德的最終判斷者，人權是政府恩
賜的賞物，人民是為國家而存在的。所以真正重視人權
的民主政府裡，對人權的限制是透過民選的政府來決定
的，理論上要定期評估。像以色列的民主體制並未因阿
拉伯大敵環伺而癱瘓。但以色列也的確限制人民許多自
由，尤其是非猶太裔國民的各項集會，結社與出版自由
❷。國家安全若與種族及宗教扯上關係，其命運便很荒涼
了。這也是何以以色列民主運作不輟，但人權紀錄卻備
受批評。到底以色列的國家安全更鞏固了呢？還是它激
怒了各派阿拉伯人使長遠的國家安全處於持久的對抗
中？這說明了何以在世界對抗氣氛均已緩和的情況下，
以色列卻絲毫放鬆不得，這在世界各地民主國家裡是罕
見的例子。

　　提昇人權的觀念與價值也有許多現實上的利害：

　　㈠使我國人權的發展配合世界的潮流。

　　㈡使我國的發展朝國際化方向更進一步。

　　㈢解除政府與人民在形式上的對立，使人民將政府
視為社會上與人民合作，為民服務的一個要素。

　　㈣使人民成為國家的主人，發展出有高度自信心的
文化。

　　㈤使以人民福祉為依歸的共識超越意識型態與地域
空間上的侷限性，進而消弭國內政治對抗極化的可能性。

　　㈥使人民在與大陸交往過程中在心理上有所憑藉。

　　㈦使人民關切大陸人民的人權待遇，對佔世界人口
四分之一的大陸地區往世界標準演進作出貢獻。

❷認為中華民國人權紀錄不錯的
說法，可參見猶太裔學者的觀點。
同❷。

(八)使政府在未來面臨國際危機時，因共識之建立在先，勿須因有持不同道德判斷者存在而感到被威脅。如果我們過去對人權的認知，限於保障持政治異議者的發言權，則我們忽略了提昇人權所含有高度的工具價值。相對於歐洲各國在哲學觀念上逐漸將人權與國家安全合一的潮流，我國對人權的理解又豈能只自限於管制學潮、工潮等歷史經驗之中呢？

然而，我們以一個蕞爾小國之身，有必要在國際上對人權問題旗鼓大張，小題大作，而仍期望有所成嗎？比如說，在世界各國均紛紛譴責南非種族隔離政策之際，我國因為維持與南非的友誼以免在國際上被進一步孤立（中共前此因反對種族隔離為由，直到一九九三年才與南非進行外交接觸），對種族隔離向來少有評論，我國之國民則以不關己事之態度睜隻眼，閉隻眼。到了一九九○年，我國以經援為工具換取了與中非共和國這等在人權問題上聲名狼藉的政府建立外交關係。這使得我們不得不自問，中華民國如果要作一個愛好和平的三民主義民主憲政國，我們到底應該在國際人權上扮演什麼樣的角色？

在世界上追求更多的外交承認固然勿須與人權紀錄有直接的關係，但是不聞不問的態度對世界人權會有什麼效果呢？我們如果只關切大陸人民的人權受迫害，而不是人權這個基本價值，當然我們在自己力量不及，親疏遠近等級最低的非洲最好三緘其口。如果每一個國家均作如是想，用外交的力量在自己關切的地區推動人權，但是用人權觀念在自己不關切的區域裡推動外交利益，

那麼人權觀念自然成了一個高度政治化的辭彙，人權的內涵價值便不存在了。用最功利的角度來分析的話，我們或要問臺灣地區在世界上有誰關切？如果關切我們的國家有限時，是否意味著臺灣民眾的人權價值便較爲低劣呢？如果非洲人民的人權不值得關切，我們用什麼邏輯來關切大陸人民的人權，甚或我們自己社會的人權，而還能振振有詞呢 ❷❹？所以如果我們批判美國的人權外交在碰到中共時就採用了雙重標準，我們或應省思自己的人權外交何嘗不是如此呢？在我們的外交觀念中，只有中共的人權問題才是最值得世界關心的。

　　在現今的國際社會中，國人必須認清自己的價值、理念與行爲是否具有一致性。世界人權觀念的出現與發展是許多國家一點一滴，許多民間組織胼手胝足，經過了世紀的努力也不過是勉強建構的。沒有任何一個霸權對人權是出乎至誠的關懷（即令貴如美國總統的卡特先生也不能旋乾轉坤）。更沒有一個超然的智者可以任意爲人權定標準。眞正關切人權的國家必須透過言行不斷累積，修正並協調在人權觀念上的關注。如果人人想等白吃的午餐，由他人來推展人權的價值而圖坐享其成，則人人將成爲政治化人權的受害者。一方面，世界人權的觀念已逐漸浮現，到底我們要袖手旁觀抑或貢獻我們雖僅係棉薄之力，則是國民在省思我們立國精神時必須要作的決定；再方面，大陸的人權主張也始終不絕如縷 ❷❺，中華民國要傳承道統，關懷人性，能不與這些作家隔海呼應，相互砥礪嗎？

❷❹許多大陸學者，在中共控制最嚴厲的時候，仍然發表論文，鼓吹人權，實係吾人表率。有關文獻，可參見石之瑜，《中共法制理論解析》（臺北：三民，民82年）。

❷❺關於大陸上的人權學說，參見石之瑜，《中共法制理論解析》（臺北：三民，民82年）。

叁、國家認同的抉擇

中華民國的認同危機部分是因為臺北政府的主權主張，無法獲得大多數國家在外交上的認可。因此，追求主權之被承認，乃是臺北外交的最重要課題。主權之被承認，雖然是一種外交行為，但主權之內涵，卻包括了許多與外交行為無涉的政府義務。對這些政府義務的忽略，常使許多小國家雖有主權平等之名，卻鮮為世界大國或先進國家所尊敬。這是在追求主權被承認的中華民國政府與人民，必須時刻警惕的。

在歐美國家組織國際社會的過程裡，常有所謂各國主權一律平等的原則在作指導。但是第三世界的國家由於戰爭與軍事力量的薄弱，加上彼等國內統治權的行使能力與正統性均常發生疑義，他們在主權平等這個原則下顯得脆弱而且不受尊敬。國內外因素交錯之下，使得他們受外來勢力左右干涉的可能頗大。因此，這些國家常把自己給聯合起來，希望在世界政治裡，能像工業社會裡藍領勞工所組成的工會一般，向歐美各國爭取世界利益重分配，以及國際重大事件決策過程的民主化❶。許多第三世界國家相信，這類型的努力，可以使他們成為真正擁有平等主權的國家。這些國家以非洲為主所構成，因為非洲國家為數眾多，地處邊陲，與歐美工業社會發生關係最晚，所以本節之討論以它們為主，希望藉非洲國家找尋國際認同的經驗，理解弱國在國際社會中

❶ 奈額爾(J. K. Nyerere), Unity for a New Order, in *Dialogue for a New Order Led*, K. Haq (New York: Pergaman, 1980),p.7。

常發生認同危機之原因與本質,並供作我們未來的參考。

一、主權的要求

　　第三世界在世界政治中的要求可以大別爲兩種。第一個要求是希望自己成爲眞正的主權國, 不受世界列強的干涉。第二個要求則是第一個要求的內涵, 即希望自己能擁有成爲主權國的經濟與軍事實力。所謂的主權國家, 原係歐洲的觀念, 在慣以部落、氏族, 或人種、信仰爲組織原則的第三世界,本無主權的想法❷。主權成爲全球的原則基本上是因爲主權概念的邏輯很誘人, 即凡有主權者皆平等, 故爲世界其他國家所接受。但在實踐上, 主權平等的原則常爲其他的考量所限制, 比如說, 過去成爲一個主權國有種族上的標準, 有時國家主張有行使征服的權利, 或以強制力逼人簽訂城下之盟的有效性, 這些均使主權的原則受到戕害❸。然而主權原則仍對第三世界國家有吸引力。反殖運動主要的法源便是國際法上所主張的民族自決原則。根據民族自決的法則, 國際上認可了第三世界名義上的主權, 即令許多國家無法建立任何有效的內部統治權, 甚至採用不合人道的殘酷手段來苟延殘喘。他們不但積極地利用薄弱的主權, 主張自己對國際事務的參與發言權, 他們更歡迎中共提出和平共處五原則中的互不干涉原則。不過, 在實踐裡, 經濟與軍事的無能並不能有效地支持他們在主權原則上有這麼強硬鮮明的立場。在第三世界裡, 非洲是尤其熱衷於主權原則的宣揚與討論。

　　也許正由於他們的主權常受到侵犯, 第三世界不顧

❷ 華琛(A. Watson), European International Society and Its Expansion, in *The Expansion of International Society* (eds.) A. Watson and H. Bull (Oxford: Oxford University Press), pp.23-24。

❸波爾(H. Bull), The Revolt against the West, in *The Expansion,* pp.220-221。

他們對主權原則的支持，竟也是對當前基於主權原則建構的國際社會，立場最嚴屬的批判者。他們認爲，今天的國際秩序充滿了種族的色彩，對主權原則造成了各式各樣的限制❹。他們自己的解釋法是說，國際權力與財富分配不均，他們當然無法保證主權原則的貫徹。換言之，如果國家必須要在世界資本市場上分出高下，方可確知自己的主權可以受到多少保護，這豈不表示一個完全主權的國際社會，只能存在於財富完全平均分配的烏托邦境界裡❺。

非洲的問題與第三世界整體的問題本質上並無不同，只是它的情況最爲嚴重罷了。所謂非洲問題就是典型的低度開發問題：單一貨品的外銷部門，暴起暴落的外銷收入，缺乏分工，沒有市場的國內經濟體系，分配極度不均，而且生活水準奇低。非洲國家均加入，甚至領導以第三世界爲主體的不結盟運動和所謂七七集團，這些組織有兩個基本要求，希望世界協助他們在經濟上起飛，趕上先進國家，進而希望獲得來自先進國家的財富重分配與科技轉移，並改進世界貿易的結構以保證落後地區能獲得更多的利益。第二個要求是希望把國際組織作制度上的改造，限制大國的否決權或一國多票權，促使國際決策民主化。總的來說，這些要求並未違悖第三世界追求貫徹主權平等，互不干涉原則的大方向。

問題是，主張歸主張，原則歸原則，在實際裡非洲的狀況愈來愈糟。八〇年代的非洲眞是不可名狀，有的地方有糧荒，有的國家出現負成長率，與惡化的生活水準，甚至在所有國家都發生了可怕而高築的債臺。最後

❹*Ibid.,* pp.223.

❺參見N. Inayatullah, *Realizing Sovereignty* (Syracuse University, 1990), mimeo。

這點，使第三世界國家在世界金融機構面前異常脆弱。
這些私人銀行，甚至世界銀行與國際貨幣基金，都站在
一條線上，逼迫第三世界的政府作內部經濟結構上的重
大調整，苟不照辦就撤銷他們外匯的來源，使他們連維
持起碼的消費能力都沒有❻。這種威脅豈會不令他們既
羞又怒？本來冷戰的結束使以東西對抗的局勢轉而成為
南北對話（南方指第三世界，北方指先進工業國）的可
能升高，但在另一方面，後冷戰時期第三世界遊走於東、
西兩大集團之間左右逢源的能力卻自然喪失了。這是為
什麼八〇年代晚期以來，第三世界的要求越來越溫和，
只想趕快解決生存問題再說。

　　八〇年代末期，非洲國家在「由非洲選擇的架構」
一篇文件中攻擊國際信貸集團的改革要求，認為這些西
方機構的要求只注意到短期的收支問題，而且眼光狹隘，
只看國際貿易和收支。他們認為，像這樣只考慮西方信
貸機構自己能不能收回貸款的近視作風，完全無助於非
洲。非洲國家要求能想出一個辦法使非洲國家能自生性
的累積自有資本，以健康正常的途徑發展經濟。這些西
方金融機構嚴格限制第三世界政府一年預算額與貨幣發
行量以控制通貨膨脹，受害最深的當然是社會最低層的
貧民。但是由於他們必須仰賴外資才能生存，許多第三
世界政府也就顧不了這樣多了❼。

　　但是在非洲國家這篇報告中，我們看到的除了抱怨，
並沒有像過去那種偏激的革命口氣。要求財富重分配的
呼聲異常薄弱。相反地，非洲國家認識到非洲與世界已
漸成一相互依存的整體。它們似乎也不再認為當前不利

❻阿德得基(A. Adedeji), Economic Progressi: What Africa Needs Trans. *Africa Forum 7, 2* (1990):11-26。

❼聯合國非洲經濟委員會 (United Nations Economic Commission for Africa), *African Alternative Framenwork to Structural* (New York: United Nations, 1989), pp.13-24, 51-53。

於第三世界的國際分工必須剗除，只是但願能降低它的高度不平等與不均衡程度。所以即令世界市場並不公平，但它們將承諾會對世界市場作一定程度的開放，以確保相互依存體系中互助互利的發生 **❽**。非洲國家在一九八六年爲聯合國討論非洲經濟與社會危機所準備的一份文件中，很可以看出今天非洲領袖在思想觀念上的急遽演化：

❽*Ibid.,* p.5.

> 非洲的發展危機並非僅係非洲的問題，而是關係到人類全體。互相依賴與互相關連是今天一個活生生的事實，沒有那個地區可以假裝它是獨立的。非洲病了就表示世界病了，只要非洲還是蕭條並且持續落後，世界的安寧便受到威脅。協助非洲克服它全面貧窮的問題是國際策略的要素，如此方能爲所有世人創造一個可相互容忍的環境。**❾**

❾ *Africa Confidential Record* XIX, 1986-87 (ed.) C. Legum (New York: Africana Publishing Company), p.104.

非洲不再與世界對立，非洲國家的主權並不再建立在向先進國家奪取政治權力與經濟財富的事業上。非洲將參與世界現存的體制，但求體制內既得利益的成員能協助它品嘗並進而成爲體制進化過程中受益、受尊重的一部分。在這一層意義上，非洲領袖已認知到主權的建構與維護，要靠非洲自己能創造屬於自己的價值，先進國無可旁貸的責任，便是提攜非洲成爲市場經濟中眞正的伙伴。

二、泛非主義與非洲人格

上述將非洲溶入世界尋求合理角色的潮流並非全然沒有與之相抗的勢力。許多非洲的學者與政治家們，事實上認為非洲有一種獨特的認同，應該在找尋建構國家主權過程中保留並發揚光大。迦納的恩克魯瑪在討論非洲國家反殖的獨立運動成果時得意地表示，過去非洲總得仰賴他人才能表達想法，獨立之後，「非洲自己的子孫」將讓世界理解到非洲人格的國際影響力❿。一九五八年，獨立非洲國家會議召開第一次大會，要將非洲人格之內涵加以具體化。大會宣稱「非洲人格是站在和平那一邊的」。而非洲國家亦將致力於追求全非外交政策「在外觀上的根本一致性，使獨特的非洲人格在與其他愛好和平國家合作過程中扮演促進和平的部分。」⓫兩年之後的第二次大會，奈及利亞把非洲人格的訴求推向更高潮：

> 基於需要或者環境，團結遲早會來臨。非洲人就是非洲人，他們的膚色是非洲人的，他們的土地、文化與思考方式都是非洲人的。的確，非洲人是一體的。非洲人之團結是自然而然所形成，不可能有什麼阻擋的了。經由團結，非洲人將他們的認同呈現於世界的眼底。經由團結，非洲國家得以掌握他們在世界其他國家間的尊敬；經由團結我們將可以滿足地成就和平與繁榮。⓬

可是非洲人格與非洲團結是無法建立於單純的高亢

❿ 歐克羅(C. B. Okolo), Reflections on African Personality, *The African Review 13*, 2 (1986),p.12。

⓫ 萊根(C. Legum), *Pan-Africanism a Short Political Guide* (New York: Praeger, 1965),p.157。

⓬ *Ibid.*, p.191.

情緒裡的，非洲國家也認識到非洲人格的形成是靠非洲之團結，而且此一團結的凝固無時無刻不是在受「新帝國主義力量吞食」，致使分裂的非洲永遠無法獲得「有尊嚴的獨立」⑬。依此推論，非洲人格之建立必須要從非洲各國先有完全的平等主權為首先要著。

非洲國家團結組織在一九八六年的一項文件中，加入了文化的訴求，值得摘述：

㈠發展的優先序排定應特別著重文化的角色，文化將是全球演化過程中不可或缺的一個層面。

㈡發展的設計因而要從人民的文化上紮根，使他們能從經濟、社會、政治與文化的依賴中解脫出來，認清自己原有的價值觀念。

㈢發展的最終目標是建立文化上的認同，創造一個持續性，創新性的生動過程走向未來。

㈣非洲意識的衍生必須仰賴一種對非洲的歸屬感，而這種歸屬感的發生，即是大家在共屬於非洲的文化社會裡，共同攜手整建非洲團結與非洲意志。⑭

所以對非洲國家來說，我們可以發現非洲認同具有手段與目標雙重涵義。作為一種目的，它是發展過程中必須創建並使之成長且更豐富的希望；作為一種手段，它提供了非洲國家在追求主權平等過程中相互提攜共同奮鬥的心理動力與政治凝聚力。

三、非洲認同的矛盾

尋求非洲人格的震撼之處，便在於非洲文化認同否定了當前國際關係中許多既定的原理，並視當前的國際

⑬ *Ibid.,* p.112.

⑭ *Africa Confidential Record* XIX, p.13.

關係乃是由白種人自導自演以維護既得利益的產物。因此，非洲文化之強調除了帶有強烈的批判性之外，還夾雜著濃厚的疏離意識。一方面，非洲國家追求歐洲式的主權平等以能加入由歐洲人主導開始的國際社會，因此隱含有你我本無不同何以待遇有如此差異的訴求，這種要證明非洲國家在國格上與歐洲國家無分軒輊的意願，事實上否定了非洲的獨特性。但是在另一方面，對非洲個性與非洲人格的強調，卻不斷以非洲的獨特性爲理由，想要規避作爲一個歐洲式的主權國所通常會接受的一些原理原則。所以在奮力追求主權平等的同時，非洲國家並無意接受成爲主權國家所必須承擔的責任，這無異使他們對主權平等的追求，僅具有政治鬥爭的意義了。

　　比如說，正如前述，非洲國家認爲自己經濟與軍事實力的薄弱有害於它們成爲眞正的主權國，所以要求國際協助使能成爲正常的主權平等原則下得以自保的國家。但是它們使自己成爲主權國家的目的，卻在否定基於主權平等原則所建立的其他歐、美社會所共識的國際法原則。因此它們的主權訴求變得相當的自利。它們願意並爭取作爲歐洲式主權國的權利，但拒絕伴隨而來的歐洲式主權國家的義務❺。泛非主義因而傳達了兩個相互矛盾的訊息：非洲與歐洲係同類國家，但非洲國家所遵循的行爲準則迥異於歐洲國家。其結果是，非洲國家一方面希望以平等的姿態加入國際決策的過程以決定國際事務運行的法則，另一方面又希望以平等的姿態拒絕其他國家有可能與非洲國家共享一些世界皆準的原理和法則。前者基於歐洲與非洲同等的前提找尋共通的原則；

❺有關什麼是純非洲的觀點，見亞肯奈米(A. B. Akinyemi), Africa-Challenges and Responses: A Foreign Policy Perspective. *Daedalus 111,* 2 (1982): 244-247; 亞肯德勒(R. A. Akindele), Reflections on the preoccupa and Conduct of African Diplomacy, *Journal of Modern African Studies,* 14, 4 (1976), p.566。

⓰史奧(T. M. Shaw)與紐伯瑞 (M. C. Newbruy) *Depen-dence or Interdependence: Africa in the Global Econ-omy,* in M. W. Delancey (ed.) Aspects of Interna-tional Relations in Africa (Columbia, S.C:African Studies Program, University of South Carolina, 1979), p. 41; 文生(R. J. Vincent), Racial Equality, in *The Expansion,* p.250。

⓱比如說, 見C. Ake, The African Context of Human Rights, *Africa Today 34,* 1 and 2 (1987); A. A. An-im, Problems of Universal Legit-imacy of Human Rights, in A. A. Anim and F. M. Deng (eds.) *Human Rights in Africa: Cross-Cultural Per-spectives* (Washington D. C.: Brookings Institution, 1990)。

後者基於非洲與歐洲分離的原則否定世界標準的有效性。這種矛盾如果放到非洲的殖民歷史中實在不難理解⓰, 但在非洲國家未來發展成真正完整的主權國家過程中, 勢必形成某種障礙。

這種認同上的矛盾似乎與古典現實主義所主張的絕對自決權有關。根據古典的現實主義學派, 在國際政治中無所謂規範或原則, 唯一的原則是弱肉強食的無政府狀態。任何國家必須能完全自保, 它要選擇孤立與開放是它自己的事, 它的權利根本來源是因為它存在, 而它存在的保證便是它的權力。像泛非主義這種文化上求異的主張, 豈不是鼓勵歐洲社會不要支持它或協助它嗎? 難道國家追求自治與獨立的目的就是要告訴人家自己與眾不同嗎? 不可否認, 過去歐洲國家曾基於種族因素而有不認可其他國家主權平等的情形, 但是種族主義的眼光早已為歐洲國家所淘汰。這種已遭淘汰的原則不能證明現存國際社會中, 伴隨著主權平等原則的一些其他責任與義務, 也是種族主義的產物。但非洲國家正是以這個理由拒絕履行主權國家的義務。

非洲國家宣稱, 非洲的歷史給予兩個與當今國際法原則不一致的政治實踐,一個是所謂非洲式的統治模式,另一個是非洲人特有的尊嚴 ⓱, 因而歐洲國家在決定是否承認一個非洲國家時, 不能純以它是否有能力履行國際義務為標準。但是, 如果非洲國家認為自己作為一個非洲政治實體與一個國際社會的主權國有所不同的話, 這個不同正是何以西方會要求非洲國家必須放棄它社會、文化、與歷史上某些與國際規範不合的實踐。如果

國際社會的行爲準則與非洲大陸一致的話，爲什麼還需要國際社會的認可才能加入呢？非洲國家只感覺某些國際規範有損作爲一個非洲人的尊嚴，因而忽略了在邏輯上必須同時有做人的尊嚴，才能有作非洲人的尊嚴，而做人的尊嚴正是國際規範所關切的。

　　照一些非洲國家的說法，這種做人的尊嚴其實是歐洲化的產物，並非放諸四海皆準。此類世界文化多元論正也是中共所一再喜歡強調的。非洲式或中國式的多元論到底有沒有道理呢？沒錯，文化與歷史的差異自然而然會產生出不同的政治制度與國家目的。但是沒有一個國家的目的會是以否定人的方式出發，有的文化容許並保護個人自求多福的哲學，有的文化否定個體有這種能力，因而必須先強調團體福利之後才能使個人福利獲得間接，但卻是根本的保障。這種文化上的差異自非國際社會所應任意置喙改變的。假如這個非洲式或中國式的多元論的目的，只是在否定國際社會對非洲或中國大陸任何以暴力與殘酷無人道手段進行統治可以表示不許可，那國際文化多元論就發展過頭了。像非洲國家喜歡用傳統的社區主義文化來爲人權危害的實踐作辯護。其實，不單是所謂的社區主義文化不是非洲所獨有，也不是非洲各地或非洲史上一直都有的東西；尤有甚者，這種拿保衛社區主義文化來界定國家主權完整的理論，忽略了主權平等的原則是規範國家之間的關係，不是社區間的關係，到底非洲國家是要作主權國家呢，還是作有主權權利的社區呢？即令社區主義文化也不容許某些統治者以殺戮方式來鞏固國權，這樣作反而有損非洲人格

的尊嚴。

　　所以在非洲國家追求主權平等，要求世界協助整建軍經實力的同時，否定世界文化，強調非洲人格的勢力正在興起。世界文化的浮現乃是仰賴世界有識者、有權者與有資源者對人的尊嚴出乎心底的敬重，並協助個人完遂其作為一個完整自我所必須經歷的創作過程。世界文化的浮現正如非洲與其他第三世界國家所強調的一樣，不能以否定區域文化為前提。世界文化如果不能充實區域文化，這種世界文化根本不會出現。但是反過來說，區域文化的鞏固，也不能以否定世界文化為前提。非洲國家對主權的爭取所產生的自相矛盾的情緒，肇因於他們把國際化對人的尊嚴的重視，看成了是否定非洲認同的工具。非洲國家作為世界市場中的一分子，無可避免地會受到資本家的剝削，但是非洲認同與非洲人格的提出，只會加重西方資本家與政客對非洲人權的蔑視與不關切，如此一來非洲國家成為非洲人格的依附與表徵，反而得不到發展。非洲人格的提出如果能喚起世界資本家人道主義的關懷，則特殊的非洲認同自可成為歷史的主流。但是非洲人格的說法要是只能協助非洲統治者規避對非洲人做人的尊嚴加以呵護與扶植的義務，這是為求特異而提出的特異認同，把非洲人的命運逆流而行，則真將不知伊於胡底。

四、對中華民國的教訓

　　非洲國家有些地方與我國的處境類似。這些國家的軍事與經濟力量均相對薄弱，仰賴對外的經濟關係作為

內部發展的重要動力來源（我國尤其如此），均有一段獨特且足以自豪的歷史經驗，文化上與歐洲或美國迥異，更重要地，國內政治上的實踐均曾為國際人權組織指責的對象。當然，我國的情況與非洲也有許多不同之處。我國內部政治有民主化的傾向；我國依賴世界市場對我國內部經濟發展的影響迄今仍是正面遠大於負面；我國在國際上沒有其他主要國家與我們結交。因此，我們雖然不滿於國際組織或美國的干預，但我們的回應基本上並不是在反抗，而是試圖說明何以我們自己的立場並未牴觸國際間公認之原則。

　　但是非洲經驗也有我們足資借鏡之處：

　　㈠在國際上主張我們的獨特或與眾不同的目的，絕不能是以否定國際規範為訴求。我國文化傳統中值得稱道者當以補足世界文化之不足為出發點。我國傳統文化的價值絕不能抽象認定，必須由社會中之成員經實踐後自動肯定其價值。因是之故，對我國文化認同，絕不能以否定其他文化的方式來表達。

　　㈡我國國家認同的發生、演變、及維護應當符合國際現實。非洲國家經常作出要求以展現其獨特的性格，而不在乎自己的能力。我國的歷史經驗似乎顯示，暫時的挫敗或外交上的綏靖並不見得是長程歷史發展過程中的敗筆。因為外交上的挫敗與退縮有助於國民作深刻的反省與省思，使國家得從不切實際的認同之中解脫出來。

　　㈢基於第二點，強烈的國家主義情緒，絕非國家認同的健康內涵。這種情緒所追求的認同，是為了證明自己的獨特而故意特立獨行，為不同而不同。非洲經驗顯

示，非洲人格背後強烈的泛非洲主義，阻撓了非洲各國領袖認眞省思主權國家之意義，在在展現出短視的作風，從而使得與非洲交往的國際資本家，從來沒有意願去欣賞非洲文化中令人歡愉的一面。

㈣非洲經驗顯示，即令在國家層面，我們也可以看到個人行爲中虛榮的一面。虛榮的本質，便是拒絕以實事求是的態度思考國家發展的大方向。問題是，人都容易看到別人虛榮，而不容易看到自己虛榮。臺灣今天特別要省思的，便是我們今天不斷宣揚的臺灣經驗，到底有多少值得大陸或其他開發中國家學習？這裡有幾個值得我們深思的問題。首先，我們曾否對大陸的經驗體制或開發中國家今天的處境眞正深入研究，方才主張臺灣經驗的模範性？其次，有多少國家有興趣眞正引進臺灣經驗呢？第三，我們除了在遣送農耕隊與引導參觀我國之加工出口區及科學園區之外，可曾眞有公家機構爲廣播臺灣經驗而專門負責的呢？換言之，我們自己除了爲臺灣奇蹟感到驕傲之外，我們有無眞正誠意檢視自己能力以落實的方式協助其他國家整體之經驗發展？

㈤最後，在分析了非洲國家認同危機與矛盾之後，我們自己對這些非洲國家持什麼態度呢？似乎我們的態度是相當具有歧視性的。我們在經援非洲以換取外交承認時受到國內兩種評斷。一種看法認爲划不來，所以經援等於作冤大頭。這表示我們不屑與非洲小國往來。另一種看法認爲情勢所迫，多一國承認總是好的。這表示我們自覺降格以求。換言之，我們經援第三國時所暴露出的心態是我們比他們強，缺乏作爲一個友國所應抱的

體諒與關懷。沒有非洲的失敗，豈能顯示我們成功的偉大？不錯。但是我們成功的偉大要靠別人的失敗來肯定，則我們對人的基本價值的發揚，仍遜於我們矮化自己以追求虛榮式認同的矯飾。

中華民國的國家認同到了七十年代末期也經歷了劇烈的變革。國家認同的演化絕非朝夕可成。非洲經驗的教訓是，國家認同的追尋必須是內發的過程才可能產生健康的認同。所以追求文化認同的過程不能只以傳統為標的。換言之，我們既不應只以復興傳統為訴求，也不應該逕以反傳統為號召；既不應以世界文化為必然的終點，也不應該以否定它為目標。我們作為傳統的產物與國際社會的一分子，不可避免要同時以傳統與世界潮流作我們思考的基礎，但我們國家的價值與認同的確立必須是以普遍的人性，而不是以狹隘的地域或種族主義為最終目的，如此方可遂國家之所以形成的理想目標。

肆、小國價值的發揮

中華民國是否為小國曾引起若干爭論，但是以與中華民國經常有互動關係的政治實體如美國、日本、中國大陸等地區來比較，無論資源與總體實力，他們均超過中華民國甚多，故相對而言，中華民國可以算是一個資源有限的小國。當今世界潮流當中，國力之不均等本是一項現實，但對小國而言，此一現實是被看成為負債還是資產，取決於該國是否能在觀念上突破，創造自己的

價值，貢獻於世界。

在我們討論中華民國在世界上有何價值，或者我們希望它能有何價值時，我們必須對於一個小國能在向來是強權主導的國際政治經濟中發揮影響力這點有信心。這是為什麼要探討專講權力均衡的歐洲大陸上，如何居然出現了一批舉足輕重，在世界邁向和解過程中成就了不可磨滅功績的中立小國。

一、積極中立的提出

一群中立與不結盟的小國在歐洲安全暨合作會議的成立與發展方面，協助著冷戰中相對抗的集團與國家，渡過了後冷戰時期的不穩定，替兩德統一舖了大道，甚至替未來統一的歐洲開創了一條可能的途徑，這些國家中貢獻最大，同時也是受壓力最大，發生變化最多，但也最為臺灣應該理解的是芬蘭。二次戰後，先是瑞典提出了「積極中立」的觀念，希望能對歐洲之和平有促進的作用。後來在一九六九年，芬蘭破天荒地自願主辦全歐安全會議。這個會議的構想原係由蘇聯提出來對抗西方建議的歐洲防禦社會。後者由西方在二次大戰後提出但未獲支持，所以蘇聯的構想也就暫時停擺。兩個方案本都是希望把歐洲安全當作純粹的歐洲問題來解決。結果由於北大西洋公約組織與華沙公約組織的成立，歐洲安全變為世界性的問題。一直到低盪的出現，蘇聯才重提全歐安全會議的建議。

芬蘭登高一呼，竟牽一髮而動全身獲得來自兩種類型國家的呼應。一種國家是不屬於東西任一集團的其他

歐洲小國，另一種是雖然屬於兩大集團，但卻對現狀不
滿且曾聯手在聯合國建議東、西雙方合作的歐洲小國❶。
這些國家號稱九國集團，共包括了下列十國：保加利亞、
匈牙利、羅馬尼亞(蘇聯集團)，比利時、丹麥和荷蘭(西
方集團)，奧地利、芬蘭、瑞典(中立國)和南斯拉夫(不
結盟國)。果然在一九七五年，歐洲國家經由小國斡旋而
產生了赫爾辛基協定，爲繼起的歐洲安全暨合作會議的
運作奠下了良好的基礎。接著從一九七七到一九七八年
在貝爾格勒，一九八〇到一九八三年在馬德里，一九八
六到一九八九年在維也納的各項專家會議中，把赫爾辛
基條款中有關安全、經濟、環境、科學與人道方面的條
款進一步落實，使歐安會議證實自己確有能力抑制了七
〇年代中葉以後冷戰復甦的趨勢，甚至還使歐洲國家體
會到他們可能擁有一個共同的未來。所以歐洲小國雖然
國小力弱，但他們主張以國際與人際間的合作來保障國
家間、民族間、與個人間的平等，創造東、西方共享的
安全，的確在講集團對抗的冷戰氣氛中，開拓了人類的
前途。

二、雙重認同的矛盾

　　積極中立的概念有一個先天存在的矛盾。在傳統的
看法裡，作爲一個中立者，這些小國只能作爲一個消極
的參與者。最多，他們只能作爲一個不偏不倚且沒有立
場的調停者。積極中立的角色則要求這些國家除了作調
停者之外，還要自己也提出一套方案。因此他們又要作
調停人，又要作談判的一造爲自己的主張來宣傳。瑞典

❶勞克斯(Jeanne Kirk Laux)，
Small States and Inter-
European Relations, *Journal
of Peace Research 2,* pp.147
-160。

和芬蘭能重新詮釋中立的意義，進而創造歐洲轉變的契機，實與他們在認知上作了突破，在立國精神上創出了新義，息息相關。

傳統國際政治裡的中立國是一個純粹法律的概念。中立國在國際法上有一定的權利和義務❷。保持中立便意謂著儘量不介入衝突，對衝突各造的利害採對等待遇的原則，並絕少影響衝突後果。然而這種法的觀點在二次戰後已經不再是主流。中立的觀念正從一個戰爭中的法律地位逐漸演化成為一種政治上的策略，被用來維護區域（甚或世界）和平，促進社會進化，並完成國際關係的民主化❸。所以一個中立國不但不必避開國際衝突，反而應該積極介入，提出自己的主張，協助促成衝突解決的過程。傳統國際法上的中立發生演化，乃是因為它勢必會阻撓一個中立國參與當今日漸緊密難分的世界政治經濟結構，從而形成孤立。問題是，這種積極介入的方式是否會影響中立國的中立信用呢？事實上，過去中立的角色是相對於戰爭而來的，那承平時期的角色規範與指導原則的建立，則得仰賴國際政治成員國間相互協調後產生的默契來揣摩。因此中立國尋求新認同的過程一定要為其他國家所接納並且合乎期待。

這種默契的培養在複雜的國際關係中極難產生。對於一個小國而言，資源不足，國力不盛，要轉換中立的消極精神成積極精神，非得靠耐心、毅力，以及新觀念來提昇不可。像過去那樣僅以法來界定中立會受許多因素的限制：

(一)由於國際關係錯綜複雜，戰後各中立國相關的權

❷紐赫德(Hans Peter Neu-hold), Permanent Neutrality and Non-Alignment, *Österreichische Zeitschrift für Aussenpolitik,* p.80。

❸賓特(Josef Binter), The Actualand Potential Role of Neutrality in Search of Peace and Security, *Bulletin of Peace Proposals 16* (1985), pp.387-398。

利義務，會隨特定中立國的歷史，衝突發生的區域，議
題的種類，和談判發生當時的情景等四點而有不同，無
法以單一法理規範。

　　㈡在冷戰時期談中立，是要中立於東、西集團之外，
但在後冷戰時期，中立的對象很難界定。現在如果還談
中立，無可避免地會讓人聯想到是在批評所有強權。在
高度相互依存的體系裡，衝突牽涉到多國的各種利益，
傳統的中立觀無補於事，不能有效指導國家發展方向。

　　㈢第一次大戰後中立國加入國際聯盟，傳統中立國
對衝突各方利害等同的無私作風，必須作程度上的放棄。
集體安全體系的建構要求中立國加入制裁侵略者的行列
❹。像芬蘭與瑞典這種國家只好主張甚且率先裁武，放棄
了傳統中立國自衛的義務。瑞典在社會民主黨的領導下
（一九三二～一九七六），於戰爭間期強力推銷裁武，可
說是積極中立實踐之始❺。

　　㈣二次大戰的經驗顯示，除瑞典與瑞士以外鮮有中
立小國倖免於難。尤其是現代戰爭中，要以中立避戰實
係空談。

　　㈤冷戰時的東西對抗給中立小國很大的必須選邊的
壓力。另一方面，低盪時期純以國家為單位的國際法體
系也受到挑戰，講領土與主權完整的法律觀已遭高度交
流的經濟與科技所破壞，新的規範正逐漸浮現，歷史上
的中立國必須在這些新的國際規範中重頭界定中立的意
義與精神。

❹參見Efraim Karsh, *Neutrality and Small States*, (New York: Routledge, 1988)。

❺瑞典在蘇聯軍臨芬蘭的1939-40年的冬季戰爭中迅速武裝起來，而芬蘭則不幸地被迫加入同盟國而成為二次大戰中的戰敗國。

三、中立精神的演進

同樣是中立國，芬蘭和瑞典的歷史經驗頗不相同。芬蘭是二次大戰中的戰敗國，而且戰前與蘇聯交惡的夢魘猶在眼際，所以它對蘇聯與德國的關係極度敏感。在柏林危機之際，頗爲冷戰困擾的芬蘭提出了北海非核區的建議，使芬蘭的安全奠基於一個兩難間的平衡點上：一方面要形成對蘇聯的某種道義上的嚇阻，以免它對芬蘭爲所欲爲任意施壓；另一方面要提出對蘇聯的保證，使它相信北海這塊戰略重鎮絕不會成爲西方陣營的一部分❻。瑞典的經驗與想法均不同。面對戰後世界兩極化的趨勢，瑞典在一九四五年加入聯合國集體安全體系時便重申它不結盟的立場❼。瑞典外交部雖了解國際合作在當時的困難，但仍呼籲大家眼光放遠，並認爲除非能耐心地湊合東西雙方，世界難有前途❽。瑞典於是乎發起斯堪地防禦聯盟，但未爲丹麥和挪威接受。由於瑞典不是戰後和約的一造，無法對戰後秩序表達立場，因此對內發出一份秘密文件，解釋瑞典在戰後世界立足的方針：

> 對像瑞典這樣的國家，沒有什麼工作要比防止世界被全面摧毀還要重要。這個工作好像非由我們來作，所以只要有和平存在，我們就盡全力，使我們能夠在有限的機會下促進和平發展，最最重要的是千萬不能讓局勢惡化……每個人都一定要知道，在現今的局勢裡，瑞典的政策是促進和平，

❻萊斯(Thomas Rise), *Cold Will* (London: Brassey's Defence Publishers, 1988), p. 192。

❼約翰生(Alf W. Johnasson)與諾門(Tobjorn Norman), The Swedish Policy of Neutrality in an Historical Perspective, 輯於 Goran Rystad 序言, *Neutrality and Defence* (Stockholm: Wallin & Dalholm Boktr AB, 1984), p.85。

❽參見Erik Noreen, *Idealism and Realism*，影印本，1984。

絕不造成國際緊張。❾

戰後瑞典的立國精神於焉確立。

　　由上可見，瑞典與芬蘭最大的不同，在於芬蘭的中立條件是蘇聯必須認可它的中立，而瑞典未介入大戰且始終維持著強盛的武力，起碼對意圖入侵者可以造成創傷而擁有相當程度的嚇阻力。但芬蘭作為戰敗國，卻沒有這種可作為嚇阻力量的自己的國防。相形之下，瑞典因而勇於批判，且希望改變衝突對立的現狀。比如說，瑞典對美國介入越戰嚴厲批判致使它被除名於調停者名單之外❿。芬蘭完全相反，它退縮一隅完全避免對現狀有任何批判，戰前芬蘭內部自由主義的呼聲與國家主義的情緒完全被大戰所淹沒⓫。這也是為什麼瑞典的外交彈性超出芬蘭許多。瑞典是美國出資的馬歇爾計畫的成員，它曾兩度認真考慮加入共同市場，後因歐市的政治性過高而作罷。由於北海關稅同盟之議失敗，瑞典選擇加入了政治性很低的歐洲自由貿易協會。歐市不容納東歐國家致使瑞典與芬蘭決定不加入。換言之，令中立國擔心的，不是歐市的經濟活動，而是它的政治面貌。但瑞典在一九七二年與歐市簽訂自由貿易區協訂，解決了與歐市經濟交流的問題。芬蘭對蘇聯的高度敏感使它進入歐洲整合的過程備極艱辛。它從開始便沒有加入歐洲復興計畫，後來則成為歐洲經濟合作組織的觀察員（一九五六），到了一九六八年才正式入會。它也是最後一個與歐市談判及簽署自由貿易區協定的中立國。

　　低盪與和解並未給瑞典帶來認同上的震撼，只是改

❾前文, p.5。

❿詹森(Christer Jonsson)與彼得遜(Bo Peterson), The Bear and the Mouse that Roared, *Cooperation and Conflict 20* (1985), pp.79-90。
⓫喬奈梅(Pertti Joenniemi), The Peace Potential of Neutrality, *Bulletin of Peace Proposals 20,* pp.175-182。

變了它關切的焦點,它現在擔心兩大強權共治瓜分世界,所以對美國介入越戰與蘇聯入侵捷克抨擊不遺餘力, 因為這樣子的和解事實上有害和平。瑞典的關切是全局的,這可從它透過聯合國與世界銀行援助第三世界得到明證。相反地, 和解給芬蘭製造了龐大的心理壓力,因為它清楚地看到可以擺脫蘇聯陰影而令之悸動的大好機會。芬蘭領袖們多次談到芬蘭在整個歐洲所可能扮演的角色⓬, 所談的問題均涉及芬蘭的國家認同問題, 即中立的芬蘭如何成為新歐洲中的一員。蘇聯入侵捷克震驚了芬蘭。許多芬蘭領袖感嘆芬蘭未能掌握良機, 以能在和解時代初期重新界定中立角色的內涵, 竟要等戰火熾烈才看到已逝之機會⓭。現在他們反而在擔心, 蘇聯入侵捷克恐怕是後者想走芬蘭模式以減輕來自蘇聯的控制, 終而惹禍上身。

所以前面提及芬蘭自願在一九六八年主辦全歐安全會議, 是想趁著國際戰火的洗禮來真正大膽地測驗一下它的中立地位。結果反應出奇的熱烈。這是芬蘭邁向積極外交的第一步: 一方面擴展自己在外交上的生存空間, 一方面促進世界和平。芬蘭的難題一直是不敢向西方靠近以能真正成為名符其實的中立國。最大的限制是德國問題。蘇聯與東德不斷施壓要求芬蘭承認東德, 果真如此, 芬蘭豈不變成蘇聯集團的成員。但由於它一直與兩德維持等距, 只派遣商業代表團, 使它成為歐洲唯一的真正中立國(這點即令瑞典也承認)⓮。現在召開歐安會, 當然要同時邀請兩德。當兩德在一九七○年開始接觸, 芬蘭掌握良機與兩德同時展開談判, 並同時承認

⓬ 科考能(Urho Kekkonen), *A Speech in Neutrality: The Finish Position* (London: Heinemann, 1970), pp.143-145, 178-179, 191-203。

⓭ 芬蘭外交年報(*Yearbook of Finland Foreign Policy*), pp.25-28。

⓮ 李德曼(Janie Leatherman)訪問瑞典外交部(1988.5.27)將內容於國際研究學會年會上公布(1990.4.13)。

兩德政府，而兩德政府均聲明放棄對芬蘭以武力解決任何問題。如此便爲兩德同時以主權國家加入赫爾辛基談判鋪下了道路。由於芬德兩國在歷史上兵戎頻仍，不對芬蘭使用武力的協定正可象徵全歐邁向和平的過程。

　　進入一九七〇年代，芬蘭已經開始實踐瑞典那種積極中立的概念。但不同於瑞典那種以道德批判爲主的中立角色，芬蘭強調所有參與者互尊、互信以及對芬蘭的認可。這種姿態是在東西對抗的時局中更貼切的策略。芬蘭強調：

> （中立國）在追求自私的國家利益同時，可以建立和平、互重、信心與一般的人民事務……芬蘭的外交是以建構本國安全來促成人與人之間的和平與合作，致能促成對國際道德最佳原則之認可。❶⑤

❶⑤萊司金拿(Vaino Leskinen)，*The Foreign Policy Report of Government to Parliament on November 5, 1970.* ULA: pp.161-170。

芬蘭爲自己開闢了一條新路，因爲「每個國家根據自己的資源與可能性找一個適於合作的領域」，就能像瑞典那樣爲聯合國裁軍過程作出貢獻。芬蘭把自己的利益結合於對國際社區的崇高企許，解決了積極中立國角色認同的矛盾。

　　芬蘭與瑞典基本觀念的差異導致他們對中立國精神不同的詮釋。瑞典有嚇阻的能力，它強調改造集團對抗的現狀，對超強作道德批判。芬蘭追求被認可，它接受國際兩極政治的現狀，並以現狀來發展中立國的自我認同。集團的分合將不致影響瑞典的自我認同，但集團政

治的瓦解，將使芬蘭的中立內涵空洞化。因此芬蘭視自己的中立為歐洲權力均衡中永久且具有正面意義的一環。

四、歐安會議的發展

芬蘭的一九六九年五月備忘錄正式發出歐安會議的提議。第一個重要的工作便是要在東、西雙方利益與期望的衝突下，保留中立與不結盟國家參與及活動的空間。不結盟與中立各國無不期望達成裁軍並促成集團政治的解體。蘇聯集團講的是和平共存，因此是保留了以意識型態為組織要件的集團政治，但允許不同意識型態為主導的其他集團與之和平相處，互相尊重。這與西方期望的以個別國家為基礎的國際法體系不容，因為西方要求各國平等，適用普天下皆準的行為準則，不受集團屬性影響。蘇聯集團希望談原則，西方則要求先有具體的行動來證實大家的誠意。彼此的不信任使得歐安會議還沒開始，就陷入了嚇阻—威脅—反嚇阻的傳統國際政治模式。

芬蘭的五月備忘錄自稱將擔任一個探詢者。它的第一步要試圖讓可能的參與者接受具體的思維方式。它試圖設計一個議程，使芬蘭與各國的雙邊洽談變成一個多邊的過程。芬蘭的外交官們促請各國要注意新、舊世界，對、錯原則的對立所可能引起的誤解，所以鼓勵大家要學習以別人認識自己的方式來重新認識自己。芬蘭的目的是要打破成見，並進而要求蒐集更多的音訊與知識，因此使各國理解,為何芬蘭從開始便強調新的溝通管道,

而且提醒各國，尋求共識的過程其實是學習認識世界與
認識自己的一個過程。被任命爲芬蘭主辦大使的恩克爾
特別說明，他的任務只是探詢歐安會議的可能，而不是
爲歐安會議催生的傳教士。歐安會議的開幕是要等各國
有意願之後才可能，芬蘭只是設法使各國能達成最廣泛
的相互諒解。所以，它不是以交換的姿態來誘使各國會
因爲獲得特殊利益而來與會，它是協助各國去體認自己
渴求共識的需要。除恩克爾本人造訪了五十餘國首都，
凱科南總統也多次出行以尋求特定國家的理解與承諾。
至一九七二年九月芬蘭發出三十六封邀請函，僅有阿爾
巴尼亞拒絕與會。

　　芬蘭強調的共識原則爲歐安會議所接納，此一原則
在會議規則上的體現，即任何決策均必須在無人反對下
方可接受，如此保障了中立與不結盟小國的談判地位。
在這些中立與不結盟國家堅持之下，居然排除了兩大集
團的不同意見使歐安會議加入了人權的一段，而且使他
們討論軍事問題時必須同時討論政治問題。中立與不結
盟國家同時發現，他們一定要彼此協調取得一致的看法，
才可能與集團意識強烈的東西雙方進行談判折衝。在瑞
典的領導下，他們的聯合裁軍提議率先在一九八六年於
斯德哥爾摩形成協議，成爲日後美、蘇劃時代性的中程
核武協定之先驅。但不可避免地，兩大集團在互相猜忌
的氣氛中談判，每在最後階段常會出現破裂的壓力。這
種現象迫使中立與不結盟國家逐漸放棄了自己作爲談判
一造，積極提出主張的雄心，而傾向於專心扮演協調者
的角色。這在談判中製造了對兩造的壓力，因爲拒絕對

方提議的同時，有關集團也拒絕了所有中立與不結盟國家。中立與不結盟國家則有意識地不斷強調，要用長遠的歷史眼光看問題，強迫溝通的持續，維護談判的氣氛及動力，在七〇年代末期開始的新冷戰中，歐安會議的生存完全仰賴中立與不結盟國家爲它不斷注入生機。

五、歐洲潮流的浮現

歐安會議並沒有改變世界，但是它爲轉變中的世界提供了轉變的機制。它的基本出發點便是要打破集團政治與意識型態的對抗。然而集團的領導者與成員均不會有打破集團壟斷的企圖心，此一過程的產生唯有依賴中立與不結盟的小國。而小國角色的突出以及他們戮力折衝所引起的新思維與談判過程，恰恰反映了集團政治發生鬆弛的跡象。果然，以打破集團爲目標的歐安會議在和解低盪時期中掌握了發動的時機。等到了八〇年代末，歐洲政壇發生了巨變，分裂了四十餘年的德國竟然統一了，圍繞著德國問題的歐洲集團政治旦夕之間不知如何自處。以國家爲構成成員，不論大小，不談意識型態，國家平等，以尊重個體人文價值與人道主義精神至上的新歐洲社會要如何進行整合呢？歐洲安全暨理事會基於上述這些原則提供了取代北約與華約的天然機制，和容納統一後德國的老家。

歐洲安全暨理事會信用的建立是要歸功於歐洲這批中立與不結盟小國，尤其是芬蘭。西歐與北歐先進社會中因而已出現了一個潮流：以集團爲主的政治行爲已失去動力，而靠國家本身創造價值的作風，取代了否定國

家獨有立國原則的抽象意識型態。所以集團不重要了，
人變得重要了；意識型態不重要了，立國精神變得重要
了。國家價值的肯定，則視國家是否能爲世界安全暨合
作與人道精神有程序或實質上的貢獻。國家不能脫離世
界而仍能自詡其價值，但世界亦不能以更高超的邏輯來
否定國家獨有的認同與立國精神。

六、對中華民國的敎訓

對中華民國而言，芬蘭的經驗提供了我們什麼樣的
啓示與敎訓呢？

㈠我們認識到了小國在世界政治中也可以有影響
力。這個影響力的產生分爲幾點：

1.芬蘭對其在歷史上的經驗謹愼地歸納，理解環
境上的限制，能自處於蘇聯的陰影下不過分刺激歷史上
的大敵。

2.芬蘭不宥於其歷史經驗，能順應局勢的演變對
自己的國家認同作出觀念上的反省；但能在口號上彈性
採納原由蘇聯提出的全歐安全會議構想。

3.芬蘭勇於變革，突破與德國的歷史敵對，在觀
念上提昇中立國的觀念。

4.芬蘭講求實際，在更新中立概念時能採務實的
作風，逐步推行，但求能結合時局與芬蘭的自我期許。

5.芬蘭擁有崇高的和平理想，使芬蘭人在追求國
家認同的過程中能體會道德上的趨策力，故能奮鬥不懈。

㈡立國精神的建構是一個長遠的過程，不能於短期
之內勉強轉變，但也不能長期之後僵化不變。

(三)小國立國精神在觀念上的釐清可以影響其他國家。

1.對其他小國可以有示範或組織的作用。

2.對其他大國有在觀念上引導的作用。

3.邏輯、觀念、形象均可成爲國際上運用或仰賴的資源。

中華民國也是一個資源有限的國家，在歷史上也有一個大敵，這個大敵也在當前講求和解，中華民國的立國精神也正在發生轉變。芬蘭的例子和它立國精神的認同固然難爲我們所依樣畫葫蘆，但芬蘭轉化的成功與對歐洲安全的貢獻，則是任何處於類似地位的小國可以對自己未來感到欣慰與樂觀的理由。

結　　論

本章討論當今世界之中由重視集團意識到重視個人價值的世界潮流。我們檢視了歐洲中立小國的崛起，探討了集團政治不再是世界上的當然主導勢力。國家對抗也再不是世界上風行的思考方式。相反的，小國的價值可以經由它對世界和解過程之促進作用來認識。其次，我們分析了人權如何成爲國際政治中的重要關切，如何一度成爲外交的工具，又如何變成了某些政治與學術勢力所關注的目標。同時，我們研究了世界政治體系中各種多元力量的崛起，逐漸形成足以與超級霸權分庭抗禮的力量。這種多元思維的興盛與茁壯，到底對現代國家

多年來受意識型態桎梏的現象，是破或是立在學理上尚有爭議。但因應這股政治結構多元化而興起相抗的國際新經濟秩序、反霸、與回敎原敎主義等概念，已成功地迫使資本主義逐步添加了人道主義的內涵。其中，我們也很遺憾地解釋了爲什麼非洲國家在追求認同的過程中發生了嚴重地自我設限的狀況，一方面要求享有主權國家完整的權利，另一方面拒絕擔負主權觀念所衍生的國家義務，終而有害世界共助其解決面臨的發展困境，從而加深其認同的危機。

　　在我國未來的發展中，切不可忘記這股由強調集體意識到創建個人價值爲主要訴求的世界潮流。

第三章
立國精神與歷史潮流

前　　言

　　在冷戰結束後的世局中，充滿了紛亂。舊的國家瓦解了，而新的國家更是徬徨。可見，一個國家在世界上要求得長久的生存，必先建立國民所共享的立國精神。在中國歷史上，討論立國精神的文獻闕如，道理很簡單，在過去，國家的觀念與天下或世界的觀念並無明確的分野，中國的皇帝是天下共主，政治人物與知識分子所關切的問題，均圍繞著道統周圍在討論。而道統是一個極難定義的觀念，它似乎是一種心態，透過自覺的省思而發出的，一種超越時空的，對人民出乎至誠的關懷與衛護。基本上，道統並不是一種實用的概念，對政策的制定與政治的運作不會有具體的指導。道統一旦具體化，就失去了超越時空的特性，也失去了它的可以傳承性。雖然如此，在邏輯上仍可以肯定道統與自然是一致的。這種天人合一的氣概，引導人把世間種種困難均視為是政權未能與道統融合的墮落表徵。如此一來，原本沒有工具價值的道統卻要透過現實世界的考驗，便表現成中

❶統治者必須證明自己與道統合一，才具有統治的正當性。道統是出乎自然，與天合一的，所以一旦天下出現旱象洪禍，就成了對統治者正當性的否定。中國歷史治亂的循環，放在道統觀裡，就反而看起來非常自然。

❷這個挑戰是從1840年代的鴉片戰爭開始，經過修約戰爭、中法戰爭、甲午戰爭，而到達八國聯軍的最高潮。

國歷史是一治一亂的循環演進過程❶。由於社會內部與自然環境所造成的現實困難不會永久存在，也由於傳承道統的知識分子與政治人物心懷道統，使得道統每能在亂世中恢復。

中國固有傳承道統的方式，到了清朝中葉之後碰到了嚴重的挑戰。挑戰的根源是來自傳統天下觀念以外的夷人的洋槍大砲❷。立國精神的發生，乃是由於道統無法包容這種來自西洋要控制與利用自然力，而不是與自然融合的世界觀。這種無法包容的困境，使中國人意識到有保衛道統的必要性，進而認知了道統是有中國歷史文化的特殊性，與中國作為世界中一國之特殊性。本編的重點，便在探討並敍述中國國家認同演進的過程，從鴉片戰爭到民國成立，經由抗戰、內戰、與冷戰的衝擊，而到今日臺灣中華民國對未來發展方向的持續搜尋，以勾畫我國立國精神內涵上的變化。

壹、立國精神的源起

在中國的傳統觀念裡，只有天下而沒有國家。在天下一家的觀念破除以前，不可能有所謂的立國精神。所以，國家與天下是相對的。在我國，鴉片戰爭可以說是一個半世紀以來中國人立國精神從發生到浮現，再經歷若干衝擊與變遷的起點❶。雖然鴉片戰爭不見得改變了清朝的道統世界觀，但它是一連串挫敗的起點，而這些挫敗累積了一股後世拒絕道統的力量。所以，談我國當

❶具體地說，1842年清廷戰敗被迫簽訂南京條約，才更是天下觀念遭到動搖的確切時刻。

今之立國精神如何演變而來，追溯到鴉片戰爭是很貼切的。在鴉片戰爭當中，戰敗的自然是中國人。但是鮮有學者研討清廷既有的世界觀，在這次戰爭中起了什麼作用，以及戰爭後果對清廷的世界觀曾起了什麼影響。我們除了指責清朝王室昏庸之外，還能學到其他什麼教訓嗎？

　　每一個戰爭都可協助人們認識自己。中國人的作戰觀念當然也引導，並且反映清廷對敵人的分析。有一個英國人在鴉片戰爭爆發前約二十年曾觀察清兵的演練，發現清兵著重弓箭凌空破紙時的呼嘯聲與射箭時不同的姿勢 ❷。清兵非常強調陣仗的氣勢，用舞槍弄棍與大聲嘶吼來嚇退敵人，穿戴著虎頭帽，手持繪有老虎或鬼怪的盾牌。今日看來或恐謂為京劇之戲班 ❸。清廷之火力奇差，百磅火藥勉強能震倒磚瓦，且仍大量使用英軍聞所未聞之刀矛與飛鏢。八旗綠營往往以孔武有力能舉重石，擲遠鏢為招募標準，一八三〇年代末約只有三千旗兵，四千綠營駐守廣州，至戰爭爆發後才把從未集合共事之四萬綠營湊數上陣。

　　因為清廷在過去的對手太弱，以致它從未意圖評估對手之實力。清廷視英人為夷人，此係眾所周知的事，故除林則徐等少數官員外，未嘗有人懷疑到清朝的絕對優越性，所以發生許多常理看來荒誕不經的想法，如英人膝部裏布褲不能步行，故必無陸軍云云；甚或有英人仰賴中國供茶以通腹腸，方能維生之論 ❹。此種歪論卻在中國自視為天下共主，蔑視夷人的世界觀中，是聽來極合理之傳說。然而傳說背後所隱含的假設才是清廷對

❷ 費伊(Peter Fay)，《鴉片戰爭》(*The Opium War 1840 -1842*) (Chapel Hill: University of Carolina Press, 1975)，pp.344-345。

❸ 參見費伊，同❷。

❹ 這些報導，中國文獻頗多，但英人亦多知曉，參見費伊，同❷，頁230，又見 Arthur Waley, *The Opium War Through Chinese Eyes* (London: Allen & Unwin, 1960)。

世界錯誤認知的根源。在道統的天下觀裡，唯有代表道統的政權方能一統天下，故夷人以文化不開，自然處於邊陲地帶，僅天朝周邊略開化者得與聞天朝教化。政權倘能掌握對道統詮釋之壟斷，透過禮儀典章時而彰顯傳承道統的矯飾，則可以享天下之共尊，統治天下。如此一來，懷疑清廷本身之優越，甚或單純質疑有關英軍的荒唐傳說，都可能挑戰到千年沿襲的道統觀，這對於科舉出身，視道統於生命意義全部內涵的文武百官，恐是過苛的要求了。

雖然鴉片戰爭迫使清廷官員們必須面對現實，但他們在心理上都不敢根據戰場的實況來調整自己。對於前線官員而言，戰敗的經驗雖然恐怖，但是發現英人強過天朝許多方恐係眞正石破天驚的震撼。所以當時算是比較開明的像林則徐者 ❺，也不得不謊報戰情，宣稱清兵正在以寡擊衆，懲一警百。但他也含蓄地暗示道光皇帝，對待夷人時，天朝還是以原諒他們過去的行徑爲宜。道光卻訓示他不可心存畏懼，因爲他以爲，旣然天威已經展示過了，何妨持恃吾有以待之的心態呢 ❻？等到後來屢戰屢敗，道光都屢獲捷報，這才眞正顯示出戰爭的過程已然完全超出理性的範圍，竟然沒有官員敢於透露戰情，以免因挑戰了道統的神聖性，致否定了自己尊重道統、奉行道統的一生。一直到英軍以疲困之身登陸廈門，道光方覺事有蹊蹺，責怪將領們只知吹牛，不敢作戰 ❼。從道光對林則徐先褒後懲的不一致態度看來，他亦頗爲矛盾。林則徐禁煙以杜絕白銀外流，重整社會風氣，他本是在彰顯道統，但卻也正是因爲林則徐如此認眞，才

❺西洋文獻對於林則徐也有一定的讚許，參見Jack Beeching, *The Chinese Opium Wars* (New York: Harcourt, Brace, Jovanovich, 1975), Hsin-pao Chang, *Commissioner Lin and the Opium War* (Cambridge: Harvard University Press, 1964)。

❻《督辦夷務始末》，8: 17。

❼《督辦夷務始末》，32: 27。

幾乎暴露出清廷以道統昭告天下是虛矯與落伍的。所以
他責備林則徐（因了解到英軍的優越後而發生）的退縮，
指責他未能妥善處理禁煙事宜，致夷人感到冤屈。英人
實在並非眞正有冤屈，只是在寫給清廷的最後通牒中，
把罪過諉給林則徐，道光不讀通牒威脅恫嚇的那一部分，
卻只顧扮演仁君以圖平反英人冤屈，在在表現了他維護
王道聖君之治，而刻意忽略戰爭所披露的危機❽。

　　在逼不得已的時候，官員們只好含糊其詞來規避責
任。甚至像琦善許割香港與奕山允償六百萬圓，竟不告
與道光，可說是前線官員處於兩難之中的外交創新，可
惜後來英軍以所得不足而繼續推進。道光只好以省錢爲
由簽下南京條約，自下臺階，談判期間猶宣稱，夷人若
不接受教化，必當再予以懲處❾。道光至終未曾對道統
發生質疑，他並不認爲清廷戰敗了，也不以爲清兵軍力
不如英軍，他自己的分析，是將戰爭結果歸因於自己不
能知人善任❿，所以他處罰了所有的前線官員。

　　爲了取得良好的補給，英軍多次窺伺臺灣，接戰範
圍雖然不大，但影響卻頗深遠，英軍在臺失事船隻上之
水手幾乎悉數遭到處決。戰後，總兵洪達因而遭到解職，
這反而使臺灣的排外思想高漲。

　　至此可以看出，戰爭雖因禁煙而起，絕非因禁煙而
持續。事實上，道光下詔懲罰林則徐，便證明了禁煙一
議已隨戰爭之進行拋至九霄雲外。戰爭持續了兩年多實
在是因爲皇帝預期會戰勝，而且一直以爲清軍在打勝仗。
打敗仗的皇帝可能會面臨他不能代表道統的挑戰，所以
打敗了也不能承認，這就是道統的侷限性。皇帝一方面

❽ 在英人眼中的中國優越感方面，參見Brian Ingles, *The Opium War* (London: Hodder and Stroughton, 1976)。

❾《督辦夷務始末》, 58: 14; 64: 12。

❿《督辦夷務始末》, 64: 47。

象徵著王道仁君無爲而治，另一方面卻由於道統不能眞正作爲治天下的政策，他必須爲戰敗之事負責。皇帝之不能敗，厘爲政權之合法性泉源。這種矛盾因鴉片戰爭而突顯。

在中國，代表道統的勢力不會主動放棄護衛道統的虛矯使命。這使得控制與管理天下以求與自然合一的能力，成爲道統的表徵，而這種能力的喪失，則成爲道統隕落的具象。即令少數認清局勢的人能提出新的世界觀，這種世界觀縱令有維護道統的實際效果，恐也多難爲當代主流勢力所接納。鴉片戰爭的歷史作用，因此不在於它引進了新的世界觀或是改變了傳統以道統治天下的抱負，而在於創造或開啓了新世界觀得以發生的機制，使得社會有機會去認識到天下以外的世界確確實實地存在著。這種認識雖然只是一個小小的開端，但對於中國人認知到自己的獨特性有劃時代的意義。

鴉片戰後，外人來華的也越來越多。一八五〇年代影響至鉅，對清廷正統挑戰最大的，便是這種新的認知與新的環境。當時，由社會內部掀起的，是由洪秀全所領導在扭曲了的基督敎義指引下，驚天動地歷時十四年之久的太平天國革命。太平天國除了是挑戰政權之外，也同時否定了中國固有的道統。這是爲什麼本來這個可以成爲排滿的革命運動，受到衛道的漢族之士所排斥。由於鴉片戰爭已使一些清廷的官員認識到了英國船堅砲利，以曾國藩、李鴻章、左宗棠爲首的漢人學士竟在洋槍的支持下平服了源自西洋的革命意識型態。像李鴻章這樣的領導人物，在這個亂世中，畢竟也能體會出傳統

世界觀的缺陷。自從淮軍崛起以來，李鴻章一直是清廷
外交政策中積極主和的力量。他也是首位清廷大員認知
到中國在世界中應該安於與人平等的地位。與清廷保守
分子那種主戰的，極端的優越意識相較，他眞是個鮮明
的特例。關於李鴻章其人其事之論述頗多，然而他作爲
道統傳承的一名知識分子所扮演的獨特角色仍宜在此略
述。

　　李鴻章個人行事動機爲何常難下定論，比如他容許
淮軍搶掠，管理財務公私不分，平定叛亂時趕盡殺絕的
作風等，常令人懷疑他一切作爲不過是假公濟私罷了。
但從立國精神之發生而論，李鴻章的政策主張常含有時
代性的轉折契機 ❶。李鴻章認識到不分文化的共通心性
確實存在；他認爲儒家文化與基督教義是平等的；有時
他讚揚西方人的誠實與正直，希望能與他們達成眞正的
君子協定。他曾上書皇帝坦承外國之強與中國之弱，並
力主信任外國之友情。他十分在意與外國交往時的平等
和相互的關係，並主張交惡的國家亦可捐棄前嫌互爲善
鄰 ❷。這就是李鴻章一直在外交上主張和解的基礎。積
弱的中國如果不透過和解贏取友誼，其下場必定是悲慘
的。如果中國執意要追求絕對優越的道統至上觀，恐將
使中國淪於萬劫之中。所以李鴻章在中、法戰爭前夕最
主張和解，在甲午戰爭前後也多次爲廷上大臣彈劾，斥
之爲賣國，只因爲他百般不願將北洋軍送上戰場。到了
八國聯軍時，他又聯合了東南自保運動，與清廷劃清界
限，聲稱下詔對世界宣戰之旨乃係亂命。李鴻章這種專
談和解的外交透露出的是一種新的世界觀，要把道統適

❶參見William Francis Mannix, *Memories of Li Hung Chang* (Boston: Houghton Wiffim Company, 1923); J. O. P. Bland, *Li Hung Chang* (New York: Henry Holt, 1917); Stanley Spector, *Li Hung Chang and Huai Army* (Seattle: University of Washington, 1964)。

❷有關這方面的整理，見石之瑜, *The Spirit of Chinese Foreign Policy* (London: McMillan, 1990), pp.68-69。

用的範圍由天下限制到國內。

李鴻章在外交上的和解政策與傳統世界觀不符，因為道統乃一普天下皆準的王道精神，把道統適用範圍加以空間上的限制，就等於是把千年來道統和天下是共生的，而且相互認同的歷史否定了。李鴻章最受非議的，便是他對於割讓土地或條約毫無吝惜，只為換取和平。尤其是甲午戰前，李鴻章對日本在朝鮮予取予求的畏縮作風，使清廷清議之士感到喪盡顏面。朝鮮本係中國之屬地，為求和解而棄朝鮮謂之大逆無道確實不為過。更何況此一挑戰乃是來自被視為東夷倭奴之日本，無怪乎甲午戰中，議處李鴻章之聲不絕於耳⓭。偏偏甲午戰敗，絲毫沒有動搖清議之士的世界觀。早在一八六〇年修約戰爭之後，奕訢與李鴻章便認識到中國非學西洋之船堅砲利不可。鴉片戰爭結束前，道光曾一度有此認知，但南京條約簽訂後卻不了了之，蓋誰願意強迫自己去回憶戰敗之恥呢？後來的修約戰爭則引起了更恐怖的後果，英法聯軍進駐北京，自一八六〇年之後，中國可謂門戶大開。這對中國產生了三個在立國精神方面的影響。第一個影響是觸動了自強運動。推動洋務成了自強革新的代名詞。然而絕大多數朝廷之士都對洋務完全不解，進而有強烈的排斥心。奕訢則是目睹英、法聯軍入京才在旦夕之間改變了他過去強硬保守的作風，而竟變成了洋務主持者。從修約戰爭到甲午之戰間約二十五年，是晚清外交史上的黃金期。洋務運動儼然使中國成為世界上仍然可以自豪的強國。強硬的外交路線可以在左宗棠、曾紀澤的對俄外交，以及袁世凱的對日外交上略窺一二。

⓭見《中日戰爭文獻彙編》(臺北：鼎文，民62年)。

無論如何，對多數人而言，李鴻章主持的各種洋務機關
仍是陌生的、化外的。所以當朝鮮東學黨叛亂之際，李
鴻章竟圖循外交途徑解決時，清議之士無不欲把李之北
洋軍送上戰場。甲午之敗傳達了一個矛盾的喜訊：東方
的日本到底還是強過西方的洋務運動。

　　洋務運動對道統的挑戰是雙重的，否定了道統普天
下的適用性，也否定了道統的實用性。洋務運動的瓦解，
等於是催促衛道之士拿出他們自己的辦法，而義和團正
是在這個背景下產生的。這使我們相信，修約戰爭在立
國精神方面的另一個啓示，便是中國對內產生了自信心
上的懷疑。這種懷疑可以在後來中法之戰中看出。中法
之戰本係爲確定孰爲安南之宗主國而起。安南之重要性
可與朝鮮相比，兩者同爲中國之屬國，在洋槍大砲的威
脅下，唯有安南和朝鮮還是存在於中國傳統的天下觀中，
肯定中國爲天下之共主。安南、朝鮮若失，則天下的意
義便不存在了。不料中、法兩軍在安南、臺灣與馬尾若
干戰役之數回交兵中，法軍竟不能得逞。捷報傳來，朝
廷居然爲保持戰果反而將安南宗主權讓給了法國 **⓮**。論
者每以清廷昏庸無識譏之，詎知朝廷恐戰事延宕，倘中
國方面若有不支，豈不又賠錢割地，招引各國相擁而至。
中法之戰因爭取安南宗主權而起，而安南宗主權爲保衛
中國之勝像而放棄。

　　修約戰爭的第三個重要影響，便是它強迫清廷要在
制度上認可各國與中國的平等性，各國爲了在制度上破
解中國天下共主的自我誇張，兩個較重要的設計便是各
國派員駐京與設置總理各國事務衙門。

⓮關於中法戰爭中，清朝天下觀
所形成的影響，參見魏德門
(Jonathan Adelman)與石之
瑜，《象徵戰爭》(*Symbolic
War: The Chinese Use of
Force, 1840-1980,* Taipei:
Institute of International
Relations, 1993)。

南京條約原本容許英人進入廣州，約成之後中國上自皇帝下至販夫走卒，均無履行條約之意圖，後竟引起廣州亞羅船事變，進而引發修約戰爭。而戰前最大爭議即是中國方面堅拒外國使節駐京之要求。咸豐皇帝抗拒之意極濃，故明知不敵猶要開戰，故戰前即已出行熱河，走避夷禍。戰後成立總理衙門，由奕訢主持。總理衙門原係為處理商務而設，因為主事者為奕訢，竟成了主持洋務的重要機關，因此它的定位在一開始便是在道統天下觀之外的。這種與道統不符合的情形，註定了衙門的命運。正因為衙門是與外人交通之重要場所與管道，清廷便刻意忽略它。清廷對外事務之處理因而仰賴與洋務運動無直接聯繫，人事受清廷直接控制的各省總督，其中尤以兩江總督與湖廣總督為最。衙門辦事人員均為借調而來的兼職而非專職人員，衙門呈遞奏摺，必須由大臣共署，而大臣人數有時竟可多至十人，他們若相互牽制，則衙門豈能有創舉？各省若有稟報，亦毋須透過衙門，出外使節也不由衙門派出。所以總理衙門雖似轟轟烈烈，其所代表的中國為世界平等一國的新認同，完全為清廷所封鎖 ❺。駐外使節方面更是如此。除了中國傳統上視使節為人質的觀念作崇外，出使夷人之邦所象徵之屈辱頗為出使者所恥。連李鴻章均以為，若無砲艦之保護似不宜遣使他國 ❻。領事之選派常由各省總督作出選擇。出使者任期三年，可以攜帶自己的隨行人員，任期同為三年。一干人馬同進同退，如此經驗交接大成問題。出使歸國者鮮有受到重用者。出使費用由非固定性的剩餘關稅開銷。各國使節彼此之間也無管道。外交報

❺有關總理衙門之討論，見S. M. Meng, *The Tsungli Yamen* (Cambridge, Mass: Harvard University Press, 1962)。

❻陳中和（譯音），《外交行政制度研究》（出版地不詳：獨立出版社，民31年），頁58。

告缺少分析，像是日記流水帳❶。

就像鴉片戰爭一樣，中法戰爭與甲午之戰對臺灣也
發生了影響，中法戰爭之後，清廷將臺灣建省，由劉銘
傳任巡撫，致力建設。學者每有所謂臺灣是否有內地化
或者土著化的發展。所謂內地化即臺省的典章政制沿襲
中土的模式，把臺灣與中土在政制與治理方式上的差異
縮小。土著化則是一種文化現象，意指移民臺灣的中土
人民已對臺灣本土產生了特別的認同。劉銘傳的改革過
急且又引起地租膨脹，引起了不少反抗的活動，民衆對
政府似有許多不滿，皆因苛稅而起。但這並非新現象，
蓋在明末清初，鄭成功父子經營臺灣時，也同時有苛政
之評與開拓之功。而在甲午戰後，臺灣割予日本，唐景
崧率衆創建臺灣民主國，獨立宣言中謂「……臺灣疆土
荷大清經營締造……，今雖自立爲國，感念列聖舊恩，
仍應供奉正朔，遙作屛藩，氣息相通，無異中土……。」
雖然唐氏之宣言中有與中土相通之意，但獨立建國之舉
確與過去反抗活動迥異。清初以來各大戰役如朱一貴自
號永和，稱中興王，林爽文之年號順天，與戴萬世之自
稱東王，均是在天朝體系之內尋求正統。自唐景崧以降，
臺灣之抗日活動，雖受到中土影響，均間雜有獨立意識。
如一九一一年受辛亥革命影響而爆發的土庫事件中，黃
朝自任爲臺灣國王，一九一五年西來庵事件中，余清芳
自立爲臺灣皇帝。土著化加上內地化帶來的苛稅腐吏，
多少促成抗日活動中的臺灣獨立意識。然而革命領袖亦
均識知臺灣與中土有著密不可分的關係。

甲午戰爭之後，日人得到臺灣，對於臺灣與大陸的

❶嚴和平，《清季外交使館之建
立》(臺北：商務，民64年)。

往來，進行控制。日本的殖民使臺灣與大陸再度處於對峙的狀態。自葡、西殖民，經明鄭之抗淸，大陸與島嶼之政治關係始終處於隔離與相抗的關係。俟淸朝在臺灣建省，雙邊關係才趨和諧。甲午戰後，佔據臺灣的日本殖民政府則又開始對大陸採著敵視的立場，大陸與臺灣之間的關係，又歸於對抗。值得大書特書的，則是兩岸人民的遷徙往來，鮮有受政治對抗關係所影響。似乎民間社會在相當程度上有著不受政治控制的自主性。

在大陸上，一八九五年的戰敗帶來了歷時極短之百日維新。對立國精神發生影響最大的其實是慈禧垂簾聽政後刻意容忍，甚至鼓勵的義和團運動。甲午戰後，朝野均瀰漫著濃厚的仇外情緒，慈禧企圖另立大阿哥爲各國使節團所反對，加上百日維新要角康有爲與梁啓超受各國使節之助逃離，朝廷仇外情緒高亢。而外人傳敎士深入內地，建敎堂，蓋鐵路常損毀祖墳，及傳敎士傳敎心切，不分盜匪一律庇護之類的行徑，屢屢激起民怨，又因官署以茲事涉外不願管理，使原本單純的義和團迅速擴散爲仇外團體，以燒敎堂、殺毛子爲職志。義和團供奉中國傳統英雄爲神，以練拳腳刀槍不入而竟成爲朝廷徵召對象。外人爲避免激起民憤，初時尙忍讓，更增添其號召力，至義和團入京竟宣稱要拿光緖或逮捕李鴻章。京城官員不得不以入團自保，京城中人人頭纏紅巾，眞僞莫辨。義和團不論是正是邪，其以純中國式的神話爲號召，在極端排外的氣氛中，成爲朝野發抒積怨及重整道統之自然選擇。慈禧雖知義和團未必可靠，但在恐失天下民心的擔憂下，終對世界宣戰。朝廷多次下詔，

視拳匪爲義民，不可任意捉拿。及至宣戰，更詔拳民相
助。當時朝廷辯論則亦近乎一面倒向宣戰。後聯軍進逼，
慈禧仍下令斬首前此反戰之人士如許景澄等，以昭決戰
之心，然後攜光緒奔西安避難。旅途之中備嘗艱辛，而
慈禧則又使光緒下詔罪己，且大加批判拳匪，規定凡拳
匪曾作亂之處，停辦科舉五年以爲懲。原本護道之拳民，
竟受不得與聞道之懲治下場⓲。

　　義和團仗著人多勢衆，對於西洋人、物、建築的燒
殺滿足了道統不彰的沮喪。但它對於西洋來犯之夷人探
殺無赦的態度，實在是與講王道與教化的儒家傳統不合。
義和團訴諸鬼神和刀槍不入之迷信，更是違反道統以仁
出發，不語怪力亂神，出乎至誠的人道精神。然而，義
和團作爲洋務運動已然失敗，道統瀕臨瓦解之際的一帖
重藥，反映了朝野在喪失道統過程中透露出的焦慮與絕
望。這種作風當然不爲像李鴻章之輩所能接受。所以慈
禧近乎哀求地請東南諸省發兵護主，不斷陳述朝廷之宣
戰乃爲全民所迫。此爲中國近代史上罕見地在沒有任何
特殊事端之下，由中國內部興起的一股求戰的力量。中
國的道統已經不能再忍受外夷的欺壓，而因此所生的反
彈力量，卻正足以證明千年道統觀欠缺實用性。道統原
本存在於封閉世界中，當中國必須作爲世界中之一國時，
道統之維繫則必須仰賴世界觀的修正，使衛道之士能滿
足於道統有限的適用性與國界性。

　　這種心態變化表現在外交上，便是承認外國與中國
之平等性，他們之間不再是臣服關係。像清廷所成立之
外務部頃刻之間成爲外交決策的新重心。過去駐外使節

⓲關於拳亂，西洋文獻頗多，參
見 Richard O'Connor, *The
Spirit Soldiers* (New York:
G. P. Putnam's Sons,
1973)；Chester Tan, *The
Boxer Catastrophe* (New
York: Octagon, 1967)；Vic-
tor Purcell, *The Boxer Up-
rising* (Cambridge: Cam-
bridge University Press,
1963)；大陸之文獻也新整理成
英文出版，參見David Buck
(ed.) *Recent Chinese Studies
of the Boxer Movement*
(Armonk, New York: M. E.
Sharp, 1987)。

與總理衙門之信函僅約四分之一於朝廷之信函，現今與外務部之函則三倍於與朝廷之信函。信奉天下觀的朝廷由實踐平等觀的外務部所取代 ❶。朝廷在拳亂之後則完全失去了主導性，它已明顯地不能作為道統的護衛者，因為它對夷人沒有號召力，無能照顧自己的人民，也無法在觀念上作突破或超越，重新替自己定位。美國提出的門戶開放政策使得清廷將保衛國土的責任交由各國之間的均衡與互制去承擔 ❷。中國在二十世紀起頭的若干年幾乎完全仰賴美、日、英來抵銷蘇俄的領土要求。日、俄戰爭在中國領土上開打，清廷竟以宣告中立表示與己無關。清廷中，無人再倡議若干年前還流行的以夷制夷，它流露出的是絕對被動，沒有意見，也沒有立場的態度。即令在國內，碰到立憲運動，清廷也無言拒斥，最多是用拖延的方式來和緩其實施。甚至，它廢除了科舉，正式將傳承道統的考試制度取消。

　　不到十年，清廷失去了各方擁兵自重的團練、軍營的支持，終於為高舉民國旗幟的革命黨人推翻。「天下」終於變成了「國家」，中華民國於焉誕生。

貳、主權意識的建立

　　立國精神的內涵，最具關鍵性的部分，便是一個能號召人心的國家認同。二十世紀初的中國革命運動與立憲運動，均象徵著積弱的清朝臣民在尋求認同的過程中有了歷史性的新體認。保守勢力歷來以排外方式恢復道

❶《清季外交史料》，卷137至卷145。

❷關於門戶開放政策，參見陳志奇，《中國近代外交史》（下）（臺北：國立編譯館，民82年），頁988-1007。

統的作風為時代所淘汰 ❶。革命運動和立憲運動在建構
立國精神方面的特色，在於它們都是強調內部的改造，
而不是以否定外夷來肯定自我。革命運動是由孫文領導
的激進力量所主導，談的是推翻專制，確立共和 ❷。而
立憲運動的宗旨則在限制君權，保障民權。但清帝之遜
位實在並非革命或立憲力量強大所致，蓋支持清朝統治
的最大支柱是北洋軍閥，其勢力恐怕超過革命黨人甚多。
北洋軍閥對革命之容許，誠然揭示了以道統為依歸之天
下觀已然崩潰的歷史趨勢，但是對於千年封建王朝所遺
留的土地與人民，要如何重新定位與整合，諒非徒有共
和理想的民初軍政人物所能憑邏輯決定的。

　　民國的誕生只反映了舊規範的破產。新的國家認同
建構過程，不可避免地呈現著混亂與無序。但是傳統天
下觀仍畢竟漸為反映事實的世界觀所取代，最明顯的證
據，便是在清末外務部成立時，出現了依地理來劃分職
權的作法。雖然當時尚不能說有受專業訓練的外交官，
但地域分工本身即是一種對世界秩序的體認。況且外務
部的人員均改為專職，不再像總理衙門時期的兼職借調
處理方式。但是，在中國認識到自己不過是世界上的許
多國家之一這個事實後所發生的立國精神，並不必然會
與傳統截然兩分。革命雖然推翻了滿清，但構成新中國
的國民無可避免地會沿襲歷史的思維模式。所以儘管中
國已不是天下共主，然而主張把道統起碼適用於中國之
內的想法仍然風行。這固然與道統本應放諸天下皆準的
觀念並不相符，但卻是當時對中國人來說簡單易懂的作
法。

❶因為保守勢力的排外運動，在辛丑事變（義和團之亂）後，已然崩潰。

❷參見孫中山就任臨時政府大總統時之宣言。

在清朝尚未被推翻之前，便有所謂中體西用之說。後來君主立憲派與保皇勢力均主張中國之國格應予以人化，而希望保留皇帝一制。所以在中國人意識到中國為一個國家而非天下時，中國人想將立國精神寄託於道統化身之君主身上的願望，則仍然充斥於社會之內。就連孫中山先生在闡述三民主義時，也不得不強調他的革命其實是繼承著道統。但與其他人比起來，他的道統似乎還比較真正接近傳統中訴諸自覺的道，因為他特別講求固有智識中的修身，而且他還認為中國的民族主義必須以濟弱扶傾為目標，絕對不能排他，尤其是排滿。

夾在道統與革命之間的新中華民國立國精神之建構，發生了兩個令人關切的焦點：一個是要不要帝制；另一個是國家主權的維護。對於主張帝制的像袁世凱、張勳等人，彼此雖不見得沆瀣一氣，但是他們冥冥之中把中華民國之立國精神限制在帝制的身上，卻頗為一致。對袁世凱來說，他最痛恨的就是混亂。從他過去的行徑可以看出他對一統與秩序的極端重視。他雖然同情清末的維新，可是他更忠於一統而協助使得維新變法六君子落於極刑的下場。他一生戎旅使他相信實力的重要，因而企圖藉實力統治中國，而且他認為唯有團結才能生存❸。袁世凱努力推行儒家學說，讚揚忠孝之美德。對於許多軍閥來說，中國一統是他們最崇高的目標，唯有一統於皇帝化身的道統，中國才得長治久安。有的軍閥把大總統當作皇帝，而袁世凱則發現大總統的道德號召力不夠，所以才主張恢復帝制❹。這和中山先生的想法不同。中山先生所領導的革命運動正是感到道統之受扭曲，以

❸參見鄭傑榮(Jerome Ch'en), *Yuan Shih-K'ai* (Stanford: Stanford University Press, 1971)。

❹參見Ernest P. Young, *The Presidency of Yuan Shin-K' ai* (*Ann Arbor: University of Michigan, 1977*)。

致四萬萬人均想作皇帝，才主張用主義來傳承道統，用
約法來完成主義。

　　所以在袁世凱解散國會之後，中山先生便發動了護
法戰爭。從政治的角度來分析，護法戰爭當然是向袁世
凱奪權。但從中國人搜尋立國精神的掙扎過程來看，是
到底如何詮釋道統，以及什麼人，什麼法才能代表道統
的問題，使得中國人找尋新認同的迷惘與矛盾益加突顯
出來。然而這個護法戰爭成了民國十年孫傳芳與曹錕等
軍閥以法統爲號召的根據，竟要在那個國會被解散了九
年之後，把它恢復以維法統。其實後來的這個所謂法統
是用來對抗聯省自治運動的 ❺。聯省自治的思想源自聯
邦制度，是在政治上反抗袁世凱專權因而風行的。聯省
自治運動本來也可以有助於把軍閥割據的中國一統於自
治體系中，但也自然成爲割據者抵抗中央之藉口。法統
觀念的提出，取代了道統觀念，而成爲歷來所謂正統的
新內涵。雖然法統一詞不過是軍閥御用的工具，此一觀
念卻將中國立國精神之爭辯提昇了一個層次。立國精神
從寓於悠乎無形的道中，與誰代表道的爭辯中，逐漸演
化到寓於具體的約法或憲法之中。

❺參見李劍農，《中國近百年政治史》（下）（臺北：商務，民 46 年）。

　　在國家觀念取代了天下觀念之後，原本中國人所不
在乎的主權問題，就成了另一個關切的焦點。中國人對
主權問題的認知是一個全新的現象。過去自鴉片戰爭以
來，對於各種主權的放棄並非是對道統的挑戰，甚至可
以視爲天朝的包容性，以及不計小利小害只求大德不踰
閑的處世態度。所以對李鴻章等人而言，有時候放棄一
些主權反倒是委曲求全的作法。但是如果道統與法統是

存於一國之內，而不是普天下皆準的話，那麼一國主權的喪失便形成對道統或法統的直接挑戰。這種情形對軍閥們而言是很大的困擾。因爲道統的維護有賴他們起而對抗帝國主義，如此方可獲得新國家、新國民的支持。然而他們又擔心對抗帝國主義的結果會使得外來勢力去支持別人，因而造成他們在國內一統努力上的極大障礙。因是之故，民國以來在對外抗爭最積極的，不是北京的軍閥或任何其他國內的政治勢力，而是在政治上沒有實力的一群專業外交官，或者是純憑理想結合的知識分子階層，一般的軍閥，反而希望國民不要在意主權問題，則立國精神當然不容易彰顯。

軍閥們其實常用放棄主權的方式來獲取國際支持，袁世凱是一個最好的例子。他在答應日本提出叫他喪權辱國，任中國由日本滲透控制的二十一條要求時，直呼之爲國恥 ❻，必當雪之。唯他恐怕日本轉而支持發動二次革命之革命黨（蓋中山先生或已允諾若革命成功當予日本二十一條之要求），所以迫於情勢不得不同意 ❼。後來在北伐與剿共的過程中，蔣中正也一再迴避日方之挑釁，並強調攘外必先安內，因而容忍日本諸多帝國主義之行徑。袁世凱在西藏與蒙古的主權問題上也同樣地態度軟弱。段祺瑞則在民國六年與七年分別放棄若干鐵路權與礦產權以換取借貸的機會。事實上，在臨時政府成立之初，革命黨便宣佈將尊重清廷簽的所有不平等條約。急迫的生存問題使得政治人物對國家主權的維護不能全力掌握。那些不在北京組政府的政治勢力或許不須受到什麼正統觀念的限制，但是照理說是代表正統的政府，

❻鄭傑榮，p.158.

❼中山先生爲了推翻袁氏的帝制，也不得不與帝國主義妥協，參見Marius B. Jansen, *The Japanese and Sun Yat-sen* (Cambridge, Mass.: Harvard University Press, 1950), pp. 188-193。

則每因無法力抗帝國主義之侵擾而受到學潮的攻擊。事後證明，蔣中正毅然宣佈抗戰不但未危害到統治實力，反而鞏固了他代表正統的領袖地位❽。

　　當時，對於中華民國的外在主權的了解與保護，則是靠爲數不多的一群外交界知識分子。他們所戮力爭取的乃是中國國際地位之平等。他們是以接受而非推翻國際現存秩序爲出發點，因此旨不在廢除不平等條約，而在避免主權受到進一步的危害。在蒙古與西藏主權問題上，外交官員與俄、英分別發生激烈爭辯。有了國家的民國外交官在保護主權時，比只談天下的清朝外交官，有更明確的目標與較強烈的動機。外交官如果是代表天下的道統，則談判本身便意味著對道統的否定。但外交官代表的如是一個新國家，那外交官必須透過談判來爭取主權。因此在新精神的指引上，他們表現得有所恃，也有所奮鬥的目標。民國十年，德國放棄在華的領事裁判權，係鴉片戰爭以來中國的第一個平等條約。民國十七年，中國大體上恢復了關稅自主權。九一八事變之後，中國求助於國際聯盟，是中國人首度以一種信任的態度，要求中國以外的國際組織來解決紛爭。像這樣整個大的環境塑造了人們對國際主權的重視。

　　民國八年的五四運動乃是中國歷史上第一次因爲社會內部掀起的反對力量，改變了政府外交的決策。青年學生發動學潮與工潮迫使中國在巴黎和會的代表缺席，因而沒有簽署有關山東半島主權問題的和約。大規模的學生運動是從民國四年因日本提出二十一條要求而首度爆發。但民國時期群衆性的運動可溯源自辛亥革命前夕

❽在這一點上，中山先生與衆不同之處，在於他雖有現實考量，但不忘理想主義，故提出大亞洲主義來勸告日本人，參見Lyon Sharman, *Sun Yat-sen* (Stanford: Stanford University Press, 1968)。

的四川保路運動。五四之後的另一個大規模的全國性示威運動是五卅慘案所引起的，英國最後放棄了在漢口與九江的不平等條約權。主權意識普及化的因素很多，包括民智的開放，對民國的期望，與對多年來帝國主義侵犯中國的反彈。但更重要的是主權意識提供了知識分子一個新的認同對象。在講求西化，個人主義與虛無主義的時代裡，國家主權的建構使人能透過愛國主義重新體認到自我的存在與奮鬥的目標。所以在五四反權威的訴求當中很重要的一環，便是反對在國際間講權力政治，號召要打倒帝國主義，把中國的解放與世界被壓迫民族的解放連結起來。

雖然甲午戰後，日本人取得了臺灣，可是五四運動的風潮，也在臺灣掀起了變革的潮流。在臺灣的文化圈中同時存在著多種訴求，有要求與日人同化者，有追求民族自決者，其中有向中土與漢族認同的，也有要建立臺灣人的臺灣的，另外還有大亞洲主義者。文化協會於一九二一年成立，日人疑其意在否定日本統治權，文化協會請願成立臺灣議會，並視此行動爲民族自決的象徵，日人則斥之爲空想。

政治之外，五四運動對國家主權意識的執著也有文化上的含意 ❾。雖然，對一個五四新國家而言，能追求平等已是一件令人興奮且全神貫注的事，但是中國的文化傳統卻不是全新的，故追求政權的合法性不得不先問國家之目的爲何。所以主權意識只是新國民用來偵測世界對新中國的認可程度爲何，無法告知百姓何以要成立國家。過去的道是要與天合一的，現在的道則是在追求

❾這方面的名著，參見周策縱，*The May Fourth Movement* (Cambridge: Harvard University Press, 1960)。

民有、民治、民享。爲了肯定替民國服務之人有民國之概念，外交人員訓練課程特別強調世界秩序的應然面而不是實然面。國民黨在訓練外交人員時，有百分之七在談道德訓練，百分之二十四是軍事訓練，百分之三十二是政治訓練。有關外交的課程只佔百分之七不到❿。然而正如前所述，由於國內政治環境混亂，立國原則在帝制、法統與聯省之間搖擺，且軍閥割據致北京政府常難以代表全國發言，所以有許多外交官根本沒有國家觀念。北伐統一之後情形也未見好轉。比如外交部長在民國十六年與二十四年間換了九次十任。連外交部官員都坦承冗員過多❶。這使得外交戰場上之折衝仰賴有心之外交人員自我發動。由於缺乏強烈的政治意識主導，中國外交官的表現經常不如人意，這使得主權意識強烈的新國民感到沮喪。

　　經過五四運動所掀起的文化革命，說明了共產黨能在學生中煽動起抗日風潮的背景。照說北伐成功之後，國民政府可以負起建國的責任，然而實際上國民政府自己所能眞正控制的區域並不多，加上國民黨內派系之不合，要照三民主義來進行訓政眞是困難重重。但是對國民政府挑戰至鉅的在內是共產黨，在外是日本軍國主義。共產黨在被國軍圍剿經萬里長征抵達延安，希望透過抗日情緒轉移國民政府的軍事目標。張學良扣留蔣中正的震驚全國的西安事變便是在此刻爆發。雖然西安事變主角逐漸凋零使當年眞象難能公諸於世，西安事件所突顯的抗日情緒則是不容置疑的⓬。對日本軍閥而言，統一而強大的中國是他完遂大東亞共榮圈的最大障礙，因此

❿陳中和，《外交行政制度研究》（出版地不詳：獨立出版社，民31年）頁310。

❶周哲亞，《外交政策與外交行政》（南京：中央政治處，民29年）。

⓬張學良扣留蔣中正委員長，意在迫他立刻抗日，也只有蔣委員長能凝聚全國的抗日力量。

不斷製造事端，企圖逼迫國民政府壓制中國境內的反日風潮。在內憂未平的情況下，國民政府對日本始終抱持著綏靖政策。換言之，對國民政府來說，沒有鞏固的政權而想要對外談主權是沒有意義的。所以它極力避免在外交上刺激日本。民國二十四年，日本竭力推動河北自治。蔣中正唯恐國人按捺不住，在黨的第五次全國代表大會上發表演說，要求國人忍耐，不要為枝微末節之事或短暫的情緒反應所左右，並重申和平未到最後關頭絕不輕言放棄，犧牲未到最後關頭絕不輕言犧牲❸。外交部長張群則向日方保證會壓制國內反日情緒，絕不會對日本備戰❹。

日本阻撓中國統一的決心不可能因此而改變，它擔心強大的中國不利於日本的世界爭雄計畫，結果終於爆發民國二十六年蘆溝橋事變。四天之後，雙方協議由中國方面道歉，並保證清除國內反日團體。蔣委員長則宣告中方雖不避戰，但也絕不求戰❺。中國同時求助於英、美兩國要求出面調停。到八月八日蔣委員長宣佈和平無望❻，但他仍訓令上海市長與駐日大使繼續尋求談判解決。等日軍於十三日攻打上海，中國則宣佈抗戰，並謂將堅持直到日軍撤出七七之後新佔領之領土。換言之，中國並未要求透過戰爭來達成主權完整，只是希望獲得部分勝利。尋求和解的努力在抗戰宣言發佈之後仍在持續進行。八月三十一日，中國再度要求國際調停。中國甚至同意在中國北方經濟權方面作出重大讓步，同時願意接受國際調停之停火協定。但日本進一步要求內蒙古自治，上海劃定非戰區，與任用親日的北方行政首長。

❸吳湘湘，《第二次中日戰爭史》（臺北：天下，民62年），頁344-345。

❹前書，頁351。

❺前書，頁368。

❻蔣緯國，《國民革命史》，3（臺北：黎明，民68年），頁8。

到了十二月二日，中國方面決定，這些喪權辱國的苛刻
條件並非全然不能接受。但日本又進一步要求中國承認
滿洲國，建立沿長江的非軍事區。連同是軸心國的德國
調人都覺得日本這些條件如爲國民政府接受，必將引發
中國內部布爾什維克式的革命❶。中國方面自然拒絕日　　❶吳湘湘，前書，頁427-431。
方的要求。但中國方面的戰爭戰略是被動的，旨在仰賴
地廣人衆與民心歸向所形成的有形與無形的防禦之牆
❶。中國方面因而在短短的一年之間，被爲數不及一百萬　　❶前書，頁402。
的日軍拿下了中國最大的六個城市與沿海各省。中央軍
集結超過兩百五十萬大軍，但並未對日軍形成威脅，且
相當仰賴地方軍自發的抗日。

　　中國方面的被動態度因爲歐戰爆發而有了轉變。中
國重新省思戰爭的意義，宣稱抗戰將與歐戰同時結束，
因而在觀念上逐漸改變了國民政府的主權意識，從而主
張中國的問題將在世界大戰後自然解決❶，中國方面甚　　❶蔣緯國，前書，頁79-80。
至決定，非至大戰結束，中國絕不與日本單獨談判，戰
勝的信心逐漸浮現。

　　主權意識的抑揚頓挫，說明了立國精神的建構是極
其繁亂與令人焦慮的掙扎過程。主權國家的建立有賴於
主權意識以及行使主權之意願。而對外行使主權的意願
和國內政治環境息息相關。國民政府在中國於民國十七
年一統之後，無法以建設成果取得合法性，反而處處受
派系、軍閥與共產黨的工農革命所掣肘，致使它完全沒
有意願去滿足民族主義情緒高漲的國內政治要求。國民
政府在強烈的危機意識下，完全忽略了立國精神的外在
（或國際）表徵。抗日初期所展現的猶豫不決與拒戰避

戰，正是缺乏立國精神以致缺乏作戰動機的證據。國民政府只在追求和解以利它集中心力對付共產黨。這種心態在它認識到抗戰與世界大戰之關聯性後發生了變化。獲勝的契機使國民政府發覺中國有可能成為一個戰勝國，從而一舉解決中國整體之問題。

　　這種認識在珍珠港事件之後更加明確。與美、英併肩作戰的事實使中國幾乎不可能戰敗了。一夜之間，中國似乎脫胎換骨成了另一個國家。目標變得明確，主權意識極度強烈。珍珠港事變次日，中國正式向日本宣戰，不但如此，它竟也同時向德國與義大利宣戰。中國要求在遠東戰區召開各盟國的軍事協商會議，得到了美、英的同意，成為中國歷史上首次作為重要國際會議平等的東道主。民國三十一年，中國與其他二十五國共同簽署聯合國宣言，蔣中正成為遠東戰區最高司令官，中國成為世界四強之一。在軍事方面，中國變得也更積極。中國發動全面的游擊戰，支援香港的英軍，遣派赴緬遠征軍。當國軍準備第三次長沙之役時，蔣中正強調要不計任何犧牲來贏得勝利，因為全世界都在注視這個戰役，透過此役可以建立中國在世界上道德與精神上的權威[20]。但整體而言，中國卻未佔到任何便宜。到一九四四年時，僅三十五萬日軍便佔領了比法國面積還大的區域，經桂林、柳州連絡它越南的殖民地。雖然中國在一九四五年五月奪回了桂林，但它始終未曾嘗試攻擊沿海港口或任何六個大城。在緬甸，中國損失了近三分之一的戰略儲備[21]。

　　立國精神漸明的中華民國，反而不在意這些軍事方

[20] 吳湘湘，頁796-798。

[21] 威爾森(Dick Wilson)，*When Tigers Fight* (New York: Viking Press, 1982), chs.10-12.

面的挫敗。中國外交方面出現前所未有的積極性。民國
三十一年，蔣委員長赴印度會晤甘地，宣稱唯有中、印
兩國均獲自由之後，人類方可獲自由，否則世界必無和
平❷。他威脅如果中國的尊嚴再不能受到美方的注意，
他要關閉美國在中國的基地。他與美國顧問史迪威將軍
有嚴重地私人衝突的問題。回顧民國初期，蔣委員長雖
然極度不信任史達林，但對於蘇聯顧問禮遇有加。抗戰
時他如此依賴美國，卻不惜要爲了尊嚴與美國顧問決裂。
這顯示了中國主權意識的彰顯，而維護主權強烈意願之
萌生，改變了中國對外的姿態。

　　中國生存於世界中之意義因戰爭而建立，中國成爲
世界強國的自尊心也透過戰爭而發生。抗戰把中國從一
個立國精神混沌不明的國家，變成了一個傲視國際，亟
思有所作爲的世界領袖。抗戰的結束爲八國聯軍與拳匪
之亂以來喪失的道統重新尋得了新的歸宿。戰場上的失
敗未曾影響中國方面對勝利的期望與自信心的高漲。在
各國相繼廢除了領事裁判權後，蔣委員長感到使中國成
爲一個獨立又民主的夢已成眞，從而鼓勵中國人民以自
尊自信，言行一致來履行中國的國際義務，重建世界秩
序，促進永久和平❷。他對日本人採以德報怨的政策，
反映了傳統仁君王道的風格。經過了三十餘年的奮鬥，
新中國似乎眞的誕生了。然而，嶄新的國家形象與主權
意識的強化不是白吃的午餐。中共在抗戰期間在北方擴
張，控有人口約一億之腹地。爲確保中國在戰後的一統，
中國政府被迫簽署了雅爾達密約，容許蘇聯在中國東北
取得各項無異於帝國主義式的條約權利。一個新興的以

❷傅啓學，《中國外交史》(臺北：
商務，民72年)，頁805-806。

❷吳湘湘，前書，頁840。

世界領袖自居的中國怎麼接受了如此的屈辱呢？無疑地，蔣中正了解中國國際地位之上升極度仰賴世界列強的支持。中國接納雅爾達密約，一方面向美國示好，表示支持美國邀請蘇聯加入對日作戰的意圖，另一方面獲得史達林的承諾，不去支持戰後國民黨與共黨搏鬥的任何一方❷❹。中國新國際地位缺乏實力作後盾，但在付出了像雅爾達密約這樣的代價後，使政府對戰後的秩序充滿了信心與期望，而謂有如此國際聲望之政府，恐非鄉野出身的共產黨所可取代的了❷❺。

抗戰的經驗似乎使中華民國的立國精神之爭平息了。除在世界上出人頭地之外，國民黨強力主導下創立的中華民國憲法，更進一步將國家推往以三民主義為指導原則之民主憲政國家。國家的正統性同時有了三個理論上的來源：世界認可之主權，三民主義之道統與憲法之法統。主權是對外的，法統是對內的，而道統則是它們的精神。自此以往，中華民國立國精神面臨的挑戰，在外是主權，在內是法統，但鮮有能及於道統的。當主權受質疑時，道統就講王道文化，超越主權，當法統受攻擊時，道統就談民本，充實法統，厥為亂世生存之法寶。

叁、分裂國家的掙扎

中國立國精神的萌發，卻在戰後受到摧殘，這真是一個令人難以置信的打擊❶。在抗戰結束前夕召開的第

❷❹傅啟學，前書，頁654。

❷❺雅爾達密約透露了史達林對中國的野心，在一定程度上說明了何以日後中共對蘇聯始終深懷戒心。參見石之瑜，*China's Just World* (Boulder: Lynne Rienner, 1993)。

❶所謂難以置信，指的是美蘇兩國不顧雅爾達密約以及同盟關係，在中國內戰時對國民政府竟未能有效支援。

四屆國民參政會第一次大會中，原本充滿了即將勝利的
氣氛，中國似乎看到了「世界光明國運好轉的時會」。比
較七年前參政會成立時的那種「亡國滅種之禍，迫在眉
睫」的艱難險惡，民國三十四年時，中國卻已「因領導
反侵略戰爭在先，貢獻世界最大……國家地位提高不少，
民族聲譽大爲增進」，所以當時大會主席「展望世界大勢，
實令人興奮，反觀我國前途，更光明無量」❷。從聯合國
的成立，到大戰結束這一段歷史過程中，中國的角色從
孤立迷惘到崢嶸彰顯，反映了世界局勢對一國立國形象
與精神的影響。

　　在抗戰之前，中國對日本之種種侵略均忍氣吞聲，
唯恐影響政府從事一統與建設的工作。然而在抗戰之後，
國家分裂的趨勢益加嚴重，反而卻看到政府積極參與國
際事務，頗有世界和平維護之任重道遠，舍我其誰的氣
概，這證明了國家的一統與分裂對一國政治有莫大影響，
使政治相當程度地受到立國精神之制約。立國精神薄弱
隱晦時，對主權的侵犯亦可相應不理；主權意識旺盛，
世界責任感堅強的時候，國內之分裂顛沛也不能折損其
自信心與自尊心。

　　立國精神這時是附著於民族主義與主權意識的。主
權的建立協助中華民國在國際間獲得重生的契機，也使
得政府對國內的政治改革有了新的決心與信心。所以，
即令中共藉著抗戰極度擴張了他的軍力以及實際控制的
區域，國民政府卻毅然著手於訓政時期的終止，與憲政
時期的開始。就在不過十餘年前，面對日本帝國主義與
軍閥割據，國民政府決計無此決心與膽量。可見一旦新

❷《國民參政會史料》（臺北：國
民參政會在臺歷屆參政員聯誼
會，民51年），頁455-456。

中國有了世界新形象與認同，國民政府對自己的能力評
估與對局勢的分析與展望，隨之改變。蔣中正對於像國
民參政會「這樣一個民意機關，能夠在戰爭的期間成長
出來，實在使我們對於中國政治前途感覺興奮」，所以他
在抗戰結束前夕曾說到：

> 本席鑒於戰事的完全結束，為時容或延長，即使
> 戰事結束，各地秩序亦未必能於短時期內恢復，
> 所以主張戰局轉入穩定之時，即行召開國民大會，
> 頒布憲法，結束訓政……既在結束訓政，還政於
> 民，則大會日期自應由國民黨來負責決定。❸

❸前書，頁459。

由於共黨勢力藉著抗戰滋生了十數倍，可見蔣中正對憲
政的信心與國民黨主導的能力評估，絕非是因為國內政
治環境更趨於團結所致，而是因為國民政府所代表之中
國國際地位陡升之故。

　　共產黨一日不歸順國民政府，則國家一統的問題便
不能解決，而真正具有實質內涵的國家目標與原則便仍
無法產生。在國家一統之前，強烈的主權意識與民族情
緒或可構成國家整體奮鬥的目標，然而敵人垮臺之後所
換得的，似乎只是虛榮的國家尊嚴。純粹談國家主權與
國際地位的作法，無法形成國家發展之方向。所以戰後，
「和平建國」成了一個新的，用來指導國內政治的口號。
但是在實際上，國家仍然面臨分裂的狀態，所以和平建
國實在難以具像。果然在抗戰結束之後不久，一統與團
結再度成為國家最迫切的問題。

民國甫建之初，由於國家沒有世界地位，所以政治人物均把一統當成獲致國家主權的工具，像袁世凱、蔣中正等皆有這種主張。但在抗戰結束後，有了世界地位的國家仍然沒有一統，所以問題的性質轉移了。原來的問題是沒有一股政治勢力願意在政敵環伺下去擔負為國家爭取主權的大任，現在的問題，是各方均欲爭取成為那個主權明確的國家政府。民初時，鬥爭的焦點是誰要去面對帝國主義，而抗戰結束以來，國共的鬥爭焦點在於誰才代表中國的正統。對於國民政府而言，它強調的是法統，是從訓政時期過渡到憲政時期，以及將訓政約法由憲法逐步取代的法統。中共則以人民民主專政作為它的正統來源，所以它組的軍隊叫做民主聯軍。而在抗戰之前，正統並不是關鍵的問題，但現在不同了。因此中共主張先廢除約法再召開政治協商會議，目的是截斷法統，而它在東北自組的民主聯軍與民主政府，自然也是國民政府眼中的非法組織，而國民政府進行戡亂的意義乃在界定正統與非正統之分❹。

　　東北接收問題突顯了新國家在追求認同過程中的困境。喪權辱國的雅爾達密約並未能有效制止蘇聯對共軍接收東北所採取的認許態度。中國一方面在雅爾達密約與中蘇友好條約裡，看到自己作為一個主權國家的尊嚴受損，而這樣的代價竟然不能換得史達林對國民政府無保留的支持，使得中國作為一個國際強國的虛榮感受到強烈的挫折；而另一方面蘇聯對共軍的默然支持更挑戰了國民政府作為中國正統的號召，因此國民政府官員感到極端憤怒是可以理解的：

❹中共當時希望能爭得與國民政府平等的地位，並非要分裂中國，見郝夢筆、段浩然《中國共產黨六十年》（北京，解放軍出版社，1981）。但中共今天卻指責臺灣若欲與大陸對等，則是分裂中國。

阻礙國家主權的接收，就是妨害中蘇友好同盟條約的實行，也就威脅遠東和平與世界安全。我們國民政府，為了國家主權，為了國際和平，對共產黨所謂「民主聯軍」這樣阻礙政府接收主權的行動和它所謂「民選政府」的非法組織，我們政府和人民絕不能承認的。❺

❺《國民參政會史料》，頁515。

❻政治協商會議有國共兩黨及其他黨派參與，目的在透過協商，完成統一，制定憲法。

政治協商會議在四屆參政會第二次會議上的報告❻，便提出要延續「國家法統，不容中斷」的聲明，因此對中共進行呼籲，要求它遵行蔣主席以三民主義為綱領所主持的「政治民主化」與「軍隊國家化」，以收「統一團結」之實❼。

❼《國民參政會史料》，頁522。

　　抗戰所帶來的勝利氣氛以及中國國際地位的提昇，創造了國民政府作為世界正義維護者的認同，開拓了中國政府向前看的氣魄與建設復國的抱負。這種極度誇張的新中國形象，不切實際地引導著人們以樂觀的心情迎接未來。中共與蘇聯一個在國內，另一個在國外破壞了國民政府主導和平建設的角色，使得國民政府在它自己建構的新中國世界觀裡失去了作用❽。偏偏中國的實力不足，對於蘇聯只能用外交談判方式才能維護國權，「以平民憤」❾。而為了換取美國的支持，只得對中共採取「最大的忍耐，不斷的努力」，但卻造成苦心忍讓委曲求全的目的成為泡影的結果。所以國民政府為了展現其正統性，反而不能須臾減緩制憲的努力❿。中共與蘇聯的作梗使蔣中正認識到立國精神實質內涵的建構，不能等到和平

❽蔣委員長此刻強調的是精神力量，關於他的心理，參見Robert Payne, *Chiang Kai-shek* (New York: Weybright & Talley, 1969)。

❾《國民參政會》，頁588。

❿前書，頁582，如果不制憲，他的合法性基礎則不會強過共黨。

統一之後。國家陷於混亂，實在是因爲「喪失了公而忘私的精神，以致於國家觀念和國民責任觀念，日漸低落，這不能不說是復興建國最大的障礙」，他於是鼓勵全國同胞「造成建國的新風氣」❶。此一號召獲得參政會的呼應，認爲建設與和平是不可分的，所以中國人「要在和平中求建設，以建設來保障和平。」❷

　　面對中共的不斷擴張，國民政府似乎決定要把戡亂當作抗戰來處理，必須「徹底肅清匪禍，拯救人民，收復失地，確保我國家之統一與獨立」，寄望國民「仍本十年前共赴國難之決心，繼續過去十年如一日之努力……以完成戡亂建國之使命。」❸ 從「抗戰建國」到「戡亂建國」，雖然中間只有短短幾年的時間，但就在這短短幾年之間，國民政府從奮鬥到驚喜到歡欣，再從而演進成錯愕，憤怒而終至決定以抗戰心情再出發。在國民政府遷臺之前最後一次元旦文告中，蔣中正如此勉勵國人：

> 　　我們所倚恃者爲民族精神、人類正義與世界公理，共黨匪軍的暴力能劫取我東北，卻不能征服我們的民族精神；正義就是決勝的力量；公理，終必勝過暴力，我們這一代，遭逢了中國五千年歷史空前未有的變局，也就是擔負著五千年歷史空前未有的使命。❹

他把戡亂在觀念上等同於抗戰的確順理成章，如果我們認爲抗戰曾是中國民族自救的不二法門，那戡亂對我們當然也就是使新中國再崛起的唯一途徑了。

❶ 前書，頁583，如果主權意識不先建立，則不可能鼓吹國家觀念，在此一宣傳口號中，看出抗戰前後中國國際地位明顯上升。

❷ 前書，頁586，抗戰前的和平訴求，是對日本帝國主義講的，抗戰後的和平訴求，則是對共產黨講的，但道理相通，蓋和平之下政府才能設法增強其統治權力。

❸ 前書，頁632。

❹〈告全國軍民同胞書〉，民38年元旦。

　　雖然抗日戰爭早已結束，但在國民黨政府退守臺灣之後，這種抗戰決心仍然存在。新中國的生命自抗日戰爭中誕生，所以即令國軍在抗戰中的表現不如意，在內戰中也敗下陣來，政府對抗戰的經驗卻津津樂道。究其原因，並不見得是好戰，而實在是戰爭中胼手胝足，有目標、有理想，以及戰爭後半期以來所享有的國際地位與強烈的國際道德責任感，通通加起來使我們發覺自清末以來，中國與中國人似乎不曾如此地爲一個目標作過有意義的奉獻而能成功的。所以儘管抗戰在軍事上與經濟上的淒慘經驗令人難以釋懷，政治上與文化心理上的滿足感卻使抗戰變成歷史上得以大書特書之事。因此，雖然抗戰的心態是到了歐戰爆發後才逐漸浮現（見前章之敍述）的，而且在軍事上幾乎完全仰賴著盟國才獲勝的，我們則把抗戰的精神當作我們戡亂建國的指南針。蔣中正在臺灣復職時向黨、政、軍幹部昭告反共復國的精神時，便以抗戰精神作號召：

　　　　我每一次復職時所預定的目標，亦無不按照計畫完成。我在第一次復職以後，不到八個月的工夫，北伐即告成功。第二次復職以後，雖然經過十四年的長期奮鬥，但終於促使日本投降。現在是第三次復職了，這一次復職以後，我們革命的目標，是恢復中華民國，消滅共產國際。❺

❺蔣中正,〈復職的使命與目的〉,民39年3月。

他用過去的經驗來激勵軍民，告訴國人目前中華民國的國家目標是反攻大陸，立國精神是以反共復國爲中心的

一場民族，社會與文化的全面戰爭之準備與進行，而且
這場戰爭要靠「社會民眾和主義思想的力量來支持和成
功的」，思想就是三民主義，「當前反共抗俄戰爭，就是
為堅持三民主義而戰。」❻

　　雖然國民政府在精神上企圖回到抗戰時期，卻忘了
在抗戰之初，立國精神是很薄弱的。用抗戰精神來激勵
民心士氣，在退守臺灣之後，因而有其侷限性。抗戰的
經驗是中國的國際地位從極低被提昇至極高，而退守臺
灣的經驗是國際地位從極高被降至極低。先是美國有所
謂臺灣法律地位未定之說，主張俟塵埃落定後再談。在
民國三十八年底以前，中共便獲得東歐集團各國的承認。
數月之間，亞洲國家如印度、巴基斯坦、緬甸、印尼、
阿富汗、錫蘭紛紛承認中共，歐洲國家包括英國、丹麥、
瑞典、挪威、芬蘭、瑞士與荷蘭則率先承認中共。而英
國與蘇聯均主張邀請中共參加戰後對日和約會議。四個
聯合國常任理事大國至此有一個對臺灣的地位懷疑，兩
個否定了國民黨政府在大陸的合法性。與抗戰初期的無
奈態度與被動風格比起來，此番遷臺比之遷都重慶遠讓
人感到沮喪與前途之不穩定。結果，中華民國無法參加
多邊的金山和會，也無法簽署對日和談結果的金山和約。
蔣總統失望之餘，指責同盟國在道義上與法律上「喪失
其力量」，並將「種下世界未來之無窮禍患」❼。對當時
的國際情勢，陳誠慨嘆中國成為「國際姑息主義的替罪
羔羊」，被國際認為是註定死亡，「籠罩我們四週的是失
敗的悲哀和淪亡的恐怖。」❽

　　韓戰的爆發提供了中華民國生命的新契機。中、外

❻蔣中正，〈時代考驗青年，青年
創造時代〉，民40年8月。

❼蔣中正，〈就對日和約發表鄭重
聲明〉，民40年6月。

❽《國民大會實錄》，第二編，頁
73、97。

⓭ 參見 Robert Jervis, The Impact of the Korean War on the Cold War, *Journal of Conflict Resolution 24,* 4 (December 1980)。

⓴關於誰發動韓戰，參見Robert Simmons, *The Strained Alliance* (New York: Free Press, 1975)。

㉑《國民大會實錄》，第二編，頁 32、77。

學者一致的說法，認為韓戰的爆發奠下了美國在亞洲圍堵政策的根基 ⓭。在美國的感覺中，韓戰是蘇聯與中共支持北韓進一步赤化世界的明證，這種解釋容或與事實有出入，但為美國決策者所深信，殆無疑義 ⓴。所以，先是聯合國通過指責中共為侵略者，接著是以美軍為主的聯合國軍隊與中共人民志願軍在韓國戰場上正式交鋒，因此中華民國反共復國的志業便不再是純粹內戰的延續了。韓戰爆發後兩天，美國杜魯門總統便下令第七艦隊協防臺灣。韓戰結束後，美國與中華民國簽署了協防條約。反共抗俄的復國鬥爭，於是變成「世界性的」，「不是什麼一國的內戰……乃是救世救人的全面長期戰爭」㉑。這個在觀念上的提昇，則與抗戰中期以後把戰爭先與歐戰，再與美國參戰合併的作法相同。換言之，中華民國認識到它自己的命運必須置於整個世界中來理解，要生存便只有提高中華民國在國際社會中的價值；而這個價值的認定，則必須追隨著世界潮流。既然在美國建構的世界觀裡，世界分成了民主自由陣營與共產極權陣營，中華民國要扮演民主自由陣營中的要角，則必須堅持民主自由的陣線。民主自由的象徵性含意因此便和中華民國的法統結合了。維護法統，不但是反共復國的工具，也成了國家發展的目的。法統的工具性與目的性曾由蔣中正總統如此闡述：

> 凡是帝國主義侵略者，……必要破壞我們中華民國的根本大法。從前袁世凱帝制自為，北洋軍閥割據自封，都是處心積慮，要毀棄臨時約法，現

在朱毛奸匪爲俄寇作倀……我們中華民國憲法已
被毀棄無餘，所以我們反共抗俄戰爭，是保障獨
立自由的民族戰爭，同時也是維護憲政大法的民
主戰爭……爲這一衛國護法的聖戰而奮鬥……就
是我們中華民國反共抗俄戰爭光榮勝利的開始。
❷

對內強調法統，對外結合冷戰，使得國民黨政府的反共
復國大原則逐漸脫離了抗戰情結，而開始正視國家本身
所能創造出對世界與中國前途的價值與貢獻。

　　韓戰之後，國民黨政府「積極加強反攻準備，期能
把握時機，完成復國使命」❷，但眞正展現的，是從卅八
年存亡危急的最後關鍵時刻,所掌握維繫的「一線生機」,
「把握這一個最後贖罪的機會」，以使中華民國的歷史保
持於不墜，「而且更向民主憲政的大道邁進了」❷。經過
了最初幾年的艱苦奮鬥，國民黨政府在以自由對抗共產
中找到了國家的新生命與新精神，找到了正統的根源。
所以它認爲，失去了大陸是由於「人民失去了希望和信
心」，而現在「我們已恢復了希望與信心……，掌握了東
方安危的樞紐，也掌握了開啓東方鐵幕的鎖鑰。」❷如此
得出了反共復國是以思想爲主的總體性戰爭。

　　一九五四年，中美共同防禦條約確定了中華民國在
反共陣營中的地位，政府開始大力推展各項政治與經濟
建設，首先鞏固復興基地，以證明臺灣作爲中華民國法
統傳承者之角色。這可以從兩方面來談。首先，國民黨
歷年來透過修憲程序制定或修定動員戡亂時期臨時條

❷《國民大會實錄》，第二編，頁
39，如前章所述，代表法統的力
量雖敗給了共黨，但若訴諸道統
裡的「民」的精神，則又獲生機。

❷《國民大會實錄》，第二編，頁
67。

❷《國民大會實錄》，第二編，頁
93，這個訴求，說明了當時爲何
反對修改憲法，以免混淆了要把
憲法帶回大陸的決心。

❷《國民大會實錄》，第二編，頁
94-95，顯然，在此軍事力量不及
王道文化來得重要。

款，但絕對不容許更動憲法的本文，因而藉由在形式上對憲法的絕對尊重來維繫法統。其次，對憲法賴以制定的三民主義在各方面設法落實。在民族方面，強化華僑向心力；在民權方面，推行地方自治；在民生方面，進行土地改革。三民主義作為國家發展的指導思想，其作用不在於提供了建設臺灣的具體藍圖，而在於提供社會一個方向感，這又可以有三層意義：

㈠民眾可以信任政府在大方向上不是以剝削控制為主的資產階級集團或軍事獨裁集團。這並不是表示資本家或獨裁政客沒有影響政策，而是說三民主義的宣導，以及對主義持續地，有選擇性地落實，使人民不把政府當作敵對的勢力。這可以說是清末民初以來，出現少見的政府與人民間的經濟利益一致情況❷⑥。

㈡政府可以放心容許民間企業自由發展，因為有主義的指導，使政府感到隨時隨地當它必須介入干涉時，都有合法的理由，一個旗幟鮮明的思想指導原則，為政府施政奠定了一個堅強的自信心基礎，也賦予政策設計上的寬廣彈性。

㈢鮮為人所討論過，但卻極為重要的一個作用，是三民主義使社會中的個人，與政府中的官員，免除了對國家發展大方向搜尋的焦慮與不確定感。民眾不需要，沒有能力，也不被容許對這個大方向提出挑戰。政治上與意識型態上的競爭與分歧，在社會內部幾乎是不存在的。反攻大陸是當前立國的目標，建設三民主義的模範省是立國的指南，民國建立以來，首次出現這種在公共部門獲得一致共識的經驗，一切均以復興為主，所有資

❷⑥過去，地主、財閥必然與軍閥或政黨結合。

源都用在軍、經、政與文化建設。

　　民國四十年代以來，反共的國家認同明確而且穩固，論者或謂臺灣成了「反共復國的基地」，「自由世界安危成敗的樞紐」，「遠東與太平洋上已爲世界公認的一個反共堡壘」，「自由世界一座光明燈塔」與「東南亞安全和平的保障」❷❼。蔣中正總統闡揚我國之立國精神：

❷❼《國民大會實錄》，第三編，頁30。

　　　我們更要發揚中華民族之文化倫理——即加強道德勇氣，與精神的力量。……立國於天地之間，必有與立之道，就是一個國家的存在，必有其立國精神……我們今日中國……以我　國父民有、民治、民享、與倫理、民主、科學爲本質的三民主義，爲其立國基礎……對共匪的鬥爭，乃是文化與思想的鬥爭，亦即精神與物質、道德與罪惡、自由與奴役、人性與獸性、光明與黑暗的鬥爭……而我們今日如果還蔑視我們自己的倫理道德，遺棄我們自己的文化歷史，而不能共同起而負責保衛與積極復興，則其所謂反共的目的究竟何在？所謂復國的意義究竟爲何？豈不貽共匪以五十步與百步之笑!?❷❽

❷❽《國民大會實錄》，第三編，頁31-32，相較於中共由1958年開始的人民公社運動，中華民國訴諸傳統文化，意義十分明顯。

　　蔣總統講話的作用，並非是在證明全國上下人人皆感涕於復國之要，以發揚民族精神爲生活目標，這段話作爲中華民國立國精神之指示有兩層含意：

　　㈠國家最高領袖的決策意志影響了國家資源之配置，是而發揚三民主義倫理的指示，在事實上成爲國民

全體共同分享的國家目標。

(二)國內民眾對此一立國精神是否深刻體認或日夜服膺，並不影響每個個體認知到這是當時政治社會中作為主導的主流思潮。

強烈而鮮明的反共論調在強勢宣導的配合下，反而使國家認同與立國精神要付出代價。極度明確的國家目標最容易受到客觀環境的檢視。民國四十三年召開國大第二次會議時，原「期於六年之內」完成「光復大陸、重建中華之責」，但至第三次大會於四十九年召開時「仍未能實現此一重大使命」，致蔣總統「深覺失職負命，咎戾滋深」㉙。極度明確的國家目標不能任意改變，所以當目標不能達成時，自然有損立國精神之彰顯，為維護此一立國精神，則不得不在認識上強調達成目標的信心，並展現樂觀自信的作風。如此一來，為鞏固此一得來不易的立國精神與團結統一，政府在對客觀環境的詮釋與理解上，難免發生傾向於誇張扭曲的世局分析，和牽延僵化的決策形成。因此明確的立國精神，與混沌的立國精神，都有政治上必須付出的代價。民國五十五年，當許多新興的非洲國承認中共，以及一些重要的歐洲國家如法國（民國五十三年）均認可中共政權的代表性之後，國大臨時會主席卻讚譽臺灣幾十年來的團結奮鬥，使我們這座「民主自由的燈塔」放射著強烈的光芒，我們「國家的國際地位，也在一天一天的為世界所重視」㉚。相反的，中共已成為「世界人類的公敵」，對於「全世界成為孤立和對立的絕境」㉛，而實際上，在聯合國中支持中華民國與中共者在當時是五十四比四十六，且「國際間懼

㉙《國民大會實錄》，第三編，頁28。

㉚《國民大會實錄》，第四編，頁53，這並非表示昧於現實，而是基於統治正當性的考量不得不作的信心昭告。

㉛《國民大會實錄》，第五編，頁28。

匪媚匪及妥協之氣氛日益濃厚」❸。

　　在中共發動了文化大革命之後，歷史好像開始對中共不利。中共在世界革命的口號下，一方面支援北越對抗南越和美國，另一方面與蘇俄在烏蘇里江珍寶島和新疆裕民縣兩度開戰，大有要搞世界革命的假象。這些插曲卻絲毫沒有影響它在結束文革高潮後的第一個聯合國大會上，獲得大多數國家的支持，取代了中華民國而進入了聯合國。國際上的壞消息接踵而來，加拿大、日本等重要國家相繼承認中共，美國的尼克森總統則與中共大談關係正常化，成爲訪問大陸的第一位美國元首。值此變局，蔣總統昭告國人，要「莊敬自強，處變不驚，慎謀能斷，堅持國家及國民獨立不撓之精神」❸，所以他說：

> 　中華民國是一個獨立的主權國，對於主權的行使，決不受任何外來的干擾；無論國際形勢發生任何變化，我們將不惜任何犧牲，從事不屈不撓的奮鬥，絕對不動搖！不妥協！❸

　　何以民國三十四年面對雅爾達密約時，蔣總統就願意妥協呢？民國三十四年的時候，中國從一個被欺壓的民族一躍而成世界領袖級的強權，美、蘇的支持是維持此一國際地位所必須，所以當年爲了維護新中國奮發揚起的形象與認同，中國很矛盾地接受雅爾達密約而犧牲了主權。就好像清廷在中法戰爭中雖未打敗，卻仍讓出安南一樣。到了民國六十年，國家的形象與認同經多年

❸《國民大會實錄》，第五編，頁116，可見當時對世局確實有所憂慮。

❸蔣中正，〈我們國家的立場和國民的精神〉，民60年6月。

❸蔣中正，〈爲聯合國通過非法決議告全國同胞書〉，民60年10月26日。

的建構，已讓我們自視爲卓然有成的世界反共橋頭堡，如果有妥協的行爲，豈不是否定了我們的立國精神？在國際社會上是否要妥協，是否會僵化，則似乎是受了當時立國精神之強度所左右。因此，政府在戰後對國際局勢原本過於樂觀的評估，以及對後來外交戰場上的失利所採取的不妥協反應，均可以說是反映了它爲了建構並維護立國精神所付出的代價。而且，正是這種對國際逆流不眛不理的態度，才更能展現我國的的確確有作爲一個反共中流砥柱的決心。

在一九七一年美國與我國共同努力保衛中華民國的聯大席位時，美方的提案是以同時容納中共與中華民國爲訴求，而且頗有可以獲得多數支持之可能。但到了最後關頭，我方在公開場合堅決反對此一唯一可能贏過阿爾巴尼亞所提的，完全排除我國的提案，主要是因爲美案將中共與我並列共存，完全違反我國當時所引以爲傲的反共立國精神。唯一的選擇，「自必毅然退出，以發揚我民族的正義，保留我獨立的風格。」[35]由於國際的局勢漸從冷戰到和解，對於反共的中華民國非常不利。在最初，中華民國反共產的原則是與世界自由陣營的冷戰潮流相結合的，在軍事與經濟各方面均仰賴自由陣營之首的美國來援助。美國在越戰中的長期軍事耗費，使得它國內講和解的勢力擡頭，因而出現了必須拉攏中共以制衡蘇聯的新孤立主義論調，亦即美國將不再維持世界各地的軍事承諾，主張亞洲人應該負擔亞洲人自己的安全。中共戰略地位的上升，與和解時代的來臨，便使得仰賴兩極對抗取得國際生存空間的中華民國倍感壓力。然而

[35]《蔣總統秘錄》，第十四冊（臺北：中央日報，民66年），頁184。

中華民國應付的方式卻不是把自己捲入這股洪流之中。它以拒絕世界來證明自己的決心和信心。它甚至拒絕去面對可能面臨的外交風暴。

　　在七〇年代末期中美斷交前夕，我國對於斷交的準備闕如，蓋著手從事準備斷交事宜，豈不是有缺乏信心之譏 ❸❻？在聯大排我之際，我國人員則慶祝光榮一戰，猶若勝利屬於我國 ❸❼。論者或可譏之謂自欺欺人，食古不化，殊不知中華民國建國以來所經歷之變革與掙扎，致中國人之命運鮮有能操縱在自己手中者。抗戰後期至內戰爆發初期所感受到國家地位提昇之歡愉，事後證明是空虛的。遷臺之後，國民黨政府深刻體認到，它必須用實質的建設來號召大陸同胞，這才是真正踏實的作法。相對於大陸上的公社運動與文化大革命，臺灣建設之成功不能不讓人對自己國家的前景開始抱持著比較樂觀的看法。

　　遭受國際欺凌近七十年的中華民國，好不容易有一個機會在一個尚稱團結一統的寶島上有了一些成就 ❸❽。無怪乎作為國家建設指針的反共復國原則與三民主義思想，對於政治領導人物有如此強烈的肯定意義。反共與主義所建構的立國精神，不僅僅對臺灣生存於國際上二十年來（一九五〇～一九七〇）提出了有意義的方向感與價值觀，也是中國人自清末以來首度能藉立國精神的鞏固發揚，進而享有政治的穩定與經濟的繁榮。所以國民黨政府在保護憲法與主義方面所表現的僵化反應，實在是歷史時空下所自然發生的一種結合了個人與集體情感，在認識與肯定自我的情況下，所從而形成的知覺上

❸❻見沈劍虹，《使美八年紀要》（臺北：聯經，民72年）頁386。

❸❼見須伯雄，《在聯大奮戰的經過》（香港：新聞天地，1972年），頁13。

❸❽如果從鴉片戰爭算起，到民國70年時，已有140年。

的執著，顯然不是一個沒有經歷近代中國歷史洗禮的人所能體會。

肆、中國認同的傳承

　　在國家認同備受國際質疑的背景下，中華民國的立國精神有了置之死地而後生的發展。民國七十年代以來，國內果然經歷了一種人本精神復甦的發展。先是在國際間充滿了和平共存和低盪和解的論調。中共反對蘇聯與美國談和平共存，因爲這好像是要中共放棄收回臺灣的權利。臺灣也不欲見美國推動低盪和解，因爲這使臺灣作爲反共橋頭堡的自我定位顯得無稽。在大陸內部適時掀起了反蘇聯修正主義的浪潮，中共企圖透過民國四十七年的大躍進與人民公社運動，走以農村爲根據地的社會主義路線，接著發動八二三金門砲戰，展現它在外交國防上的絕對獨立性。民國四十九年趁中國大陸大飢荒最需要援助之際，蘇聯將所有技術人員撤離。俟美蘇限制核子試爆協定談判開始，中共視之爲美、蘇兩強包圍中共之舉。六〇年代上半期，中、蘇共在世界各社會主義國家面前連續發生激烈口角，互控對方爲修正主義或敎條主義。文化大革命爆發之後，中國大陸內部出現了難以控制的極端反權威浪潮。所有代表傳統，代表現狀的勢力，均成爲革命的對象❶。民國五十七年，蘇聯入侵捷克斯拉夫，中共便重新爲世界各國定位，將蘇聯批成社會帝國主義。民國六十三年，中共正式在聯合國提

❶參見石之瑜，《中國大陸政治經濟原理》（臺北：五南，民81年）。

出三個世界理論，把中共自己歸類於以道德實力爲後盾
的反霸聯合陣線裡，與以政治軍經實力爲控制剝削工具
的霸權集團，分庭抗禮❷。

　　冷戰時期，中共表面上依附蘇聯，俟和解發生，中
共便重新界定自己獨特的價值，發展它革命的社會主義。
不過七〇年代中期以後的新冷戰一度使它幾乎把持不
住，而差點向以對抗蘇聯爲共同目標的世界資本主義國
家靠攏。這在大陸內部激起了不同聲浪。以江青爲首的
文革主要勢力，傾注全力在七〇年代中期批判主導與美
國關係正常化的要角周恩來，斥之爲投降主義。在毛澤
東死後，四人幫（所謂江青集團）受到整肅，大陸在反
文革的聲浪中，將心力集中於對文革受害者的平反，與
中國大陸重新回到國際舞台兩個焦點上。在民國六十八
年的第一天，中共與美國正式交換外交承認，因而引起
外界諸多有關中共聯美制蘇的揣測。爲正視聽，中共總
書記胡耀邦在民國七十一年替中共的世界角色作定位。
他主張，中共處於兩強之間，要以獨立自主的外交路線
爲原則，並再次宣稱中共屬於第三世界 ❸。約在同時，
以社會主義精神文明來反資本主義精神污染的鬥爭在大
陸內部出現，接著下來一串的運動是反資產階級自由化，
反馬克思主義人道化或異化，最後提出要走中國特色的
社會主義道路。

　　爲了對抗因爲改革引起的西潮，中共的理論界，大
量鼓勵出版關於中國特色的社會主義道路的研究。其實，
中共官方對中國特色的解釋並不明確。從大陸出版的諸
多經濟論著中，我們卻可以看出中共爲什麼要提出所謂

❷參見Samuel Kim, *China and the World* (Boulder: Westview, 1989)。

❸參見高金鈿、江凌飛、鄒征遠，《和平與發展》(北京：解放軍出版社，1988)。

的中國特色(雖然對這條路線的內涵衆說紛紜)。中國特色是表示非中國特色是不通的，也表示中國大陸不願意去走非中國特色。所以走中國特色的最大的動機，是中共希望任何政策都應該作到兩點：第一，顧及中國大陸的國情；第二，以中國大陸的社會主義理想爲最後依歸。可是談到中國特色的實質內容，有的人把重點放在發展生產力，有的人把重點放在解釋社會主義初級階段容許貧富差距，有的人則強調如何以外資發展社會主義❹。

　　如果比較臺灣與大陸的經驗，今天大陸上提出所謂的中國特色，其作用似乎類似民國五十年代三民主義在臺灣所發揮的作用。中國特色也好，三民主義也好，皆不必是僵硬的教條，它可以穩定人心，並藉著對立國原則的澄清來鼓勵人們進行創造性的貢獻。一個社會能夠發展的不二法門，往往就在它能發掘、分配、利用，然後創造並累積資源。共產主義或社會主義只著重分配與累積，而忽略了發掘、利用與創造。「中國特色」的說法則不是一個經濟政策上的教條，相反地，它的功能是要鼓勵人們去做任何他們認爲有利於經濟發展的事，而不須擔心在意識型態上觸犯教條。所以當今中國大陸的發展，正流露出了一種尋根的趨勢。一反十年文革當中那種以否定別人來肯定自己的作風，大陸人民已逐漸意識到，中國人的歷史責任與命運不是歌頌教條或反對教條就能承擔的。像這樣一種企圖要反求諸己，從本土搜尋並創造價值的努力，雖然尚未蔚爲風潮，其成果何如也難逆料，但絕不是單靠一九八九年天安門民運才掀得起，或共軍在天安門大屠殺就可以壓得下的歷史潮流。

❹有關中國路線的社會主義的一般性論述，見高光等編，《中國社會主義初級階段階級結構研究》(北京：中共中央黨校出版社，1988)；丁俊良編著，《路在何方》(長沙：湖南大學出版社，1989)。

　　從中華民國建國八十多年來的經驗看出，臺灣在爲中國人建構立國精神與國家認同的路程上，應當比大陸有更豐富的心得。臺灣已經走過了靠三民主義來定方向感，以鼓勵人們發揮創造潛能的年代，臺灣也走過了受世界孤立，用否定世界來證明自己決心毅力的年代。在實際成果上，臺灣經濟的發展，教育文化的普及，與政治的民主進程都暫時走在大陸前面。被孤立久了的臺灣，反而因爲動心忍性，而增益其所不能，有助於人們務實地認識新的國際局勢與社會結構。當前的經濟成長與政治多元正塑造一個新的歷史環境，我們必須透過總結經驗與繼往開來兩個過程，才能體認出符合時代需要，反映潮流的立國原則。破的過程是簡易的，因爲任何反抗現狀，求突破的力量，無論是否反映了新的需要或潮流，都可以成爲破的力量。因而在政治上講制衡，反對效能；在文化上講本土化而反傳統復興；在心理上講自主而反權威；在社會上講自由而反規範；在法律上講權利而反義務；在經濟上講市場而反干涉；在資本形成上講私營而反公營；在合法性來源上講選票而反法統；與在黨政運作上講民主而反紀律等種種勢力結合起來，形成對以反共復國爲既有國家大目標與立國精神的嚴重挑戰。

　　在這個塑造立國精神的過程中，如何處理歷史的成就，則成了眾說爭議的焦點。比如，在主張傳承道統與法統的傳統文化中，用回歸憲法作爲立國精神復興之起點，自然有其吸引力，致有主張以憲法統一中國者❺，或以增加憲法的臺灣地區條款以保持憲法形式之完整性者❻。回歸憲法成爲立國精神上的有力訴求，乃在於它

❺再生雜誌,〈以憲法統一中國〉,《再生》, 4, 7(民79年7月), 頁2。

❻所謂臺灣地區條款, 是指憲法修改之後的新條文, 只適用於國家統一之前的臺灣地區, 且在形式上列於原憲法之後, 因而保留了憲法的原貌, 參見陳新民,〈賦予憲政新生命〉,《亞洲與世界文摘》, 12, 6 (民79年6月), 頁21-27。

是以奠定法治，貫徹政府權力有限的民權主義精神爲根本，並藉此匡正民國三十八年以來，政府曾以國家安全與反共復國理由制定各項條款、法律，甚至命令來限制憲法適用的實踐。相對於上述回歸憲法的呼聲，也有主張重新制定憲法或制定基本法暫時取代憲法的人，如此以彰顯新的立國精神具有絕對開創性，完全不受歷史法統之限制❼。

在討論法統傳承時，我們可以看出，中華民國立國精神的變遷有一個歷史的模式。首先，法統的號召力雖然存在，但受到了時空的限制。蓋憲法之制定原本係以施行於全中國大陸爲考量，因此對法統之絕對尊重有助於表明我們反共復國之決心。但是，既然法統無法眞正完全普及全中國，在臺灣也出現了清末民初時傳承道統者所遭遇的相同困境。道統原本是普天下皆準的，一直到拳亂之後，中國人才接受道統只能存於中國之內，而不能普及天下的現實。法統的窘迫則在於，憲法原本乃是放諸全國皆準的規範，現在卻只能行於臺灣。民初時的爭辯環繞在找尋新的道統，所以有人回歸帝制，有人執著於臨時約法，有人創造出聯省自治。這個歷史過程與今日談憲法時所謂的回歸憲法本文、增列臺灣條款、另制定基本法的爭議頗爲類似。而且，臺灣法統的人物代表，一度曾是三十八年以前在大陸上選出的民意代表，這又與當年談帝制者搬出末代皇帝復辟的情景雷同。

在這個歷史模式之外，臺灣的法統畢竟仍發展出四個獨特性。首先，民初道統之沒與法統之生，以及孰能代表道統與法統的爭議，最終決定者爲國內擁兵自重的

❼參見民主進步黨所提出的制憲大綱。

軍閥，和國外帝國主義者的干涉與介入。而今天臺灣法統之歸屬，大部分是由居住在臺灣地區民眾透過選票來認可的。其次，民初之權力鬥爭往往挾帝國主義者的支持以自重，但當今臺灣諸政治勢力間所發生的法統之爭，並未影響所有參與者對臺灣之中華民國國際地位與出路的共同關切。第三，民初時的法統之爭，是在中國受到極盡屈辱之瓜分背景下進行的。而當今臺灣的法統內涵與形式之爭，則是在臺灣取得了某些政治與經濟上的成就後發生的。最後，清末道統之崩潰，純粹是由國際和國內的壓力促成的，而當前對中華民國反共復國精神的懷疑，雖係國際和解潮流下的產物，但是眞正挑戰法統，進行反思的力量，則是由內部發生的。

　　爲了要充實中華民國的法統與國民黨政府的正統，政府必須以群眾爲訴求對象，主動要求群眾重新檢討反共復國之立國精神。不過，這種檢討很自然地把關切的焦點引發到「中華民國」是什麼的認同問題上。反共復國的方針，把臺灣的位置與生存意義和收復大陸連接起來。若對憲法所代表的法統進行質疑，自然會隱含著要對臺灣收復大陸，推行憲政的抱負加以否定。如此一來，臺灣必須重新發掘它在國際上作爲中國人的特殊意義與價值。而像這樣的人本精神之所以能產生，是由於臺灣的內部已經在實質上創造出了一些它自以爲傲的價值。和臺灣比起來，大陸在國際上標顯它的獨特性，並不是一個具有歷史急迫性的問題。就像在清末拳亂時，在抗戰結束前後，以及在文革期間，中國人對自己的國際地位極盡虛榮與誇大之能。在一次又一次的教訓後，中共

的當務之急因而是創造其自己可以認可的價值，此所以今日大陸正在掙扎於什麼是中國特色，什麼是社會主義精神文明的根本認同問題上。臺灣目前正要超越這一階段，認可自己的獨特性，因此不再非要擺脫傳統的認同不可，也能肯定自我的價值。

四十餘年來，中華民國都在法統與反共復國的立國精神指引下奮鬥，今天自然要謀求將追求新認同的趨力納入它的正統。在不同的場合，許多政府官員闡示了政府如何在觀念上充實反共與統一的訴求。比如說，連戰先生特別強調當前國家的目的「是繼續生存與發展」，他在談外交工作者的態度時，認為「我們應該去了解實然的世界，而非應然的世界」[8]。錢復先生則明確地點出了臺灣的新認同：作為第三世界國家經濟發展的楷模；作為中國人在現代世界中一個可供選擇的生活方式範本[9]。他在擔任外交部長之後，曾經對當前流行的口號「務實外交」作出有趣的詮釋。他認為務實的經貿外交有兩大目的：對於我們社會賴以生存的外來資源，要透過外交途徑確保其供應之穩定；對於我們社會所產生的物品與服務，要透過外交途徑確保其市場[10]。李登輝總統則特別呼籲國民，在立足臺灣之際，要胸懷大陸，放眼天下。他的最高諮詢機關國家統一委員會，則特別明文在國家統一綱領中揭示統一之原則與階段，同時主張統一必須不違反人民之福祉。

政府官員這些談話，其實指出了臺灣在追求新的國際認同時，必須務實地認識臺灣在世界上所可以發展的空間有多少。臺灣所創造的經濟奇蹟固然對許多國家有

[8]《亞洲與世界文摘》，4，11（民78年10月），頁8。

[9] 參見《中華民國80年外交年鑑》。

[10] 見李念祖與石之瑜，《規範兩岸關係》（臺北：五南，民81年），頁182。

吸引，產生號召，臺灣的經濟實力固然可以協助突破它外交上的孤立，但是無論如何，臺灣必須先行處理中國大陸所造成的國際與國內影響。換言之，臺灣倘若企圖擺脫大陸的影響，直接不受干涉地與世界去交流，這在政府的觀念中是不切實際的作法，即令反共復國作為立國精神的指南已經失去了政治上與文化上的號召力，這並不表示臺灣的中國人不再有對傳統人本精神的至誠關懷。無可諱言，任何一個面臨轉型的社會，在立國精神隱晦，國家方向混沌不明的時候，都會有爭辯。這是因為在大方向不明確的情況之下，對於一件事所代表的意義，要如何評估，要如何應付，均無一定的標準。而且，如果沒有大的方向，社會中之個體亦不明瞭己身所處的時空環境與未來之關係為何。政府負責大陸事務之官員一度坦承，國民黨不知道在時空景物全非的八十年代要如何替中共定位。

自從中共進行改革開放以來，頗獲國際重視，這對於作為法統傳承者的國民黨政府來說，自然是對它合法性的挑戰。臺灣的觀光客、探親人、學者專家、民意代表無不赴大陸以睹傳說中中國大陸之風采。在這種強大的文化壓力下談統一，無怪乎國民黨政府要採取下述兩種新的觀念來替自己重新定位。一種觀念是關於臺灣做得到，而大陸尚未做到，所以臺灣可以起模範作用，像政治與經濟的現代化；另一種是關於臺灣可以提供給世界，而大陸尚未做到的，所以臺灣在世界視聽中有其絕對獨特的中國屬性，像協助第三世界國家或是融滙中、西文化。

一方面，中華民國強調要以三民主義統一中國。與過去談用三分軍事、七分政治反攻大陸的戰略指導原則比起來，三民主義統一中國標示著完全不同的過程。過去是要用三民主義來廢除共產主義，現在則是突出學習與實踐的作用，而不是強制的作用。比如，在民國六十七年時，行政院喊出「經濟學臺灣」的口號，在此所突出的，是一種懷有自信心的立國精神。在人民公社運動和文化大革命期間，臺灣推出了中華文化復興運動以爲對抗。當時的著眼點，是在證明臺灣才是中華文化的正統，因而是一種「我比你純」的訴求。在經濟學臺灣，與三民主義統一中國的口號裡，卻不是談正統，而是談價值，談結果。所以是一種「我比你好」的訴求，隱含其中的，是一種在強調人性，培育人性的人道主義作風，而不是用由外鑠內，講傳統義務的群體主義作風。所以在新的口號裡，用的是法統或道統的形式，充實著的卻是個體或人所直接體會感受到的價值。

另一方面，政府也強調以經貿實力來作外交後盾，以便贏取小國對我國的外交承認，大國對我國的官方或半官方認可，以及國際組織對我官方代表參與權的賦予。對這種作法，至少有三種不同的評價。第一種立場，把經貿外交譏爲凱子外交，說這是專門用花錢的方法換取空虛的利益；第二種看法，則認爲利用經濟力量贏取國家的外交地位，是處於困境之中，唯一可以賴以求突破的途徑；最後一種意見，則主張把經貿的力量作最大限度的運用，甚至以放棄外交承認來追求實質的交流。中華民國官方所持的基本上是第二種態度。事實上，經貿

外交可以對臺灣社會所創造的財富，賦予一種自信心。
這種以人民福祉爲訴求標的的務實外交，與前一章中所
敍述的，從集團到個體的世界潮流是一致的。

　　經貿外交對社會內部的意義有三層。第一，它以經
濟實力換取外交利益時，不忘記把致贈他國的投資款項，
讓臺灣商人透過貨物出口至該國以分享利潤，是以肥水
不全落於外人之田。第二，經貿外交循輸出臺灣經驗之
途徑，對我國社會在世界發展過程中的價值，可以有正
面的、直接的認定。第三，務實外交超越了國內前述各
項法統、反法統的辯論，它的發展不以外交承認爲唯一
的標的。政府官員在談到利用經貿力量化解外交孤立的
問題時，曾如此結論:「我國在現實之國際社會中相當受
到重視，之所以如此非賴有限邦交關係，全賴本身雄厚
的經濟實力背後，所蘊含之購買力(市場潛能)。有鑒於
此，我國當務之急，在於維持甚而壯大目前的經濟強勢，
以獲得更長遠的重視和肯定……。」❶

❶《亞洲與世界文摘》，4, 11, (民78年10月)，頁11。

　　外交上的孤立，表示中華民國的主權失去外在的認
可。結果，傳承法統的責任，便落在經貿外交的領域裡。
純粹談法統的理論旣然已經被強烈的反法統力量所限
制，維護法統的人便必須先證明法統仍有價值。此一價
值之認定,則有賴生存於法統之下的人與社會來作判斷。
所謂經濟學臺灣，三民主義統一中國，與經貿外交（務
實外交）都是要將從法統裡解放出來的力量，重新包容
於法統的邏輯之中，使人們去欣賞法統帶來的安定與方
向感，以及伴隨法統而來的經濟發展與政治民主，從而
興起維護法統的意願。在這個過程中隱含了兩個值得討

論的前提。最重要的一點，是法統的價值並不能由法統的單純存在就可以認定，法統的價值是在它協助了個人創造屬於個人的財富，容許個人爭取屬於個人的自由權利。同理，得出第二點，法統的價值須要經過個人的認定，而不是由代表法統或傳承法統的政治人物所能片面決定的。固然那些把法統當作立國精神的內涵，並希望藉此維護反共復國，或一統中國大方向的人，反而因為對法統的詮釋權被展延，而失去了對立國原則的主導位置。立國精神從原本是在象徵性地維護一個決心和一個目標，變成了維護人民界定這個目標是否仍有價值的權利，而且這個目標是否仍有價值，不是看它是不是法統，而是看它能否容許社會中的個體去創造價值。這個巧妙的變化對傳統裡所謂的從臨時約法，到訓政時期約法，再到憲法的這個法統，都有長遠的影響，因為，以法律形式保留下來的道統，又回復成了原本那種不拘形式的，對人民出乎至誠的關懷。

要發展經貿外交或作為經濟楷模，必然要有人以臺灣為模範。這個對象從那裡找呢？一個是第三世界，一個是已開發國家，還有一個是中國大陸。臺灣要作第三世界國家發展的楷模，這在正統的形象上是有很大的意義。因為中共一向自視為第三世界最親密的伙伴，所以從中共的經驗中，臺灣或許可以體會出一些教訓。中共對第三世界的援助有個大缺陷，就是太以自我為中心。中共以為第三世界與中共自己碰到的問題很類似，其實不然，像非洲，都是一些殖民地脫離了母國獨立成的新國家，中國大陸則從未被一個殖民主義完全控制過；中

國人建立民國或中共政權的興起，均是經歷了許多第三
世界國家所未經歷過的革命與戰爭；中共珍愛的農民革
命則爲許多講社區土地所有制的部落文化所不解。在一
九六〇年代，中共對第三世界宣傳的是武裝暴動，到七
〇年代講自力更生，到八〇年代要他們放棄計畫經濟體
制來學中共的改革，所以難怪觀察家說中共對待非洲國
家像是傳教士在傳教 ❷，並不是從第三世界國家自己的
需要出發的。但是在另一方面，中共的經援也有其長處，
因爲中共人員鮮有西方或歐洲技術人員高傲的架子與揮
金如土的生活習慣，頗爲當地人民視爲是眞誠想要提供
援助的友人。

　　相對於大陸，在一九八九至一九九〇這兩年，臺灣
在第三世界獲得了七個小國的承認，其中包括了人權紀
錄聲名狼藉的中非共和國。臺灣也援助了像薩爾瓦多和
尼加拉瓜反抗軍等美國國會不希望捐助太多的國家，這
是因爲它們人權紀錄不佳的關係。當美國於一九八九年
底違反國際法入侵巴拿馬後，臺灣也對美國指定的臨時
政府捐款。在一九九一年波斯灣戰爭危機之中，臺灣則
捐贈給約旦、埃及與土耳其等受波及的國家。不過，到
目前爲止，臺灣尚未以第三世界國家之經驗作出發點，
眞正研究臺灣經驗之可推銷性，以致於我們的第三世界
政策仍停留在與中共爭奪正統這一點上。

　　另一方面，臺灣亟思能加入工業國家之林。一方面
臺灣希望能在亞太經濟整合方面扮演比較積極的角色，
二方面臺灣希望加入關稅貿易總協定，三方面臺灣希望
能對第三世界國家提供像已開發國家作的那類經濟援

❷ 參見 Philip Snow, *The Star Raft* (New York: Weidenfeld & Nicolson, 1988)。

助，最後，我們希望藉經貿的實力來提昇我們與許多已開發國家的官方關係。所以基本上，我國的經貿與外交間的關係，是以經貿爲工具，外交爲目的。所追求的仍是中華民國代表全中國的正統性。雖然如此，正如前所述，由於經貿實力漸趨雄厚，想以經貿力量作爲外交工具的政治性作法，恐難爲社會繼續接受。在我國突破與前蘇聯及東歐國家的關係過程中，外交力量係輔助性的，民間力量反倒是以積極主動態度去迎接新的挑戰。換言之，對外關係的開拓乃是經貿實力展現的結果，而不是原因。經貿本身是目的，不純粹是工具。

目前最關鍵性的問題，就是臺灣的發展經驗能否成爲大陸之借鏡。這個問題分爲三個層面。第一，大陸是否認爲臺灣經驗值得學習。早在一九八六年的一項研討會上，大陸學者基本上就已肯定臺灣經濟發展的成就，但是對於臺灣經驗推行到大陸多抱持著保留的態度。不同的學者提出許多不同的理由，比如說臺灣有美援所以有充沛的資本，臺灣面積小好治理，臺灣生產力的提昇仰賴國際市場至鉅，非大陸所能仿效等等看法[13]。

第二，臺灣是否認爲自己的經驗可以推銷？如果臺灣認爲自己是正統，則在心理上必須否認中共的發展路線，所以提出經濟學臺灣的口號。比較雙方的生活水準，我們的經濟實力看來眞是無與倫比。這個錯覺在大陸沿海特別明顯。臺商在大陸表現出財大氣粗，惡形惡狀，剝削廉價勞工。這種以貶抑或蔑視別人來肯定自己的心理過程在中國歷史上屢見不鮮，而這種類型的自我膨脹正是兩德統一過程中，觀察家們所最擔心的現象之一。

[13] 中國大陸各地進行的國情教育都非常重視處理臺灣的經驗，但均不認爲臺灣經驗能用於大陸。有關文獻，可參見顧培根、嚴永龍與崔俊峰，《國情與道路》(北京：解放軍出版社，1989)；彭承福，《國情國策槪論》(重慶：西南師範大學，1990)；韓振峰，《國情學》(北京：中國國際廣播出版社，1990)。

最後，臺灣在事實上能否成爲大陸發展的模範？臺灣經濟發展對於大陸的教訓，乃在於政府的功能是要協助人民去創造價值。價值之認定，追求與創造均當以個人爲主體，而不是以群體爲主體。大陸上不能承認臺灣經驗的優秀，正如同臺灣誇張其經驗一樣，其結果是使得臺灣經驗的眞正價值未能突顯。過去，反共復國的原則把中共當成要革除的敵人，當前經濟發展楷模的自我定位，則把中共當成學徒。這些虛榮的辯論，在觀念上限制了人們的知覺與行爲。

　　蘇聯的瓦解與大陸的改革使以反共爲內涵的法統，不論是在國內還是國外都被動搖了，而新的以個人價值爲基礎的國家發展方向則尙未成熟。中國人在臺灣海峽的兩岸同時經歷著歷史的反思。在臺灣，社會本身所創造的價值，正在使人重新正視個體在國家發展過程中的主導地位，可是這種重視個體的價值甫才濫觴，還沒有形成歷史的洪流。事實上，雖然法統作爲維繫國家團結的精神方針已失去了絕對的號召力，但是支持法統的政治力量仍然穩固地存在著。兩股力量的匯集，前者挑戰了法統，後者遏止了個人意識的過度瀰漫。其結果，是形成對法統的重新詮釋，使法統的根柢於人本的關懷之中，而不是臺灣對抗大陸的褊狹地域觀念中。自八十年代開始，憲法所代表的不再是全中國的法統在臺灣的保留，而是道統的精神要以大陸爲發揮的範圍。法統的價值，在於它創造了臺灣人民的財富，爲臺灣人民所認可，不是因爲它揭櫫了形式上的正統；在於它將來可以被及大陸人民，而不在於它是來自大陸的。

　　爲了充實法統，民國八十年代中有了「生命共同體」觀念的出現。傳統政治領袖，不得不在批評本位主義泛濫之時，強調全民共識。行政院一方面認爲臺灣之富裕，「似乎尙缺乏一個共同的目標將民力與民氣聚起來」，所以「我們需要一個整體的國家建設計畫」，但另一方面又認爲個別的人民才是作主的人。當前政府所提出的自我期許正反映了我們立國精神的演化，以及我們處於群體與個體兩種價值之間的猶豫心態。郝柏村先生的兩段話可以作爲參考：

> 政府施政，是受到人民的付託，因此必須對人民負責，這是責任政治的精義。但是如何才能知道政府盡到了責任呢？這就需要核對政府所承諾的建設目標，有沒有充分的兌現……每一位國民都可以據此督促政府……❶

❶《立法院公報》，79，79（民79年9月26日），頁194。

所以國家建設的目標是「可以豐裕物質生活，也可以享受更充實的精神生活」，使國家「早日成爲現代化民主國家」。這段以闡揚人民作主，著重個體價值的理念，在傳承法統的自我期許下，格外發人深省。但是，

> ……有若干逆流存在，其中最爲我們關切的是中共政權的罔顧世界民主潮流與人民自由願望，無視共產政權必然沒落的事實，仍然堅持其極權專制路線……
>
> ……絕不允許國土分裂的出現，因此對於任何主

張臺灣獨立的行動，必須依法予以制裁……

……隨同政治開放與經濟發展，已呈現多元化的
現象，既存的價值觀念因而發生急遽的變化；其
中頗多悖離我國文化的優良傳統，使社會失去既
有的倫理規範……過度的個人主義，使社會出現
無紀律無倫理的群己關係。❺

❺《立法院公報》，79，79（民79年9月26日），頁192。

換言之，我們認識了多元化，但是不信任多元化；價值
上尊重個體抉擇的民主，但不容許個體抉擇超越法統的
範疇；建設上以臺灣民衆的物質與精神爲目標，但要向
大陸民衆訴求；合法性要由臺灣的民衆來監督，但最關
切的是大陸上的極權。中華民國的立國精神之內涵，與
建構立國精神的途徑，同時受到群體與個體兩種價值觀
所影響。

　　近年由於國內統獨辯論頗熾，致法統與生命共同體
成爲高度敏感的政治辭彙，談論法統者，常被指爲是背
負著沈重的歷史包袱，難以邁開步伐從事開創性的革新。
相對地，鼓吹共同體意識者，則易爲人歸類爲眼光短淺，
但求偏安自保的獨臺勢力。適時釐清法統與生命共同體
之關聯，當是刻不容緩之要務。

　　如前所述，法統是一個歷史性的時間觀念，共同體
則是一個地域性的空間觀念，兩者本無必然之扞格。對
於居住在臺灣地區的人們而言，地域性的共同體意識不
會因爲共居一地而在旦夕之間產生，任何地理空間對人
類之所以有意義，乃是人們在成長的過程中，學習著賦
予生存空間一種生命的感覺，故勢必是一個歷史的過程

⓰關於空間與生命的感覺有何聯繫，參見 Howard F. Stein, *Developmental Time, Cultural Space* (Norman: University of Oklahoma Press, 1987)。

⓰。同樣地，任何歷史性的概念，必然得仰賴當代的人在他們的生活中引用，方可能與時俱進，在變遷中獲得繼承。法統與生命共同體之間的關聯故而是雙重的；中國法統是共同體意識能發生並演化茁壯的淵源；而共同體是法統在承受時代批判後仍能日新又新的容器。

何以中國法統是臺灣區生命共同體之淵源呢？其理有三：早在日本殖民統治結束之際，受皇民化影響甚深之地方仕紳存有強烈卑視支那統治者之心理傾向，故有遠中國而就日本之脫離意識，中國法統提醒了在日本殖民下成長的臺灣青年們，臺灣人不是日本人，而是中國人，故爲生命共同體獨立於天皇統制之外而能自生孕育，創造了契機，擺脫作次等殖民公民之陰影。此其一。

其次，中國法統源自王道文化，以博愛寬仁爲基礎，因而有別於以階級鬥爭爲綱的共產政權。這種強烈的政治文化分野，使臺灣地區之中國人得以明顯感受自己所持理想之不同，而能不爲有強大政經勢力的共產勢力消容吸噬，竟逐漸凝聚了生命共同體的同舟情感與獨特認同。

第三，中國法統中的憲政主義有限政府因子，多年來成爲在野勢力對政府行合法性監督的道德磐石，使中國固有的封建主義統治型態，終在民國七十年代開始崩解，爲中國法統與世界潮流之匯流鋪路，更使臺灣的中國人得以率先享受民主政體之果實，進而體受自身具有創造中國民主前途的使命，與迥異於大陸地區中國人的自尊。

何以共同體是法統的容器呢？其理亦有三：當世人

類追求發展與現代化的進程不綴，吾人的世俗努力正是在爲更美好的生活而奮鬥，恰足以證實中國法統無害於成長與進步，使得法統與現代化之融合與共存成爲可能，此其一；其次，法統觀念無害於臺灣地區本土意識與地方化的過程，顯示法統不受地域限制，可以因地制宜，而無礙於本土菁英之茁壯成長，地方化的法統反而鍛鍊出法統的韌性。最後，共同體與世界高度互動，使得中國的法統得與世界潮流之接合取得了空間上的根據地，厥爲臺灣地區共同體在繼承中國法統時的莫大貢獻。

　　由此可知，法統與生命共同體之間，並非一般印象中的對立關係，而是共生互補的關係。生命共同體倘斷絕法統，則臺灣地區的人在面對大陸時，便無可進取者、無可競爭者、無可示人者、無可貢獻者。法統的延續，容許臺灣地區的中國人能光明正大地將大陸上的資源，當成吾人自我實現可汲取運用的寶藏，同時也可將臺灣地區的智慧與經驗，無所惜吝地貢獻於中國大陸之發展。沒有法統，則生命共同體之建立，必求諸於大陸之外的根源，先強調偏安自保，如此將勢難正視己之所長以與中共進行正面競爭，坦然相逐。

　　質言之，吾人凝聚的共同體意識，是具有中國特色的生命共同體；吾人繼承的法統，是具有臺灣特色的中國法統，法統乃是共同體所恃之道德信念基礎。以此觀之，生命共同體的觀念，乃是有所本、有所往，可以隨著生存空間而擴大之一種共同體，可以大到全中國，甚至融入地球村之共同體，則法統之深之遠，又豈是大陸人民所能不同感心悅的呢？

結　　論

　　歷史上，中國人的立國精神是在意識到中國與世界
之不同後才發生的。傳統那種以仁爲中心，放諸四海皆
準的道統，在鴉片戰爭後逐漸失去了吸引力。在幾經波
折之後，道統的屬性被認爲是純中國的。然而問題在於
誰能代表這個道統。國家分裂使得這個問題得不到答案，
以致中國之立國精神自建國以來就隱晦不明。新的法統
的觀念被當成政爭的工具提出之後，竟爲中國人脫離道
統的束縛鋪了路。政權的合法性與國家發展之方向，要
同時靠由人所體現的道統與由法所體現的正統同時代
表。這種結合終於在抗戰末期發生了。透過世界對中國
領袖地位的認知，中國體察到自己崇高的國際責任感，
同時也開始建構憲法的法統。然而三民主義的道統與憲
法這個法統是在遷臺之後，才結合成爲象徵反共復國決
心，提供國家方向感與安定感的立國法寶，也才眞正開
始爲人民製造有利的環境，從事各種經濟價值的創造與
累積。這個方向感受到兩種挑戰，一種是國際和解氣氛
扭轉了原本對憲法與三民主義正統性的承認，另一種是
社會多元化的發展反過來否定法統與道統所象徵的一元
化價值。立國精神正在轉變，個人價值的地位益形重要，
個體意識益形強烈，這與前章所述之當今世界潮流若合
符節。

　　在這個潮流下，道統反而日新又新，發展成以個人

爲主的立國精神，這是過去數千年來所未曾有過的。中
國近代史出現了一個準則，即凡有強大政治力支持的立
國原則方得以成爲國家資源配置的指導方針。因此立國
精神之建構通常唯政治上層人物是聽，至於一般民衆之
體會爲何，則常非道統或法統維護者所關切。民初五四
運動所展現的磅礡的反思氣魄，迅速或因政治化，或因
缺乏強有力的政治支持而趨消散。抗戰時期團結一致的
現象則在抗戰後因爲政治力事實上沒有一統而破滅。一
直到中共與國民黨分別在大陸和臺灣建立了強固的政治
體制後，才由上層政治人物透過群體主義的模式，由上
而下，由外而內的塑造了兩地的立國精神，其間容或發
生演化變動，立國精神之詮釋與展現均由政治人物所主
導。中華民國正在走出這種模式，其是否能成爲中華文
化現代化的新典範，則有待個體意識正將萌芽，群體意
識逐漸鬆弛的歷史時空去回答了。

第四章
立國精神與憲政發展

壹、憲法與立國精神之互動

一、前言

　　民國八十年代，國內為了修憲，而加強研究中華民國戰後的行憲過程，從而出現了如何對臨時條款與動員戡亂時期作歷史評價的爭議❶。有的學者認為在中國國民黨主政的戰後幾十年中，為了統治之便利，作了許多與憲法基本精神相悖的決策行為與人事調度，黨政運作的結果使得憲法名存實亡❷。但也有另一批學者認為，在當年時空環境的限制下，以臨時條款凍結憲法條文而不直接更動憲法的本文，是不得已的作法，甚至可以說整部憲法的完整性因此而獲得保留，可見臨時條款是「不可或缺」的設計❸。

　　從這個爭論引申，可以得出一個兩難論：如果沒有所謂具有毀憲性質的臨時條款，到了八十年代怎麼還會有回歸憲法的潮流呢？若非憲法形式完整地保留的話，恐亦無所謂的憲法可供回歸了。中國國民黨幾十年來在

❶參見《國是會議實錄》（臺北：國是會議秘書處，1990）。

❷胡佛，〈重整憲制、開拓新政〉，輯於時報公司編，《迎接挑戰開創新政》，臺北，民77年。

❸蘇永欽，〈政體理型的功用與濫用〉，時報公司，前引書，頁59。

各種公開的場合一再反覆聲明行憲的決心,但在私底下,它又有各種規避憲法精神的便宜行事。如果我們回顧國民黨退居臺灣前的歷史,不可諱言地,它是曾受到了各種各樣國內外勢力的摧殘。抗戰後期以來的民生凋敝,政府內外軍閥的分立與割據,政府體制內官吏的貪污腐化,及黨政人員缺乏民主素養與憲法意識,種種因素促成了國民黨在內戰中的敗北。同樣的一個黨,一群人難道到了臺灣之後發生了脫胎換骨的蛻變嗎?國民黨對憲法認知與理解有增進嗎?它對憲法的忠誠度有更深刻的自覺了嗎?傳統政治體系的腐敗得到了淨化嗎?如果國民黨極端不願接受憲政主義有限政府的前提,何以仍標榜憲法來束縛自己呢?

我們在討論行憲史時,應該注意到傳統政治文化與領袖人物對立國精神的塑造,會形成要求國民黨政府行憲之壓力。一般對國民黨作價值評判的論著,多於對它行為之分析解釋。本章之目的,不在批判過去四十年的行憲(或未能行憲)經驗,而是希望藉一個辯證的角度,來說明臺灣地區立國精神與憲法的相互影響。

具體地說,在大陸失守之後,憲法的道德號召力成為國民黨政府反攻大陸訴求的象徵。為證明大陸上的共產政權無論在文化道統,自由民主法治,與民生建設方面,都不能代表中國,而且與我們反其道而行,國民黨政府提出的憲政訴求,具有政治上與心理上不得不然爾的壓力。所以無論個別國民黨政府官員對憲法之認識與忠誠為何,它不得不在文化、政府、與經濟各方面滿足某些憲政之要求。其結果,是造成了社會上各種政治勢

力與多元經濟結構的湧現，反過來向它爭取全面回歸憲政。

二、憲法與政府正當性

㈠**憲法的道德含意**：要了解中國的憲政發展，不得不探討中國的政治文化。中國人對權力的看法獨特，且迥異於西方人。在中國，權力是來自社會地位的，而一個人社會地位的取得，常取決於他是否能作為道統的傳承者。有地位的人不會公開攬權，權力是由地位低於他的人自動奉獻的。地位高的人氣象肅穆地扮演好在大庭廣眾的角色，就可以享有無比的影響力。如果汲汲營營謀小利，貪權勢，反而破壞別人對他的觀感，視他所代表的是私利，而非公益道統，這樣也自然縮小了他的關係網和他的權力來源❹。這種說法與儒家傳統談的「政者正也」若合符節。儒家的君王要德如風，讓如草的小人學習風仰。當然，從現實的角度去理解，君主們是在洞悉自己缺乏強制力控管廣大的版圖後，才會有統而不治以求久安的構想。一個不與民爭利的政府自然不會成為逐利小人推翻的對象。既然皇帝只有一個小小的官僚體系來幫他管理天下，所以只好靠地方仕紳的協助，而一般的農民大眾但求繳交官稅地租，便可以天高皇帝遠了❺。

中國的政治體系之所以僵化，自有其道理。不論人民是虛矯地，還是誠摯地支持皇帝所代表的道統，政府只要透過禮儀教化便可以贏得地位、威望、與權力。地方的仕紳、鄉紳則可以上下其手，既可避稅，又可徵租，

❹白魯洵(Lucian Pye)，*Asian Power and Authority* (Cambridge: Harvard University Press, 1985)，p.47。

❺費正清(John Fairbank)，*The United States and China* (Cambridge: Harvard University Press, 1983)，pp. 32-46。

還在道德生活裡以道統自居，壟斷了社會上的價值判斷標準與發言權。一般的老百姓可以在官署的庇護下免於盜匪的侵擾，並在天子文化系統裡取得一個安穩，有生命意義，與被肯定的小角色。在西方學者的眼中，中國政治具有五個道統政權的特質。首先，中央的政府人物具有代表道統的高度號召力，他的權力沒有，也不應該有法律上的界限，不須要定義或釐清❻。其次，政權的運作要仰賴領袖依照道統對人民示範、宣傳與敎化，政治的安定不是依靠政府動員或集結物質資源的能力。這是傳統的仁治觀念。這種對仁政的偏執是老漢學家費正清眼中的中國文化特色❼。這就是何以禮儀敎化如此重要了。再其次，每個領袖都是被理想化的模範。有毅力的人終能成爲代表道統的君子，並享有崇高的地位。孟子講過一個學棋的道理來闡述意志力與精神的重要性。這也是一般人所謂勤能補拙的道理。第四，地方領袖多能傳承中央以道統爲主的禮儀敎化，並協助化育百姓。在費正清著的一本暢銷書中指出，傳統的鄉紳居於城市之中，但他們地位的維持，絕非只靠對擁有土地權，還要靠他們與官方互通有無所得的其它特權❽。最後，也最重要的特質是，道德政權絕不剝奪老百姓的經濟自由。儒家傳統上相信苛捐雜稅猛於虎。甚至連法家的管子都知道要衣食足人民才會知禮守法。所以孔子敎誨說，對人民要先富之才能敎之❾。

在討論立國精神時，我們曾經說明，道統的維繫容或是表面的工夫，這樣儀式性的宣告與表白，對於政府的安定所賴以建立的合法性，卻有決定性的作用。一個

❻白魯洵，p.56。

❼費正清，p.59。

❽費正清，p.51。

❾石之瑜，*The Decline of A Moral Regime,* Comparative Political Studies, Fall（1994, forth coming）。

領袖在代表了道統之後，才能理直氣壯地去引導社會發
展的大方向，而不必畏懼人民指責他獨裁或自私。在最
高領袖的道統地位確認了之後，地方或政府分支中的貪
污腐敗就成了個人道德的問題，只要問題不公開化，或
者不擴大，便不可能影響領袖的合法地位。換言之，道
統的形式維持要重於對道統內涵的分析與闡揚。這是爲
什麼像馬克思主義這種毫無中國根源的東西，也可以一
度在中國大陸上成了檢視人們道德屬性的最高標準。因
爲，只要認同無產階級，就好像擁有了過去傳統社會中
君子對道統的獨占權。至於一般理解的傳統文化中的抽
象道統，則爲孫文學說所繼承，但在百姓與多數政客能
眞正服膺道統之前，代表道統的孫文學說早就已先成了
憲法的指導原則 ❿。就這樣，擁護與企圖遵循這部憲法
的中華民國國民黨政府，竟成了我中國千年道統的繼承
者。

　　㈡**退居臺灣的政治意義**：在內戰爆發後，共產黨在
新民主主義的口號下推動所謂以無產階級爲先鋒的人民
戰爭。姑不論共產黨的本質是正是邪，它的革命理論否
定了中國國民黨作爲道統傳承者的意圖。這個理論有兩
個尖銳的鋒芒：第一，它承認在中國有所謂的民族資產
階級。由於他們的資本並非來自外國，而且是本土所累
積，並非革命中無產階級打擊的對象，但是由國民政府
或官僚資本所構成的勢力，則被認爲不屬於民族資產階
級。第二，國民政府與國民黨的屬性被歸類成與帝國主
義掛勾的買辦與地主階級，是統一戰線的革命對象❶。

　　這個理論否定國民政府的正統性。更重要地，它明

❿憲法制定過程之有關折衝所展
現的民主傾向，史景遷(Jonath-
an Spencer)，*The Search
for Modern China* (New
York: Norton, 1990)，pp.
4888-4899。

❶有關毛的革命理論，見K. Fan
(ed.) *Mao Tse-tung and
Lin Piao* (Garden City:
Anchor Books, 1972)，pp.
3-19。

確地指出國民政府不代表人民，不代表民族。這種似是而非的說法到底是對是錯並不重要。重要的是它以摧毀國民黨正統的方式進行內戰。在傳統社會裡，仕紳與皇帝的正統性，絕不是由於他們是人民選出的代表而取得，最根本的標準，是領導階級是否將人民的利益放在心中。儒家功利思想的要義，在於追求利益的過程不可以違悖義。人民民主戰爭犀利之處，便在於它使國民黨爲民服務造福的形象崩潰，與國民黨有關係的勢力，被形容成是與人民利益完全牴觸的外國利益。所以內戰進行了四年，絕不只是以軍事爲主的生死鬥爭而已，也是爭取正統性的一場大搏鬥。國民黨的敗北以及最後的失守，除了反映軍事實力的消長外，也說明了國民黨缺乏一套服人的革命理論，使它自詡爲國內的正統與世界政治中的中國代表，缺乏道德上的吸引力與號召力。國民黨自己事後反省，也承認它「精神渙散」⓬。

不論老百姓心裡所想眞正爲何，也不談大陸失守的根本原因，退守臺灣的現實已足以使國民黨無法證明它仍是道統的傳承者。尤其不幸地，是美國所發表的白皮書，否認了國際間對中國內戰結果有任何道義的責任。尤其甚者，白皮書提出了「塵埃未定論」，認爲臺灣在當時的法律地位未定，要待塵埃落定之後才能決定⓭。這對國民黨眞是落井下石。敗兵之將本已難言勇，四九年的國民黨面對陌生的臺灣，與兩年前才發生的本省人與外省人流血事件（後稱二二八事件）的陰影，似乎眞地走進了死胡同。它既無法證明自己仍是代表中國的道統，更無法強辯自己是臺灣地區人民的代表，它的出路在那

⓬宋瑆，《中國國民黨政綱政策的演進》，（臺北：正中，民65年），頁63。

⓭丘宏達，〈我國國際法律地位及重返國際組織問題〉，時報公司，前引書，頁401。

裡呢？

㈢**維護法統的道德作用**：既然統治的正當性是基於
政府的道德號召，而道德號召又依賴法統的維護。這使
得要重建國民黨作爲道統傳承者的合法性，必須先完成
兩大任務：它必須提出一個代表道統的象徵，它必須證
明中共是反道統的。在四九年之後，國民黨政綱政策之
演進，完全反映出它對尋回道統地位的重要性有著深刻
而絕對的認知。這個道統的象徵有兩面：一面是三民主
義，另一面就是根據三民主義架構而設計的憲法。就三
民主義而言，國民黨一向將之視爲指導原則，但眞正將
三民主義化爲全國性的指南與政治上至高的主義的是憲
法。誰能推行中華民國憲法，施行根據三民主義擬就的
政綱政策，誰就代表道統。既然政府無法將憲法實施於
全國，起碼它必須展現有這樣的意願。中國社會中一個
政權的安定性，恰是要仰賴這種道德號召與正統性來維
繫，此已於前節中論述。

　　國民黨在大陸失守，到底是不是眞的因爲它違反道
統而遭人們唾棄呢？國民黨的答案當然是否定的，它認
爲共產黨戰勝了是因爲它搞鬥爭，裹脅，靠蘇聯，騙美
國，而不是因爲代表人民利益。所以國民黨在臺灣一定
要堅決反共。臺灣既然沒有共產黨欺騙作亂，國民黨能
失敗嗎？要是國民黨在臺灣也治理不好，恐怕歷史一定
也會把失去大陸的責任放到它的肩上。如果觀察家說大
陸失守是因爲國民黨政府貪污腐敗，那國民黨便必須在
臺灣建立一個廉能的政府；如果評論家譏弄國民政府是
地主買辦，國民黨便必須在臺灣厲行土地改革，創造自

力更生的經濟；如果共產黨批判國民政府與帝國主義掛勾，國民黨就必須抗俄、反共產，以恢復中華文化傳統爲職志，制定以全民族爲著眼點的政策。對國民黨而言，如果中華民國政府能在臺灣生存下去，上述這些外國人尖酸的分析不就都錯了嗎？國民黨是不是有這樣一種求自我肯定的心理呢？對於研究中國政治心理多年的漢學家來說，答案是肯定的⓮。

⓮白魯洵，p. 229.

行憲成爲國民黨不得不然的訴求。這種訴求可以從內涵與對象兩方面來探討。在內涵方面，可以分爲三點來談：第一，在民族方面，以光復大陸統一中國，和復興中華傳統文化爲目標,使憲法和道統能完整帶回大陸；第二，在民權方面，推行地方自治，維持憲法的完整，並加強民主法治的教育；第三，在民生方面，屬行土地改革，發展國營事業，防止資本壟斷。在對象方面，也可以分成三類：在臺灣，號召國人以建設臺灣爲三民主義的模範省爲職志，把國民黨在臺灣的正統性與中國的一貫道統結合。在大陸，號召大陸同胞起來推翻共產極權，與違反人性的暴政，以正統對抗反正統。在世界上，建立中華民國爲中國正統政府之形象，戮力成爲自由陣營之成員，贏得國際上對光復大陸的支持。

三、堅守法統，推行憲政

㈠**政治現實的制約**：國民黨在臺灣推行憲政有兩大障礙，第一，國民黨政府的從政人員沒有任何憲政之經驗，在一向是人治的社會裡，憲法的變遷與設計常有因

⓯高朗，〈憲政改革方向〉，中華民國憲政改革學術論文研討會論文，民 79.12.23，臺北。

人設法的傳統，這是主觀上的障礙⓯。第二，國民黨的

領袖在面對中共的軍事壓力，以及自己擁有的強烈反攻意願時，不認為憲法設計可以提供足夠的效能，這是客觀環境造成的主觀上的障礙❻。

　　在維護法統與憲法本文不動的考量下，國民大會以修憲程序制定了臨時條款。在臨時條款的制定過程中，提案人特別說明臨時條款是修憲條文。關於臨時條款的法律性質前已論述，此地所關切的是修憲行為有何道德涵義。代表全中國道統的憲法若經修正，豈不「有損憲法尊嚴」，那國民黨政府還能代表中國的正統嗎 ❼？因此，在國民大會制定了臨時條款將總統職權大幅擴張後，有一股勢力強烈否認臨時條款是修憲。民國四十九年，在國民黨中央政策會的指導之下，國民大會憲政研討會作出決議❽，認為「國家大法不宜多所更張」，有關國民大會提出的各項修憲決議，要「留待大陸重光之後」再議❾。有趣地是，臨時條款之議正是國大提出的修憲決議之一。所以憲政研討會之立場似有否認臨時條款係為對憲法之修改。民國五十五年之國大臨時會通過了研討會此一不修憲之決議。當時的蔣中正總統在臨時會開幕時，曾特別對憲政研討會之決議大加讚揚，稱曰「中正至為佩服」❿。

　　可見，基於政治號召上的考慮，國民黨的領袖並不真正關切臨時條款的法律性質為何。為了鞏固權力對抗中共，他們需要一部完整的憲法來建立正當性。矛盾的是，中華民國憲法並未賦予總統大到國民黨認為總統宜有之戡亂職權，只好透過修憲程序來限制憲法的若干條款。所以國民大會所謂的不修憲決議，顯然是指不修改

❻有關憂患意識的源起，見葛理格（James Gregor）與張俠（Maria Hsia Chang），*The Republic of China and U.S. Policy*（Washington D.C.: Ethics and Public Policy Center, 1983），pp.37-59。

❼李念祖，〈動員戡亂時期臨時條款在我國憲法上之地位〉，臺大法律碩士論文，頁90。

❽宋璽，前書，頁92。

❾見劉錫五，〈中國國民大會志〉，頁145以下之討論（臺北：民主憲政社，民58年），原文見國民大會憲政研討委員會實錄，頁508。

❿劉錫五，同上。

㉑李念祖: 前書, 頁196。

㉒考伯(John Copper), *Election in Taiwan,* Occasional Papers, School of Law, University of Maryland, 5, 1984, pp.17-18.

㉓有關國民黨新一代黨員的討論, 見高力夫(Ralph Clough), *Island China* (臺北: 敦煌, 民68年), pp.64-65。

憲法本文之形式而已㉑。當時之所以必須要維持憲法本文, 則明白是顧慮國民黨政府道統的完整性。至於這個立場置臨時條款於何地, 就不是以道統自居的領袖所有興趣的課題了。這種在形式上尊重憲法, 但實質上避開憲法的作法, 固然成爲政治觀察家譏諷的題材, 不過, 因此而引發對憲法在形式上的絕對尊重, 反而是執政者雖然不能預期也無意傳播, 但卻在實際上成爲活生生的憲法教育。在一般第三世界國家, 政治上的反對勢力均以憲法爲革命對象, 但臺灣早期的反對運動多以要求回歸憲法爲訴求, 而這種訴求偏偏又是國民黨在道統上所不能抗拒的㉒。這種奇特的抗爭型態, 一方面建立朝野共認的憲法價值, 另一方面使國民黨政府在拿著憲法卻談臨時條款的行爲上, 因缺乏邏輯上的說服力, 不但造成對自己的束縛, 也使接受民主政治理論與憲法教育的下一代忠貞黨員, 發生認知上的不協調㉓。

(二)迴避憲政的實踐: 雖然政府實在沒有意願在此時此地完整地推行憲政, 卻全力宣揚憲政。它把所有爲觀察家視爲「毀憲」的行爲, 都以國家安全理由來合法化, 而且最終揭示的目標仍是以護憲爲旨, 只是以與憲法基本精神相反的設計與行爲來護憲厥爲特異。茲列舉十例以爲佐證:

1.動員戡亂時期臨時條款賦予總統緊急處分權, 致總統爲緊急處分勿須受任何民意機關事前之監督或事後之明示認可; 總統主持國家安全會議策訂大政方針而不受制衡。

2.戒嚴法限制人民憲法上得享有之各項自由權

利，由總統依臨時條款緊急處分權宣告全國戒嚴（不包括臺灣）則勿須事後提示立法院追認；臺灣區之戒嚴由保安司令官宣告，適用區超越戒嚴法所授權之戒嚴地域（指作戰攻守及受戰爭影響應警戒之地域）。

3.戡亂時期檢肅匪諜條例，以位階絕對低於憲法之法律授權定義不明確之「治安機關」（指「任何維持治安之機關」）對有「匪諜嫌疑者」進行「身體住宅或其他有關處所」之搜索、並解送當地最高治安機關得「交付感化」或「依法審判」而不受憲法或刑事訴訟法有關拘提或非由法院不得審問處罰之規定。

4.國家總動員法，於民國三十一年本係「爲貫徹抗戰目的」而制定，唯依民國四十年行政院以命令容許政府得依國家總動員法制定法規以行政命令「限制人民之部分權利而不受憲法規定之約束」。

5.妨害國家總動員懲罰暫行條例，經總統於民國十九年及四十二年兩度修正公布，凡違反國家總動員法「情節重大有特殊必要」雖非軍人得「改由有軍法審判權之機關審判」，與憲法保障「除現役軍人外不受軍事審判」規定牴觸。

6.動員戡亂期間勞資糾紛處理辦法，於民國三十六年由行政院公布得處理任何勞資糾紛（不限於怠工、罷工、停業、關廠及其他妨礙生產及社會秩序之行爲），「強制執行」勞資評斷委員會之裁決，「情節重大者並得依照妨害國家總動員懲罰暫行條例懲罰之」，而勞資評斷委員會與主管機關均非司法單位。

7.出版法，於民國四十一年、四十七年及六十二

年修正公布限制人民出版、著作之言論自由。

8.懲治叛亂條例，於民國三十八年公布，三十九年及四十七年修正，對「散布謠言以……搖動人心者」得處無期徒刑；對於謠言與搖動人心俱無客觀標準界定之行爲處以極端之刑罰。

9.非常時期農礦工商管理條例，於民國二十七年制定(顯係針對抗戰)，但戰後仍持續生效於六十三年由行政院命令修正，對於「非常時期」未下定義而容許經濟部呈經行政院核准得限制人民各項財產權及工作權。

10.陸海空軍刑法，亦於民國二十六年修正公布，對「背叛黨國」者最高得處以死刑，置黨之地位於有「統率全國陸海空軍」憲法權限之總統之上。

領袖人物的確認爲，憲法上諸多限制造成了決策之不便與對政府公權力之過多限制。國民黨政府在憂患意識下，想盡辦法限制各種人民自由權利，藉著設計形式合法但實質內容與憲法精神相悖之法律，甚或位階最低之行政命令，來規避憲法。引述十例之目的，其實無意非難當時執政黨對人權之限制，而是要證明憲法之道統性十分強固。顯而易見，國民黨透過黨政運作之目的不是要廢除憲法，因爲擁有如此的政治實力，拋棄憲法爲所欲爲在邏輯上要比制定或修正上百個法律或行政命令要來得容易的多 ❷。國民黨卻毫無意願更動形式上那一百七十五條憲法，但它寧願運動政治力量，一方面規避憲法，另一方面推崇憲法。我們現可以來檢視，在國民黨政府自己的觀感中，它是如何在護憲的。

㈢**國民黨黨綱的變遷**：政治上的便宜行事並沒有阻

❷有關這些法律命令中冠以特別適用時期者，見丘宏達，法治斌及蘇永欽，《我國非常時期法制研究》(臺北：二十一世紀基金會，民79年)。

止領袖們對憲政的強調。國民黨抵臺後政綱政策內容之
演進，顯示憲法的角色發生了一些細緻而且巧妙的變化
㉕。執政黨對於憲法作為道統的代表有與時俱增的認知。
在民國三十九年國民黨遷臺後通過了「本黨改造案」及
「本黨現階段政治主張」。這兩案的核心構成因素有二：
三民主義與反共。民國四十一年通過之國民黨政綱有具
體而微的指導，凡是反共的力量都要結合，並積極動員
以籌備反攻，並設計大陸光復後之經濟改革。在大陸失
守的震撼與軍事危機中，生存自保的重要性超過了其他
一切目標。憲法未被提及，臺灣之角色闕如。

　　國民黨的政綱在五年之後又有了新的發展。基本綱
領第二條明確列入「貫徹實施中華民國憲法，保障憲法
所賦予人民之一切自由權利」。除此之外，也提到「維護
聯合國憲章」、「健全地方自治」。在反共方面，不再以共
產黨為首要革命目標，箭頭轉向共產「制度」或「暴政」，
行動重點不在動員備戰，而是要「廢除」、「取消」或「解
散」共產制度。與四十一年相比，四十六年的政綱更著
重政治與道德面而非純為軍事面，以憲法與三民主義為
號召重點。而且加入「建設臺灣、策進反攻」一節。民
國四十九年國大憲研會作出不修憲決議案已如前述。憲
法作為道統之基石於焉確立。在民國五十二年通過之修
正後黨綱，首次將憲法置於三民主義之前，宣稱「遵行
中華民國憲法，保障全國人民之生命、財產、自由及其
他權利，並於大陸光復之際，儘速依據憲法普選，改組
中央政府。」建設臺灣之目的也已非「策進反攻」而已，
在「建設復興基地」一章中要求「確立三民主義政治、

㉕本節有關國民黨政綱之演進所
引政綱內文，均係摘自宋璽，前
書，頁 63-88。

經濟、社會、教育各項制度，以爲大陸重建之示範」。對三民主義「制度」之強調，較之於四十六年政綱僅言及「建設」三民主義模範省以爲反攻基地而言，是將憲政的道統意義更推進了一層。而且，對共產黨統治下的大陸則要求轉化其制度。在「毀滅匪僞政權」一節中鼓勵「策反」，「起義」，獎敍救助「元凶首惡」以外之人，且不究既往，並表示將在大陸「恢復」憲法所列舉之「身體、居住、遷徙、言論、出版、集會、結社、信仰、工作等自由」，以「啓發反共的道德觀」。

爲了配合國大憲研會在四十九年的不修憲決議，在民國五十五年國大正式通過不修憲決議。憲政作爲道統的內涵更加鞏固，五十八年再次修定黨綱，對此有更進一步之宣示。該總綱將三民主義列爲首位，並第一次將「中華文化復興運動」列於憲法之前，要以「三民主義文化」來「鞏固立國基礎」。第三條則宣示要在大陸光復後「依憲法舉行普選，重建全民統一政府」。在此，政府發展出一套完備的雙管齊下理論，除否定共產制度之內涵與傳統文化不合，也強調共產制度之產生與憲法程序不符，是從實質與形式兩方面否定共產黨的正統性。

固然國民黨初時對於憲法的尊重流於形式，但這一段簡短的國民黨政綱演化過程顯示，它在實際政治中雖然規避憲法基本精神，但完全無害於它將形式上之憲法作爲它統治正當性之主要淵源。它對憲法的道德涵義，由四十年代初期之無意識，經歷了近二十年成爲道德上與三民主義,傳統文化等千年道統並列的立國精神基礎。

四、憲政理想的落實

　　道統的傳承仰賴的是爲政者風行草偃的敎化，所以儘管國民黨百般不願受憲政規範之拘束，但它在許多方面對憲政規範宣揚與敎育卻不遺餘力，而且對某些特定行憲措施之執行，確有發揮憲法基本精神之效果。這可以從三民主義的角度來說明。首先是在民族方面，它除了強調光復大陸統一中國之外，另外有兩大重點。對內的重點便是復興中華文化，對外的重點則是華僑。前者以恢復傳統道德，發揚倫理精神爲主；後者則以協助僑胞發展文化經濟、敎育事業，「促進華僑團結並與當地政府及人民友好合作，致力反毛、反共工作」。華僑向爲國民黨視爲革命之母。如果國民黨政府不能立即證明它是大陸人民心目中的道統，最能肯定它道統地位的就是華僑。華僑的角色隨國際局勢之演化而益形重要。當國際間愈來愈多的國家承認中共是中國的代表時，僑民的向心力成爲傳統上用來認定正統的幾個標準中唯一仍可由國民黨爭取得到的。

　　其次，臺灣地區地方自治之縣、市議會及縣市長之選舉早在民國三十九年就開辦了，算是民權主義的萌芽。省議會之選舉則始自民國四十年。但各級地方自治組織，除省沿用行憲前之政府組織規章，均由行政命令規定產生，好在行之有年，雖與憲法地方自治之精神相悖，對選舉過程之民主化尙未因此構成大礙，獨立於國民黨以外之候選人仍可透過競爭當選。選舉與競選作爲一種民主憲政之表徵也由此奠基 ❷❻。惟全國性之選舉並未同時

❷❻考伯，pp.42-46。

舉行。直到民國五十八年才首度增補選為數極少的中央民意代表，產生了共十五名國大代表，十一名立委，兩名監委。但在民國六十一年後，國民黨政府透過對臨時條款的修正，開始較大規模的增選中央民意代表。民國六十年代初期，我國遭到國際逆流衝擊，失去聯合國席位，貫徹民主憲政對於國民黨政府取得在臺灣地區的合法性，愈來愈具有關鍵性的作用。果其然，投票率從五十八年的百分之五十五，上升到六十一年的百分之六十八，及六十四年的百分之七十六。民眾參與程度的升高肯定了選舉有爭取民眾向心的作用 ❷⒎。對民權方面的另一個重要演化便是推行民主與法治之教育。國小學生必讀之公民與道德與每學期選舉班長及其他幹部的過程，再加上對共產黨極權與獨裁之批判，無異為民主教育打下了基礎。中學與大學對三民主義及國父思想之教授，更有釐清民主憲政中權力當加以分立之概念。

政府遷臺之初最重要的工作是推動土地改革，一洗國民黨過去在大陸上為地主階級之形象，將臺灣原有地主階級經由公營事業股票之補償而轉換成企業家階層，開創了民生主義的時代。政府之財經決策亦多能廣納各產業公會之意見而不為政府自己謀利。臺灣經濟能快速發展，實與出現中國歷史上所罕見的廉能政府息息相關。在臺灣的國民黨政府轄下，也開創了政治菁英與經濟菁英分流的獨特發展。此與中國政治史上政治權力與經濟利益結合的常態大相逕庭。照一些漢學家的說法，國民黨政府心理上要找回「面子」，卯足全力證明大陸上土改之失敗非戰之罪，另一方面也要證明自己並不腐化，因

❷⒎考伯，p.51。

此開放經濟體系，任由本省籍的菁英享有經濟開發的大餅而能自制不圖染指❷。當然，隨政府遷臺的官員本多係比較貧困，忠貞度高，且堪稱廉潔的國民政府官員。這對政府之廉能形象，臺灣經濟之發展均有莫大助益❷。尤有甚者，國民黨透過黨政運作立法來展現它爲民正統，不與民爭利的傳統精神。民國五十二年公布，後於六十二年修正之戡亂時期貪污治罪條例，以「嚴懲貪污澄清吏治」爲旨，加重對貪污及庇護者之徒刑。民國五十五年，立法院通過「本院委員在任職期間停止執行律師會計師業務案」，使有職之一百廿二名立委註銷登記。此案原由乃因各方均有反映，久已爲識者所詬病的兼職者會「影響民心士氣」，不利於「整飭政風」❸。

❷白魯洵，pp.229-230。

❷考伯，p.42。

❸見宋蟄，前書，頁94-95。

五、憲政主義的建立

即令對憲政主義缺乏認知與信心，且在行爲上多所違反憲政精神，執政黨對憲法在形式上的絕對尊重，及各方面爲展示施行憲政決心而作的決策，無可避免地影響了社會大衆的憲法意識，以及造就了一些民主社會發展所賴以成熟的結構因素。這也可以分成三方面來談。

㈠**海外民族主義的轉變**：海外華人在六〇年代出現了一股回歸的潮流，隨著文化大革命的結束與四個現代化的開始，大陸再次提供海外華人一個施展抱負，爲中國文明效命的機會。八〇年代的改革開放幾乎在旦夕之間化解了僑民對共產黨的焦慮與懷疑。即令是對共產黨過去行爲唾棄與不齒的人，也不由自主地搭乘這股探親、旅遊與講學的潮流。當然中國大陸對中國人產生吸引力

絕不就是代表中國共產黨的正統性，但對於國民黨政府多年來出錢出力，在民族主義的指導原則下團結僑胞，推展僑務而言，八〇年代的大陸熱不可避免地帶有否定它正統性的強烈意味。八〇年代爭取華僑向心力的戰爭異常激烈。在八〇年代初期推出了「三民主義統一中國大同盟」後，國民黨政府在海外的策略並未突破過去以正統爲訴求的模式。而正統的象徵仍然是由形式上的主義與憲法來表達。

臺灣移往海外的新僑可能是另一批眞正關切臺灣的海外華人。但在這一批人中也出現了強大異議團體，除不時批判臺灣的人權狀況，更形成當地國的政治勢力，間接壓迫政府進行政治改革。到了八〇年代，他們更是大舉返國，直接參與政治，成爲民選代表。配合著美國卡特政府的人權外交，海外華僑的無形政治力在政府的政治改革，解除戒嚴等符合憲政基本精神的作爲方面曾起過無比的促進作用。政府多年來本著民族主義在海外團結起來的僑胞，現在正反過來變成它憲政改革的動力。過去仰賴財力與口號來動員海外的支持，這種對民族主義的形式認同不能維持文化上的包容與吸引力，只有推行憲政的實際作爲才可能重新拾回海外華人對憲法的認同。這種認知在中國大陸發生六四天安門大屠殺後更形明朗。

(二)**在野黨派的成熟**：年輕的知識分子逐漸理解並接受「制衡」的概念 ❸。另一方面，他們也是政治上傾向於不滿的一群 ❸。七十年代末期成立的最大反對黨民進黨許多領袖人物有不少均係大學學府裡的高材生。而八

❸胡佛，〈憲政結構的流變與重整〉，《法學論叢》，16 卷 2 期。

❸Sheldon Appleton，〈臺灣教育的政治社會後果〉，《亞洲研究》，16 卷 8 期（1967 年 8 月）。

十年代組成的新黨，更是以知識分子爲領導，督促國民黨改革最力且始終不懈的，正是一群在大學裡任教的自由主義派學者。在反對勢力崛起之際，他們的觀點常成爲反對者的理論基礎。所以，政府在事實上違反憲法精神，但在口頭上尊重憲法的長期實踐，孕育出了一股壓迫國民黨行憲的壓力。事實上，早期的反對勢力多是以回歸憲法爲訴求的。這與一般第三世界國家的反對者常以憲法爲反抗對象迥然不同。臺灣之所以會如此，正是由於國民黨對憲法採形式尊重與實質規避的矛盾所發展出的特殊反抗模式。反對勢力發展到後來明顯地與省籍因素結合。國民黨的臺灣化政策就是在這個背景下產生的。國民黨面對以民主訴求爲包裝所表達的省籍情緒採取一連串的改革措施。它對異議分子的壓制始終有一個限度❸。過度的壓制會有兩個致命的反效果：破壞國民黨在臺灣地區的正統性；減損憲政的信用及國民黨對民主憲政的認同形象。所以它在禁止反對黨成立的戒嚴體制下，卻容許反對勢力以「黨外」的名義集體行動；在黨禁將除未除之際，對率先違禁成立的民進黨也居然寬容忍讓。這不得不識爲憲法形式主義長期積累的實質效果。

❸高力夫，*Island China* p.67。

㈢**民生經濟的茁壯**：憲政主義在中國發生最重要的影響，是使政府在理論上承認，它不是一個擁有無止境權威的道統。本章之始，我們曾介紹了傳統的道統政權的第一個特徵，就是道統沒有權力的限制。可是一旦憲法變成了道統，憲法有限政府的概念與道統的觀念在邏輯上發生衝突。這使國民黨政府不得不改變了曾經傾向

極權的道統。它開始容許私人經濟部門發展茁壯，而且相形之下，國營事業之缺乏效率，顯然表示公權力不如私權力來得有效率。各種經濟利益的出現，使社會各界對決策過程參與與影響的需要應運而生，政府的結構必須隨之分化，從而產生了以專業技術和知識爲本錢的新興專技人員。技術官僚與社會上的企業家形成一種互賴的，以安定與發展爲共同目標的結合。技術官僚進入最高決策體系，配合若干資本家對異議人士反對運動某種程度的支持❸，事實上使得極左的對抗意識在八〇年代以後雖然持續發生，卻不致於擴大。與韓國政治中地方主義與官僚腐化共同造成的兩極化傾向相比，眞是天壤之別。這個過程顯示，一方面憲法的形式主義容許多元結構湧現並對代表道統的權力進行爭取，另一方面廉能的技術官僚憑著專業知識與良知杜絕了反對勢力激化的潛在傾向。所以臺灣經濟社會多元結構的成熟有兩層涵義：形式的憲政主義容納了多元結構而未予以壓制；多元結構迫使政府把對憲法的形式尊重轉化成了實質尊重❸。

❸戴國輝，《臺灣史研究》（臺北：遠流，民74年），頁193-197。

❸臺灣的經驗符合九〇年代西方新制度主義的說法，亦即認爲制度有規範與限制行爲的作用，反對行爲學派所說，只將制度視作行爲的結果，而不是原因。

六、經驗總結

國民黨政府對憲法的道統含意有所自覺，大約是發生在民國四十一年至四十六年之間。自是，它對施行憲政多次作出公開訴求。本章已列舉若干政府有意規避憲法而制定或沿用過去一些違反憲法基本精神或具體規定之法律命令，但它對形式上憲法的尊重在戰後二十年間反見強化。這種自覺的憲法意識終致弄假成眞，使憲政

的實施逐步開展。值得一提的相關發展有四：憲法與民主教育創造了憲政的共識；民主理論限制了大有爲政府觀念無窮盡之延伸；土地改革開啓臺灣經濟發展之端，使社會多元化而爲民主憲政奠基；廉能政府使反對勢力之發展不致於偏激化。而憲法自覺意識的產生則必須歸因於下列三點：傳統政治文化對正統的強調，國民黨政府爲證明自己正統性而發展出的憲法認同，與國際與國內政治對民主憲政作爲政府合法性來源之認可。簡言之，道統的需求迫使政府在猶疑不決的行憲過程中走上了民主的道路。道統原本賦予政權無限的權力，只要本諸仁心，便可爲所欲爲而不逾矩。然而，拿憲法當作道統的內涵卻形成了不可解的矛盾。憲法的精義便是政治力必須受節制，把政治力必須受節制的理論，當成道統來賦予政治領袖無窮的權力的作法，不可避免地製造了認知上的不協調。在全民接納了憲政民主之精義後，以道統與仁心來取得合法性的傳統終將變遷。

貳、憲法基本精神之變遷

社會現象變化萬千，如何適用憲法自然是一種藝術，更何況這樣一部憲法經歷過不同的時代，由不同的人來執行，無怪乎其面目也會隨之演化。有時候，單憑政治家們意會言傳來使憲法活生生地動起來是不夠的，在這種情況下，對憲法作合乎時代，順應潮流的解釋，甚至修改其中某些部分是不可避免的。因此比較四十年前與

四十年後的憲法，雖然基本上是同一部文件，但是它所代表的基本精神很可能超脫了當年制憲諸公所能設想的狀況。

基本精神的變遷當然有其界限。短時期內基本精神發生鉅大變遷的可能是微乎其微的。跨越長時期的比較，我們也許可以看出變遷的發生，這可能是指同一條文在不同時代有不同意義，或指對憲法本文為因應時代而在不同部分有所強調。比如說，在紛擾的時代裡，法治可能會蓋過民主成為憲政的關切；對人民權利的保障也許不及對國家安全的維護。再比如說，在經濟高度發展的後工業社會裡，對人民工作權的保障可以賦予新的意義，使人民享有接受教育投資或社會救濟的權利。總而言之，憲法基本精神之體現，必須由當時社會成員的思考言行中去尋求❶。

❶關於中華民國憲政發展之討論，可參見周陽山，《當代中國與民主》(臺北：東大，民75年)。

一、促成變遷的力量

㈠**國際環境**：前述及冷戰與和解時期我國國家認同所發生的演化。若就憲法基本精神所受之衝擊而言，下列幾項因素是必須思考分析的：

1.中共國際地位之崛起。中共自一九七○年進入聯合國，並開始與美國進行關係正常化以來，便一直對我國構成心理上鉅大的威脅。直接影響我們對憲法的實施及信心。

2.中共、美國與蘇聯大三角的興衰。歷史的經驗顯示，當美國在打中共牌的時候，它對中共的要求比較願意接受，對臺灣地區的安全承諾便會降低。

3.人權外交的風尚。美國自從一九七六年卡特總統上臺以來，一直保持著對世界各國人權狀況的觀察。它尤其喜歡對美國能立即影響的區域，包括臺灣在內的友好小國施加壓力，以展示美國維護人權的決心。

4.經濟關係的國際化。世界市場不但吸納了臺灣的產品，勞務與資本及技術，也提供相對應的資源，穿透了臺灣內部市場。這使得臺灣必須提供合乎國際標準的生活方式與生活水準。

5.知識的國際化。先進民主國家的憲政經驗透過教學與留學的途徑，提昇了人民的政治素養以及對憲法的期望。知識分子已有能力作道德號召並支持反對勢力。

㈡**經濟發展**：憲法基本精神內容之變遷受經濟發展影響最深，此各國皆然。在我國應考慮下面幾種發展：

1.資產階級的崛起。新興的工商業力量現在擁有更多的資源可以與政府進行談判折衝，影響公共政策的制定。它們一方面企圖藉政治力量來維護並擴張獲取更高利潤的空間，另一方面因為資源的雄厚而為政治勢力刻意引入政治圈，如此便發生了像社會正義、勞工權、環保、消費者保護等各種問題，以及加速強人與集權統治的衰落❷。

2.中產階級的擴大。中產階級本是社會安定的力量，但有時也可以由於對政治腐化的不滿，與本身政治常識的豐富化，而成為溫和反對勢力的支持者。他們對生活品質的較高要求也影響政府對憲法不同部分的重視。

3.有閒階級的崛起。在經濟高度發展的社會裡，

❷這個現象，大陸學者特別重視，可參見臺灣研究與臺灣研究集刊歷年的論文。

人們有更多的時間去投入政治。雖然政治冷感已成了許多工業社會的普遍現象，但有意願參與者的激情當不容忽視。

4.專家政客的出現。在工業社會裡，越來越多靠工商業支持的政客在維護或反對現狀秩序。

5.革命政黨的隕落。激烈的革命家政治與狂飆的意識型態失去號召力。憲政的常軌不再建立在強人的魅力上，而靠主導公共政策與維護經濟安定與發展。

㈢**反對黨**：國內的政治環境與反對黨的性質影響憲政發展至鉅。這在我國尤其明顯。

1.反對黨反對之標的。如果反對黨是忠誠的反對黨，則反對的標的是執政黨的政策。像民進黨反對的標的常是憲法的本身，或政治體制的合法性，這對憲政的發展可以造成極大的震撼。有時這種反對可以造成兩極化；有時會造成政治疏離。強力的抗爭式反對，可以促成憲政變遷速度之加快，以及修憲範圍之延伸擴張。

2.反對的方式。反對黨反對的途徑可以包括政策辯論，街頭運動，與抵制議堂論政。在我國講求和諧的傳統政治文化裡，直接抗爭有羞辱執政黨的效果。若政黨政治不能正常運作，在野勢力自然不能發揮制衡效果。但另一方面，刻意突顯抗爭式的反對，也有可能建立民選官員至上的問政風氣。

3.反對者的投入。姑不論我國反對黨反對手段之合法性與問政素質之優劣，反對者在強人政治未結束前便一再作出奮勇之抗爭，對促成強人政治提早結束或值肯定。

　　4.對反對黨的信心。爲反對而反對的抗爭可以吸引部分選民，但延宕議會審法時機與功能，旣不能強化效能，也未能有效制衡。

　　㈣**領袖**：無論是在民主還是極權國家，領袖的世界觀、人生觀、企圖心、統御能力，均影響憲政發展，這是不容否認的 ❸。開發中國家的領袖所扮演的角色則特別突出。臺灣在八五年之前可說是強人政治，強人對國家的期望會影響國家發展策略的擬定與規劃。強人的政治與道德號召力影響效能與制衡相對的平衡，也限制公民行使實質公民權的需要與意願。非強人的領袖角色拿捏稍有不穩便有損選民對其所佔有職位的信心。企圖心過於旺盛的一般性領袖，容易引起憲政上的權限爭議。但非強人的領袖又是從強人政治過渡到法治社會程序中的當然領袖。所以一個企圖心弱，統御能力平庸者並非必然是壞事，可以協助我國由雙重首長的憲政體系往內閣制或總統制方向運行。

❸世界觀的重要性，可參見石之瑜，《中共外交的理論與實際》(臺北：三民，民82年)。

二、基本精神內容之變遷

　　㈠**鞏固國權**：中華民國固有之疆域本來同時包括臺灣與大陸。但是由於我國政府與中共政權多年對峙，因此憲法上所謂鞏固國權，在這種政治體制分裂的情況下，其意義也因爲時空轉移而發生變遷。過去的異議分子將臺灣視爲獨立之一國，後因缺乏國內、外之種種條件而不得不改弦易轍。我國在七十年代以來最大的反對黨民進黨，在民國七十九年提出中華民國主權不及於大陸及外蒙古的主張。中華民國政府不同意這種看法，但仍主

張中華民國的治權或許不及於大陸地區，可是認為主權是不容許有分割現象的。折衷的說法則不談論主權或治權的問題，而直截了當地表示，臺灣地區的人民為一個生命共同體。因此在中華民國與其他國家交往或者面對中共政權的時候，政府首要考慮的便是臺灣地區民衆的安全與福祉。

由此看來，鞏固國權的基本精神發生了變遷。對於臺灣地區以外的固有疆域如大陸、蒙古、西藏或釣魚臺列嶼，我們只抱著關懷但不直接涉入的態度。國權之內涵發生了兩種變化：

1.對於國權之鞏固，發生了地區性、等級性優先順序差異。在六十年代之前，中華民國政府是代表全中國說話，對於有利中共政權發展之事，我們都視為動員戡亂時期必須抗爭扭轉之事。到了八十年代，我們即令不承認外蒙古人民共和國係一主權獨立之國家，我們亦不致因此與蘇俄、蒙古、甚或中共為外蒙回歸版圖而發爭議。

2.對於國權之鞏固，發生了認知上的變化。過去中華民國政府為維護旣有之疆域，曾一方面支持西藏抗暴以推翻中共政權，另一方面反對西藏獨立。現今對於國權之鞏固已因動員戡亂時期之結束，而改以維護國家未來統一之道路為主。總統府領導的國家統一委員會，在民國七十九年提出了階段性的統一綱領。這對憲法之基本精神有兩個含意。第一，統一綱領以發展兩岸人民交流為首先要著，是一種用人民的意志與言行來決定國權為何的方式。第二，統一取代了抗暴，成為鞏固國權

之工具性目標。

㈡**保障民權**：中山思想裡的民權有革命民權之意，也有人民主權之意。合而言之，全民政治係全民經爭取後取得了對政府治權之控制監督能力。爲恐民衆無法有效直接行使政權，而又有國民大會之設計，藉國大代表在中央爲民耳目。但在經濟高度發展的工業社會中，到底民意代表所擔任的是全民的代表，還是階級的利益，抑或係壓力團體的喉舌？保障民權的基本精神因而也發生了變遷。

1.由於資訊膨脹，立法技術高度專業化，競選花費巨幅上升，以及民意代表對社會資源分配具有主導力量，使得民權的保障無法依賴全民直接參與，而必須要靠反對黨的監督，政治菁英的自發性且本乎良心的監督，事後救濟管道之通暢，及專業記者之輿論監督。政黨法，選舉罷免法，與國家賠償法之研擬或制定均是此一變遷之反映。對於民權的保障則有賴於個人之能力、財富、精力與時間，而不是與生俱來之公民權。

2.其次，因爲第一點的關係，不同階級之民衆其公民權與人權之保障自然受到不同的待遇。姑不論這個現象是否值得大書特書，起碼原本以民衆作爲積極監督主體的基本精神，已逐漸成爲多數民衆只是是憲政裡消極受保護的客體的現象。所以民權的概念在實際生活裡出現了等級上的差異。

㈢**社會安寧**：在動員戡亂時期，以及七十年代中期以前的戒嚴時期，爲了維護國家安全與社會安寧而對人民的自由權利之行使與保障均有嚴苛的限制。所以在戒

嚴解除之後，管制（故而容許）人民團體與集會遊行的
法律紛紛制定。雖然政府主管機關的介入不可避免，但
對人民權利之保障一轉而爲政治體系關注的焦點。爲維
護國家社會安定而制定的國家安全法繼續提供了限制人
民自由權利的工具，但法律之通過與立法機關的預算監
督，無疑使社會安寧的考量有逐漸被對人權的關注所取
代的趨勢。

　　㈣**人民福利**：中華社會黨提出了盛行於德國的「社
會國」與「文化國」的理念。憲法久爲人忽略之社會安
全與教育文化兩節顯然已開始爲人重視。後工業社會的
降臨使福利國家，消費者主權，及工會運動等原本爲憲
法草創時期所不存在的觀念，開始塑造當代憲法基本精
神的內涵。以發揚國民道德，民族精神及生活智能的憲
法精神，以及爲照顧弱勢團體的社會保險制度，不能解
決勞資在後工業社會的合作與競爭並存的關係。甚至將
勞方與資方絕對兩分的憲法用語，能否持續規範與引導
人民對福利之創造與追求亦有疑問。階級的出現與階級
間互賴的強化使傳統中人民福利的概念發生混淆。

　　㈤**效能與制衡**：在動員戡亂時期爲反共需要而制定
之臨時條款賦予總統極大之權力。臨時條款在七十年代
末期在國內政學界引起新的爭議，顯示強人政治告終，
繼之而起的是以強調行政院對立法院負責或者總統對選
民負責的有關探討，主要的爭議在於如何有效限制獨裁
者或強人的出現。這一方面的辯論隱含了憲法基本精神
的極大變遷。在臨時條款之下，憲政實施的假設是信任
政府，唯恐其效能不足而無法行事；到了八十年代，憲

政實施的假設是懷疑政府，唯恐其權力過多而有損人民之自由權利。民主進步黨與新黨的崛起，以及它專事揭發政府或政客錯誤的風格，使得政治風氣轉移，有助於制衡觀念的提出。學者專家引進西洋知識對制衡觀念的精緻化，則有利於人民在懷疑政府的前提下仍然保有參與政治過程的意願與動機。制衡是憲法裡的舊辭彙，但卻是實際政治中的新現象，臨時條款的廢止是制衡觀念制度化的開始。

　　㈥**道統的合法性**：憲法的基本精神是繼承著自堯舜經歷孔子到中山的道統。憲法及強人時代領袖的合法性奠基於道德的感召力，道統厥為其主要淵源。在與中共的對抗過程中，正統何在相當程度上要靠華僑的向心力來決定。有了華僑的支持即象徵正統，正統是合法性的來源。像這樣的憲政傳統到七十年代也發生了變化。

　　　1.道統的確認並非合法性的唯一標準，甚或最重要的標準。海外的僑民偶有提出以「住民自決」來代替道統作為合法性的檢驗，現今反對黨中亦有提出類似主張者。

　　　2.道統的僵化反而可能成為合法性的破壞因素。比如第一屆資深民意代表幾十年來以正統自居而未經改選，嚴重影響民眾對政治體制之認同。

　　　3.自六十年代保釣以來,海外華僑逐漸回歸大陸，對臺灣認同最深刻的仍是臺灣移出的新僑，從道統的角度檢視，這對國家之合法性產生不利含意。

　　綜合這些因素，道統作為合法性，臨時條款作為恢復道統的工具，資深民代作為道統在臺灣的象徵，以及

華僑向心力作爲道統的認定都不合時宜，因而有回歸憲法之議，或主張由臺灣地區民衆重新審視並修定合乎潮流的憲法，取得新的合法性來源。

三、 結論

無可諱言，過去短短十年間，我國憲法基本精神因順應時代演化而產生逐步變遷，從中華民國政府遷臺以來，憲政的實施由重效能到重制衡，由重安全到重人權，由重道統到重民權，由重視積極全民政治到消極民權保障，由重固有疆域到重臺灣生命共同體，由忽略後工業社會福利觀念到此一觀念的提出，在在顯示憲法是活生生的政治社會史，而不只是一部死條文。所必須強調的是，憲法所揭櫫之立國原則及其基本精神之變遷，鮮有會因制憲或修憲諸公一己之意而得以任加詮釋。基本精神之變遷是長期演化的結果，爲有識者或先覺者奮勇提出而被接納，但創造新精神的主體仍是公民，不是政府。憲法的功能以及制憲、修憲諸公的任務，是將基本精神的變遷容納到憲政之中，以期憲政之發展能長能遠，不斷注入新的活力。

第二編
三民主義的時代意義

第五章　三民主義的哲學基礎

第六章　三民主義的哲學體系

第七章　三民主義在現代社會中的實踐

——一個人生哲學的闡釋

第五章
三民主義的哲學基礎

壹、哲學的定義、功能與範圍

一、「哲學」的語意

　　哲學是西方學術之母，所有其他的科學都是從哲學中逐漸分化出來的；可是在晚近學科越形分化以後，又感覺到分而不見整合，因此又開始產生一種科際整合的運動。大體上，西方學術就像兩把傘一樣，第一把傘是從哲學逐步分出各種其他的科學；第二把傘則是由各種其他的科學逐步相互整合，同時內部也提出更為基本的、終極的問題，也因而產生哲學的觀念。大體說來，哲學可以說是一切學問的根源，也是一切學問的歸趨。三民主義雖是以作為救國主義，並不是作為哲學體系而提出的，但就基礎上看來，三民主義本身有它的哲學思想的根源；而且就思想的發展而言，三民主義也含有一些值得予以精研的哲學理論，並需透過哲學的反省與批判來予以提昇。

　　哲學是起自古希臘，在希臘文的原文是 philosophia，是由 philos──「愛」和 sophia──「智」二詞構成的。就語意上而言，「哲學」就是「愛智」的意思。換言之，哲學是對智慧的愛好和追求。人既然還在愛好智慧、追求智慧，就表示本身還不擁有智慧，還在追求智慧的過程當中。這是從古希臘哲學家蘇格拉底、柏拉圖開始強調的，他們自覺有別於先前的哲士(sophist)，因為哲士們自認為擁有智慧，並以此教人，收取高昂學費。蘇格拉底和柏拉圖對此大加批評，認為人並不擁有智慧，只是不斷地對智慧進行追求，而之所以需要追求，是因為尚未擁有。

日本人西周用「哲學」一詞來翻譯 philosophia，現已被中文學界廣泛接受。但是，「哲」的概念在中國卻是相當久遠的，它的原意是「明智」。《尚書》〈皋陶謨〉說：「知人則哲」。而「哲人」的概念亦出現甚早，在《左傳》〈成公八年〉說：「夫豈無辟王，賴前哲以免也」，此處所謂「前哲」就是指過去的哲人之意。而「哲人」一詞亦甚早出現，《詩經》〈大雅〉有「其維哲人，告之話言。」《禮記》〈檀弓上〉說：「泰山其頹乎，樑木其壞乎，哲人其萎乎。」在譯名中將「哲」與「學」二字合併為「哲學」一名，用來指稱學術中一門深奧的學問。然而，其真正的意義，不僅是作為一門學問，也包含了生活的實踐，藉以去妄返真，獲取智慧。換言之，「哲學」之意也是在於學習智慧，這一點和 philosophia 有相同的旨趣。

二、「哲學」的定義

　　大體上，我們可以將「哲學」定義爲：「對存在界進行的整體性、基礎性和批判性的探究。」哲學的眞正意義是在作爲一種「探究」的方式，而不是在作爲一種固定的知識內涵。換言之，哲學最重要的精神就是「打破砂鍋問到底」的精神，這種探究的方式不是枝枝節節的，而是顧及整體的。它不像物理、化學、生物，只針對存在界某一個區域或特定類別的對象加以研究，而是就整體性加以思考。例如哲學研究的眞理，不只是在生物爲眞，在物理爲眞，在數學爲眞，而是對全體存在界而言皆爲眞。其次，哲學所追問的問題也是最基礎的問題，像康德所說的：「人能知道什麼？」「人應該做什麼？」「人能希望什麼？」「人是什麼？」這些都是最爲基本的問題，回答了這些問題，才能進而回答其他的問題。最後，哲學的探究是批判性的，所謂的批判，一方面是要追問所研究對象的可能性條件，例如：數學是如何可能的？物理學是如何可能的？社會正義是如何可能的？另一方面，批判也具有棄劣揚優的意思，就是要汰除缺點、發揚優點。總之，整體性、基礎性、批判性就是哲學探究的最基本的特性。

　　爲此，在古希臘的哲學中，已經區分「意見」(doxa)和「眞知」(episteme)。一般人常提出各種的意見和信念，但眞知的獲得卻必須對意見和信念加以反省和批判，要有堅固的基礎，並且要能夠顧及整體。由於哲學所研究的往往是涉及整體的、基礎的和批判的一些重要概念，

像「眞」、「善」、「美」、「正義」、「平等」、「自由」等等這些概念，從這一點來講，哲學是一門研究這類普遍觀念的學問。

但是哲學不能只是坐談心性，徒託空言，還必須要能起身力行，付諸實踐，用生命去體證這些普遍的觀念。從這個角度而言，我們也可以將哲學很淺近地定義爲：「對普遍觀念的研究與實踐之學。」

三、哲學的功能

哲學是一種思想。所謂「思想」有廣狹二義。廣義言之，「思想」是人類心靈活動之統稱；狹義言之，「思想」專指某種觀念體系。哲學所形成的觀念體系，爲哲學思想；科學所形成的觀念體系，爲科學思想；依此類推，可有「宗教思想」、「藝術思想」、「社會思想」、「政治思想」……等等。不過，當某一觀念體系具有政治社會實效之時，就成爲一種「意識型態」。這是「意識型態」（Ideology）一詞的原初意義。在具有政治社會實效之後，意識型態才可能進而具有好的或壞的意義。就壞的一面而言，例如馬克思所言，意識型態是「統治階級的觀念工具」，或當代其他思想家所指出的，意識型態有「遮蔽」、「簡化」甚至「僵化」之作用。就好的一面而言，就如德翠西（de Tracy）、國父 孫中山先生等人所主張的，意識型態可以重建社會，進行思想建設，甚至可以救國。 國父所言的「主義是一種思想，一種信仰，一種力量」，較強調意識型態的正面意義。

哲學也可能因爲具有政治社會實效，因而成爲一種

意識型態。不過，哲學仍然不同於意識型態，而且要超越意識型態，主要在於哲學要進行基礎性的探討，做整體性的關照，而且要做批判性的反省。

　　從前述哲學的定義和特性，可以顯示出哲學的功能。哲學的功能用蘇格拉底的話來講，就是對人生做最徹底的檢查。蘇格拉底說：「一個未經檢視的生命，是不值得活的。」事實上，哲學最徹底的功能，就是在對人生、知識、價值做最徹底的檢視。也因此羅馬哲人西塞羅（Cicero）嘗說：「哲學！人生之導師，至善之良友，罪惡之勁敵，假使沒有你，人生又值得什麼！」就此而言，哲學的功能首先就在於批判的功能，對現存的信念、知識、價值做批判的檢視。

　　其次，哲學有奠基的功能，在對信念、知識、價值做批判的檢視之後，提出普遍的概念和融貫的理論，來說明並證成知識與價值。

　　最後，哲學也有整體化的功能。哲學使我們不會限制於小我，也不會限制於主、客的對立，而是要兼顧全體，作整體性的考量，以便去妄返眞，達致實相，獲得智慧。

四、哲學的研究範圍

　　對於哲學內容的分類隨著哲學家而有差別，但是迄今爲止最廣被接受的是亞里斯多德的分類。從亞里斯多德開始，他區分了三種心智的活動㈠理論（theoria）；㈡實踐（praxis）；㈢創作（poiesis）。而在這三種心智活動之下，他區分爲：㈠**理論哲學**：其目的在於知識，其下

分爲物理學、數學、形上學；㈡**實踐哲學**：其目的在於行動，其下分爲倫理學、政治學、經濟學；㈢**創作哲學**：其目的在於生產，其下分爲詩學、修辭學和生產技術，茲列表如下❶：

❶沈淸松，〈西洋哲學的源起與發展〉，收入沈淸松、孫振靑編著，《西洋哲學家與哲學專題》（臺北：國立空中大學，民 80 年），頁 20。

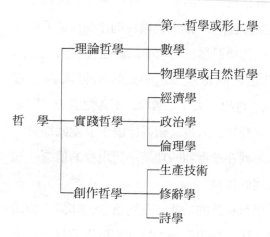

```
                            ┌── 第一哲學或形上學
              ┌── 理論哲學 ──┼── 數學
              │             └── 物理學或自然哲學
              │             ┌── 經濟學
哲  學 ───────┼── 實踐哲學 ──┼── 政治學
              │             └── 倫理學
              │             ┌── 生產技術
              └── 創作哲學 ──┼── 修辭學
                            └── 詩學
```

　　這個區分到了今天雖然在基本上仍然有效，但一方面如數學、政治學、經濟學、詩學、修辭學等學科都從哲學分化出去了，成爲個別的學科；另一方面哲學內部又增益了許多的學科，因此，今日的哲學大體上可以區分如下：㈠**理論哲學**：包含了自然哲學、知識論、科學哲學、語言哲學、形上學（含本體論）等。㈡**實踐哲學**：包含倫理學、政治哲學、社會哲學、價值哲學等。而原來的創作部分，就今天而言，除了生產技術以外，亞里斯多德所言的詩學、修辭學都已逐漸成爲文學的領域，至於今天的藝術哲學，雖然也研究藝術的創作和欣賞，但是基本上也是作爲一種理論的研究，而不是創作本身。

因此，大體說來，哲學的範圍基本上包含了理論和實踐
兩個部分。理論的部分，舉凡自然、人、超越界的神明、
整體存在界，乃至於人的各種知識，乃至人的歷史，都
可以成爲理論哲學研究的對象；而在實踐的部分，個人
的道德、群體的倫理、政治、社會，各種價值都是人類
實踐的領域，也因此都可成爲實踐哲學研究的對象。

貳、三民主義的哲學基礎

一、三民主義在哲學史上的淵源

　　按照　國父所述，他的思想淵源有「因襲吾國固有
之思想者」，有「規撫歐洲之學說事蹟者」，有「吾所獨
見而創獲者」。而這些思想與中、西的哲學思想都有關係。
就民族主義而言，民族主義思想有追溯中國傳統者，是
《春秋》所講的民族大義，以及儒家的倫理思想，明清
大儒所言的「尊夏攘夷」的思想。除此之外，則受西方
民族主義的啓發，　國父說：

　　　夫民族主義之起源甚遠，而發達於十九世紀，盛
　　　行於二十世紀，日耳曼之脫拿破崙羈絆，希利尼
　　　之離土耳其而獨立，義大利之排奧地利以統一，
　　　皆民族主義爲之耶。今回歐洲大戰，芬蘭離俄而
　　　獨立，波蘭乘機而光復，捷克士拉夫叛奧而建國，
　　　查哥士拉夫離奧而合邦於塞爾維亞，亦民族主義

之結果也。民族主義之範圍有以血統、宗教為歸者，有以歷史、習尚為歸者，語言文字為歸者⋯⋯然而最文明高尚之民族主義範圍，則以意志為歸者也。如瑞士之民族，則合日耳曼、義大利、法蘭西三國之人民而成者也。❶

❶孫文，《三民主義》手撰本，民8年，收入《國父全集》(臺北：中國國民黨黨史會，民77年)，第二冊，頁155。

就民權主義而言，民權主義思想源自中國傳統哲學儒家、道家尊重人格尊嚴的思想。但是就西方而言，主要可以上溯到盧梭的「民約論」思想，和孟德斯鳩的「法意」思想，以及彌勒的自由思想。

就民生主義而言，民生主義思想一方面有繼承於儒家「養民」的思想；除此以外，也來自對馬克思思想的批評，以及達爾文的進化論和威廉的社會史觀。

不過，三民主義的思想雖然有在中國哲學——尤其儒家哲學，和西洋的思想——例如一些自由主義、社會主義、進化論——的根源。但是，基本上這些都經過　中山先生批判性的反省，對於他所吸收的中國哲學傳統和西洋的思想，都經由一種棄劣揚優的過程。例如，他繼承《春秋》的「民族大義」，但是揚棄《春秋》的「名分」的思想；他講儒家的「忠、恕」，但是「忠」不再是忠君之忠，而是為國家民族盡忠；另外也保留中國文化中堯舜相禪讓、公天下，和〈禮運大同〉的社會思想；他繼承了基督教的博愛、平等的思想，但並不溺言於上帝與天國；他重視馬克思的社會病理學，但仍然認為只批判病理不能解決問題，而要用現代科學的思想來改善民生。換言之，三民主義的思想在中、西哲學史上皆有其根源，

但是三民主義對於這些思想淵源，是採取一種批判的繼承的態度，一方面繼承優點，另外一方面也批評其劣點，而進一步加以棄劣揚優，納入自己的思想體系。

二、哲學對三民主義研究的功能

三民主義固然有其哲學的基礎，但基本上三民主義仍是一種救國主義。就其為「主義」而言，三民主義是「一種思想、一種信仰、一種力量」。換言之，三民主義是一種政治上的意識型態，是一種救國的思想，目的在產生救國的行動和救國的力量。但是三民主義作為一種意識型態，一方面是為了救國，另外一方面也為了啓蒙，使國人發揮民族文化的優長，使國人覺醒民權的重要，使國人透過科學的方法改革民生。總之，三民主義的意識型態兼具了救國和啓蒙雙重的功能。然而，所謂的「意識型態」，是一種具有政治和社會實效的觀念體系，而三民主義所追求的政治、社會實效就在於啓蒙和救國。

然而，意識型態若要發揮作用，有賴於它的簡明性和綱領性，也因此一方面能夠促發信念與行動，另外一方面也有可能遮蔽真實，甚至僵化。就此而言，三民主義為了避免僵化和蒙蔽，常保思想的動力，首先就需要經常進行哲學的批判作用。如果說，在古希臘哲學當中，真知對於信念具有批判的作用，那麼，就當代而言，哲學對於意識型態也具有批判的作用。換言之，在三民主義研究當中，透過哲學批判性的反省，使得三民主義思想不會停限在傳統的思想，不會停限在簡要的概念，也不會停限在僵化的教條當中，而能夠不斷的尋找新的可

能性，並且進行棄劣揚優的作用。

其次，哲學研究也能夠奠定三民主義在更深遠的基礎上。透過哲學對於更普遍的概念的探求，而使三民主義的思想在一些基礎性的理論和概念上獲得澄清。

最後，哲學的研究也能夠將三民主義的思想予以體系化，使它獲得整體的一貫性。透過清楚的概念和理論的建構，發展出三民主義的哲學體系。

三、研究三民主義哲學基礎的兩個層面

當我們提到「三民主義的哲學基礎」一語時，其中可以分析出兩個層面：首先，三民主義的各個主義，如民族主義、民權主義、民生主義皆各有其哲學基礎；其次，三民主義整體亦形成一個值得發展，逐步完備的哲學體系。

㈠每一主義的哲學基礎：第一個層面是民族主義、民權主義、民生主義各自的哲學基礎。三民主義當中民族主義、民權主義、民生主義都有其哲學基礎。換言之，民族主義、民權主義、民生主義各自都有一些基本的哲學觀念，需要加以反省和檢討。例如民族主義涉及「民族」的概念，和文化哲學、倫理學方面的問題；而民權主義則涉及政治哲學方面的概念，尤其「民主」、「自由」、「平等」等觀念，都需要哲學的分析。民生主義則包含了一些經濟哲學和社會哲學的觀念，而「民生」這個概念本身，也跟西洋哲學所謂的「生活世界」一詞相當。就以上而言，個別的主義都有其個別的哲學基礎。

㈡三民主義的哲學體系：哲學既然包含了整體化、

體系化的作用，而三民主義雖然分別包含了民族、民權、民生，但整體而言它也含有完整的哲學體系，可以分別從前面所謂理論哲學和實踐哲學方面來予以建構。換言之，就理論哲學而言，三民主義本身也包含了形上學的（如本體論的）、宇宙論的和人性論的、知識論的、歷史哲學的理論。整體加起來，也隱含有一個三民主義的理論哲學體系。而就實踐哲學而言，三民主義也包含了對力行、價值、倫理的看法和政治實踐智慧。此一部分在下一章中再進行解析與闡述。

叁、民族主義的哲學基礎

一、民族主義的哲學解析

按照愛德華（P. Edwards）主編的《哲學百科全書》所言：「民族主義」一詞中至少可以指認出以下五層意義：㈠一種對民族的忠誠；㈡應用在政策上，只考慮民族國家利益的政治傾向；㈢一種高度重視民族特性的態度；㈣一種主張民族文化必須予以保存的學說；㈤作爲一種政治理論和人類學理論，民族主義主張人類自然地便區分爲各種民族，每一民族及其成員皆有明確判準可予指認，且有資格組成自主的政府，而國家只有在依照此一原則構成時始有正當性，且世界只有在每個民族組成一個國家而每一個國家皆由一個完整民族構成時，方能長治久安❶。

❶ P. Edwards ed., *The Encyclopedia of Philosophy* (New York: The McMillan Company, 1967), vol.5, pp. 442-445.

　　自十八世紀以來，各種民族主義的學說多指向前述第四、第五層意義。不過，究竟有什麼判準可以用來認定一個「民族」呢？有主張由語言和文化判定者，如德國哲學家赫德(Herder)、諾瓦利斯(Novalis)、詩萊馬哈(Schleiermacher)、菲希特(Fichte)等；有主張由共同的歷史傳承判定者，例如法國哲學家勒南(Renan)認爲一個民族應具兩要件：其一，擁有共同的歷史，尤其有共同的苦難、記憶、驕傲與同情；其二，有共同生活在一起並維繫共同傳統的生命。除此以外，也有主張由領土來判定者，亦即擁有共同家園或祖國土地；或由共同目標判定者，例如共同擺脫殖民統治。

　　大體說來，從哲學角度言，民族主義是一種強調正當的政治單位就是民族單位，而民族文化應予保存、傳揚的情感和學說。

二、民族主義的文化哲學與倫理學精義

　　國父在講民族主義的時候，指出民族的構成要素，主要是血統、生活、語言、宗教和風俗習慣這五種力。其中，除了血統是一種生物性的因素造成的種族的遺傳，除此以外，無論生活、語言、宗教和風俗習慣，都是屬於文化的。換言之，　國父在民族裡面特別重視文化的成分。因此他說：「民族是由天然力造成的，中國人說『王道順乎自然』，自然力便是王道，用王道造成的團體便是民族。」❷　國父將「順乎自然」解爲王道，也是從文化的特質來看待民族主義的。

　　不過，民族主義作爲一種意識型態，基本上是一種

❷孫文，《三民主義》，收入《國父全集》，第一冊，頁2。

追求中國人和外國人一律平等的主義。　國父曾指出：
民族主義即世界人類各族平等，一個種族不能為他種族
所壓制。所以，追求民族平等，消極的去除民族間的不
平等，積極的加強各民族的團結，便成為民族主義的要
義。就此而言，　國父的民族主義較強調一個民族所擁
有的共同的目標。然而，當　國父講到如何獲取民族的
平等的時候，他提出來的方法，基本上是要發揮中國文
化的優長，尤其要發揮中國文化裡面的倫理精神。因此，
在恢復民族地位的方法當中，他特別重視固有道德的恢
復，　國父說：「所以窮本極源，我們現在要恢復民族的
地位，除了大家聯合起來作成一個國族團體以外，就是
要把固有的舊道德先恢復起來。」❸而　國父所謂的道　　　❸同上，頁65。
德，就是指忠、孝、仁、愛、信、義、和、平。換言之，
國父是把道德當作中國文化的精華與核心。在恢復文化
的精華與核心之後，再進一步恢復固有的智能，也就是
格物、致知、誠意、正心、修身、齊家、治國、平天下
的大道理，以及祖先創造發明的能力。然後才進一步學
習歐美的長處，「發揮吾固有之文化，且攝世界之文化而
光大。」而學習歐美文化的長處，主要是要迎頭趕上。

　　從以上看來，　國父的民族主義特別側重文化的因
素，而在中國文化當中特別側重以倫理道德為中國文化
的核心，他認為中國人必須先覺醒倫理道德為中國文化
的核心，才能夠進一步發揮中國傳統的智能。其所謂「智
能」，基本上可以說是一種人文社會思想的典範。「典範」
一詞是由崑恩（T. Kuhn）在《科學革命的結構》（The
Structure of Scientific Revolution）一書中所提出，

大體上指正規科學所預設與遵奉的基本觀念體系與世界觀。我們也可以將「誠正修齊治平」的道理，視爲是中國人文社會科學所假設與遵奉的基本觀念與世界觀，亦即其典範。用這個典範去發展中國的人文與社會思想，才能夠進一步提昇中國的科學。而在科學的發展方面，首先要學習歐美的長處，但是不能夠在後追趕，而必須迎頭趕上。此處所謂的「頭」，旣是「尖端」的意思，同時也是「源頭」的意思，換言之，必須要學習最先進的科學，並且從知識和思想的源頭來加以學習和超越。

三、民族主義的本質：倫理

民族是血統和文化自然揉合的結果，一方面出自人類的天性，一方面也出自後天習得的智能和關係。　國父說：

> 民族主義卻不必要什麼研究才會曉得的，譬如一個人見著父母，總會認得，絕不會把他當作路人，也絕不會把路人當作父母。民族主義也是這樣，是從種性發出來，人人都是一樣。❹

❹孫文，〈三民主義與中國民族之前途〉，民前 6 年 6 月 17 日，收入《國父全集》，第二冊，頁 200。

無論是人的天性或是後天習得的文化，都是要使人一方面能夠達成自我實現；另一方面也能夠達到人際關係的滿全。自我實現是使自己的本有能力卓越化，這是道德的要義；群體關係的滿全就是使自己和家庭、和社會、和國家的關係達到恰如其分的和諧狀態，這就是倫理的要義。如果說「誠意、正心、修身」屬道德，則「齊家、

治國、平天下爲倫理。

　　倫理與道德密不可分。不過，由於人只有在良好關係中始能自我實現，爲此倫理又包括了道德。倫理、道德可以說正是中國文化核心的部分。

　　就此而言，民族主義的本質在於倫理。因此先總統蔣公說:「民族主義的本質，與其說是救國，或者說是文化，還不如用我們民族可大可久的特點——倫理，來代表民族雄厚的基礎較爲完備。」又說:「倫理確是民族主義的立足點，而實行民族主義，也正是倫理高度發揚的極致表現。」又說:「我們今日如要召回我們的民族靈魂，提振我們的民族精神，恢復我們民族的自信心，就要以倫理爲出發點，來啓發一般國民的父子之情、兄弟之愛，推而至於鄰里鄉土之情，和民族國家之愛，以提醒國民對國、對家、對人、對民衆、對自己的責任，最後就要如　國父所說:『用民族精神來救國！』」❺

❺以上兩段引言，見蔣中正，〈三民主義的本質〉，收入《蔣總統言論選輯—總理遺敎概要》(臺北:中央文物供應社，民 66 年)，頁216-218。

肆、民權主義的哲學基礎

一、民權主義的政治哲學精義

　　國父的民權主義的主要內容，主要在於肯定人民的權利，以及自由、平等等政治哲學的基本概念，並且進而提出權能區分的理論，以及政權、治權的劃分和種類。所謂「政權」，即人民的權利，包括選舉權、罷免權、創制權和複決權。「治權」則是政府的權利，包括行政權、

立法權、司法權、考試權和監察權。

在上述的民權主義內涵中，最重要的莫過於肯定每一個人都是權利、價值的主體，但　國父在此所謂的「每一個人」，是指在國家中的每一個人。他說：

現在要把民權來作一個解釋，便先要知道什麼是「民」？大凡有團結、有組織的眾人就叫做民；什麼是「權」？權就是力量……，把「民」同「權」攏起來說，「民權」就是人民的政治力量。❶

❶孫文，《國父全集》，第一冊，頁65。

由此可見，　國父所謂的民，並非如洛克所言，是每一個個人，而是有組織的眾人。此外，　國父並不像盧梭或洛克等人主張天生的民權，而是主張「革命民權」。換言之，必須經由革命的爭取的手段，成為一個政治團體中的一員，才有民權可言。　國父在當時採取這樣的理論，是因為他的政治環境正處於腐敗的滿清，必由此轉而創立民國，使每一位人民都成為國家的主人，這是經過革命的歷程才得以達成的。因而他主張「革命民權」之說。但再就哲學推本究源的精神來說，之所以在國家內每一個人皆為權利的主體，主要的原因是因為人既生而為人，就應受到尊重，也因而皆是權利的主體。由於每個人皆是權利與價值的主體，才有必要在特定的政治環境中——例如腐敗的清末，透過革命的手段，來爭取民權。

二、民權主義中幾個基本概念的哲學解析

㈠**自由**：　國父在民權主義當中雖然十分看重西方對自由的看法，尤其英國學者彌勒所言：「一個人的自由，以不侵犯他人的自由爲範圍，才是眞自由。」但是，　國父也指出：自由之所以在西方受到相當的強調，是因爲受專制的痛苦太深；而在中國，中國人民一向有充分的自由，中國人民所受的痛苦也只是間接的民生疾苦，所以在中國的革命不提倡爭個人自由，而提倡爭取國家自由。中國人相對於「個人自由」的觀念有「放蕩不羈」一詞相對應，只有消極的、負面的意義。

在今天看來，經過革命的程序，中華民國已經取得了國家的自由，但是個人的自由反倒成爲問題，因此我們有必要重新了解自由的意義。尤其在臺灣經驗發展四十多年來，在今天人人強調自由，但是並不了解自由的意義。大體說來，自由可以區分爲消極的自由和積極的自由兩方面。所謂「消極的自由」，是指不受束縛，例如人身的自由──指人的身體不受到強迫或束縛；又如法律上的自由，像言論自由亦指個人的言論免受政府或私人團體的處罰、控制或壓力。以上僅屬人的言論或行動免受強制的自由，並不代表言論或行動的能力或價值，例如就人身的自由而言，雖然人的身體的行動不應受到束縛或強迫，但是並不因此就有侵犯他人的能力。換言之，個人有揮動拳頭的自由，但此一自由以不打到他人爲限制，不能因爲可以揮動拳頭而傷及他人。又如言論自由，是表示個人的言論可免受政府或私人團體的強制，

但並不表示因此就有言論的能力，或其言論就有一定的
價值，例如個人雖有言論自由，但並不因此就有能力投
稿、廣播或演電視劇。

此外，就積極的自由而言，則是較屬於正面意義的，
首先有選擇的自由，指個人對於選擇的對象可以選也可
以不選；或是選甲而不選乙，例如選吃飯而不選吃麵，
選擇看書而不選擇看電影，投票時選甲候選人而不選乙
候選人，選擇的自由就主望於意志對於選或不選以及諸
選項的超然狀態。其次則是道德的自由，是指意志的自
律，不受外在的脅迫或誘惑，而能自律地依照道德規範
來行動。最後則有超越的自由，自由也包含不斷地自我
超越，追求更爲完美的價值和狀態，今天要比昨天更好，
明天要比今天更好。不斷地自我超越，也是人的重要自
由之一。

㈡**平等**：　國父對於自由的概念，由於認爲中國人
已經有太多的自由，以致成爲一片散沙，因而不特別予
以提倡，但　國父對於「平等」的概念卻十分加以重視。
國父認爲「不平等」可以分爲「自然的不平等」和「人
爲的不平等」。所謂「自然的不平等」是指人天生條件上
的不平等；「人爲的不平等」則是人後天申於政治的或社
會的因素造成的不平等，例如：從帝、王、公、侯、伯、
子、男到一般人民的地位的不平等。相對的，平等也可
以分爲「眞平等」和「假平等」。

　　　　所謂的「假平等」，就是平頭的平等，但是在立足
　　　　點上面仍然不平等；所謂的「眞平等」，則是立足

點的平等，是社會上的地位平等，是起初點的平
等，後來個人依據天賦的聰明才力自己去造就，
因爲個人的聰明才力有天賦的不同，所以造就的
結果當然不同，造就既是不同，自然不能有平等，
像這樣講來，才是眞正平等的道理。❷

❷同上，頁113。

國父主張必須消除人爲的不平等，來達到眞的平等，而
平等的精義就在於使先知先覺、後知後覺和不知不覺三
種人來相互調和，發揮服務的道德心，爲國家、社會作
最大的服務。

　　國父所謂的眞平等，是社會立足點的平等。不過，
從哲學上來講，我們還必須作更詳細的區分。正如同美
國哲學家羅爾斯（J. Rawls）所言：平等必須從兩方面
來考慮，就是一方面當起始點是平等的時候，一切社會
中最原初的利益，例如自由、機會、收入、財富以及自
尊的基礎，都必須以公平的方式分配。但是當起始點不
平等的時候，分配的方式應該使最居劣勢的人獲益，而
使整體的社會傾向於分配的均平。

　　㈢**政治制度**：　中山先生在民權主義當中還特別提
出「權能區分」的理論。此一理論主要在於一方面肯定
專家的政治，主張政府應爲萬能，以回應人民的需要。
但政府萬能並不就等於「巨獸的返回」，因此他又主張「主
權在民」，使人民管理政府，不使政府成爲巨獸❸。政府
擁有治權、人民擁有政權，因此他在民權主義第五講說：

　　　　國民是主人，就是有權的人；政府是專門家，就

❸「巨獸」（Leviathan）是英哲霍
布斯（T. Hobbes）所採用，取
自《聖經》，用以表示國家的形成
與力量有如巨獸。晚近國家力量
再度強大，國民凡事仰賴國家，
國家介入政治外如經貿、文化、
教育……等歷程，因而有所謂「巨
獸的返回」（The Return of
Leviathan）之說。

是有能力的人。由於這個理由，所以民國的政府官隸，不管他們是大總統、是內閣總理、是各部總長，我們都可以把他們當作汽車伕，只要他們是有本領，忠心爲國家做事，我們就應該把國家的大權託付給他們。❹

在第六講中又說：

到了民權時代，人民就是政府的原動力，政府的動力固然是發源於人民，但是人民發出了動力之後，還要隨時可以收回。❺

所以　中山先生所提倡的「主權在民」、「全民政治」，就是旨在駕馭此一機器，他提出：人民是工程師，政府是機器的比喻，來說明兩者的關係，可見身爲工程師的人民本身也不能太過被動，人民不但要主動，而且還要能夠跟上理性的腳步，充實自己的知識和判斷力，才能以工程師的身分來駕馭政府這部機器。

三、民權主義的本質：民主

國父所提倡的民權主義，爲我國的民主政治奠定了理論的基礎，也因此先總統　蔣公才進一步指出：「民權主義的本質是民主」。尤其在臺灣經驗發展四十餘年來，除了普遍選舉的徹底實施以外，民國七十六年年底以後開放黨禁、報禁，使得言論的自由、政黨政治和議會政治漸趨成熟，奠定了臺灣經驗中民主政治的基石。

❹孫文，《國父全集》，第一冊，頁134。

❺同上，頁141-142。

　　不過，究竟民主的意義何在？一般人民仍未有充分的了解。大體說來，民主的眞義可以歸結爲以下三點：㈠肯定每一個國民都是權利、價值的主體。也正因爲每一個國民都是權利和價值的主體，因此才有「尊重少數」的原則。㈡肯定服從客觀合理的制度。雖然每一個人都是權利和價值的主體，但是每位權利的主體都必須在客觀的制度之下互動，也因此才必須肯定「服從多數」的原則。就此而言，法治精神的要義也不在於勉強服從法律的規範，而在於肯定法律的規範和執法者代表了社會生活的客觀性。㈢透過理性的討論修改制度。制度雖屬客觀，但可經由社會成員合理的討論來加以修改，而不必訴諸暴力來否定或推翻。制度之所以需要修改，誠如波柏(K. Porrer)所言，是因爲所有制度的設計，都可能發生未預期到的不良後果，違背其中個人的需要、價值與權利，因而必須加以修改。

　　綜上所述，民權主義的本質在於民主，而民主的眞諦在於尊重個人爲權利和價值的主體，並透過合理而客觀的制度，使個人和群體在其中進行互動；一旦制度有違背個人權利與價值之處，則透過理性的討論來加以修改。至於議會政治和政黨政治，則可視爲是現代民主政治中所提供的兩種進行理性討論的方式。

伍、民生主義的哲學基礎

一、「民生」概念的哲學意義：與「生活世界」哲學概念之比較

　　國父在民生主義當中，首先對於「民生」這個概念作十分淺顯的說明，他說：

> 民生兩個字是中國向來貫用的一個名詞……，我今天就拿這個名詞來下個定義，可說民生就是人民的生活、社會的生存、國民的生計、群眾的生命便是。❶

而說到民生主義的定義，他又說：

> 怎麼樣享受生活上幸福的道理，便叫做民生主義。❷

又說：

> 唯民生主義的意義爲何？吾人所主張者，並非如反動派所言將產業重新分配之荒謬絕倫，但欲行一方策，使物產之供給得按公理而互蒙利益耳，此即余所主張之民生主義的定義。❸

❶同上，頁157。

❷孫文,〈三民主義爲造成新世界之工具〉，民10年12月7日，收入《國父全集》，第二冊，頁461。

❸孫文,〈中國之鐵路計畫與民生主義〉，民元年10月10日，收入《國父全集》，第二冊，頁91。

由上可見，民生主義有它經濟的一面，必須同時注重生產和分配，滿足人民的需要，達到養民的目的。除此以外，民生主義也有它社會的一面，就是要透過和平的方法來達到均富的目的。而最後民生主義也有它倫理的和文化的意義，就是要使人們獲得生活上的幸福，發揮倫理的力量，度育樂的生活。

　　國父所言的「民生」概念，從哲學上來說，其意義與地位的重要，有如當代德國大哲胡塞爾(E. Husserl)所提倡的「生活世界」的概念。所謂的「生活世界」，是指形成人類生命意義的理性以及先於理性（例如慾望、身體的活動等）的全體領域。「生活世界」包含了：㈠我們活生生的身體的感性運動，以及由此所產生的知覺行動。我們每一個人都是以身體爲核心，向世界開放，並在此確立世界的意義；㈡生活世界包含了人與人之間的互動，尤其是透過語言相互的溝通，形成了我們生活世界中最重要的領域；㈢生活世界也包含了我們科學和知識的活動所假定的環境、技術和人的溝通與互動；㈣生活世界也包含了整體人類歷史的進程，人類都是透過歷史的進程來達成自我了解、完成人性❹。

　　「生活世界」這個概念被當代的哲學家多所發揮，例如胡塞爾的學生徐志(A. Schutz)在《生活世界的建構》一書當中，將生活世界解釋爲「社會世界」，也就是由你、我、他人，以及前輩、同輩和後輩的網絡所構成的社會世界。而當代的德國哲學家哈柏瑪斯(J. Habermas)也指出：生活世界在現代化過程中，受到了科技、

❹沈清松，《現代哲學論衡》（臺北：黎明，民74年），頁211-228。

法律等理性化系統的侵入，形成了現代化的許多弊端，因而主張擴大人類在生活世界中的動力，透過溝通的行動，再將系統化、理性化的力量吸納在生活世界之中。

大體說來，國父的「民生」概念，在哲學上的意義就類似於當代哲學中「生活世界」的概念，而且比生活世界的概念要更早提出。「民生」的概念比較不強調哲學上所言的身體和知覺的活動，也不特別側重語言溝通的活動；但是比較強調透過科學的方法來促進生產、進行分配，甚至由理性的分配方式而達致均富。換言之，「民生」的概念是透過經濟和社會的角度，來詮釋人在生活世界中的活動，並將這些活動特定化為經濟的和社會的活動。不過，中山先生主張以民生為歷史的中心，認為人類求生存才是社會進化的原因，而人類的進化以互助為原則，這些想法和胡塞爾的生活世界概念中強調生活世界是人類的整體進程，在精神上是十分一致的。

二、民生主義的經濟哲學與社會哲學精義

民生主義既是一種經濟哲學、社會哲學的立場，也是一種倫理學和歷史哲學的立場。首先就經濟哲學的層面而言，民生主義一方面主張合乎人性的自由經濟制度，尊重私有財產，以民富為國富之本，重視私人企業的進取和競爭，主張企業的民主化。中山先生說：「社會上大多數的利益相調和，就是為大多數謀利益，大多數有利益，社會才有進步。」❺另一方面中山先生又主張「理性的經濟計畫」，以達到「使物產的供給得按公理而互蒙利益」。因此他重視政府的角色，並主張「節制私人資本，

❺孫文，《國父全集》，第一冊，頁169。

發達國家資本」，以改良資本主義。　國父並進一步擬定
「實業計畫」，作為理性經濟規劃的模範。就此而言，　國
父不偏於自由主義的市場經濟，也不偏於社會主義的計
畫經濟，而是調和兩者，發揮兩者的優點，避免兩者的
缺點，可以說最早提出了鄔慈等人所謂「第三條路」的
主張❻。

　　就社會哲學而言，民生主義所側重的，不是個人主
義的社會原理，也不是集體主義的社會原理。他雖然尊
重每一個人的權利、需要和進取心，但同時也重視社會
集體利益的調和。因此，就社會哲學而言，　國父既不
像資本主義社會那樣偏於個人主義，也不像共產主義社
會那樣偏於集體主義。就個人而言，　國父毋寧說是強
調彼此有關係的個人、善盡公益的個人。個人必須互助
合作，把社會的利益視為個人利益的一部分，從這一點
作為起點，才可能真正的達到均富。所以　國父所主張
的「均富」的意義，必須在個人的利益和社會的公益之
間達到一種均衡。一方面必須使每一個個人滿足需要，
實現利益；另一方面也要限制私人利益的獲取，使之不
致傷及社會利益；最後還要致力發展社會利益，使社會
利益能夠彌補私人利益之不足。因此　國父說：「民生主
義目的就是要把社會上的財源弄到平均。」❼ 而先總統
蔣公也說：「均富是要使人人有田種，人人能發財，但是
不許每一個人在限田額數之外再壟斷土地，成為大地主；
亦不許財主集中社會財富，成為托拉斯，而再有社會不
平的現象。」❽

　　從哲學上看來，民生主義不但具有經濟哲學、社會

❻關於第三條路，參閱 A. Utz
著，楊世雄譯，《第三條路哲學》
（臺北：九鼎，民 80 年）。

❼同上，頁 186。

❽蔣中正，〈土地國有要義〉，收
入《蔣總統言論選集—政治與經
濟》（臺北：中央文物供應社，民
66 年），頁 317。

哲學的意涵，而且具有倫理學和歷史哲學的意涵。民生主義肯定每一個人自動自發的創造力，人與人彼此又能互助互愛，以達致眞正的幸福。而且人類此種追求幸福與互助合作的動力，就變成構成歷史發展的力量。因此國父在與林百克大法官談話時曾指出：

> 民生是一種道德的努力，而不是階級間的鬥爭。民生主義遠比其他二大主義更重視我們的倫理傳統，在中國人信仰民族主義和民權主義後，想藉自己人格的覺醒，作爲一個有益人類幸福的媒介，此一自覺將使他變成愛群樂群的君子。在這個對世界具有價值的自覺感中，利己主義遂爲利他主義所替代。……民生便是一種倫理力，是運用倫理的方式，使各階級合作、和諧。❾

❾引自吳經熊，《內心悅樂之源泉》(臺北：三民，民72年)，頁245。

國父這段話將民生主義的意義發揮到最高境界，指出民生主義是人「愛群樂群」、「對世界具有價值的自覺感」，「利己主義爲利他主義所替代」，以達致人類的最終幸福，顯示民生主義具有倫理學的意涵，同時也是以倫理的力量來推動歷史的發展，也因而具有歷史哲學的意涵。

三、民生主義的本質：科學

先總統　蔣公在發揮　國父「民生主義」的要義時，特別指出：「民生主義的本質在於科學」，這一論點的意義有待進一步的澄淸。顯然地，就經濟哲學和社會哲學的意涵而言，民生主義既要有豐富的生產和合理的分配，

並要在個人與社會當中達到均衡，的確是需要發揮科學的理性精神來從事，才可以實現的。但此處所謂的「科學」，並不僅只是狹義的自然科學；而是一種廣義的科學。如果只是西方狹義的科學，包含了㈠透過實驗，以有組織的步驟，獲取經驗資料；㈡並透過邏輯和數學步驟，提出理論；㈢再透過檢證或否證的步驟，來建立資料和理論之間的關係……等等，顯然僅能觸及民生主義中經濟和社會的層面。然而，就發揮每一個人自發的創造力，互助合作，達致終極的幸福而言，則仍有所不足。尤其今天科技的發展雖能造福人類，但也產生了生態失衡、科層宰制、人性異化等弊端。因此，此處所謂的科學應是更為廣義的，尤其應該合乎中國哲學所言：「盡己之性、盡人之性、盡物之性」的科學觀。換言之，民生主義的科學觀應是一種「盡性」的科學觀，而不是西方「控制物性」的科學觀。所謂「盡性的科學觀」，就其「盡己之性」而言，是人文科學的目的；就其「盡人之性」而言，是社會科學的目的；就其「盡物之性」而言，則是自然科學的要義 ❿。換言之，科學的目的，是在充分地發揮人性、物性與社會的力量，才能達成互助，實現終極的幸福，而這才是「民生主義的本質是科學」的真諦。

❿沈清松，《傳統的再生》(臺北：業強，民81年)，頁76。

第六章
三民主義的哲學體系

壹、三民主義哲學體系的
內涵與架構

一、引言

　　哲學是一種對人和存在界進行的基礎性、整體性、批判性之探討，然而這種探討在臻於完成之時，必定會形成一種體系，因爲一個成熟的哲學家不會對人和全體存在產生散漫零碎、相互矛盾的看法，卻會形成一個系統性的看法。誠如黑格爾所言：「眞理就是全體，而全體就是系統。」哲學家立志探求眞理，但眞理絕非零散、錯亂、相互牴觸的一些命題，而應該是融貫、一致、相互關連的觀念系統。

　　若就哲學也是一種普遍觀念的理論和實踐之學而言，一個成熟的哲學家對於其所思索的普遍觀念，例如「眞」、「善」、「美」、「正義」、「公平」、「自由」等，也會形成一種融貫而一致的看法，使這些普遍觀念相互關連、內在一致，而不致於相互牴觸、相互衝突。由此可見，形成體系可以說是出自哲學思索的內在要求，哲學

家旣不能夠提出相互矛盾、彼此衝突的命題，也不能提出內在相互錯亂的觀念。因而思想體系的建立，確是哲學探究的一個內在要求，也因而自古以來，無論是中國哲學家或西洋哲學家，都有完整而融貫的思想體系的提出，無論是西方古希臘的柏拉圖(Plato)、亞里斯多德(Aristotle)、中世紀的奧古斯丁(St. Augustinus)、聖多瑪斯(St. Thomas)，近代以來的經驗論、理性論、德國觀念論，乃至當代的重要西洋哲學思潮；或是中國哲學中的儒家、道家、法家、佛家等學派，及其中的大思想家的思想，都自成體系。

三民主義雖然是以救國主義的姿態提出，而不是以哲學思想的形式提出，但是三民主義作爲一個內在完整而一貫的思想體系而言，其中應該也隱含著一套一致而圓融的哲學命題。有哲學的體系作爲基礎，三民主義思想才可以是完整而一貫的體系。更何況三民主義思想如果要能夠不斷地發展，就必須經由不斷的反省、檢討與探究，由隱態變爲顯態，發展出其內在原先所隱含的哲學體系。如此一來，才能使三民主義的思想，旣有哲學體系爲基礎，且可以依據此哲學體系不斷發展，不但能補其闕遺，並且更加以拓深，使三民主義的思想內涵能成爲一個更深入、更豐富的思想體系。

二、三民主義哲學體系的內涵

一般而言，對哲學的研究必須先學習「理則學」，研究推理的規則，使思想正確。其次修習「哲學概論」，對哲學的內涵有個初步的了解。然而以上都是哲學的入門

課程，尚未進入所謂的哲學體系。就哲學體系而言，大體上可以區分為理論哲學與實踐哲學兩部分。

就理論哲學而言：由近及遠、由小而大，從人的認知經驗開始，然後由經驗在時間中推展而形成歷史，乃至擴大於全體存在，大略上可以包含三個層次：㈠知識論的層次，㈡歷史哲學的層次，㈢形上學的層次。

㈠**知識論的層次**：知識論研究人的認知，討論知識的源起、範圍和有效性，尤其探討人類所使用的各種表象，諸如：印象、概念、原理，其有效性的判準、真理的問題等等。

㈡**歷史哲學的層次**：人類的經驗，例如認知的活動及實踐的活動，在時間中延伸，成為歷史。歷史哲學須就歷史的意義為何，歷史有否基本的規則，歷史的目的等問題加以探討。

㈢**形上學的層次**：由經驗到歷史，進而擴及到對存在本身的探討，則為形上學。形上學是研究存在物的存在活動及其原理。其中包含一般形上學與特殊形上學。一般形上學：研究一般的存在活動——在西洋哲學稱為「存有」，在中國哲學稱為「道」——及其基本原理。特殊形上學：研究主要的存在物領域的存在活動及其原理，因而有1.宇宙論——研究宇宙的源起、自然的概念、時間、空間、物質、自然的法則等等。2.理性心理學或哲學人類學，或中國哲學所謂的人性論——研究人性、人的結構、身心關係、人的行為的自由或被決定、人性的善惡等問題。3.理性神學——即從理性的角度來探討超越界神的概念、神的存在與否及其本性，以及神存在

的證明，例如宇宙論的證明、本體論的證明和目的論的證明等。

就實踐哲學而言：主要是道德哲學和倫理學、價值哲學、社會哲學和政治哲學。

(一)**道德哲學**：是研究人的道德行為，其主觀和客觀的標準及其目的。道德主要是涉及個人遵守道德規範、實現德行的相關問題。

倫理學則涉及群體遵守規範，以達致群體良好關係的滿全。又區分為普通倫理學和特殊倫理學。普通倫理學探討一般的倫理學原理；特殊倫理學則針對特殊的情況產生的問題，諸如：商業、醫學、工程、戰爭、種族等特殊問題上的應用。

(二)**價值哲學**：包含對於真、善、美、聖等價值的探討。由於真理的問題歸屬於知識論，而美學、藝術哲學處理美的問題，以及倫理學處理善的問題，宗教哲學處理聖、俗的關係，這些都不僅涉及理論的探索，也涉及實踐的問題。

(三)**社會哲學與政治哲學**：涉及社會的組成與意義、社會正義、政治權力、社會組織與公共福祉等原則性問題。

從以上的內涵看來，在三民主義思想體系當中，也包含了不少理論哲學和實踐哲學的內涵。就理論哲學的部分而言：在知識論方面，　中山先生曾在《孫文學說》中提出「知難行易」的道理。而就歷史哲學而言，他亦提出一種「民生史觀」。在形上學的部分，涉及本體論之時，　中山先生亦曾提出「心物合一」的道理；而涉及

宇宙源起和歷程，亦曾提出「宇宙進化」的道理；在涉
及到人性論之時，也談到人的「互助向善」。

　　再就實踐哲學的部分而言：　中山先生主張知難行
易，事實上也曾表示他對於實踐的重視，特別提倡能知
必能行的道理；經由先總統　蔣公的發揮，提出所謂的
「力行哲學」，並進一步提出「實踐」的概念。由力行哲
學與實踐的觀念的提出，顯示出三民主義對於實踐哲學
的重視。不過三民主義並沒有引申到其他像美學、藝術
哲學或宗教哲學方面專門的討論。在各種價值哲學中，
三民主義特別重視倫理學，而三民主義的倫理學所側重
的是智、仁、勇等德性的養成，因此也可以稱爲是一種
德行論的倫理學。由倫理進一步發展到社會和政治，從
個人德行的養成，推展至社會群體關係的滿全，實現「內
聖外王」的社會、政治哲學，而有三民主義哲學體系的
完成。

三、三民主義哲學體系的架構

　　根據以上的敍述，大體上我們可以將三民主義的哲
學體系圖示爲以下的架構：

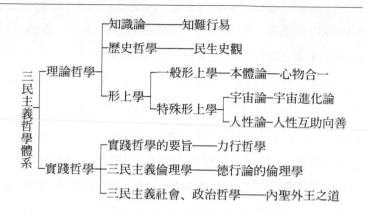

貳、三民主義的理論哲學

一、三民主義的知識論：知難行易

　　一般而言，知識論主要是討論知識的源起、範圍和有效性問題。不過，　國父既非專業哲學學者，並沒有特別針對這些問題詳加討論。但是　國父卻在《孫文學說》中提出「知難行易」的道理。該書起草於民國七年，出版於民國八年，　國父之所以著作該書，按《孫文學說》序中所言，是因為奔走國事已三十餘年，然而當革命初成，黨人即起異議，且「於革命宗旨、革命方略，亦難免有信仰不篤、奉行不力之咎也。而其所以然者，非盡關乎功成利達而移心，實多以思想錯誤而懈志也。此思想之錯誤為何？即『知之非艱，行之惟艱』之說也……故余之建設計畫，一一皆為此說所打消也。嗚乎！此說者，余生平之最大敵也，其危當萬倍於滿清。」❶

❶孫文，〈孫文學說〉，收入《國父全集》(臺北：中國國民黨黨史會，民62年)，第一冊，頁419。

　　所以，　國父為了進行心理建設，乃提出「知難行易」的道理。由此可見，知難行易學說本身的提出，不是為了面對知識論的問題，而是為了在革命事業上心理建設的必要。換言之，是為了矯正傳統「知易行難」的謬見，以便利革命方略和革命主義的推行。　國父在《孫文學說》當中提出了十件事來作為「知難行易」的證明：以飲食、用錢、作文、建屋、造船、築城、開河、電器、化學、進化等十件事為證，指出在這幾件事上，人類皆能行之，但多不明其理，以顯示行易而知難。而知難行易的道理不但是用之於科學之知，　國父也指出可用之於心性上之知行。誠如孟子所言：「行之而不著焉，習矣而不察焉，終身由之而不知其道者，眾也。」正是指心性而言。因此　國父歸納出：「由是而知，行易知難實為宇宙間之真理，施之於事功，施之於心性，莫不皆然也。」❷

　　然而　國父的重點是在提出：「能知必能行，不知亦能行」，尤其科學家「從知識而構成意象，從意象而生出條理，本條理而籌備計畫，按計畫而用工夫，則無論其事如何精妙，工程如何浩大，無不指日可以樂成者也。」❸至於所謂「不知亦能行」，並不是輕視知識，只重實踐，而是指未有知識前的冒險與研究精神。　國父特別舉冒險家和科學家為例來說明，在未知之前，先經由冒險或是研究的過程而達到真知，換言之，是由實踐達到知識。不過　國父在《孫文學說》第八章，以「有志竟成」作為結論，指出提倡共和革命雖已得破壞性的成功，但建設事業尚未就序，必須有智者不斷的實踐才能夠成功。

❷同上，頁457。

❸同上，頁463。

由此可見， 國父知行合一的道理，主要是在強調實踐必須要依據正確的認識，能知依乎能行，然而尤其側重實踐的因素，希望國人打破知易行難，因而不行的陋習，肯定能知必能行，且未知亦先行，因而能勇於實踐。

國父在知識論上的見解接近於當代「實用主義」(Pragmatism)的論點。所謂「實用主義」，實際上是強調 Praxis，即重視「實踐」、「行動」之意，認爲知識中的眞理，須透過行動始得以呈顯，始得以檢證。因此知識旣源自行動，而知識又必須落實於行動。就此而言，知難行易的學說在知識的源起和知識的有效性問題上面，都是以實踐來加以解決。換言之，知識的源起如同科學家、探險家的知識，是來自於實踐，是將實踐中的道理給說明白。而有關知識的有效性也必須透過實踐來加以檢證。也因此主張能知必能行，不知亦能行，甚至鼓勵有志者事竟成，皆是重視在實踐當中檢驗知識。

二、三民主義的歷史哲學：民生史觀

如果說人類的經驗是由知、行的歷程所構成的，那麼由於經驗在時間中的推演和累積，就構成了歷史。歷史哲學即是研究歷史的意義與規則。

㈠歷史的本質與動力： 國父認爲歷史是一種不斷演進的歷程,而此一演進的歷程是以民生爲演進的中心,同時也是演進的動力和根源。 國父在〈民生主義〉第一講中說：

> 民生就是政治的中心，就是經濟的中心和種種歷

史活動的中心，好像天空以內的重心一樣。從前
的社會主義錯認物質是歷史的中心，所以有了種
種紛亂，這好像從前的天文學錯認地球是宇宙的
中心……，我們現在要解除社會問題中的紛亂，
並要改正這種錯誤，再不可說物質問題是歷史的
中心，要把歷史上的政治、社會、經濟種種中心
都歸之於民生問題，以民生問題為社會、歷史的
中心。

又說：

人類求生存是什麼問題呢？就是民生問題，所以
民生問題才可以說是社會進化的原動力。❹

❹孫文，《三民主義》，收入《國
父全集》，第一冊，頁176。

由以上可見，國父認為人類歷史的過程，是人類
在歷史中不斷進化的過程，而此一過程基本上是環繞著
民生的問題而演進的，同時也是因為民生的問題而演進
的。民生既是歷史的重心，同時也是歷史的動力。換言
之，以亞里斯多德所謂的「形式因」和「動力因」而言，
民生既是歷史的形式因──也就是歷史的本質所在；也
是歷史的動力因──也就是歷史的動力所在。所以，歷
史的演進就是民生的演進，這是就歷史的本質而言的；
而也是因為民生的演進造成歷史的演進，這是就歷史的
動力而言的。

(二)歷史的條件：先總統　蔣公針對民生史觀加以發
揮，指出：

歷史觀包含兩個問題，一個是社會爲何要進化？一個是社會如何能進化？前一個是歷史的動力論，後一個是歷史的條件論，民生史觀完全解答歷史觀這兩個理論。❺

❺蔣中正，〈反共抗俄基本論〉，民41年10月16日。

由此可見，民生史觀不只包含了歷史的本質、歷史的動力，而且包含歷史的條件，而歷史也是以民生爲條件的。先總統　蔣公曾闡述　中山先生的思想如下：

總理説：人類要能夠生存就須有兩件最大的事，第一件是「保」，第二件是「養」。保是政治，養是經濟，都是歷史的條件。❻

❻同上。

換言之，按照先總統　蔣公的發揮，認爲「保」和「養」兩個條件都是關係到民生的問題，因此民生也是歷史的條件。

　㈢歷史的階段：民生史觀所主張的歷史的階段，也是根據民生促成歷史的進步而劃分的。　中山先生將人類的歷史劃分爲三個階段：一是人同獸爭，爲洪荒時期；二是人同天爭，爲神權時期；三是人同人爭；最後歸本於人類透過互助而進化。先總統　蔣公也指出：

總理由人類的保、養去劃分人類歷史爲三大階段，就是人同獸爭、人同天爭、人同人爭，而歸本於人類互助的進化。

又說：

> 歷史的進化，從原始群居進到部落，再進到民族
> 國家，最後進到大同，都無非是民生進化的階段。
> 民生的進化正是歷史的必然。❼

❼同上。

由上可見，民生史觀也包含了人類歷史階段的劃分。這
些劃分當然還可以更求精細，但基本上都是在顯示人類
不斷演進，從與獸爭、與天爭到與人爭，到超越紛爭與
衝突，透過互助而演進，顯示民生不斷進步的道理。

所以，從民生來看待歷史，既可克服唯物史觀過度
偏重物質，或唯心史觀過度偏重精神的偏見，而能夠涵
蓋兩者的優點，祛除兩者的缺點。因此先總統　蔣公有
言：

> 唯物史觀與唯心史觀這兩種學說，都可以說是一
> 偏之見，不能夠概括人類歷史的真實意義。因為
> 人類全部歷史即是人類為生存而活動的記載，不
> 限於物質，也不限於精神。所以唯有以民生哲學
> 為基礎的民生史觀，或以民生史觀為出發的民生
> 哲學，不偏於精神亦不偏於物質，唯有精神與物
> 質並存，才能夠說明人類全部歷史的真實意義。
> ❽

❽蔣中正,〈三民主義之體系及其
實行程序〉，收入《蔣總統言論選
輯──總理遺教概要》(臺北：中
央文物供應社，民65年)，頁174。

從上述歷史演進的階段，是由衝突到互助，顯示

中山先生一個重要的觀念：三民主義之所以重視民生是
出自仁愛；而民生的進步，不是因爲衝突，而是因爲互
助，也是出自仁愛。由此可見，　中山先生從民生來看
待歷史，事實上是出自於他對仁愛的重視，思以愛人利
物之心來推動歷史，促成民生的進步。

三、三民主義的形上學基礎

就形上學而言，可以分爲一般形上學──即本體論，
和特殊形上學──即宇宙論和人性論，兩方面來說。

㈠**本體論**：三民主義哲學的本體論是「心物合一」
論。在哲學上對心、物的關係，一方面有採取化約的論
調，例如將心靈現象化約於物質，而有唯物論；或將物
質化約爲心靈，而有唯心論。這些化約論都很難說明其
所化約掉的現象，例如人有一些精神現象無法由唯物論
得到說明；而人的物質面也無法由唯心論得到說明。除
此以外也有採取二元論的論點，肯定心靈與物質兩者並
立，也因此在說明兩者的關係的時候，產生了互動論，
像笛卡兒主張心靈和物質是透過人腦中的松果腺而互
動，然而兩者如何互動的問題則難以解決，且認爲在松
果腺當中互動，又有將心靈加以空間化的困難，因而才
需要在定點──例如松果腺──進行互動。然而其最困
難的問題就是如何解決心靈與物質之間彼此的互動關係
❾。

對於心物關係問題的解決，　國父主張「心物合一」，
換言之，是同時肯定精神與物質的存在與重要性，但認
爲兩者是合而爲一。他說：

❾對互動論的檢討，可參考J.
Cornman, K. Lehser, G. S.
Pappas, *Philosophical Problems and Arguments: An Introduction* (New York: McMillan Publishing Co., 1982), pp.148-162。

總括宇宙現象，要不外物質與精神二者。精神雖
為物質之對，然實相輔為用。考從前科學未發達
時代，往往以精神與物質絕對分離，而不知二者
本合為一。**❿**

❿孫文，〈軍人精神教育〉，收入《國父全集》，第二冊，頁479。

以精神與物質絕對分離的結果，產生了唯心論與唯物論
兩大派，這兩派各有所偏，都不是哲學的正宗。而民生
哲學則承認精神與物質均為本體中的一部分，既不是對
立，也不是分離的，物質不能脫離精神而存在，精神也
不能脫離物質而存在，宇宙的本體應是心物合一的。宇
宙與人生都必須心物合一論上才能得到正確的理解。

　　由上可見，就一個本體論的學說而言，「心物合一」
論是一方面肯定了精神與物質兩者的實在性，但另外一
方面也肯定兩者是相輔相成、互為表裡的。這個說法十
分接近當代哲學家懷德海所言的「同一個現實物包含有
兩極，一為心極，一為物極」的說法。換言之，就科學
理論而言，宇宙的構成元素，既有質量的一面，也有能
量的一面，而且兩者是可以互換的。而就宏觀的角度而
言，宇宙的實在一方面有精神的表現，另一方面也有物
質的表現。所謂心物合一的意思，並非將心、物融合為
同一個實在，而是表示心與物是同一個實在的兩面。

　　㈡**宇宙論**：就宇宙論而言，三民主義並沒有特定的
宇宙論的主張，但是　國父在論及宇宙的過程時，主張
一種宇宙的進化論，他認為世界萬物皆由進化而成，而
進化的時期有三，其一為物質進化之時期，其二為物種

進化之時期，其三爲人類進化之時期。至於進化的原則，物種是以競爭爲原則，人類則以互助爲原則。

一般而言，宇宙論是本體論在宇宙自然中的應用，因此在理論上必須承接上面所謂心物合一的道理。顯然，三民主義的宇宙論是主張一種發展的宇宙論，而此種發展表現爲進化的歷程。詳言之，宇宙的本體是包含了心與物兩面，宇宙之進化應是來自心與物、精神與物質相互的互補和作用而促成的，由於宇宙的實在具有心和物的兩面，因而在兩者相互激盪、作用之下，就促成了物質的進化。

其次，物質進化而形成世界萬物，尤其形成了生物，而生物則依據物種進化的原則。在此　中山先生是採取達爾文的進化論，視物種的進化遵循物競天擇、適者生存的道理，各物種是以競爭爲原則，適應環境以求生存。然而宇宙進化的最高階段則是人類的進化，人類的進化是以互助爲原則，而不是以鬥爭爲原則。在此　中山先生顯然是針對馬克思所謂的階段鬥爭說，而主張人類的互助。換言之，人類不是透過鬥爭，而是透過互助合作而得以不斷的進步。

㈢**人性論**：就人性而言，涉及人性的構造和人性的善惡問題。人性的構造涉及身體和心靈的關係，在本體論所謂的「心物問題」，到了人性論則有「身心關係問題」。就此而言，唯心論的說法無法說明人類身體的實在和種種身體的現象；唯物論的說法也無法說明人類精神的實在和種種精神的現象；而種種二元論的說法，如互動論、平行論、機緣論、預立和諧論等等，一方面既將心靈與

身體區分為二，另外一方面也無法正確說明兩者互動的
關係，因此皆有困難。

　　就此而言，　國父既在本體論上主張「心物合一」，
同時也認為「宇宙與人生都必須從心物合一論上才得到
正確的理解」。就人性論而言，心物合一論的表現就是身
心的合一。所謂身心的合一，就是以人的實在表現為身
體和心靈兩方面。在此，身心的合一是指人的身體應該
為了觀念、理想而行動，可是人類的觀念和理想也應該
落實於身體的行為。正如當代哲學家梅洛‧龐蒂(M.
Merleau Ponty)所言：我與他人握手，並不是用握手
來表示抽象的友誼觀念，而是握手的本身就代表了友誼
的體現。這就是心物合一在人性論上的要求，否則有許
多人空具道德理想而不實踐，或是表面上與人握手，實
則笑裡藏刀，這些都是不合乎心身合一之道。

　　就人性的善惡問題而言，　國父的主張是：人性是
不斷朝向善而進化的，因此　國父的主張並非一般所謂
的人性本善，而較適合所謂「人性向善」的主張。因為
國父嘗謂：

　　　　作者以為，進化之時期有三，其一為物質進化之
　　　時期，其二為物種進化之時期，其三為人類進化
　　　之時期……，人類初出之時，亦與禽獸無異，再
　　　經幾許萬年之進化，而始長成人性，而人類之進
　　　化，於是乎起源。此時期之進化則與物種進化之
　　　原則不同，物種以競爭為原則，人類則以互助為
　　　原則。社會國家者，互助之體也，道德仁義者，

互助之用也。人類順此原則則昌，不順此原則則亡，此原則行之於人類已數十萬年矣，然而人類今日猶未能盡守此原則者，則人類本從物種進化而來，其入於第三時期之進化，爲時尚淺，而一切物種遺傳之性（指獸性言），尚未能悉行化除也。然而人類自入文明之後，則天性所趨，已莫知爲而爲，莫知致而致，向於互助之原則，以求達人類進化之目的矣。❶

❶孫文，〈孫文學說〉，收入《國父全集》，第一冊，頁 455。

由此可知，人類由物性而獸性而人性的進化，按照　國父的看法，目前人類在人性的進化仍然未充分，因此獸性未完全盡除。就此而言，很顯然的，人性並非本性就是善的，而是在進化的過程當中，尚存一些獸性，而由於互助的過程，會越趨向於善性的完成。也因此去獸性、存人性；去衝突、存互助，這樣子的人性是一種向善的人性，而不是本善的人性。

所以，　國父在〈國民以人格救國〉一文中說：

人本來是獸，所以帶有多少獸性，人性很少。我們要人類進步，是在造就高尚人格。要人類有高尚人格，就在減少獸性，增多人性。沒有獸性，自然不至於作惡。完全是人性，自然道德高尚，道德既高尚，所作的事情，當然是向軌道而行，日日求進步。……人是由動物進化而成，既成人形，當從人形更進化而入於神聖。是故欲造成人格，必當消滅獸性、發生神性，那麼才算是人類

進步到了極點。❷

由此可見，　國父主張人性是介乎獸性與神性之間，人應該減除獸性，發揮互助精神，而邁向神性，使人內在的神性得以昇起。這樣一個人性論，吾人可稱之爲互助向善的人性論。

　　互助向善的人性論的落實就表現在人類可以互助、服務和力行的過程。人類要互助合作來促成文化的進步，如先總統　蔣公所言：

　　我們今日還是要把人當作物？還是要把人看作人呢？要叫人類回到禽獸的境遇，還是要發揚人性促成文化的進步呢？這是我們三民主義人生觀的根本論點。❸

互助精神的進一步發揚就是服務，　國父說：

　　大凡天之生人，其聰明才力各不相同，聰明才力之有餘者，當輔助聰明才力之不足者。
　　人之服務道德心發達，必可使之成爲平等了。❹

透過互助和服務，不斷的實踐，人才能夠促成文明的進步，促成人性中神性的昇起。透過身體力行和實踐，才能夠促成文明的進步和宇宙的進步。先總統　蔣公說：「古往今來宇宙之間只有一個『行』字才能創造一切。」又說：

❷孫文，〈國民以人格救國〉，收入《國父全集》，第二冊，頁544-545。

❸蔣中正，《反共抗俄基本論》，民41年10月16日。

❹前述二語分見孫文，〈學生應主張社會道德〉，收入《國父全集》，第二冊，頁252；孫文，〈民權主義〉第三講，收入《國父全集》，第一冊，頁105。

革命就是力行，因爲革命是效法天行健君子以自強不息。革命就是服務，因爲革命是爲大多數人群謀利益，和爲被壓迫的民眾打不平的。革命就是創造，就是建設，而不是以動亂和破壞爲目的的。❺

❺蔣中正，〈行的哲學〉，收入《先總統蔣公言論選集——哲學與科學》（臺北：中央文物供應社，民73年），頁107；後段引言見蔣中正，《反共抗俄基本論》。

由於對「力行」的強調，三民主義的理論哲學就帶領我們進入它的實踐哲學領域了。

叁、三民主義的實踐哲學

三民主義的實踐哲學可以分爲力行哲學、倫理學和政治社會哲學三部分，茲分別論述如下：

一、力行哲學的要義

先總統　蔣公所提倡的「力行哲學」一詞，最能夠道出三民主義的實踐哲學的要旨。力行哲學可謂貫通了國父「知難行易」的學說，和陽明「知行合一」的哲學。蔣公在民國二十八年著有〈行的哲學〉，闡明「行」的眞諦、「行」的目的和法則，說明「行」與宇宙和人生的關係。首先，就「行」的涵意而言，先總統　蔣公認爲行有廣義、狹義之別，他說：

我們常說「行動」一個名詞，實際上只是一個「行」

字，這個「行」之所包含的意義，要比普通所說
的「動」廣博的多。通常往往把「行動」二字與
「思維」相對立，或是和「言論」相對立，其實
廣義的講，所謂思維和言論只是行的過程，原是
包含在行的範圍以內，而不列於行以外的。❶

❶蔣中正,〈行的哲學〉,收入《先
總統蔣公言論選集——哲學與科
學》,頁108。

先總統　蔣公把「思維」和「言論」都列為行的過程，
表示我們人類既進行思維之行，也進行言論之行，兩者
皆是行，而且思維和言論最後都必須付諸於實踐。這一
點正明白的顯示出三民主義的實踐哲學的重點。

關於「行」的真諦與淵源，先總統　蔣公曾說：

要認識行的真諦，最好從《易經》上「天行健，
君子以自強不息」一句話上去體察，因為宇宙最
顯著的現象，……就無過於天體的運行。《易經》
上的注文說「天行一日一周，而明日又一周，非
至健則不能，則君子法之，以自強不息。」這裡所
謂「健」就是歷久不磨、經常不變的意思。……
吾人取法於天體的運行，就自然奮發興起，黽勉
不輟，明白了人生在宇宙間的地位和價值，而行
乎其所不得不行，就必然作到至誠專一，態度極
自然，而步驟極堅定的地步，一天天的向前進取，
這就是《中庸》所謂「至誠不息，不息則久」。宇
宙人類所以能永遠生存，能不斷進步，全賴於此。
❷

❷同上。

由此可見，對先總統　蔣公而言，力行哲學可以追本溯源於《易經》，而《易經》是依據人心靈的類比的推理，見宇宙之恆久運行，深加體會而類比地推論出人必須自強不息。就哲學而言，天道既是至誠無息的，那麼人道也應是至誠無息的。由此可見，力行哲學也以《中庸》「至誠無息」的思想為其淵源。

先總統　蔣公特別區分「行」與「動」的差別，他說：

> 行與動是不同的，動並不就是行，而行則可包含某種的動在內。行是經常的，動是臨時的；行是必然的，動是偶然的；行是自發的，動則多半是他發的；行是應乎天理、順乎人情的；動是基於外力、偶然突發的。所以就本體言，行較之於動更自然、更平易；就其結果和價值來說，動有善有惡，而行無不善。❸

❸同上，頁109。

在這一段話中，先總統　蔣公分別從本體、結果和價值兩方面來區分「行」與「動」。就本體而言，因為行是性之表，是依據天道、發乎天性，因此行是經常的、必然的、自發的、順乎天的。至於動，則是由於外力所引發，是個別的、臨時的、偶然的、他發的。其次就價值和結果言，先總統　蔣公之所以認為動有善有惡，而行無不善，是因為行既來自於人性，而孟子既主張「人性向善」，認為：「人性之善也，猶水之就下也，人無有不善，水無有不下。」這是以水的自然向下，來比喻人性的自然向善。

如此一來，則根據人性而來的行，自然就無不善，因爲
人性本來是向善的；然而由於受了外力的催迫，出於偶
然的因素，因而才會產生有善有惡的動。總之，行無不
善，是由於人性向善；至於動有善、惡，則是由於人生
之習氣有善惡、社會標準有善惡而來。

　　此外，先總統　蔣公也主張一種「行的人生觀」，認
爲行的哲學爲唯一的人生哲學，主張重視生與行的關係。
先總統　蔣公說：

> 人之生也，是爲行而生，那麼我們的行亦當爲生
> 而行。我們生而有良知良能，一般自幼到老，孜
> 孜兀兀，小一些說，無非滿足自己生存的慾望，
> 充實自己生活的內容；推而廣之，就是要爲家族、
> 爲鄉里、爲社會、爲國家、爲全人類有所表現或
> 貢獻。因此我們明白，所謂「生」就是爲人類生
> 活、群衆生命、民族生存、國民生計而生；所謂
> 「行」也應當爲人類生活、群衆生命、民族生存、
> 國民生計而行。人和禽獸的區別就在於此。❹　　❹同上，頁112。

由此可見，先總統　蔣公的人生觀是主張透過行，自人
性出發，逐步擴大行的效能與範圍，以至爲社會、爲全
人類，甚至爲宇宙而生活，是人的生命融入宇宙中的生
命的過程。

二、三民主義的倫理學

　　一般而言，當代倫理學可以區分爲義務論的倫理學

和目的論的倫理學兩種。所謂「義務論的倫理學」是主張人必須服從道德或法律的義務，純粹爲了義務而義務，並加以遵行。而所謂「目的論的倫理學」，是說人的道德要旨是在於達到人性所追求的目的，根據目的的不同，目的論的倫理學亦可區分爲兩種，即「效益論」和「德行論」。「效益論」又譯爲「功利主義」，不過由於「功利主義」一詞如今已經具有貶意，所以不如翻譯爲「效益論」爲佳。所謂的「效益論」就是主張唯有爲最大多數人追求最大的效益的行爲才是道德的。而所謂「德行論」，則認爲所謂的道德是在於使個人本有的能力達至卓越，形成個人的德行，而倫理則在於使人和人之間群體的良好關係達致美滿，也形成群體的德行。

　　義務論的倫理學自康德以降到當代社會，十分受到重視。在道德的層面，主張自由意志應自律地服從道德義務；在國家的層面，主張建立法治國家。這是從康德開始主張，迄今在道德教育上側重服從道德義務；在教育中加強法治教育，在社會上強調法治，基本上都是屬於一種義務論的觀點。即便是當代新儒家牟宗三先生，也主張道德的自律，其所謂的「自律」，也就是自由意志按照自己的要求來訂定道德義務，並加以服從。雖然與外在的義務論有別，但畢竟仍然是從義務論出發的觀點。牟宗三甚至據此來判定儒家屬自律道德，而基督教屬他律道德。也是從義務論著眼。其實，無論儒家或基督教皆屬德行論倫理學，皆不是爲義務而義務，而是爲了人本有能力的卓越化和良好關係的滿全而遵守義務。不過就今天而言，義務論使得人們忽視了德行，只以服從義

務爲道德。但是，終究說來，沒有一個人眞正喜歡爲義
務而服從義務的，也因此今天道德敎育和社會都產生了
危機，人們設法逃脫義務，甚至犯法而不被捉到就竊竊
自喜。就今天而言，目的論的倫理學反而較適合人性的
要求，尤其德行論的倫理學更可發揮人性，增進和諧。

　　概括言之，我們可以說三民主義的倫理學，有某種
程度的效益論，因爲大體上它是贊同追求最大多數人的
最大幸福，與效益論的主張若合符節。但是，三民主義
的人性論，並不要求人只是停留在追求效益的滿足上，
而是要更深入的達到個人本有能力的卓越化，以及群體
良好關係的滿全。換言之，三民主義的倫理學是德行論
的倫理學，尤其是一種繼承儒家精神的德行論倫理學。
德行論倫理學所強調的有兩點：一是個人本有能力的卓
越化，就此而言，三民主義主張智、仁、勇、誠等德行。
二是群體良好關係的滿全，就此而言，三民主義強調恢
復忠、孝、仁、愛、信、義、和、平等八種德行，而這
八種德行基本上都是社會性的德行。除此以外，三民主
義也注重互助與服務的社會道德。

　　一般而言，「道德」和「倫理」二詞經常被混用，不
過大體上「道德」是涉及個人行爲，而「倫理」則是涉
及群體行爲，所謂「倫理」就是「群道」的意思。也因
此，所謂誠意、正心、修身，是屬於「道德」的成分；
齊家、治國、平天下，則是屬於「倫理」的部分。這兩
個層面雖然是密切相關，但在意義上仍然有別。

　　就個人的層面而言，三民主義特別主張智、仁、勇、
誠四種德行，茲分述如下：

㈠「智」：　國父說：

智之云者有聰明、有見識之謂。……凡遇一事，以我之聰明、我之見識，能明白了解，即時有應付方法，而根本上又須合乎道義。❺

❺ 孫文，〈軍人精神教育〉，收入《國父全集》，第二冊，頁484。

關於智之範圍，　國父說：

智之範圍甚廣，宇宙之範圍，皆爲智之範圍，故能知過去、未來者亦謂之智。❻

❻ 同上。

㈡「仁」：關於仁的意義，　國父說：

仁與智不同，於何見之？所貴乎智者，在於能明利害，故明哲保身謂之智；仁則不問利害如何，「有殺身以成仁，無求生以害仁」，求仁得仁，斯無怨矣。……仁之定義誠如唐韓愈所云：「博愛之謂仁」，敢云適當。博愛云者，爲公愛而非私愛。❼

❼ 同上，頁489。

由此可見，　國父所主張的仁，是一種純粹的天下爲公的大愛，而非婦人之仁。關於仁的種類，　國父又說：

仁之種類有救世、救人、救國三者，其性質則皆爲博愛。何謂救世？即宗教家之仁……；何謂救人？即慈善家之仁……；何謂救國？即志士仁人

愛國之仁。❽　　　　　　　　　　　　❽同上，頁489-490。

㈢「**勇**」：關於勇的意義，　國父說：

> 古來之言勇者，不一其說；一往無前，謂之勇；
> 臨事不避，謂之勇；余以爲最流通的用語，不怕
> 二字，實即勇之定義，最簡括而最切者。孔子有
> 言：「勇者不懼」，可見不懼即爲勇之特徵。❾　　　❾同上，頁496。

至於勇的種類：

> 有發狂之勇，所謂「一朝之忿，亡其身，以及其
> 親」者是也；有血氣之勇，所謂「思以一毫挫於
> 人，若撻之於市朝」者是也；有無知之勇，所謂
> 「奮螳臂以當車輪」者是也。凡此數者，皆爲小
> 勇，而非大勇。而軍人之勇，是在夫成仁取義，
> 爲世界上之大勇。❿　　　　　　　　　　　❿同上，頁497。

㈣「**誠**」：除了　國父所謂的智、仁、勇之外，先總
統　蔣公又謂：

> 智、仁、勇三達德是革命精神之所由發生，亦革
> 命事業之所由成就，而歸結其總的原動力，則是
> 《中庸》上所說：「所以行之者一也」的「誠」字。
> 而誠字有幾種涵意：所謂「誠者明矣」！就是說無
> 誠不智；所謂「成己成物」，就是說誠通於仁；所

謂「至誠無息」，就是說唯誠乃勇。至於整個的「誠」
字的意義，則是「擇善固執、貫徹始終」的意思，
因為唯有誠乃能盡己之性、盡人之性、盡物之性。
唯有誠乃為物之終始，乃能一往吾前，貫徹到底。
唯有誠乃能創造、能奮鬥、能犧牲。……一切革
命先烈之決心成仁，純然是出乎一片至誠，所以
說誠是革命的原動力。 ⓫

⓫蔣中正,〈三民主義之體系及其
實行程序〉，收入《蔣總統言論選
輯——總理遺教概要》(臺北：中
央文物供應社，民65年)，頁179
-180。

由此可見，先總統　蔣公認為「誠」是三民主義的信徒
和革命家的原動力，也是他們最高的德行。事實上，誠
不只是革命家的德行，也是所有人應具的最高德行。

　　關於群體良好關係的滿全方面，傳統是指五倫所謂：
「父慈子孝、兄友弟恭、夫婦和順、朋友有信、君臣有
義」，這裡所謂的慈、孝、友、恭、和順、信、義等等，
皆表示在每一倫的關係達到滿全的時候的一種德行。雖
然在今天而言，不一定要冠以同樣的名稱，但就儒家而
言，在夫妻、父子、兄弟、朋友、長上屬下或群己之間，
應該有良好的關係的實現，則是不變的。至於這種良好
關係為何，也可以另行加以稱呼。就　國父而言，他特
別強調忠孝、仁愛、信義、和平等八德，來表示人際關
係的滿全。他說：

　　　　講到中國固有道德，中國人至今不能忘記的，首
　　　是忠孝，次是仁愛，其次是信義，其次是和平。
　　　這些舊道德，中國人至今還是常講的。但是現在
　　　受外來民族的壓迫，侵入了新文化，那些新文化

的勢力，此刻橫行中國，一般醉心新文化的人，便排斥舊道德，以為有了新文化，便可以不要舊道德。不知道我們固有的東西，如果是好的，當然是要保存，不好的才可以放棄。❷

❷孫文，〈民族主義〉第六講，收入《國父全集》，第二冊，頁55。

換言之，　國父重視八德，並且要賦予它以新詮。

首先論忠孝，他認為在封建的時候，忠是講忠君，可是現在到了民國，沒有君主了，「忠」應該是忠於民、忠於事、忠於國。他說：

> 我們做一件事，總要始終不渝，做到成功，如果做不成功，就是把性命去犧牲，亦所不惜，這便是忠。❸

❸同上，頁55-56。

至於孝，仍然是存在於子女對於父母應有的心意和德行，這也是中國人一向重視的德行，　國父認為仍應加強提倡。

其次關於仁愛，　國父的仁愛思想是兼儒、墨，既有儒家「仁」的意義，又有墨家「兼愛」的意義，同時也加入了基督教「博愛」的精神。他說：

> 古時在政治一方面所講愛的道理，有所謂愛民如子，有所謂仁民愛物，無論對於甚麼事，都是用愛字去包括，所以古人對於仁愛，究竟是怎麼實行，便可以知道。……仁愛的好道德，中國現在似乎遠不如外國。中國之所以不如的原故，不過

是中國人對仁愛沒有外國人那樣實行，但是仁愛
還是中國的舊道德。……把仁愛恢復起來，再去
發揚光大，便是中國固有的精神。❹

❹同上，頁56。

至於信義，中國過去對於鄰國和朋友都講「信」；但
如今也要將信發揚到現在的工商業社會。至於「義」字，
中國人過去強盛的時候，也沒有完全滅別人的國家，這
表示中國人對其他國家和人民的生命的基本尊重。「義」
就在於這種尊重和分寸的道理。

關於和平，　國父認為和平是中國人固有的好道德，
不去殘殺他人，而是講國際的和平。由此可見，和平不
只是人際關係，更是國際關係應有的德行。

綜上所言，顯然三民主義的倫理學是以追求最大多
數人的最大幸福的滿足為起始，但最高則要追求個人與
群體德行的實現，換言之，要使個人本有能力卓越化，
完成智、仁、勇、誠等德行；而在群體方面則要實現群
體良好關係的滿全，而有忠孝、仁愛、信義、和平等德
行的形成。

三、三民主義的政治社會哲學

「社會」是由人與人之間的互動形成的。當社會互
動之中有權力和制度介入，以指引群體的歷史導向之時，
則有所謂的「政治」。基本上政治與社會是個連續的整體。
政治、社會既是一種體現群體生命意義的實踐的過程，
因此是屬於實踐的哲學。基本上，先總統　蔣公認為，
社會也是實踐的領域，因而主張行的社會觀。他說：「地

球成了固體之後，於是由物質而物種而人類，再由人類
不斷的行，於是行就創造了一個新的宇宙、社會。」「社
會中的政治、經濟、文化等，亦無一不是由行而創造出
來的，既然沒有行就不會有社會，也不會有社會中的政
治、經濟和文化。」由此可見，先總統　蔣公所主張的是
一種實踐的、力行的政治社會哲學。

　　然而，關於政治社會哲學方面的思考，內容最深刻
的可以在　國父〈民族主義〉第六講論及如何恢復民族
地位的部分中找到。中國人究竟應如何恢復民族地位？
國父主張首先要恢復固有的道德，進一步則是恢復固有
的知識。但在此所謂的「知識」，是指中國固有的政治哲
學。他說：

　　　　中國有什麼固有的智識呢？就人生對於國家的觀
　　　念，中國古時有很好的政治哲學。我們以為歐美
　　　的國家，近來很進步，但是說到他們的新文化，
　　　還不如我們政治哲學的完全。中國有一段最有系
　　　統的政治哲學，在外國的大政治家還沒有見到，
　　　還沒有說到那樣清楚的，就是《大學》中所說的：
　　　「格物、致知、誠意、正心、修身、齊家、治國、
　　　平天下」那一段話，把一個人從內發揚到外，由
　　　一個人的內部做起，推到平天下止。像這樣精微
　　　開展的理論，無論外國什麼政治哲學家都沒有見
　　　到、都沒有說出，這就是我們政治哲學的智識所
　　　獨有的寶貝，是應該要保存的。**⓯**　　　　　　　⓯同上，頁58。

這裡所講的中國固有的政治哲學，在今天而言可以說是全體政治社會科學的基本觀念，與科學哲學家崑恩(T. Kuhn)在《科學革命的結構》一書中所提出的「典範」概念十分的切近。崑恩所言的「典範」概念，原來是指自然科學裡面的科學社群所奉行的基本觀念和世界觀，而其提出則決定了常規科學的形成；其變革則出現了科學的革命。但「典範」這個概念也可以取意為「基本的觀念框架」，就此而言，不但自然科學有典範，社會科學也有典範。前面 國父所提到的，儒家所言人由內發揚到外，由格物、致知、誠意、正心、修身，到齊家、治國、平天下，這一套基本觀念也可以視為中國政治社會哲學的典範，是要由人的內心做起，由正心誠意而修身，達致「內聖」的要求，再由內聖而「外王」，以致推到齊家、治國、平天下，把個人的知識、德行和各級社群的適當發展，從倫理生活推展而成政治生活，貫穿成一個完整的概念架構。「內聖外王」可說是三民主義所主張的社會政治哲學的典範，用以激勵每個個人和整個社會，而不是用以為君主的權力服務。如果把這個典範用現代的方式加以詮釋，使其靈活開展，便可指導整個人文、社會科學的發展，誠可謂三民主義政治社會哲學的基本要義。

結　　論

三民主義本身隱含著一個宏大的哲學體系的雛形，

對這些哲學意涵的發展，雖然有　國父和先總統　蔣公
奠下了基礎，但要將其體系由隱態發展爲顯態，將其理
論架構與內涵加以明確彰舉，則仍需要學者不斷的努力
和充實。換言之，三民主義的哲學體系並不是一個已經
完成的體系，而是一個正在形成中的體系，我們對於它
所作的研究、釐清和發展的工作，都將有貢獻於該體系
之形成。顯然，三民主義的哲學不是一個封閉的體系，
而是一個開放的體系，我們不斷地參與和思考，也就是
這個開放體系的動力來源，而這個動力必須分由理論和
實踐相互的搭配去進行。

　　就理論哲學而言，三民主義在知識論的層次提出「知
難行易」的學說；而由於知行經驗在時間中發展與累積
而成歷史，則在歷史哲學上主張所謂「民生史觀」；推而
至於全體的存在，則在一般形上學，即所謂本體論方面，
主張「心物合一」的學說；在特殊的形上學方面，就宇
宙論而言，有所謂「宇宙的進化論」；就人性論而言，則
主張「人性互助向善」的學說。

　　就實踐哲學方面，則主張「力行哲學」，而三民主義
的倫理學是一種目的論倫理學，尤其是特別凸顯出「德
行論」的倫理學，對智、仁、勇、誠和忠孝、仁愛、信
義、和平八德加以強調；最後並提出恢復中國傳統政治
哲學「內聖外王」典範的主張。可謂由倫理道德推展到
政治社會，再由政治社會來推動群體的歷史，實現民生。
在在皆顯示三民主義的哲學體系既可溯本於傳統中國哲
學，也可與西方的哲學體系相互比較，相互發明。學者
若能在這樣的基本架構之下，加以補足闕遺，發展體系，

相信三民主義的哲學思想將更臻紮實、更臻完整。

第七章
三民主義在現代社會中
的實踐——一個人生哲學的闡釋

導　　論

　　三民主義固然有其哲學基礎，亦可發展出其哲學體系，但畢竟更為重要的是身體力行，付諸實踐。若是哲學基礎不釐清，哲學體系不完備，則理念不清，方向不穩，三民主義會日趨流為一種意識型態，甚至簡單化、教條化。若是不身體力行、付諸實踐，則三民主義的生命也會逐漸萎縮，失去活力。然而，一個主義的實踐，一定要顧及現代社會的特性與現代生活的脈絡，三民主義也不例外。

　　所有居處在現代社會的人們，都感到急切需要一個適當的人生哲學。三民主義是一種思想、信仰和行動的依據，其中一定含有一個足以指導現代人生的哲學思想。一般往往從政治學、經濟學和社會學的觀點來看三民主義，其實這是不夠的。因為三民主義做為一個歷久彌新的思想體系而言，一定有它非常深刻的哲學的基礎，有一個博大精深的哲學體系。而且三民主義的哲學體系並不是一個空洞、抽象的哲學體系，卻是一個能夠指導實

際人生的哲學體系。

　　大家都知道，　國父在八十餘年前提三民主義，一方面繼承了中國傳統文化思想的精華，另一方面也規撫了當時西方思想的優長，並且以他獨特的創造力來綜合兩者。三民主義這個綜合創造的工作，到現在還是不斷在進行著。不過，必須注意，在這八十餘年來，西方思想已經有了嶄新的發展，我們必須對它再做新的綜合的工作。此外，中國社會在這八十餘年來也有很大的變遷和發展。所以，西學的新面貌和中國的新處境，這兩點正是許多現代學者所關心的對象。但是　國父的高瞻遠矚使得他訂立的基本原則，仍然是我們現代人在面對現代社會的挑戰的時候，能夠遵循的根本依據，所以仍值得深入加以探討。

一、現代社會的人生處境

　　究竟現代社會裡面的人有怎樣的人生處境呢？眾所皆知，現代社會的特性就是科技的急遽發展。因此，把現代社會稱之為「科技社會」，可以說大致是正確的。西方從近代科技發展以來，不斷的進步，造成它的社會內在巨大的變遷。而我國自從鴉片戰爭以來，科技也逐漸成為一個愈來愈趨明顯的社會發展線索。今天科技已經成為當前臺灣社會發展的一個主要動力。可見科技是全球性的問題，而不只是我國獨有的問題而已。可以說今天全世界都已經進入了科技時代。但是，在這個以科技為特色的現代社會當中，人生的處境究竟是如何呢？大致上，我們可以把它歸納為以下幾點來說：

㈠由於科技的發展，使人生倍受科技的影響。人的生活必須時時配合科技發展的步調，也必須擁有科學的精神和技術的效率。

㈡由於科技的發展，造成了社會結構本身的改變。社會結構的變遷也影響到人與人之間的互動模式的改變，因而造成倫理關係的改變。而且，科技的發展也增加了人的自由程度，因而也提高了人的道德責任。可以肯定：科技愈進步，人愈能控制自然，愈能夠改善社會，人的道德責任也就愈大。

㈢在現代社會裡面，沒有一個人能自外於社會。因此人必須積極地參與社會，來實現人生的理想。可是社會參與的途徑，一定要採取合乎理性、負責的方式來進行。現代社會的人生處境，要求我們必須從事合乎民主精神的社會參與，並且在參與社會之時來實現人生理想。

㈣在現代的社會裡面有一個弔詭之處，就是一方面傳統的價值和信念已經逐漸的崩毀，可是另外一方面，新的社會處境又有種種新的挑戰，要求人去創造新的價值。在現代社會裡面，人一方面要避免由於傳統價值的喪失而造成的種種無根的感覺和迷惘；可是另外一方面，又要積極開創新的人生理想。這種新的價值和理想的創造是來自一種具有藝術精神的人生。唯有真正地具有藝術精神，才能恰當地調和現代社會裡面的種種心理衝突和社會衝突，也才真正能夠積極進取、勇往直前。

二、科技時代的特性與三民主義的本質

我們進一步要詢問：究竟科技時代具有怎樣的特

性？而且，三民主義的本質又如何配合科技時代的特性呢？首先，科技時代具有以下三個重要的特性：

(一)科技的發展具有普遍化、全球化的特性，使得科技的發展不再是專屬於西方文化內在的問題，而且已經成為全世界的問題了 ❶。所以，近年來我國政府在各方面大力提倡科技。我們必須發展科技，因為這點所關係到的，是「能否繼續存在下去」的問題。但是，我們若推究其中的道理，為什麼原來在地中海一個小角落——希臘半島——逐漸醞釀起來，透過希臘哲學的討論奠下基礎，一直到近代經過喀卜勒、迦利略、牛頓等人的努力所形成的西方科技，會具有這樣一種普遍化的傾向，變成全世界的科技，而不只是西方的科技而已呢？若推究它的原因，便可以發現，那是因為現代科技基本上擁有客觀性和系統性。並且由於客觀性和系統性，使得科技逐漸發展成為一個相當獨立、自動發展的系統。眾所周知，在資訊科學裡面，或是在自動化生產裡面，有所謂由輸入(input)到產出(output)到回饋(feedback)的歷程。由輸入到產出到回饋，形成一個自動運作的系統。今天科技的發展，透過電腦的應用，已經可以自行提出問題，自行解決問題。科技之所以會變成這樣一種獨立發展的體系，原因就在於它內在所含的客觀化和系統化的性格。

(二)科技雖然具有一種普遍性，可是現在世界各國都愈來愈覺醒到必須重視自己本身文化的特殊性。在五、六〇年代以前，由於西方科技的發展，佔了極大的優勢，使第三世界國家受到優勢科技的影響，認為西方科技是

❶沈清松,〈科技對文化的影響與中國哲學的展望〉,《哲學與文化》月刊, 10 卷 5 期(民 72 年 5 月),頁 2-20。

世界性的、是普遍性的、是大家共同的命運。因此就主
張一種科技的世界主義(Cosmopolitanism)，認為我們
必須向先進國家學習，採取同一個步調。因為科學是不
分國界的，科學本身是普遍的，所以我們只要跟著西方
發展就好了。可是到了六〇年代後期，尤其七〇年代以
後，所有第三世界國家都逐漸覺醒到，我們不能夠再一
味的只是跟隨西方發展科技，再被科技的普遍性所誤，
反而一定要發展本國科技的特色，一定要結合本國文化
的特質❷。關於這一點，連西方學者都認為我們應該發
展本國特色，而不能只是跟著西方跑，誤認為那些科技
都是世界性的。可見，科技發展雖然具有普遍化的傾向，
但是在全球科技發展的體系當中，如果沒有我們的特色，
就會對這個世界沒有任何特殊的貢獻。如果我們沒有特
殊的貢獻，就會在科技的雷同性當中喪失掉自己文化的
自我。

　　因此在科技時代的第二個值得重視的特性，就是在
科技普遍化的步調當中，我們不可以忽略掉自家文化的
特殊性。到底我國文化的特殊性何在？三民主義認為是
「倫理」。所以，如果說在發展科技時，我們所問的問題
是要不要繼續生存下去？若要繼續生存下去，就得發展
科技；那麼，有關發展本國特色、強調倫理道德，我們
所問的就是：「如何有意義地生存下去？」的問題。

　　㈢科技時代的第三個特性就是，科技不斷地變遷、
發展，它不但改變了整個的社會結構和政治結構，而且
還影響整個科技時代民主體制的運作和推行。所以在現
代的民主政治裡面需要愈來愈多的專家知識，因此原來

❷沈清松，〈科技發展的人文意
義〉，行政院國家科學委員會，社
會文化與科技發展研討會，民72
年8月，頁16-19。

的民主政治(Democracy)，現在由於科技的發展，就已經介入了相當程度的科技政治(Technocracy)。這是由於科技的發展，在民主方面必須注意到的新的形勢。同時由於科技的發展，帶動了理性的進步，促使了法治完備，也爲人際關係和社會交往，提供一條走向新的和諧社會的道路。這也涉及科技時代一個極爲重要的問題：如何使得社會和人與人之間在和諧裡面求發展、求進步？在這個問題上，我們所追求的不只是如何生存下去或如何有意義地存在下去，而是如何與別人、與社會、與國家一起有意義地生活下去。

以上是科技時代的三點特色，但是三民主義的本質究竟是不是非常符合科技時代的特性呢？答案是非常肯定的。先總統　蔣公曾經指出，三民主義的本質就在於倫理、民主和科學。詳言之，民族主義的本質是在於倫理，民權主義的本質是在於民主，民生主義的本質是在於科學。他曾經有一段非常重要的話：

> 余篤信倫理、民主、科學，乃是三民主義思想之本質，亦即爲中華民族傳統文化之基石也，蓋　國父建國之道，乃以倫理爲誠正修齊之本，以民主爲福國淑世之則，以科學爲正德利用厚生之實，是以三民主義之思想，乃以天地萬物一體之仁爲中心，即所謂性之德也，和內外之道也，故時措之宜也。

這段話之所以非常重要，因爲它昭示了三民主義的本質。

而且，三民主義的本質的確是非常符合科技時代所具有的特性。民生主義的本質在科學，所以民生主義告訴我們必須發展科學的精神，並且重視科技的客觀性和系統性，來達到正德、利用、厚生之實。民族主義的本質在於倫理，倫理是我國文化特質所在，我們在科技時代裡面，不但要跟上全球的腳步去發展科技，而且要發展自己的特色。爲此，只有發揮民族主義的本質，重視倫理道德，重視誠正修齊治平之道，才能使我們在舉世滔滔的科技洪流裡面仍有本國的特色。最後，民權主義的本質是在民主，在科技造成的秩序井然的社會當中，我們應該發揮民主的精神，與人溝通，參與社會，守法守信，以民主來做爲福國淑世的準則，這樣我們才能建立和諧的社會，與人群、與國家共度一個有意義的生活。

三、三民主義的本質與人生的意義

三民主義的本質和人生意義也有密切的關係。因爲三民主義的本質指出：吾人在現代社會當中要具有合乎科學的人生觀，具有合乎倫理精神的人生觀，和具有合乎民主精神的人生觀。同時，我們不能只是在思想觀念上擁有一個適當的人生觀而已，而且一定要進而在行動當中去予以實現。因爲我們中國人在有關倫理道德方面的問題，都不願流於空談，反而重視篤行實踐，一切的理想觀念都必須要付諸實行。不過大家仍然可以在日常生活當中感覺到，往往理想是一回事，實踐是另一回事。所以，推究如何具體結合理想和實踐，這就需要藝術。藝術的意義就在於能夠靈活地在具體的創造行動當中、

在作品當中、在行爲當中，實現普遍的理想。藝術的精神要在具體作品與行爲當中實現普遍的理想，這正是民生主義的極致。所以，以下就分四個部分來講三民主義的現代實踐：第一單元講科學與人生；第二單元講倫理與人生；第三單元講民主與人生；第四單元講藝術與人生。在每一單元裡都先分別講述科學、倫理、民主和藝術的眞正意義何在。再進一步指出，眞正的科學精神、倫理精神、民主精神、藝術精神和三民主義的關係。最後再進一步指出一個合乎科學倫理、民主與藝術的人生境界究竟何在。

壹、科學與人生

一、瞭解科學的眞諦

　　民生主義的本質是科學，它昭示我們必須擁有一種合乎科學精神、運用科學方法的人生觀。首先我們就必須瞭解科學的眞正意義何在。現代的人生必須合乎科學的精神。但是，究竟什麼是科學？究竟什麼是科學精神呢？在哲學裡面有一門「科學的哲學」(Philosophy of Science)，專門探討科學的科學性(Scientificiness)所在。科學之所以爲科學的意義究竟何在，其中所涉及到的問題非常複雜。可是我們可以設法予以簡化陳述如下：科學是一種獲致有系統、有發展的知識的歷程，這個歷程大致可分爲理論和經驗兩個互動的層面：首先就理論

面來說，科學必須使用嚴格的邏輯和數學的演繹步驟，來從事理論的建構；其次從經驗方面來說，科學必須運用有組織、有效控制的實驗過程來從事經驗資料的蒐集。科學就是透過理論和經驗這兩方面的步驟，經過這兩方面的互動程序，來獲取系統知識的一種歷程。爲什麼說理論和經驗是在一種互動的過程當中呢？因爲經驗的資料一定要能夠被納入理論體系，才可能成爲一種有系統的知識，而不僅只是一種散散漫漫的資料。其次，所有的科學理論，也都要有經驗資料加以例釋，也就是要有經驗資料來做它的實際例子，纔能避免成爲只是一個空洞的理論，而是有經驗事實可以印證的❶。

❶沈清松，〈當代科技思潮與反科技運動〉，《哲學與文化》月刊，10 卷 11 期（民 72 年 11 月），頁 28-40（尤其頁 29-30）。

　　科學這種獲取知識的歷程究竟具有怎樣的特性？在人生過程當中如果要具有科學精神，就應該發揮這些特性，究竟科技探討的歷程具有怎樣的特性呢？大致說來，它具有客觀性、組織性、批判性和開放性。

　　首先，科技發展的歷程，尤其科學的活動，具有客觀性。在從事科學研究發展的過程當中，研究者一定要完全依照客觀的方式來進行。在科學的研究過程當中，一定要把每一個人主觀的情緒、主觀的感受，減少到最低的成分。也許有的科學家，他們在研究之前或研究之後，會感覺到一種主觀的情緒，或是道德感，或是美感，種種的感受。例如一個科學家在研究之前，會認爲自己現在所從事的這項研究，是爲了要貢獻於社會。他是因著對社會的責任感來促使自己從事這項研究。至於在研究之後亦可能有強烈的道德責任感。在愛因斯坦發明相對論四十餘年之後，相對論被應用在原子彈方面的研究，

愛因斯坦覺得自己有很大的道德責任感, 曾經提出抗議, 提出制止的警告。在原子彈爆炸之後, 毀人無數, 愛因斯坦更覺得此種道德責任感日益深重。此外有許多的數學家在演算出一個整齊對稱的數學解答的時候, 他可能會感到一種前所未有的美感。數學本身也可以有美感。可是這些使命感、道德感、美感都是在研究之前或是研究之後所感覺到的一種主觀的情緒和感受, 但是就在研究的歷程當中, 一定要把這些主觀的情緒減少到最低的成分, 而完全按照經驗和理論的客觀要求來進行研究, 也就是按照嚴格的邏輯和數學步驟來建構理論, 用妥善控制的實驗步驟來蒐集資料。這就是科學活動的客觀性。

其次科學活動具有一種組織性。無論科學的經驗面或是它的理論面, 都有一套運作的程序 ❷。比如在經驗方面, 我們必須預備場地、架起儀器、操作儀器, 還有繪畫圖表等等, 這些步驟完全都是運作性的; 在理論方面我們必須透過歸納法和演繹法來形成理論或是演繹理論, 可是這些方法都具有嚴格的推論步驟。科學就藉這些嚴格管制和運作的程序, 來使研究能有組織的進行, 這樣子所產生的知識才能夠說是秩序并然, 組織嚴密。所以在科學活動裡面, 實驗的歷程一定要用有組織的方法, 來進行有效的控制; 理論的推論也一定要透過有組織的方法, 使它具有一種邏輯上的一致性。以上所述是科學活動的組織面。

再次, 科學活動又具有一種批判性, 因為科學的精神最重要的便是要具有批判的精神。所謂批判精神就是在經驗方面不可隨便接受任何沒有經過有效控制獲取或

❷J. Ladrière, *Les enjeux de la rationalité* (Paris: Aubier-Montaigne／Unesco, 1977), pp.34-41.

經過證實的經驗資料。所以科學家從來不能夠道聽途說，
也不能沒有經過證實便接受任何經驗資料。此外在理論
方面，也絕對不能接受任何不合於邏輯推論的理論，所
以任何理論如果內在有矛盾，就必須重新加以檢查，甚
至必須予以放棄。科學活動本身就是以邏輯的程序和經
驗資料來進行批判的工作。當代名科學哲學家卡爾‧波柏
(Karl　Popper)，主張一種批判的理性主義(Critical
rationalism)。他認爲科學的工作就是在不斷的提出假
設，並且在提出假設之後，一定要用演繹的邏輯步驟來
加以檢查。科學所提出來的都只是一種假設而已，不能
把它奉爲絕對的眞理。而且還不斷地要用演繹的步驟來
進行否證(Falsification)。所謂否證的步驟是按照演繹
邏輯的方式來進行的。因此波柏把這個方法稱爲「假設
演繹法」。科學家透過創造的想像力提出各種假設，然後
經由邏輯的步驟來予以否證。否證的步驟是按照理則學
中所謂的「否定後項式」來進行。也就是：如果P則Q，
非Q，則非P。例如：「如果天下雨則地濕，地沒有濕，
則天沒有下雨。」用在科學理論上來說：如果牛頓的慣性
定律是正確的，則任何一個物體的運動都是按照慣性定
律來進行，可是我們現在若發現有一個物體的運動不是
按照慣性定律來進行，此時就可以否證了牛頓慣性定律
的正確性。這就是科學的批判步驟。因此我們大致可以
說在科學的活動裡面一定要具有批判性❸。

　　最後，在科技的活動裡還要常常保持一種開放的心
胸，科學的活動具有一種開放性。科學不能把任何理論
當做是絕對、唯一的眞理。所以波柏說：科學的理論只

❸K. Popper, *The Logic of Scientific Discovery* (London: Hutchinson & Co., 1972), pp.27-48.

K. Popper, *The Logic of the Social Sciences,* in The Positivist Dispute in German Sociology (London: Heinemann, 1976), pp.87-104.

是至今尚未否證爲假而已，不能說它是絕對的眞，所以必須對於新的事實的產生和新的理論的產生，常常保持一種開放的態度。波柏曾經指出：馬克思主義的教條之所以是不科學，因爲它自命爲是絕對的眞理，不能接受否證。既然無法用邏輯的否證的步驟來檢查，不能用否證的方式來指出它的限度，馬克思主義就是一種不科學的東西。所以任何理論如果缺乏開放性，就會變成一種封閉的系統。相反地，所謂科學的精神就在於主張開放的系統，而不是主張封閉的系統。科學必須不斷地向新的經驗資料和新的理論採取開放的態度，絕對不能故步自封。

非但科學的方法、科學的精神是開放的，而且當代科學研究的種種成果也教我們要有開放精神。當代的天文學、物理學和生物學給我們提供了一個既浩瀚無垠，又精微細巧的宇宙圖像，使我們不致於孤立地封閉在一己的狹小世界裡面。我們在這浩瀚的宇宙之中，眞正會感覺到人有如滄海之一粟，如此當然就不能夠劃地自限，認爲人是自本自根的，並且僅止於此，不再向前探索。當代科學展示給我們一個浩瀚的、無窮的宇宙圖像，邀請我們繼續向前。因此，我們人類便要時時具有這種開放的心胸，才能夠眞正地符合現代科學的要求。

二、科學精神與民生主義

以上這些科學的特性，都和人生有密切的關係。而且，民生主義也認爲必須依循科學步驟，重視科學精神。民生主義特別提示國人要具有合乎科學精神的人生觀。

國父在三民主義的民生主義演講中，特別昭示國人，一定要用科學的方法來改善人民的生活和國民的生計。他並且一再強調，我們一定要用科學的方法來改良食、衣、住、行各方面的需要。例如，當他論及穿的問題，談到絲業的改良，便說：「中國要改良絲業在增加生產，便要一般養蠶家都學外國的科學方法，把蠶種和桑葉都來改良。」非但穿衣問題需要科學方法的解決，整個民生問題都需要科學的方法和科學的精神，纔能夠眞正進步與發展。

此外，先總統　蔣公在《民生主義育樂兩篇補述》裡面，也特別重視科學的教育。他認爲唯有透過科學的教育，纔能把中國從農業社會進步到工業社會。而且，他主張科學教育一定要避免孤立主義，纔能使科學的方法和科學的精神能夠結合於民生日用。他說：「我們中國人學科學，是要把中國從農業社會進步爲工業社會，在這一過程中，中國社會組織和社會生活發生了強烈的變動，也就引起了許多嚴重的民生問題，要我們來解決。科學教育怎樣能自處於象牙塔裡，孤芳自賞？」科學不能夠孤立，卻應該發揮到整個社會裡面，去提昇社會，帶動社會。

在今天，國人一定要具有科學精神，運用科學方法，纔能合乎現代社會的要求。先總統　蔣公認爲「今日是科學的群衆時代」一切要講管理，要講合作，一切要講研究，要講發展──惟有隨時研究，徹底檢討，才能探本窮源，眞知力行；也惟有不斷發展，不斷精進，才能趕上這科學的群衆時代。　蔣公甚至進而主張，要把革

命事業企業化，實行科學的行政管理。由此可見，科學的方法與精神，實在是現代社會的人生觀最重要的一個構成要素，科學也正是三民主義的本質之一。

三、開創合乎科學精神的人生

在上文裡面，我們概略地討論了科學的真諦，亦指出了科學精神與民生主義的關係。現在開始進而討論如何開創合乎科學精神的人生。既然我們應該具有科學精神，運用科學方法，究竟應該如何去開創一個合乎科學精神的人生呢？按照我們剛才所論及科學活動的特性來看，可以清楚地悟知，我們首先要重視人生的客觀面和組織面。既然科學具有客觀性和組織性，這就表示我們在人生過程當中，也一定要培養客觀的精神，並且懂得運用組織原則。不論是為學、做人、做事，我們都應該避免主觀的情緒；孔子曾經告訴我們：「毋意、毋必、毋固、毋我。」這是一段非常重要的話；這段話在現代實具有非常懇切的意義，就是告訴我們不可以按照主觀的情緒來做人做事，而應該遵照客觀的事理來做人做事。孟子也說：「權，然後知輕重；度，然後知長短。」《大學》說：「物有本末，事有終始。」這些都是告訴我們，必須按照事理的客觀面來進行，而不是逞一時之快，按照個人的主觀情緒來做人做事。而且，在客觀的事理之中一定具有系統性的組織。　國父常說：「科學者，條理之學也、系統之學。」也就是特別強調在科學裡面所具有的一種一以貫之的組織性。所以在人生的過程當中，我們要經常保持這種精神，鍥而不捨的來探尋系統的法則，並

且按照系統的法則，來組織自己的生活。這樣我們才能
度一個眞正合乎科學精神的人生。

　　其次，由於科學的活動具有批判性，因此在人生當
中，也應常常反省，時時批判。在科學裡面，必須不斷
地反省、不斷地批判，用眞正的事實和嚴密的邏輯程序，
來批判自己所提出的種種假設。同樣的，在人生過程當
中也一定要常常反省自己做人做事的原則，是不是站得
住腳？並且一方面用事實，另一方面用理想來批判每個
人做人做事的方式，使自己能夠避免陷於武斷或幼稚的
信念。如果我們不具有這種反省、自覺、批判的精神，
那麼在現代生活當中，便會經常遭遇到許多挫折和痛苦。
所以在科技時代當中，一定要常常秉持這種科學的批判
精神，來自我要求、自我改進，才能夠避免因爲武斷和
幼稚的信念所帶來的挫折和痛苦。

　　最後，科學的活動具有開放性，因此國人在人生過
程當中，也要發揮科學的精神，度一個開放的人生。因
爲在科學的活動裡面，給我們提示的是一種講求行動、
重視創造的一種人文主義，而不是一種封閉自是的人文
主義。因爲在科學裡面，我們是永遠向新的眞理開放的，
而且不能停止在任何一個階段中自滿，卻要永無止息地
去探索新的事實和新的理論，而不能僵化或固定在一些
片面的事實和理論上面。尤其無論天文、物理和生物等
等當代科學，都顯示給我們，一個從巨觀的觀點來看，
是浩瀚無邊的宇宙；從微觀的觀點則是一個非常精密細
緻的宇宙圖像。所以從這兩方面來看，科學都告訴我們：
不可以停留在過去所謂「人是萬物的權衡」，「人是一切

唯一的判準」,這種封閉的人文思想。科學的精神和科學成果所給我們展示的宇宙圖像,皆提醒我們必須擁有開放的態度,我們在人生方面要儘量開放的待人處事,不執著、不孤僻,要在行動和創新當中,來贊天地之化育,與天地相參。

貳、倫理與人生

一、瞭解倫理的眞諦

既然民族主義的本質是在於倫理,那麼倫理和人生究竟有怎麼樣的關係呢?我們常常說中國文化最重視倫理道德,到底倫理道德的眞正意義在哪裡呢?其實,「倫理」、「道德」這兩個詞在中國傳統的經典裡,早已經存在。但在西學東來以後,我們就分別用「倫理」這個詞來翻譯拉丁文所謂的 Ethica;英文所謂的 Ethics;法文所謂的 Ethique;德文所謂的 Ethik。我們用「道德」一詞來翻譯拉丁文的 Moralis;英文的 Moral;法文的 Morale;德文的 Moral。可見,從語意方面看來,「倫理」與「道德」二詞在西洋語中多少是有些差別的。不過,一般人常常把「道德」和「倫理」二詞混合使用,不去分辨倫理、道德兩者不同的意義。實際上,無論是在西洋哲學或是在中國哲學裡面,這二詞雖然彼此非常有關係,可是也有重要的差別。當然,在西方人看來,這兩個語詞也是非常相關的。例如,羅馬時代的哲學家

西塞羅(Cicero)在〈論命運〉這篇文章中就說到自己用
Moralis 來翻譯希臘文的 Ethikos。由此可見，在西方
「倫理」和「道德」二詞亦有同義的情形。不過我們從
哲學上看來，無論是中國哲學或西洋哲學，都要進一步
區分它們在意義上的差別；在西方哲學來講，自康德
(Kant)以後，就區別倫理(Ethik)和道德(Moral)。其
後，哲學家謝林(Schelling)亦指出「道德」是針對個人
人格的要求，而倫理則是針對社會的要求；哲學家黑格
爾(Hegel)也曾說，「道德」所指的是個人的意向，但「倫
理」所指的則是體現在家庭、社會、國家裡面的倫理生
活體系(Sittlichkeit)。

　　在中國哲學裡面，也是同樣可以看到類似的區別：
「道德」通常指一個人在實現個人的人性理想，尊道而
貴德的整個歷程，和他所達到的境界。所以道德就是指
誠意、正心、修身這個部分。至於「倫理」則比較偏重
於社會群體的關係，側重群體所應遵循的規範。「倫理」
就是荀子所言「群道」。荀子曾說：「群道當，則萬物皆
得宜，群生皆得其命。」所謂的倫理就是群道的意思，也
就是齊家、治國、平天下這個部分。不過，這兩者雖有
差異，亦有非常密切的關係。因為如果每一個人沒有發
揮個人的人格，則社會的倫理也無法建立；社會倫理不
受到重視，則個人也無法實現完美的人格。

　　進一步，我們要追問：為什麼人要不斷地嚮往這些
倫理道德的價值呢？人為什麼不斷提昇自己的人格，並
且提昇整個社會的倫理呢？倫理道德最重要的依據，從
哲學上來看，是因為在我們人的生命當中，有自由意志，

我們中國哲學稱之爲「心性」。由於有了自由意志，使人能自主地肯定道德的價值。所以中國人說人有心性，有內在的靈明。一方面，我們說人是自由的，人的心性是靈明的；可是另一方面，人的自由意志或是心性又同時與別人，與天地、萬物之間，有一種內在的、存在上的關係。這種關係，旣是小我的限制，同時也是大我的擴充。所以我們說，人的自由意志雖然是自由的，可以經由自己的選擇而肯定道德的價值，向善避惡，甚至有時候人的自由意志也會選惡而不選善，這時候人就必須特別注意，自己的自由意志雖然是自由的，可是也一定不能忽略它與他人、他物有一種內在的關係。

所以自由意志雖然是自律的，但它不能忽略自己和他人、他物的內在關係；心性雖然是靈明的主宰，可是它仍然和人群、天地相互感通。所以我們在現代社會裡面必須具有一種新的自由觀念：人所擁有的自由，是一種有關聯的自由 ❶。人並不享有絕對的自由，也不是受決定於絕對的關聯，而是在自由中有關聯，在關聯中有自由。這種自由的觀念，在現代社會中越來越顯出它的重要性。我們若把中西道德哲學相互比較，便可以發現，西方人雖然也重視人跟萬物的關係，但還是比較強調自由意志的自由、自律的一面。因此西方文化特別重視保障每一個人的自由，肯定每一個個人和團體都有實現自我的權利，必須予以尊重。因此西方人在道德規範上比較重視正義的規範。從希臘哲學開始，一直到現在，正義都是西方倫理道德上不斷討論的重要問題。此外，中國哲學當然也重視心性的靈明，重視自由意志的獨立性，

❶沈清松，〈科技時代道德哲學新探〉，《中華文化復興》月刊，15卷 11 期（民 71 年 11 月），頁 43-57（尤其頁 45-49）。

但是中國人比較強調人與人之間、人與萬物之間有一種仁愛的感通，肯定人與人之間、人與萬物之間在生命上、存在上的相互關聯，因此在倫理道德規範上比較重視仁愛，鼓勵仁民愛物的胸懷。

今後三民主義終須結合中西文化以求發展，因爲今後的社會一定要能夠融合中西文化，創造出一種世界性的新文化。爲此我們必須兩者都重視。因爲人所擁有是一個有關聯的自由，因此我們不但因爲強調關聯而重視仁愛，也必須因爲強調自律而重視正義。所以這兩者的結合，才是爾後吾人實現眞正倫理生命的道路。一方面由於重視人與人之間、人與萬物之間有一種內在感通，所以才必須強調仁愛；也就因爲強調仁愛，我們中國人才如此關懷生命、尊重生命。另外一方面，由於自由意志有其自律性，必須強調自由和自我實現，因此就會導出正義的規範，更由於正義而導出尊重人權的規範。這兩方面的道德規範實際上是相互補足的，皆是當代人所必須體現的重要道德價值。

中國一貫的倫理道德精神，都是不尚空談，相反地，中國人都重視篤實踐履。所以傳統儒家都告訴我們要盡心、要踐仁、要明明德、要致良知。其意思是說，在吾人內在有光明之德，有與他人他物在存在上的感通，但唯有透過實踐的歷程，纔能夠發揮每個人內在的光明，建立與他人他物的仁愛關係。倫理道德貴在實踐。也就是說，只有透過實踐的過程，以自己全副的生命，來實現道德的理想，這樣才能夠把小我和群體的生命結合起來。實踐的人生，其實就是奉獻的人生。我們每一個的

生命，所受的教育和文化的薰陶，可以說都是無條件的
受自別人的贈與，都是人們不要求回報地贈與我們的。
所以我們每個人也都應該進而奉獻自己的生命，來爲社
會提供更多的幸福，爲國家創造更新的文化，這樣我們
纔能無愧於別人的贈與，才能以眞正新的文化創造，再
贈與給別人，贈與我們的下一代。這種奉獻的人生也是
非常重要的。只有在這種奉獻當中，我們才能完全實現
眞實的道德生命。

二、倫理精神與民族主義

　　進一步討論倫理精神與民族主義兩者的關係。衆所
周知，　國父在講民族主義之時，最重視的是文化。當
他講到民族的構成要素時，提到血統、生活、語言、宗
教、風俗習慣……等等，其中除了血統之外（因爲血統
是屬於生物性的血緣關係），其餘的，無論是生活、語言、
宗教、風俗習慣，都是屬於文化的。我們強調民族主義，
並不是強調一種民族的沙文主義，而是以發揚自己的文
化，來強調民族的特色。在科技時代裡，我們若要有自
己的特色，就要發揚自己的傳統文化，使自己的文化在
科技的洪流中，仍然有一些特色。但是，各位都知道，
當　國父講到文化的時候，所最爲看重的是倫理道德。
當　國父講到如何恢復我們中國民族地位的時候，他所
提出的都是有關倫理道德方面的。

　　第一個恢復民族地位的方法，就是恢復固有的道德。
國父曾經很精闢地講解在中國傳統中的「忠孝仁愛信義
和平」這些道德的綱目，並且認爲我們若要恢復中國民

族地位，一定要強調中國原先具有的倫理道德精神。其
次，第二個恢復中國民族地位的方法，便是要恢復中國
固有的知識。　國父此處所謂的中國固有的知識，是一
種中國在倫理道德方面的睿智洞見——「格物、致知、誠
意、正心、修身、齊家、治國、平天下」。他認爲這一全
套系統，是西方任何一位政治學者所沒有見到的。正是
由於我們中國人的倫理智慧，使我們能提出這麼一套博
大精深的政治哲學體系。所以，無論是恢復固有的道德，
或是恢復固有的知識，所涉及到的其實都是我們在倫理
方面所必須重新振作的智慧。我們不但要發揮固有的德
目，而且必須把它傾注於今天所謂的社會科學（政治科
學、社會學、經濟學）裡面，使它們變成社會科學的指
針，以這種倫理睿見，做爲我們在社會科學上創新的依
據，使我們不再只是一味輸入西方的社會科學和社會工
程，反而能運用中國固有倫理上的睿見，來推動社會科
學研究，來支持社會建設工作。

　　因此先總統　蔣公也特別指出：民族主義的本質就
在倫理。並且特別指出：　國父建國之道是以倫理爲誠、
正、修、齊之本。　國父對這方面的見解，是非常深刻、
堅決的。他認爲有道德始成國家，有道德始成世界，這
可說是對倫理道德的一種積極肯定。先總統　蔣公在發
揮　國父這種睿見之時，也特別指出：「三民主義的思想
是以天地萬物一體之仁爲中心」，所以特別強調仁愛。三
民主義繼承了中國哲學一向對仁愛的重視。

　　先總統　蔣公又說：「中國的正統哲學，只是一個仁
字，不過其仁要在能行。」無論　國父或　蔣公都十分看

重倫理道德及其實踐，由此可見倫理道德的重要性，以及必須在行動中實踐，以見其眞切，這是三民主義的一貫精神。我們在今天要發揚民族主義，並不僅只是在國際關係上來肯定我們的地位；只從社會上的觀點，來肯定中國社會的特性；只從文化人類學的觀點，來研究中國民族的特徵；而且要重視在中國文化裡面，這一個最爲深刻的部分——倫理道德。我們要把中國先聖先賢一貫的看法，在今天來繼續發揚，才能使中華民族在現代社會的科技洪流中，不只是追求西方的科技發展，不只是不斷的引進科技，而且可以具有自己的文化特色。因爲我們可以用三民主義所指出的倫理建設，以倫理爲基礎來轉化所有的社會科學、社會工程，使我們中國人不但是研究、發展科技，而且可以進而作爲科技的主宰，用科技來闡揚人性，使中國科技成爲合乎人性的科技，而不是像在西方的科技發展，往往使人役於物，而不知役物，僅只是在科技的發展中討生活，變得迷失、無根，甚至變得市儈。中國倫理精神的發揚，可說是今後人生哲學的一個非常重要的課題。

三、開創合乎倫理精神的人生

現在，我們要進一步討論，在現代社會中，我們應該如何發揚倫理的精神，來使我們的生命充實而且有意義？究竟我們應該如何發揚倫理的精神，使我們在現代社會中，時時感到踏踏實實的，不會迷失，不會迷惘？前面講過，人擁有一個有關聯的自由。從關聯的一面來說，人必須重視自己和萬物，和別人的內在關係。仁愛

就是這種內在關係。我們唯有發揚仁愛，才能夠把人跟人、人跟萬物的關係提昇、發揚，而不是利用這種關係，來滿足個人的私利和私慾。因此，仁愛實是一種純粹的境界，透過一種理想的方式，來提昇我們和別人、和萬物之間的關係。至於正義則是強調對每個人的自由、自律，和實現自我的權利，都必須予以尊重（respect），使每個人有實現自我的權利，使他能夠在人格上受到尊重。我們自己要自由，也要尊重別人的自由，這是一種相互的關係。進而，我們必須把仁愛和正義化爲一種實際的行動，用一種奉獻的心情在社會之中去實踐。總之，我們要在現代社會中發揚一種具有倫理精神的人生，就必須從這三方面來著手：㈠發揚仁愛的人生；㈡發揚正義的人生；㈢發揚奉獻的人生。

首先我們談談仁愛的人生：我們若要實踐倫理的精神，便要度一個仁愛的人生。「仁愛」這兩字在中國哲學中，就是指仁民愛物。仁民愛物實際上是我們三民主義革命思想的基礎。民國十年十二月下旬，共產國際的代表馬林，抵達桂林晉見　國父，詢問　國父說：「先生的革命基礎爲何？」　國父回答他說：「中國有一個道統，是從堯、舜、禹、湯、文、武、周公、孔子，相繼不絕，余之思想基礎，即繼承此一系統而發揚光大耳！」馬林先生不能明白　國父的意思，因此他一再追問，而　國父仍然以同樣的話來回答他。最後馬林問道：「那麼你革命的動機究竟何在？」　國父說：「我是爲愛人而革命。」馬林回答說：「共產黨是以恨人來從事革命的。」從這個故事，我們可以體認到，三民主義的道德實踐最重要的

動力，就在於仁愛，爲了肯定人與人、萬物之間，有一種內在相感的關係，必須加以提昇、加以發揚。這一點正是非常不同於共產主義。共產主義否定人與人、萬物之間的內在的關係，反而認爲可以透過革命的手段來宰制、控制其他的人，控制集體社會，因此使得他人、他物都變成工具的地位，而不再是目的。

但是，三民主義的倫理精神，是以仁道爲中心，一定要肯定人和人、和萬物之間，可以同情相感，互相提攜。爲此，我們必須心存仁愛，發揚「老吾老以及人之老，幼吾幼以及人之幼」的精神，肯定「民吾同胞、物吾與也」，這樣才能眞正體現三民主義和中華文化一貫相傳的倫理精神。　國父認爲從堯、舜、禹、湯、文、武、周公、孔子相繼不絕，以迄三民主義之興，作爲革命基礎的，就是仁愛。如果我們要發揮倫理精神，就一定要過一個仁愛的人生。

其次，我要進一步指出：我們必須發揚一種正義的人生。所謂的「正義」，就是對人對物的尊重和分寸，簡單地說，就是「恰如其分」。中國古代的哲人告訴我們，正義是天生就在我們內心的。孔子說：「己所不欲，勿施於人。」就是要守住分寸；而孟子進一步主張「仁義內在」，認爲「義」是在我們每一個人內心裡面都有的。所以「羞惡之心，人皆有之」；重要的是我們必須把內在的義德擴而充之，發揚起來。在西方古典哲學來講，正義就是按照一定比例，使每個人、每一個體都各當其位，使全體社會達到和諧。此處所謂「比例」（Proportion）其實就是一種恰如其分。柏拉圖在其所著《理想國》

(*The Republic*)中討論什麼叫正義，並指出正義就個
人而言是個人的情感、意志和理性恰得其分，達到和諧；
就社會而言，則是每個人按其專長，各司專職，以致執
政、武士與生產者各階層皆各當其位，組成一個和諧的
理想城邦。正義的個人之實現有賴於正義的城邦，正義
的城邦亦有賴於正義的個人❷。

❷Plato, *The Republic,* Book
IV, pp.419-448.

　　綜合中西哲學對正義的討論，吾人可以肯定：若要
發揚倫理的精神，就必須遵守道德的規範；吾人在遵守
道德規範的過程當中，一定要恰如其分。待人處世皆要
恰如其分。一方面要尊重自己的權利，另一方面也要尊
重別人實現自我的權利。所謂正義就是個人和個人、個
人和群體之間的一種恰當的關係。個人可以恰當發揮自
己的權利，同時別人和社會也能恰當地發揮自己的權利，
而共同導致一種和諧。西方的倫理學從希臘哲學開始便
十分重視正義，一直到今天都仍然不斷地在討論正義問
題。中國哲學也一再詮釋孔子所謂「己所不欲，勿施於
人」和孟子對「仁義內在」的看法。這些都告訴我們必
須尊重每個個體，給每個個體應得的一份。所以我們用
正義來待人，也要用正義來待自己，不能說正義只是對
待別人的一種要求，因為正義也是對自己的一種要求。
這樣才能使個人和群體都一起走向和諧。如果現代社會
要想變成和諧的社會，最基本的條件就是先要肯定正義，
實現正義。每個人在人生的過程當中，一定要盡力去實
現正義的原則，這樣才能真正調和個人和團體，使之達
到和諧的境界。因此柏拉圖在《理想國》中說：只有正
義的個人才能完成正義的社會；有個人內心的和諧，才

能形成社會的和諧；但是，也只有在和諧的社會中，人才能真正實現每個人的自我。可見這兩者具有相互的關係，是相輔相成、相互影響的。只有實現正義，才能達到真正的和諧。

最後，在現代社會中，我們要發揚倫理精神，一定要有一種奉獻的人生觀。尤其是政治家、軍人、公務人員、各行各業的人生，就是一種奉獻的人生。所謂服務的人生，就是假定了奉獻的精神。在現代社會中的每一個人，都只有在把自己奉獻給理想，把自己奉獻給群體的時候，才能夠使自己的內心生命豐富起來。我們如果只是著重自己內心的探索，其實孤立的個人的內心是非常貧乏的。我們只有在為社會服務，為別人著想，為這個社會的進步而努力之時，內心的知識和道德，才會不斷地豐富起來。畢竟我們在心中所能夠擁有的豐富生命，都是因為我們把自己奉獻給理想、給社會才擁有的。因此，如果我們只是孤立地肯定自我，這種自我只是非常貧乏的自我。相反地，只有投身於社會、理想和群體之中，我們的內在生命才會越來越豐富。所以個人的生命實際上只有在奉獻於社會之時才能夠真正的成長。

民國七十二年九月份，在故宮曾召開了一個學術會議──紀念利瑪竇來華四百週年中西文化交流會議──會中有一位美國哲學家馬克林（G. McLean）先生，提出一份論文 ❸，文中引用了史密茲（K. L. Schmitz）所著《贈與就是創造》（*The Gift: Creation*）的觀點，藉以指出一個很重要的思想：就是一切的文化都是別人所贈與的，我們後人都只是不勞而獲。因為不論是語言、

❸ G. McLean, *Chinese-Western Cultural Interchange in the Future*, (Taipei: ISOCWCI, 1983), pp.457-471.

藝術、道德思想都是前人或別人贈與我們的。但是「贈與」和「送禮」不一樣。我們中國人講究禮尚往來，你送我一份、我也送你一份，好像是有條件的；所以，你送給我一個值千元的禮物，下次有機會我也送還你一個等值的禮物；辦喜事之時，別人送我二千元，下次到別人家喝喜酒，我也送還他二千元。這是送禮，不同於贈與。贈與（gift）不是送禮（present），而是無條件的給與，是一種慷慨的奉獻。贈與都是不求回報，也是沒有辦法回報的。我們所承受的文化，無論知識、藝術、人生觀、世界觀……，其實都是承受別人慷慨的贈與，無法還報，也不知向誰還報。

所以，文化基本上是一個贈與的過程，文化交流也是一個贈與的過程。例如，利瑪竇在四百年前第一個把西方科技、哲學、宗教帶來中國，開始了真正的中西文化交流。這類文化交流，都是相互的贈與，把中國文化贈給西方人，把西方文化贈與給我們。如此就能豐富每個文化的內容。文化的傳承和交流，都是無條件的贈與，沒有還報的機會，也不知道向誰還報。我們唯一能夠回報的辦法，就是繼續奉獻我們的人生，來創造文化。創造新的知識，推動新的科學研究，創造更好的藝術作品，來豐富民族文化，服務社會人群。我們只有創造一些值得的東西，來贈與給別人、社會，以及我們的下一代，這就是我們唯一能還報的方式。

總之，倫理道德的精神，基本上就是為了一種無條件的理想，去努力實踐，創造一些值得的行為和作品。我們必須用一種奉獻的心情來從事倫理道德的實踐。在

這種奉獻的心情之下，我們才能夠眞正創造一些值得的文化成果，來贈與給我們的下一代，贈與給社會。其實這樣子的奉獻也是理所當然的，因爲我們也曾經接受別人同樣的贈與和奉獻，所以我們也只有同樣地奉獻和贈與下去。奉獻的人生，是所有現代人必須具備的一種人生觀。

叁、民主與人生

在現代社會當中，沒有一個人能自外於社會，只有透過積極參與社會，來實現人生的理想。因此一個合乎現代社會特性的人生觀，要求我們要以合乎民主精神的方式，來參與社會、實現人生，使我們不但能藉著科技的發展，而能繼續存在下去；能夠藉著倫理道德而有意義地存在下去；而且也能夠在發揚民主精神之時，與社會人群共度有意義的生活。

問題是在現代社會之中，「民主」一詞往往被濫用，以致它的意義常會混淆不清。像英、美這些自由國家，固然是稱爲民主國家；而中共、北韓、越南、古巴，也都號稱是所謂社會主義的民主國家；甚至在民主國家裡面，也有用暴力破壞民主的，藉著民主之名，來行破壞民主之實。因此我們必須明白「民主」的眞意，然後才能進一步明白「民權主義的本質在於民主」一語的眞正意義何在，因而才能進一步懂得應該如何開創一個合乎民主精神的人生。

一、瞭解民主的眞諦

　　首先讓我們了解民主的眞正意義何在。「民主」一詞，顧名思義，是以民爲主的政治體制。民主（Democracy）這個字當中，Demos 一詞在希臘文意指的是「人民」的意思。所以民主（Democracy）就是以人民爲主的政治體制和政治歷程。在政治學上常說，民主政治的第一個特質，就是主權在民；政府的權力基礎，在於被治者的同意；因此在新政權成立的時候，制定憲法和定期選舉，都在表示這一點。但爭論點卻在於「誰是人民？」因爲在社會主義國家而言，它們認爲自己的獨裁政治，也是一種民主政治；而且口口聲聲說人民如何如何，其實眞正說來，在這種極權國家當中，只有合乎統治階層意旨的人，才配稱爲人民；凡不屬於合乎統治階級和黨的意旨的人，都稱之爲人民的敵人；由此可見，在社會主義國家當中，人民一詞是抽象的，它的意義是由極權統治者來定義的。但是在自由民主國家裡面，作爲主人的每一個人民，並不是抽象的人民，而是活生生的每一個人。每一個人的自由和平等都是不可以剝奪的權利。在此我們必須肯定每一個人有其自我實現的權利，並且每一個人對於公共事物，都有一份參與的權利。

　　所以從古希臘開始，當時實行的是直接民主，每一個公民都可以在市場討論政治和公共事務。當時是用貝殼來投票，每個公民均可投票，決定公共事務。到了今天，雖然民主風貌有了很大的改變，增加了議會政治、政黨政治，除了像瑞士等小國以外，大部分的國家非常

難以進行直接民主，但民主政治基本上的原則仍然是一致的：一人一票，服從多數，尊重少數。任何社會如果忽略了活生生的每個個人的權利和尊嚴，都不配稱為眞正的民主社會。

如果我們從政治思想史上來看，自由民主國家所採行的民主，是屬於洛克模式的民主。洛克(J. Locke)主張天賦人權，認為人在自然狀態中，皆是自由而且平等的；一切的政治體制都必須尊重人的天賦權利。至於社會主義國家所謂的民主，則是可以溯源到盧梭的模式。盧梭(J. J. Rousseau)雖然主張主權在民，但是他所謂的人民有可能被別人詮釋為抽象的、普遍的人民，而不是每一個活生生的、有獨立權、獨立的抱負和理想的個人，因為他重視的是人民「普遍的公意」(Volonté générale)，但普遍公意難以決定，只好由偉大心靈來決定。這種思想經由極權、社會主義的曲解，而變成極權式民主的藉口。

由此可見，眞正的民主必須尊重每一個人的自由，和自我實現的權利。但是，現在問題在於：我要實現我自己的權利，別人也要實現他自己的權利。那麼，究竟應該如何協調彼此的自由和權利呢？這可分兩方面來說，第一方面我們應該培養法治的觀念和習慣，大家都共同來守法，以法為達到共識的客觀基礎；另一方面，應當承認對方的自由和權利，彼此溝通，相互討論，來協調彼此的立場，以達到共識。

首先，就守法而言，法律是權利和義務的客觀依據，是大家在社會中的共同行為規範。法律是黑格爾所謂「客

觀精神」最具體的表現。如果要協調人我彼此的權利和
義務，使人人都享有自由，都能自我實現，那麼就必須
每個人都培養客觀的精神，尤其在科技時代更是如此。
關於這一點，在前文論及科學與人生的時候，就已經討
論過：人生有它的客觀面。既然法律是客觀精神的最好
表現，則我們在社會參與的歷程中，就一定要遵守法律。
尤其必須注意，憲法是國家的根本大法，是國家的構成
法，也就是建立共識的最根本的依據。除此以外，其他
依據憲法得以成立的法律，也都應該確實遵守，這樣才
能表現出現代人的民主精神。

　　有許多人誤解自由的意義，以為自由就是不受束縛，
不受法律的束縛，認為法律就是一種權威的壓制。其實
真正的民主精神最好的表現，就是守法。曾經在美國有
一份報紙上刊出一則故事：在威斯康辛大學有個名叫沙
克福特的學生，不穿鞋子，光腳在校園內行走。校警認
為他違犯校規，所以予以取締。沙克福特受到取締，認
為校警此舉純屬無理取鬧，所以就咬文嚼字，大做文章，
批評學校的措施。他提出的理由如下：「天生赤腳，何須
穿鞋？竟遭取締，真是過分！本人名沙克福特，生在本
校醫學院的附屬醫院，出生的時候本來就沒有穿鞋。如
今為了不穿鞋而遭到取締，真是太過傷感。這是我們把
守法變成墨守成規，不知變通，實在可悲。」這是他的抗
議。但是學校仍然對他的違犯校規，加以處分。所以他
又向訓導長申訴，辯稱說校規侵犯到他個人追求舒適和
自我約束的權利。他說：「假如根據校規來取締我不穿鞋
的行為，是基於衛生的考慮的話，那我就有話說了，因

爲我的兩隻脚比我所穿的鞋子還要乾淨多了。爲什麼呢？因爲我常洗脚，卻不常洗鞋子。」可是誰也沒想到訓導長大人金石寶先生的回答竟是這樣的，他說：「沙克福特君出口成章的本事，以及他申辯所持的理由，我個人都非常欣賞；不過，校規就是校規，凡違犯校規的人，我們決不放過。」

　　這則故事最重要的一點就在於「校規就是校規」。校警是代表「法律」，而不是代表「權威」。在法律之前，我們每個人都有權利和義務；但在權威之前，我們只能服從。問題是我們不能把法律當作是「強制性」的權威，而是應該尊重法律的「客觀性」。客觀性並不等於強制性。民主國家就必須守法守紀，自我約束，不可大而化之。因爲我們如果缺乏這種客觀精神，不尊重原則，就會產生種種不上軌道、不合民主規範的現象，例如開車闖紅燈，摩托車停在人行道上，隨地吐痰，拋扔果皮，挿隊取巧，別人責罵還嬉皮笑臉，甚至反唇相譏等等。這些都是沒有客觀精神，不尊重行爲客觀規範的表現。

　　除了守法以外，我們還應彼此尊重，相互承認，一起溝通，共同討論，因爲我們不但應該客觀地尊重法律，而且在主觀上也應該承認別人有他的自由和權利；我們承認自己是自由和權利的主體，同時也應該承認別人是自由和權利的主體。黑格爾把這種相互的承認，稱之爲「互認」的關係(Anerkennen)❶。每一個人都是主體，但是不可以因爲自己是主體，就可以否定別人是主體，把別人當作自己的附屬品。所以在互相承認的關係當中，一個人肯定自己是主體，也必須肯定別人亦是主體。一

❶G. W. F. Hegel, *Phenomenology of Spirit*, translated by A. V. Miller (Oxford: Oxford: University Press, 1977), p.111f.

方面互相尊重對方的特殊性、個體性，但是另外一方面也應該形成彼此深刻的聯繫。只有在主人和奴隸的關係當中沒有互相的承認。主人要奴隸尊重主人自己，服從自己的命令，但自己卻不承認奴隸也是一個權利的主體，互認的關係不是主奴的關係。民主的主觀基礎，根本上就在於這種相互肯定承認的關係。這種互認的關係可以擴而充之，擴及到朋友、男女、家庭、黨派，甚至全體社會。例如：年輕男女喜歡交朋友，可是如果男人把自己當作是慾望和權利的主體，但卻把女人只是當作自己滿足慾望的工具，在這種情形下，一定不會產生愛情。如果沒有彼此互認的關係，是不會產生真正的愛情的。由此例擴大來看，可以知道互認的關係，在民主社會是多麼重要。

在確定互認的重要以後，我們要進一步彼此溝通，來實現越來越深刻的互認關係。民主政治的本質，既然在於互認，因此必須透過相互的說服（Mutual Persuasion），而不是透過暴力來實現自我。「討論」是民主政治達成互認的主要形式，這是憲法體制的理想基礎：透過人民彼此的討論，政黨的討論，議會的討論等等，來達到個人和社會理想的共同實現。現在由於社會科學的發展，例如政治學、經濟學、社會學等等，這些社會科學的研究發展，越來越精細和嚴格，似乎能提供政府在決策上的充分參考。因此有些人就認為，既然社會科學如此發展，我們便不需要再進行討論，只要由社會科學研究，提供種種有關資料就行，譬如各種利益結構，價值體系，人民對於政府、議會、政黨的功能滿意的程度，

提供有關經濟、人口、生產力、勞力、犯罪率等種種的統計資料，就可以取代各層次的討論。其實這是錯誤的看法。因爲社會科學只能提供我們資料，它不能提供個人和社會的理想，社會科學只顧客觀性的研究，而不管我們每一個人和社會的主觀認知和感受。所以我們只有不斷地透過討論和教育的方式，才能使我們自動地、眞正地參與社會，達到自覺，而不會被暴力所左右；只有討論和教育，才能使每一個人由被動的參與變成主動的參與，由個別的利益走向團體普遍的利益，由小我走向大我❷。

民主的眞諦要求我們一方面應該在客觀上有守法的精神，另一方面應該在主觀上互認和溝通；綜合主觀和客觀這兩部分的努力，我們所要達到的，其實是一個和諧的社會。和諧是民主政治的最高境界。在和諧的社會當中，每一個人都能自由地發揮才能，實現自我；同時整個社會也是秩序井然，安和樂利，每一個人在物質上和精神上皆有充實飽滿的感受。有許多人認爲，民主就是要成立反對黨，透過反對黨來達到制衡的作用。這是西方在民主發展的過程當中，所發展出來的一種模式。其實民主的眞諦不是在於對立，而是在於達成和諧。我們看看西方的政治，有些政黨常是爲了反對而反對，不一定有助於民主的推行，因此我們必須肯認民主它最後的目的，在於小我和大我、個人和群體能夠達到最高的和諧境界。

❷ E. Weil, *Philosophie Politique* (Paris: J. Vrin, 1971), pp.202-206.

二、民主精神與民權主義

　　以上吾人所論的民主精神眞諦究竟和民權主義有什麼樣的關係？　國父所講授的民權主義實在已經爲中國的民主政治奠下了最爲深遠的基礎。　國父在民權主義中，特別主張「主權在民」，希望今後我國皆能以民爲主。但是，　國父所主張的民權，並不是天賦人權；而是需要靠人去努力爭取而得的人權，他稱之爲「革命民權」。此外，人民所擁有的自由，應是一種合理的自由，而不是毫無限制的自由。因此　國父主張必須限制個人的自由，來保持人人的自由；犧牲個人的自由，以求得國家的自由。因此，　國父曾引用西方哲學家彌爾(J. S. Mill)所說的「以不侵犯他人的自由爲範圍的自由，才是眞正的自由」。此外，　國父在民權主義中所主張的平等，也不是把種種聰明才智劃成齊頭的假平等，而是在政治地位上立足點的眞平等，使人人皆能在眞平等的立足點上，發揮每個人的聰明才智，實現自我，爲衆人服務，爲國家造福，實現每一個人的理想，並造就整體和諧的社會。

　　先總統　蔣公也曾明確地指出：民權主義的本質就在於民主，並且指出民主的基本精神就是在於自由與獨立，權利與義務。他說：「我們要自由，就要先能夠自強，然後才能享有自由，而且自由是要有範圍的；更不是只享權利而不盡義務的自由。」又說：「如果認爲自由獨立是我們的權利，那麼守紀律、負責任亦就是我們的義務了。我以爲大家唯有了解民主的基本精神，是自由與獨

立、權利與義務的對稱，那麼我們才能真正的民主，也才能以更多的民主，去革除民主的流弊。」三民主義所主張的全民政治、權能區分、五權分立、中央與地方均權、地方自治等等，都是爲了達到自由與獨立、權利與義務對稱，培養守法守紀、互認討論的民主生活，以達成和諧的民主社會。

三、開創合乎民主精神的人生

我們現在要進一步討論，在現代社會中，我們應該如何開創一個合乎民主精神的人生。吾人要在現代社會的人生歷程中發揚民主的精神，首先必須肯定一種參與的人生觀，熱心參與社會，在爲社會服務，傳揚仁愛的生活中，來豐富自己的生命。吾人觀察當代的思潮，無論當代的哲學、藝術或文學，其中所討論的種種觀念，都可以發現一個很重要的趨勢：當代人特別強調一種參與的人生，而不是旁觀的人生；強調一種承擔的勇氣，而不是推托的怯懦。

所以在現代世界中，如果真正要完成民主社會，就一定要每個人皆參與社會建設，而不能袖手旁觀，推托責任。但是我們在社會參與過程中，一定會遭遇到一個很重要的問題，就是多元的個人的權利，究竟應該如何協調，使得每一個人都能發展他的抱負，伸展他的志向，達到　國父所說「人盡其才」的目的。所謂「人盡其才」就是每個人都能實現他的理想和才幹。我們每個人追求的是自我實現，但是每一個人都要實現自我，究竟如何才能避免彼此衝突？首先我們一定要有守法的精神。每

一個人都要遵守客觀的行爲規範，養成守法的精神，把
法律當作客觀精神的具體實現，而不是當作權威的壓制。
我們必須尊重法律所代表的人生的客觀面。我們在前文
中討論到科學的眞諦時，曾經指出科學的研究顯示出來
人生的客觀面。在科學研究中，吾人發現種種自然的法
則。自然是遵循法則而動的。同樣的，在社會中也有社
會法則。自然科學的研究顯示出自然遵循客觀的法則；
同樣，吾人的社會生活也必須遵循客觀的法則，那就是
法律。我們常要在心中保有這個觀念：法律所代表的是
我們行爲的客觀規範，守法就是尊重人生的客觀面。法
律不是代表一種權威的壓制，不是別人在壓制我。吾人
不但心中要常存此念，而且要以具體的守法行動去實現
它。

　　非僅如此，如果我們要協調每一個人之間的自由和
權利，就必須每個人都承認對方是自由和權利的主體；
因此不能只肯定只有自己才是自由和權利的主體，也不
能把別人當作自己達到名和利，或是發展自己的抱負，
或是遂行自己欲望的工具。在民主社會中，我們要承認
別人也是自由和權利的主體，才算眞正擁有互認的精神。
因此朋友之間應該相互肯認，朝野黨派也要相互肯認。
男女之間應該相互肯認，長上和屬下應該相互肯認。不
但肯認對方是權利和自由的主體，而且應該透過一種討
論的步驟來相互溝通，這樣每個主體，才能把他深刻的
自我，透過討論和溝通的步驟展現出來。因此在現代社
會中，一定要擁有這種討論和溝通的素養。討論和溝通
是民主社會所提供給我們使個人能表達自己，社會能達

到和諧的主要途徑。哲學家們自古以來就有這種體驗。因此柏拉圖就說:「文明的社會,就是由暴力(Force)走向說服(Persuasion)。」說服就要透過討論和溝通的方式。因此,我們只有透過不斷的討論和溝通,才能使社會逐漸走向更為合理的層次,避免產生種種的暴力現象;透過討論和溝通,我們才能真正使整個社會中的每個人由個別的利益走向普遍的公共利益。討論的步驟是使特殊變成普遍,使個別變成公共的一個最好途徑。總之,在我們的人生歷程當中,一定要實行互認、溝通和討論的人生。

最後,民主的精神要我們所達到的境界,就是一個《易經》所謂「各正性命,保合太和」的人生,一方面每一個個人能得性命之正,獲得自我實現;另一方面群體也能達致充量和諧。因為我們每一個人既能人盡其才,又能透過守法,形成一個社會的客觀秩序;透過主觀的互認、溝通和討論,形成一個小我、大我都協調的「我們」的社會。每一個人都可以說這個社會不只是「我」的社會,而是「我們」的社會。此時,一方面每一個人都能實現自我,同時全體社會也能夠實現大我。在和諧的社會中,所有的小我彼此是和諧的,也就是小我與小我和諧;但是同時每一個人和整個社會也是和諧的,也就是說小我與大我和諧。這是民主的真諦所昭示我們的人生的最高理想。民主的精神所要實現的人生理想,就是一個人我和諧的人生境界。

肆、藝術與人生

　　在人的一生當中，絕對少不了藝術。甚至有人主張「人生就是藝術」。這句話的含義非常深遠，尤其在中國文化裡面，藝術顯得特別的重要。歷代的中國人都非常重視藝術的修養，所以無論是儒家或道家，都非常推重藝術經驗，提倡藝術教育。孔子曾經告訴他的弟子說：「志於道，據於德，依於仁，游於藝。」換句話說，人生所要立的志，是邁向宇宙人生最高的道；人生所要據以為最大的原則，是要實踐德行；做人處世的根本出發點是仁德仁心；最後這樣一個志道、據德、依仁的人生，應該在藝術活動中獲得生命的喜悅和完成，這就是所謂的游於藝。從孔子這段話，我們可以看出儒家非常重視藝術的修養。非僅儒家如此，道家思想也是如此。吾人翻閱莊子，便可證此言不虛。莊子說：「天地有大美而不言，四時有明法而不議，萬物有成理而不說。聖人者，原天地之美而達萬物之理。」換句話說，莊子認為我們必須透過藝術的美感，才能領悟到萬物生生不息的道理。所以莊子在〈逍遙遊〉篇中，就指出每個人都該擴大自己的心胸，好像一隻巨大的鵬鳥：「怒而飛，搏扶搖而上者九萬里。」到了高空的境界再往下俯看，只見「天之蒼蒼，其正色邪，其遠而無所至極邪，其視下也，亦若是而已矣！」也就是說，當我們把自己的心胸擴大，達到了人生的高境，往下一看，天地萬物一切都是非常美好

的，天上地下沒有一物不展露它生生不息的創造動力，也沒有不展現它美好的面目。所以，有很多事情我們就近看來，常只覺得它的醜陋，可是如果隔了一個遠距離，就像坐飛機直達高空，在這距離之下我們所看到的，誠如莊子所言，無論上天下地都是非常美好。可見透過美感的經驗，在心靈的距離中，吾人才可以看到萬物的美好，悟透人生的道理❶。

一、瞭解藝術的眞諦

吾人在人生裡少不了藝術的素養，甚至必須知道人生就是藝術。在中國人的心靈裡，每一個人都是藝術家，每個人多少都重視藝術方面的薰陶和素養。尤其就儒道兩家看來，中國人自古就對藝術有非常深刻的體驗，孔子是如此，莊子也是如此。既然重視藝術對人生的重要性，首先我們就應該明白，究竟藝術的意義何在？就最爲淺近的意義來說，藝術的第一層意義，就是美感的創作和欣賞。這是我們每一個人在日常生活當中都會體會到的，因此我說是藝術最淺近的意義。人生需要美感，因爲只有美感才能使我們的人生有情有愛，但是究竟如何才能具有美感呢？美感並不是一種科學的知識，美感不是一種抽象的觀念，更不是一種道德上的善。例如，我們看著一朵花覺得很美，此時我們並不是想要解析這朵花是由怎樣的化學成分構成的，也不是想到要把這朵花送給醫院中貧苦的人，做爲一項善舉。我們只是單純的面對這朵花，超然地加以純粹觀賞，因而會感覺到它很美。西方大哲學家聖多瑪斯(St. Thomas)認爲美應

❶方東美，《原始儒家道家哲學》（臺北：黎明，民72年9月），頁245-251。

該具有幾個條件。他認爲美的第一個條件是充實；第二個條件是和諧；第三個條件是光輝。所謂的充實，就是一個物品，例如一朵花、一幅畫、一棟建築、一個人……等等，這個物品它裡面所充滿的意義達到相當飽和的程度。孟子說：「充實之謂美」，這點可以說是中西哲人相互輝映的地方。美除了充實以外，應該還要有第二個條件──和諧。和諧是意指一個物品，無論一件藝術品或是一個自然物，由於恰當的比例，而使得它裡面所隱含的各種紛然雜陳的因素，能獲得一種統一性。例如一幅畫，雖然包含著很多的顏色和線條，可是這些顏色和線條卻因爲恰當比例而能夠獲得一種統一性，使這些顏色和線條能綜合在一個和諧的秩序裡。第三個條件是光輝，什麼是光輝呢？一樣藝術品所擁有的形式就是它的光輝所在，正如我們看到一樣美的東西，眼睛就亮起來，光輝就是美的形式透露出來的亮麗特質。所以多瑪斯說唯光美化，若沒有光則一切都是醜的。這是一位西洋名哲學家對於美的思考。

　　不過，我們在何種情形下可以產生美感呢？爲回答此一問題，德國大哲學家康德(I. Kant)在所著第三批判─《判斷力批判》──的第一部分，討論到美❷。他認爲美是一種超然無私的純粹的觀賞。所以美擁有一種特性，就是超然無私(disinterestedness)。由於是超然無私的，所以才使欣賞者不受制於自己的慾望，因而不會依賴於事物的存在或是不存在，由於超然而感到自在逍遙，才使內心充滿了和諧。例如一個美麗的都市，像巴黎這個都市，是一個充滿美感的都市，不但是道路、人

❷I. Kant, *Kritik der Urteilskraft* (Frankfurt: Suhrkamp, 1978), pp.116-124.

物美，而且各種建築都很美。康德舉例說，雖然巴黎這個都市到處充滿了各種藝術的建築，可是如果我們心中帶著各種慾望，達不到超然地步的話，是不會有美感的。譬如說一個摩洛哥人到了巴黎，他心裡所想的只是想尋找餐館，好能逞口腹之慾，這樣他不會因見到這些建築物而產生美感。此外，像盧梭則批判這些美麗的建築是勞民傷財。像這類各種不同的興趣，無論是為了滿足口腹的慾望或是從政治的看法說是勞民傷財，都不會使我們產生一種超然的美感。我們只有在超然的觀賞之時，心中才能有自由，不會受自己的慾望所宰制。因為有慾望也就會被事物所宰制。所以人若追求名利就會被名利所控制，追求知識就會被知識的法則所控制，致力道德實踐就會被道德義務所約束。唯有在超然的觀看，純粹的欣賞之時，心中不再受任何約制，這時才有真正自由的滿足，而能體會出美感來。

但是，藝術的意義並不只是美感而已。藝術的第二個意義是在於實踐，所以孔子說「志於道，據於德，依於仁，游於藝。」這裡所謂的游於藝，並不是道、德、仁以外的一個項目。藝術的活動，並不只是儒家正規教育以外的餘興節目，一種課外活動而已。而是把藝當做是道、德和仁的實踐。實踐本身就是一種藝術，因為我們在實踐的過程當中必須把抽象的、普遍的理想和觀念在具體的、個別的行為或作品中實現。所以一個藝術家在創作之前可能已經有了一個很好的觀念，例如有一幅畫的構思，有一首詩的觀念或者是有一個靈感，在這個靈感裡面湧現了某一個藝術作品的形式。但終究這只是一

個抽象的、普遍的觀念而已。他應該在創作的過程當中，把這個構思或觀念實現在具體的作品之中。所以把普遍的理想結合到具體的作品，或是把普遍的理想結合到具體的行為，這個過程也就是實踐，這個過程同時也就是藝術。所以實踐是藝術的第二個意義。由此可見，藝術不但是美感的創作和欣賞，而且也是把理想實現在具體的行為和作品之中。《論語》曾記載，季康子問孔子說：「求也可使從政也歟？」孔子答說：「求也藝，於從政乎何有。」因為冉求能夠把理想和抱負付諸實踐，所以在參與行政上是沒有任何的困難的。孔子在《論語》中亦曾說：「吾不試，故藝。」在此，「試」是「用」的意思，換句現代話來說，孔子他並沒有把自己變成一個只有一技之長或是一偏之見的專家，所以他才能具有普遍的理想，並且還能把普遍的理想在各種具體的行為和作品當中去實現。在此的「藝」並不指餘興節目或遊藝活動，而是指他能夠實踐。所以實踐就是藝術，而且是藝術更高層次的意思。在《易經》中有這樣的一段話：「君子黃中通理，正位居體，美在其中，而暢於四肢，發於事業，美之至也。」由此可見，藝術不只是美感而已。美感之美只是小美。在中國人尤其在儒家的看法而言，唯有把美予以擴充，所謂暢於四肢，發於事業，就是一種實踐的過程，只有在實踐的過程當中，來體現我們的理想，這才是真正美的高峰。

　藝術包含了美感，也包含了實踐。但是藝術的意義，並不止於此。它最徹底的意義是在於創造。為什麼呢？在藝術作品當中並不只有美感。美的對象固然可以成為

藝術，例如蒙娜麗莎誠然是美的，但是醜的對象也同樣可以成爲藝術。美麗的蒙娜麗莎固然可以成爲藝術作品，在藝術作品上展現其美，可是有很多醜的對象也可以在藝術上展現出來。從前有一位畫家名叫包希（Bosch），他曾作地獄圖，眞是又醜又惡，怪誕無比。除此以外，現代畫家如畢卡索，他有一幅畫叫做「阿唯濃的小姐們」，這幅畫所畫的小姐，其身材之怪異，簡直是常人所不敢想像。如果眞正的小姐長成這模樣，我猜想大家都會退避三舍。以上無論是地獄圖或是阿唯濃的小姐們，如果從某種觀點來看，都是不美反醜，但是它們仍然是藝術，爲什麼呢？因爲這些作品都體現藝術家所擁有的一種雄奇不馴的創造力。所以藝術並不一定要以美爲對象，它基本上是一種創造力的宣洩。其次，實踐固然是藝術，但是實踐也是一種創造力的宣洩。我們每天都要實踐，要實踐道德，實踐學問。但是在實踐之時，我們常會有一種力不從心的感覺，究竟要如何實踐才能夠不會力不從心，才會有充實之感呢？

對此，中國哲學曾給我們一個很好的啓發。在中國哲學裡面，無論儒家或道家，都主張在宇宙之間瀰漫著生生不息的創造力，這個生生不息的創造力才是藝術創作的根源。所以《易經》上說：「大哉乾元，萬物資始，乃統天，雲行雨施，品物流行。」這裡指出乾元就是存在於宇宙之間，促使雲行雨施、品物流行的偉大之創造力。中國哲人都體會到眞正的藝術根源就在於此，認爲人應該去感受宇宙創造力的感動，然後才能振作自己的生命，積健爲雄，發而爲實際的藝術創作。所以〈樂記〉說：

「天高地下，萬物散殊，流而不息，合同而化，而樂興焉。」音樂是因為體會到天高地下，萬物散殊之中自有一種生命創造力，川流而不息，所以我們把自己的心靈跟它和同而化，在個人內心之生命合於宇宙之生命的時候，才產生音樂的創作。音樂是如此，詩也是如此。所以《詩緯・含神霧》亦說：「詩者天地之心。」無論詩或音樂這些藝術活動，都是要直透在宇宙中不斷流行創造的生命，與宇宙的生命同流合化，才能顯露自己內在所秉承的創造力，展現同樣的機趣，並把它表現在美感和實踐的活動上面。此時，吾人的行為和作品纔會時時充滿著活潑的生趣。

　　為此，中國藝術都講究「生意盎然」，為什麼藝術創作能充滿著盎然的生意呢？因為結合了天地之間創造不息的生命。也只有這樣子，藝術的作品才能「勾深致遠，氣韻生動」。中國的藝術家都能很深刻的體會到這一層，所以董源說藝術作品必須「外師造化，中得心源。」所謂外師造化就是效法宇宙生生不息的創造力，所謂中得心源則是體會並發揮我們每一個人內心所擁有的創造力之泉源。李白說得更為透徹，他說要「攬彼造化力，持為我神通。」換句話說，無論一個作家、一個藝術家、一個革命家、一個專業人士，他在實踐過程中常會感到力不從心，因為個人的創造力總是時有衰竭的時候。個人如何才會有無盡無竭的創造力泉源呢？那就要攬彼造化力，持為我神通，以宇宙的創造力做為我創造力的泉源。這個時候，我能夠在宇宙的創造力裡面尋得一個無窮的創造力的泉源，自己才會覺得永不衰竭，永不畏懼❸。

❸ 方東美，《中國人生哲學》，(臺北：黎明，民 71 年 12 月四版)，頁 51-56。

　　總之，無論中國的藝術家或哲學家都告訴我們，我們一定要秉承宇宙的動力、自然的生趣，然後透過心靈的心領神會，把它發爲藝術創作的生趣。從這點看來，藝術的最高意義，就在於體會天地的創造力，以之爲自己心靈創造力的根源，進而把它發爲事業，發爲作品，發爲美化人生、救世救人的行動。

二、藝術精神和三民主義的實現

　　藝術精神到底和三民主義有何關係？因爲三民主義的本質雖是倫理、民主和科學，但是倫理、民主和科學這三者的實現都需要一個能體現美感、實踐和創造的藝術精神。　國父的三民主義包含民族、民權、民生，但這三者都總歸於民生。所以　國父的哲學思想，戴季陶用「民生哲學」一詞來概括它。「民生」這個概念，看起來非常平凡，但是再深一層思考下去便可發現「民生」的觀念在　國父的思想裡面實具有非常深刻、深遠的哲學意義，唯有德國的大哲學家、現象學的創立者胡塞爾（E. Husserl）所謂「生活世界」（Lebenswelt）的觀念可相比擬❹。「生活世界」這個觀念雖然可以跟「民生」哲學相比擬，不過　國父的說法文字淺近，卻又涵義深遠。他說民生乃「人民的生活、社會的生存、國民的生計、群衆的生命便是」，其中不只包含物質的生活而且包含了精神的生活。從精神生活來講，當然就要發揮重視倫理、重視道德、重視藝術的精神生命。從發揮人的精神生活來看，我們就會體會到「藝術就是人生，人生就是藝術」。所以　國父在〈軍人的精神教育〉中特別說：

❹E. Husserl, *Die Krisis der europäischen Wissen-schaften und die transzendentale Phänomenologie* (Haag: Martinus Nijnoff), pp.126-137. 關於「生活世界」觀念之解析與發揮，參見拙著，Vincent Shen, *Life-World and Reason in Husserl's Philosophy of Life, in Analecta Husserliana,* (Holland: Reidel, 1984), vol. XVII, pp.105-116。

> 總括宇宙現象，要不外物質和精神二者，精神雖
> 爲物質之對，然則相輔爲用。……由是觀之，世
> 界上僅有物質之體而無精神之用者必非人類，人
> 類而失精神則必非完全獨立之人。……然人之精
> 神不能創造，終不得直謂之爲人。人者有精神之
> 用，非專恃物質之體也。我既爲人，則當發揚我
> 之精神，亦即所以發揚爲人之精神。

這段話中最重要是「精神若不能創造，則不能直謂之人」，
因爲精神是一種不斷創造向前的動力，在創造的過程當
中就必須體會到藝術的精神。

　　三民主義的哲學體系孕含對全體人生的通盤考慮，
它的思想既淺近易懂亦幽邃深遠。但是，由淺近到深遠
的結合，端賴藝術來達成。爲此，先總統　蔣公特別增
訂了《民生主義育樂兩篇補述》，其中一篇討論「育」的
問題，論及國民的生育、社會的福利、和教育的問題。
另外一篇特別討論「樂」的問題，包含了國民身心的康
樂，其中特別暢論藝術人生的要旨，期望國人能夠透過
文藝和武藝雙重藝術的結合來平衡身心，使情感和理智
達到和諧。《育樂兩篇補述》特別提到，審美的心情是出
自人類天性，音樂和美術都是這一心情的表現。並且指
出人生最高尚的娛樂就是藝術，而藝術的目的是在發揚
文武合一、心身和諧、手腦並用、智能俱進的精神。蔣
公甚至特別指出：美術的最高境界，就是智德合一、身
心和諧的境界，只有在這種身心和諧的境界之中才眞正

能夠產生美感。所以他主張必須加強美育，把美育普及於全體一般國民教育，並特別予以重視。他更認為將來所有的社會建設和文化建設的計畫，都應該不但重視實質的問題，而且應該重視美觀。這個看法是非常有遠見的。例如，目前各縣市皆設置文化中心，需要蓋一棟房子，需要有人員在其中工作，而且要把房子、設備、活動、人員都美化、藝術化起來，這樣才能使人真正能夠在現代生活裡面陶冶心靈，獲得身心的平衡。

當然，藝術不但是審美，而且也是實踐和創作。三民主義所標示的，是一種很崇高的理想。這種崇高理想不能只是理想而已，卻一定要予以實踐。但是，若要實踐，就必須把理想結合於具體情境。換句話說，在實踐三民主義的理想之時，一定要將它結合到中國歷史發展的每一個具體情境，在這些具體情境中去實踐，這就需要一種高度的藝術精神。因為藝術的要義就在於把普遍的原理原則巧妙地實現在具體的人生當中。透過實踐的過程，在臺灣、在中國具體的歷史發展當中實現三民主義的歷程，也就是所謂的革命的歷程。因此， 國父說：「我既為人，則當發揚我之精神，亦即所以發揚為人之精神。故革命在乎精神，革命精神者革命事業之所由產出也。」可見，革命就是一種藝術。因為這種革命精神不但要能對三民主義所揭示的理想，高瞻遠矚，明白三民主義所揭示的各種救國救民的道理，而且也應該在實際的行動當中篤實踐履。所以蔣公提倡「力行的哲學」。所謂「力行」就是一個不斷實踐的過程，在具體的行為、具體的制度、具體的作品當中，去體現三民主義所昭示

的理想。

　　當然，如果要使革命精神永不止息，就一定要有一個無盡無竭的創造力的源頭。在實踐的過程當中，人都感到需要一個無盡無竭的創造力之源頭，才不會覺得有所謂無力感或是恐懼感的情形。關於這無盡無竭的創造力源頭，哲人朱熹有一段詩句說：「半畝方塘一鑑開，天光雲影共徘徊；問渠那得清如許，爲有源頭活水來。」要使革命精神不致衰竭，就得把握到這源頭活水。這個源頭活水也就是實踐過程和革命藝術的創造力之根源。所以　蔣公在〈革命教育的基礎〉這篇文章裡說到：「研究哲學就是要求其心之安樂，使我所做的事，都能夠心安理得，而毫無疑懼不寧的地方。」爲什麼呢？因爲有了源頭活水，所以心裡面才能常存安樂，不憂不懼。因此他透過以下四句話，來揭示源頭活水所在，他說：「悠游涵泳，鳶飛魚躍；樂道順天，活活潑潑。」這四句話眞正表現出來　蔣公已經體認了天地的創造力，並以這天地的創造力來做爲自己內心活潑的創造力之源。天的創造力就是鳶飛魚躍，活活潑潑，所以人纔能夠涵泳其中，樂道順天。如此，革命的創造力才會永無止息。因此，體會天地的創造力，以它來做爲自己內心創造力的根源，進而發揮革新創造的精神，可以說是一種最高的藝術境界。

三、開創合乎藝術精神的人生

　　最後，吾人要討論，在人生歷程當中，應如何開創一個合乎藝術精神的人生，具體實現「人生就是藝術，

藝術就是人生」。

　　首先我們一定要重視美感的體驗，並且透過美感的體驗，來調劑科技的嚴格和道德的自由兩種經驗彼此的衝突。因為科技必須遵循法則，而道德則出自我們的自由決定，這兩者之間常常會有衝突。我們在現代社會裡面常常可以感受到倫理道德和科學技術彼此的衝突。若要化解此種衝突，可以透過藝術的活動和美感的經驗。前文也說過，美感並不是個人慾望的滿足，而是在一種超然無待的情形下，對於自然物(比如一個很美的風景)，或是對於藝術品（比如一幅畫）所做的一種純粹觀賞。只有在純粹的觀賞裡面才有美感油然而生。因此，若要達到充滿美感的人生，我們就不要汲汲營營，被世上的形形色色所困惑，而是要好整以暇、無所求取地在人生裡面截取每一個美好的片斷。只有這樣的美感經驗，才能使我們的心靈從自己的慾望，或是從外物的控制之中獲致真正的、空靈的自由，也只有在這種無求無待的自由裡面，我們才能夠充實我們的心靈，使我們覺得不虛此生❺。

　　除此以外，藝術並不只是美感，而且也是實踐。在我們的人生過程當中固然有許多理想，但是只有把這許多的理想付諸實行，人生始成其為人生。我們不能只是空守著理想不去實踐。不能實踐的理想往往只是夢想。所以真實的人生就是一個不斷力行實踐的過程。在中國古典小說《紅樓夢》裡面有一幅對子：「世事洞明皆學問，人情練達亦文章。」其意思也就是指在世事和人情中實現理想的藝術境界。同樣的，實踐三民主義，一定要歷練

❺關於科技時代的藝術，參見沈清松,〈科技發展對藝術的基本影響〉,《哲學與文化》月刊，10卷3、4期（民72年3、4月），頁32-39，頁26-36。

自己，使自己在實踐的過程當中體會藝術的微妙。只有
具備了藝術的精神，才能使三民主義能夠落實於具體情
境。

最後，三民主義的人生觀也是一種創造的人生觀，
我們要體察天地生物之心，發現天地宇宙乃一個生生不
息的歷程。上天有好生之德，整個自然界就是一個生命
流行的過程。一旦把握到天地生命流行的奧妙，便能發
揮仁民愛物的創造之力，爲國家社會創造更好的明天。
這種創造的人生觀才是真正體現了藝術的精神。

結　　論

上文在現代思潮脈絡中闡釋三民主義的本質──倫
理、民主、科學的意義，並且把它和現代人所需的人生
哲學結合起來，綜論了科學與人生、倫理與人生、民主
與人生種種問題，最後並總結在實踐三民主義所應具備
的藝術精神。可以說，三民主義的人生哲學，就是一個
發揮科學精神、倫理精神、民主精神和藝術精神的人生
哲學。三民主義所蘊含的人生哲學，應是一個整體的人
生觀，一個進取的人生觀。這樣一個整體的、進取的人
生哲學，能使我們真正地辨明生死大義。生死大義也是
每一個人所應該清楚辨明的。凡人有生就有死，而且能
生才能死。所以孔子說：「未知生，焉知死。」他的意思
是要我們善度此生，發揮生命的每一刻、每一刹那，才
能進一步瞭解死亡的意義何在。人生難免有死，因此，

生命是有限的，尤其在現代社會裡面，人們更會有這種感慨，因爲現代社會裡面，一切總是匆匆忙忙，更使我們覺得生命是短暫的。可是，生命雖然短暫，人生雖然有限，但是卻能在短暫的生命中實現永恆的生命價值，在有限的生命中發揮無窮的生命意義。當代的存在哲學特別重視「把握利那，實現永恆」。我們只有把握利那，才能眞正實現永恆。就以上所述三民主義的人生哲學看來，人們應眞正充實把握每一時刻，去實現倫理、民主、科學、和藝術的精神，才能達致永恆不朽的人生。所以，眞正辨明生死的大義，就應該把握一時，爭取千秋。

國人若能夠努力體現三民主義的整體、進取的人生哲學，則非但能夠實現每一個人的個體生命，而且可以把個體的生命貫注到群體的生命裡面，達致「各正性命，保合太和」的境界。群體的生命又得以在不斷的創造、和諧的進程之中不斷綿延下去，進而融合在宇宙的生命之中。爲此，哲人張載就鼓勵我們要「爲天地立心，爲生民立命，爲往聖繼絕學，爲萬世開太平。」人人若能懷此抱負，則能以個體的生命融注於群體的生命，更以群體的生命融注於宇宙的生命，此種不斷的綿延就是生命之永恆。　蔣公所言：「生活的目的，在增進人類全體的生活；生命的意義，在創造宇宙繼起的生命。」所強調的也是同樣的道理。

總之，若能不斷地實現個人的生命，發揚群體的生命，延續宇宙的生命，此時就不會有大我小我的分別，也沒有宇宙和人生的分別。因爲此時小我和大我、宇宙與人生已經眞正的融合在一起，達到古人所說的「天人

合一」的人生至境。自古以來中國哲人都把天人合一當
做人生最高的境界。但是，要想臻於此境，談何容易？
我們只有透過不斷的實現個人的生命，發揚群體的生命，
參與宇宙的生命，才能夠達到真正的天人合一。天人合
一雖然是一種人生的最高的境界，可是我們也該明白，
「登高必自卑，行遠必自邇。」一定要從最簡單、最細微
的地方開始，所謂爲鉅於細，步步踏實，三民主義的理
想才能在現代社會中獲致實現。

第三編
政治現代化與建國的過程

第八章　導論

第九章　清末政治體系的危機與改革派的形成

第十章　政治團體的興起與分合

第十一章　革命團體的興起與分合

第十二章　革命政團的統合與變遷

第十三章　內在政黨的嘗試與革命的再起

本編是作者在民國六十年間探究政治現代化與民初政黨政治的舊作。當時運用人類在生活上的基本需要，說明人類所追求的價值及所組合的各種體系，並進而闡釋現代化的精義，這與一般重視結構與功能的流行觀念，不盡相合。另也感覺全篇的內容尚可再加充實，故二十餘年來，未予發表。現西方探討政治文化的學者已日益重視基本需要及生活價值對文化的影響，與作者二十多年前的觀念相當吻合，且目前忙於實證性的研究，無暇充實，故用現在的篇名，編入本書，予以刊行。舊作曾承行政院國家科學委員會的獎助，併此致謝。

——作者附誌

第八章
導　論

　　對傳統與現代政治體系加以比較觀察，可發現一項最明顯的差異，即前者缺乏政黨的組織與活動，後者則實行政黨政治。如對各國的政黨政治加以比較觀察，也可發現一個很明顯的現象，即不同的政黨結構與功能，產生不同的政治體系，而影響到全盤政治的發展與現代化。這些發現是不難找到例證的：任何傳統的專制政體，如晚清以前的我國，沙皇時代的俄國，皆是屬行黨禁，政黨的出現與活動，常被認為是政治現代化的起步與號角。實行政黨政治的國家，如共產集團，政黨的運用是共產專政，形成的政治體系，是一種集權的型態。美、英等西方的民主國家，政黨的運行是兩黨或多黨的交互執政，所形成的政治體系，是一種民主的型態。不同的政治體系，當然會帶來不同的政治發展與現代化，而使不同的人民經營著不同的政治生活。

　　政黨既與政治的現代化密切相關，我們當然可以將政黨作為觀察的中心，來探究政治的現代化。這個概念表面看來雖可成立，但無論在理念上及實際上，皆牽涉到許多問題。譬如說，為什麼具有政黨的國家可稱為「現代，」而不具有的國家則只能稱為「傳統」呢？同是具有政黨，但發展的型態不同的國家，在程度上，誰比較更

現代化呢？Samuel P. Huntington 教授認爲高度發展，結構分化的複雜社會，需要強有力的政治體系。而強有力的政治體系則要建築在強有力的政黨體系之上。所謂體系的強有力，一面在能吸取及統攝社會中的各種勢力(social forces)，一面在能推動及增進人民的參與，而一切皆能出之於制度化(institutionalization)❶。在這一基礎上，他將共產國家的一黨專政與英、美的兩黨交換執政，同列爲強有力的政黨體系，認爲可導致政局的穩定❷。儘管如 Huntington 所說的，共產與英、美等國的政黨體系皆能制度化，但我們仍然要問：這兩種不同的政黨發展型態，誰比較更現代化呢？圍繞著這些問題的，有不少值得探究的領域，如一個國家的現代化爲何產生及政黨如何出現與演變等，但這些皆非等到幾個主要概念的澄清，不能作答。

壹、現代化的意義

第一個須待澄清的概念是現代化。這個名詞已被廣泛的運用，也有不少學者從個案的觀察、比較，進而建立相當精密的理論架構。他們的發現與理論，非數語可盡，但我要強調的是現代化完全是一種生活價值的實現過程。它起於價值的形成，行於價值的追求，停於價值的滿足。C. E. Black 教授認爲現代化的動力，起於知識的不斷增進，而使傳統社會制度逐漸演化，以適應新環境的需要 ❶。知識的爆炸與衝擊，確是現代社會的特

❶ Samuel P. Huntington, *Political Order in Changing Society* (New Haven: Yale University Press, 1968) , pp. 8-12.

❷ *Ibid.,* pp.420-423.

❶ C. E. Black, *The Dynamics of Modernization* (New York: Harper & Row, 1966), ch.1.

色，但知識如不能被內涵為一種「生活」上的價值，根本不發生追求的動力。中國近百年的變動，不外起於少數知識分子的吸收新知，溶為價值而求實現。新價值由少數人感染到多數人，而形成一種新的文化體系。它的溶合、統攝、傳播，以及與舊文化所發生的種種衝突，皆是劇變的因素。

　　上面提到生活二字，這在探討現代化時，是應當特別加以注意的。人類的生活是在滿足一些生理上與心理上的需要，某種需要被認為須加滿足，就形成一種價值，而產生驅力（drive）。個人有生活上的價值，一個家庭，一個社會團體，甚至一國的國民，在某種程度上，也有共同的生活價值。團體生活的共同價值，並不是指每一個成員的價值，無論在類別的層次上或程度上，皆完全一樣，而是指在全體中出現次數最多的，且具有集中趨勢的某些生活價值，這些價值也可以用統計學中眾數（mode）的觀念加以說明，不妨即稱為眾數或眾趨（modal）價值❷。

　　人類有了需要，才產生價值；為了實現價值，才組合成各種體系（system）。這些體系，不管是積極的在追求某種價值（即正價值），或是消極的在防止某種負價值，都是為了滿足人類的需要。沒有需要，沒有價值，社會體系根本無法組合，現代化也就不必討論了。

　　研究現代化的學者，大致皆着重各種社會體系在結構與功能方面的變遷與調整的情形，而不甚措意生活價值從中所發生的基本作用。以結構與功能作為觀察的中心，雖然易於列舉出所謂傳統與現代之間的若干特徵，

❷人類學家Ruth Benedict即曾用眾數人格的觀念說明文化結構。參見: Ruth Benedict, *Patterns of Culture* (Boston: Haughton Mifflin, 1939).

❸參見: Talcott Parsons and Edward A. Shils, *Toward a General Theory of Action* (Cambridge, Mass: Harvard University Press, 1951).

——, *The Social System* (Gleniae, Ill.: Free Press, 1951).

Max Weber, *Theory of Social and Economic Organization* (Gleniae, Ill.: Free Press, 1957).

Fred W. Riggs, *Administration in Developing Countries* (Boston: Houghton Mifflin, 1964).

如 Talcott Parsons、Max Weber、Fred Riggs 等人所作的 ❸，但往往視結構與功能爲現代化的目的，而忽視任何社會體系皆不過爲實現某種生活價值的手段或工具。工具當然也有工具的價值，且一個社會體系形成後，也會束縛生活價值的變遷，但到底仍是一種附生的價值，如生活的價值變了，工具的價值是絕難維持不變的。

附生的工具價值，決定於能否實現生活的價值，在這一點上，兩者之間具有相當程度的關連性，但卻不能混爲一談。試以社會體系的結構與功能爲例，分化的結構與專精的功能是前舉數位學者所共同承認的現代化特徵，這一觀察如以農業傳統的社會對比，確是「現代」工業社會的特徵，但此處有一個問題留待回答，即爲什麼傳統的農業社會，亦即結構與功能混雜不分的社會，不能稱爲現代，而「現代」的工業社會，亦即結構與功能分化專精的社會才能稱爲現代呢？要解答這個問題就不能在結構與功能的本身尋找答案，而需要衡量兩種不同功能，在滿足人類的生活價值上所表現的強度。也就是要將工具的價值與目的的價值分開，然後才能說工業社會的分化與專精，是爲了能夠大量且快速地生產物資，使人類的物質生活較農業社會時代獲得更大的滿足。這一「使人類的物質生活獲得更大的滿足」，才是分化與專精的工業社會，可被稱爲現代的解答。如一個分化與專精的社會，不能滿足物質的生活，或僅能滿足幾種生活，而妨害其他心理生活的滿足，恐怕就不應稱爲現代。譬如自由（freedom）是人類生活上的需要與價值，不少已步上工業化的國家，結構與功能也十分地分化與專精，

但用到政治上，正好阻擋民衆自由生活的滿足，以實行
集權政治，這樣的國家能不能稱爲現代呢？充其量恐怕
只能稱爲經濟上的現代，而不能看作政治上的現代。所
以，現代之成爲現代，非必就在結構與功能的分化與專
精，如泛指這一特徵爲現代化，不僅未分清工具與生活
價值間的主從關係，且在解釋上會發生困難，甚至矛盾。

　　從心理學的觀點看，人類的基本需要(basic
needs)是多方面的，有些可歸於生理，有些可納入心理。
生理的需要主在維持及延續生命，「食、色性也，」這是
很易體會得的。心理的需要比較複雜，Abraham　H.
Maslow 教授曾分爲安全、歸屬、感情、自尊及自我實現
等需要❹。Hadley Cantril 教授除列生存的需要外，另
列十種人性的需要與特質，即：安全感、秩序與確定(以
便正確判斷行爲的結果)、創造與發明(不斷加強質與量
的滿足)、希望與進取 (重視未來)、選擇、自由、自尊
 (自我認同與完整)、自重 (自我價值感)、信仰、信任
等❺。這些需要，不論在概念上如何劃分，實際上則相
互重疊、依恃與纏結。在生活的實踐上，如何對這些需
要加以選擇、組合、平衡而達到某一程度的滿足，是一
相當複雜而動態的歷程。Maslow 教授認爲其間有層次
上的階梯性。即生理在先，心理逐次在後，有點相當「衣
食足而後知榮辱」的說法。但這種層次上的選擇，並非
十分穩定，尤其以心理的順序爲甚。就以生理來說，也
常看到爲了信仰、愛情等等價值，而犧牲生命的例證。
層次選擇的欠穩定，可能與滿足的強度相關，而滿足的
強度則受外在環境的刺激及內在文化薰陶的影響。如一

❹Abraham H. Maslow, "A
Theory of Human Motiva-
tion," *Psychological Review*,
50, 1943, pp.370-396.

❺ Hadley Cantril, "The
Human Design,"*Journal of
Individual Psychology*, 20,
1964, pp.129-136.

個在文化上十分具有成就感的民族，於歷經外力的壓迫與侵略後，是最易爆發強烈的民族主義的。民族的自尊、自由與自重，在這一情況下被提升為最高的共趨價值，一切物質建設皆可不考慮。激烈分子甚至置生命於不顧。

環境與文化皆會變遷，但從遺傳而來的基本人性與需要則無法變異。假如在滿足的層面上，看到一些變異的現象，那不是本質上的，而是價值上的。亦即本質並未變，不過因為環境與文化的變，使得滿足的內容隨著在變。由於內容的變，而發生認知的不同，於是產生價值上的比較與選擇。這個情況可從兩類選擇中看到：其一是同性質的需要，而有不同的認知，須加選擇。如食的需要，本質是不變的，但在有無魚、肉之間不能免價值上的選擇。居的需要，本質是不變的，但在有無冷氣設備之間不能免價值上的選擇。其二是需要的性質不同，而產生認知的不同，須加選擇。如食的需要與居的需要，本質上是不變的，但在魚肉與冷氣機之間，不能免於價值上的選擇。

認知不同，而有價值的不同，但兩者的變動，仍受制於一個共同的原則，即對本質不變的基本人性與需要，在範圍上及程度上，作最廣而最深的滿足。在另一方面，需要的類別有異，環境的衝擊與文化的內涵亦有異，各種價值之間可能有一些提高，有一些抑低，但總會趨向一個平衡的狀態，而求全體的最大滿足。現代化是一過程，這一過程就是要使最大多數人的共趨生活價值，在基本人性與需要的指引下，獲得最大的滿足。

這樣概念的現代化，強調下列各點：

㈠以生活價值的實現爲中心。人類的需要必須透過認知，形成價值，否則，不發生追求的驅力，也就是說，不發生現代化的過程。

㈡在實現本質相同的人類需要上，生活價值儘管因環境與文化的變遷而有變動，但總趨向一個共同的方向。如追求物質生活的最大滿足是一種共同需要，那麼從農業時代發展到工業時代，乃是必然的趨勢。

㈢知識與技術不斷進展，使認知的內容也不斷變動，於是新的價值也會不斷形成。就人類需要滿足的方法來說，內容的變動將永不休止，所以現代化是一不停的過程。

㈣任何社會體系都是爲了實現共趨的生活價值。亦即體系是爲了生活價值而存在，生活價值爲主，而體系是從。體系的是否現代化，要看能否實現共趨的生活價值，而不僅在結構與功能上的幾項特徵。

貳、政治現代化的意義

政治的現代化是第二個須待澄清的概念。根據政治系統論的說法，政治生活是一種帶有強制力的行爲互動體系，主要的作用在達成社會系統的目的，亦即 David Easton 教授所說的，爲社會系統作權威性的價值分配❶。將政治視爲生活的一部分是十分正確的，生活的目的在追求某些價值的實現，實現固然是一種生活，追求的過程，更是一種生活。生活加上政治二字是表示在追求

❶David Easton, *The Political System* (New York: Alfred A. Knopf, 1953), p.129.

及實現價值的過程中，行為的互動牽涉到力的問題。如國防是共趨的生活價值，但要完成國防建設，必須要制定稅捐及兵役等政策，這些政策皆對社會成員作不同性質的價值分配：有些人須多納稅，某些人則無須服役。政治的作用即在政策的決定與實現時，各成員間所具備的力的關係。如經決定須多納稅的，就必須多納，經決定無須服役的，就必然無須，且在各個階段的決策過程中，也必須遵從一些強制性的行為規則（rule）。

人類的生活，不能避免政治性，根本的原因一方面在於社會中可供滿足的價值非必無限，另一方面社會的成員對價值的滿足也有類別及程度上的相異。這兩個原因不僅使價值必受分配，且無法盡如人意，而有引發爭執的可能。為了避免價值分配的可能爭執，就不能避免對相互之間力的關係有所安排。如力的關係安排得當，政治體系的決策就會受到社會成員的尊重與信服，而帶來 Max Weber 所說的權威，終能導致政治體系的穩定，否則，就會產生緊張，使體系經常處於不安的狀態中，甚至發生崩潰。

體系是包括全體成員在內的，但從實際運作的過程看，中心是在權力組織及與成員之間的關係。以國家來說，就是政府及與人民之間的力的關係。這一關係所形成的政治生活，在上舉國防建設的例子裡，已可看得很清楚，即首先政府對人民所需的價值，應作如何的分配，此包括在價值的認定、表達、選擇、取捨及執行等過程中，人民之間及與政府之間所形成的種種力的交互關係。其次，在上述的過程中，相互之間在行為規範的遵守上，

所形成的種種力的關係。組織本身不過是角色行為(role behavior)的結合，當然可包括在行為規範內一併觀察。

　　對政治生活的概念有所了解後，才可以討論政治的現代化。所謂政治的現代化必須要對政治生活有所促進，否則就缺乏實質上的意義。這一個問題牽涉較廣，且有不少觀念上的混淆，須作進一步的討論。

　　前面說過，價值的實現是生活，追求的過程也是一種生活，這就是說，價值的實現可滿足某種生活需要，而追求的過程也可滿足某種生活需要。政治生活與兩者之間的關連，是在自主性。

　　先從個人的層次看，自主是人性的基本需要，這一需要不僅外顯在價值的決定與實現上，而且內隱在價值尚未決定之時。前者可說是自主行為的發動，後者可稱為自主狀態的保持。維持一種自主狀態，性質上雖然是潛伏的，但仍可察覺得出，如禁止一個孩童觸摸電視機，孩童就會感覺自主狀態受到束縛，本來對電視機毫無興趣，也不想觸摸的，到了這個時候，反想觸摸一下，以補償自主狀態的損失。這一種對外力「回抗」的心理，亦即心理學家 Jack　W.　Brehm 教授所稱的 psychological reactance ❷，如無適當的理由加以解說，是不易解消的。如向孩童解釋，觸摸電視機不慎，可能會觸電致死，或使電視機失靈，不能再觀看節目，經過這樣的解說後，孩童可產生正當感(legitimacy)，而解消回抗❸。以上只舉了一個簡單的例子，但已足夠說明，僅是單純的自主狀態的維持，也是一種生活上的價值。在政治學上，這就是消極意義的自由，如說是來自天賦，也不

❷ Jack W. Brehm, *A Theory of Psychological Reactance* (New York: Academic Press, 1966).

❸ *Ibid.,* ch. 1.

是沒有根據的。

　　個人的外顯自主行為，是自主狀態的進一步發揮，常表現在價值的選擇與追求（或對負性價值的排斥）上。對價值的認知與選擇，也是人性的本能，但這一本能必須與自主性相結合後，才能獲得滿足。如在同一時間，數個電視臺各有不同的節目，一個觀賞者須先認定那一個節目最有價值，然後加以選看。這種認定與選擇當然是人性的本能與需要。但在選擇時，若不能自主，願選甲臺，而必須看乙臺，觀賞的價值即無法滿足。從這一例證可以發現，選擇過程的自主性是一生活需要，目的價值的實現也是一生活需要；選擇的自主如不能滿足，是會連帶影響到目的價值的滿足。亦即在追求與實現的過程中，兩者具有關連性，但在需要的滿足上，卻分成了兩種類別。在概念上作如此的劃分，對政治生活的研討是很有意義的。因目的價值非必牽涉到力的行為關係，而自主性必然牽涉到力的互動，是政治生活的一面。再以上例說明，節目觀賞，是為滿足聲色之好，而自由選看，一方面是自主的滿足，一方面也可排除他人的干涉，甚或將自己的選擇強加於人，形成力的交互關係。在若干事例上，目的價值的滿足，並不一定重於自主性的滿足。有時自主性如獲得相當程度的滿足，反可解消目的價值的不滿足。如多人共看電視，對節目的選擇各有意見，假如每人都能將自己的意見盡情表達，使自主性有了某種程度的滿足，縱然最後選定的節目不是自己所喜愛的，但所產生的不滿足的程度也要比未作表達的場合減輕得多。這一種外顯的自主需要，實在就是政治學上

積極意義的自由，如稱作天賦，也不是全無意義的。

　　自主的需要，表現在個人的層次上，就成為自由的生活價值。從這個基礎再回過頭來觀察政治體系的層次，對政治現代化的意義，就比較容易捉摸了。

　　在自由的生活價值上，政治體系的是否現代化，就要看能否對多數個人的自由生活價值，作最大的滿足。這要從兩方面觀察。其一是在目的價值的認定與表達方面，其二是在目的價值的選擇與分配方面，亦即在體系的決策方面。

　　先就目的價值的認定與表達方面說，愈是現代化的體系，愈能使成員對目的價值作自由的認定與表達。也就是說，在力的關係上，不但體系內的成員應互相容忍及尊重對方的認定與表達，尤其是體系內的權威組織(如國家中的政府) 更應容忍及尊重成員的認定與表達，儘可能不加限制或禁止。體系的主要功能起於需求（demands），這就是認定與表達需求的自由。

　　其次，就目的價值的選擇與分配，亦即體系的決策方面說，愈是現代化的體系，愈能使成員所認定的價值實現。也就是說，在力的關係上，不但體系內的權威組織及成員相互間應消極地容忍及尊重成員對目的價值的自行實現，而且應積極地儘量容許所有的成員參與選擇及決定須經共議的目的價值。這裡所說的成員的參與，雖看重目的價值的選擇與決定，但實際上牽涉到人的選擇與決定。一般說來，較大的政治體系，特別是國家，成員的數目眾多，不可能齊集一處，共議價值的取捨與分配，以作成決策，而必須選擇少數而適當的代表人，

作此決定。除此以外，決議還要付諸執行及解釋，而且對成員能自行實現的價值，也要加以保障。這一些也皆須選擇少數而適當的代表人，從事執行與維護。於是參與的自由乃包括選擇代表人的自由，在國家的層次，就是選擇政府的自由。政府可決定體系（即國家）的目的價值，這些價值也可能是成員的衆趨生活價值的實現，不過，如政府不是由成員所自主選擇的，就難免不能滿足自由的生活價值。所以，愈是由人民所自由選擇的政府，就愈能滿足人民的自由生活價值，也就愈趨向政治的現代化。這一種的自由選擇，就成爲政治學上所稱的民主。

綜合以上兩方面的觀察，我們可以發現一個現代化的政治體系，在力的關係上，應趨向對下列幾種自由價值的滿足：

㈠**各類型的表達自由**：其中最重要的是言論自由。

㈡**自主的自由**：即在認定自我生活價值的過程中，不應受到其他成員及權威組織的束縛。如學習新的知識可能導致對原有生活價值觀念的改變，這一學習過程，應儘量使能自由，不加限制，此包括學術的自由。

㈢**實行的自由**：在不妨害其他成員相同自由的情形下，可追求自我認定的價值的實現，不受其他成員及權威組織的束縛或干涉。亦即體系功能的行使，非漫無限制。

㈣**參與的自由**：在目的價值的實現必須共議的情形下，可親自或選擇代表參與，此包括決策、執行及解釋。

㈤**平等的自由**：此指各成員無論在認知、表達、實

行及參與的過程中，相互之間所佔有的力的地位應當平等，亦即成員應在相等的力的關係上，追求自由生活價值的滿足。如力的關係不平等，居劣勢的一方即在自由的滿足上受到限制，所以平等是自由的必要條件，不平等即不自由。

在體系運作的過程中，上述自由生活的滿足，本身也是目的，此與體系所追求的其他目的價值，可加以區分。但在另一方面，此兩者卻交互影響，具有密切的相關性。譬如在一個饑饉遍地的國家，人民所最需要的是衣食的滿足，有無自由生活尚在其次，亦即視「飯票」較「選票」爲需要。許多發展中的國家，常以工業化爲主要目的，但在政治上往往出現極權政治。我們可以承認這些國度的人民在物質生活上獲得更多的滿足，卻不能承認在政治生活上亦有更多的滿足。換句話說，我們可以同意這些國家在經濟上的現代化，而不能同意在政治上亦現代化。經濟與政治的現代化，無論在理論及事實上，皆不衝突，一個眞正現代化的國家，應求人民各方面需要的最大滿足，而不是選其一。至於歷史上的實際發展情況如何，須從各個不同的實例觀察，但已開發國家，多注重自由生活的滿足。

叁、政黨現代化的意義

政黨的現代化亦須加以澄淸。政黨的本身也是一個政治體系，成員就是黨員。黨員之所以組織政黨，主要

的目的有二: 其一要將政黨的政見變成政府的政策; 其二要由政黨所推薦的人選組成政府,以保證政見的遂行。從這兩項主要的目的看, 政黨實在是國家體系中的次級政治體系: 國民可藉政黨的組織, 成爲黨員, 再藉政黨的運用, 以組織政府, 作爲國家的權力組織。政黨旣構成國家權力組織的來源, 對國家及人民政治生活所產生的影響, 當然是非常巨大的。

以政治的現代化來說, 一個極權的政黨, 往往在黨內將權力集中在少數黨魁或領袖, 使黨員淪爲隨從, 毫無選擇與表達的自由; 另一方面, 在黨外往往排斥其他政黨的存在或競爭, 使非黨員的國民處於不平等的力的地位。這樣性質的政黨在掌握政權, 組織政府以後, 一切政府的人事與政策皆出於少數的黨魁或領袖, 其與黨員、人民相互之間所形成的力的關係與順序, 是黨魁或領袖控制黨員, 黨員控制國民, 於是國家變成極權, 人民喪失自由的生活, 這當然是不符政治現代化的意義的。

當然, 一個極權政黨的出現與維持常具時代的背景, 如殖民地區的人民爲推翻帝國主義的統治, 最常見的方法, 即組織激進的政黨, 從事革命的工作。在這一個階段, 政黨不過是一種革命的秘密團體, 不但不能公開活動, 且須緊密團結, 講究紀律與服從, 有類軍事的組織。當地的人民因自尊心受到極度的摧殘, 乃激發強烈的國家主義, 寧願犧牲自由的生活, 以支持革命運動。激進黨在人民的支持下, 黨的組織與力量逐漸龐大, 黨魁受到崇敬而成爲英雄人物, 等到驅除帝國主義, 完成獨立革命後, 自然掌握政權, 進行黨治。一般黨員也以爲功

在建國，視所獲得的政治地位爲當然，並不覺得須由人民加以選擇。這類型態的激進黨，雖對民族自尊的恢復，民族不平等的取消，具有相當的貢獻，達到某種程度與意義的現代化，但本身卻屬專權，在力的關係上，造成新的特權，影響人民的自由生活。

政黨的現代化必須合於前述的政治現代化，也就是說一面要能增進全體人民自由與民主的生活，一面在政黨內部也要能增進黨員的自由與民主的生活。可再分述如下：

㈠各黨及與人民之間，皆應站在力的平等地位。執政黨如憑政權的掌握阻止反對黨，必易造成特權，有害自由。

㈡政黨的政見及執政人選，必須經過人民的選擇。如民意不同意，即表示不受人民支持。亦即現代化的政黨應將基礎建築在民意上，失去人民信任的，不僅不能執政，也不能再是政黨的領袖。民主國家的政黨以當選的議員及官員合組黨的權力結構，這是十分合於現代化的標準的。

㈢政黨的政見、候選人及內部負責同志皆須經黨員的同意。一個現代化的政黨，不僅黨外民主，黨內也應民主。黨的領導階層及政見，須經黨員及人民的雙重選擇。如此人民控制政黨，黨員控制黨魁，自由、民主才能獲得保障。

Maurice Duverger 教授，曾將政黨的來源分爲兩大類，一類是從選舉與國會中所產生，即所謂內在政黨（inside party），一類是在國會以外所產生，即所謂外

❶Maurice Duverger, *Political Parties, Their Organization and Activity in the Modern State* (New York: John Wiley & Sons, 1954), pp.xxi-xxxvii.

在政黨（outside party）❶。內在政黨是建築在人民的選舉之上，由當選的國會議員所組織及演變而成；外在政黨則由少數發動某種運動的政治人物為中心，逐漸擴大發展而成。因之，內在政黨，根基在下，著重人民的選舉；而外在政黨，威權在上，強調專權的領導。Duverger 教授的這種分類，實可以用到政黨的變遷與發展上，即將外在政黨與內在政黨放在一線的兩端，如一個政黨，由外在政黨的一端，逐步走向內在政黨的一端，就表示人民能逐漸選擇，使趨向於現代化。

肆、政治體系的結構與功能

我們對現代化以及政治與政黨的現代化在概念上有所澄清後，就可以進一步討論政治體系的意義與性質。用現代化的概念觀察，一個政治體系必須對成員的生活價值有所滿足，否則內部即產生壓力 ❶，嚴重時可導致瓦解。

❶David Easton, *A Framework for Political Analysis* (New Jersey: Prentice-Hall, 1965).

任何體系皆是結構與功能的組合，但結構不是單指若干具體的人，而重在角色（role）行為。角色行為不僅為社會所預期的，且擔任者也履行社會所預期的行為。一個人常在社會中擔任性質不同的角色，而遵守不同的規範。官員、教徒皆是角色，都可由同一人擔任。角色行為是由於文化體系的薰陶，經過社會化（socialization）的學習過程，使得某種價值、信念及態度，內化為人格的一部分，當某種目的或功能須加完成時，就履行這一

角色的行爲。所謂文化就是價值、信念及態度的心理傾向，故文化有變，行爲的規範即有變。結構旣是角色行爲的結合，也就不能不變。

行爲規範的變，亦即體系結構的變，是本質上的變。如一個傳統的體系，轉變成工業化，行爲規範就必須在本質上轉趨理性、成就取向及組織的分化。心智上亦須具有 Daniel Lerner 所說的體認能力（empathy）❷。但本質亦可不變，而另因角色能力的退化而變，譬如演戲，角色未演好，非規範發生問題，實演員能力有缺，或未盡力。結果使效果受損。政治人物的無知、無能，人民的枉法，皆屬此類。

我國傳統政治體系的結構與功能未有本質上的變，大體可稱穩定，至於歷代王朝的治、亂、興、衰，往往是體系內部角色能力的退化與恢復而已，亦即衰敗的王朝因能力的退化而崩潰，新興的王朝因能力的恢復而君臨，皆不是對角色規範本身及功能作本質上的改弦更張。

當一個體系的文化結構，經過社會化的過程，建立相當穩定的基礎以後，體系本質的變遷，就不再是輕而易舉的事。如我國自建立了一套由上統治而下及由下順從而上的君君、臣臣、父父、子子的政治文化結構，專制本質的政治體系，已根深蒂固，不易動搖。當然，這只是說明文化對角色行爲具有甚強的塑造力，並不是說文化與體系永不會變。任何文化及體系皆植根在人類的生活價值之上，如生活價值變了，文化及體系就絕難維持不變。

❷Daniel Lerner, *The Passing of Traditional Society, Modernizing the Middle East* (New York: Free Press, 1958), pp.49-54.

第九章
清末政治體系的危機
與改革派的形成

晚清以前，我國政治體系在專制文化的基礎上，可稱尚能圓滿自足。但自與西方勢力與文化接觸，所承受的壓力，已使角色規範與能力皆不能擔當，而趨於解體❶。在國際上，自居天朝，毫無現代的對等觀念；在知識上，也不知社會發展的實情，所以不能產生因應的能力，幾已淪落「次殖民地」❷的地位。近代史的學者，對有關的史實已有甚多分析與敘述，這裡所要強調的是晚清的政治體系所承受西方的衝擊是雙重的。除了能力上的，尚有規範上的。國人在安全上受威脅，經濟上受剝削，且自尊心亦受嚴重的挫傷，如要加以排除、恢復與補償，必須在行為規範及能力兩方面著手，首當其衝的，當然是體系中心的權力組織，亦即清室的政權。

❶系統如遭遇壓力而不能自我調適，即會產生危機，嚴重時，會消失。常見的情形是暫時的消失，再經革命等等重新建立或恢復，歷史上亦有永不恢復的例證。
❷此為中山先生語。

壹、維新派與革命派人士的體認

對體系內因雙重衝擊所帶來雙重危機的體認，無論是維新派或革命派人士，都是相同的。維新派人士可以梁啓超（任公）作代表，梁曾沉痛地說到：

今有巨廈, 更歷千歲, 橑棟崩析, 非不枵然大也, 風雨猝集, 則傾圮必矣。而室中之人, 猶然酣嬉鼾臥, 漠然無所聞見; 或則覩其危險, 惟知痛哭, 束手待斃, 不思拯救; 又其上者, 補苴罅漏, 彌縫蟻穴, 苟安時日, 以覬其功。此三人者, 用心不同, 漂搖一至, 同歸死亡。❶

❶梁啓超,〈論不變法之害〉,《時務報》, 第二冊。

他對西太后主政下的清廷表示完全絕望, 認爲是「枯木不能生華, 雄雞不能育卵, 無其望也。」❷清廷的腐敗無知, 是不難發現的, 任公所抨擊的甚多, 但他也直指國人行爲規範的不能適應, 原因在專制政體對人民的愚弄及壓迫。他指出我國王朝的設制藝, 使得「上自庶官、下自億姓, 游於文網之中, 習焉安焉, 馴焉擾焉, 靜而不能動, 愚而不能智。」❸結果是

❷梁啓超,〈論支那獨立之實力與日本東方政策〉,《清議報》, 第二十六冊。

❸梁啓超,〈論中國積弱由於防弊〉,《時務報》, 第九冊。

我國蚩蚩四億之衆, 數千年受治於民賊政體之下, 如盲魚生長黑壑, 出諸海而猶不能視; 婦人纏足十載, 解其縛而猶不能行。故步自封, 少見多怪, 曾不知天地間有所謂民權二字。❹

❹梁啓超,〈論政府與人民之權限〉,《新民叢報》, 第3號。

要作徹底的改革, 必須從行爲規範的根本入手, 任公乃不能不說:

夫我既受數千年之積痼, 一切事物, 無大無小, 無上無下, 而無不與時勢相反。於此而欲易其不適者, 以底於適, 非從根處掀而翻之, 廓清而辭

闕之，焉乎可哉！……不求此道而欲以圖存，是

磨磚作鏡，炊沙爲飯之類也。❺

❺梁啓超，〈釋革〉，《新民叢報》，
第22號。

從根本處改變行爲規範，並非易事，所以任公曾發爲感

嘆說：「積千年舊腦之習慣兮，豈旦暮而可易？先知有責，

覺後是任，後者終必覺，但其覺非今。」❻

❻梁啓超，《飲冰室文集》，78卷，
頁9。

　　激進派的領袖是孫文（逸仙、中山先生），他早在手

訂的興中會宣言中就指出：

中國積弱，非一日矣。上則因循苟且，粉飾虛張；

下則蒙昧無知，鮮能遠慮。近之辱國喪師，強藩

壓境，堂堂華夏，不齒於鄰邦；文物冠裳，被輕

於異族。……方今強鄰環列，虎視鷹瞵，……蠶

食鯨吞，已效尤於接踵；瓜分荳剖，實堪慮於當

前。❼

❼孫文，〈檀香山興中會成立宣
言〉，《國父全集》（中華民國各界
紀念國父百年誕辰籌備委員會出
版，民54年），第二冊，頁肆—1。

　　任公將專制之毒害歸於西太后，中山先生則要進行

種族革命，不僅要推翻專制，也要顛覆滿淸。他認爲：

淸虜執政，茲三百年矣，以愚弄漢人爲治世之第

一要義。吸漢人之膏血，錮漢人之手足，以爲滿

人陞遷調補之計。認賊作父之既久，舉世皆忘其

本來，又經滿政府多方面之摧殘聯絡，致民間無

一毫之反動力，釀成今日之衰敗。❽

❽孫文，〈中國必革命而後能達共
和主義〉，前引，第三冊，頁拾壹
—1。

他且進一步指出：

夫滿政府既藉科斂苞苴賣官鬻爵以自存，則正如
糞田之壤，其存愈久，而其穢愈甚。……至其堵
塞人民之耳目，錮禁人民之聰明，尤可駭者。凡
政治書多不得流覽，報紙亦懸爲厲禁。……國家
之法律，非人民所能與聞。……所以中國人民無
一非被困於黑暗之中。❾

經過千百年專制政體的禁錮，國人的識見十分低落
腐舊，因之，

中國欲建鞏固之國家，非大衆一心群策群力，不
足以杜外人之覬覦。然此種境遇，非從心理入手
不可。必人人將舊有思想全行消除，換入一副嶄
新思想，方能成功。❿

從心理入手，就是要有新知，否則人云亦云，人趨亦趨，
行爲的規範即無從改起。但中國就是「患於不知之人多」，
而「有此膏肓之病而不能除，則雖堯舜復生，禹皋佐治，
無能爲也。」⓫

中山先生不僅認識知是行的根本，而且也發覺行之
旣久的體制，會反過來束縛人的識見，連自主的天性也
無從發揮。他儘管強調中國的傳統文化，非必無共和自
治的遺風⓬，但也同樣感嘆：

吾人蜷伏於專制政體之下，迄茲已二百六十餘年，

❾孫文，〈倫敦被難記〉（譯文），
前引，第二冊，頁柒－2。

❿孫文，〈建設時代要比破壞時代
加倍犧牲〉，前引，第二冊，頁捌－
43。

⓫孫文，〈上李鴻章陳救國大計
書〉，前引，第二冊，頁玖—6-7。

⓬孫文，〈中國必革命而後能達共
和主義〉，前引，第三冊，頁拾壹
—1。

而教育之頹敗，人民之蒙蔽，恐一旦聞此自由平
等之說，得無驚愕咋舌耶？❸

❸孫文，〈邀容閎歸國函〉，前引，
第二冊，頁玖—183。

　　以上所引任公及中山先生的言論都是民元或以前
的。當時的清廷已風雨飄搖，體系正趨向崩潰，他們身
歷其境，所以能指出體系的根本已出現危機，也主張應
從根本上加以改革。

貳、早期改革派的形成與發展

　　任公與中山先生在不少意見上是互相衝突與責難
的，如任公擁護光緒，中山先生則力主排滿；中山先生
主張平均地權，任公則反對土地國有；任公贊成維新與
緩進，中山先生則鼓吹革命與激進。但從另一面看，雙
方對體系危機的根本性有相同的認識，且皆強調民權應
為行為規範的改革中心。這一些同異，不止限於中山先
生與任公，也代表著民國以來各政團的內部或之間的分
合關係。

　　民權是自由生活價值的實現，是政治現代化的主要
內容，如以民權為共同追求的對象，儘管對權力關係及
組織型態的設計有所爭論，總是共趨於現代政治體系的
建立，在發展的方向上仍是相通的。民國建立後，維新
與革命派的人士時有分合，且互有衝突，但在基本上皆
要維持民國的法統，亦即皆願共存於一個政治體系之內，
上述的共同發展方向，實為主因。

　　中國知識分子自與西方的文化接觸後，即開始接受
民權的思想，覺悟到自由生活價值的重要。亦即西方的
自由文化啓發了中國知識分子潛在的需要，於是一發而
不可遏止。從政治社會學（political sociology）的觀點
分析，早期接受及提倡西方民權及自主思想的，皆是權
力結構中心以外的知識分子，而且愈是能與西方文化直
接接觸的，愈能產生深入的體認。當政的或在社會上具
有權勢的知識分子，一方面身處專制文化的中心，易受
籠罩而不易自拔，一方面也受到既得利益的影響，不願
接受新的權力關係，放棄原有的權勢地位。所以，在民
權思想的發展過程上，大致是由在野的知識分子，逐漸
傳播到在朝的知識分子；另在吸收及推行的程度上，愈
是遠離權力中心的，愈能徹底而強烈。

　　任公與中山先生皆是在野的知識分子，自接觸西方
文化後，即易於吸收自由民權的價值。民權的保障與發
揮，重在立憲與倣行西法，中山先生在早期亦曾嘗試過
溫和的改革，而於一八九四年上書李鴻章，請採用新政，
惜未被接受。故在此以前，中山先生尚非激進的革命派。
再據馮自由說，一八九三年，康有爲主講萬木草堂，中
山先生欲與合作，因康需門生拜帖而未果❶。由此可見，
那時的中山先生是希望與有爲一派人合作的。一八九五
年，有爲、任公等入京會試，受到甲午戰敗的刺激，於
是聯合公車千餘人上書，請求變法維新。從這一年起，
直至戊戌（一八九八年，即光緒二十四年）政變時止，
一共有三年的時間，在這一段時間，有爲等一方面提了
不少改革的方案，一方面受知於光緒帝，接近權力的中

❶馮自由，《革命逸史》（臺北：
商務，民 42 年），初集，頁 47。

心。很明顯地，有爲等希望掌握權力的中心再推動維新，
認爲唯有如此，才能事半而功倍。當時上書的舉子，都
是具有功名的，屬於社會的上層階級。在思想上大都傾
向有爲所主張的託古改制，並不能完全擺脫「君君、臣
臣」那一套的傳統規範。而且一旦維新成功，他們皆可
做光緒帝的維新重臣或新貴，所以有爲等維新派，自從
接近權力的中心後，始終想加以掌握與鞏固，作溫和的
改革。戊戌政變，康、梁失敗逃亡海外，仍戀戀不忘擁
立光緒帝，皆與這些背景有關。

　　與康、梁的維新派相比，中山先生自上書李鴻章失
敗後，維新與排滿革命的思想，在心理上發生雙趨的衝
突（approach-approach conflict）。中山先生的解決，
十分堅決而輕易，即積極進行排滿革命，再不作維持清
室權力中心之想。康、梁具有科舉中的功名，是傳統社
會中的上層士子階級，易接近權力中心。中山先生既無
功名，且出身農耕家庭，根本不作此想，他的心情反而
平衡充實，塞滿自由、自尊的實現價值。

　　康、梁自公車上書後，續組強學會，接近權力的中
心。但也因此不能實現種族的自由，在生活上，總是遺
憾。任公逃亡海外後，每在種族自由上反覆，且一度建
議「舉皇上爲總統」❷。精神上十分矛盾而痛苦。決不如
革命黨人的心口如一，意志集中。他在雙趨衝突下所產
生的雙重價值的困窘（value dilemma），使得他自稱：
「心緒竟日突跳，竟不能自制。」❸任公的動向於日後的
政黨政治息息相關，我們對他的心理反應，不能不加注
意。

❷丁文江編，《梁任公先生年譜長編初稿》（臺北：世界，民51年），頁141。

❸同上，頁192。

維新與革命派皆能認識政治結構已發生危機，必須變革，變革的重點則在民權，但以雙方政治及社會地位的不同，一趨向於溫和的保皇維新，一趨向於激烈的排滿革命。再雙方在早期皆有過雙趨的衝突，解消的努力往往發生增強的作用(reinforcement)，維新派則日益強調立憲政體，而革命派則日益強調民族主義。這一發展，又造成民國建立後的若干分合。有爲與中山先生皆主張變革與民權，在這一共同的基礎上，中山先生曾有意與有爲合作。有爲逃亡日本後，日本友人亦從中拉攏協調，但有爲始終不能放棄勤王保皇的觀念，其中的原因就在前述的政治與社會地位有異。柏原文太郎有同樣的發現：

雖然犬養一再促請孫、康合作，終不獲協調，蓋二人出身背景不同，互相輕視之故。……康嘗言：「中山有不俗之性格，惜欠陶冶，與之交談，常不明所指。」中山方面，則指「康輩爲腐儒。」孰是孰非，殊難言也。❹

❹鷲尾義次，《犬養木堂傳》，第二冊，頁626-627。引自張朋園，《梁啓超與清季革命》(臺北：中央研究院近代史研究所，民53年)，頁13。

有爲重視士大夫的觀念與中山先生輕視士大夫的觀念，已從這段話中，躍然紙上，這當然與兩人不同的政治及社會背景相關。

中山先生與康、梁的政治及社會背景不同，雙方所領導的團體及發展的方向也各不相同。團體逐漸擴充及鞏固後，中心的價值觀念與行爲規範也逐漸成熟與定型。針對團體的中心價值，功能乃告產生。從此中山先生的

革命團體與康、梁的維新團體在排滿與保皇上分道揚鑣，且各自發展價值的體系，一方面增強自我價值的凝固力，一方面加強相互敵對的抗衡力。現從雙方的主要著作與言論中，作內容的分析，可以發現雙方在共同的民權基礎上，建立兩套性質有別的價值體系。在對比之下，革命黨以排滿的民族主義為中心，發展出一套政治、社會及經濟的價值體系，而維新黨以保皇的立憲主義為中心發展出另一套政治、社會及經濟的價值體系，各體系內的諸價值間相互發生增強（reinforcement）作用，而具合致性（congruence），情形如下表：

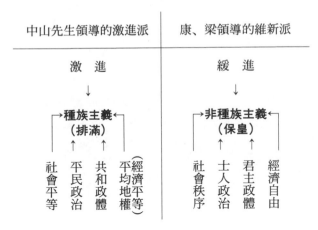

→：表示增強作用

保皇與排滿的觀念絕對相反，且相互敵對。以此為中心而發展的兩套價值體系，當然有激進與緩進之別。在這一分別之下，凡是激進的價值觀都會增強排滿的價值觀，反過來，凡是緩進的價值觀都會增強保皇的價值

觀。從另一個角度看，凡是贊成排滿或保皇的，只要此中心的觀念未變，對有關的激進或緩進的價值觀，縱不過分熱心，也不會加以排拒，最多存疑而已。不過，等到中心觀念一變，就會影響到價值體系的完整，並因此削弱團體的凝固力，甚至造成解體。譬如保皇的努力失敗，改變此一中心觀念後，君主政體及士人政治的價值觀，就不能如以前的凝固。排滿的革命完成後，一些增強的價值觀，如社會與經濟的平等，可能不再受到重視，而減弱凝固力。團體即可能因價值體系的變動，而形成另一性質的分合。這種變遷當然也與外在的環境與政治及社會的地位等變項相關，是應根據實際的情況，另作觀察的。

第十章
政治團體的興起與分合

清末的政治系統，在環境（包括社會的及文化的）的衝擊下，發生結構與功能上的雙重危機，已如前述。這一情形使得傳統的政治系統逐漸步入解體的窮境。

政治系統論的學者皆認爲一個政治系統的主要目的在維持生存❶，這在概念上是不成問題的，但值得我們探討的是一個傳統的系統，在遭受壓力時，作怎樣的適應。現就清末的系統觀察，當清廷拒絕維新派的變法改制，而釀成戊戌政變時，不但未能消除環境的壓力，反製造內部的緊張，加深系統的動搖。

康、梁原想接近及鞏固光緒帝的權力中心，進行「光緒維新」，但這一努力因戊戌政變而徹底失敗。在權力結構上，光緒帝從未跳出慈禧太后所建立的舊勢力圈，也從未取得絕對的控制權，他的坍塌是可想而知的。不過，由於他的傾向改革，再經過維新派的擁戴與渲染，已使得他成爲一種維新的象徵(symbol)。這種象徵很可以發揮維繫人心的認同作用，解消環境的壓力，可惜此認同象徵也伴隨權力的坍塌，一併消失。守舊派的得勢，對新興的改革分子來說，所產生的只是反認同的作用，何況中國的傳統文化視女主的臨朝是非正統的！慈禧太后因受八國聯軍的刺激，後來也作過一些變更，但始終不

❶David Easton教授即認爲系統的主要目的在求結構與功能的持續(persistence)，參見David Easton, *op.cit*。

能獲得改革分子的眞正認同，原因即在此。

戊戌政變是使傳統政治系統趨向解體的一個重要關鍵：溫和的改革派從此滋生強烈的疏離感(aliena-tion)，並進而與守舊勢力對抗。其中以康、梁爲首的維新派，在逃亡海外後，即發動勤王，思以武力摧毀慈禧太后的守舊政權。在另一面，革命黨的勢力也從此更受改革分子的同情與支持，匯成一股澎湃的洪流。上述三派的演變與分合，不僅導致傳統政治系統的崩潰，且構成新建政治系統的變遷基礎。民初政黨政治就是在這個基礎上滋生與發展的，所以特別值得重視，現分數節，加以析述。

壹、立憲派的活動與演變

戊戌政變後，仍有甚多溫和的改革分子留在傳統的政治系統之內。其中也有不少參加過康、梁所領導的公車上書，對維新運動具有相當的同情。在情感上，他們雖尚認同抽象的清室，至少是君主國體，但對守舊勢力的政權，亦即傳統的政體，作強烈的反認同，決不信賴當政的守舊派會自作改革。這一種情感的造成，使他們在有意與無意之間，對守舊政權存有敵視與反抗的心理。從政治變遷的理論看，一個閉閉的、專制的、人治的，以及結構混同的傳統系統，在進行理性與法治的現代化改革時，如能產生衆所崇敬的神聖人物（亦即 Max Weber 所稱的 Charisma）❶，集中社會的權力與情感，

❶ Charisma 常被視爲天縱英明、超凡入聖之意。

作爲過渡，較能維持系統的穩定與發展。而且，在現代
化改革已逐漸推動時，當政者即須順勢而進，不能逆退
而避，否則定會引發反抗❷。光緒帝自成爲維新的象徵，
當然最能發揮 Charisma 的作用，但守舊的勢力卻加以
破壞。繼任的傳統政權又盡廢新政，逆退反動，使認同
及崇敬光緒帝的溫和改革分子，在情感上感覺空虛與失
望。由失望中必然產生敵視與反抗。這一種敵視與反抗
的混合心理，很影響到這一批改革分子後來的動向。反
過來看，康、梁如不嘗試改革及建立光緒帝的權力中心
及 Charisma 式的人望，或守舊的勢力繼續前進，不廢
除新政，改革分子也就不易產生上述的心理，歷史的發
展可能是另一種方向。

　　從另一個角度分析，贊成維新，同情康、梁的改革
分子，雖在心理上抗拒守舊的勢力，但並不反對君主政
治的存在。對種族主義也不作過分的強調。他們十分顧
慮社會的安定，主張漸進而和平的改革。改革的途徑是
透過立憲而建立法治及效能的政府。在立憲的口號下，
他們主張召開國會，組織責任內閣，並在全國各地互爲
呼應。

　　清廷在各種壓力下，不得不作一些退讓，在宣統元
年，准許各省成立諮議局❸。諮議局的成立使這些被稱
爲立憲派的溫和改革分子，有了合法組織及進一步的結
合。宣統二年資政院成立，立憲派的分子又可經由諮議
局而進入中央的資政院，亦即由全省的結合而進入全國
的結合。實際上，各省諮議局成立後❹，張謇即以江蘇
諮議局議長的身分，發起諮議局聯合會，請求清廷召集

❷此爲James Davies教授的看法，參見 James Davies, "Toward a Theory of Revolution," *American Sociological Review*, 27, 1962, p.6。

❸議員經選舉產生，但附有科舉、學歷、財產等條件。

❹共設立 21 局。

國會。各省諮議局代表在上海集會，決定發動請願，並定名爲諮議局請願聯合會。請願共分三次（第一次在宣統元年十二月初十，第二次在宣統二年五月初十，第三次在宣統二年九月二十），形成很大的政治運動，且在性質上是對抗當時的守舊政權的。這一種對抗的心理在談話會中及一般報刊上甚易發現，如領銜代表直隸諮議局的議員孫洪伊即曾說：「苟不達到開國會之目的，我孫某抵死不出京師一步也。」❺《時報》的〈時評〉更爲激動：

❺《申報》，宣統 2 年 6 月 11 日。

> 去歲屬難，有高唱一聲喚醒國魂之象。今歲屬犬，有猛厲無前，奮擊直追之勢。故今年之國民當爲奮勵之國民，對於專制之政府，對於野蠻之官場，……種種以奮勵手腕對付之。嗚呼！願我國民勿垂尾喪氣如委巷無家之狗也。❻

❻《時報》，宣統 2 年 1 月 4 日。

召開國會之目的是爲了立憲，立憲的政體不但可消極地防止專制，消滅官場的「野蠻」與無能，且可積極地擴大參與，促進民權及推動責任及效能政治。立憲派的這種政治理想在各次請願書中表露無遺。第一次請願書曾說：

> 國會者，人民與聞政治之所也。必人民有公舉代表與聞政治之權，國家如能加以增重負擔，以紓國難之責。❼

❼《東方雜誌》，7 年 1 號，頁 11-17。

第三次請願〈上監國攝政王書〉亦說：

庶政多孔，而財政奇絀；官僚充斥，而責任無人。
……以如此之政治，當列強之競爭，其有幸乎！
且無暇與列強絜短較長也。凡百事不從根本解決，
而徒爬枝搔葉，鮮克有濟。……外人之覘吾國者，
以為吾國之政治如滅燭夜行，無一線光明，幾不
足與於國家之數。❽

❽同上，7 年 11 號，頁 146-148。

　　三次請願的結果是前二次清廷拒絕，第三次同意將
預備的年限從九年縮為六年，亦即定在宣統五年召集國
會，並且禁止再作任何請願的舉動。立憲派的分子在〈告
各省同志書〉中說：「千氣萬力，得國會期限縮短三年。
心長力短，言之痛心。」❾很明顯地，他們認為請願運動
是失敗了的。

❾同上，7 年 12 號，頁 157-158。

　　立憲派分子在諮議局聯合請願，主張召開國會，在
資政院則力主責任政治，要求組織責任內閣。資政院是
宣統二年九月召開的，議員定額為二百名，欽選及民選
各半（實際民選九十八人，新疆二人未選；欽選亦九十
八人，二人緩派），另由欽派總裁、副總裁及祕書長各乙
員。民選議員是由各省諮議局議員中選拔而來，不少曾
參加過第一次及第二次請願❿。民選議員雖不較欽選為
多，但在實際上操縱整個資政院的議場⓫，如開院當天
即接受請願聯合會的請願，並以大多數通過上奏朝廷召
開國會。在其後的三個多月院會中，一再要求政府向資
政院負責，且為湖南地方公債案、雲南鹽斤加價案及廣
西巡警學堂外籍生入學案⓬與政府齟齬，先主張軍機大

❿如于邦華、陶鎔、陳樹楷、易
宗蘭、雷奮等皆是。

⓫主因是欽選議員常與民選議員
聯合，或持中立態度。

⓬參見張朋園，《立憲派與辛亥革
命》（臺北：商務，民 58 年），頁
86-89。

臣應到院答覆質詢，復決議通過彈劾軍機大臣，形成嚴重的對抗之局。議員的許多發言很能流露出對光緒帝的懷念及對舊勢力厭惡的心理，如易宗夔即指摘：「政府不重視諮議局，顯然是政府壓迫人民，置先皇光緒『(庶政)公諸輿論』之上諭於不顧。」**⑬**此語出後，議員曾為之大拍掌 **⑭**。雷奮且公開說明對軍機的彈劾「其宗旨所在，即是廢棄軍機，設立責任內閣。」**⑮**這應是資政院的「第二篇文章」**⑯**。資政院所通過的彈劾奏摺中亦明白要求「迅即組織內閣，並於內閣未成立之前，明降諭旨，將軍機大臣必應擔負責任之處宣示天下，俾無諉卸。」**⑰**

資政院的各項主張仍然未獲清廷的讓步。軍機大臣既拒絕前往備詢，彈劾案也未被接受（第一次彈劾案，清廷硃批：「著毋庸議，」第二次續彈，清廷留中不發）**⑱**。若干民選議員曾憤而要求將資政院解散。清廷守舊勢力與資政院中立憲派人士的衝突，表面雖然成功，實質已大損傳統的尊嚴與威望。

從以上的說明，我們大致可知，立憲派的分子所推動的改革不外是民主與法治。他們的心目中有一個「光緒維新」的印象，所以在情感上與守舊的勢力對抗。但另一面，他們與康、梁的保皇黨不完全一樣，並不把維新的理想僅僅寄託在光緒帝的一身。他們似乎想創造一個「宣統維新，」儘管理智上明知宣統的攝政王及當政集團是十分守舊而猜忌的。他們對抽象的清廷有一個較籠統的認同，因而一方面贊成立憲，一方面又要冠以君主。換句話說，他們在國體上仍留戀君主，但在政體上則主張民主、法治，期待「維新」的來臨。在這一種情感上

⑬引自前引，頁88。
⑭同上。
⑮同前引，頁91。
⑯同上。

⑰同前引，頁95。

⑱同前引，頁99。

才能解釋趙鳳昌所說的:「清室以立憲誼國民,國民亦以立憲誼清室,所求在此,所得在彼。」**⑲**但這種感情並不是十分堅強的,清廷對維新的要求多方拖延打擊,很使立憲派的分子「痛心,」再加上種族精神在血液中的滋長,已使相互可以「誼」的情感逐漸破壞。情感象徵的魔力一除,立憲派是「會在憤怒與敵視中轉變態度接受革命的。」據徐佛蘇的記載,立憲派的分子因清廷禁止請願,迫令解散團體,極感憤怒,已有推翻清室秘謀革命之議。他記述:

> 各代表聞此亂命,亦極憤怒。即夕約集報館中,秘議:同仁各返本省,向諮議局報告清廷政治絕望,吾輩公決秘謀革命,並即以各諮議局中之同志爲革命之幹部人員,若日後遇有可以發難之問難,則各省同志應即竭力響應援助,起義獨立云云。此種秘議決定之後,翌日各省代表即分途出京,返省報告此事,然清廷毫無所聞。**⑳**

⑲趙鳳昌,〈惜陰堂筆記〉,《人文月刊》,2卷8期。

⑳丁文江編,《梁任公年譜長編初稿》,頁314-315。

從現在發現的各項史料可以充分證明:辛亥革命之所以獲得迅速成功,主在各省的紛紛獨立與響應,而各省的獨立與響應,大部由於諮議局的立憲派議員的主持或贊助。如四川都督蒲殿俊、湖北民政長湯化龍、湖南都督譚延闓(湖南獨立後的首任都督爲革命黨人焦達峰,但在十天後即被刺,譚由民政部長被推爲都督)、福建民政部長高登鯉、浙江都督湯壽潛、安徽民政長竇以玨等等皆是立憲派的分子,且除湯壽潛外,皆是該省的諮議局

議長。張一麐認爲:「辛亥革命，皆以諮議局爲發端。」[21]非爲無因。

立憲派分子雖由維新逐漸轉向革命，但基本的情感與價值仍與維新相通，並不喜社會及政治的過激變動，也就是贊成緩進而不是激進。他們的「光緒維新」或「宣統維新」已告幻滅，卻又不能完全破除維新的情感與價值。他們對袁世凱的寄望正好彌補此方面的空虛，於是袁世凱成了他們心目中的新 Charisma。再就立憲派分子的社會地位觀察，他們絕大多數爲社會的上層分子，屬當時的紳士階級。據近人張朋園氏的統計，奉天、山東、陝西、湖北、四川等五省諮議局的議員有百分之六十六點九具備貢生、舉人及進士等功名，另有百分之二十四亦具生員的功名[22]。其他各省雖欠確切的資料，大致應相似。資政院的民選議員比例更高，貢生以上的佔百分之八十一點六（進士：百分之二十二點四，舉人：百分之三十七點八，貢生：百分之二十一點四），生員佔百分之八點二[23]。這些議員中有相當的人數曾在日本留學，且多出身於富有的家庭（《諮議局選舉章程》規定候選人的資格之一是具備五千元以上之營業資本或不動產），其中曾出任清廷官職的，也不在少數（各省諮議局正副議長六十三人中，曾任中央或地方官吏的達四十人，且多爲中級以上）[24]。這一批具有上層社會及經濟地位的士紳階級，縱受新知識的影響及國勢衰敗的刺激而提倡維新，主張民主、法治，但在社會的層級上，仍不能擺脫士人政治及紳權等一套觀念。在傳統的社會中，士紳的地位與責任，常表現在對地方的關心中，但這並不是

[21] 張一麐，《心太平室集》，卷8，頁38。

[22] 張朋園，前引，頁27。

[23] 所據統計資料，見前引，頁28-29。

[24] 前引，頁30-31。

指社會與經濟的階層分野應不存在。他們所強調的民主
大致屬士紳及士人階層,且大多反對經濟的社會主義化。
爲保持本身的社會及經濟地位,士紳階層當然也是主張
社會的基本結構與秩序應保持不變的。這一情況一方面
更促使他們傾向同階層的袁世凱,一方面不能不與激進
的革命黨分子發生裂痕,造成始合而終分的局面。

　　立憲派分子與革命黨在辛亥革命與各省起義時,曾
有過短暫時期的合作,但等到滿清推翻,民國建立,蜜
月的時期即過。激進的革命黨人總感覺立憲派分子過去
擁戴清室,只求立憲,不是眞正的革命者,而且也看不
慣立憲派人士的一派士紳傲態。如湖北諮議局議長湯化
龍在武昌起義時,出任民政部長,除草擬軍政部規章,
通電各省響應,且與列強交涉促承認武昌軍政府爲交戰
團體,貢獻甚大❷,但與革命黨人的合作不過一月。革
命黨人「謂其曾主張君憲,固與革命主義不相容。疑繼
以毀,化龍因感不安。」❷在另一方面,湯自視士紳,不
免倨傲。「化龍態度,有時不免有地位之見,而不自覺也。」
❷這種態度,對革命黨的激進派而言,不僅是不能容忍,
而且是列爲打倒的對象的。激進的革命黨人,除掉強烈
的排滿感情外,頗富社會革命的理想,他們反對傳統社
會的階層結構與行爲規範,主張平民政治。行爲激動的,
更要改良社會風俗,如強調破神權、講衛生、禁畜婢及
納妾、絕娼妓、閉賭館,甚至喊出打倒土豪劣紳的口號:

　　　　拆奉旨牌坊,以至樂善好施匾額。毀去文魁、進
　　　士、狀元各匾,斫折旗杆。因此之故,波及於各

❷參見張國淦,《辛亥革命史料》,頁103。

❷胡祖舜,《六十談往》,頁60。

❷前引,頁34-35。

鄉之祠堂，各縉紳之第宅，日被無賴騷擾不堪。㉘

這一些社會革命的行動，當然不是士紳階層的立憲派分子所能接受的。前面說過，立憲派分子為了維持自己的政治及社會地位，最反對社會結構與行為規範的改變。他們所主張的民權政治也是在士人問政及紳權的觀念下形成的。平民政治在他們的眼中，變成了「眾愚」與「眾亂」的政治。吳貫因即說：

> 若夫以多數政治為平民政治，則不知多數政治非必有利而無害。苟人民之程度低下，則以多數為政，實足為致亂之源。……一年以來，政局之杌隉，社會之紛擾，皆此等問題。……嗚呼！此等政治豈特可諡之曰眾愚，循名核實，則眾亂政治而已矣！眾惡政治而已矣！平民政治云乎哉！㉙

立憲派分子與革命黨的激進派無論在政治及社會的改革上皆格格不入，雙方的合作只能如曇花的一現。湯化龍在武昌受排擠，南下後與立憲派另一要角林長民受黃興的邀約分任臨時政府陸軍部的秘書長和秘書。他們已自覺十分委屈，但仍受到攻擊，據李書城的追憶：

> 湖北方面因銜恨湯化龍在上海重責武昌首義人士，特電南京反對他任陸軍部秘書長，湯乃離寧赴滬。林長民在南京街頭上曾受到老同盟會會員的當面譏刺，說他從前反革命，現在又混進革命

㉘此是康有為的指摘語，見康有為，〈議院政府無干預民俗說〉，《民國經世文編》(文海影印，民3年)，卷1，頁218。

㉙吳貫因，〈平民政治與眾愚政治〉，前引，頁83-84。

隊伍來了，他因此也辭職赴滬。他們兩人後來成
立民主黨與革命黨爲敵。**③⓪**

⓪引自張朋園，前引，頁149。

這段話明白地指出立憲派分子在形勢上必須另謀發展，
亦即組黨與革命黨相抗。在「光緒維新」及「宣統維新」
的情感象徵幻滅後，他們以袁世凱作爲新的寄託對象。
現受革命黨激進派的排擠，再加上政治及社會理想與政
策上的根本差異，更使得他們非倚重袁的實力與聲望不
可。當然，袁的象徵作用，如與光緒帝相比，在這些具
有功名的士紳人物的心目中，到底是略遜一籌的。

　　辛亥革命在武昌，民國臨時政府的籌建則在滬、寧。
立憲派的領袖張謇雖曾在稍後聯合立憲派中的有力人士
贊同共和，協助新成立的臨時政府，但雙方的合作，也
不過三數月。而且從一開始張即寄望袁世凱出面收拾大
局。早在辛亥之前，張力主立憲，即視袁爲中國的伊藤
博文**③①**，辛亥之後，自更望袁有所作爲。他曾密電告袁：
「甲日滿退，乙日擁公……願公奮其英略，旦夕之間戡
定大局。」**③②**對革命黨，張在心理上先存芥蒂，如說：「與
孫中山談政策，未知涯畔。」**③③**顯然是出於一種偏執的心
理。他也抗議革命黨激進派對立憲派的排斥，曾致函黃
興說：「顧鼇拘後，而北方代表中各人驚走；林長民擊後，
而各省代表中有心人寒心；昨排秉三，又排蹇季常，又
擊羅傑。」**③④**張以狀元的科第，領導江、浙的實業界與教
育界，成爲當時的巨紳，他要求社會與政治的安定是十
分可以理解的。臨時政府曾任張爲實業總長，他未到任，
不久電辭。後聯合革命黨保守派的章炳麟組織統一黨，

③①吳闓生、沈祖憲編，《容菴弟子
記》（文海影印），卷3，頁18。
③②張孝若，《南通張季直先生傳
記》，頁150。
③③《張謇日記》，民國元年1月3
日。

③④張謇，〈張季子九錄〉，《政聞
錄》，卷4，頁4-5。

與革命黨的激進派相抗。

　　立憲派的分子早在諮議局成立之前已有若干小政團的組織，如政聞社、預備立憲公會、憲政籌備會等等。各省諮議局成立後，進而有聯合會，再進而有請願聯合會及資政院的設立，立憲派的分子已由過去非正式的小政團逐漸進入正式的大聯合。這一大聯合是由諮議局與資政院的議員經過各種結合的功能（如請願、爭取責任內閣、彈劾軍機等），透過議員的角色，發展而來。這一發展在政治的現代化上十分具有意義。我們曾經主張政黨政治的現代化應由外在政黨（outside party）過渡到內在政黨（inside party），亦即政黨應與議會結合——政黨的領袖產生於國會，而議員則由人民所選舉，如此，政黨的結構即經由議員的選舉，而建立在民意之上。政黨如不能受民意的監督，甚至成為一種極權統治的工具，現代化的政治即不可能（參見第一章有關現代化的說明）。立憲派分子的這一次大聯合，很有成為內在政黨的可能。實際上，他們為了推動立憲運動，也正式籌組政黨，各項努力似皆朝向這一目標，所以是蓄意的（consciously）而非是隨意的（unconsciously）。宣統二年冬，孫洪伊、雷奮、羅傑、易宗夔、李素等人曾交換組黨意見。次年二月，孫洪伊以諮議局聯合會名義，邀請各省議長來京共商國是；四月，十六省代表四十人到京，參加二屆諮議局聯合會，實際會商組黨。五月八日決議以聯合會為基礎，成立憲友會。憲友會總部設北京，支部設各省，以各省諮議局及資政院議員為權力結構的骨幹，非常具有內在政黨的規模。當時的《時報》稱：

「是黨之好處，一則其黨員多諮議局之人，或與諮議局有關係之人。……一則其各省支部多由各省諮議局議員擔任組織。」**㉟**所謂好處即憲友會以議會爲結構中心，易發展爲內在政黨，也就是說將來非爲民選的議員很可能喪失政黨領袖的地位。如一日能達此目的，內在政黨的目的可達。但清廷以滿、漢之分，權貴之爭等等因素，終拒絕立憲派分子的立憲等要求，憲友會也連帶不能發生內在政黨的作用，且如前述，在辛亥革命後與革命黨合作，紛紛起義獨立。我們現須加以特別注意的，即立憲派人士始終存有內在政黨的理想，仍然希望經由議會達成立憲的代議政治，他們後來以袁世凱爲象徵，也是爲了貫徹這一理想。憲友會的領導人物後來與國民黨的分分合合，莫不與此有關。

　　在立憲派的分子中，也大致分成溫和與激烈兩派。兩派雖同具維新與立憲的見解，但在態度上一較同情清廷，不同情革命，對縮短成立國會期限有某種程度的接受；一較對抗清廷，較同情革命，對縮短成立國會期限有相當程度的不接受。以溫和派的領袖張謇爲例，在辛亥革命之前，很反對革命。在辛亥革命發生後，初仍主「平亂，」並思藉革命壓逼清廷實行責任內閣及立憲**㊱**，其後才轉向共和，但又大力擁護袁世凱 **㊲**。激烈派的領袖在辛亥革命前，早與清廷對抗，如川路風潮，就是川省諮議局議長蒲殿俊、副議長羅綸等所發動的，且因此爲川督拘捕**㊳**。蒲經釋後，與革命黨合流宣佈獨立，成爲四川的都督。激烈派與梁啓超的想法頗爲接近。梁於戊戌政變後亡命海外，雖仍認同清室，但不若乃師康有

㉟《時報》，宣統 3 年 5 月 15 日。

㊱《張謇日記》，宣統 3 年 8 月 23 日。

㊲以張謇爲首的江、浙立憲派皆屬意袁世凱收拾大局。

㊳蒲、羅被拘後，川民擁往督署請求開釋，但遭槍兵射殺三十餘人，由此引起川亂。

爲全以光緒帝的權位爲念。他且一度傾向革命，後才逐漸轉向溫和與漸進的改革，極力主張立憲。他在日本讀了不少有關民權與憲政的西方名著，再融會日本明治維新的史實，而以感情之筆發爲議論，成爲風靡一時的立憲理論家，對國內輿論影響甚巨。他蟄居東瀛，卻與國內立憲派分子聲氣相通，立憲派的請願，要求召開國會等，他皆以激烈的文字支持，且曾代擬〈國會請願同志會意見書〉。他與立憲派分子連絡的橋樑是舊日政聞社的活躍分子徐佛蘇。徐代表梁的一脈參加憲友會，當選爲三常務幹事之一。憲友會的另二位常務幹事一爲雷奮，代表溫和派；一爲孫洪伊，代表激烈派 ❸。孫曾坦承兩派的存在，且說：「一近樸拙誠實，一近靈華巧黠。」❹現將立憲派的政治價值結構及權力結構分別圖示如後：

❸名單見《時報》，宣統 3 年 5 月 15 日。

❹〈中國政黨之前途〉，《時報》，宣統 3 年 6 月 4 日。

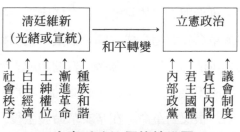

立憲派政治價值結構圖

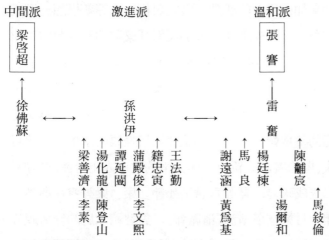

中間派　　　　激進派　　　　　　溫和派

梁啓超　　　　　　　　　　　　　張謇

徐佛蘇　←→　孫洪伊　←→　　　雷奮

↑梁善濟　↑湯化龍　↑譚延闓　↑蒲殿俊　↑籍忠寅　↑王法勤　　↑謝遠涵　↑馬良　↑楊廷棟　↑陳黼宸

↑李素　↑陳登山　↑李文熙　　↑黃爲基　↑湯爾和　↑馬敍倫

→：表示增強作用

＊本圖以憲友會的三位常務幹事爲主軸，參以總部及各省支部的
　其他負責人選繪出。

＊＊梁啓超及張謇皆未正式參加憲友會。

立憲派權力結構圖

貳、保皇黨的活動與演變

　　戊戌變法是康有爲所領導的，參加的主幹除康的萬
木草堂弟子，如梁啓超等人外，還有湖南南學會的分子，
如譚嗣同等。在西方文化的衝擊下，講究新學以改良政
治及社會的潮流亦推向湖南，且發展甚速，影響亦大。
這一情形應歸功湖南巡撫陳寶箴、按察使黃遵憲等有心
人士的創導。南學會大概成立於光緒二十三年，其時康、
梁因推動公車上書，主張變法維新，聲名已經大噪。就
在南學會成立之時，梁啓超受聘到湖南的時務學堂任總
教習，於是與湖南的新興知識分子相互接納，一面講學，

一面參加南學會的活動，鼓吹民權變法等新思想。湖南的守舊士紳王先謙即曾大加反對：「梁啓超及分教習廣東韓、葉諸人，自命西學通人，實皆康門謬種。而譚嗣同、唐才常、樊錐、易鼐輩爲之乘風揚波，肆其簧鼓。學子胸無主宰……爭相趨附，語言悖亂，有如中狂。」❶文中所指的韓爲韓文舉，葉爲葉覺邁皆是康的學生，由此可見康、梁的廣東維新分子與湖南的改革人士合流的情形。

戊戌政變，譚等六君子死節。康、梁等避往海外。同年十月梁在橫濱辦《清議報》，對慈禧太后的守舊政權展開猛烈的攻擊，且稱之爲「僞政府」❷。另稱頌光緒帝爲賢君，爲他寫〈光緒聖德記〉❸。康在政變之後，力謀光緒帝恢復政權，且請英、日等國出面干涉❹。與梁相較，他親受光緒帝的特達之知，且曾一度成爲光緒帝的維新導師，再加上中國傳統功名中人的一套君臣之義的觀念，他始終對光緒帝有固執的感情及不變的寄望。梁在這方面程度較淺，且理性與分析力特強，對光緒帝的眷念即不如康的濃烈。康的心目與感情中只有光緒，梁在日本住了一段時期後，頗懷疑應否將一切寄託在光緒一人的身上。在光緒二十六年三月，他曾致書康，隱約有所表示，他說：

一、我輩所以如此千辛萬苦者，爲救皇上也。從南方起事，去救皇上之實際尚極遠。……二、現時皇上既已嘔血……想病重久矣。萬一不能待我之救，則彼時何爲討賊……然賊雖討，而上已不諱，則主此國者誰乎？先生近日深惡痛絕民主政

❶王先謙，《虛受堂書札》，卷1，頁55。

❷《清議報》，27冊。

❸載《清議報》，2、9、10冊。

❹參見王樹槐，《外人與戊戌變法》(臺北：中央研究院近代史研究所)，頁226-227。

體，然果萬一不諱，則所以處此之道，弟子亦欲
聞之。❺

❺〈致南海夫子大人書〉，丁文江
編，《梁任公先生年譜長編》，頁
112。

梁的懷疑是基於理性的，人生本來苦短，如將維新歸諸
一人，「萬一不諱」，又將如何繼續？由此看來，梁雖同
情光緒帝，但並非絕對的。他對清室可能有所認同，目
的應在促清廷維新，以便建立君主立憲的民主政體。只
要這一政體能夠建立，國家就可長治久安，至於由光緒
帝去推動維新，或由他的繼任人去推動，尚在其次。所
以，梁的認同光緒或清室固有感情的因素，但另有理性
的考慮，與康並不一樣。梁在光緒二十六年的三月亦曾
致函中山先生，反對排滿，說詞雖另有一套，但精神與
致康書相符，他說：

> 夫倒滿洲以興民政，公義也；而借勤王以興民政，
> 則今日之時勢最相宜者也。古人云：「雖有智慧，
> 不如乘勢，」弟以為宜稍變通矣。草創既定，舉皇
> 上為總統，兩者兼全，成事正易，豈不甚善？何
> 必故畫鴻溝，使彼此永遠不相合哉！……不然屢
> 次鹵莽，旋起旋蹶，徒罄財力，徒傷人才，弟所
> 甚不取也。❻

❻前引，頁140-141。

梁後來與國內的立憲派分子相合，辛亥以後再傾向共和，
甚至反對宣統的復辟，皆從此一脈而來。

康、梁初抵日後，態度即顯示不同。當時中山先生
與陳少白等興中會革命人士也托身其地，擬往慰問，但

❼〈戊戌後孫、康二派之關係〉，馮自由，《革命逸史》(臺北：商務，民41年臺一版)，初集，頁49。

❽前引。

❾馮自由云：康抵日後，因王照舉發其假托衣帶詔之秘密，相互吵鬧，日本慮生事端，故資助旅費使去。前引，頁50-51。另據王樹槐先生考證，日本亦應張之洞的請求，諷康離日，見王樹槐，前引，頁231-234。

❿丁文江編，前引，頁88。

康自稱身奉清帝衣帶詔，不便與革命黨來往。後日人犬養毅，不欲中國新黨人士隔閡，曾約中山先生、少白、康、梁到早稻田寓所會談，到時康不來，中山先生、少白與梁則談到次日的天明，十分投契❼。後中山先生派少白訪康，想說服康、梁排滿，康答：「今上聖明，必有復辟之一日。余受恩深重，無論如何不能忘記。惟有鞠躬盡瘁，力謀起兵勤王，脫其禁錮瀛臺之厄，其他非余所知，只知多裘夏葛而已。」❽梁不但與中山先生、少白繼續來往，且談到合作問題。光緒二十五年二月初一，康遠去加拿大❾，梁與康門其他弟子與革命黨更公開來往。梁其時才二十六、七歲的青年(梁生於同治十二年，至戊戌為二十六歲)，其他弟子最長亦不過三十上下，正值感情豐富、思想活潑的時期，自與年齡相若的年輕革命黨交往，再看到日本明治維新的盛況，當然會滋長國族的情感與民權的思想。他們曾結合十二人，組成一個激進的小團體，在日本江之島的金龜樓結義。羅孝高說：「是年(光緒二十五年，即公元一八九九年)六月，先生(指梁)和韓樹園文舉、李敬通、歐雲樵槼甲、梁君力啓田、羅伯雅潤楠、張智若學璟、梁子剛炳光、陳侶笙國鍊、麥曼宣仲華、譚柏笙錫鏞、黃為之諸先生同結義於日本江之島金龜樓。據當時敍齒，先生次居第五，其餘諸君如以上的次序。」❿很明顯地，以梁為首的這一團體很傾向於革命，他們在感情及中國傳統的道義上，所難拋棄的是光緒帝與康有為。但既在原則上與革命黨接近，這些問題不妨妥協解決。他們的腹案是勸康歸隱，另望革命黨接受在共和革命後，擁光緒帝為總統，如此

即可兼顧革命與勤王的目的，成事也較易。中山先生與
少白等是否接受梁等對光緒帝的安排，無資料可供查考，
但可推想如能合併推翻清廷，民國建立後，由何人出任
總統，應可視實際的情形再作商量，不必立時承認或否
定。在這一基礎上，雙方曾進一步談到合併組黨，且擬
舉中山先生為會長，梁為副。馮自由回憶說：

> 時梁及同門梁子剛、韓文舉、歐榘甲、羅伯雅、
> 張智若等與總理往還日密，每星期必有二、三日
> 相約聚談，咸主張革命排滿論調，非常激烈，因
> 有孫、康兩派合併組黨之計畫，擬推總理為會長，
> 梁副之。梁詰總理：「如此則將置康先生於何地？」
> 總理曰：「弟子為會長，為之師者，其地位豈不更
> 尊？」梁悅服。❶

❶馮自由，前引，頁64-65。

為了勸康歸隱，梁曾合康門弟子十三人聯合上書，文長
數千言，大致說：「因事敗壞至此，非庶政公開，改建共
和政體，不能挽救危局，今上賢明，舉國共悉，將來革
命之日，倘民心愛戴，亦可舉為總統。吾師春秋已高，
大可息影林泉，自娛晚景。啓超等自當繼往開來，以報
師恩」等語❷。由這段話可知，梁等對光緒帝的認同確
實並非絕對。上書的十三人，有十位為江之島結義弟子
（其中梁君力與麥曼宣未與，可能是不在場），另加上唐
才常、林述唐及羅普(孝高)（江之島結義時，唐、林尚
未抵日，羅在日未與盟，原因未知）❸。書上後，各地康
徒嘩然，視為逆徒，呼為十三太保❹。但梁與中山先生

❷前引，二集，頁31。

❸馮自由說：「十三太保姓名，詢
諸與此事有關係之康徒，多已不
復記憶。」此一名字，係馮之記憶。
見前引，頁32。

❹同前引。

與中會的合併組黨，受到康門保守弟子的反對，是歲秋，梁到香港推康門弟子徐勤與少白起草合併的聯合章程。徐是保守派，表面贊成，實則反對，「因與麥孟華各馳函星加坡，向康有為告變，謂卓如漸入行者（按指孫）圈套，非速設法解救不可。」❶❾康大怒，立派葉覺邁攜款赴日，勒令梁赴檀香山辦理保皇黨，雙方的合作與合併乃告結束。

　　梁與中山先生謀合作合併，確是走上激進的一面，但從上述亦可知，他始終不能將光緒帝與康有為從情感中徹底消滅，處處有所顧慮。梁出身書香門第，原是功名中人，且參加過公車上書及維新變法，所以無論在傳統文化以及社會地位上，皆不能如中山先生與少白等心無記掛。當與中山先生及少白高談革命時，他受到情感的激盪，主張排滿共和，事後又考慮到君恩、師恩以及康門的勤王維新。他不能忘情民權及民族革命，但也覺得如能透過勤王維新，而導至君主立憲，可能更達到穩定社會秩序的目的。在另一面，梁在十七歲（光緒十六年，公元一八九○年）時入康門，與康及同門弟子思想、事業及患難相共近十年，決非短時所可擺脫。各種因素的合致，使得梁只得遵康命赴檀香山組保皇黨。與革命黨分手後，勤王立憲的觀念逐漸擡頭，他一方面成為康門中的激進派，主張用武力推翻慈禧太后的守舊政權，謀民權及憲政的樹立；另一方面卻成為革命黨打倒的對象，因他不贊成排滿，傾向漸進，但又自命革命。在梁來說，他要推翻慈禧太后的舊政權，且對光緒的認同，夾有理智上的現實考慮，所謂保皇也就成了為立憲與民

❶❺同前引。

權革命。他的這套說法，再配合他與康在戊戌變法及政
變時的赫赫聲望，易爲傳統而略帶革新思想的僑界分子
所接受。他去檀島，原央中山先生介紹其地興中會人，
但他到檀後，則設立保皇會，掠奪興中會的根據地，控
制僑界的財力支援 ⓰。梁在檀島的得勢，似更堅定他那
套保皇革命的信心，乃轉往舊金山等地活動，分去中山
先生不少勢力。中山先生自稱：

> 自乙未初敗以至於庚子（即公元一八九五至一九
> ○○年），此五年之間，實爲革命進行最艱難困苦
> 之時代也。……適於其時有保皇黨發生，爲虎作
> 倀，其反對革命，反對共和，比之清廷爲尤甚。
> 當此之時，革命前途，黑暗無似，希望幾絕，而
> 同志尚不盡灰心者，蓋正朝氣初發時代也。⓱

革命黨對梁的作風，當然大憤。在中山先生看來，康僅
著重保皇，尚易駁斥，梁則加上革命二字，全然在混淆
是非，尤爲可惡。他對與梁謀合作、合併一事，從不再
提，頗感覺康、梁等功名中人，在社會地位及現實的考
慮上是不可能從事革命的。公元一九○三年，中山先生
有一篇〈敬告同鄉論革命與保皇之分野書〉，鄭重聲明革
命黨的革命與梁的革命完全不同，而視梁爲敵寇。他說：

> 夫康、梁一以進士，一以舉人，而蒙清帝載湉特
> 達之知，非常之寵……今二子之遯逃外國，而倡
> 保皇會也，其感恩圖報之未遑，豈尚有他哉？……

⓰在檀島獲捐款達 8、9 萬，見丁
文江編，前引，頁130。

⓱孫文，《孫文學說》，前引，頁
叁—164。

彼名爲保皇，實則革命，則康、梁者尚得處於人
類乎？直禽獸不若也。……夫革命與保皇，理不
相容，勢不兩立；今梁以一人而持兩説，首鼠兩
端，其所言革命屬眞，則保皇之説必僞；而其所
言保皇屬眞，則革命之説亦僞矣。……革命者，
志在倒滿而興漢，保皇者，志在扶滿而臣清，事
理相反，背道而馳。……誠能如康有爲之率直，
明來反對，雖失身於異族，不愧爲男子也。 ❶⓲

⓲孫文，〈敬告同鄉論革命與保皇
之分野書〉，前引，頁玖—17-18。

中山先生又云：

彼黨狡詐非常，見今日革命風潮大盛，彼在此地
則曰：借名保皇，實則革命，在美洲則竟自稱其
保皇會爲革命黨，欺人實甚矣……此計比之直白
保皇如康怪者尤毒，梁酋之計狡矣。 ⓳

⓳孫文，〈復黃宗仰望在滬同志遙
作掃除保皇黨聲援函〉，前引，頁
玖—19。

　　從中山先生的話中也可反應出：康一味注重光緒的
復辟，不過是對一人、一室之愚忠，已不生太大的力量，
而梁以激進的姿態，兼談民權革命，反能迎合及掀動人
心對自由、自主及秩序的基本需要（此方面理論的討論
見第一章），相當具有號召力。梁在未去檀島之前，曾與
康門十三太保籌劃武力推翻慈禧太后的守舊政權，建立
維新政府。其時正與革命黨商談合併，雙方對是否保皇
尚互作遷就，但皆同意以武力起義。當時康門弟子決定
歸國進行的是唐才常與林述唐，出發之前，梁在紅葉館
設筵祖餞，中山先生、少白亦在座⓴。梁到檀島後態度

⓴馮自由，前引，頁34。

有變，排滿已經不談，一心籌款助才常等勤王。才常返回上海發起正氣會，旋易名為自立會，並組自立軍。但是否排滿，僅用模稜的口氣帶過。才常手訂正氣會章程二十餘條，並撰一序言，其中一方面說道：「夫日月所照，莫不尊親，君臣之義，如何能廢。」一方面又說道：「國於天下，必要興立，非我種類，其心必異。」[21]「君臣之義」與「非我種類」二語是自相矛盾的。才常可能既想勤王，擁戴光緒帝，又想推翻滿族的專權，使漢族復興。這樣的兼收並蓄，當然不是力主排滿及共和的革命黨所能同意。庚子（光緒二十六年，公元一九〇〇年）自立軍之役，才常、述唐皆死難，所謂保皇革命徹底失敗，自此之後保皇會即再無起事的行動。

庚子之役的失敗，梁受責難最多，刺激最深，一度想披髮入山。光緒二十七年重返日本，情緒雖然不好，但仍主張革命。光緒二十九年以後，梁的思想逐漸趨向漸進，反對破壞，也反對共和。排滿須破壞，破壞之後，社會秩序即難恢復。

> 破壞思想，未嘗不可提倡，但恐青黃不接，暴民踵起。[22]

他仍主張民權，但性質上近於英人洛克（John Locke）的自由主義。他也似乎著重現實與經驗，不過相信絕對的真理，甚至「不惜以今日之我，難昔日之我。」[23]梁的自由主義是站在保障個人自由以限制政府權力的立場，所以必然會趨向議會政治、責任內閣與政黨政治。這一

[21] 引自高翰森等編，《中華民國革命建國史》（上海：新光，民18年），卷1，頁48。

[22] 民元年10月21日，〈蒞報界歡迎會演說辭〉，《飲冰室文集》，57卷。

[23] 梁啓超，《清代學術概論》，頁143。

些皆需憲法加以明定，也需人民加以認同，否則憲政就缺乏基礎。梁最後力主立憲，且爲維持社會安定，作和平的過渡，他也贊成君主立憲的國體。從政治價值的眼光看，實皆出於自由主義的民主政治。大致從光緒三十二年開始，他極力發揮自由主義的民主政治觀，且與同盟會人士展開激辯。綜合說來，梁重視實質上的民主政治，不措意於表面的共和。他不主張種族革命，認爲滿人並非異族。他要求立憲，並主張在立憲的過程中實行開明專制，作爲預備。在另一方面，他反對土地國有，不主張政治革命與社會革命可以並行。他所顧慮的是：社會秩序會因土地國有政策而不得恢復。至於中國的貧窮，他認爲非因土地分配不均，而是資本未能發達，故主張與其分配土地，不如解決資本問題，這也是出於一種自由經濟的看法❷。同盟會由汪兆銘、陳天華、朱執信、胡漢民等人以共和主義、種族主義、社會主義的同時進行加以駁斥，梁只能一人應戰，當然吃力異常。故頗願調和。徐佛蘇曾挽宋教仁出面，但中山先生、漢民皆不許。梁在這段時期雖堅持君主立憲，但已不若過去保皇的態度，與康有爲的保守派逐漸分立。佛蘇曾告宋：「《民報》動則斥其保皇，實則卓如已改變方針，其保皇會已改爲國民憲政會矣。」❷

梁與康的關係日疏，但與立憲派的關係日密。他在光緒三十二年籌組政黨，三十三年成立政聞社，徐佛蘇回憶說：

> 前清乙巳、丙午年間，吾國留日學生達二千餘人，

❷同盟會的言論機關是《民報》，梁的言論據點則是《新民叢報》。可參見73號至91號的《新民叢報》。

❷宋教仁，《我之歷史》（臺北：文海影印版，宋漁父先生遺著），第6，頁3。

對於祖國救亡之主義，分「種族革命」與「政治
革命」兩派。所謂種族革命者，欲以激烈手段推
翻滿清君主也。所謂政治革命者，欲以和平手段
運動政府實行憲政也。梁先生者，……此時見留
日學界主張立憲之人漸多，又慟心於國內歷次革
命犧牲愛國志士過多，而仍未能實行革命，乃亦
偏重政治革命之說，發揮立憲可以救國之理，於
是於丙午年間，與馬良、徐佛蘇、麥孟華、蔣智
由、張嘉森及留日學界三百餘人創設政治團體於
日京，名為政聞社。❷❻

❷❻丁文江編，前引，頁202。

徐、麥二人返國活動，鼓吹立憲及召開國會、建立責任
政府等。立憲派分子參加的甚多，對立憲運動產生巨大
的推力。光緒三十四年七月政聞社遭查禁，但次年（宣
統元年）各省諮議局紛紛成立，梁透過舊政聞社的立憲
派分子與各省議員相互連絡，爭取立憲，並在日本作理
論的指導與言論的鼓吹。憲友會成立時，徐佛蘇隱然為
梁的代表，被推為三位常務幹事之一。辛亥革命的成功，
得力於各省的獨立，各省的獨立實出於諮議局議員的推
動，

而昔年國會請願之能監促清廷，設立各省諮議局，
畀人民以議政之權力者，實大半由於梁先生能以
精神及著作領導余等之奮鬥也。此可知民國之成
立，梁先生實有間接之力。❷❼

❷❼前引，頁378。

辛亥革命後，梁不能與革命黨人合作，原因與立憲派相同。他要穩定社會秩序，和平過渡到立憲政體，也必須找一位強有力的 Charisma，實行開明專制，他的對象也不出袁世凱。袁出賣新黨才生戊戌政變，康、梁一向視為仇讎，現梁則隨立憲派改變態度，康的不諒可知。從此，梁成為立憲派的一領袖，隨政局而沉浮，康則逐漸在政壇消失。

保皇黨的政治價值結構及權力結構可如下圖：

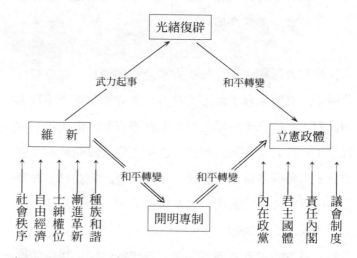

→： 表示增強作用，雙線箭頭專指梁啓超由保皇轉向立憲後的作用。

保皇黨政治價值結構圖

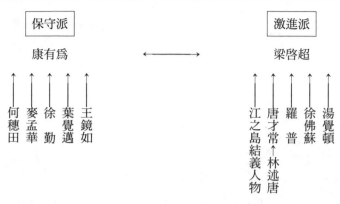

→表示增強作用

* 江之島結義人物除梁外爲韓文舉、李敬通、歐榘甲、梁啓田、

　羅潤楠、張學璟、梁炳光、陳國鍊、麥孟華、譚錫鏞、黃爲之。

保皇黨權力結構圖

第十一章
革命團體的興起與分合

在清末政治體系的雙重危機之下，革命黨人不僅要變革政治體系的結構與功能，加強角色的能力，使能發揚民權，鞏固國權，而且要實現種族自由，推翻滿人的極權統治。

前面說過，革命黨與維新派（包括立憲派與保皇黨）對政治體系的雙重危機皆有相同的體認，且對民權的需要與主張大體相似，但在民族主義上大相逕庭：革命黨主張用激烈的手段排滿，維新派則持溫和緩進的保留態度。

在危機出現的初期，國內主張變革的知識分子多寄望清廷的自動革新，並未十分強調排滿。這方面的原因可能很多，主要的可能有二：其一是清廷已統治中國二百餘年，所建立的政治體系久為人民所接受，已產生所謂正統化(legitimacy)的效果，再加上中國傳統政治文化中一向強調的君臣之道，易使人民認同清室，在心理上自覺為政治體系中的成員。其二是任何政治改革皆需要力量。清廷掌握政治的權力，如能用新人、行新政，作主動的改革，定能事半而功倍，且不致損害到社會的秩序。在這兩個主因之下，早期的改革者皆爭取清廷的支持，作變法維新的努力。康、梁所推動的公車上書屬

於這一類，中山先生早年的上書李鴻章也仍然屬於這一類。

但中山先生與康、梁的情形不同，他一方面欠缺康、梁的功名與社會地位，不但不能接近光緒帝，且尚見拒於李鴻章，爭取不到任何權力；另一方面他在年少時即接受西方的民主教育，且涵化甚深，較能擺脫中國傳統政治文化的拘束。康、梁在戊戌政變失敗後仍留戀保皇維新，而中山先生在上書李鴻章不成後即堅決主張排滿、創建共和，就上述的社會背景因素看，這些皆是必然的結果。

在政治現代化的過程中，革命的產生往往是由於舊有的政治體系不能自作調整與革新而來。革命黨的造成，常常是由於少數熱烈而激動的分子所發展而得。我國革命黨的出現與發展也是如此。同盟會成立後曾在宣言中說：

> 無論政治革命、種族革命，當伏處之時，無不有少數愚夫，懷抱辛痛，集會結社，為之祕畫。密雲不雨，伏藥遍地，迅雷乘之，乃易爆發，其理勢使然。……蓋天下公器，人權式尊，政之所繇，民實畀之。大道之行，不可以界，天命惟民，古訓是則，東西寧有異哉？❶

❶〈中國同盟會本部宣言〉（民前1年，1911年10月），《國父全集》（臺北：中華民國各界紀念國父百年誕辰籌備委員會出版，民54年11月12日），第二冊，頁肆—6。

這一段話實際已將我國革命黨產生與發展的輪廓大致描出，下面再分節對各革命團體的興起與分合作較詳細的說明與分析。

壹、澳門時代的興中會

對我國政治體系的危機最有體認，而懷抱辛痛，欲從事政治革命、種族革命的偉大「愚夫，」當然首推中山先生。在二千多年專制傳統的政治文化之下，中山先生要從根本上加以推翻改造，使成爲共和民主的政治體系，眞是困難重重，不比愚公的移山易，但中山先生終其身努力不懈，實基於不同凡響的人格。從人格特質上觀察，中山先生具有非常深厚的體認能力(empathatic capacity)，他對人對事都能作設身處地的體認，洞悉力非常敏銳。由於這一能力，中山先生不但易於而且樂於接受新的知識與經驗。在另一方面，中山先生的性格十分爽朗、獨立、自由，且有一種超越的傾向。他能堅守原則，「是其所是，非其所非，」爭取理想的完美。對民生疾苦，中山先生亦抱有強烈的同情心，而以國家及社會的建設作爲自我實現(self actualization)的目標。中山先生的這些人格特質，使他極富現代性(modernity)、創造性與革命性。他爲了實現他的理想與原則，不惜突破傳統，脫出小我的狹窄天地。誠如心理學者 Richard S. Crutchfield 對革命者的性格的描繪，他不隨聲附和，而是特立獨行。他能不顧外在反對的壓力，堅持自己的原則與判斷。他眞誠懇摯，不矯揉做作；熱情奔放，作美的追求。他反應靈敏、飽具信心與說服力，是一領導人物❶。

❶ Richard S. Crutchfield, "Conformity and Character," *The American Psychologist,* (May, 1955), vol. 10, No.5, pp.191-198.

人格的構成有遺傳的部分，也有後天陶冶與學習，亦即社會化(socialization)的部分。中山先生出生於廣東香山縣的翠亨村。其地緊鄰澳門，但「地多砂磧，土質磽劣，不宜於耕。」❷他的家庭世代務農，但境遇並不太好。這一情境使中山先生很能了解及同情平民的疾苦。在我國早期的革命家中，中山先生特別強調社會主義，即與此有關。他的日籍友好宮崎滔天曾經問他：「先生平均地權來自何處？是從學問上的研究得來的呢，還是從實際上的考察得來？」中山先生坦然答說：「我幼時的境遇，刺激我使我感覺有從實際上和學理上來研究這個問題的必要。我如果沒出生在貧農的家庭，我或不會關心這個重大問題。」❸中山先生的家境貧寒，在十三歲即隨母遠渡重洋，走依移墾夏威夷的長兄。這一件事對他的影響極大，因他抵夏威夷後，先後進入英、美人士所辦的學校，親身體會到西方的生活方式與文化，而內化爲人格的一部分。Henry B. Restarick 曾說：

> 如果孫逸仙在意奧蘭尼學校就學時，獲得任何爲自由而奮鬥的觀念，應歸因於閱讀英國歷史而來，其中包括英國《大憲章》的制定，克倫威爾反對查理一世的專制，以及大英帝國憲政的發展。❹

中山先生雖受到西方自由民主精神的洗禮，甚至信奉耶教，但也受到種族歧視的打擊。他的外國同學歧視東方人「或拖其辮，或扯其袍，以取笑樂。先生初猶隱忍，久乃毅然抵禦，……當者辟易，同學始不敢忤。」❺中山

❷孫文，〈上李鴻章陳救國大計書〉，《國父全集》，前引，頁玖一8。

❸宮崎滔天，《孫逸仙傳未刊稿》（陳鵬仁譯），《傳記文學》，26 卷 3 期（民 64 年 3 月），頁 4。

❹ Henry Bond Restarick, *Sun Yat-sen: Liberator of China* (New Haven: Yale University Press, 1931), p.15.

❺羅家倫主編，黃季陸增訂，《國父年譜》增訂本，上冊（臺北：中國國民黨中央委員會黨史史料編纂委員會，民 58 年 11 月增訂），頁 21。

先生後來一面提倡民族主義，一面反對帝國主義，恐皆
因早年所受的刺激而生。在十八歲時，中山先生因信敎
爲長兄遣歸，他回國後所看到的是農村生活的貧窮，人
民的愚昧，以及種種不合理的陋俗，如迷信、纏足等等。
在政治上，他看到清廷在中、法戰爭中的顢頇與腐敗，
激憤異常，後來回憶說：

> 予自乙酉中法戰敗之年，始決傾覆清廷、創建民
> 國之志。❻

❻〈孫文學說〉，《國父全集》，前引，第一冊，頁叁—161。

一八八五年，中山先生進廣州博濟醫院附設的醫學校學
醫，兩年後再轉學香港的西醫書院，一八九二年卒業。
在這一段時期，他結識了若干年輕的激進同志及數位主
張維新變法的前輩。他們先開始談論，逐漸形成秘密的
團體，並著手進行某些具體的行動。這一影響到中國歷
史的革命黨乃告誕生。

　　早期的革命黨只不過是少數志同道合者的秘密結
社，大家雖高談革命、造反，但旣缺群衆的基礎，也乏
金錢與武力。中山先生曾告宮崎滔天，在談論時代，尙
不知如何著手進行革命❼。在另一方面，他們對清廷二
百餘年的統治可能仍存有一些認同感，寄以一些希望，
所以也很想藉清廷的力量，自上而下發動變法維新。從
現存的資料看，這一想法很可能首先來自贊成溫和改革
的數位年長前輩。無論如何，早期的革命黨確曾從事過
溫和的改革運動，中山先生的上書李鴻章，請求實行新
政，即是明證。他曾自承在澳門組織團體，主要的目的

❼宮崎滔天，前引，頁6。

在上書請願，這一早期的團體，就是興中會。他在〈倫敦被難記〉中說得非常詳細：

> 予在澳門知有一種政治運動，其宗旨在改造中國，故名之曰「興中會」。其黨有見於中國之政體不合於時勢之所需，故欲以和平手段，漸進方法，請願於朝廷，俾倡新政。其最重要者，則在改行立憲政體，以代專制及腐敗的政治。予當時深表同情，即投身爲黨員。……中國睡夢至此，維新之機，苟非發之至上，殆無可望。此興中會之所由設也。興中會之偏重於請願、上書等方法，冀萬乘之尊，或一垂聽，政府之或可奮起。……中、日戰爭既息，和議告成，而朝廷即悍然下詔，不特對上書請願者加以叱責，且云此等陳情變法條陳以後不得擅上云云。……吾黨於是撫然長嘆，知和平方法無可復施。……人民怨望之心，愈推愈遠，愈積愈深，多有慷慨自失，徐圖所以傾覆而變更之者。興中會總部設上海，而會員用武之地，則定廣州。❽

❽孫文，〈倫敦被難記〉，《國父全集》，前引，頁柒—2-3。

從上引〈倫敦被難記〉的記述可知，這一在澳門活動的興中會，決定在廣州「用武」之前，曾有過上書請願的嘗試。中山先生既自認早在一八八四年中法戰爭時，即決心排滿，我們可以推想，他對上書請願定存有心理上的矛盾與衝突。自甲午（一八九四）上書李鴻章見拒，他從此絕不再提此一舊事。很明顯地，這是作自衛性的

遺忘。雙趨衝突(approach-approach conflict)之一的
上書因挫敗而打消，反更增強他原有的排滿驅力。當時
的老同志陳少白回憶上書挫敗後的情形說：

> 所有希望完全成泡影，所以到了這個時候，孫先
> 生的志向益發堅決，……一定要反抗滿州政府。
> ❾

❾陳少白口述，許師愼筆記，《興
中會革命史要》(臺北：中央文物
供應社，民45年6月)，頁8。

我們可以這樣說：中山先生在一八八四年雖立下排滿的
志向，但要等到甲午年（一八九四）才決心進行推翻滿
清的極權統治。

　　從以上的敘述與分析，大體可知甲午年是革命黨轉
向積極排滿的一年。在此之前，中山先生及所屬的興中
會雖有排滿思想，但仍從事和平的改革，上李鴻章書是
當時的一項高潮。自此以後，中山先生即唾棄請願上書，
且遠走檀香山創建積極排滿的興中會。檀香山的興中會
是中山先生在解消雙趨衝突後所建立的，等於是重新創
建的，所以他在〈倫敦被難記〉發表後的其他著作中，
皆稱興中會創建於檀香山，時在甲午戰後。他對甲午前
的興中會及上書請願等活動雖絕少再提，但也並不否認
其時興中會的存在。在後來所著的《孫文學說》第八章
中，中山先生曾說〈倫敦被難記〉第一章的敘述甚為簡
略，「而當時雖在英京，然亦事多忌諱，故尚未敢自承興
中會為予所創設者，又未敢表示興中會本旨為傾覆滿清
者。」❿中山先生的這一段解釋，雖對〈倫敦被難記〉有
所補正，但亦不否認〈被難記〉所記甲午前在澳門活動

❿〈孫文學說〉，前引，頁叁—161。

的興中會，以及上書之舉。鄒魯在撰擬〈中國國民黨史稿〉時，曾採取〈被難記〉的記載，斷定興中會創立於澳門，時在民前二十年，亦即甲午前二年❶。民國四十三年，中國國民黨對興中會的成立年代另作考證，認爲〈被難記〉的英文原著中相當於「興中會」三字的只有 Young Chinese Party，而這三個英文字雖可譯爲「青年中國黨」，但實際並無此黨的存在，乃由中央常務委員會決議：興中會於一八九四年在檀香山成立❷。按〈被難記〉是中山先生在倫敦被難出險後，用英文所寫，標題爲 *Kidnapped in London*，成稿於一八九六年十二月，初版於一八九七年年初印行。英文初版發行後的十五年，始由國人甘作霖譯爲中文，於民國元年（一九一二）五月交商務印書館出版，書名爲《孫大總統自述倫敦被難記》❸。中譯本既在民國元年出版，中山先生定然閱過，他在《孫文學說》第八章中亦指出世人常根據〈被難記〉獲悉革命的源起。但如前所述，他並不否認澳門時代的興中會，亦未對 Young Chinese Party 的中譯加以訂正。鄒魯爲親炙中山先生的老同志，他斷定興中會創立於澳門的〈史稿〉且經另一老同志胡漢民校正過，決非未經考慮。當然，興中會三字的正式中文名稱既出現於檀香山的興中會宣言，且中山先生在《中國革命史》及《孫文學說》中亦自稱興中會成立於檀香山，國民黨中央常務委員會據此而爲決議，也是一種愼重的作法。但我們在研究中山先生領導的革命黨時，卻不能不承認它的根源早在甲午前二年於澳門樹立，至於名稱是否爲興中會或青年中國黨，甚或無正式名稱，皆尙在其次。

❶ 鄒魯，《中國國民黨史稿》（臺北：商務，民54年10月），頁2。

❷ 引自日本《產經新聞》，古屋奎二，《蔣總統秘錄》，《中央日報》譯印，第二冊，民64年3月，頁91。

❸ 李雲漢，〈研究中山先生的外文史料〉，《幼獅》月刊，40卷4期，民63年10月，頁4。

　　如我們注重革命黨的實質發展,而非在名稱的考證,不妨對這一早期型態的革命組織, 仍沿用鄒魯的說法,稱之爲興中會, 但爲了有別於後來在檀香山重組的興中會, 可改稱爲澳門時代的興中會。

　　前面說過, 澳門時代的興中會, 是由中山先生爲主,逐漸發展出來的秘密結社。它的核心是少數年輕的激進同志, 另加上數位主張新政及溫和改革的前輩爲輔。在結構上, 這一結社, 似乎並未建立正式的制度, 功能的運行也大致取決於相互之間的磋商。亦即整個的組織型態尙未發展到一個較高的層次。但最值得我們注意的是,這一初級的革命團體,著眼在傳統政治體系的根本改革:由專權步上民權, 由特權進入平等。它的成員並不是傳統社會中的所謂上層階級, 他們既非世家子弟, 亦非科舉中人, 但多少接受過西方的新式教育, 具有新的知識及超越傳統的改造精神。這是傳統中國的新興階級, 他們播散出中國社會的無限潛能, 促動中國社會的巨大變遷, 也使得中國的政治發展進入了一個新的領域。

　　中山先生的背景與人格已如前述, 他的年輕激進同志大都屬於同一類型, 不出農、商的平民階級。他們多具現代性及革命性, 有反傳統的傾向, 且皆進過新式學堂, 多少具有新的知識與思想, 儘管在程度上仍有差異。在少數的年輕同志當中, 與中山先生結識最早, 而最具影響力的是陸皓東。陸是中山先生同里的總角之交, 當中山先生因信奉耶教遭長兄由夏威夷遣歸時, 唯一在精神上加以支持, 在思想上可以共鳴的就是陸皓東。陸曾在上海進過洋學堂, 且信奉耶教。中山先生進入廣州博

濟醫科學校後，陸皓東偕鄭士良同來談論革命。鄭是廣州人，曾在廣州德國禮賢會學校畢業，後亦入博濟醫科學校就讀。他是受過洗的基督徒，與三合會有淵源，中山先生曾告宮崎滔天：

> 經由他，得知中國以往秘密結社的內幕，這對我的革命計畫有很大的幫助。這等於說，我由談論革命的時代進入實行革命的時代的動機，鄭君的貢獻很大。⑭

⑭宮崎滔天，前引，頁7。

在香港西醫書院時代，中山先生結識陳少白、楊鶴齡、尤烈等，四人朝夕相處，放言革命，被稱為「四大寇」。四大寇中的楊鶴齡亦與中山先生同里，是廣東輿圖局的學生；尤烈，廣東順德人，是廣州算學館的學生，「自幼好與洪門會黨遊，久有興漢逐滿之志。」⑮陳少白，廣東新會人，原就讀廣州的格致書院，後受中山先生之勸，轉入西醫書院共學。興中會初期的文告，多出少白手筆。這一批年輕的激進同志醉心革命，中山先生曾形容說：「數年之間，每與學課餘暇，皆致力於革命之鼓吹，……大放厥詞，無所忌諱。」⑯

⑮馮自由，《革命逸史》（臺北：商務，民42年2月臺一版），初集，頁8。

⑯〈孫文學說〉，前引，頁叄—162。

　　中山先生與年輕的革命同志雖具革命的理想與情感，但在早期仍作上書之舉，這固然由於傳統政治文化的影響，未完全否認清廷的政治體系，也受到一些年長師友的鼓勵。中山先生的年長師友中具有新思想，主張政治改革的首推何啓與鄭觀應。何啓早歲留學英國，後返香港執業律師並創設西醫書院，是中山先生的老師。

他常用英文在香港的《德臣西字報》發表政論，力主新政，再由胡禮垣譯爲中文，後並合撰《新政眞銓》一書。鄭觀應是中山先生的年長同鄉，曾做過英商洋行的買辦，非常通曉洋務，他曾編著《盛世危言》一書，贊成仿效西法，改革政治。何、鄭二人對英國的君主立憲及自由、民主的制度十分傾心，所以呼籲清廷立憲，建立議會政治。何在《新政眞銓》中不僅討論到君主與民主的性質，且詳論議會的權責，諸如與政府的制衡關係、議員的選舉、議事，甚至涉及政黨。鄭亦說：

> 日與彼邦人士交接、察其習尚，訪其政教，考其風俗利病得失盛衰之由，乃知其治亂之源，富強之本，不盡在船堅炮利，而在議院上下同心，敎養得法。興學校、廣書院、重技藝、別考課，使人盡其才。講農學、利水道、化瘠土爲良田，使土盡其利。造鐵路、設電線、薄稅斂、保商務，使物暢其流。❶

❶鄭觀應，〈正續篇・自序〉，《盛世危言》。

何、鄭旣提倡君主立憲與議會政治，他們也連帶寄望清廷的「君」能立憲維新，然後再經由議會政治而政黨政治，最後達成自由、民主的政治。他們對清廷的寄望，使他們不能不成爲溫和的改革者，但他們的政治主張卻十分具有吸引力與說服力，中山先生就很明顯地受到他們的影響。他在〈被難記〉中所提到當時興中會的倡導和平改革及改行立憲政體，恐怕皆本此而來。

　　目前沒有充分的資料可以證明何、鄭曾參加興中會

的組織，但卻足夠證實雙方具有密切的關係，對早期興中會的活動，何、鄭曾作某種程度的輔導。以中山先生的上書李鴻章來說，不但上書的過程經過鄭的安排，且書中建議的主要內容也與鄭的主張一樣。據陳少白的回憶，中山先生的文稿曾經過少白的修改，再攜至上海的鄭處。在鄭家由王韜參加修正，並介紹李鴻章幕下的文案朋友，而後中山先生始能偕陸皓東前往天津投遞⓲。廣州至天津的路途非常遙遠，若非經過審慎的計畫與安排，中山先生決不會貿然行動的。再從內容看，上書的主要建議為「人能盡其才，地能盡其利，物能盡其用，貨能暢其流。」這與前引鄭所說的「人盡其才，地盡其利，物暢其流，」也幾乎是同一口吻。無論如何，中山先生的上書並非是單純與獨自的行動，它是早期興中會的一種集團舉動，鄭應是主要策劃人之一。

何與澳門時代興中會的關係，無直接的史料可以覆按，但就以後的史實可以推知雙方必有連絡。何與鄭有同樣的看法，即李鴻章為清廷能夠接受及推動新政的大臣。鄭策動上書，何有無參與不可知，但在一九○○年義和團之亂時，何曾與陳少白商量，欲透過香港英國總督卜力(Black)的支持，勸說當時出任粵督的李鴻章能趁機獨立，以實行新政。少白函告中山先生，中山先生認為可以一試，而由何啟以英文代擬所謂〈平治章程〉六則，交送港督，「懇貴國轉商同志之國，極力贊成。」⓳亦即請港督轉商李鴻章的贊可。這六則〈平治章程〉曾經過興中會全體會員的同意，但實質上仍是何在《新政眞銓》中的主張，如訂憲法、設議會、公權利、平政刑、

⓲陳少白，前引。

⓳孫文，〈致香港總督歷數滿清政府罪狀並擬訂平治章程請轉商各國贊成書〉，《國父全集》，第二冊，頁玖一13。

變科舉等皆是。由這一事件可以看出何與中山先生、少白決有政治上的連絡，且相互信任，非同泛泛。這種密切的關係，不可能臨時建立，一定是在中山先生肄業何所創設及執教的西醫書院時及其後所發展而來的，亦即何與澳門時代的興中會早有連絡。

　　何、鄭皆主張以和平的改革達成變法維新，這與康、梁的主張並無二致，但何、鄭為何不能與康、梁合拍，而與中山先生、少白等結合呢？其中的原因恐仍要從社會及背景的因素加以分析。前面說過，何、鄭皆與西人有直接的交往，對西方文化具直接而深入的體認，在程度上遠較康、梁為廣、為深。這一情形與中山先生相似。中山先生在年幼時即赴夏威夷接受西方教育，對西方文化的體認決不下於何、鄭，亦為康、梁所遠不及。直接受西方文化涵化的人，在人格上易受影響，而人格特質相近的人當然易於接近，這是何、鄭易與中山先生結合的一項因素。就社會地位看，何、鄭與中山先生一樣，皆非科舉中人，亦非傳統社會中的世家子弟，相互易於來往，易於合作，這是結合的另一因素。康、梁雖主張倣效西法變法維新，但受西方文化的涵化不深，在人格上仍然保留中國傳統士大夫的積習，再加上科舉的功名與地位，就更不易與何、鄭或中山先生等結合。

　　從以上的各項分析，我們大致可發現澳門時代的興中會，有下舉的特色：

　　㈠是少數人的政治結合，但組織尚不夠嚴密。在結構上已可看出是由中山先生領導的一種激進的團體，具有外在政黨的色彩。

㈡組織的成員皆爲平民階層,但皆受過新式的教育。這一具有新思想的平民政治團體,使得中國傳統的政治體系在基本上發生動搖。

㈢政治的目的與功能徘徊在排滿的民族主義及溫和的維新主義之間,但在結構上,兩者的價值取向是互相衝突的,如種族主義、社會平等、共和政治,皆不同於種族和諧、社會的秩序及漸進的民主建設。這一情形完全導致組織的繼續變動,而轉向一個較穩定的目標。

現將澳門時代興中會的政治價值結構及權力結構圖示如下:

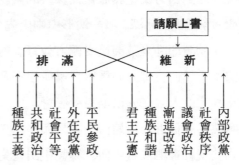

×: 表示衝突作用

→: 表示增強作用

政治價值結構圖

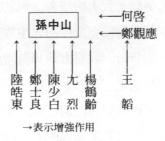

→表示增強作用

權力結構圖

貳、檀島創建的興中會

中山先生偕陸皓東赴津上書李鴻章，其時中、日戰爭爆發，李至蘆台督師，根本未與中山先生相見。投書雖由李的文案老夫子轉遞，李是否看過不得而知，僅說打仗完了以後再見。

> 孫先生聽了這句話，知道沒有辦法，悶悶不樂的回到上海。陶齋見了，就替他想方法到江海關去領了一張護照，請他出國去設法。孫先生也就乘輪到檀香山去了。❶

❶陳少白，前引。

以上是陳少白的追憶，應當正確。陶齋是鄭觀應的號，他既是上書的主要策劃人，中山先生見拒後當然仍要回到鄭處再作商量。如前所述，中山先生本具有強烈的民族主義，在內心上與和平改革存有衝突，現連開明的李鴻章都加拒絕，改革當無可能。他的絕望更增加原有的排滿民族主義，內心已感義無反顧。鄭必然同感失望，但他向主和平改革，且在上海經商甚有成就與地位，很可能不願直接介入激烈而危險的革命行動。他請中山先生出國設法，想亦覺悟到革命已無可避免，但要推動革命需要大量的金錢，甚至外人的支持，他知中山先生僑外多年，如重回夏威夷發展，定有可為。鄭的這一看法，當然與中山先生、皓東等磋商過。比較合理的推想定然

是中山先生同意去檀香山，而由皓東返粵連絡舊同志準備行動。澳門時代的興中會到此發生實質上的蛻變。

中山先生在甲午（一八九四）戰爭的持續期中抵檀，並創建興中會，這是檀香山時代興中會的開端。在發起組織興中會時，情況並不熱烈，中山先生曾說：

> 不圖風氣未開，人心錮塞，在檀鼓吹數月，應者寥寥，僅得鄧蔭南與胞兄德彰二人，願傾家相助及其他親友數十人之贊同而已。❷

中山先生在檀島的活動，實際皆得德彰的助力，贊助的親友大多是德彰先容的。興中會曾發表過一篇義正詞嚴的宣言，主要的內容在說明外國的欺凌，內政的腐敗，「用特集會眾以興中，協賢豪而共濟，抒此時艱，奠我中夏。」❸詞句中充滿國家主義的色彩，至於如何復興中華，是不是要排滿，宣言中皆沒有明說。中國早期出外謀生的華僑，大多在僑居地經商，平素雖安分守己，但仍往往受到當地人的歧視，所以甚盼國家的強大：一方面能給與心理上的自尊，一方面能在權益上加以保障。他們平常也接觸到西方的文化，了解中國的強大必須從內政改革，於是對國內主張改革的人願加支助。但支持改革並不一定贊成排滿，不少華僑仍受到傳統文化的影響，一時不能擺脫忠君愛國的觀念，對清廷非無相當程度的認同。中山先生在檀島組會不易，甚至在宣言中未明言排滿，可能皆與此有關。興中會在檀島成立時，入會的有何寬、鄧蔭南、李昌、劉祥、黃華恢、程蔚南等

❷〈孫文學說〉，前引。

❸〈檀香山興中會成立宣言〉，《國父全集》，前引，第二冊，頁肆—1。

十數人，其中始終排滿的只得少數(鄧蔭南為其中之一，
後隨中山先生返國參加廣州起義。鄧是三合會會員，向
有排滿的思想)，不少會員，包括德彰在內，後來也支助
康、梁，參加保皇會。馮自由說：

> 啓超抵檀時……聞者惑於擁護清帝變法維新，是
> 以保護海外僑民權利之說，以為起兵勤王一途，
> 實較革命排滿為事半功倍，故於啓超之倡設保皇
> 會，多踴躍參加，而舊興中會會員尤稱得力，德
> 彰亦其中之一也。❹

❹馮自由，前引，第二集，頁6。

由此可見，不少舊興中會的檀島會員，並不十分堅持種
族主義，他們對興中會恐亦無太大的歸屬感。實際上，
中山先生對華僑同志的寄望，較著重革命款項的捐獻，
歸屬感的深淺尚在其次。康、梁與中山先生在海外的衝
突，主在保皇會爭奪僑界的財源，華僑對祖國的熱心常
表現在捐款上，德彰即對雙方同作捐獻，至於排滿與否，
並未作深切的考慮。這種情形在僑界已成為一種類型，
主要的精神是來自國家主義。

就革命黨的發展觀察，檀島成立的興中會較澳門時
代的興中會來得正式。在澳門時代成員有限，且相互的
結合多來自私人的情誼，非為同鄉舊識，即為學校同學，
範圍相當狹窄而封閉。檀島的興中會在宣言中定下若干
正式的規定，代表一種制度的建立，如對入會規定須一
位會友的引薦與保證。在議事方面，「當照捨少從多之例
而行，以昭公允。」有關內部的權力組織，則規定：「本

會公舉正副主席各一位，正副文案各一位，管庫一位，值理八位，以專司理會中事務。」❺這一些規定尚非十分完密周詳，但已可構成一種正式的組織，較澳門時代大有進步。

檀島興中會基礎的擴大及排滿功能與能力的增強是在香港與輔仁文社的合併。中山先生約於一八九四年九月來檀組織興中會，並募集革命經費，同年十二月，因清廷對日戰爭的失敗，決趁民心的激憤與觖望，返國實行革命。他在檀島僅停留三數月，所籌集的款項約合港幣一萬餘元。次年年初，中山先生重回舊根據地的香港，經與老同志皓東、少白、士良、尤烈、鶴齡等籌劃革命，決定與輔仁文社合併進行。

輔仁文社是楊衢雲、謝纘泰等發起組織的團體。楊、謝皆具排滿的思想，所以輔仁文社實際上也是少數激進青年討論革新政治及排滿的結社。衢雲是福建海澄人，但少在香港船廠習機械，後因傷指改習英文，曾任香港招商局總書記及新沙宣洋行副經理等職。纘泰籍廣東開平，生長澳洲雪梨，十六歲時才隨經商澳洲的父親返港，並就讀皇仁書院。他的背景與中山先生十分相近，對西方民主政治的認識也比較深刻。輔仁文社於一八九二年成立，澳門時代的興中會也在同年成立，但當時兩個團體並沒有直接的連絡，現僅知中山先生與衢雲在其時已經相識。

輔仁文社的合併，導致檀島興中會的改組。改組後的名稱雖仍沿用興中會，但以香港的為總會，檀島的為支會。一八九五年一月二十四日，香港興中會特發表宣

言，其中的緣起部分，與檀島所發布的幾乎盡同，不過
在章程部分，香港的規定要較檀島的詳盡得多，很顯示
出組織方面的進步。從結社的目的看，檀島宣言並沒有
說明建國的方向與政策，香港宣言則列舉「設報館以開
風氣，立學校以育人才，興大利以厚民生，除積弊以培
國脈」❻等項。對排滿及政治上的基本主張，宣言中也
未明言，但入會者必須宣讀一份誓詞，這一誓詞雖然簡
短，但政治的意義要較宣言來得重大。誓詞的全文是：
「驅除韃虜，恢復中華，創立合眾政府。倘有貳心，神
明共鑒。」❼「驅除韃虜」是民族主義的發揚；「創立合眾
政府」是共和與民主的合致。很明顯地，這一主張受到
美國聯邦政治的影響。中山先生在民國建立後有見各省
獨立，互不合作的弊端，曾反對仿效美國的聯邦制度，
但仍堅決贊成美國民治的精神，所以這一主張可解釋為
民權主義的發揚。民族與民權主義的實現必須在根本上
對傳統的政治體系加以改造，這不僅是清廷，也是傳統
士大夫階級所決不容許的，香港興中會不能不進行暴力
革命，不能不成為所謂外在政黨，實在是傳統的政治體
系使然。

　　從香港興中會的成立(一八九五)，直至東京同盟會
的組成(一九〇五)，其間共歷十年。在這一段漫長的時
間，中國傳統的政治體系，受到內外環境的衝擊，危機
更形暴露；在另一方面，中國的政黨政治也受到相當影
響，產生若干實質上的變遷與發展，現將興中會的部分
分述為下：

　　㈠中山先生與衢雲所領導的興中會在一八九五年

❻〈香港興中會宣言〉，《國父全
集》，前引，頁肆—2。

❼〈興中會會員誓詞〉，《國父全
集》，前引，頁伍—1。

（乙未）至一九〇〇年（庚子）的五年間，曾發動廣州及惠州的武力革命，但結果皆遭失敗。黨中的中堅分子陸皓東死於廣州之役，史堅如謀響應惠州起事，亦在廣州死節。衢雲在興中會改組後，爭得會長的名義，但在廣州之役措施失當，於一八九八年辭去會長職務。惠州之役，衢雲參加籌劃，事敗後，爲清吏刺殺於香港。這五年間，使得興中會的元氣大喪，等到一九〇一年鄭士良病死香港，興中會與會黨的合謀起事，更爲暗淡。中山先生自稱：

> 蓋予既遭失敗，則國內之根據，個人之事業，活動之地位，與夫十餘年來所建立之革命基礎，皆完全消滅。❽

但惠州之役，對國內人心具有很大的激勵作用，中山先生亦指出：

> 當初次之失敗也，舉國莫不目予輩爲亂臣賊子，大逆不道，……惟庚子失敗之後，則鮮聞一般人之惡聲相加，而有識之士，且多爲吾人扼腕嘆息，恨其事之不成矣。……吾人睹此情形，……知國人之迷夢，已有漸醒之兆。❾

興中會的革命運動，對清廷的統治確產生相當的解體作用，但本身的組織也因此趨向解體。

㈡興中會的起事皆借助於會黨。會黨雖具有傾滿興

❽〈孫文學說〉，前引，頁叁─164。

❾同上，頁叁─165-166。

漢的觀念，但「知識薄弱，團體散漫，憑藉全無。」❿當
時的中國社會仍以「士子」爲領導階層，要推動進一步
的革命即不能不爭取知識分子的合作。中山先生對這一
情勢漸有了解，所以在興中會起事失敗，黨中精英盡失，
組織瀕臨解體之際，轉向知識界發展。賀之才追憶說：

> 中山先生自內地失敗後，避居海外，……惟思聯
> 絡祕密會黨，如三合、三點等會，若輩知識懸殊，
> 不能與共大事，遂怏怏而之英倫。又以旅囊空空，
> 一舉步舟車之費無所出，蟄居愁城，其失意之狀
> 可想矣。自至比京後，始知知識界中，亦有同調，
> 不禁喜出望外。⓫

一九〇〇年惠州之役後，中山先生避居日本，而以留日
學生，作爲重組革命黨的對象。實際上，中山先生對知
識分子的參加革命，早已注意，在庚子前一年，即一八
九九年，就曾嘗試與梁啓超合作組黨，終因梁的首鼠兩
端，而告破裂。庚子之後的三年間，中山先生多數時間
住在日本橫濱，他是排滿首義的先進，且對西方文化有
深刻的體認，甚受留學生的推崇，張繼說：「是年（按爲
一九〇一）赴東京之學生，多欲識中山。」⓬中山先生對
留學生也深爲結納，張回憶由秦力山介見中山先生的情
景說：「謁總理，見總理極和藹。留午餐，自以盆盛水，
令余等洗面，殊出素日想像之外。」⓭中山先生對知識分
子的重視及對留學生的主動爭取，實構成興中會合併改
組爲同盟會的重要關鍵。他自己也提過一段舊事，可以

❿同上，頁叁—164。

⓫馮自由，前引，頁137。

⓬張繼，《張溥泉先生全集》（臺
北：中央文物供應社，民40年10
月），頁39。

⓭同上，頁233。

證明這一說法：

> 河內博覽會告終之後，予再作環球漫游。……過日本時，有廖仲愷夫婦、馬君武、胡毅生、黎仲實多人來會，表示贊成革命。予乃托以在東物識有志學生，結爲團體，以任國事，後同盟會之成立多有力焉。[14]

[14] 〈孫文學說〉，前引，頁叁—166。

中山先生向主平民政治與地方自治，但也感覺實際運用，仍須知識分子的領導。他後來對政黨政治的看法，也與此相似。民國十年曾在演講中說過：

> 兄弟最近有一個感想，英、美的政治雖然是很發達，但是政權還不在普通人民的手裏。究竟是在誰的手裏呢？簡直的說，就是在有知識階級的手裏。有知識階級掌握國家的政權，就叫做政黨政治。[15]

[15] 孫文，〈三民主義之具體辦法〉，《國父全集》，第一冊，頁壹—220。

革命黨的步向留學界，範圍當然大爲擴大，但從另一面觀察，留學生的社會背景與思想也十分複雜分歧，如要發揮革命的功能，就必須加強結構的嚴密與領導的效能。換句話說，中山先生與留學生合作組黨後，革命黨即進入一個新境界。在這一轉變中，興中會的舊有結構與功能已逐漸不能應付，一些知識程度較差的老同志也就逐漸沒落了。

　㈢廣州之役（一八九五）失敗後，中山先生經日赴

美，再轉往英倫。一八九六年秋抵達，但不久即爲清使
館所誘囚，發生有名的倫敦被難事件。脫險後，曾在大
英博物圖書館從事研究。當時社會主義的學說已在歐洲
流行，中山先生深受影響，乃加以採擇融通，而創爲民
生主義。他說：

> 倫敦脫險後，則暫留歐洲，以實行考察其政治風
> 俗，……兩年之中所見所聞，殊多心得。始知徒
> 致國家富強，民權發達，如歐洲列強者，猶未登
> 斯民於極樂之鄉也。是以歐洲志士猶有社會革命
> 之運動也。予欲爲一勞永逸之計，乃採取民生主
> 義，以與民族、民權問題同時解決，此三民主義
> 之主張所由完成也。❶⑥

❶⑥〈孫文學說〉，前引，頁叁一164。

中山先生的民族與民權思想，早在夏威夷及香港讀書時
代即已奠定。但接受社會主義而化爲民生思想，則是一
八九六年在英倫所開端。中山先生富於同情心及體認的
能力，且幼年飽嘗貧農的艱苦生活，這些皆使得他易於
接受社會主義的思想。中山先生對此非無自承，已如前
述❶⑦。他自主張民生主義後，即十分堅持。一九〇四年，
中山先生手訂美洲致公堂的章程，即將「平均地權」列
入爲宗旨❶⑧，後復沿用爲同盟會的誓詞。他所創立的三
民主義理論，不僅使革命黨的奮鬥目標更上一層，也使
他自己成爲黨內的理論家。他的革命歷史及理論上的權
威，終帶給他不爭的領袖地位，並逐漸發生革命黨中
charisma 的作用。

❶⑦同前節❹。

❶⑧孫文，〈手訂致公堂新章〉，《國
父全集》，第二冊，頁陸一3。

⓲馮自由，前引，初集，頁75。

⓳同上，第四集，頁20—21。

㈣庚子之前，中山先生力謀興中會組織的擴大，一度與湘鄂地區的會黨領袖議定三合、哥老兩會的併入⓲。義和團亂作，亦曾透過何啓連絡廣州士紳及李鴻章幕僚，勸告李獨立，並推行地方自治等新政。乙未(一八九五)廣州舉事失敗，亡命日本橫濱，亦曾組織橫濱分會。庚子之後，中山先生與留學生合謀傾滿，對革命黨的名稱似另有計議。一九○三年中山先生再往歐美鼓吹革命，經檀島時，曾重整革命陣營，但所新組之革命團體稱爲中華革命軍，不再沿用興中會原名⓳。一九○四年冬及一九○五年春之間，中山先生在歐洲組織革命團體，亦不用興中會的名稱。革命排滿由傳統社會中非屬「士子」階層的新進青年，連絡會黨舉事始，逐漸發展到傳統社會中最具勢力的留學「士子」。後者所代表的潛在而雄厚的勢力，使得中山先生不僅在實質上，也須在名稱上對興中會加以改組。

檀島所創建的興中會，在香港因改組而擴大，但與澳門時代的興中會相比，除在請願上書方面有異外，無論會員的社會階層及角色規範，皆大體相似。現將擴大後興中會的政治價值及權力結構圖示如後：

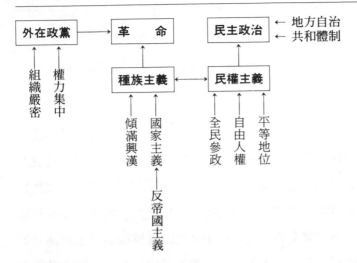

→表示增強作用

政治價值結構圖

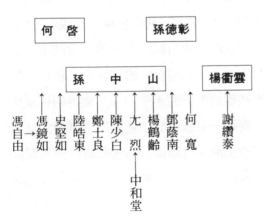

→表示增強作用

＊何啓未列名會籍。

＊＊尤烈後避星洲組織中和堂。

權力結構圖

叁、華興會的活動與演變

興中會的主要成員都是廣東人。衢雲雖隸籍福建，但年少時即至香港就學，其後並以香港為立業及發展革命之地。廣東接受西方文化的衝擊最早，對西方文化的認識也比較深刻。像何啓、中山先生、纘泰，年少時即在外洋親炙英、美的民主文化，返國後當然感覺清廷的專制與腐敗，主張改革。但傳統中國的士子絕大多數皆伏處內省，對西方的政治，所知極為有限。如前所述，這些士子為傳統社會的中堅，他們如支持清廷，反對革命，革命的前途就難以樂觀了。興中會會員舉義的失敗，與傳統士子的不加支助多少有關，至少興中會的不易擴大，即因未能深入到士子的層級。嚴格說來，興中會的會員在當時尚不被視為傳統的士子中人。梁啓超往夏威夷組織保皇會，竟能一舉破壞興中會的原有基業，甚至中山先生的胞兄德彰都大為傾倒，除因當時的僑界還保持一些忠君衛國的觀念外，也由於梁的舉子及士紳的傳統地位，產生吸引力。如何使得具有中堅地位的傳統士子轉向革新，甚至革命的道路，確是整個革命大業的關鍵所在。一八九四年的甲午戰爭終於提供了一個慘痛而絕佳的機會。在這一戰役中，堂堂的天朝上國，竟敗於蕞薾島國的日本，傳統的士子在痛定思痛之餘，當然深感中國政治體系的不足因應，必須徹底改造。清廷中較具新思想的督撫，也主張師夷以制夷，他們眩於日本明

治維新的效果，相繼選派優秀的學生前往留學。留學的
風氣一開，國內喜慕新學的士子，紛紛買舟東渡。據現
有的資料，甲午戰前，中國的留日學生僅四十餘人，此
後人數激增，至一九〇五年時，估計在八千人以上❶。
這一批擺脫舊社會束縛的留學生，多富民族的情感及創
造、冒險的精神，其中年輕而激進的，尤其以自尊、自
由、平等、博愛的生活理想，作為自我實現的目標。他
們贊成傾滿興漢，改建中國為一個民主自由而強大的新
國家。這一些實際上皆與中山先生等興中會的同志同調。

　　自甲午中國留學生湧向日本後，國內仍不斷遭受外
來的侵略。一九〇〇年的八國聯軍，一九〇五年的日俄
戰爭，使中國民族自尊心一再受辱。比較溫和的改革派
曾寄望清廷的維新，但結果同樣令人激憤。一八九八年
的百日維新，以戊戌政變終。一九〇〇年的自立軍，亦
以失敗聞。情緒激動的留日學生，在這一段時期，曾組
織若干愛國團體，有些介紹新知，有些討論國是，也有
間關回國，連絡會黨及軍、學兩界，祕密進行排滿活動
的。華興會與光復會就是這一類祕密結社中的最著者。

　　華興會是以兩湖學生為主所組織的革命團體。兩湖
在中國的內陸，不像廣東與江蘇的具有海港，易與西方
的文化接觸。兩湖學生之具有新知及在革命大業中扮演
重要的角色，與張之洞的總督湖廣及陳寶箴的巡撫湖南
皆有關係。張、陳雖效忠清廷，但也贊成新政，陳的支
助南學會及時務學堂，造成一股革新的風氣，已如前述，
張在湖北則辦有兩湖書院，文、武二普通學堂以及武備
及將弁學堂等，對新知的引進，作用更大❷。居正曾說：

❶日本《產經新聞》，古屋奎二，前引，頁226。

❷詳情參閱蘇雲峰，〈武昌學界與清季革命運動〉，中華民國史料研究中心編，《中國現代史專題研究報告》㈣，民63年11月，頁269-316。

❸居正,《辛亥箚記、梅川日記合刊》(臺北：中央文物供應社,民45年8月),頁6。

「湖北自張文襄創設學堂後,而新潮輸入,革命已伏萌芽。」❸一八九八年張以官費選派優秀學生出國留學,使得兩湖的士子跳出傳統的文化環境,直接觀察及接受其他國家政治及社會進步之所在,而引發革命的動機。

　　華興會的主要領導人物是黃興(原名軫,字堇午,後改名興,字克強)。他是湖南善化人,屬於中產的士子階層。他的父親是湖南的名諸生,他自己也是學生員。在甲午戰敗及戊戌維新時,克強曾受過若干刺激。劉揆一記述:「當滿清戊戌維新(一八九八)時,公年二十四,肄業兩湖書院,時從院試經史中闡發時事。」❹他對時事的闡發,可以推知定是民權、憲政、變法、改制等主張。庚子(一九○○)年在中國連續發生八國聯軍、自立軍勤王及惠州起義等震撼人心的大事,克強其時仍在兩湖書院就讀,現雖無資料記載他的感受,但不難想像他的憤激。辛丑(一九○一)冬,張之洞選派優秀學生赴日留學,克強中選。他抵日後研究中外大勢,「洞悉滿清數百年來,純為壓抑漢人政策,非先從事種族革命,必無改變國體政體之可言,遂留學師範於東京弘文學院,以為造就革命人才之計。」❺克強的造就革命人才,實際上是從連絡兩湖留日的士子入手。他先與楊守仁及樊錐等創辦《湖南游學譯編》,再贊助劉成禺、李書城等創辦《湖北學生界》。這兩個刊物所譯著的文字,完全在發揚民族及民權的精神。居正回憶說:

❹劉揆一,《黃克強先生傳記》(臺北：文海),頁9。

❺同上。

　　　　留學生創刊《湖北學生界》,以鼓吹革命思想,……
　　　　吾鄂各學堂,對於《湖北學生界》及革命刊物,

人人手祕一冊，遞相傳播，皆欲奪起爲天完徐帝，

大漢陳皇，而爲漢族爭自由，復國權矣。❻　　　❻居正，前引。

上面提到的樊錐是南學會中的主要分子，他以科舉功名
中的拔貢，倡言「公之天下，朕其已矣，」「風情土俗，
一革從前，搜索無剩，唯泰西者是效。」❼結果遭忌被逐，　❼引自《翼敎叢編》，卷5，頁4。
避禍來日。由此可見，南學會中的人物，與克強早有接
觸。

　　八國聯軍之後，俄軍入據滿、蒙土地，留日學生組
織拒俄義勇隊(一九○三)，兩湖學生是其中的主力分子。
後義勇隊改組爲軍國民敎育會，決定以鼓吹、起義、暗
殺等三種方法實行革命，並公推克強返國推動。克強乃
毅然自任，於一九○三年夏歸抵湖北武昌，在兩湖書院
演說革命的主張。其時宋敎仁正肄業文普通學堂，因傾
心新學，而與克強深相結納。克強留武昌不久，即因鼓
吹改革，遭逐出境，於是返湘任敎明德學堂。是年多張
繼亦來明德敎書，劉揆一則自日本趕返，相與籌劃舉事。
一九○四年初，乃在長沙創立華興會，克強被舉爲會長。
據劉揆一的記載，當時受邀參加的還有吳祿貞、陳天華、
楊守仁、龍璋、宋敎仁、秦毓鎏、周震麟、葉瀾、徐佛
蘇、翁鞏、章士釗、胡瑛、柳大任、張通典、譚人鳳、
王延祉、彭淵恂、劉道一等❽。華興會成立後謀在長沙　❽劉揆一，前引，頁12。
起事，結果謀洩失敗，克強、揆一、敎仁、天華、張繼
等避往上海，再先後轉往日本。克強等抵日後，參加兩
湖學生所創刊的雜誌《二十世紀之支那》，並擴展華興會
的基礎，成爲當時中國學生在日的主要革命團體。

　　從上述華興會的發展可知這一團體是以兩湖士子為主幹的秘密排滿結社。與興中會相較，組織的成員除去地區的所屬有別外，在社會地位上亦有不同。興中會的會員雖富有西方的新知識，帶有活潑的新精神，但大多非出於耕讀的所謂書香家庭，至少是不以科舉功名或學堂的學歷作為進身社會的基礎的。中山先生、少白、士良皆學醫，而且學的是西醫；尤烈學算學、鶴齡學輿圖、衢雲學造船，皆側重西方的技術。現代的科學知識常促進個人的現代性(modernity)，使人的思慮重理性與經驗，相信進化與革新，確是中國最需要的新興人物，但在清末的傳統社會中，這樣的人物實在太少，不能構成社會的中堅，反有時受傳統士子的排斥，影響到革命的發展。前節曾引留比學生賀之才追述中山先生在比京重視知識分子的情形，其時的另一位留比學生朱和中則建議中山先生對革命的進行，應著重「更換新軍腦筋，開通士子知識。」在反覆爭論以後，朱回憶說：

　　最後我乃正言曰：「……先生歷次革命，所以不成功者，正以知識分子未贊成耳！」先生乃歷述史堅如、陸皓東諸人之學問以證之。余曰：「人數甚少，無濟於事，必大多數智識分子均贊成我輩，則事半功倍矣。」先生深以為然。❾

❾朱和中，〈歐洲同盟會記實〉，《革命文獻》(臺北：中國國民黨黨史會) 第二輯，民42年7月。

朱自己即是湖北選派赴歐留學的士子，他的話應可反映當時社會的實況。華興會的主要人物則多屬傳統社會的士子，他們的家庭都注重耕讀，「讀」的目的在獵取科舉

的功名，建築或維持自己的社會及政治地位。前面說過，克強是兩湖書院的學生，敎仁是文普通學堂的學生，這兩個學堂雖較注重時事策論，仍以功名爲主要對象。再如吳祿貞，「年十五入邑庠，未幾輔廪膳生。十七歲，舉於鄉。」❿他中舉後，再入湖北武備學堂，經選送日本士官學校習騎兵。楊守仁亦是拔貢孝廉，曾講學時務學堂。陳天華則「善屬文，……日惟從事著述，專以鼓吹主義爲務。」⓫他所寫的《猛回頭》、《警世鐘》等爲當時最盛行的革命讀物。張繼出身耕讀世家，「幼時家規拘束嚴，每日囚於家塾。」⓬十六歲時即就讀保定的蓮池書院。上舉華興會的主要人物都屬士子的階層，可作爲當時留學生的代表。他們雖尙未取得政治上的高等地位，但因受社會的重視，且易與人數衆多的同輩士子交往，所以無論在留學界或國內的激進知識分子間，皆發生領導的作用。

　　從留日的學生界看，庚子以來，留學生的人數增多，各型小規模的革命組織亦如雨後的春筍，但仍以兩湖學生爲主幹的華興會居於領導的地位。據鄧家彥所口述的《革命珍聞》，當時各省的留學生皆紛紛組織革命團體，他所屬的團體，爲防範奸細混入，始終只有一、二十人。在這些團體當中，「以華興會領袖黃興最孚人望，……與之時通聲氣。」⓭他之參加同盟會的成立會，亦出於克強的通知。家彥是廣西人，所言比較客觀可靠。

　　從國內激進知識分子的革命行動看，華興會亦產生甚大的影響力。當華興會謀在長沙舉事時，湖北的革命分子曾組織科學補習所於武昌，以謀響應。克強且親往

❿曹文錫，〈慷慨悲歌吳祿貞〉，《中外雜誌》，17卷3期(民64年3月)，頁49。

⓫馮自由，第二集，前引，頁129。

⓬張繼，《張溥泉先生全集》，前引，頁229。

⓭姚蒸民，〈鄧家彥口述革命珍聞錄〉，《中外雜誌》，9卷3期(民60年3月)，頁111。

武昌商洽。這一團體的主要人物為呂大森、曹亞伯、劉靜庵、田桐、孫武、張難先、宋教仁、胡瑛等皆與華興會發生密切的關係，且大多亦參加華興會為會員。長沙舉事失敗後，科學補習所同遭查封，留鄂的同志劉靜庵、張難先、胡瑛等後假基督教聖公會附設的日知會繼續活動，且深入到新軍。日知會的革命運動經破獲後，劉、張、胡等皆繫獄，但從此湖北新軍中逐漸有革命的組織。開始時為湖北軍隊同盟會，後經一再改組擴大，而有群治學社、振武學社及文學社。文學社後與湖北共進會相結合，而引發武昌起義。在這一連串的發展過程中，原華興會的兩湖知識分子始終發生很大的作用，且經常與克強、教仁等謀取連絡。如日知會時代，曾遣吳崑至香港晤克強商議籌款大舉 ⓮。共進會成立前，焦達峰在日謀之於克強，克強因同盟會已經成立，頗覺不妥，後亦任之，但中山先生方在南洋，並不知悉。湖北革命團體在武昌起義前，亦曾決定派遣居正、楊玉如赴滬請克強、宋教仁、譚人鳳蒞鄂，共商大計 ⓯，可見關係的密切。惜宋另有顧慮，未即行，譚後來頗有微詞：「皆宋鈍初之遷延有以致之也。不然當時內地同志對於海外來者，實有一種迷信心理，安有黎元洪！無黎元洪又安有此數年之慘劇？」 ⓰ 辛亥革命後，湖北的革命團體與黃、宋等另有分合，但在發展上，直接或間接皆受到華興會的影響，這是無可置疑的。

　　以華興會為代表的兩湖激進士子，在政治價值上，仍以排滿興漢為中心，而主張種族革命。至於國體主共和，政體重民主；民主的實行則偏重於議會政治與權力

⓮ 馮自由，第一集，前引，頁248。

⓯ 居正，前引，頁37-38。

⓰ 譚人鳳，〈牌詞〉。

的三分。與中山先生的全民參政及直接民權相比，他們
似有意或無意地強調士子的優越地位。當然，中山先生
也贊同知識分子對社會應負更多的責任及應作更多的貢
獻與領導，但政治的情感與價值較放在一般的平民。從
另一面觀察，中山先生的社會背景，使他易於接受社會
主義的觀念，而華興會的兩湖士子就很少衷心接受。如
除去排滿的部分不談，華興會的士子的民主態度與主張，
實質上反較近於立憲派的人士。贊成傳統士子優越的社
會結構的，往往也贊同社會的穩定與秩序，華興會的士
子在這方面，似亦與立憲派人士相近。以上的觀察，在
辛亥革命前，已可看到端倪。華興會的中堅分子陳天華
在長沙起事失敗，重返日本後，「忽發奇想，建議於東京
駿河臺之我國留學生會館，主張用全體留學生名義，向
清廷請願，實行立憲政治。」[17] 這全然是因排滿遭遇到挫
折，而回退到溫和的政治改革，以求心理衝突的解決。
中山先生過去亦曾爲上書李鴻章而受挫折，他的解決是
堅決主張排滿。相互比較，雙方似都有過上書與排滿的
雙趨衝突，但解決的方向正好相反，由此我們不能不感
覺確與相異的社會背景有關。華興會另一要角徐佛蘇，
亦曾參加長沙起事，後避往日本，思想上逐漸傾向立憲
改制，贊成漸進的改革。他終於參加梁啓超的政聞社，
再入憲友會，成爲立憲派的主將。再看與華興會具歷史
關係的共進會。這一革命團體中的兩湖士子，雖多參加
同盟會，但在倣用同盟會的宗旨時，故將「平均地權」
改爲「平均人權」，使得社會主義的精神盡失。對共進會
的變改，也有權宜的解釋[18]，恐仍無法掩飾不盡贊同社

[17] 馮自由，第二集，前引，頁13。

[18] 馮自由即認爲秘密會黨知識幼
稚，對「平均地權」一語，不能
了解。見馮自由，前引，頁145。

會主義的態度。華興會在領導上以黃興為主，但在政治思想上，則以宋教仁為重鎮。現將有關的政治價值及權力等結構，圖示如下：

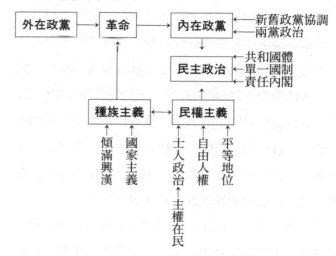

→：表示增強作用

政治價值結構圖

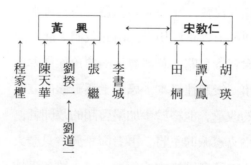

→：表示增強作用

權力結構圖

肆、光復會的活動與演變

興中會以廣東人士爲主幹，華興會以兩湖人士爲中堅，光復會亦具有地域性，即以江、浙的人士爲核心，主要的目的，仍在排滿興漢。江、浙的地理環境與廣東相像，在沿海地區皆有英、法等列強盤據的港埠：江、浙之有上海，相等於廣東之有港、澳。廣東與江、浙人士即透過這些港埠，與西方文化發生接觸，而能開風氣之先。從革命思想的形成及傳播的過程中看，江、浙地區的人士亦與廣東及兩湖地區的相似，即在帝國主義的侵略下，產生強烈的國家觀念，然後痛定思痛，一面吸收西方民權與法治的思想，嘗試變法維新的努力，一面覺悟到滿淸異族的專制統治，而滋長種族主義的情感。其中自尊、自由及自我實現等需要較強的人士，最後即走向排滿革命的激進道路。

江、浙的激進分子，多屬士子的階層，在社會的地位上，接近兩湖的同志。他們也多留學日本，歸而組織排滿的革命結社，正如兩湖的華興會。華興會的分子後與江、浙的激進人士較爲接近，與同屬一種社會的階層，不無關係。

江、浙激進分子的最早組織是在上海成立的中國敎育會，主要的創辦人是章炳麟（太炎）、蔡元培（鶴卿）、吳敬恆（稚暉）及黃宗仰（烏目山僧）等。太炎是浙江餘杭人，生於書香世家，但有羊癇疾的遺傳❶。十六歲

❶馮自由，第二集，前引，頁36。

❷章炳麟，《太炎先生自定年譜》（香港：龍門，1965年11月），頁3。

❸張繼，前引，頁24。

❹章炳麟，〈演說錄〉，《民報》，第6號，頁1（日本明治39年7月25日；中國國民黨黨史史料編纂委員會，民58年6月1日影印，臺北：中央文物供應社）。

❺章炳麟，前引，頁8。

❻前引，頁8-9。

時，曾應童子試，「以患眩厥不竟，先君亦命輟制義。」❷他後來遊於浙省大儒兪曲園（樾）主講的詁經精舍，專心研究國學，終成爲一代大師。張繼曾盛稱他的成就是「五百年來的集大成。」❸在政治思想方面，他曾受康、梁的影響，不但加入過強學會，且應梁聘赴滬擔任《時務報》的撰述（一八九六）。康、梁是主張變法維新的，太炎雖自稱自小即有種族觀念，但既投身康黨，終不免贊成過溫和改革。一八九八年，戊戌政變，太炎經臺避禍日本，仍投梁啓超。其時梁的民族觀念大盛，且與中山先生謀合併組黨，太炎的排滿思想乃一發不可遏止。除去戊戌政變，甲午中、日之戰（一八九四）對他的刺激也非常巨大。他曾回憶在甲午之前，缺乏民族思想的「學理」，自此之後「略看東西各國的書籍，纔有學理收拾進來。」❹由此可見，西方文化對他的影響。這一影響使他在經歷戊戌政變後，決心從事光復漢業的宣傳與行動。太炎在一八九九年返上海，一九〇二年再來日本，「往謁逸仙，與語，大悅。」❺不久又看到張繼，「及見，甚奇之。」❻透過中山先生與張繼，太炎與興中會及其後成立的華興會中人士開始訂交，而與康、梁分途，立於極端相反的地位。

吳敬恆是江蘇武進人，他進過學、中過舉，受過康、梁的影響，贊成維新，且在戊戌年初上過書。他思想上的轉變幾乎與太炎完全一致：先受甲午中、日之戰的刺激，然後閱讀一些介紹西方文化的所謂新學，於是傾向變法維新。戊戌政變是另一打擊，從此對清廷失望，激發起原有的民族情感，而主張革命。他說：

在甲午以前，一懵不知革命爲何物，但慕咬文嚼
字的陋儒。經甲午慘敗，始覺中國不能不學西方
工藝。……以後受了許多刺激，才一步步的浪漫
起來。直到癸卯（一九○三）在上海張園演說，
演高興了，才開始說革命。❼

❼引自章君毅，〈吳敬恆砥柱中流〉，《中外雜誌》，14卷3期（民62年9月），頁74。

在癸卯（一九○三）之前，他已去過日本二次，第一次
在一九○一年，是與鈕惕生同去留學；第二次在一九○
二年，是奉粵督陶模命，率領胡漢民等數十廣東士子赴
日學習速成法政。就在一九○二年的夏天，他爲清廷駐
日公使蔡鈞奏請清廷停派留學生及照會日政府禁止中國
學生肄業軍校事，與蔡在使館衝突。結果蔡請日警押解
歸國，他在途中躍入城濠自殺，幸經救不死。這樣的刺
激，當然加強他的排滿決心。其時蔡元培正在日本遊歷，
乃自動伴吳乘輪返國。蔡是浙江紹興人，爲名翰林，亦
具種族的觀念❽。蔡、吳返滬後，太炎亦歸，於是在秋、
冬之間，連合黃宗仰等組織中國教育會，宗旨在改良教
育，提倡新知。教育會成立不久，上海南洋公學的學生，
因反對校方對言論自由的限制，相率退學，並求助於教
育會。黃、蔡、吳、章等乃開辦愛國學社加以收容。他
們一面講學，一面排滿，另每週在張園集會演講，鼓吹
革命。太炎談他的講學：「多述明、清興廢之事，意不在
學也。」❾稚暉亦稱：「鼓吹罷學與夾帶革命，雙方並進。」
❿一九○三年，張繼、鄒容歸自日本，章士釗來自南京，
於是深相結納，以《蘇報》作爲發揮言論的陣地。鄒容

❽吳敬恆（稚暉），稱蔡爲「通人而兼學人」，見吳稚暉，〈通人與學人〉，載《吳稚暉先生選集》，上冊（臺北：中國國民黨黨史史料編纂委員會，民53年3月），頁187。

❾章炳麟，前引，頁9。

❿引自章君毅，前引，14卷4期（民62年10月），頁44。

當時住在愛國學社，用通俗流暢的文筆寫成《革命軍》，太炎在《蘇報》加以推介。太炎自己亦撰寫《駁康有爲政見書》，痛斥保皇的思想，甚至罵：「載湉小醜，未辨菽麥。」⓫他們的文章，不僅轟動一時，振奮人心，且成爲最流行的革命讀物。張繼稱讚鄒容的貢獻說：「他的光榮，我以爲比得上法國的盧騷。」⓬清廷對章、鄒及《蘇報》的言論，當然不能忍受，因向英租界的會審公廨控告，釀成有名的《蘇報》案。結果是《蘇報》遭受查封，愛國學社勒令解散，太炎處刑三年，鄒容二年（鄒服刑未滿，瘦死獄中），時在一九〇四年春。

愛國學社雖是江、浙知識分子鼓吹排滿觀念的搖籃，但在性質上，不過是少數意氣相投的名士的集合，尚不構成祕密的革命組織。到了愛國學社解散後，江、浙的激進士子大憤，革命結社乃逐漸形成。前面說過，在一九〇三年夏，留日的學生曾有軍國民教育會的組織，克強、揆一、天華等被推返湘起事，張繼亦在《蘇報》案發前，趕往參加。江、浙方面，被推歸國進行的，則是太炎的女婿，浙人龔寶銓。寶銓在一九〇四年秋返滬，初組暗殺團，後集合江、浙、皖等省的激進士子擴大組織革命團體。當時蔡元培從靑島返滬，乃與寶銓等合謀，將規章詳加修訂，組織光復會，蔡被推爲會長，寶銓爲幹事。太炎在獄中亦嘗致書蔡等策動。在滬參加光復會的還有陶成章及徐錫麟。陶與浙江的會黨關係密切，聯絡有年，早就有心舉事。徐是紹興的望族，曾中秀才，具有濃烈的排滿情感。陶、徐皆曾遊學日本，皆屬傳統社會的士子階層。他們與寶銓在日訂交，歸國後，合力

⓫章炳麟，〈駁康有爲論革命書〉，載陳雄輯，《民族革命文獻》（臺北：反攻，民43年5月），頁274。
⓬張繼，前引，頁25。

發展光復會。

　　與華興會比較，光復會的會員也大多是受過新學的衝擊，且在日本留過學的傳統士子，不過這些士子中已經有人取得了名士的地位。所謂名士是在社會中具有較高聲望與地位的士子，他們可能缺乏政治上的權力，不能像立憲派的名士，成爲名符其實的士紳，但仍可藉「文名」受到一般人民及士子的尊重。蔡元培與章太炎在愛國學社時代已成爲東南的名士，在士子的層級中屬於較上層的階級，視華興會爲略高，但仍屬同一社會層面。光復會成立時，太炎繫獄，元培被推爲會長後，頗爲名士風流，「專心學術，不耐人事煩擾，致會務無大進展。」❸太炎更染習名士的妄誕，曾疑稚暉在《蘇報》案中涉嫌不義，出獄後往復詬詈，元培亦覺過分。稚暉自避英後，即未列名光復會，太炎除以文章德望有助光復會的發展，實際上亦無革命行動上的貢獻。光復會的逐步擴展，且能獨樹一幟，發動起事，全賴陶成章與徐錫麟。

　　徐、陶參加光復會後，翌年（一九〇五）歸紹興創辦大通學堂，光復會的重心乃由上海移至紹興。一九〇五年冬秋瑾由日返國，一九〇六年春由徐介紹加入光復會，並在紹興主持明道女學，創辦體育學校。旋徐與秋商議將體育學校併入大通學堂，改名爲大通體育學堂，由秋主辦，作爲浙省起事的根據地，徐則率同學生陳伯平、馬宗漢赴安慶謀大舉。一九〇七年夏，徐在安慶失敗，就義；秋因事洩，亦在紹興被捕，死節。光復會的舉事雖然失敗，但活動的規模與影響，皆很深遠，並不下於興中會與華興會。目前有關光復會的活動資料尚不

❸馮自由，前引，頁88。

多見，唯據屈映光的回憶，參加的知識分子相當不少，他說：

> 光緒三十二年正月……余亦偕同周佩璜君赴杭，就讀於赤城公學。時秋瑾女士即已在杭，從事革命工作，以光復會名義召集青年，……余蒙許穎生、葉子布、朱介人諸先生之介紹，加入光復會，得以結識秋瑾女士及中堅分子章太炎、陶煥卿、周亦介諸先生。……知識分子，尤其學校青年均紛紛加入革命組織，杭州浙江弁目學堂官兵幾全爲光復會黨員。故革命工作在杭州發展極爲迅速，革命情緒沸騰澎湃，不可遏止。⑭

⑭屈映光，〈開國回憶〉，《中外雜誌》，9卷1期（民60年元月），頁7。

朱介人即朱瑞，後曾參加杭州光復之役，出任過浙江都督；屈亦曾被推爲浙省代表，參加民國元年臨時政府的組織，也做過浙江省的省長。他們的革命行動，實淵源於光復會。

徐、秋失敗後，光復會的另一要角陶成章仍力謀恢復。一九〇七年冬，他遠去南洋募款，謀再在江、浙起事。當時李燮和正在南洋教書，乃參加陶的活動，「駸駸有取同盟會而代之之勢。」⑮李原是克強任教湖南明德學堂時代的學生，曾追隨克強等組織華興會，並參加長沙起事。後東渡日本入同盟會，再轉港由馮自由介紹往南洋任教，深得華僑信仰⑯。李與陶合作後，頗分同盟會之勢。陶亦曾參加同盟會，且一度爲《民報》的編輯人，但素與中山先生不睦。張繼在加入華興會前，已與江、

⑮馮自由，前引，頁235。

⑯同上，頁234-237。

浙排滿人士如章太炎等有舊，後力主革命黨人的團結，
一九一一年冬曾在星洲調處，他說：「至星洲，聞吾黨內
分爲兩派：一，同盟會。一，光復會。乃集兩派人會飲，
曉以大義，其要旨：當革命成功之日，所忌者同志之內
訌。」⓱辛亥（一九一一）武昌起義後，陶、李皆返滬謀　　⓱張繼，前引，頁238。
江、浙的光復，李且運動駐滬湘軍參與上海光復之役，
太炎曾加稱讚：「自徐錫麟死，光復會未有達者，李燮和
乃流寓爪哇一敎員耳，而能復振其業，……江、浙次第
反正，則李燮和爲之也。」⓲惜陶、李皆與上海都督陳英　　⓲引自馮自由，前引，頁236。
士交惡，形成革命黨之間的內訌。民國元年南京政府成
立，李引退，陶在滬另組光復軍，遭刺死。

　　江、浙的排滿活動，從元培、太炎等在滬組織愛國
學社鼓吹始，然後逐漸形成少數知識分子的秘密革命結
社，而以徐錫麟、秋瑾及陶成章爲主要的執行人。徐、
秋死節，才有李燮和的參加，但不久滿淸即遭推翻，光
復會的活動亦告瓦解。這些光復會的名流與士子，在社
會階層上接近華興會，所以在革命的行動上及政治的理
想上，也互有聯絡及相通之處。如前述的張繼，雖爲華
興會會員，亦曾參加愛國學社的活動；章士釗的情形也
一樣。秋瑾留日時，與兩湖士子頗多來往，且曾結合華
興會的劉道一組成十人會的秘密革命團體。李燮和原就
是華興會的組成分子，而後才成爲光復軍的主將。就太
炎來說，在態度上也是傾向克強與敎仁。

　　光復會的政治理想，雖集中在種族革命，但也非常
注重民權，尤以秋瑾的提倡男女平等爲最大特色。這位
中國偉大的女性烈士，具有充分的現代性、自由感及自

我實現的情操。她完全接受西方自由民主的精神，反對中國的舊傳統，而主張家庭及政治的雙重革命⑲。她說：「近日得觀歐美國，許多書說自由權，並言男女皆平等，天賦無偏利與權。……我國女子相比並，一居地獄一天門。」又說：「吾輩愛自由，勉勵自由一杯酒。男女平權天賦就，豈甘居牛後。願奮然自拔，一洗從前羞恥垢；若安作同儔，恢復江山勞素手。」⑳她在自擬的〈檄文〉中曾譴責滿清「不與人以參政之權，……侈言立憲，而專制仍得實行；名爲集權，而漢人遭盡剝削。」㉑錫麟的文字不多見，他在安慶《起義佈告》中除強調「光復漢族，翦滅滿虜」外，也痛責滿清「近則名爲立憲，實爲中央集權！既我股掌，禁止自由。」㉒太炎最嚴滿、漢之別，認爲滿清入關，中夏已亡。但也重民權與自由。他曾爲文宣揚鄒容的《革命軍》，強調革命的目的非僅在排滿，且「在導之脫奴隸，就國民。」㉓否則徒然造成秦政，朱元璋之志，而「自相奴畜。」㉔這當然是一種自由民主的思想。鄒容早死，未及參加光復會，但他感情最純眞豐富，政治思想也最具體周詳。他曾列擧二十五條政見，供國人採納。其中包括天賦人權的觀念，主權在民的思想，代議及自治的制度，平權及獨立的精神，甚至主張：

> 無論何時，政府所爲有干犯人民權利之事，人民即可革命，推倒舊日之政府。……擧一國人民，悉措諸專制政府之下，則人民起而顚覆之，更立新政體，以遂其保全權利之心，豈非人民至大之權利，且爲人民自重之義務哉！㉕

⑲參閱鮑家麟，〈秋瑾與清末婦女運動〉，載中華民國史料研究中心編，前引，頁6。

⑳同上，頁16。

㉑秋瑾，〈自擬檄文〉(其一)，載陳雄輯，前引，頁49。

㉒徐錫麟，〈安慶起義佈告〉，載陳雄輯，前引，頁48。

㉓章炳麟，〈讀革命軍〉，載陳雄輯，前引，頁140。
㉔同上，頁141。

㉕鄒容，《革命軍》，載陳雄輯，前引，頁137-138。

他將美國獨立宣言及憲法的精神融會其中，實在難得。
在政治思想上，元培亦應一提。元培主排滿，是站在民
權的立場，對滿淸少數人的特權統治加以推翻，所以屬
「政略上的」。他認爲滿、漢之間已有相當程度的混同，
所爭者應是民權。關於民權，他說：

> 夫民權之趨勢，若決江河，沛然莫禦。而我國之
> 宦行政界者，很欲以螳臂當之，以招他日慘殺之
> 禍，此固至可憫歎者也。❷❻

❷❻蔡元培，〈釋仇滿〉，載陳雄輯，前引，頁96。

　　光復會的組織似不若興中會及華興會的穩定。中山
先生始終在興中會的會員間，起領導的作用，克強在華
興會亦然，光復會就缺乏像中山先生、克強式的領導人
物。元培、太炎名士風流，偏重學問，宜於鼓吹，而拙
於實踐。錫麟及秋瑾早死，他們的領導作用，只是曇花
一現，且未必爲太炎等所接受。太炎曾稱：「伯蓀（按係
錫麟號）性陰鷙。」❷❼陶成章後來雖仍思振作，但個性較
爲偏激，進同盟會，再抗同盟會，在革命的大勢上，當
然難有成就。現將光復會的政治價值結構及權力結構圖
繪示如下：

❷❼章炳麟，《太炎先生自定年譜》，前引，頁12。

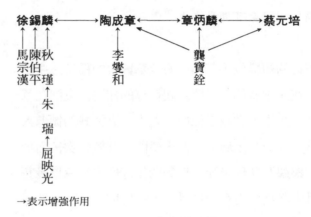

→表示增強作用

政治價值結構圖

權力結構圖

結　論

　　從以上各節，我們大致可以看出興中會、華興會、光復會等革命團體的發展過程。這一過程顯示出若干共同的類型(patterns)，而與中國整體的現代化運動息息

相關，值得再加以綜合說明：

　　㈠革命團體的產生是從極少數的知識分子開始的。
這些極少數的知識分子都因特殊的私人關係，而偶然相
聚。其中最普遍的關係是同鄉與同學。中山先生與陳少
白、鄭士良等組織興中會，克強與劉揆一、宋教仁等組
織華興會、元培與徐錫麟、陶成章等組織光復會，皆不
外從此等關係而來。中國傳統文化從親情轉而注重鄉誼
與學誼，以之入於政治，難免產生地域與學派的觀念。
這一觀念如再與政治的理想及利害關係相結合，就易導
致派系與摩擦。中國最早的革命團體皆本於此等關係，
其後的發展當然也難避免。薛君度曾引萱野長知的話說：

　　　　同年（按係一九二八）七月三十一日，萱野長知
　　　爲馮自由編撰《中華民國開國前革命史》致書於
　　　馮曰：「弟所希望者有三：（甲）毋偏於廣東人；
　　　（乙）毋誤第一次革命之眞相；（丙）毋忘同盟會
　　　前後各省同志之苦心運動，如克強、教仁、人鳳
　　　諸兄之歷史諸同志之事實。」以上兩人所言，必是
　　　有感而發。❶

❶薛君度，〈紀念黃克強並論辛亥
革命〉，《藝文誌》，38期（民57年
11月），頁18。

薛爲克強的快婿，他引日人萱野的話，何嘗不是有感而
發。

　　㈡這些發動革命團體的少數知識分子，皆具濃烈的
情感及堅強的性格。在心理的需要上，他們極重自尊、
自由、自重、創造及自我實現的需要。他們爲了恢復民
族的自尊，排除專制的束縛，確實做到了生死以之，亦

即將自我的實現昇華到自我犧牲的境界。若干烈士的成仁取義固是具體的表現，其他參加革命行動，幸而未死者，在性格上也是一樣。中山先生始終相信追求自由、民主的需要，而發動的「共和革命」，是「順乎天理，應乎人情，適乎世界之潮流，合乎人群之需要。」❷革命者，不過是先知先覺，但「決志行之，則斷無不成者也。」❸他自稱在鼓吹時「聞吾言者，不以爲大逆不道而避之，則以爲中風病狂相視也。」❹太炎也認爲「排滿復漢的心腸，也是人人都有，不過潛在胸中，到今日才得發現。……鶴知夜午，雞知天明，……本不是那隻鶴，那隻雞，所能辦得到的，但是得氣之先。」❺他爲了做一隻最先報曉的雞，同樣被人罵成叛逆及瘋癲。但他不覺得這樣的瘋癲爲壞事，「反格外高興」，另說：

> 兄弟承認自己有神經病，也願諸位同志人人個個都有一兩分的神經病，近來有人傳說，某某是有神經病，某某也是有神經病，兄弟看來不怕有神經病，只怕富貴利祿當面前的時候，那神經病就立刻好了。❻

我們承認政治現代化的目標是謀取心理上的自由、自主等的最大滿足，中山先生等的組織革命團體，作先知先覺的努力，決非中國歷史上的造反，而是現代化的追求。如與立憲派的人士相比，就心理的需要來觀察，革命黨人更注重民族的自尊，且在程度上與速度上，要求傳統社會更深更快地步向現代化。

❷〈孫文學說〉，前引，頁叁─161。
❸同上。

❹同上，頁叁─162。

❺太炎，《演說錄》，前引，頁2。

❻同上，頁3。

㈢主張革命的少數知識分子，除強調自由、自尊、自主等需要外，特別贊成社會進化的觀點，而有反傳統的傾向。中山先生是最贊成達爾文的進化論的，認爲「自達爾文之書出後，則進化之學，一旦豁然開朗，大放光明，而世界思想爲之一變。」❼他相信「物競天擇，適者生存，」在社會方面，是「文明進步，以日加速，」最後的目的在「大道之行也，天下爲公。」❽他對中國傳統社會的惡習及民智的幼稚皆曾有所批評，主張倣效歐、美等先進國家，而有所改革。實際上，他的政治主張仍是一本歐美民主政治的基本精神。中山先生的這些想法曾使他被人罵爲「白奴」❾。所謂「白奴」即今日罵人的「崇洋拜外」，從現代化的過程中看，不過是主張西化而已。中山先生而外，元培亦主進化論，他說：「自歐化輸入，群知人爲動物進化之一境，而初無貴種、賤種之別。」❿社會的不斷進化，「風潮所趨，決不使少數特權獨留於亞東社會。」⓫太炎亦宣揚進化競爭的原理，且用來說明民主的可行，他說：

> 民主之興，實由時勢迫之，而亦由競爭以生此智
> 慧者也。……人心進化，孟晉不已。……然則公
> 理之未明，即以革命明之，舊俗之俱在，即以革
> 命去之。⓬

相信進化，相信民主、自由、平等皆本於人性，而可以競爭啓發之，相信阻礙進化的傳統必須且必可革而去除，於是他們禮讚革命，而以革命爲中心的政治價值，此在

❼〈孫文學說〉，前引，頁叁—138。

❽同上，頁叁—139。

❾孫文，〈駁保皇報〉，《國父全集》，前引，頁柒—34。

❿蔡元培，前引，頁94。

⓫同上。

⓬章炳麟，《駁康有爲論革命書》，前引，頁279。

以前各節所附的政治價值結構圖中可以見到。且聽鄒容
的歌頌：

> 出十八層地獄，昇三十三天堂，鬱鬱勃勃，莽莽
> 蒼蒼，至高極高，獨一無二，偉大絕倫之一目的，
> 曰：革命。巍巍哉！革命也。皇皇哉！革命也。
> ⓭

❸鄒容，《革命軍》，前引，頁103
-104。

❹同上，頁105。

又說：「嗚呼革命！自由平等者，亦出於是也。」❹再聽
中山先生的稱讚：「革命者乃神聖之事業，天賦之人權，
而最美之名辭也。」❺中國社會既然落後，人民的知識程
度也太低，是否經得起革命的震盪呢？在變遷的過程中，
是否會破壞舊有的秩序而引起不安與流弊呢？社會的進
化論者都是趨向樂觀的，中山先生答覆的最好：

❺孫文，〈中國革命之難易〉，《國
父全集》，前引，頁捌—6。

> 再冷靜一點想，無論在甚麼地方，荒地開墾的時
> 候，初生出來的，一定是許多雜草毒草，決不會
> 一起便忽然生出五穀來的，也不會忽然會發生牡
> 丹、芍藥來的。這種經過，差不多是思潮震盪時
> 代的必然性，雖是有害，但也用不著十分憂慮的。
> ⓰

❻孫文，〈社會問題〉，前引，頁
拾壹—40。

㈣組織革命團體的少數知識分子，除去前述的人格
特質，易於作民權革命的反應外，實也受到外在環境的
觸發。在西方勢力及文化的衝擊下，清廷政治體系所暴
露的雙重危機，前已詳述，但對革命分子的決心組織祕

密團體，採取行動而言，也有幾個引發點：第一個引發
點是一八八四年的中、法之戰，此一戰役，由於清廷的
顢頇，喪失對安南的宗主權。中山先生及衢雲等皆深受
刺激，決心革命。中山先生自稱：「余自乙酉中、法戰敗
之年，始決傾覆清廷，創建民國之志。」**⑰**第二個引發點　**⑰**《孫文學說》，前引，頁叁—161。
是一八九八年的戊戌政變。這一政變使得若干溫和的改
革分子，對清廷的自作調整，完全失望，因而轉向革命。
第三個引發點是一九○○年的八國聯軍、自立軍之役、
惠州之役等。這一些事件，對中國知識分子的衝擊力極
大。秋瑾即說：「吾自庚子（按係一九○○）以來，已置
生命於不顧。即不獲成功而死，亦吾所不悔也。」**⑱**第四　**⑱**鮑家麟，前引，頁8。
個引發點是一九○三年的俄軍強佔滿、蒙事件。上海志
士爲此召開拒俄大會，留日學生亦組織拒俄義勇隊，後
再改名爲軍國民教育會，推選志士回國革命。黃興、龔
寶銓皆是受推返國組織革命團體的，陳天華的傳記中有
下面的一段記述：

　　　歲癸卯（一九○三）留學日本，時值俄兵入據東
　　三省，瓜分之禍日迫，朝野皆束手無計，乃大悲
　　慟，齧指血，成書數十幅，備陳滅亡之慘，郵寄
　　內地各學校，讀者莫不感動。是歲夏，黃克強、
　　劉揆一等組織華興會，謀起義於湖南。**⑲**　　　　　**⑲**《革命人物誌》，第四集，頁1651
　　　　　　　　　　　　　　　　　　　　　　　　　　-1666。

這些引發點一再暴露清廷政治系統的危機，也不斷鼓盪
愛國知識分子的革命熱情，兩相結合，革命團體乃告產
生。

㈤當革命團體開始組織時，不過出於極少數具特殊私人關係的志同道合者的聚會，還談不上具有結構。中山先生在香港所聚談的四大寇，即屬此類。但由此開始，逐漸規劃參與同志的角色行爲規範，並作某種程度的分工，結構乃告出現。但結構的形成，圭在進行某種功能，合而爲一個整體的體系；革命團體既重秘密排滿，危險性非常之高，所以繼少數創始者而加入的，也並非過多。成員既非過多，結構本身即非太複雜，分化的程度隨而不太精細。革命團體的活動高潮在起事，爲了準備起事，無論興中會、華興會或光復會皆集中全力連絡會黨，到了這個階段，成員突然增多，結構驟然複雜與分化，但角色的規範並不穩定，也未能完全制度化，於是體系的本身就難得強固。會黨的人員中固不乏忠貞仇滿的首領，也雜有不少「志在搶掠」❷ 的會衆，對本身的角色規範並不甚了了，或有所了解，但不能符合。起事失敗後，會衆哄散，再加上領導人的就義，原本非十分強固的結構，就更難維持了。革命團體的體系，在起義後所發生的回退現象，對本身具有「回投」作用(feedback)。中山先生及克強等向士子及學生的階層求擴展，以及相互謀聯合的努力，皆本此「回投」的作用而來。

㈥各革命團體的產出(output)功能，除推翻清廷外，尚有民主政治及其他新政的實施。但在實際上，仍集中在排滿。排滿是促成革命的主要因素，不少革命團體中的成員，在其他意見上非無出入，但爲了共同的排滿目標，而合組革命的體系。這一情形運用在推翻清廷上，固然推動體系的功能，但等到清廷被推翻後，不同的政

❷參閱朱和中，〈歐洲同盟會記實〉，載《革命文獻》，第二輯，中國國民黨黨史史料編纂委員會，民42年7月。

見產生，如體系的能力不能加以協調，體系本身即將陷
入動盪的困境。

第十二章
革命政團的統合與變遷

　　早期革命團體在歷經起事失敗的打擊後，體系本身的維持，已大感不易。如要進一步推動革命的功能，達到傾覆清廷的目的，當然必須重新調整本身的結構，加強角色的能力。這一「回投」(feedback)作用產生了若干具體的效果：

　　㈠各革命團體的成員皆感到原有的體系必須擴充，擴充的最佳途徑，當然是各團體之間的相互聯合，進而改組為一新的、但組織擴大的革命團體。

　　㈡在改組的過程中，應儘量吸收新知識分子會員的加入。根據各革命團體以往起事的經驗，純靠會黨的合作，往往不能受到傳統社會中堅分子的士子階層的支持，常被誤認為是一種下層社會的暴動。在另一方面，會黨人員及一般群眾知識程度淺薄，亦必須增強領導的層級，而多吸收知識分子。

　　㈢革命團體內部的結構必須強化，使能有效完成革命的大任。強化的方式不外精密分割角色的行為規範，提高成員對體系的認同，以及發揮領導及合作的精神等。

壹、同盟會的設立

　　興中會是組織最早，舉義最先的革命團體，但也是遭受打擊最重，體系瀕臨解體的團體。中山先生對此感受極深，曾力謀重整，並決定向海外留學生的團體發展。一九○○年以後，留學海外，尤其是日本的學生日漸增多，各種討論革命的小團體也如雨後春筍，紛紛成立。中山先生在這樣的情形下，早有「同盟」的打算。中山先生的「盟」是與「誓」連在一起的。「盟」的目的在革命，「誓」的目的在加強心理的認同及團體的凝固力與懲戒力。一九○四年冬，中山先生赴歐組織革命團體，曾在比京布魯塞爾、德京柏林及法京巴黎，結合留學生加盟革命黨，並以「驅除韃虜，恢復中華，建立民國，平均地權，矢信矢忠，有始有卒，有渝此盟，神明殛之！」為誓詞。當時比京的留學生對宣誓一節，頗有辯難，據朱和中的追憶：

　　　　是晚，同人設盛筵以享先生，……夜深矣，先生起而言曰：「討論已三日三夜矣，今晚應作一結束。」大眾敬聽之，則先生提出宣誓一事也。諸人又復紛紛持異議，謂我輩既真心革命，何用宣誓？先生反覆辯論宣誓之必要，問難者愈多。向來我發言最多，獨於此事則默然。先生見眾議不決，乃問我曰：「子英兄，爾意何如？」余曰：「我輩

既決心革命，任何皆可犧牲，豈憚一宣誓？」先
生喜曰：「然則爾願意宣誓乎？」余曰：「願。」先
生曰：「即從爾起。」余曰：「可。」眾乃無言❶。
宣誓後，乃「同盟」，但通稱革命黨，未定會名。
❷

中山先生在赴歐、美之前，對擴大革命黨的組織，
已在日本有所布置，當時雖未盟誓，但影響到其後同盟
會的成立甚大。中山先生擴大的對象是廣東籍的留學生，
也就是透過同鄉的特殊私人關係，重建革命的組織。據
馮自由的回憶：

> 癸卯（一九〇三）漢民堂弟毅生因廣東大學堂風
> 潮退學東渡。是年秋總理自安南莅日本，余為紹
> 介毅生及粵籍學生桂少偉、黎仲實、朱少穆、張
> 崧雲、廖仲愷、伍嘉杰、盧少岐、何香凝諸人與
> 總理相見。❸

中山先生乃託這些粵籍學生發展組織，並自認對後來同
盟會的成立，發生很大的作用❹。一九〇四年，粵督岑
春煊選派數十粵籍學生赴日學習法政，其中包括胡漢民、
汪精衛、朱大符（執信）、金章、陳融、葉夏生等❺。他
們抵日後，更加強廣東革命人士的陣容，成為中山先生
最有力的新興支持者。這一新興的粵籍士子的勢力，不
但可補救中山先生興中會的損失，且更強化中山先生的
領導地位。

❶朱和中，前引。

❷馮自由，《中華民國開國前革命史》，第一冊，頁188。

❸馮自由，《革命逸史》，前引，初集，頁187。

❹參見〈孫文學說〉，前引，頁參一166。

❺馮自由，前引。

　　一九〇五年夏，中山先生由歐東歸日本，策劃留學
生革命團體的大合作。在各省的留學生中，當時以華興
會爲代表的兩湖知識分子最爲團結，而有力量。華興會
的領袖黃興也最孚人望，於是日人宮崎滔天（寅藏）乃
力謀中山先生與華興會的合作。華興會自長沙舉事失敗
後，正從事自我體系的調整及擴大的努力，一經宮崎的
介紹，雙方的合併，在性質上，已成水到渠成的事，至
於參加的方式等，雖有討論，但總屬枝節的問題。

　　對前述雙方合作的需要，中山先生說得十分透徹，
他透過宮崎與華興會的人士商談，宋教仁記其經過說：

　　　程潤生來信稱孫逸仙約余今日下午至二十世紀之
　　支那社晤面，務必踐約云。未初，余遂至，孫逸
　　仙與宮崎滔天已先在，余既見面，逸仙問此間同
　　志多少如何時，陳君星台亦在座，余未及答，星
　　台乃將去歲湖南風潮事，稍談一二及辦事之方法
　　訖，逸仙乃繼談現今大勢及革命方法，不外聯絡
　　人才一義，言中國現在不必憂各國之瓜分，但憂
　　自己之內訌，此一省欲起事，彼一省亦欲起事，
　　不相聯絡，各自號召，終必成秦末二十餘國之爭，
　　……此時各國乘而干涉之，則中國必亡無疑矣，
　　故現今之主義，總以互相聯絡爲要。又言：方今
　　兩粵之間，民氣強悍，會黨充斥，與清政府爲難
　　者，已十餘年，而清兵不能平之，此其破壞之能
　　力已有餘矣。但其間人才太少，無一稍可有爲之
　　人以主持之。……若現在有數十百人者出而聯絡

之、主張之，一切破壞之前之建設，破壞之後之
建設，種種方面，件件事情，皆有人以任之，一
旦發難，立文明之政府，天下事從此定矣。❻

❻宋教仁，《我之歷史》，第2，頁
27-28，載沈雲龍主編，《宋漁父
先生遺著》(臺北：文海)，頁180
-190。

　　中山先生所說，實已將各革命團體起事失敗後的感
受與需要，統統道出，且採取一種主動的合作努力，很
具說服的力量。華興會本身的商討，宋教仁亦有記述：

　　先是孫逸仙已晤慶午(按：即係黃興)，欲聯絡湖
南團體中人，慶午已應之，而同人中有不欲者，
故約於今日集議。既至，慶午先提議，星台則主
以吾團體，與之聯合之說。慶午則主形式上入孫
逸仙會，而精神上仍存吾團體之說。劉林生則主
張不入孫會之說。余則言既有入會、不入會者之
別，則當研究將來入會者與不入會者之關係如何，
其餘亦各有所說，終莫能定誰是，遂以個人自由
一言了結而罷。❼

❼同上，頁28（總109）。

　　由上述更可知中山先生是採取主動而發起的立場，
此可由「入孫會」一語看出。華興會的是否聯合，最後
雖以「個人自由一言了結而罷」，但多少仍存團體地域之
見。不過，黃興、宋教仁及陳天華等重要的華興會人士
既願與中山先生合作，同盟會的基礎已奠。

　　同盟會的成立共召開過兩次會議。第一次在一九〇
五年的七月三十日(陽曆)，第二次在同年的八月二十日。
第一次會議假東京赤坂區檜町黑龍會會所舉行，由「孫、

❽馮自由, 前引, 第二集, 頁148。

黃各自通知所識各省同志屆時赴會。」❽這一次到會的共
七十三人, 實際上是以孫爲首的粵籍留學生, 以及以黃
爲首的兩湖留學生爲主幹。據馮自由的回憶:

> 第一次集會期屆, 興中會員孫總理、梁慕光、馮
> 自由三人自橫濱蒞會, 各省同志之由黃興、宋教
> 仁、程家檉等通知到會者, 有張繼、陳天華、田
> 桐、董修武、鄧家彥、吳春暘、康寶忠、朱炳麟、
> 匡一、魯魚、孫元、權道涵、張我華、于德坤諸
> 人。由馮自由通知到會者, 有馬君武、何天炯、
> 黎勇錫、胡毅生、朱少穆、劉道一、曹亞伯、蔣
> 尊簋、但燾、時功玖、謝良牧諸人。由胡毅生帶
> 領到會者, 有汪兆銘、朱大符、李文範、張樹枏、
> 古應芬、金章、杜之杖、姚禮修、張樹崇諸人。
> 由宮崎寅藏通知到會者, 有內田良平、末永節諸
> 人。❾

❾同上。

會議由中山先生任主席, 整個議程實皆爲中山先生所推
動。他先作演說, 後提議定名爲中國革命同盟會, 後經
討論, 確定名稱爲中國同盟會。他再提議同盟會的宗旨
應以「驅除韃虜、恢復中華、創立民國、平均地權」四
事爲綱領。其時雖有數人對「平均地權」一語表示疑義,
卒仍尊重中山先生的意見, 予以通過。中山先生在比京
與留學生同盟時, 即堅主宣誓, 並定有誓詞。在這一次
會議, 他仍作相同的主張, 經全場接受。誓詞的內容,
經衆推黃興、陳天華二人審定, 辭句上, 僅與比京的相

差數字而已。即:「當天發誓,驅除韃虜、恢復中華、創立民國、平均地權、矢信矢忠、有始有卒、有渝此盟、任衆處罰。」衆人經宣誓後,由中山先生授祕密口號,再推黃興、宋教仁、陳天華、汪精衛、馬君武等八人起草會章,於下次會中提出。

　　第二次會於八月二十日假東京赤坂區靈南坂本珍彌邸舉行。參加的人員增至百餘人(如胡漢民於第一次會議因回國未及參加,第二次會議已返日,即來參加)。開會時先由黃興宣讀章程草案三十條,再經討論加以增刪。據宋教仁的日記,章程通過後,「乃公舉總理及職員、議員。衆皆舉得□□□(按係中山先生)爲總理,舉得□□□(按係指鄧家彥)等八人爲司法部職員,舉得□□□(按係指汪精衛)等二十人爲議員。其執行部職員,則由總理指任,當即指任□□□(按係指黃興)等八人爲之。」❿總理及職員選出後,另通過黃興的提議,以華興會主辦的《二十世紀之支那》雜誌爲同盟會的機關報。於是「會事旣畢,乃大呼萬歲而散。」⓫

　　從參加會議的人員分析,第一次的七十三人中,兩湖的留學生共佔三十八名(湖南二十名,湖北十八名);在第二次會議的百餘人中,兩湖留學生幾佔一半(湖北二十七人,湖南二十三人)⓬,可見以華興會爲主體的兩湖士子的勢力。不過,廣東籍留學生的勢力亦相當堅實,出席第二次會議的,亦達二十四人。前面說過,在同盟會成立時,興中會已相當衰退,中山先生且不再以此名相號召,但他的新粵籍崇拜者,最先透過興中會會員馮自由的介紹,所以仍存有興中會的淵源。在這一情況下,

❿宋教仁,前引,頁31(總115)。唯據馮自由的記述,總理是在第一次會議中,由黃興倡議公推中山先生爲總理,不必經選舉手續,經舉手贊成而推出(見馮自由,前引,頁149)。現參閱章程第八條,有:「本會設總理一人,由全體會員投票公舉」的規定,所以在第二次會議通過章程後,再由會員投票公舉一次,較合情理與規定。宋在日記中的記述,應當可靠。另馮記執行部職員亦爲票選,宋記爲指任,按章程規定,宋爲正確。

⓫宋教仁,前引,頁31(總115)。

⓬參見蘇雲峰,前引,頁288-289。

我們大致可以說，同盟會在初成立時，是以興中會與華興會的合併爲基礎。籍隸浙江的秋瑾，當時雖也參加同盟會，但還不是光復的會員。她參加光復會是次一年的事。光復會的重要人士章炳麟(太炎)，在同盟會成立時，尚因《蘇報》案繫獄。他於次年（一九〇六）五月出獄，由同盟會會員鄧家彥、龔練百赴滬，迎來日本，「未幾，以壽州孫毓筠少侯之請，入同盟會，任《民報》編輯。」⓭《民報》是《二十世紀之支那》在日遭禁後，同盟會新創的機關報。另一光復會的重要人士陶成章，雖也加入同盟會，且也出任過《民報》的編輯，但其後卻轉而與中山先生及同盟會對抗。太炎在一九〇九年的自定年譜項下記述：「煥卿（按係成章的號）自南洋歸，余方講學。煥卿亦言：『逸仙難與圖事，吾輩主張光復，本在江上，事亦在同盟會先，曷分設光復會。』余諾之，同盟會人亦有附者。」⓮除陶先加入，後反對外，徐錫麟亦從未加入同盟會，太炎且說他亦「鄙逸仙爲人。」⓯由上述看來，光復會雖亦有人參加同盟會，但並不若興中會與華興會的重要。

在中山先生與華興會的同盟過程中，中山先生取得領導的地位。這一地位的取得，除因中山先生的主動發起外，另有若干優越的條件，爲克強所不能及。首先中山先生年長克強八歲，且興中會在檀島的組織與舉事，亦較華興會的組織與舉事早九年。所以無論在年齡及革命的聲望上，中山先生皆較克強爲優。程家檉曾告華興會的同人：

⓭章炳麟，《太炎先生自定年譜》，前引，頁13。

⓮同上。

⓯同上，頁12。

　　　孫文於革命名已大震，脚跡不能履中國一部，盍
　　緩時日，以俟其來，以設會之名，奉之孫文，而
　　吾輩得以歸國，相機起義，事在必成。」❶

❶宋敎仁，《程家檉革命事略》，民2年撰，載南京，《國史館刊》，第1卷第3號，民36年。

由此可知，華興會人對中山先生革命英雄式的聲望，已
有所接受。其次，中山先生在新學及政治、社會理論方
面的素養，亦非克強所能及。克強雖爲秀才，曾是兩湖
書院的高材生，無論國學與新學皆有相當根柢，但中山
先生富思想，創造力甚強，且自少即得機緣在夏威夷就
學，他精通英語，除去親身的體驗，尚能直接研判當代
社會及政治的思潮，因之，中山先生在這方面的學養，
以及對外的知識與能力，皆較克強爲優異。「孫氏理想，
黃氏實行，」恐即由此而來。再其次，中山先生曾是粵籍
的華僑，他可藉華僑的身分，向南洋，尤其是美洲各地
的鄉僑捐款。革命最需金錢與物質的接濟，中山先生具
此條件，更非克強所能相比。以上三項構成中山先生在
政治資源(political resources)方面的優越情勢，而使得
華興會願與合作，亦使得克強樂於退讓，尊之爲總理，
而相互合作。中山先生被推爲總理後，聲望更高，逐漸
成爲中國革命分子的神聖人物(charisma)，而有助於其
後革命的推行。

　　再從同盟會所建立的新體系觀察，一種新的民主式
的權力結構，首次爲中國知識分子所建立。據同盟會的
總章，中央決策結構採三權分立制，並以總理爲行政系
統的最高決定人，亦即兼採總統制的精神。總章第八條
規定同盟會設總理一人，由全體會員投票公舉，四年更

選一次，但得連舉連任。無疑地，這一條的精神，完全採自美國憲法有關總統產生的規定，表示出黨員主權的民主制。總理對外代表同盟會，對內有任命及指揮執行部，亦即行政系統之權。總章第九條規定總理「有執行事務之權。節制執行部各員。」第十條續規定執行部分設庶務、內務、外務、書記、會計、調查六科，但「各科職員，均由總理指任，並分配其權限。」也就是說執行部由六科組成，相當於美國總統所領導指揮的內閣，大致仍是從美國制度中脫胎而來。立法權屬議事部，議員以三十人爲限，每年由全體會員投票公舉一次（總章第十一條）。議事部可議決規則，亦可決定議案，提案權分屬總理與議員，此可見之於第九條下半段的規定，即總理「得提議於議會，並批駁議案。」行政首長對議會的批駁權，是解決決策過程中發生衝突的一項設計，它的本源還是來自美國總統制。美國總統雖無權向國會正式提案，但可批駁國會的議案，方式是由總統退回覆議。如國會再以三分之二的多數通過，總統就必須接受，同盟會總理行使批駁權的方式究竟如何，總章中未加規定，故不得而悉。不過，我們可以肯定，行政與立法之間，確有民主式的制衡關係的存在。除掉立法與行政外，同盟會亦設司法部。司法部置判事長一人，判事二人，另設檢事長一人。判事長與判事大概就是法院的院長與推事，檢事長想即是檢察署的檢察長，但司法部的名稱，卻不見於總章的規定。總章爲何漏列司法，原因不悉，事實上，司法部確是成立了的，且由會員所選舉。前引宋敎仁的日記，非常清楚地記載當時曾舉得司法部職員八人

❶。馮自由的回憶並指出選出的判事長是鄧家彥, 判事是
張繼與何天瀚, 檢事是宋教仁 ❶。鄧亦曾作此自承 ❶。
司法部的職權如何, 因未見明文規定, 不能盡知, 但既
獨立自成一部, 可見其中所含有的司法獨立的精神。再
就中央與分支機構的權力關係看, 總章第十六條規定,
國內設五個支部, 國外設四個支部, 皆直接受中央本部
的統轄。各支部設部長一人, 亦皆由總理指任 (總章第
十八條)。支部包括數個省, 如中部支部即下屬河南、湖
南、湖北、江西等四省。省設分會, 會長則由當地的會
員公舉, 且須受本部的統轄(總章第十五條)。除省設分
會外, 總章第二十二條及二十三條另明定各地設分會,
會長由會員選舉, 直接受支部的統轄。此處所規定的分
會是否包括省分會在內, 還是另指省以下的區域, 總章
未作清晰的劃分。但不管如何, 分會會長皆由會員選舉,
自治的精神已十分明顯。以上所規定的權力結構不過是
角色行為的一種「規制」, 與實際實施的情形可能相差甚
遠, 如議事部的議員「先後歸國者眾, 一年後形同虛設」
❷, 但此「規制」所代表的政治價值, 卻十分值得注意,
現可舉出數點:

　　㈠規制中所表現的中央及地方分權的精神, 完全來
自西方的民主理論與制度。對中國二千餘年的專制政治
而言, 這是政治行為規範上的大改變, 性質上毫無疑問
地是一種激烈的革命。

　　㈡行政、立法、司法的三權分立, 以及行政與立法
之間的制衡關係等, 使整個體系在民主的基礎上, 實現
結構的分化。與以前的各革命團體相較, 同盟會不僅具

❶宋教仁,《我之歷史》, 前引,
頁31。
❶馮自由, 前引, 頁151。
❶見姚蒸民, 前引, 頁111。

❷馮自由, 前引。

有高度分化及統合的結構，而且接近正式政府的規模。

㈢內部結構採取民主精神及制度的政黨，往往比較開放，易於轉變或即屬於所謂的內在政黨(inside party)。同盟會在推翻清室，建立民國上，雖爲革命的外在政黨(outside party)，但純就內部的規定看，確具有內在政黨的意味。民國建立後，同盟會一變而爲內在議會政黨的國民黨，非無歷史的線索可尋。

同盟會在會員的入會方面，也較過去各革命團體來得公開。如總章第六條即規定：「凡會員皆有實行本會宗旨，擴充勢力，介紹同志之責任。」第五條復規定：「凡國人所立各會黨，其宗旨與本會相同，願聯爲一體者，概認爲同盟會會員。」這些規定，已使同盟會擺脫基於私人特殊關係的祕密結社的時代。它要在全國各地設立分會，目的在建立全國性而具有周延性的革命政黨。這種公開而周延的性質，如能與民主的制度相配合，是可能推動同盟會的轉向內在政黨，而使政局安定，逐漸步入政治的現代化。

當然，規制所能代表的充其量是一種理想的角色行爲規範，這種規範是否受到多數會員的認同或接受，而加以遵行，產生如 Samuel P. Huntington 教授所說的制度化(institutionalization)的效果㉑，確實值得推敲，但從政治現代化的觀點看，專制傳統的打破，必先從民主理想規制的建立始。規制如不建立，民主的角色規範即不能顯露，行爲即無標準可循。大體說來，規制常是政治現代性特別強烈的改革者所擬定的，亦即中山先生所說的先知先覺者，或太炎所說的得風氣之先的報曉者，

㉑Samuel P. Huntington, *op. cit.*

所作的現代性的價值判斷。一般受傳統專制文化束縛較
深的人，雖在人性上存有潛在的民主與自由的基本需要，
但在突破專制的文化之繭，而能爲先知所覺之前，仍有
一段遙遠而坎坷的道路須加克服。這一過程幾乎不能不
是迂迴曲折的。除掉傳統而複雜的文化因素外，尚有環
境的、社會的以及功利等等的變數穿挿其間，這些皆使
得政治現代化的步伐顯得遲緩而蹣跚吃力。但同盟會的
開創者既然定下以民主的實踐爲行爲的理想規制，無論
如何總是朝向政治現代化踏了重要的一步。民主的實踐
自然不能僅停留在一種規制的建立，還須理想的規制能
實際爲成員所接受，以及成員的能力足能履行理想的規
制。如何改變傳統的專權價值觀念，再配合能力的提高，
確是規制定立後所面臨的最嚴重的問題。這一問題在現
代化的道路上，會帶來若干衝突與困擾，但終究還是無
法避免的。

　　同盟會的體系雖主在排滿，但對基本民權的維護及
社會主義的實施，也列爲重要的目的。過去的各革命團
體，最先強調排滿，稍次才略談民權，如民主、共和等，
但絕少主張社會主義。同盟會列平均地權爲革命的目的，
完全出於中山先生的堅持，而使得中國的革命帶有社會
革命的色彩。排滿是滿足民族的自尊，進而達成民族的
平等，在性質上實屬民權革命的一種。社會主義雖重在
經濟的平等，但也構成政治平等的鞏固基礎，也有助於
民權革命。所以從權力的觀念來看，同盟會的革命目的
最重要的重心，仍在政治。同盟會的軍政府宣言曾經說
到：「我等今日與前代殊，於驅除韃虜，恢復中華之外，

國體、民生尙當變更。雖經緯萬端，要其一貫之精神，則爲自由、平等、博愛。故前代爲英雄革命，今日爲國民革命。」㉒所謂自由、平等、博愛，皆具政治上的意義與價值。中山先生對政治爲革命重心的看法，不但贊同，且有精闢的見解，他後來表示：

> 人民必要能夠治，才能夠享；不能夠治，便不能夠享。如果不能夠享，就是民有都是假的。㉓

中山先生所說的民治就是民權，由此可知，同盟會的革命不能不以民權爲主。

爲了實現國民的民權革命，同盟會定了三期步驟，即第一期爲軍法之治，第二期爲約法之治，第三期爲憲法之治。軍法之治除掉要消除專制等「政治之害」外，還要破滅「風俗之害」，如蓄養奴婢及纏足等等。每縣最多以三年爲期。約法之治，著重地方自治，如舉辦地方議會議員及行政官的民選等。時期以天下平定後的六年爲限。全國在實行約法之治的六年後，就可解散軍政府，制定憲法，由全國國民公舉總統及國會議員，而進入憲法之治。人民經過這三個過程，才能「養成自由平等之資格，中華民國之根本，胥於是乎在焉。」㉔上述同盟會所定的三期之治，亦必出於中山先生的主張，因中山先生在手擬的《建國大綱》中，同樣定出軍政、訓政及憲政的三期過程。但無論軍法或軍政之治，皆是由一個革命的政黨，用軍事的力量消除民權實施的障礙。換句話說，民權的實施先由外在政黨的組織始。到了約法之治，

㉒《國父全集》，前引，頁叁—1。

㉓孫文，《五權憲法》，前引，頁貳—7。

㉔參見同盟會〈軍政府宣言〉，前引，頁叁—2。

地方自治逐步推行，在選舉地方議員及行政官的過程中，其他政黨應准參加角逐。憲法之治，完全還政於民。外在政黨將民權推行到這一程度，自身必須改變性質，而成爲一般的內在政黨，亦即藉選舉而非軍事的力量贏取國會及行政權的控制，以實行自身的政綱。在整體政治現代化的進展上，這一過程，一方面促進民權政治的實現，一方面外在政黨必須捨棄由革命而掌握的黨治，轉變爲普通的內在政黨，甚至喪失政權，以推進民權，朝向政治的現代化。同盟會的政治革命，既然是憲法之治，我們應可相信，同盟會定以內在政黨的建設，爲實行民權政治的條件，亦即爲了政治的現代化，自甘退讓爲普通的內在政黨。當然，在實際的演進上，要看人民在進入憲法之治以前，是否已「養成自由平等之資格」，無此政治文化，實行憲法之治即甚不易。除此，也要看革命的外在政黨，在優勢的權力下，不加濫用，且願燃燒自己而照亮政治現代化的道路。

　　與同盟會相比，立憲派的人士在推動民權上，也是主張立憲。所謂立憲，就是憲法之治，兩者的涵義完全相同。立憲派與同盟會的最大差異，倒不是在立憲的現代化的方向，而是在程度與方法上。同盟會所強調的民權，不僅包括男、女的平等，也要打破士紳與平民之間的差距。過去的興中會、華興會及光復會皆重視會黨，而會黨亦樂於親近、合作，這就是平民革命的明顯表現。同盟會列民生主義爲宗旨，是要在經濟的平等基礎上，徹底實現社會階層的平等。立憲派的民權觀，決不能達到徹底的程度，大致停留在紳權的階段。另一方面，同

盟會贊成透過約法之治，來提高人民的民主政治文化，然後再實現內在政黨。立憲派是要用內在政黨的運行，逐漸使人民習於民主的政治。雙方目的相同，方法則有激進與緩進之別。

現將同盟會的政治價值及權力結構圖，繪示如下：

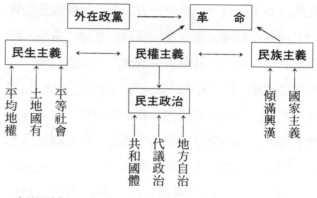

→表示增強作用

政治價值結構圖

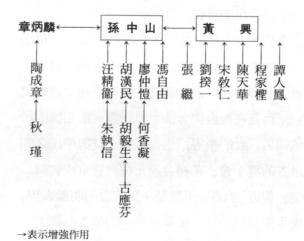

→表示增強作用

權力結構圖

貳、同盟會的發展

　　同盟會是在一九○五年七、八月間成立的，到一九一一年十月的武昌起義，其間共歷時六年，在革命的進行上，這已算是一段相當漫長的時間。

　　同盟會成立後，各省加盟的留學生紛紛回國革命，籌劃各省的同盟分會，並介紹當地的革命分子入會。同盟會本部亦主動派人策動，如派馮自由、李自重前赴香港組織香港、澳門及廣州各地分會，另依吳春暘的推薦，派蔡元培任上海分會會長。留日的同盟會會員，也各就本省會員中舉出一人爲本省分會長，專司本省留學界的入會主盟事務。歐、美及南洋各地也各組分會，與國內相呼應。一九○六年，中山先生、黃興與章炳麟等更編定革命方略，由本部頒發各省會員，使起事時的義師有所遵循。「由是國內各省及海外各埠機關林立，人心歸附，如水之就下，黨勢日漸發展。」❶

❶馮自由，前引，頁157。

　　在宣傳上，同盟會所刊行的《民報》也發揮極大的作用。《民報》創刊於一九○五年的十一月二十六日，由中山先生撰〈發刊詞〉，首揭民族、民權、民生等三大主義爲革命目標。

　　　報字曰民，所以者何？原孫總理數十年舟車栖皇，
　　　顯播海外，其孳孳不倦所提倡革命者，厥爲三民
　　　主義，曰：民族，曰：民權，曰：民生。茲三大

主義胥基於民，故《民報》之稱，於焉以定。❷

當時梁啓超在日本辦《新民叢報》鼓吹君主立憲，《民報》乃站在國民革命的立場大加反擊，使君主立憲的聲勢大爲減弱。胡漢民回憶說：

> 梁啓超初以能爲時文，輕視學界。……及《民報》出，梁始大懼，於是爲文肆力攻擊，……其要點則謂革命必生內亂，必致瓜分，中國不求革命，但求立憲。……余等知非征服此儅無由使革命思想發展也，精衞乃就革命與立憲之關係，及中國民族之立場，革命之所以爲必要諸點，闡明其意義，而反駁梁所主張。……革命黨從民衆利益立場，於客觀事實無所隱蔽，保皇黨則反之，其言僅以代表新官僚之利益，兩者相形，已足使人聽取其是非，……於是交戰之結果，爲《民報》全勝，梁棄甲曳兵，《新民叢報》停刊，保皇之旗，遂不復見於留學界。❸

除去組織與宣傳的發展外，同盟會曾發動多次革命行動如萍瀏之役、黃岡之役、惠州七女湖之役、防城之役、鎮南關之役、欽廉上思之役、河口之役、廣州新軍之役、廣州三月二十九日之役等。這些革命有的是黨員自動進行的(如萍瀏之役)，但大多經同盟會領導階層的策劃而推動的。中山先生與克強奔走經營其間，不僅聲名大噪，且將革命的風潮，傳播全國。中山先生稱讚廣

❷曼華，〈同盟會時代民報始末記〉，載黃季陸主編，《中華民國史料叢編》，《民報》，前引，總頁0001。

❸胡漢民，《胡漢民自傳》，載羅家倫主編，《革命文獻》第三輯(臺北：中央文物供應社，民47年)，頁17-18。

州三月二十九日之役說:

> 是役也，集各省革命黨之精英，與彼虜爲最後之
> 一搏，事雖不成，而黃花崗七十二烈士轟轟烈烈
> 之概，已震動全球，而國內革命之時勢，實以之
> 造成矣❹。又説：自廣州一役之後，各省已風聲
> 鶴唳，草木皆兵，而清吏皆盡入恐慌之地，而尤
> 以武昌爲甚。❺

同盟會無論在組織、宣傳及革命的行動上雖有可觀
的成就，但也有若干因素影響到後來的發展：

㈠同盟會所訂立的規制，並未能切實執行。本部在
東京成立後，所屬各部所能發揮的作用不大。中山先生、
克強返歸西南策劃革命後，執行部即難發揮甚大的功能。
太炎曾說：「初，孫、黃之南也，以同盟會事屬長沙劉揆
一、林生。林生望淺，衆意不屬。既與逸仙有異議，孫、
黃亦一意規南服，不甚顧東京同志，任事者次第分散。」
❻劉揆一即是當時執行部的庶務長。按規定總理他適時，
由庶務長代行一切，他既「衆意不屬」，當然影響到本部
的發展。至於議事部，也因議員的先後歸國，「一年後，
形同虛設。」❼司法部的情形也一樣，「此部以任事諸人
先後歸國，一年後漸無形取消。」❽本部的結構鬆懈，難
免影響到體系的凝固及功能的推行。居正也記述辛亥前
一年抵日本時的情形說：

> 其時總理在北美，克強在南洋，東京本部幾無人

❹〈孫文學說〉，前引，頁叁—170。

❺同上。

❻章炳麟，前引，頁12。

❼馮自由，前引，頁151。

❽同上。

主持，形勢頗形渙散。迄六月，趙伯先自新加坡
來，會譚石屏、宋遯初、林時爽、張簡亭諸兄，
日商革命進行事宜。遯初主張由長江發動，有組
織中部同盟會之必要，石屏力贊其議。❾

❾居覺生，前引，頁1。

由上述可知，宋、譚籌劃中部同盟會的組織，是在本部
「形勢頗形渙散」的情形下，自謀發展，足見同盟會本
身組織力的欠嚴密。再共進會的成立，也與同盟會本部
的缺乏組織力有關。太炎曾記其事：

時東京同盟會頗蕭散，而內地共進會轉盛。共進
會者，起自川、湘間游俠，聞同盟會名，東行觀
之，以為迂緩，乃陰部署為共進會，同盟會人亦
多附焉。❿

❿章炳麟，前引，頁13。

共進會的會員如孫武、居正、焦達峰、劉公、張伯祥、
余晉城、吳祥慈等雖皆列籍同盟會，但共進會的組織卻
非同盟會本部所發動，也非由同盟會本部所能節制。中
部同盟會成立後，力謀在長江起事，譚人鳳（石屏）曾
赴漢口與居正計議。居的追憶是：

石屏抵漢，又提出中部同盟會，已發宣言，應加
緊進行，余唯唯。蓋石屏初到，與武漢志士，尚
未有連絡，會務自無從籌策也。⓫

⓫居覺生，前引，頁2。

居是共進會同志中與同盟會關係最深的一人，他後來曾

受克強、石屏之託聯絡兩湖的革命分子，但當時的情勢，
仍以共進會與文學社爲中部革命的主流。武昌起義即是
這兩個團體聯合運動新軍中的同志所獲得的成果，很難
說是同盟會所發動。兩湖的革命同志多少與克強所領導
的華興會具直接或間接的關係，同盟會成立後，亦多加
盟，因之，在籌劃武昌起義時，曾邀約克強、敎仁等前
往計議，但這並不表示革命運動爲克強等所領導。武昌
起義後，新軍同志竟推舊協統黎元洪作都督，可見平素
與同盟會並無過深的聯繫。武漢的新興勢力，在以後政
黨政治的發展上，甚至與同盟會立於相反的陣線，如同
盟會本部在成立後的六年中，多發生堅強的組織力與領
導力，及早組織中部的支部，而非是「渙散」、「蕭散」，
同盟會會員或不致另組共進會，終造成爲譚人鳳所痛惜
的黎元洪的局面**⓬**。

⓬參見本編第11章一叁。

　　(二)同盟會的成立是建築在孫(中山先生)、黃(克強)
合作的基礎上，但中山先生與克強在合作之初，非必無
芥蒂。雙方的首次衝突是爲了製定國旗。中山先生堅主
青天白日旗，克強認爲以日爲象徵，有點效法日本的太
陽旗，乃力主以井字旗代替，因井字寓平均地權的用意
⓭。按青天白日旗是興中會第一位烈士陸皓東所製作的，

⓭參見章炳麟，前引，頁11。

皓東是中山先生遭長兄自夏威夷遣歸後，最予同情，且
最早贊助革命而最先死難的同志兼至友**⓮**，他對中山先

⓮參見本編第11章一壹。

生的革命人格影響甚大，中山先生對他亦終身懷念。克
強欲棄置皓東所製的興中會革命旗，中山先生在感情上
自然是難以接受的。但這一爭執頗有傷克強及華興會中
人的情感，宋敎仁的日記對此亦有情感性的記述：

七時至《民報》社與黃慶午（按係指克強）言余辭職事，慶午不應。良久，慶午忽言欲退會，斷絕關係。其原因則以□以己意製一新國旗，而慶午以爲不善，請其改之。逸仙固執不改，並出不遜之言，故慶午怒而退會。時諸人均在，皆勸之。余則細思慶午不快之原因，其遠者當另有一種不可推測之惡感情漸積於心，以致借是而發。實則此猶小問題。蓋□素日不能開誠布公，虛心坦懷以待人，作事近於專制跋扈，有令人難堪處，故也。今既如是，則兩者感情萬難調和，且無益耳，遂不勸止之。又思□會自成立以來，會員多疑心疑德，余久厭之，今又如是，則將來之不能有所爲，或亦意中事。不如另外早自爲計，以免燒炭黨人之譏，遂決明日即向逸仙辭職，慶午事，亦聽之。⑮

⑮宋敎仁，前引，頁367-368。

⑯章炳麟，前引，頁30。

　　上引敎仁的話，當然有若干處是值得推敲的，但從中也可體會出不僅是克強，恐不少華興會的人士也有「不可推測之惡感情」在。話中的「另外早自爲計」一句，尤應注意，因語句內已明白說出另樹旗幟的想法。除去敎仁，譚人鳳也有類似的感情與想法，太炎曾記：「石屏始終謂孫公不可居首長。」⑯這句話當然含意氣的成分。石屏後來與敎仁聯合發動中部同盟會的組織。即隱有另創局面的意思。

　　敎仁與石屏等雖對中山先生有意見，但在創設中部

同盟會時，仍「奉東京本部爲主體，認南部分會爲友邦，」
❶主要的原因是前節所說的合作的需要，超過分立的動
念。克強主張合作最力，且對中山先生的政治資望有相
當程度的敬仰，所以能在衝突之後，約束感情，坦誠與
中山先生合力排滿。在排滿的因素未消，中山先生與克
強的合作未解前，教仁等兩湖革命分子，自不能捨克強
及相互的合作，而公然主張分裂。但感情上既有裂痕，
終究會影響到同盟會的團結與發展。

　　光復會的重要人士參加同盟會，自章炳麟與陶成章
始，但二人皆與中山先生發生嚴重的衝突，最後且導致
分裂。衝突的導因是中山先生在一九○七年初離日之際，
接受了日人的贐儀。劉揆一記其事說：

> 時值本部同人章炳麟、張繼、宋教仁、譚人鳳、
> 白逾桓等，因丁未春間，日政府徇清公使楊樞之
> 請求，勸孫總理出境，饋以贐儀五千金。日商鈴
> 木久五郎，亦慨贈萬元。孫總理受之。同人未喻
> 其意，故頗不以爲然。及潮州、惠州軍事失利，
> 反對者日衆，欲開大會，改選公（按指黃興）爲
> 總理。……揆一以孫總理受此款時，留給民報社
> 維持費二千元，餘悉以供潮、惠黨軍急需，誠非
> 得已。……萬一因「總理」二字，而有誤會，使
> 黨軍前途頓生阻力，非獨陷害孫、黃二公，實不
> 啻全體黨員之自殺，故力排衆議。❶

在這一風波中，提議革除中山先生的總理，而以黃興繼

❶〈中國同盟會中部總會宣言〉，
《國父全集》，前引，第二冊，頁
肆—4。

❶劉揆一，前引，頁32-33。

任的，即章炳麟。他甚至將民報社所懸中山先生的肖像
除去。揆一從中排解，後克強來書說：「革命爲黨衆生死
問題，而非個人名位問題。孫總理德高望重，諸君如求
革命得有成功，乞勿誤會，而傾心擁護，且免陷興於不
義。」[19]克強既有此表示，華興會中的兩湖人士即解消誤
會，而結束風波。但章炳麟、陶成章始終對此事不慊，
陶後赴南洋，公然重組光復會，與同盟會對抗。後又與
章刊布傳單，攻擊中山先生假名革命，攫取私利。中山
先生不能忍，乃歷述毀家紓難的經過，由吳稚暉刊載於
《新世紀報》以息疑。其中說道：

> 所攻者以我得名，以我攫利爲言。而不知我之經
> 營革命，在甲午以前，此時固無留學生爲我吹噓
> 也。……今日風氣漸開，留學之士，以革命爲大
> 光榮之事業，而陶輩始妒人之得名；……以我爲
> 攫利，而不知我於未革命以前，在社會上所處之
> 經濟界中，固優勝之地位也。若不革命，則我之
> 地位必不失，……革命攫利云乎哉！……是從事
> 革命十餘年來，所費資財，多我兄弟二人任之；
> ……若爲圖利計，我亦何樂於革命而致失我固有
> 之地位，去我固有之資財，析我兄已立之恆產耶
> ……[20]

胡漢民及克強也力爲中山先生辯白。漢民責陶忮刻多疑，
並強調中山先生倡義十餘年，「其信用豈一、二嘵嘵者所
能傷。」[21]另云克強「已有書致文鳥各教員，痛爲辯白。

[19]引自劉揆一，前引，頁33。

[20]孫文，〈在倫敦將去美國時致吳敬恆函〉，《國父全集》，前引，第二冊，頁玖—62-63。

[21]鄒魯，《中國國民黨史稿》，前引，頁125。

而陶歸日本要求開會討論，黃君則拒絕不允。凡此皆非為中山先生個人，實為大局。」❷章、陶對中山先生的攻擊，持續頗久，後經各方的辯誣，雖對中山先生的人格無所損傷，但多少破壞同志間的團結。章後來也不自安，在辛亥革命前即有與同盟會分裂之意。到了辛亥革命成功後，他竟高唱「革命軍興，革命黨消」而與同盟會分途。

　　㈢同盟會的革命宗旨，不僅在狹義的排滿，而且在廣義的民權及社會革命。中山先生對此主張最早也最力，他在《民報·發刊詞》中，即提出「可舉政治革命、社會革命畢其功於一役。」❷他所強調的民族、民權、民生三大主義的要義是：

　　　　一曰：中華民族自主(即不受外族之統治)。二曰：
　　　　政府受人民之支配。三曰：國家財富受人民之支
　　　　配。❷

這一些觀念與主張，雖因中山先生的堅持，而為同盟會列為革命的目標，但實際上不少同盟會的會員，不但對民生主義的社會革命抱有異見，即對民權主義的全民政治也觀念含混，以為帝制推翻，共和實現，即算達成民權的政治。當同盟會召開成立大會時，已有人對「平均地權」發生疑義，共進會則將「地權」，改為「人權」，皆如前述。歐洲的同盟會人士，曾另發起一公民黨，採用同盟會誓詞中的「驅除韃虜、恢復中華、創立民國」等三語為宗旨，而刪去「平均地權」一語。再據居正的

❷同上。

❷孫文，〈民報發刊詞〉，前引，頁2（總0010）。

❷孫文，〈中國之第二步〉，《國父全集》，前引，頁柒—44。

記載，武昌首義的同志也非對民生主義有堅強的信念。
孫武於民國元年四月漢口卅六團體歡迎中山先生的大會
上，即曾致詞說：

> 先生講社會革命，我們知道是民生問題必須解決，
> 但恐武漢人無此程度，若生誤解，視奪人財產，
> 擾亂秩序，爲社會革命，則甚危險。㉕

㉕居正，《梅川日記》，前引，頁
131。

中山先生雖旁徵側引，詳加解說，但是否能爲孫武等一
派人士所接受，仍是問題。至於全民政治，中山先生的
構想是透過軍法、約法及憲法等所謂「革命方略」的治
理，從消極地破除社會的惡習與專制的餘毒，及積極地
實施地方自治與培養民主的政治文化中，達到「政府受
人民的支配」。如實施這一套革命方略，必須破壞舊有的
社會結構與秩序，重新建立民主的政治體糸。在這一情
形下，外在的革命政黨，必得維持，否則即無法貫串。
但不少同盟會會員不一定全心贊同全民政治的說法；縱
然承認全民政治的價值，也不一定完全同意中山先生的
革命方略。大致說來，某一些具中、上層社會地位的知
識分子，仍多少維持紳權的思想，並不同情一般人民的
民權。這些人士，除掉排滿的立場外，與立憲派的政治
主張實相差無幾。且看章炳麟，他即坦然自承：

> 余于政治，不甚以代議爲然。曩在日本，已作代
> 議然否論矣。國體雖更爲民主，而不欲改移社會
> 習慣，亦不欲盡變時法制。……清之失道，在乎

偏任皇族，賄賂公行，本不以法制不善失之。舊
制或有拘牽瑣碎，綱紀猶自肅然。㉖

㉖章炳麟，〈太炎先生自述學術次第〉，載章炳麟，前引，頁60。

另有一派知識分子，雖贊成全民政治，但態度傾向溫和，
樂意與舊社會作某種程度的妥協，不主張激烈的革命，
從而對中山先生的革命方略也不太熱心。上述兩派人士，
在同盟會成立時仍能與中山先生合作，而不堅拒他的主
張，主要的原因實在共同具有一個排滿的感情與需要。
蔡元培說得好：

> 清季言革命者，首推同盟會，會旨雖有建立民國、
> 平均地權諸義，而會員大素以驅除韃虜爲唯一目
> 的。其抱有建設之計畫者，居少數；抱此計畫而
> 毅然以之自任者，尤居少數。㉗

㉗蔡元培、宋教仁著，《我之歷史·序》，載宋教仁，前引，頁3。

如同盟會的多數會員，實際只僅抱有民族主義的所謂一
民主義，或再加上民權，而成所謂二民主義，即與中山
先生一派的政治價值，不盡相合。這一情形當然也會影
響到同盟會的發展，甚至可以這麼說：排滿愈成功，內
部分裂的危機也愈大。

叁、同盟會的分裂與改組

同盟會在東京成立時，是以兩湖及粵籍的留學生爲
主幹，再集合全國的革命分子，推行有組織地革命運動。

在宗旨上，不僅爲民族的革命，且兼及民權及民生；在結構上，完全採取三權分立及行政集權的民主制度；在策略上，則制定革命方略，由軍法之治，而約法之治，最後達成憲法之治。但這些理想的規範，在辛亥革命以前，並未受到全員的普遍接受與遵守，而影響到同盟會的發展，已如前所說。宋敎仁與譚人鳳等籌組中部同盟會，不僅有另樹旗幟之意，且欲糾正過去的缺失，加強組織的力量。宣言中曾說：

> 自同盟會提倡種族主義以來，革命之思想從政界、學界、軍界以及工商界，皆大有人在。顧思想如是之發達，人才如是之衆多，而勢力猶然屛弱不能戰勝政府者，其故何哉？有共同之宗旨，而無共同之計畫；有切實之人才，而無切實之組織也。……於是乎有同盟會中部總會之組織，……總機關設於上海，……各省設分部，總攬人才，分擔責任。……機關制取合議，救偏僻，防專制也。……舉義必由總部召集，各分會提議，不得懷抱野心，輕於發難，培元氣，養實力也。……各團體對於總部，同心同德，共造時機，而省界情感之故見，不可現也。❶

❶〈中國同盟會中部總會宣言〉，前引，頁肆—4-5。

　　宋、譚雖欲強化同盟會的能力，使能推動理想的規範，但在時機上，已嫌稍晚。武昌起義的成功，大部出於共進會與文學社的策動新軍，非屬同盟會的組織行動。繼武昌起義後的各省獨立，不僅不全屬同盟會，也非全

出其他革命團體的推動，其中的絕大部分且是立憲派與
革命團體的合作。不僅如此，立憲派在其後的政治轉變
中，尚逐漸取得優勢。如湖南的獨立，雖為革命黨人焦
達峰與立憲派人士的合作而促成，但達峰任都督十天後
即遇刺，終由立憲派的譚延闓繼任，並掌握實權。再如
江蘇，光復時各地曾出現五都督，有屬同盟會（如上海
都督陳其美），有屬光復會（如吳淞都督李燮和），最後
仍歸立憲派的江蘇都督程德全。浙江的獨立，光復會與
同盟會的黨人皆曾盡力，但都督仍落於立憲派的湯壽潛。
其他獨立的省分，如四川、廣西、安徽皆屬立憲派（四
川都督為蒲殿俊，廣西為沈秉坤，安徽為朱家寶），另山
西、雲南、貴州、福建、陝西、江西等省為新軍的領袖
所控制。這些新軍出身的都督，如山西的閻錫山、貴州
的楊藎城、福建的孫道仁、陝西的張鳳翽、江西的吳介
璋雖曾列籍同盟會，但全屬獨立行動，且大多受到立憲
派人士的支持與合作。至於雲南都督蔡鍔本接近立憲派，
不應算作同盟會的範圍，所以在所有的獨立省分中，真
正受同盟會節制的，只有廣東都督胡漢民。同盟會的革
命理想形態原是在各省進行革命，成功後即推行革命方
略中的軍法之治，現各省的獨立既非同盟會所盡能節制，
革命方略的實施，當然遭遇到困難。立憲派與新軍領袖
的傾向排滿革命，反使得辛亥革命後的政局趨於複雜，
因立憲派的人士一向主張維持原有社會的秩序，在政治
上僅主張溫和的立憲與士人政治，與同盟會所定的宗旨
有異，故雙方除掉在排滿上的合作外，進一步即非易易。
再看新軍領袖，其中雖多同盟會會員，但在掌握政治的

實權以後，仍以鞏固自己的權力基礎爲首要。另一方面，他們的參加同盟會，重在排滿，對中山先生的民權及民生主義的理想、以及革命方略等，恐並無深刻的認識或具有太多的熱情。他們尊重同盟會及同盟會的領導人物如中山先生及克強等，但非即接受中山先生的理想及革命方略，甚至與立憲派相同，贊成舊社會秩序的維護，根本就不願繼續進行民權及民生主義的革命。從上述可知，立憲派與新軍領袖大多將革命限於排滿，排滿如獲成功，革命即可結束，至於如何立憲以及新政治體系應如何建立及統合，不妨在舊社會秩序的基礎上，用溫和漸進的方法達成。這一情勢使得「革命軍興，革命黨消」的口號產生實際上的作用，亦即清廷傾覆以後，同盟會的革命即應告一段落，本身亦應退爲一般性的政黨。

　　前面說過，同盟會自成立以來，除掉未能發揮堅強的組織力以外，領導階層亦有意見上及思想上的距離。過去在強烈的排滿情感下，尚可加以掩蓋，等到辛亥革命後，已無法再以排滿維持一致，分裂的危機已發展至表面。章炳麟原與中山先生不睦，在政治主張上，並不贊成原有社會秩序及結構的破壞，實際與立憲派相近。他對國故的鑽研與愛好，以及所具有的傳統士子的社會地位，亦與立憲派的人士相似。所以他返國後，立即與排滿的立憲派人士相結合，倡言「革命軍興，革命黨消，」公然與同盟會相抗。同盟會中與章想法接近的會員，包括新軍中同志，亦有作桴鼓之應的，使得同盟會的團結及外在政黨的革命路線，大受影響。中山先生在一九一一年（辛亥年）年底返國後，曾促同盟會發表了一個團

結同志宣言，其中承認：

> 吾黨之眾，散處各地，或僻在邊徼，或遠居海隅，
> 山川修阻，聲氣未通，意見不相統屬，議論岐為
> 萬途。貪夫敗類，乘其間隙，遂作莠言，以為簧
> 鼓。漢奸滿奴，則又冒托虛聲，混跡樞要。……
> 此皆吾黨氣息隔閡，不能自為聯合，致良惡無從
> 而辨，薰蕕同於一器。❷

❷〈中國同盟會為團結同志宣言〉，《國父全集》，前引，第二冊，頁肆—6-7。

但宣言仍堅持同盟會的革命，不卒於民族主義，而實卒
於民權及民生主義，亦即仍要保持同盟會的革命政黨的
本質。對章等的言論，宣言也一併加以反擊：

> 吾黨偽怯者流，乃倡為革命軍起、革命黨消之言，
> 公然登諸報紙，至可怪也。此不特不明乎利害之
> 勢，於本會所持之主義而亦懵之？是儒生闒茸之
> 言，無一粲之值。❸

❸同上，頁肆—7。

反擊儘管反擊，但實效如何，仍是疑問，因中山先生自
己亦追憶說：

> 武昌起義後，……我到上海，有一種很奇怪的風
> 氣，此空氣為何？即是一般官僚某某等，及革命
> 黨某某等人所倡言的：「革命軍起，革命黨消」是
> 也。當時這種言論的空氣，充塞四圍，一倡百和，

❹孫文,〈要造成眞中華民國〉,《國父全集》, 前引, 第二冊, 頁捌—103。

牢不可破, ……無論如何大聲疾呼,總喚不醒。❹

章不但不醒, 且進一步與同盟會公開決裂。他先於民國元年一月三日與立憲派人士如程德全、張謇、唐文治、林長民等及光復會人士如李燮和、朱瑞等合組中華民國聯合會; 後於同年三月二日, 與張謇、程德全、趙鳳昌等人所領導的預備立憲公會合併, 改組爲統一黨。

在武昌起義後, 立憲派中較激烈的分子亦轉而趨向排滿革命, 如湖南的譚延闓, 四川的蒲殿俊等皆是。稍後, 比較溫和的立憲派人士, 如江蘇的張謇, 也改變態度, 贊成共和。但在立憲派人士的轉變過程中, 與革命黨的合作, 只有數月的成功, 繼則相互排斥。湯化龍在武昌的遭受排擠, 林長民在南京車站的遇刺, 皆屬此類

❺參見本編第10章一壹。

❺。立憲派人士當然對革命黨, 尤其是同盟會, 抱有敵視的態度。居正記述林遇刺的事件說:「然經此一槍, 而林

❻居覺生, 前引, 頁85。

之含恨圖報, 對於吾黨之敵視日深矣。」❻立憲派向主立憲及召開國會等溫和及漸進的改革, 現與章炳麟等結合組黨後, 不僅促成同盟會內部的分裂, 也使得同盟會難以繼續爲外在的革命政黨。章等所呼喊的「革命黨消」, 從另一角度看, 即主張「普通政黨興」。他們反對舊社會秩序的破壞, 要求建立紳權的士人政治等, 實際皆與袁世凱等人的看法接近, 而與中山先生的主義相反。在這一情形下, 他們樂於擁護袁世凱的主政, 而不喜同盟會, 特別是中山先生的當權。

當章炳麟與立憲派人士合作組黨反對同盟會時, 武昌的革命同志及新軍領袖也另擁黎元洪, 組織民社, 造

成一股新勢力。武昌首義的成功，共進會及文學社的聯
合策動新軍起事，爲主要關鍵。這兩個革命團體的領導
同志，大多列名同盟會，且多少與克強有舊。但在克強
馳赴前敵指揮，失落漢陽後，即產生意見上的不合。太
炎記其事說：「初，克強在漢陽，視武昌諸將蔑如也。其
義故淺躁者，欲因推克強爲都督以代黎公(按指黎元洪)，
未果。及漢陽敗，克強竄上海，武昌諸將甚恨之❼。」等
到中山先生返國籌組臨時政府，「諸事由克強作主」❽，
竟未在政府組織中安置武昌諸將，終導致雙方的分裂。
太炎亦稱：

孫公初返國，不曉情僞。湖北參議員劉成禺禺生、
時功玖季友皆同盟會舊人，說孫公宜寵異武昌諸
將，勿令怨望。克強與湯化龍枑之。……孫堯卿
至南京，不用。……兩府之怨，自此起矣。❾

孫堯卿即孫武，他憤南京臨時政府的棄置，乃返武漢組
織民社，與同盟會相抗。張繼追憶說：

辛亥革命時，有位孫武先生，他是武漢方面很重
要的同志，當時被推爲兩大英雄之一。兩大英雄，
一位是總理，一位就是孫武先生。武漢起事，的
確很出力。發動的上一天，孫武先生不幸被炸彈
爆發所傷，不能出來，所以舉義以後，不得已請
黎元洪出來當大都督。……孫武既沒有在武漢當
領袖，南京臨時政府成立後，就發生了意見。……

❼章炳麟，前引，頁18。

❽張繼，前引，頁238。

❾章炳麟，前引。

孫武先生要求做一個陸軍部次長，陸軍部的部長
是克強先生，……可是當時並不曾答應他。因這
點小事，武漢與南京臨時政府發生了意見，竟至
黎元洪被袁世凱拉攏，武漢大部分同志，另組民
社，使革命蒙受重大影響。⑩

❿張繼，前引，頁30。

另說：

舊同盟會因政見之不同，已分數派，加入民社者
有之，加入統一黨者有之。……因陶煥卿光復會
之關係，浙江亦與武漢接近，而疏南京。⓫

⓫同上，頁238。

民社成立於民國元年一月十六日，重要的發起人為黎元
洪、藍天蔚、譚延闓、孫武、朱瑞、張振武、劉成禺等。
這一新勢力以兩湖軍政人士為中心，主要目的在擁黎戴
袁，而與同盟會對峙。

　　統一黨的成立，助長了立憲派的聲勢，民社的崛起，
使武昌的起義同志，別樹一幟，不再為同盟會所收攬。
在這樣情勢的發展下，同盟會仍要堅持前引辛亥年底所
發表的團結同志宣言中的革命原則，以及過去所主張的
革命方略中的軍法、約法及憲法之治，皆非無礙難。實
際上，同盟會本部及各省的負責同志，也對徹底進行革
命及實施革命方略等節產生不同的意見。如擔任本部庶
務長要職的劉揆一即倡議：

取消從前黨會之議，……務皆提倡共（和）民國

政體，組織中華民國政黨爲共同統一宗旨。凡從前所設立，如同盟會、憲政公會、憲友會、辛亥俱樂部以及一切黨會諸名義請一律取消，化除畛域，共建新猷。❷

❷引自吳相湘，《宋敎仁》（臺北：文星，民53年10月），頁157。

將同盟會的名義取消，而與憲友會等立憲派的人士「化除畛域」，這已完全放棄革命政黨與革命方略的實現，本質上即是主張「革命軍興，革命黨消。」揆一原是華興會的重要分子，他的想法與克強、敎仁等是相差不遠的。前章討論華興會時，曾提到華興會的人士，除激烈的排滿態度外，在強調士子的優越地位及維持傳統的社會秩序方面，皆與立憲派接近❸。武昌起義後，排滿的目的已達，克強等的政治主張乃逐漸轉向立憲派，不再堅持中山先生向所倡導的革命政黨、革命方略、全民政治，以及民生主義等等了。胡漢民在《自傳》中曾對克強有一段批評，很能證實以上的看法：

❸參見本編第11章一叁。

克強以三月二十九日之役及漢陽督師，聲名洋溢於黨內外，顧性素謹厚，而乏遠大之識，又未嘗治經濟政治學，驟與立憲派人遇，即歡然自以爲不如。還視同黨，尤覺暴烈者之祇堪破壞，難與建設。其爲進步歟？抑退步歟？克強不自知也。既引進張（按指張謇）、湯（按指湯壽潛）爲收縉紳之望，楊度、湯化龍、林長民等，方有反革命嫌疑，亦受克強庇護，而克強之政見，亦日已右傾。❹

❹胡漢民，前引，頁58。

漢民責克強的往右傾向立憲派,是「未嘗治政治經濟學」,
其實治政治經濟學頗有心得的宋教仁又何嘗不如此!?漢
民亦稱:

> 鈍初居日本,頗習政黨縱橫之術,內挾克強爲重,
> 外亦與趙(按指趙鳳昌)、張(按指張謇)、湯化
> 龍、熊希齡相結納,立憲派人因樂之以進,宋之
> 聲譽乃驟起,故章炳麟才之。⑮

克強等原屬華興會的人士,多具傳統社會中士子的地位,
他們在實現排滿後,傾向以士子及紳權爲主的民主政治,
並進而主張在安定的社會結構上,推動內在政黨的漸進
改革,反倒是十分自然的趨勢。

　　克強在辛亥革命前後,確如漢民所說的,聲華籍甚。
他素重軍事,在日時即與成城士官各校及聯隊中我國習
軍事的留學生,「別設秘密集會機關,時相與討論軍事
焉。」⑯這些習軍事的同志,包括方聲濤、蔣尊簋、李書
城、李烈鈞、唐繼堯、蔣作賓、閻錫山、何成濬、尹昌
衡、孔庚、李根源、張鳳翙等等⑰,後來皆成爲新軍的
領袖,且不少在辛亥革命後出任都督或掌握軍權。他們
對克強都相當推重,政治見解亦較接近。在另一方面,
章炳麟與立憲派人士自與克強一派結納,當然同表推愛。
章且宣稱「若舉總統,以功則黃興,以才則宋教仁,以
德則汪精衛。」⑱在中山先生未歸國前,克強與黎元洪爲
大元帥事,產生爭議,正好中山先生抵滬,克強、教仁

⑮同上,頁56。

⑯劉揆一,前引,頁21。

⑰同上。

⑱胡漢民,前引,頁55。

與陳英士等乃密商舉中山先生爲大總統，組織臨時政府⑲。但漢民則說：

⑲參見居覺生，前引，頁85。

> 然終以黨人故，克強不敢奪首領之地位，鈍初欲
> 戴爲總統，己爲總理，至是亦不得不服從黨議，
> 然仍主張內閣制。⑳

⑳胡漢民，前引，頁56。

中山先生倡議排滿，舉事最先；繼則奔走呼號，十餘年如一日。其間不僅躬親實踐，且奠定三大主義的革命理論及進行的革命方略，故被稱爲大革命家，實早具革命事業中的神聖(charisma)地位。武昌起義，非必爲中山先生所領導；他的革命理論與方略，亦非必爲當時立憲派及實力派，或克強一派人士所贊同，但仍無礙他的革命領袖的資望。在同盟會成立時，中山先生已被推爲總理，他的所謂政治資源亦向爲克強所尊重，從不與競領導的地位㉑。漢民稱克強「性素謹厚」，但克強的顧全局，識大體，實也構成孫、黃合作的重要因素。在臨時政府的組織過程中，克強不奪首領的地位，而力推中山先生，固然如漢民所說的礙於黨議，或與黎元洪的相持不下有關，卻決不可忽略克強屈己推孫，著眼全盤的一向態度。至於宋教仁的力主內閣制，原爲一貫的政見，其中雖含有內在政黨的意味，但不一定全爲私利謀。徐血兒曾記中山先生回國後，教仁偕張繼回滬，主張舉中山先生爲總統，克強爲總理，且經同盟會諸巨子的議決。當時克強不允，中山先生與漢民亦主張不設總理：

㉑參見本編第12章一壹。

先生（按指敎仁）內審國情，外察大勢，鑒於責任內閣之適於民國也，起而力爭，中山認可。……邀居正、田桐、呂天民至克強處力勸，克強始允。㉒

㉒徐血兒，〈宋先生敎仁傳略〉，載徐血兒等編，《宋漁父》(臺北：文海)，頁7。另薛君度亦有同樣記述，見 Chun-tu Hsueh, *Huang Hsing and the Chinese Revolution* (Stand-ford, California: Standford University Press, 1961), pp. 127-128.

㉓居覺生，前引，頁104。

後在南京籌組臨時政府時，有人對敎仁起誤會，中山先生仍不覺內閣制適宜於非常時期，後來「黃克強力說鈍初，勿堅持內閣制」㉓，結果乃採總統制，由此可見克強對中山先生的尊重。但從另一面看，中山先生雖被奉爲總統，但他的理論與方略，卻不見得爲多數革命同志所接受。克強一派的轉向右傾，實促使中山先生陷於少數派。在現實的情勢上，立憲派分子與新軍領袖，掌有實權，他們與克強一派相呼應，且大多主張排滿成功後，建立如劉揆一所說的共和民國政體，無須革命黨的繼續革命。中山先生如要組織臨時民國政府，就不能不與實力派妥協，也就不能不借重克強，而對向所主張的理論與方略不過分堅持。

當時的實況可能是同盟會的領導階層，欲舉中山先生爲總統，而由克強一派聯繫立憲派及新軍中的領導人士合作推動，並進而組織聯合政府。總統的產生須經各省代表會的選舉，但各省代表中，正如居正所說的「多

㉔同上，頁87。

不屬同盟會會員。」㉔且含有立憲派的重要人士(如李素、林長民、吳景濂、谷鍾秀、李鑒等等)以及光復會的同志(如屈映光)。儘管中山先生具有崇高的革命聲望，而各獨立省分亦急於組織統一政府，以加速清廷的傾覆，仍需克強居間策劃。居正另記：「克強、英士、遯初密商

舉總理爲大總統，分途向各代表示意。」㉕中山先生當選

大總統後，臨時政府的各部負責人選，也由克強負責商

協各方所擬定。于右任對這一經過，曾有追憶：

> 有一天，我到南京去看黃克強先生，那時他正在
> 擬內閣名單。我一推門，把他一怔，及見是我，
> 把我抓住，說：「你來好極了，先生（指國父）要
> 我擬內閣名單，正要找你商量。」㉖

克強所草擬的初步名單包括各派的領袖，如以同盟會的

黃興長陸軍、宋教仁長內務（後因代表會反對，改爲立

憲派的程德全）、王寵惠長外交、接近同盟會的陳錦濤長

財政、外交及司法名宿伍廷芳長司法，另以立憲派的張

謇長實業、湯壽潛長交通，再以光復會的章炳麟長教育

（後因代表會反對，改爲同盟會的蔡元培，但蔡曾爲光

復會的領袖）、海軍起義將領黃鍾英長海軍。這一內閣名

單，在提請代表會考慮及變更時，皆由克強出面協調。

後以武昌首義同志未見容納，引起物議，克強乃提議黎

元洪爲副總統，作爲彌補，亦獲代表會同意㉗。聯合政

府的成立，實際上是外在革命政黨的取消，中山先生革

命理論與方略的停頓。中山先生雖得大總統之名，而喪

其實。克強則能左右逢源，見重一時。張繼回憶說：「總

理（按指中山先生）在臨時總統期內，諸事由克強作主。

……一般趨炎附勢，概稱克強爲『克老』。」㉘

聯合政府所顯示的各派平等、公開及自主的情況，

已使得同盟會不得不變。自一九一一年十一月上海光復

㉕同上，頁85-86。

㉖慕黃，〈于右老談開國軼事〉，《中國一週》，156期（民42年4月），頁4。

㉗參見居覺生，前引，頁88。

㉘張繼，前引，頁238。

❷《民立報》，民元年1月22日。

❸胡漢民，前引，頁63。

❸《民立報》，民元年1月24日。
另胡漢民謂：「其後以精衛謙讓，
迄未就總理之職。」見胡漢民，前
引。

後，同盟會本部由東京遷上海，次年，即民國元年的一月廿日，十八省的同盟會會員千餘人，齊集南京舉行大會❷。在討論今後的組織時，會員分成左、右兩派意見。左派認爲革命的目的尚未完成，仍應保持以往的祕密組織，繼續進行革命；右派則強調武裝革命已告終了，應改組爲公開的政黨，從事憲政及國會內的各種活動。結果右派獲勝，乃決議改組爲公開政黨❸。時中山先生任臨時大總統，會中乃改選汪精衛（兆銘）爲總理，汪以未孚衆望，次月辭職❸。民國元年三月三日，同盟會復在南京三牌樓第一舞臺召開會員大會，會中修改總章，增至三十四條。舊總章的宗旨原規定爲「驅除韃虜、恢復中華、創立民國、平均地權。」現則改爲「以鞏固中華民國，實行民生主義爲宗旨。」另定九項政綱，強調實施地方自治，採用國家社會政策，普及義務敎育，促進男女平等，實行種族同化等等。在權力結構上，較過去增設協理二人，亦即共設總理一人及協理二人。增設的作用，很明顯地是要位置黃興與黎元洪。原設的執行部，現修改爲幹事部，下分總務、交際、政事、理財、文事等五部。各設主任幹事一人。總理、協理由全體會員選舉，主任幹事則由會員選出十人，再由總理從中選任。議事部的新名稱爲評議部，評議員由本部全員選出，每省以一人以上，四人以下爲限。自從臨時政府由同盟會的領袖負責組織後，一般投機分子，紛紛入會，新總章對這一點也有所反應，特明定新會員的入會，必須本身具有普通知識，且須由會員二人的介紹及評議部的認可。至於轉變爲公開政黨的跡象，亦可在總章內看到，如有

關政事部的職權，即規定「研究政治上一切問題，草創
政見。聯合在議院及政府任職之各會員，以謀黨政之統
一等。」❷以議院作爲黨政活動的場所，當然不是秘密政
黨及過去的革命方略所能容納的。新總章另有一點，値
得注意，即總理的權限似乎較過去的爲小。舊總章所規
定的總理，有權節制及指任執行部的職員，也可提議於
議會及批駁議案。新總章則限定總理只能在會員投票選
出的十位主任幹事候選人中，選任五位，至各部分設各
科的科員，亦不由總理直接任命，而由主任幹事薦任。
評議部與總理之間的關係如何？新總章未有明確規定。
總理能否如過去的批駁議案，就値得疑慮了。強化會員
的權力及削減總理的權限，在精神上是與內在的議會政
黨相通的。議會政黨的黨魁及領導幹部，皆必須出之於
獲選的議員，如組織內閣，情況不變，亦即閣魁及閣員
多屬議會的多數黨議員。在總統制的國家，黨魁爲總統，
領導幹部仍爲議院的領袖。同盟會的新總章使主任幹事，
亦經過選舉，不管是有意或無意地，確走向議會政黨的
道路。

　　總章修訂完成後，乃改選負責同志，結果中山先生
當選總理，黃興、黎元洪當選協理，胡漢民、汪兆銘、
張繼、宋敎仁、劉揆一、平剛、田桐、居正、馬和（君
武）、李肇甫等當選幹事。在上列十位幹事中，中山先生
究選任那五位爲各部的主任幹事，目前所得見的記載略
有出入。居正記述中山先生指定汪兆銘、張繼任總務，
馬和、田桐任文書，居正任財務❸。《民立報》則記汪兆
銘掌庶務，宋敎仁掌政治，張繼掌社會，李肇甫掌交際，

❷以上參見〈同盟會公開時代之總章〉，載鄒魯，前引，頁78-82。

❸居覺生，前引，頁117。

❸❹《民立報》，民元年3月9日。

居正掌財政❸❹。如按總章的規定，社會部是不在組織之
內的，可能記載有誤。除此，大致可以認定總務部主任
幹事爲汪兆銘、交際部主任幹事爲李肇甫，政事部主任
幹事爲宋敎仁，理財部主任幹事爲居正，文事部主任幹
事爲馬和或田桐。黎元洪被舉爲協理，實是同盟會的拉
攏。黎其時已爲民社的領袖，且與同盟會立於相反的立
場，所以不久即辭去協理的職務。

　　同盟會成爲公開政黨，完全在配合聯合政府所處的
政治環境。這一轉變的過程，更表示出克強、敎仁右傾
一派的得勢。中山先生對此無可奈何，只得放任，屈己
以從，但也頗多感觸。民國三年，中山先生在日重組中
華革命黨，倡導革命時，曾致函鄧澤如說：

❸❺孫文,〈在日本組織中華革命黨
致鄧澤如函〉，載《國父全集》，
前引，第二冊，頁玖—197。

　　　　至此次組織，其所以誓服從弟一人者，原第一次
　　　　革命之際及至第二次之時，黨員皆獨斷獨行，各
　　　　爲其是，無復統一，因而失勢力誤時機者不少。
　　　　識者論吾黨之敗，無不歸於散渙，誠爲確當。即
　　　　如南京政府之際，弟忝爲總統，乃同木偶，一切
　　　　皆不由弟主張。❸❺

他後來一直痛恨「革命軍興，革命黨消」的說法，且曾
公開批評到克強與敎仁。如在民國十二年十月的一篇講
詞中說：

　　　　光復時有一種謬說，謂「革命軍起，革命黨消」，
　　　　……如本黨黨員黃克強、宋漁父、章太炎等，咸

起而和之，當時幾視爲天經地義，故改組國民黨，
本黨遂完全變爲政黨，革命精神由此消失。袁世
凱並倡「軍人不入黨」之論，以防止革命，因得
肆無忌憚，帝制自如，皆此說階之屬也。**㊱**

㊱孫文，〈過去黨務失敗之原因〉，前引，頁捌—168。

臨時政府雖聯合各派組成，但立憲派的總長如張謇、
湯壽潛、程德全等實際皆未到任。在武昌起義後，立憲
派的不少重要人士轉而贊助排滿，曾與革命黨有短暫的
合作。但如前述，雙方因地位、價值觀念及利害關係的
不同，終變合作爲相互的輕視與排斥 **㊲**。克強一派雖從
中調協，立憲派人仍多懼如張謇函告克強的：革命黨「輕
於拘人擊人。」**㊳**當時袁世凱已派人南下議和，立憲派人
乃積極擁袁，望能逼迫清室退位，改建共和，恢復舊社
會秩序。張謇等與袁的來往及視爲象徵的情形，亦如前
述，不贅。立憲派如此，即同盟會中的重要同志，又何
嘗不如此！胡漢民曾記：

㊲參見本編第十章一壹。

㊳張謇，〈爲時政致黃克強函〉，載張孝若編，《張季子九錄》，《政聞錄》，（上海：民20年），卷4，頁4。

> 至舉政權讓之專制之餘孽，軍閥之首領袁世凱其
> 人，則於革命主義爲根本之矛盾。……先生（按
> 指中山先生）始終不願妥協，而内外負重要責任
> 之同志，則悉傾於和議。……余集諸人意見，以
> 陳於先生，先生於時，亦不能不委曲以從衆議。
> **㊴**

㊴胡漢民，前引，頁60-61。

漢民所指的「負重要責任之同志」，不僅包括克強一派，
且包括汪兆銘（精衛）及漢民自己。就客觀環境看，聯

合政府對獨立各省，旣不能控制，自身所能指揮的部隊，實力有限，恐也無法大擧。一般民心認爲淸室傾覆，即無須革命，而寄望於和議。在這樣的情況下，擁有強大實力的袁世凱自易得漁翁之利。漢民對此曾自承：

> 精衛極意斡旋於伍廷芳（按係南方代表）、唐紹儀（按係袁的代表）之間，而余則力挽先生（按指中山先生）之意於內。余與精衛二人，可立功之首，而又罪之魁！然其內容事實，有迫使不得不爾者。❹

❹同上，頁61。

各方旣屬意於袁，淸室允退，和議立成。中山先生在民國元年二月十四日辭職，並薦袁自代，獲參議院的通過。臨時政府雖爲光復各省的團結象徵，但自始即未受各方面的眞正認同。中山先生曾抱怨任總統時如木偶，一算時間，才不過一月又半。如從四月一日正式解職算起，也只得三個月，爲時實在甚暫。臨時政府北遷後，中山先生見政治發展的趨勢，在制定憲法及實行議會政治。他對不實施革命方略的軍法及約法之治，而即進入憲政，頗表懷疑。但最後的目標旣然相同，在心理上也就稍作退讓，抱有一點樂觀其成的態度。再看袁世凱，他是老官僚中較具新思想的人物，過去參加過強學會，後來亦與立憲派親近，同情立憲。武昌起義後，他挾實力逼淸室退讓，進而贊助共和民國，中山先生對他旣不能盡信，又不能全疑，心情難免矛盾。據張繼的記述，宋敎仁被刺後，章行嚴離北京返滬，走告中山先生及克

強：袁必作皇帝。中山先生及克強則認爲「袁專橫有之，帝制之心，尚未可信。」❹由此可見，中山先生早期對袁參信參疑的情況。等到袁帝制自爲，中山先生大爲懊惱，曾說：

> 當時予以服從民意，迫而犧牲革命之主張，不期竟以此而種成今日之奇禍大亂也。嗚呼！此誠予信道不篤，自知不明之罪也。❹

言下明顯地有自責之意。這可能是中山先生上書李鴻章後，另一次雙趨衝突的出現❹。他的解決是一貫地作積極性的增強，亦即更加主張激烈的革命，並將官僚、政客、軍閥徹底掃除。

　　自同盟會改組爲公開政黨及袁當政後，中山先生即無意於黨務。同盟會的其他重要同志，如克強，自結束南京留守職務後，亦退出政壇。汪兆銘不久赴法留學，胡漢民則回任廣東都督。時能負實際責任的，只有政事部主任幹事宋教仁。教仁偕同盟會的其他同志蔡元培、王寵惠、陳其美參加唐紹儀的內閣，分任農林、教育、司法及工商等部總長。唐原是袁系的重要人士，但早年留美，富有民主法治的思想。在南北議和時，他代表袁南下，與同盟會的負責同志，相處頗洽，後且加入同盟會，出而組閣。他因臨時約法中所規定的政體爲內閣制，所以極力維持內閣的大權，「有時白總統持異議，抗爭座上，不稍屈。」❹教仁等同盟會閣員，與唐相互提攜，「於是唐內閣有同盟會內閣之稱。」❹袁不耐事事由唐副署，

❹張繼，前引，頁348。

❹孫文，〈八年十月十日〉，載《國父全集》，前引，第二冊，頁柒—86。

❹參見本編第11章一壹。

❹谷鍾秀，《中華民國開國史》(臺北：文海)，頁102。

❹《民立報》，民元年7月3日。

更不滿內閣制下的虛位元首，於是藉王芝祥改任事件，不使唐副署，唐爲制度受到破壞，憤而辭職，同盟會的閣員隨同請辭，唐閣乃倒。

在唐內閣時代，同盟會移至北京，時爲民國元年五月初。六月中旬，唐閣倒後，同盟會本部於七月一日發表聲明，主張政黨內閣，並戒會員參加陸徵祥所組織的所謂超然內閣。到了七月二十一日，本部復召開夏季大會，重申同盟會的旨趣在政黨內閣，且強調如無法達成，寧願退讓。會中並改選教仁爲總務部主任幹事，亦稱總幹事。另選張耀曾爲政事部主任幹事，孫毓筠爲理財部主任幹事。同盟會如要爭取政權，達到組閣的目的，必須獲得參議院的支持。按臨時約法的規定，各省分別選派參議員五人，當時除西藏未派外，共得一百二十一席，其中同盟會僅佔四十餘席 ❹，距總額的半數尚遠。教仁等爲了控制參議院的多數席，乃不能不謀與他黨的聯合。在這一情勢下，同盟會的改組已勢在必行了。

❹谷鍾秀，前引，頁100。

第十三章
內在政黨的嘗試
與革命的再起

自武昌起義後，舊有的政治體系，已告解體，但新的政治體系，尚待建立。當時的情形是：各省紛紛獨立，形成多元主權的局面，體系已成四分五裂，亟待整合。從政治的結構觀察，原有政治角色的行為規範，也發生根本的變化。帝制廢除，環繞在集權專制周圍的一套行為規範，就無法再繼續保存。臨時政府的建立，一方面嘗試著政治體系的整合，一方面努力於新政治結構的樹立。共和國的總統，為各省的代表所公舉，主要的職權則是「以忠於國，為眾服務。」❶官吏既不是總統的奴才，也並非人民的父母官，性質上與總統一樣，為民服務。中山先生在民國元年四月對這種新的行為規範，曾有很好的說明：

❶〈臨時大總統誓詞〉，《國父全集》，前引，第二冊，頁伍一2。

> 此次的革命，乃國民革命，乃為國民多數造幸福。
> 凡事以人民為重，軍人與官吏，不過為國家一種
> 機關，為全國人民辦事。……蓋共和與自由，專
> 為人民說法，萬非為少數之軍人與官吏說法。……
> 蓋在政治機關，凡百執事，按級供職，必紀律嚴
> 明，然後能收身使臂，臂使指之效。……至於官
> 吏，則不過為國民公僕，受人民供應，又安能自

由！蓋人民終歲勤勤，以謀其生。而官吏則爲人民所養，不必謀生。是人民實共出其所有之一部，供養少數人，代彼辦事。……朝作總統，夕可解職，朝爲軍長，夕可歸田。完全自由，吾輩自可隨時享之。❷

❷孫文，〈自由之眞諦〉，前引，頁捌─10-11。

　　中山先生以曾任臨時總統的身分，現身說法，強調新的政治結構，建築在「以人民爲重」，亦即人民主權的基礎之上。總統、官吏不過「爲民辦事」，且須「按級供職，必紀律嚴明。」這是指行政層級的分化及效能的加強。中山先生的想法可代表清室推翻後，一般知識分子的理想行爲規範。但一個理想規範的能否確立，與政治文化密切相關。如政治文化在質的方面，僅有部分的變，或在量的方面，只得少數知識分子的變，理想的行爲規範，就不易建立，新的政治結構也就難得穩定。在一個專制傳統的政治體系，發生革命時，往往先由少數的領導者，或所謂先知先覺者，在質上發生變化，多數的人民仍保存舊有的傳統文化，無法大幅度地或快速地隨同變遷。縱在少數的知識分子，在質的程度上，也有相當的差異。最常見的，也是最值得重視的，是有些人既認爲民主制度是理想的價值，亦主張有實行的可能；但另有些人一面認爲是理想的價值，一面卻懷疑能否付諸實行。這一懷疑的本身，即阻擋政治文化的趨向民主。中國在辛亥革命後，大致可以說，多數人民仍陷身舊傳統，少數知識分子，有部分質的變，卻又混合著懷疑與若干舊傳統。眞正在質上有徹底的變的，恐怕爲數極微。前面曾經討

論過，人的基本需要中，有自主自由的一面❸，若能打破傳統文化束縛，即可向民主政治的現代化更邁進一步。傳統的打破，要靠少數的「先知」覺多數的「後知」，儘管「後知」因基本需要的導引，必爲「先知」所覺，但其間所經歷的過程卻十分迂迴曲折，且多風險。除掉文化的因素以外，還有個人及社會層級的利害關係存在其中，相互的激盪，更使得革命後的現代化過程，發生種種的紛亂。

　　現看政治參與。傳統的參與是最高決策階層的世襲（帝王與貴族等），加上一般決策及執行階層的科舉取士。革命後，世襲取消，科舉廢除，政治體系的決策及執行階層，必須重新組織及另覓其他的通道進入。此在西方的民主國家，即透過政黨政治的運用。政黨以政見爲結合，以爭取政權、實施政見爲目標，而現代的政黨，誠爲 Marice Duverger 教授所說的，必須以群衆爲基礎❹，亦即將進退取捨完全放在民意之上。民意的表達方式是選舉與輿論，政黨則從中提攜，制定或修改政見，並提出適當的，也就是能遵守基本的政治規範，且具能力實施政見的候選人，供選民的選擇。群衆的民主政黨，也會影響到政黨本身的性質與發展，Samuel J. Eldersveld 教授指出政黨不過是政治體系的縮影(a minia-ture political system)❺，這一看法是十分精當的。因政治體系的民主，必使政黨的內部結構趨向民主，但反過來看，也可推論：政黨本身的權力結構，如一本民主的原則，取決於黨員的公意，自可進而推動整個政治體系的民主，雙方實具有相關的互動關係。民主的政治體

❸參見本編第8章，壹及貳。

❹Marice Duverger, *op. cit.*, pp.63-71.

❺ Samuel J. Eldersveld, *Political Parties: A Behavioral Analysis* (Chicago: Rand McNally, 1966), p.1.

系，常不出民意代表所組成的代議式議會政體，民主政黨的活動乃不能不集中於議會，而以議會中的議員同志，作為黨內部的權力結構及決策的領導階層。這樣的發展，在政黨政治的性質上，可稱為內在政黨，在政府或政治決策的體制上，即可視為政黨內閣。但如前所述，民主的內在政黨，能否運行圓滿，仍與政治文化息息相關。人民與黨員是否對政治體系的全部決策過程，尤其是如 Gabriel A. Almond 及 Sidney Verba 教授所著重的「投入」(input) 作用，加以重視或發生興趣，這是一個文化的問題。在另一方面，人民，包括同黨黨員及異黨黨員等之間，對相互的意見與權力，是否能加容忍、尊重，甚至欣賞，而擺脫權威人格(authoritarian personality)的絕對態度，不作意氣之爭，這仍是一個文化的問題❻。中國的傳統政治文化既然是專制的，且知識分子中，僅有極少數能作徹底的質的變，其他大多為部分質的變，尚混雜懷疑的態度，政黨政治的現代化，亦即民主內在政黨的發展，同樣地也是波折重重。

中國早期的革命團體是以排滿為結合的中心，這是政見的結合，在廣義上，已構成政黨的初步形態，而非屬純以人的利害關係為結合中心的朋黨❼。革命時代的同盟會，不僅將政見擴展至民權與民生，且在決策的程序上，採用三權分立的總統制，而以黨員大會為最高的權力機構。這雖是理想的政治結構，用總章加以規定，但如前所述，實已發展成為具有民主規範的革命政黨，而易於轉變為內在的議會政黨❽。從另外一面看，立憲派的政團，最初以君主立憲的政見結合，並以各省的諮

❻Gabriel A. Almond and Sidney Verba, *Civic Culture* (Boston: Little, Brown, 1965), pp.16-18.

❼梁啓超認為朋黨的特徵有五：「一曰以人為結合之中心，不以主義為結合之中心；二曰不許敵黨存在；三曰以陰險狠戾之手段相競爭；四曰黨內復有黨；五曰其烏合也易，其鳥獸散也亦易。」見所著，《政黨與朋黨之別》，上篇，載《民國經世文編》㈡ (臺北：文海)，頁817。梁所舉的第二個特徵，即不許敵黨的存在，於一黨專政的國家，情形類似。因之，政黨與朋黨之別，仍以是否為政見作長期之結合為主。

❽參見本編第12章一壹。

議局及資政院作爲推動溫和改革（如上書、請願等）的
場所，也已具備議會政黨的早期形態❾。等到請願受阻，
憲友會組成，內在議會政黨的規模大備，但隱約含有排
滿革命的意味。武昌起義後，革命黨與立憲派的人士曾
合作光復各省，再傾覆淸廷。在籌組臨時政府時，雙方
雖有政見及利害關係上的距離，但對政黨政治的觀念卻
相同，即一方面贊成革命黨消，一方面主張普通政黨的
建立。同盟會因此正式改組爲公開的普通政黨，而著力
於議會政黨的運用。憲友會的激進分子組成統一共和黨，
與同盟會接近。比較保守的立憲派人士先與中華民國聯
合會合組統一黨，再與民社合併，改組爲共和黨，在參
議院反抗同盟會。到了民國元年的八月二十五日，同盟
會復聯合統一共和黨、國民共進會、國民公黨、共和實
進會，改組爲國民黨，而掌握參議院的多數席。

❾參見本編第10章一壹。

壹、議會政黨的文化背景

從政治文化的立場觀察，民國初年的多數人民是缺
乏民主的文化的。傳統的科舉取士，不過使士人階層加
入統治的行政體系，作爲帝王的官吏，決非代表人民組
織政府，以實現民意。人民久受專制文化的薰陶，早已
接受君君、臣臣等一套自上而下的專權觀念。換句話說，
傳統專制體系下的人民，最大的期待是帝王或官吏的仁
政，從不想對帝王或官吏的權力，用任何辦法，如議會
政治、權力制衡等加以控制，更不敢自作主張，強使帝

王或官吏接受，付諸實現。用 Gabriel A. Almond 及 Sidney Verba 教授的概念解說，人民所需的只是政治體系的「產出」(output)，而不是「投入」(input)。他們終日期待英明的君主，愛民如子的清官，多施一點仁政，但卻不思自作主人，選舉代表，組織政府，爲自己服務。這一型的政治文化，不能不說是「臣屬的文化」(subject culture)❶。自從西方的勢力於清末大舉入侵後，民主制度偕「參與的文化」(participant culture)俱來，對中國傳統的臣屬政治文化，發生極大的衝擊。首當其衝的，當然是接觸較多的少數知識分子。他們一方面受自尊需要的驅使，一方面由久受壓抑的自由、自主需要的招迎，乃發動以民族自由及人民自由爲目標的革命。革命喚起中國人民自尊、自由及自主等等的需要，但如前所說，仍受質與量的限制，無法使涵化或社會化(socialization)的幅度普遍及速度加快。武昌起義雖將專制的、異族統治的清廷推翻，但這僅是推動臣屬文化朝向參與文化演變的起步。實際上，大多人民，甚至若干知識分子，包括參加過排滿革命的，仍深受臣屬政治文化的影響。在行爲規範的結構方面，仍是專權性的，權力結構的掌權階層，於進行「轉變」(conversion)的決策功能時，往往到了最後不能容忍異己與異見。表現在人格上，常見到的是權威人格(authoritarian personality)，亦即如 T. W. Adorno 教授所說的，易於接受權威、倚賴權威及強調權威 ❷。民國成立後，絕對專制的權力結構推翻，但尊重及容忍異己、異見的相對權威結構，卻一時不易建立。失去對數千年帝王權威的依賴，

❶Gabriel A. Almond and Sidney Verba, *op. cit.*

❷參見T. W. Adorno, et al., *The Authoritarian Personality* (New York: Harper, 1950)。

可能在秩序感及安全感上有所威脅，反過來，又不能全
盤接受參與的文化，而以民意及民主規範爲權威。這種
過度的脫節現象，在現代化過程中，難以避免，但在政
治體系的運用上，發生雙重或多重的規範標準，政治因
而不能穩定，甚或常起爭執。大多人民既留存臣屬文化，
且在權威人格上，居於接受與依賴的程度，不但不能發
生民意的參與及監督的作用，反有期待舊秩序的權力結
構的心理。這一些對政黨來說，皆發生很大的影響。首
先，一般人民對政黨政治欠缺認識，既無積極的參與感，
也未必作消極的認同。相反地，他們可能還感覺「樹黨」
是「立異」，「黨爭」是破壞政治秩序，妨害到向所注重
的體系的「轉變」功能與「產出」，亦即畏懼政府的威信
會受到打擊，而不能制定良好的政策。具有此類想法的，
也有不少知識分子，且發出毀黨的議論，增加政黨政治
的困難。試舉一例，如程德全即認爲：

> 而政黨者，其功用首將國內之人才，剖爲數體。
> 每體勢將皆以不具爲病。一旦以國家託之，不具
> 之體，用人行政，悉由一定蹊徑，其緣此不具之
> 體以攀升者，不具又加甚焉，其結果將使政治之
> 發育，絕不充分。❸

❸ 程德全，〈覆張國淦書〉，載《民國經世文編》（臺北：文海），政治3，頁71，總頁902。

這類想法仍不出臣屬文化中，所謂「君子不黨」的價值
觀。中山先生則憂慮「我中國人民久處於專制之下，奴
性已深，牢不可破。」❹但一再強調參與文化的民主政治
體系，不能不有政黨。他說：

❹〈孫文學說〉，前引，頁參—149。

倘人人不問國事，於國家則極危險，故有政黨可以代表民意。如無政黨，於國家則更不堪問矣！……各政黨之中，若逢政策與自己黨見不合之事，可以質問，可以發揮黨見。逐日改革，則無積滯，……是故立憲之國，時有黨爭，爭之以公理法律，是為文明之爭，圖國事進步之爭也。若無黨爭，勢必積成禍亂，為無規則之行為耳。❺

❺孫文，〈黨爭乃代流血之爭〉，《國父全集》，前引，第二冊，頁捌—75。

又說：

今日講到民權，更不能不要政黨，無政黨則政治必愈形退步。……流弊所及，恐不能保守共和制度，將漸變而為專制。❻

❻孫文，〈政黨之要義在為國家造幸福為人民謀樂利〉，前引，頁捌—70。

中山先生看出專制臣屬文化的毒害及政黨與民主政治的關連，而諄諄善導。立憲派的贊成議會政黨的人士，在這方面的看法，也與中山先生相同。如列名共和黨的名記者黃遠庸即說：

政黨者，人民發表政見之機關也，國民表示意向之機關也。故政黨者，共和國家之所有物也，非共和國，則政黨不能存在，在共和之國，則未有無政黨者。❼

❼黃遠庸，〈政黨淺說〉，載《民國經世文編》，前引，政治3，頁4，總頁768。

他一樣擔心傳統專制文化的「不黨」的觀念，曾感慨地

說：

> 吾人之所大懼者，懼夫今日無黨之說，深中人心，
> 又實合於中國舊道德，及國人苟且偷安，顧忌畏
> 事之積習。則眞正政黨，永無發達之日，而國家
> 所賴以夾輔輿論政治之目的，無由得達。❽

❽黃遠庸，〈鑄黨論〉，前引，頁10，總頁780。

黃在這段話中，已將中國一般人民接受及依賴權威的心理，明白道出。但不管中山先生與黃如何解說，傳統臣屬文化的變遷，並非一朝一夕所能普及辦到的，這實在是政治現代化過程中的難題。

　　其次，黨員與政黨之間，以及政黨相互之間，仍然不能盡脫臣屬專制文化的牢籠，這種現象，可從數方面看出：

　　㈠很多黨人完全是以利害關係而結合，所開列的政見，不過是門面語，決不是代表民意，或以民意爲依歸的。民初的政黨，一時多如雨後春筍，竟達三百多個❾，其中眞正能以群眾的內在政黨爲發展目標的，恐怕少之又少。黃遠庸形容得極爲透徹：

❾顧敦鍒，《中國議會史》(臺北：文星，民51年)，頁43。

> 今者黨之問題，可謂波靡全國矣。一般之賢愚不
> 肖，既盡驅率入於此圍幕之中。旗幟分張，天地
> 異色。……目有視視黨，耳有聞聞黨，手有指指
> 黨。既已聚千奇百怪之人，而相率爲黨，遂即鑄
> 爲千奇百怪之黨，蔓延於中國，乃復演爲千奇百
> 怪之崇拜政黨論，或毀謗政黨論，以相攻於一隅。

於是乃有黨與黨之爭，有黨與非黨之爭，更有一黨之中，一部分與部分之爭。**⑩**

(二)大多數的黨，既非以政見相結合，亦不以民意為依歸，於是中國傳統政治文化中人的結合因素，乃發生作用。此可見於跨黨分子之多。如伍廷芳具十二黨籍，邢彥圖、黃興具十黨籍，黎元洪具九黨籍，熊希齡、陸建章、王人文、孫毓筠具八黨籍，陳其美、景耀月、唐紹儀、于右任具七黨籍，張謇、梁士詒、趙秉鈞、楊度、溫宗堯、程德全、胡瑛、王寵惠具六黨籍，汪兆銘具五黨籍，其他跨黨的人尚多，但不少是屈於人情，為人拉入裝撐場面而已**⑪**。「不黨」或「泛黨」，皆不是議會政黨政治中的正常現象。

(三)黨員之間及各黨之間常發生黨爭。所爭的內容，並不是中山先生所說的是為了「公理、法律」，「圖國事進步之爭」，而多出於利害，尤其是意氣。意氣最能表現權威人格，是屬於強調權威的一種。謝彬曾記：

自民國初元迄今，政黨之產生，舉其著者，亦以十數，其真能以國家為前提，不藐視法令若弁髦，不汲汲圖擴私人權利者，能有幾何。而聚徒黨，廣聲氣，恃黨援，行傾軌排擠之慣技，以國家為孤注者，所在多有。且爭之不勝，倒行逆施，調和無人，致愈激烈而愈偏宕，即持良好政見者，亦為意氣所蔽，而怪象迭出，莫知所從。**⑫**

⑩黃遠庸，前引，頁9-10，總頁778-779。

⑪李劍農，《中國近百年政治史》（臺北：商務，民54年），下冊，頁368。

⑫謝彬，《民國政黨史》（臺北：文星，民51年），頁2。

意氣出於感情上的權威，結果卻更傷害感情，變成對人
而不對事，最後弄到憤事而後止。康有為曾對當時政事
的情形，誇大渲染，但多少值得參考，他說：

　　乃自開院至今垂二月餘矣，……人數日日不足，
　　不能開議。即間日勉強能開，亦只聞擲墨盒，持
　　手鎗，改記事簿，甚至互毆。議長逃於室，議員
　　鬧於堂。❸

❸康有為，〈國會歎〉，載《民國
經世文編》，前引，政治2，頁34，
總頁718。

中山先生可能看到當時黨爭的激烈，所以特別強調執政
黨與在野黨之間的關係，並非是敵對，而是互相監督，
共策政治的進步❹。他反對非正當的黨爭，特告誡說：

❹孫文，〈政黨宜重黨綱黨德〉，
《國父全集》，前引，第二冊，頁
捌—63。

　　若有不正當之黨爭，與黨員不正當之行為，貽誤
　　國事，即為放棄責任。今日國民責望本黨之殷，
　　即他黨亦生戒備。要之本黨一切行為，無不出於
　　正當，則他黨從此亦不敢再出卑劣手段。❺

❺同上。

梁啓超亦警覺黨爭已越出政見的範圍，於是主張政黨必
須有優容的氣量，並說：

　　對於他黨，不可有破壞嫉忌之心，且尤必望他黨
　　之能發達，相與競爭角逐，求國民之同情，以促
　　政治之進步。❻

❻梁啓超，〈蒞民主黨歡迎會演說
辭〉，載《民國經世文編》，前引，
頁55，總頁870。

　　再其次，民國初年以袁世凱為首的新舊官僚及實力

派，仍抱有相當程度的集權與專制的觀念，對政黨政治的監督，認爲妨害到權威的推行，不能加以容忍。正好一般人民也缺乏參與的觀念，且易於接受及容忍權威，乃合而維持臣屬的政治文化，使得議會政治及政黨內閣，皆遭受打擊。袁對政黨推動的民主政治，缺乏基本上的認識，還以「不黨」爲超然。他出任臨時總統，卻不能遵守內閣制下的總理決策大權，另一方面又不能領導與聯合參議院中的多數黨，建立政黨內閣，反而憑藉實力，擺脫政黨，組織所謂的超然內閣，且自詡：「我任人，但問其才不才，不問其黨不黨也。」[17]這完全不了解內在政黨的政治功能。他的僚屬也大率類此，如楊度，即主張取消政黨內閣，否則，「相挾相持，互生疑慮，實於國家大計有損。」[18]時人批評袁說：「旣無道德以爲體，又無學識以爲用，徒挾古皇帝之思想，以盜民國，則其才適足以濟其惡。」[19]實際上，不僅是袁等官僚與實力派，即若干活躍於議會中的議員，也不見得對自由民主的眞正意義與精神，有所悟解，葉景莘說得好：

> 如民權、自由、共和、專制者，今人人之口頭禪也，而明其義者蓋寡，故一方面有以抵抗法律爲民權，破壞秩序爲自由，盜賊當事爲共和，執法不阿爲專制者。而他方面，則以箇人之命令意見爲法律，而強人以遵守焉。夫今犯上列數弊者，雖非皆出於無心，而實多由於習慣。[20]

所謂習慣，即是權威的以及臣屬的文化傳統。在這一傳

[17]引自林長民,〈參議院一年史〉,前引, 頁50, 總頁749。

[18]楊度,〈與黃克強論入黨〉, 前引, 頁70, 總頁900。

[19]白蕉,《袁世凱與中華民國》(臺北: 文星, 民51年), 頁1。

[20]葉景莘,〈中國人之弱點〉, 載《民國經世文編》, 前引, 政治2, 頁4, 總頁658。

統中，民意根本無法伸張，群眾的內在政黨，恐不是容易真正建立的。

　　總之，從以上所述，我們大致可以發現排滿的民族主義革命雖告成功，包括政黨參與在內的政治現代化運動，雖已起步，但無論在質與量的方面，中國的一般平民及士子與官僚層級，尚保留甚多臣屬文化中的政治行為規範，對參與文化的民主與法治的角色規範，涵化的情形相當不能一致，且在程度上，僅有極少數知識分子能作深入的領悟與接受，少部分在半領悟、半接受及半懷疑之間，大多是漠然無所體認。人民的不重視「投入」，不能形成有效的參與與監督；議會中的黨籍議員，復欠缺互相尊重與容忍的所謂民主修養，而無法遵行議會政黨的互動角色行為規範；握實權的新舊官僚與軍人，在專權的思想與維持既得利益的考慮下，更不願改造舊有的政治結構，反而藉口維持社會及政治秩序的穩定，而大肆攻擊黨爭，主張極權。政黨政治即在如此的情形下開其端，但是否能構成議會政治的中心，而為各社會階層所認同與接受，並進一步推動現代的政治參與文化，實值得懷疑。好在既有對參與文化涵化甚深的極少數先知先覺者，努力倡導，再配合人性中對自由、自主、自尊的基本需要，政治的現代化一經發動，縱然路途迂迴曲折，且荊棘遍地，仍然無法停止。

　　　　蓋平等、自由、博愛，乃公眾之幸福，人心之所同向，無可壓迫者也。❷¹

❷¹孫文，〈黨員須宣傳革命主義〉，《國父全集》，前引，第二冊，頁捌—116。

中山先生說出此語，即明白指出現代化的方向必然是民主的政治體系，政黨政治也必然要遵此方向，才能達到整體現代化的目的。

貳、國民黨的組織與失敗

　　前面說過，同盟會在民國初年，不能不變爲公開政黨，而進入議會作政治活動。既入議會，當然要贏得多數席，而爭取政權。所謂政黨內閣，原是民主政治的常軌，實無可厚非。中山先生任臨時大總統時，臨時政府的組織是根據臨時政府組織大綱。民國元年二月十四日，中山先生辭職，薦袁世凱自代，到了三月八日，參議院乃議定臨時約法，廢除臨時政府組織大綱，將每省的議員額，由三人增至五人，選派的方法，由各省自定。開始時，仍由各省都督，派遣增額的議員，不久即有省議會反對都督指派，而贊成民選，「湖北省議會通電，持之尤力，參議院乃議決，即現有機關改民選，令各省臨時省議會選舉來代。……自是絡繹交迭，其制漸備。……是爲民選時代。」❶光復後的各省議會，固然不少由革命黨人所控制，但大多不過是舊諮議局的化身，仍以立憲派的人士爲主。革命黨曾經分裂，立憲派亦有激進與漸進之分，所選出的參議員亦分屬數個政黨，且多立憲派的人士。民國元年四月中旬，參議員陸續北上，並決定改選全體職員。當時在一百二十餘席的參議院中，同盟會與共和黨各佔四十餘席，皆不過半，但共和黨是「順

❶林長民，前引，頁47，總頁743-744。

應袁政府組織極大與黨之要求，而用以對抗全盛之中國同盟會者也。」❷所以十分勢盛。如前所述，章炳麟與同盟會分裂後，與立憲派的溫和分子張謇等，幾經合作而成立統一黨❸；至民國元年五月，統一黨再聯合武昌首義分子黎元洪、孫武等所領導的民社❹，合併三個小政團，組成共和黨。據谷鍾秀說：

❷謝彬，前引，頁45。

❸參見本編第12章—叁。

❹參見本編第12章—叁。

> 共和黨成立後，其勢駕同盟會而上之。以國權主
> 義相揭櫫，而其實爲政府所用。又惟恐政府勢力
> 不強固，而以擁護爲己任。詆之者目爲御用黨。
> ❺

❺谷鍾秀，前引，頁99。

處於同盟會與共和黨之間的，是統一共和黨，在參議院中共得二十五席，稱第三黨。這一第三黨卻具有舉足輕重的勢力，因倒向同盟會，同盟會即可控制參議院，反之，倒向共和黨，情形亦一樣。統一共和黨於民國元年四月十一日在南京成立。列名發起的是立憲派中較激進，而親近革命黨的人士，如谷鍾秀、殷汝驪、彭允彝及吳景濂等。實際上是由谷鍾秀的共和統一黨、殷汝驪的國民共進會及彭允彝的政治談話會等三個政團所合併而成的。臨時政府移至北京，參議院改組職員時，統一共和黨即操縱於同盟會與共和黨之間，「吳景濂之得議長，谷鍾秀之得全院委員長，殷汝驪之得財政委員長，均屬操縱之效。」❻大體上，統一共和黨是與同盟會相提攜的。同盟會在唐紹儀內閣時代，極力主張尊重臨時約法所規定的內閣制，即責任在內閣，決策權力亦在內閣，政府

❻謝彬，前引，頁46。

律令的頒發，皆須內閣總理的副署。統一共和黨亦盡力贊助。而且統一共和黨的黨魁，吳、谷、殷等，皆為參議院的領導負責人士，所以更遭官僚實力派及共和黨的忌恨。黃遠庸曾記述吳等因支持唐拒絕副署袁改命王芝祥赴南遣散軍隊事，「有署曰軍界公啓者，聲討吳景濂、谷鍾秀、殷汝驪罪狀，並牽及谷之死力為王芝祥君督直者，受得賄賂若干云云，且謂將與天下共誅之。」❼由此可見統一共和黨與同盟會關係的密切。唐閣倒，共和黨因不得多數席，故一味附和袁系的主張，倡組超然內閣，以陸徵祥為總理，同盟會與統一共和黨亦聯合反對，贊成政黨內閣。後統一共和黨因各黨在現實政治下，皆無法提出組閣人選，始同意陸出任，但仍聯合彈劾總理。

統一黨與民社的合組共和黨，再附和舊官僚與同盟會相角，使得同盟會不能不與統一共和黨作全面的合併，消極地謀求參議院的優勢，積極地爭取組織政黨內閣。在陸徵祥所提閣員名單遭參議院否決時，共和黨擁袁的議員及官僚實力派的軍警，皆對統一共和黨的負責人，加以攻擊，不但共和黨的議員如劉成禺等，對吳痛罵，使得「議長是日之尊嚴為之大損」❽，且軍警會議公所的軍警官員曾威脅以武力解散參議院等，使吳、谷、殷等大為激憤，且正式國會，按臨時約法的規定，須在約法施行後的十個月內召集。約法是民國元年三月八日所制定，十一日由政府公布施行的，正式國會應在民國二年元月十一日前集會，如能與同盟會合併，在國會議員的選舉上，亦將互蒙其利，於是乃提出兩黨合併之議。

宋教仁自在北京實際負責同盟會的會務後，主張政

❼黃遠庸，〈三日觀天記〉載《遠生遺著》(臺北：文海)，卷2，頁76。

❽同上，頁77。

黨內閣最為熱烈。他為了堅持這一內在政黨的原則，不
惜辭去總長的職位，與唐閣共進退。他並不反袁，對陸
徵祥也無成見，且嘗語人曰：「以現勢論之，正式總統，
非袁公莫屬，然內閣必須由政黨組織，始能發揮責任內
閣制度之精神，而不必出於己黨也。」❾他不贊成陸的超　❾谷鍾秀，前引，頁118。
然內閣，是要改中國傳統的專權政治，入於民主政治的
正常軌道。統一共和黨最後支持陸的組閣，教仁無力阻
擋，但堅決反對同盟會的同志入閣。黃遠庸曾記：

> 同盟會中本分兩派，一派持穩健主義，且不甚贊
> 成黨員不入閣之說，聞平剛君主之。其多數則絕
> 對不主張以黨員入閣，且提議無論大總統提出何
> 人，一律不投同意之票，宋教仁君、張耀曾君等，
> 持之最力。❿

❿黃遠庸，〈喬粧打扮之內閣〉，
載《遠生遺著》，前引，卷2，頁
67。

教仁固然在現實上，謀與統一共和黨合併，以便步調一
致，控制議席的多數，但也感覺理想的民主政治，仍以
兩黨政治為佳。他想藉內在政黨的兩黨政治，將新舊勢
力合糅，再逐漸調和融化，以促進全國國民的政治現代
化。自兩黨合併之議出現後，教仁即同意變更同盟會的
名稱及改良內部的組織。當時同盟會的內部意見並不一
致，最後才告贊成。黃遠庸亦有記述：

> 同盟會改組事，宋教仁、胡瑛、魏宸組、譚人鳳、
> 劉揆一、張耀曾、李肇甫等主之最力。屢次會議，
> 皆無結果。……昨十四會議又經提議，此事由魏

宸組君主席，宛轉陳詞，略謂爲淘汰流品及融合
新舊起見，不能不有此一著。……而白逾恆、田
桐等數人，即痛陳同盟會係數十年流血所成，今
日當以生命擁護此名與國民同休，奈何提及改組，
聲勢激烈。於是有人主張付假表決以覘多數心理，
而卒以否決，此數大有力者，莫如何也。❶

❶黃遠庸，同上。

❷謝彬，前引，頁46。

❸參閱〈五黨大合併誌詳〉，載《民立報》，民元年8月18日。

同盟會與統一共和黨旣決定合併後，乃「更併合同主義、同系統之其他三黨，合組爲國民黨。」❷這三個政團，即王寵惠及徐謙等的國民共進會，董之雲、許廉等的共和實進會，虞熙等的國民公黨。五個政黨的代表在民國元年的八月五日召開談判會，就同盟會代表張耀曾所提的草案開始討論，最後決定改草案中民主黨的名稱爲國民黨，另同盟會代表李肇甫不贊同統一共和黨將民生主義去除的主張，乃由張繼協調，將黨綱的「採用社會政策」，改爲「採用民生政策」。其餘皆無異議❸。八月十三日，同盟會召開全體大會，推宋敎仁及張繼等十六人爲籌備員。八月二十五日，國民黨召開成立大會於北京的湖廣會館。其時中山先生正抵北京，特來致詞。選舉的結果由中山先生、黃興、宋敎仁、王寵惠、王人文、王芝祥、吳景濂、張鳳翽、貢桑諾爾布等九人當選理事，胡漢民等三十人當選參議。另由理事推舉中山先生爲理事長，中山先生則委敎仁代理。

中山先生北上是爲了調和黨見，克強不久亦來，皆與袁相談甚洽。當時國民黨組成，佔參議院的絕對多數席，且陸徵祥因受彈劾稱病不理政務，國民黨本可出而

組織政黨內閣。但克強謙辭中山先生的推薦，袁對敎仁
的組閣，表面無可無不可，而實則反對。克強爲了拉攏
及調和袁的實力派，乃建議總理人選任由袁作決定，不
過連同閣員須加入國民黨。袁與國民黨總部皆同意。中
山先生自同盟會改組後，雖然位尊，但卻爲少數派，已
如前述 ⓮；國民黨的成立，多爲敎仁策劃，中山先生旣
不便，恐亦無意過問，所以對黃、宋的政黨內閣主張，
同樣不表反對。他當時對政治旣無實質上的影響力，且
多少對袁存有一些樂觀的看法，於是決心謀民生的發達，
願意退出政壇，致力鐵路的建設。敎仁等主張政黨內閣
及兩黨政治，原是所謂立憲之治的主要內容，中山先生
在原則上並無異見，時表贊同。在北京的政局下，他所
能著力的仍不出調和政見，暫時放棄革命方略的主張，
姑且期待袁等官僚實力派及一般人民，能在議會政治的
逐步進步下，實現民主政治。民國元年十月，他從北京
回到上海曾說：

> 余現注全力於鐵路政策，以謀發展民生。黃克強
> 抵京後，主張政黨內閣，調和各派意見，袁總統
> 均甚贊成。余出京時，邀國務員加入國民黨之議
> 始起，今閱報，國務員現已加入本黨。是今日內
> 閣，已爲國民黨內閣，國民黨與政府之調和，可
> 謂躋於成功。 ⓯

他在這段話中，已隱約說明目前無意於政治，且指出克
強是調和政見，邀請國務員加入國民黨的主要建議人。

⓮參見本編第12章一叁。

⓯孫文，〈國民黨當以全力贊助政府〉，《國父全集》，前引，第二冊，頁捌一46。

再參看他委由敎仁代理國民黨理事長的事實，應可推知中山先生內心中，定有叢結及難言之隱，可能內心存有這樣的矛盾：即在理論上不能不贊成敎仁等政黨內閣的主張，亦想樂觀其成，但在另一面，又懷疑民智的未開及袁系等官僚的具有民主的誠意，卻並不望果眞如此。在矛盾中，中山先生似乎產生一些規避的想法，他後來曾追憶當時的心情：

> 國民黨成立，本部設在北京，推我任理事長，我決意辭卻。當時不獨不願參加政黨，且對於一切政治問題，亦想暫時不過問。⓰

⓰孫文，〈國民黨過去失敗之原因與今後努力之途徑〉，前引，頁捌—183。

克強爲了遷就袁系，使袁所指派的內閣總理趙秉鈞亦加入國民黨，如此雖具國民黨的政黨內閣之名，但並無其實，對議會政治及內在政黨的推動，非特無益，而且有害，黃遠庸且說：

> 及趙秉鈞通過後，黃因力勸袁總統勸各國務員加入國民黨，臨時現湊的政黨內閣，不驢不馬，人多非笑之，謂此非政黨內閣，乃係內閣政黨。⓱

⓱黃遠庸，〈政談竊聽錄〉，載《遠生遺著》，前引，卷2，頁153。

民國元年的十二月中旬，國會的參議院及衆議院的選舉開始辦理，結果經初選與複選後，國民黨在參、衆兩院皆贏得絕對多數席。按照國會組織法及兩院議員選舉法的規定參議員由各省省議會選出（每省十名，蒙古等地區另有名額規定），衆議員則由人民直接選舉，各省

名額，按人口的多寡分配，但無論候選人與選民皆有財
產及學歷上的限制（須年納直接稅二元以上，或有五百
元以上之不動產，或在小學畢業以上或同等學歷），且女
性無投票權，男性的候選人須年滿二十五歲，選民則僅
須年滿二十一歲。這些限制在民初時代，於西方民主國
家也相類似。教仁是最熱心於內在政黨的，而且極盼將
政黨政治建立在民意的基礎之上，於是仿效民主國家黨
魁爲黨員競選的辦法：

> 沿江而東，而湘、而鄂、而皖、而寧、而滬，時
> 騰其在野黨之口，辯以暴政府之短，此固各國在
> 野黨之常態，原無足異，然詛咒之者，已不覺大
> 詫曰：嘻！宋教仁果欲組織政黨內閣耶！何相逼
> 之甚也。⓳

⓳谷鍾秀，前引，頁118。

結果宋於民國二年三月二十日在上海車站擬乘滬、寧車
赴京時，遇刺而死。兇手爲武士英，經「搜得證據，知
爲袁世凱及趙秉鈞所主使，舉國震動，而國民黨員，尤
爲憤怒。」⓴

⓴鄒魯，前引，頁146。

　　宋的被刺，在實質上，已表示內在政黨的死亡。參
議院時代，雖有越出常軌的黨爭，但在政治現代化剛起
步的國度，並不足驚異。宋在其間的調和糅合，已使得
兩黨政治具有規模。黨爭或不能一時泯滅，總趨向調和，
實在不足爲慮。惜一般平民及官僚、軍警，一方面籠罩
在專制、臣屬文化的傳統下，覺得政黨與政府之間的意
見衝突，爲無法容忍之事，會破壞政府的權威，另一方

面，又考慮本身的利害：或爲維持特殊的權位，或爲畏懼特殊的權威，乃不對民主的政治體系，加以支持。袁在這樣的情形下，愈來愈趨向守舊，逐漸要恢復帝制。中山先生於舉兵失敗後，避往日本，重組革命黨，認爲在中國實行內在政黨的立憲之治，必須要剷除官僚、軍閥與政客的惡勢力，另須徹底改造一般人民的臣屬文化傳統，使能轉向到參與的文化。他對中國人民的「奴性」常有批評，認爲是五千餘年的專制餘毒。他曾沈痛地說出：

> 本來政治主權是在人民，我們怎麼好包攬去做呢？……以五千年來被壓做奴隸的人民，一旦擡他做起皇帝，定然是不會做的。……又須知現在人民有一種專制積威造下來的奴隸性，實在不容易改，雖勉強拉來做主人翁，他到底覺得不舒服。……我們現在沒有別法，只好用些強迫的手段，迫著他來做主人。[20]

[20]孫文，〈訓政之解釋〉，《國父全集》，前引，第二冊，頁捌—110-111。

中山先生所說的完全是迫使自由的思想。他覺得中國人敷衍苟安的心理，亦即臣屬文化的傳統，必得革除消滅，甚至說：

> 你不承認十二年的禍亂是革命黨造成的麼？民意卻大多數承認是這樣的。……將眞正民意綜合起來分析一下，一定復辟的人佔三萬萬九千萬多。我們果然要尊崇民意，三、四十年前只好不提革

命了。❷

❷孫文,〈學生要努力宣傳擔當革命的重任〉, 前引, 頁捌—163。

但他相信世界是進化的, 後知必為先知所覺, 所以要不斷革命, 到成功為止。

譬如高山頂上有塊大石, 若不動他, 就千萬年也不會動。但是有人稍為撥動之後, 他由山頂跌下, 非到地不止; 要是有人在半山腰想截住他, 這人一定是笨呆了。❷

❷同上。

中國的政黨政治, 在國民黨的組成後, 本可趨向以內在政黨為中心的政治現代化, 不僅宋教仁在努力推動, 中山先生似也有所等待。但最後仍敵不過臣屬文化傳統中的權威勢力, 終使中山先生在心理的衝突後, 更要從事激烈的革命。中國的民權何時實現? 參與的政治系統何時建立? 內在政黨的功能何時發揮? 這一些恐仍在革命的滾石過程中。

第四編
民權主義與中華民國憲法

第十四章
民權主義與五權憲法

壹、五權憲法的原理

一、憲法的意義和種類

下面要答覆什麼叫憲法，可分那幾類？

㈠**憲法的意義**：甚麼是憲法？依據中山先生的見解，包含下列三種意義：

　　1.憲法是一種根本大法：一般憲法學者認為憲法是一種根本大法，根據它以建立國家的政府，以協調個人與國家的關係。所謂根本法，就是比普通法律更具有最高權威的法律，一切中央的或地方的法令，都不得與它衝突，若與之牴觸者無效。中山先生亦有相同的見解，他認為憲法是「一個治國的根本大法」。(《五權憲法》)

　　2.憲法是政府的組織法：耶令芮特❶認為「憲法是決定國家各級機關的組織，規定它們創立的方式，相互的關係，權力範圍，以及對於國家所佔的根本地位的一種組織法規。」(耶令芮特著《近代國家之權利》)所謂政府組織法，包括中央和地方的政治制度，以及兩者之

❶ 耶令芮特(George Jellinek, 1851-1911)，德國的法律和政治哲學家。出生在猶太家庭卻改信基督教。在維也納(1879-1889)、巴塞爾(1890-1891)和海德堡(1891-1911)等地的大學中，他是傑出的學者，也是出色的教師。主要著作有《人權和公民權宣言》(*Die Erklärung der Menschen und Bürgerrechte*)、《國家概念》(*Allgemeine Staatslehre*)。

間的關係。中山先生說得更明白:「憲法就是把一國的政權分作幾部分,每部分都是各自獨立,各有專司的。」

3.憲法是人民權利保障書:憲法是保障人民權利的母法,如憲法規定人民有各種自由,即不能以普通法律加以限制。中山先生說:「憲法者國家之構成法,亦即人民權利之保障書也。」(〈中華民國憲法史前編序〉)政府與人民的關係,都由憲法來規定,但一經規定後,除修改憲法外,人民的權利與義務,不得任意侵犯。

㈡**憲法的種類**:憲法種類甚多,這裏講兩種,即成文憲法與不成文憲法。

1.成文憲法:美國的憲法是成文憲法,又稱剛性憲法。中山先生說:

世界各國成立憲法最先的,就算是美國。當美國革命,脫離英國,成立共和之後,便創立一種三權憲法,世人都叫他做成文憲法,把各種國利民福的條文,在憲法之內訂得非常嚴密。以後各國的憲法,都是效法他這種憲法來作立國底根本大法。……美國的人民,自從憲法頒行之後,幾乎眾口一詞,說美國的憲法是世界中最好的。就是英國政治家,也說自有世界以來,只有美國的三權憲法,是一種很完全的憲法。」(《五權憲法》)

據中山先生的看法,美國的憲法,「不完備的地方還是很多,而且流弊也很不少」,並不是真正最完善的憲法。

2.不成文憲法:英國的憲法是不成文憲法,又稱

柔性憲法。中山先生說：

> 英國的憲法並沒有甚麼條文，美國的憲法有很嚴
> 密底條文。所以英國的憲法，可以說是活動的憲
> 法，美國的憲法，是呆板的憲法，……英國雖然
> 是立憲的鼻祖，但是沒有成文憲法，英國所用的
> 是不成文憲法。

當然，現代各國所訂的憲法，多爲成文憲法，不再摹倣
英國了。

二、三權憲法

這裏要講到：㈠西洋的三權憲法，㈡中國的三權獨
立，㈢西洋三權憲法的缺點。

㈠**西洋的三權憲法**：西洋的三權憲法，以孟德斯鳩
的政治學說爲基礎。中山先生說：

> 憲法是從英國創始的，英國自經過了革命之後，
> 把皇帝的權利，漸漸分開，成了一種政治的習慣，
> 好像三權分立一樣。當時英國人並不知道三權分
> 立，不過爲政治上便利起見，才把政權分開罷了。
> 後來有位法國學者孟德斯鳩（Baron de Monte
> squieu 1689-1755）❷，著了一部書叫做《法意》
> （*The Spirit of Laws*），有人把它叫做《萬法精
> 義》，這本書是根據英國政治的習慣，發明三權獨
> 立的學說，主張把國家的政權分成立法、司法和

❷孟德斯鳩(Charles Secondat
Baron de la Brède Montes-
quieu, 1689-1755)，1689 年 1
月 18 日生於法國波爾多附近的
拉布雷德，1755 年 2 月 10 日卒
於巴黎。攻讀古代語言文化和法
學，以後當法官，1716-1726 年任
波爾多議會議長；先後數次出國
旅行，1729-1731 年旅居英國；
任許多科學院的院士。
孟德斯鳩是政治社會學的創立
者，地位僅次於廸爾凱姆。孟德
斯鳩對於政治社會學的意義首先
在於他所運用的方法：他試圖在
對政治制度進行考察的基礎上將
其加以比較，從而得出政治制度
的各種歷史類型。他認爲，一個
民族的「法律精神」通過多種影
響因素同整個社會相聯繫；一個
民族的地理和氣候的特點、人口
數量以及該民族在法律、宗教和
道德、經濟等方面的特點，都反
映在一定類型的憲法之中。他以
對專制制度社會結構所進行的分
析，來取代抽象推論出的國家組
織。此外，孟德斯鳩關於以憲法
規定三權分立的思想也具有重要
意義，對後來的民主運動產生了
強烈影響。這一思想的基本要點
是：鑒於社會秩序由各種不均衡
的勢力所構成，均衡地分配權力
必然有助於維持政治統治的穩
定。孟德斯鳩深信人的天性是傾
向墮落，所以他強調：爲了維護
以人人平等爲基礎的民主，必須

行使政治權力。

行政三種，所以三權分立，是由於孟德斯鳩所發明的。（《五權憲法講詞》）

美國獨立後首先依孟德斯鳩的政治學說，制訂三權分立的成文憲法。以後日本、德國及其他國家，都是拿美國的憲法做藍本，分別去訂立憲法。這是西洋三權憲法的來源及發展的經過。

㈡**中國的三權獨立**：中山先生認爲「拿英國的不成文憲法來比較，中國專制時代亦有不成文的三權憲法，像下面附表一所列。

附表一　中國憲法 { 考試權　君　權——兼——{ 立法權　行政權　司法權　彈劾權 } 外國憲法 { 立法權——兼——彈劾權　行政權——兼——考試權　司法權 }

他說：

照這樣看起來，可見中國也有憲法，一個是君權，一個是考試權，一個是彈劾權。不過中國的君權，兼有立法權、司法權和行政權。這三個權裏頭的考試權，原來是中國一個很好的制度，也是一件很嚴重的事。從前各省舉行考試的時候，把試場的門都關上，監試看卷的人，都要很認眞，不能夠通關節，講人情。大家想想是何等鄭重。

其次，講到監察權，中山先生云：「說到彈劾權，在中國

君主時代，有專管彈劾的官，像唐朝諫議大夫和清朝御史之類，就是遇到了君主有過，也可冒死直諫。這種御史，是梗直得很，風骨凜然。」他強調「中國從前的考試和彈劾權，都是很好的制度，憲法裏頭是決不可少的。」

　　㈢**西洋三權憲法的缺點**：西洋三權憲法有什麼缺點呢？就是監察權與考試權不能獨立行使。

　　1.監察權不能獨立的缺點：西洋三權憲法中的監察權（糾舉權）是由立法院兼有的，這樣容易造成議會專制，弄到行政機關動輒得咎，中山先生說：

> 現在立憲各國，沒有不是立法機關兼有監察權限，那權限雖然有強有弱，總是不能獨立，因此生出無數弊病。比方美國糾舉權，歸議會掌握，往往擅用此權，挾制行政機構，使它不得不俯首聽命，因此常常成爲議會專制。除非有雄才大略的大總統，如林肯、麥哲尼、羅斯福等，才能達到行政獨立之目的。」（〈三民主義與中國民族之前途〉）

　　中山先生又引美國哥倫比亞大學教授喜斯羅之言：「國會有了彈劾權，那些狡猾的議員，往往利用這個權來壓制政府，弄到政府一舉一動，都不自由，所謂『動輒得咎』。」（《五權憲法》講詞）世人認爲英國的國會是萬能的，除男變女，女變男之外，什麼事都可以做得出來。

　　2.考試權不能獨立的缺點：在三權憲法的政府，考試權與用人權，由行政院兼有，這亦是有其流弊的。

其流弊安在？一爲不能達到選賢與能的目的，二爲造成黨的分贓制度（Spoils System），三爲行政權太大。

中山先生說：

> 美國官吏，有由選舉得來，有由委任得來的。從前本無考試制度，所以無論是選舉、委任，皆有很大的流弊。就選舉上說，那些略有口才的人，便去巴結國民，運動選舉，那些學問思想高尚的人，反都因爲訥於口才，無人去物色他，所以美國代議院中，往往有愚蠢無知的人，夾雜在內，那歷史實在可笑。就委任上說，凡是委任官，都是跟著大統領進退，美國共和黨、民主黨，向來是以選舉爲興廢，遇著換了大統領，由內閣至郵政局長，不下六七萬人同時俱換。」（〈三民主義與中國民族之前途〉）

以上是就選舉不當與分贓制度而言。

中山先生又說：「考試權如果屬於行政部，那權限未免太廣，流弊反多。」（同上）行政院操考試用人之大權，很可能以行政干涉考試，以考試便利行政，亦可能接受請託，甚至濫用私人。

三、五權憲法

我們在下面要講到：㈠五權憲法之創立，㈡五權憲法的政治機構，㈢五權憲法的優點。

㈠**五權憲法之創立**：中山先生在西方三權憲法之

外，加入中國原有的考試權和彈劾權，創立了五權憲法，
如附表二所示：

附表二　五權 {
立法權
司法權
行政權
彈劾權 （監察權）
考試權
}

　　這個五權憲法，把全國憲法，分作立法、司法、
行政、彈劾、考試五個權，每個權都是獨立的。
……這個五權憲法不過是上下反一反，去掉君權，
把其中所包括的行政、立法、司法三權，提出做
三個獨立的權，來施行政治，在行政權一方面，
另行立一個執行政務的大總統。立法機關就是國
會，司法人員就是裁判官，和彈劾與考試兩個機
關，同是一樣獨立的。（同前）

　　㈡**五權憲法的政治機構**：中山先生講過五權憲法之
後，進一步設計中央政府組織與省縣行使政權系統圖。
五權憲法就好像一部大機器，要想治一個新國家，就不
能不用這個新機器的五權憲法。下面的附表三，便是五
權憲法的政治構造制度。

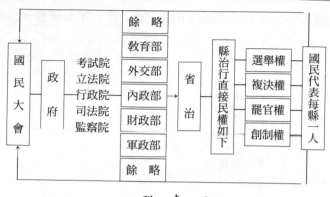

附　表　三

上面附表三中所列，就是治國的機關。除了憲法上規定五權分立外，最重要的就是縣自治，行使直接民權。能夠有直接民權，才算是眞正民權。直接民權共有四個：一個是選舉權，一個是罷官權，一個是創制權，一個是複決權。「五權憲法，好像是一架大機器，直接民權，便是這架大機器中的掣扣。」（同前）這裡要加以說明的有五：1.國民大會是人民權力的最高機關，代表人民向中央政府行使選舉、罷免、創制、複決四個政權。2.國家最高元首是大總統，督導五院，執行政務。3.立法、司法、行政、考試、監察五院分立，各自獨立行使職權，使之相互分工合作。4.以縣爲自治單位，行使直接民權。5.以人民的四個政權，管理政府五種治權，使權能平衡，不會造成暴民政治，亦不會變成專制政府。

　　㈢**五權憲法的優點**：三權憲法的缺點，其反面卽爲五權憲法的優點。又三權憲法的缺點，卽一般議會民主政治的缺點，如放任自由，議會專制，政府無能，行政權並有考試權的流弊，這裡專就五權憲法的優點，分述

如次。

　　1.考試權獨立的優點：考試權有何優點呢？其重要優點有二：一是可以防止濫選議員與濫用私人，二是可以選出賢能與提拔真才。

　　⑴防止濫選議員與濫用私人：中山先生在《五權憲法》講詞中，曾引用美國博士與苦力車夫競選失敗的故事，說明美國沒有考試制度，不學無術的人亦可當選議員。他說：

> 所以將來中華民國憲法，必要設獨立機關，專掌考試權。大小官吏必須考試，定了他的資格，無論官吏是由選舉的，抑或由委任的，必須合格的人，方得有效，這便可以除却盲從濫選及任用私人的流弊。（〈三民主義與中國民族之前途〉）

用考試辦法，確定議員與官吏的資格後，自可防止濫選議員濫用私人的流弊。

　　⑵可以選出賢能與提拔真才：過去美國的憲法不完全，亦想辦法去補救，就是以財產來確定被選舉權的資格，完全是資本主義的色彩。美國實行文官制度，用考試來決定資格，可惜範圍太小，亦是美中不足。中山先生說：

> 最好的補救方法，只有限制被選舉權。要人人都有選舉權，……依兄弟看來，當議員官吏的人，必定是要有才有德，或者有什麼能幹。……我們

又是怎樣可以斷定他們是合格呢？……就是考
試。(《五權憲法》講詞)

這是說要經過考試，要限制被選舉權，才可選到賢能，
提拔眞才。根據此一原則，日後乃有論者主張考試院應
兼管選舉事務，並以考試方式限制被選舉權。方才合乎
「選賢與能」的宗旨。

2.監察權獨立的優點：監察權獨立，可以防止國
會專制，可以澄清吏治。

⑴可以防止國會專制：把監察權自國會分出來，
國會便不能挾制政府。中山先生說：「照正理上說，裁判
人民的機關，已經獨立(指司法權言)，裁判官吏的機關，
仍在別的機關之下，這也是理論上說不過去的，故此這
機關也要獨立。」(同上)

⑵可以澄清吏治：監察權獨立，可以自由發揮力
量，可以發揮御史的精神。因爲中國古代的御史，風骨
凜然，不畏權勢。旣能犯顏諫諍，亦能懲貪除暴。故監
察權能獨立，對於澄清吏治，是大有裨益的。

3.五權分立可以造成萬能政府：人民有權，政府
有能，人民行使四權，以控制政府，可以獲得充分的民
權。政府行使五權，可以發揮無限的威力，以造成萬能
政府。中山先生說：

有了這種政權和治權，才可以達到美國學者的目
的，造成萬能政府，爲人民謀幸福。中國能夠實
行這種政權和治權，便可以破天荒在地球上造成

一個新世界。(〈民權主義〉第六講)

4.五權分立可以造成專家政治：由於實行考試制
度的關係，議員與政府官吏，都是有道德有能幹的人才，
可以「選賢與能」，使「賢者在位，能者在職」。中山先
生說：「現在歐美人無論做甚麼事，都要用專門家。譬如
練兵打仗，便要用軍事家。開辦工廠，便要用工程師。
對於政治，也知道用專門家。」(〈民權主義〉第五講) 蔣
中正先生說：

> 一方面人民要有充分的控制政府管理國家的
> 『權』；一方面政府要有萬能的治理政事造福全
> 民的『能』；……然後可以推進政治，增進效能，
> 而實現『專家政治』的理想。(見《國父遺教概要》)

5.五權分立可以造成分工合作的政體：中山先生
認為如能實行五權，便能分工合作。「蓋機關分立，相待
而行，不致流於專制，一也。分立之中，仍相聯屬，不
致孤立，無傷統一，二也。」(〈中華民族建設之基礎〉)，
戴季陶先生對五權分立合作制度，有所說明。他說：「其
實五權政治眞正完全施行，一定要各院、部相互爲用，
在分工中兼收合作之效。他仍舊是相互連鎖的。我們不
論從事實來證明，從理論來推考，我們要認定我們中國
的五權政治，在運用的時候，是應該相互爲用，相互幫
忙的。」(民國十八年十月中央紀念週〈考試院的籌備和
五院制的運用〉講詞) 他強調五權政治是一個分工合作

制度，在運用上相互爲用，才可收到「分工中兼收合作之效」。

貳、三權體制及五權體制 的基本分野

一、三權分立體制的源流❶

❶有關之中文資料，參見林詩輝，〈中西「分權與制衡說」之研究〉，《中華學報》，8卷1期，頁129-143；佐藤功著，許介鱗譯，《比較政治制度》，(臺北：正中，民70年)，第1章、第2章。相關之歷史文獻，參見James Madison, Alexander Hamilton & John Jay, *The Federalist Papers*中文譯本，謝叔斐譯，《聯邦論》，(香港：今日世界社，1985)。

關於三權分立的理論，一般學界討論頗多。有的學者將其追溯至希臘時代的亞里斯多德(Aristotle, 384-322 B.C.)。亞氏將政府權力分爲三項：㈠討論(deliberative)、㈡行政(administrative)和㈢司法(judicial)，此爲「權力分立論」之始。至於近代民主分權理論，則首推英國思想家洛克(John Locke, 1632-1704)，洛克認爲，政府的目的是保護財產，並保護和擴大自由。爲了實現此一目的，最合適的政府形式，在當時的君主時代，乃是實施君主立憲並配合分權原則，將立法權和執行權（行政權）分立，此外則進一步將執行權劃分爲對內的行政權和對外的外交權。洛克認爲，在一個國家內，立法權是最高的、神聖的、不可變動的權力。而在當時的英國，他所講的立法權和執行權分別是指國會和英王。立法權又應高於執行權，立法權乃是國家裡的最高權力來源，其他權力皆隸屬於此。另外，他也考慮到以國民的直接立法方式，抑制立法權的濫用。一般認爲，洛克的分權學說乃是一種兩權分立論，而由於立法權（國會）優於執行權（國王），因此其中的強烈

的民主屬性，十分明顯。

　　至於真正的三權分立學說，則在法國思想家孟德斯鳩(Charles de Montesquieu, 1689-1755) 手上完成。孟氏將政府權力劃分為立法、行政、司法三權，並且主張三者應相互制衡(checks and balances)，亦即權力彼此平衡，而且起互相監視、牽制的作用。

　　與洛克的兩權分立學說相比較，孟德斯鳩的三權分立說有幾項重要分野：

　　㈠孟氏將執行權劃分為行政權和司法權（裁判權）。前者係依照法律而具體執行，後者則根據法律處罰犯罪或裁判犯人。換言之，裁判權已自執行權中區分開來。至於洛克的權力分立學說，則係將行政權（對內）和外交權（對外）做一區分，但卻未將裁判權（司法權）做一分殊處理。後世的憲政學說多採孟氏之說而未將獨立的外交權看成一項個別的分權項目。這也是孟氏三權分立說的重大成就。

　　㈡洛克強調立法權優於執行權，孟氏則強調三權之間的平衡作用，並且得互相牽制。洛、孟二氏的學說影響所及，美國是依據孟氏三權分立學說制定憲法，並且採取權力儘量分立的政府形態。英國卻受洛氏學說的影響，對權力分立採取調和形式，而且使立法權與執行權緊密結合（至於司法權則為獨立行使），並將執行權（內閣）置於立法權（議會）的監督之下。這也就造成了三權分立的總統制(presidentialism)與國會監督政府的議會內閣制(parliamentarism)之間的分野。

　　㈢就民主屬性而言，洛氏主張立法權優於執行權，

❷亞歷山大・漢密爾頓(Alexan-der Hamilton)(1757-1804)是美國建國初期的政治家、憲法學家、聯邦黨的領袖。

漢密爾頓出生於西印度群島的乃威斯島。父親爲蘇格蘭商人。1772年入紐約的國王學院讀書。曾任炮兵隊長、華盛頓總司令的副官和軍事秘書、聯邦國會議員、紐約州議會議員、華盛頓政府財政部長等職。1787年作爲紐約州的代表出席費城的制憲會議, 是美國1787年聯邦憲法的主要制定者之一。1804年7月同政敵阿倫・伯爾決鬥時死去。他的憲法思想集中反映在《聯邦論》中, 該書是他同麥迪遜(1751-1836)、杰伊(1745-1826)結成「聯邦黨人」, 並以「普布利烏斯」爲筆名發表的一系列關於美國憲法的論文, 1788年由他編輯出版。

漢密爾頓根據三權分立的理論, 提出了牽制與平衡的原則。認爲三種權力並不是絕對分開, 而是相互聯繫、相互牽制及平衡。主張國會實行兩院制, 即設立參議院(上議院)和衆議院(下議院), 參議院的地位應高於衆議院, 其議員資格也應有更嚴格的限制; 行政機關應有極大的權限, 行政部門的權力應集中於一人, 各部部長由總統任命, 並對總統負責; 中央政府任命的州長應有極大的權力, 並有權否決州的一切法律; 司法獨立, 法官終身制, 並有權

孟氏則主張三權平衡, 互相制衡, 故洛氏學說的民主屬性較高。但是如果立法權(議會)過度集中權力, 則會造成「議會專政」、「弱勢政府」(weak government)的現象。相對的, 在三權制衡體制下, 總統的權力來自人民的直接或間接授與, 並有牽制國會之權(如行使否決權及諮文權), 因而強化了政府行政系統的權威, 也增強了行政的效能。就此而論, 三權分立說實應具較高的行政效能。

二、強勢元首與三權分立制

美國制憲時期的理論家漢彌爾頓(Alexander Hamilton, 1757-1804)❷即特別發揮孟氏三權分立學說的精神, 強調行政權效能充分發揮的重要性, 他在《聯邦論》一書中指出:

> 一個軟弱的行政元首暗示一種軟弱的行政工作。行政工作軟弱就是說行政工作的表現很壞。一個管理不當的政府, 不拘其在理論上的根據如何, 事實上必然是一個壞政府。……因此, 若是我們認爲一切有常識的人都會同意, 一個精明強幹的元首爲政府所必須, 則剩下要研究的唯一問題是構成這種個人能力的要素是什麼?……構成行政元首個人能力的要素是: 唯一性、持久性; 適當的支持; 充足的權力。❸

有些人會認爲行政元首屈意順從社會上或議會中

的主要潮流，是一件最值得稱讚的事情。但是，
這些對於設立政府的目的和增進大衆幸福的眞正
手段的看法，都太粗淺。共和主義的原理要求受
人民之託管理大衆事務的人的行爲，應該受愼重
的社會輿論的支配；但是並未要求他對每一種感
情傾向或是每一種暫時性的衝突，都要無條件的
順從。野心家常會利用詭計激動人民感情，利用
他們的偏見來出賣他們的利益。……

不拘我們如何地堅持，行政元首應無條件的順從
民意，但若主張他應同樣地順從議會的意向，則
是一種不妥當的意見。後者的立場有時可能和前
者相反，而有時人民又可能完全採取一種完全中
立的態度。不管是在那種情形之下，我們都一定
希望行政元首具有敢於獨行獨斷的勇氣和決心。❹

由以上的引文可知，在美國的三權分立制之下，行
政權與司法權雖需服從法律，卻不需完全依賴議會。而
行政首長則應擁有充足的權力和適當的支持，再加上權
力集中的「唯一性、持久性」，使其能強勢的展現行政領
導效能，卻不必受某些暫時性、感情衝動的民意箝制，
更不必受與民意發生悖離的議會的支配。此種觀點可說
是完全擺脫了議會主導的弱勢政府的觀點，與中山先生
的「萬能政府」論，實頗爲接近❺。

　　但是，中山先生卻在民前六年（一九〇六）演講〈三
民主義與中國民族之前途〉中，指出：

審查立法機關制定的法律。
❸《聯邦論》，前揭書，頁387。

❹《聯邦論》，頁396-397。

❺有關萬能政府學說的討論，參
見彭文賢〈萬能政府的眞義〉，《中
華學報》，8卷2期。

> 兄弟歷觀各國的憲法，成文憲法，是美國最好；
> 不成文憲法，是英國最好。英是不能學的，美是
> 不必學的。

「英是不能學的」，這是由於英國的憲政體制係由長期的歷史演進而來，夾雜著許多不成文的成規或慣例，自然是不能學、無法學的。至於「美是不必學的」，則有兩項不同層面的理由。

第一，美國的三權體制，是結合美國聯邦制的特殊背景而形成的。在立憲之初（自一七七六年制定「獨立宣言」至一七八七年制定「聯邦憲法」），美國的十三州各擁其主權，而中央政府的大陸會議卻在邦聯條款（Articles of Confederation）約束之下，對各州無絲毫的統制權，亦無通商規則的制定及課稅等權限，而在地方分權（decentralization）的理念主導下，軟弱、無權的中央政府，才被視為是理想的政府，其目的則在於破壞過去殖民者（英國政府）的權威，在這樣的背景下，有權有勢的中央政府，即被視為「民主」的反義。但是，為了工商業的繁榮發展，也為了削弱各州之間關稅壁壘的局面，以強勢政府取代弱勢政府、以中央集權（centralization）取代地方分權、以聯邦主義（federalism）取代州權論的想法，乃甚囂塵上，漢彌爾頓、麥廸遜等人的《聯邦論》主張，就是在此一背景下孕生的。基於此，一個強而有力的聯邦體制（federation）的出現，取代過去中央政府十分虛弱的邦聯體制（confederation），以

及將行政權力集中，使其不受議會過度箝制，甚至可與
其分庭抗禮的三權分立制度，實有其形成的特定歷史條
件及客觀背景。而相對的，在清末民初中國當時缺乏構
建聯邦制條件的處境下，中山先生乃認爲，美國的體制
是不必學的❻。

❻此點係作者個人之研究推論。

　　第二，中山先生認爲，每一國家都有其特殊的憲政
發展條件及歷史背景。既然英國的憲政體制是隨歷史條
件演進而來，美國的三權分立制度也有其特定的經濟社
會條件及歷史背景。中國的憲政體制，也一定要結合中
國具體的歷史條件及時空背景，而不可簡單的抄襲西方
制度與學說，或只想透過移植的方式來建立自己的憲政
制度。基於此，他一方面根據中國的政治傳統而強調在
三權之外，應增加具傳統特性的考試權及監察權（御史
制度），以強化五權分工，並矯治西方議會濫權之弊。另
一方面，他則根據中國長期以來以「縣」爲政制單元的
傳統，而強調必須以縣、市爲地方自治之主體，先實施
四項政權，完成全民政治，從落實地方自治的基礎著手，
逐步建立民主規模。因此，民權主義的五權憲法主張，
實不同於英國式的兩權分立或美國式的三權分立，而深
具中國本身的傳統及地域特性，這也是中山先生所謂「美
是不必學」的另一層背景。

　　基於上述理由，吾人乃可了解，雖然同樣是強調強
勢元首及強勢政府，三權分立制與五權分立制實有不同
的歷史條件及時空背景。而儘管三權與五權體制都係一
種民主體制的設計理念，但卻奠立在相當不同的分權理
念上。此種不同的分權理念，不僅是因爲其背後的設計

者（孟德斯鳩與孫中山）的憲政理念不同，而且也是因為具體的政治環境及社會經濟條件不同所致。如果我們不能了解「憲政制度不能光靠抄襲、移植，而且必須結合歷史傳統及現實需要」的原理，就不能眞正的了解，爲何美國的憲政制度不同於英國，中國的憲政體制又不同於英、美，以及中山先生爲何要設計出獨特的五權憲法了❼。

三、兩權、三權與五權分立

中山先生的五權憲法，就形式而言，是在行政、立法、司法三權之外，增加了監察、考試兩權。就內涵而言，則是自行政權中分出考試權，自立法權中分出了監察權。就功能而言，則是在事權的分工（三權分立）之外，增加了對人（官員的考試任用及糾舉、彈劾）的監督與考核。

但是，除了上述的特性之外，我們必須特別注意，在中山先生設計的「權能區分」學說下，五權均係一種政府權、治權的行使。換言之，不僅行政、考試、司法是政府權，連立法、監察權，也是一種政府權。本書下一章將具體分析，中山先生的「權能區分」說與約翰‧彌爾的相關學說頗爲類似，亦即兩者均將「立法權」之性質，規範爲「專家立法」，而不是單純的「代議」功能。基於此，五權分立之下的立法院，並非純粹的「國會」或「代議機構」，而係由專業的立法專家（而非代議士）所構成的立法機構❽。同樣的，澄清吏治、職司風憲的監察院，也不是由代議士所構成，而係由具備專業司法

❼許多人認爲，中山先生的「五權憲法」，不過是「異想天開」、「多此一舉」。如果以同樣的思想論式看待美國的憲政制度，恐怕也要認爲美國採取不同於英國式分權理念的憲政制度，不過是「多此一舉」罷了。

❽但是中山先生仍然在《五權憲法》中將立法院稱之爲「國會」，只是此種「國會」係由具專門知能的立法專家所組成，與西方的「代議士」所構成的「國會」（其成員只反映民意，不一定具備專門資格），並不相同。

素養的專家所組成，並行使調查、糾舉、彈劾、監察等「準司法」職能。

　　基於上述的分析，吾人可以用下表凸顯兩權、三權與五權分立體制的異同。

附表四　兩權、三權與五權分立的基本性質

分類	兩權分立	三權分立	五權分立
分權項目	立法（包含行政） 司法	立法 行政 司法	行政 立法 司法 考試 監察
彼此關係	1.立法權主導行政權 2.司法權獨立	三權彼此制衡	五權分工合作
政府特性	1.國會主治 2.弱勢政府（實際上卻因議會與內閣之間並不制衡，政府效能反而較高）	1.強勢元首（但國會有兩院與總統不同黨時可能形成跛腳總統） 2.分權制衡	1.萬能政府 2.專家主政
民主屬性	高度	中度	中度
代表國家	英國	美國	中華民國

　　根據上述的分類表，我們可以以分項的方式，將五權分立制度的特性，做一比較分析：

　　㈠五權之間係分工合作，而非彼此制衡❾。因此和三權分立制之下，立法、行政、司法三權之間的權力平衡關係不同，五權之間的權力並不完全均等。尤其是考試權的性質單純，監察權也可以僅是備而不用（只有發

❾但亦有學者指出，雖然中山先生強調政府各部門之間應彼此合作，而反對制衡，認為會削弱政府權力，甚至形成僵局，但有限度的制衡，中山先生亦應不致反對。因為現在政府事務繁多、責任重大，難免會犯錯，為糾正錯誤，防範失察情事，制衡仍是必要的。因此適度的制衡雖然會在某種程度內降低效率，卻可能會增進政策效果，實有積極的意義。參見呂亞力，〈民權主義與政治現代化〉，《中華學報》，8卷2期，頁107。

生官員操守不正、行政怠忽等情事時才行使監察權、調查權、彈劾權),因此五權之間,有的職權繁重(如行政權),有的則較輕簡,本係常態。基於此,有的論者以為,由於考試院職權不大,應改為「考試委員會」或「文官委員會」,藉以取消「五權」,實是一種誤解五權分立本質的皮相之見。「五權分立」的特性,並不在「五權均等」,而係五種權力必須獨立行使,彼此分工。事實上,即使勉強將考試院改為「考試委員會」,則考試權仍須獨力運作,依然無違「五權分立」之理念,只是改成為另一種行使權力的形式罷了。

(二)五權均是治權、政府權的一部分,五院共同構成廣義的「政府」。而五權分工的目的,在形成有效的權責關係、分工合作,進而促成「萬能政府」的實現。而所謂「萬能政府」,當非為所欲為,或無所不用其極的「專制政府」或「極權政府」,而是在人民合法授權下,使民意進行有效監督、政府發揮充分效能,制訂良好政策,而政府各部門間,又能夠彼此合作,卻不致發生事權重疊、一權獨大(或濫權)、造成矛盾衝突、功能不彰等現象。但是,在實際的制度設計及權力運作上,「萬能政府」畢竟只是一種理想,需要不斷的修正制度、調整政策、改善效能,才能使此一理想,接近於(但卻不會是「全盤」的)實現。因此,在兩權分立或三權分立的制度下,「弱勢政府」此一特性頗易成為事實;但在五權分立制度下,「萬能政府」固然可以是一項特色,卻往往只是不易實現的理想。

(三)在五權分立制度之下,立法院依五權憲法之理念,

並不是完全的民意機構,而係由專門立法專家組成的「專業國會」。因此,並不是所有國民都可以參選或當選為立法委員,相對的,只有少數具備專業知能的精英得通過立委考試,取得候選資格,進而參選而當選為立法委員。由此可知,中山先生的五項治權,實有相當濃厚的「專家治理」色彩。為了補充這種精英政治、專家掌政的缺憾,他乃強調應由人民行使直接民權,尤其是罷免、創制、複決等權來體現「直接民主」之精神,並補救精英政治的可能缺陷。基於此,五權的運作必須受到四項政權的箝制,而且在權、能之間,應以四項政權為主體,這才合乎「萬能政府」只盡其「能」,不竊其「權」的本意。

㈣在五權分立制度之下,行政系統同時受到立法、監察及考試三種權力的監督。立法權監督它的事權運作,要求它依法行政,不得越權、濫權;監察權監督它的行政效能及官員操守,遇違法失職、怠忽民意、貪污腐化等情事,則以彈劾、糾舉等手段澄清吏治,實施「人」之監督;而考試權則以公平、公正之考試制度,確保官員之良好素質,藉以避免因黨派之私、裙帶關係等因素,而造成政府用人不當、官員知能不足,不適任其位等現象,這也是從「用人」之監督的立場,保證「萬能政府」實現的一種分權設計。但從上述的分析亦可知,五權之中,仍以行政權之運作為主體,立法、監察、考試權等之行使,乃在以從旁監督之角度,促使「萬能政府」之理想,得以實現。因此,在分權制度的設計上,五權之間個別權力之行使,均是平等與對等的,但實際的權力

運作，卻有簡有繁、有輕有重、有忙有閑，並不可能完全一致。但這並不妨礙五權「分立」之理念。

㈤五權體制乃是一整體的、有機的憲政設計，而不只是三權之外另加二權的拼湊組合。關於五權體制下立法權與三權體制之下立法權的異同，前已敍述。至於監察、考試二權之運作，西方民主國家也有類似之設計。例如，英、美等國的「文官委員會」，即受到傳統中國獨立之文官考試制度之影響，特別獨立於行政權、司法權、立法權之外而運作。因此，考試權（人事權）之獨立行使，並非無前例可循。但是，中山先生卻在獨立的文官考試（或任用）制度之外，強調立法委員、監察委員等民意代表均需經考試及格，方得擔任，這就與一般兩權或三權分立國家的憲政理念不同，而且也使國會的「專家政治」（而不僅是「民意政治」）性質大爲強化，同時也使獨立的考試權特別顯得必要。

至於監察權之行使，在北歐及大英國協地區，亦早有一種監察長(ombudsman)的制度設計，而且在第二次世界大戰後日漸普及於西方各國。但是其中監察長之職權，多僅及於建議改善性質，希望藉以促進行政效能之提昇，但卻不具備我國監察權所掌有的彈劾、糾舉、糾正、懲戒等實質權限，更無強制執行之效力。而且西方的監察長多隸屬於行政系統或國會之下，兼有隸屬於司法系統者，但卻無法像五權分立制度一樣，使監察權成爲一項獨立的分權體制，不受其他三權的羈絆。

基於此，儘管過去幾十年間，由於威權體制及金權政治的影響，造成監察權成效不彰，但是我們卻不能因

此而否定五權憲法的制度設計，或進而要求揚棄監察權，甚至裁撤監察院。相對的，我們唯有從五權分工合作的角度，深入的了解五權之間的有機關係，方能掌握五權憲法的精蘊。

叁、全民政治

自某一方面看，全民政治與直接民權是異名而同義的名詞。中山先生在〈民權主義〉第六講講過四個政權（選舉、罷免、創制、複決）後，曾提示欲知此中詳細情形，可參考廖仲愷君所譯之《全民政治》（按係美人威爾確斯著作）。該書係詳介美國西北部各州、瑞士、澳大利亞、紐西蘭等處行使選舉、罷免、創制、複決等直接民權的實際情形。本文據此研討下列各問題：一、全民政治的含義，二、全民政治與直接民權，三、全民政治的最高理想。

一、全民政治的含義

甚麼是全民政治？依據中山先生的看法，全民政治便是國民全體的政治，沒有種族、宗教、性別、職業、階級以及黨派的分別，只要是國民，都可享有同等的民權，都有資格來做國家的主人翁。他在〈民權主義〉第六講中說：

「全民政治是什麼意思呢？就是用四萬萬人來做

> 皇帝。」「因爲中國自古以來，有志向的人，是想
> 做皇帝。大家若是有了想做皇帝的心理，一來同
> 志就要打同志，二來本國人更要打本國人，全國
> 長年相爭相打，人民的禍害，便沒有止境。」

如果中國人民，個個具有皇帝的尊貴與權利，便不會爲
爭皇帝而發生內戰，阻礙國家的安全和進步。

二、全民政治與直接民權

全民政治卽行使直接民權，與歐美所實行代議政治
的間接民權，有其密切關係，亦有重大的區別。

㈠**間接民權**：所謂「間接民權」，就是人民不能直接
過問國事，由人民選舉的議員，組成議會，代表人民去
議論國政，並選舉官吏負責處理國家事務。中山先生說：

> 「間接民權，就是代議政治，用代議士去管理政
> 府，人民不能直接去管理政府。」因爲人民只有選
> 舉權，不能直接過問國政，只能委託其所選出的
> 議員，間接去管理政府，所以「人民對於政府的
> 權力，只能發出去，不能收回來。」(〈民權主義〉
> 第六講)

這種間接民權制度，使民主政治有名無實，議會流於專
橫，而爲資本家或軍人所操縱，以及政府懦弱無能，不
能大有作爲等流弊。我們要取法乎上，不可再步其後塵。
過去代議政治搬來中國實施，好處一點未學到，「所學到

的壞處，却是百十倍，弄到國會議員，變成『猪仔議員』，污穢腐敗，是世界各國自古以來所沒有的，這眞是代議政體的一種怪現象。所以中國學外國的民權政治，不但學不好，反而學壞了。」（同上）可見代議政體到了中國，其流弊較外國更多。

㈡**間接民權與直接民權**：間接民權與直接民權有何區別？簡單的解釋，代議政體所行的民權，人民只有選舉權，在選舉議員官吏之後，不再過問國事，叫間接民權。人民在選舉權外，還能夠實行罷免權、創制權與複決權，才是直接民權。中山先生對此有所提示，他說：

> 代議制度還不是眞正民權，直接民權才是眞正民權。美國、法國、英國雖然都是行民權主義，但是他們還不是直接民權，是間接民權的主義。……直接民權共有四個，卽選舉權、罷免權、創制權和複決權，這四個權，便是具體的民權，像這樣具體的民權，才是眞正的民權主義。（〈三民主義之具體辦法〉）

又說：

> 從前沒有充分民權的時候，人民選舉了官吏議員之後，便不能夠再問，這種民權，是間接民權，間接民權，就是代議政體，用代議士去管理政府，人民不能直接去管理政府。要人民能夠直接管理政府，便要人民能夠實行這四個民權。（〈民權主義〉第六講）

由此可知間接民權是有限度的民權，直接民權才是充分的民權。

不過有一點要說明白，民權主義所提倡的直接民權，主要是行使於自治單位的縣，〈中國國民黨民十三年政綱〉對內政策第三條載：「確定縣為自治單位，自治之縣，其人民有直接選舉及罷免官吏之權，有直接創制及複決法律之權。」《建國大綱》第九條載：「一完全自治之縣，其國民有直接選舉議員之權，有直接罷免議員之權，有直接創制法律之權，有直接複決法律之權。」以上是說明直接民權行使於自治單位。

《中國革命史》稱：「人民對於本縣之政治，當有普通選舉之權，創制之權，複決之權，罷免之權。而對於一國政治，除選舉權之外，其餘之同等權，則付託於國民大會之代表以行之。」所謂「其餘之同等權」，係指創制、複決、罷免諸權而言，即「付託於國民大會之代表以行之」，便是「間接民權」。《建國大綱》二十四條規定：「憲法頒布之後，中央統制權即歸於國民大會行使之，即國民大會對於中央政府官員有選舉權，有罷免權，對於中央法律有創制權，有複決權。」可知國民對中央所行使的四權，叫間接民權；縣（市）自治單位所行使的四權，叫直接民權。

㈢**全民政治與直接民權**：全民政治與直接民權有何關係呢？中山先生說：

全民政治是什麼意思呢？就是從前所講過了的，

用四萬萬人做皇帝，四萬萬人要怎樣才可以做皇
帝呢？就是要有四個民權，來管理國家大事。(〈民
權主義〉第六講)

又說：

人民能夠直接管理政府，便要人民能夠實行四個
民權，人民能夠實行四個民權，才叫做全民政治。

威爾確斯著《全民政治》一書，其內容是專講直接民權
的，中山先生對此書甚為推崇，要大家去研究，因為《全
民政治》是以直接民權為內容的。繼在〈民權主義〉第
四講說明他所主張的民權，與歐美的民權不同；

我們國民黨提倡三民主義來改造中國，所主張的
民權，是和歐美的民權不同。我們拿歐美以往的
歷史來做資料，不是要學歐美，步他們的後塵，
是用我們民權主義，把中國改造成一個全民政治
的民國，要駕乎歐美之上。

又在〈國民要以人格救中國〉講詞中說：

民國是以四萬萬人為主，我們要想是眞正以人民
為主，造成一個駕乎萬國之上的國家，必須國家
的政治，做成一個全民政治。

亦可以說全民政治是直接民權的理想，直接民權是全民
政治的實行。

三、全民政治的最高理想

威爾確斯在其所著《全民政治》序文中說：「對於林
肯格言三語 Government of the people, by the peo-
ple and for the people.之中語，所謂政府者治於人民
一事，則議論激越，各有所主。雖各黨各派，靡不自命
與林肯見解爲一，然若輩群中，於林肯所語意義，與夫
林肯假能生於斯世，其對於黨派現時論爭之態度，果當
何若，則彼此所見，不相侔也。」強調全民政治以實行林
肯的民有民治民享爲最高理想。

中山先生所主張的全民政治，亦持相同的觀點。他
說：

> 世界上把全民政治說到最完全最簡單的，莫過於
> 美國大總統林肯所說的 of the people, by the
> people and for the people,這個意思譯成中文，
> 便是民有、民治、民享。

又說：

> 眞正的全民政治，必須先有民治，然後才能說，
> 眞有民有，眞有民享。(〈國民要以人格救國〉)

因爲「人民必要能夠治，才能夠享，不能夠治，便不能

夠享。如果不能夠享，就是民有都是假的。」(《五權憲法》講詞) 我們須知中山先生所領導的國民革命，是以全民為基礎，同時也以全民共治為依歸。他在解釋三民主義時說：

> 吾黨之三民主義卽民族、民權、民生三種，此三主義之內容，亦可謂之民有、民治、民享，與自由、平等、博愛無異，故所向有功。(〈黨員須宣傳革命主義〉)

我們用三民主義的口號，和林肯所主張的民治、民有、民享來比較，其意義是相同的。因為民族主義要做到國家為人民所共有，民權主義要做到政治為人民所共管，民生主義要做到利益為人民所共享，由此可知全民政治，是以民有民治民享為理想的。

　　總之，我們認為全民政治，是以直接民權與充分民權為內容，以全民參與為目的，以民有民治民享為理想。

附錄：革命民權與天賦人權

　　㈠天賦人權的含義與目的：中山先生說：

> 盧梭一生民權思想最要緊的著作是《民約論》，《民約論》中立論的根據，就是說人民的權利是生而自由平等的。各人都有天賦的權利，不過人民後來把天賦的權利放棄罷了。所以這種言論，可以說民權是天生出來的。(〈民權主義〉第一講)

❶ 盧梭(Jean-Jacques Rousseau, 1712-1778), 1712 年 6 月 28 日生於日內瓦, 1778 年 7 月 2 日卒於巴黎附近的埃爾默農維爾。在他於 1742 年去巴黎之前, 曾在都靈當僕役, 在洛桑和納沙特爾當音樂教師, 在尚貝里當土地測量助理, 在里昂當家庭教師。到巴黎後又當家庭教師、私人秘書, 寫過小歌劇, 跟百科全書派的人物有過交往, 以後又斷交; 靠抄寫樂譜艱難度日。1754 年返回日內瓦。1766 年因其論著具有「危險性」而被迫逃到國外, 在英國逗留數年, 1770 年返回巴黎。

通過他的著作, 特別是 1750 年題為《論科學和藝術的復興是否有助於敦風化俗?》的獲獎論文、1755 年《論人類不平等的起源和基礎》以及 1762 年的《社會契約論》, 盧梭對哲學和教育學、法國革命的政策直至今天的政治學都起了很大影響。他對頹靡腐朽的洛可可式上流社會進行了批判, 得出了從「自然狀態」到「文明」這一歷史變遷的思想。進步到此中止, 但盧梭同時指出了可以發生革命的變革, 這正是他思想中的自相矛盾之處。這種基於公民絕對和真正平等的共同體的思想, 符合他自己關於個人的絕對自由與社會相一致這種極端的思想。盧梭關於建立同質性的建議

盧梭❶為什麼要提倡天賦人權說呢?其目的是要推翻君權, 並推翻「君權神授說」。因為歐洲在盧梭的學說發表以前, 盛行著一種「君權神授說」。「佔了帝王地位的人, 每每假造天意, 做他們的保障, 說他們所處的特殊地位, 是天所授予的, 人民反對他們, 便是逆天。無知識的民眾, 不曉得研究這些話是不是合理, 只是盲從附合, 為君主爭權利, 來反對有知識的人民去講平等自由。因此贊成革命的學者, 便不得不創天賦人權的平等自由這一說, 以打破君主專制。」(〈民權主義〉第二講)可知盧梭提倡「天賦人權說」的目的, 在打破「君權神授說」。

㈡天賦人權的流行及其功效: 天賦人權既為時代所需要, 又為人民所歡迎, 故不脛而走, 流行於歐美各國。美國的獨立宣言, 法國革命的人權宣言, 皆以人生而自由平等為骨幹。也可以說美國獨立之所以成功, 法國革命之所以成功, 都得力於盧梭的天賦人權說。

㈢中山先生對天賦人權說之批評: 盧梭的學說, 雖有其時代需要, 雖獲得相當成功的效果, 然而是不是有事實作根據?中山先生對此曾有所批評。〈民權主義〉第一講載:

> 《民約論》中立論的根據, 是說人民的權利是生而自由平等的, 這種言論, 可以說民權是天生出來的。但就歷史上進化的道理說, 民權不是天生出來的, 是時勢和潮流所造就出來的。故推到進化的歷史上, 並沒有盧梭所說的那種民權事實,

這就是盧梭的言論沒有根據。

中山先生認為自由是因奮鬥而得來的，平等是人為的，民權是時勢和潮流所造成的，也就是說自由平等不是天生的，民權也不是天賦的。

㈣**革命民權的含義與目的**：民權主義中只批評天賦人權說，未詳言革命民權說的內容。〈中國國民黨第一次全國代表大會宣言〉載：「蓋民國之民權，唯民國之國民，乃能享之，必不輕授此權於反對民國之人，使得藉以破壞民國。詳言之，凡真正反對帝國主義之團體及個人，均得享有一切自由及權利，而凡賣國罔民以效忠於帝國主義及軍閥者，無論其為團體或個人，均不得享有此等自由及權利。」分析起來說，積極方面：必須忠於民國參加革命反對帝國主義者，方得享有民國之民權；消極方面：凡背叛民國，忠於帝國主義及軍閥者，均不得享有民國之民權。推而言之，賣國漢奸，顛覆民國之復辟運動者及叛國黨派，均不得享有民國之民權。美國公民必須宣誓服從合眾國及其憲法，亦有此意，很多國家禁止含有顛覆黨派之活動，亦含有此意。

㈤**蔣中正先生對革命民權的補充意見**：蔣中正先生講《總理遺教》六講時說：「總理所主張的民權，不能隨便賦予不了解革命主義以及沒有誓行革命主義決心的一切人，並不是國家對於民權有所靳而不予，乃是為實現真正的民權而設定此必要之條件以為之保障。所以本黨所主張的革命民權，不是天賦人權。」這裡所謂「誓行革命主義」，擴大一點講，兼涉及宣誓服從民國而言。

是從道德教育出發的。他關於文明的墮落作用的論點成為浪漫派的主導思想。他在社會學史上所起的作用是間接的：孔德由於他的人民主權概念而斷然否定了他。不過，盧梭似乎是用以人民主權為基礎的共同意志的概念來理解現代的社會概念，儘管共同意志包括了所有個人意志，但二者並不一致。社會不是其各個單位、群體和個人的總和，而是一個具有自己生命的、天才地相互作用的聯合體，它超越於相互矛盾的個人利益而得到實現，決定著整體的任何結構和趨向。盧梭把「立法機關」、教育者和新的「市民宗教」視為培養人民的共同意志、創設主權人民共和國新制度的機構。盧梭認為，人與人之間不平等的根源在於私有制，這個思想對後來的階級論產生了一定影響。

㈥**革命民權與天賦人權之異同**：普通只講兩者的區別，我們這裏還講兩者的相同點。

　　1.關於相同者：兩種學說相同之處，計有下列二點：

　　⑴同是爭平等：革命民權爲民權主義的特點之一，民權主義的目的在求國民的政治地位平等，天賦人權主張人生而自由平等，其目的也是爲人民爭平等。

　　⑵同是反對君權：盧梭提倡天賦人權，志在打破君權神授說，以求實現民權；中山先生的提倡民權主義，提倡革命民權，也是順應世界潮流，反對君主專制。

　　2.關於相異者：兩種學說不同之處，計有下列三項：

　　⑴民權來源的看法不同：盧梭的天賦人權說，是認爲人類生而自由平等，就是說民權是天生的。中山先生則說：「民權不是天生出來的，是時勢和潮流所造就出來的。」而且自由不是天生，是由人民奮鬥而得來的，平等亦不是天生的，是人爲的。

　　⑵民權享有的看法不同：盧梭認爲民權是天賦的，故任何人，任何團體，或任何黨派，均得享有此項民權。中山先生的革命民權說，乃指出「唯民國之國民，乃能享之。」「唯誓行革命主義者，乃能享之。」反之，凡反對民國與顚覆民國之人或團體黨派，均不得享受之。

　　⑶革命的對象不同：天賦人權說的革命對象，爲歐洲的君主。革命民權的對象，在中山先生逝世前爲滿清專制及軍閥，中山先生逝世後爲軍閥、漢奸及顚覆中華民國之黨派。

肆、地方政府與地方自治

一、地方政府意義及其行政組織

何謂地方政府？地方政府與地方自治有何關係？地方政府有那些行政組織？地方自治以何者爲單位？地方自治與直接民權有何關係？都是研究的範圍，茲分別闡述於下：

㈠**地方政府與地方自治**：地方政府係指中央政府之對比而言，中央政府爲國家行使統治權的最高機關，基於實際政治推行的需要，便將國內畫分爲省（市）、縣（市）、鄉（鎭）等行政區域，分別建立機關，各自管理其區域內行政事務。以上省、縣、鄉各級機關，統稱地方政府。

講到地方政府，不能不講地方自治，因爲後者是前者的礎石，建國亦猶建屋，應從最低處的基礎做起。地方自治是什麼？中山先生說：「將地方上的事情，讓本地方人民自己去治，政府毫不干涉。」（〈辦理地方自治是人民之責任〉講詞）詳言之，在一定區域內的人民，依據法律所賦予的自治權，在中央與省政府督導之下，由人民自定法規，選舉議員與職員，分別成立立法與執行機關，以處理其公共事務，這種政治制度，謂之地方自治。

㈡**省、縣、鄉三級行政組織**：地方政府包括省政府、縣政府、鄉公所三級行政系統，省轄縣，縣轄鄉，鄉下

設有里鄰(保甲)，是負責推行政令的最基層單位。與省政府地位相等有院轄市，與縣政府地位相等有省轄市，與鄉公所地位相等有鎮公所。在抗戰前後，又在省與縣之間設立專員公署（清代的府），縣與鄉之間設區公所，名稱甚多。爲簡便計，僅講省、縣、鄉三級行政組織。

1.省政府：抗戰勝利後，中央將全國畫分爲三十六行省，省設省政府，以省主席爲行政長官，下設民政、財政、建設、教育四廳及其他局、處，分別辦理省政。省議會是民意最高機關，代表人民向省政府行使政權，省政府主席須向省議會提出施政報告，省議員對省主席及各廳局處長有質詢之權，省議會對省政府重要政策與各種提案有決議權，與立法院對行政院職權相似。中央在省設高等法院，負責民刑案件覆判。審計部在省設審計處，負責省預算執行及決算審查。省是介於中央與縣之間，負責轉達政令並督導政令執行的中間機關，使上令下行，下情上達，以收政治聯絡的功效。

2.縣政府：縣設縣政府，以縣長爲行政首長，下設民政、財政、建設、教育四科（局）及其他處所，分別辦理各種縣政。以縣議會爲最高民意機關，代表人民向縣政府行使政權，對縣政府握有質詢、決議、審查等權。中央與省在縣設有地方法院、審計、稅收、郵電、銀行等分支機關。縣政府是介於省與鄉之政令執行機關，又是地方自治單位，國家政治的基礎在縣，政治的推行亦在縣，是地方政府中的最主要一環。

3.鄉公所：鄉設鄉公所，以鄉長爲行政首長，下設民政、財政、建設、戶籍、衛生、兵役等課所，分別

辦理各種鄉政。以鄉民代表大會爲民意機關，代表人民向鄉公所行使政權，其職權與縣議會相似。鄉下再分里鄰（保甲），是政令執行最基層單位。

㈢**地方自治以縣爲單位**：中山先生說：「地方自治之範圍，當以一縣爲充分之區域，如不得一縣，則聯合數村，而附有縱橫二三十里之田野者，亦可爲一試辦區域。」（〈地方自治開始實行法〉）他何以要選擇以縣爲單位，其所持理由是：

> 吾國舊有地方自治，前日克強先生詳言之，本舊礎石而加以新法，自能發揮數千年之美性。……今假定民權以縣爲單位。吾國不止二千縣，如蒙藏亦能漸進，則至少可爲三千縣。三千縣之民權，猶三千塊之石礎，礎堅則五十層之崇樓，不難建立。建屋不能猝就，建國亦然，當有極堅毅之精神，而以極忍耐之力量行之。竭五年十年之力，爲民國築此三千之石礎，必可有成。（〈民國五年七月十八日在上海對兩院議員講演詞〉）

中山先生所以確定以「縣爲自治單位」，因爲縣的區域不大，人口亦不太多，交通便利，便於實行直接民權；同時一縣之人，都愛其生長所在的故鄉，對地方事業，容易博得多方支持，故實行地方自治，以縣爲單位，最爲適宜。

㈣**自治縣行使直接民權**：中山先生主張以縣爲自治單位，並行使直接民權，

在訓政時期，政府當派曾經訓練考試合格之員，到各縣協助人民籌備自治。其程度以全縣人口調查清楚，全縣土地測量完竣，全縣警衛辦理妥當，四境縱橫之道路修築成功；而其人民曾受四權使用之訓練，而完畢其國民之義務，誓行革命之主義者，得選舉縣官以執行一縣之政事，得選舉議員以議立一縣之法律。始成為一完全自治之縣。（《建國大綱》第八條）

人民有些什麼直接民權呢？

一完全自治之縣，其國民有直接選舉官員之權，有直接罷免官員之權，有直接創制法律之權，有直接複決法律之權。（《建國大綱》第九條）

這是強調地方自治之縣的國民，直接行使民權，對官吏有選舉與罷免之權，對法律有創制與複決之權，實行真正的直接民權。

二、地方自治中心工作

依據中山先生著〈地方自治開始實行法〉，地方自治中心工作有六項(六事)：㈠清戶口，㈡立機關，㈢定地價，㈣修道路，㈤墾荒地，㈥設學校。

㈠**清戶口**：中山先生主張每年清查戶口一次，將老年少年中年分類登記，並註明變更情形。「不論土著或寄

居，悉以現居是地者爲準，一律造册，列入自治之團體。」
凡自治人民要先盡義務，才能享受權利。「悉盡義務同享
權利。其本爲土著，而出外者，其家族當爲之代盡義務，
回家時乃能立享權利；否則於回家時以客籍相待，必住
滿若干年，盡過義務，乃得同享此自治團體之權利。」與
現行戶籍法實行社會福利與衛生工作等普惠原則，頗有
區別。

　　下列四種人得免盡義務而享權利。「地方之人，有能
享權利而不必盡義務者：其一則爲未成年之人，……此
等人悉有享受地方教育之權利；其二爲老年之人，……
此等人悉有享受地方供養之權利；其三爲殘疾之人，有
享受地方供養之權利；其四爲孕婦，……。其餘人人則
必當盡義務，乃得享權利，不盡義務者，停止一切權利。」
這就是老年人和少年人、孕婦等無力盡其能，有權取其
利。中年人或壯年人應多盡義務，要少享權利。這樣以
有餘補不足，社會的權利義務的總和，才能作合理的分
配，國家社會的行政和福利經費才有著落。

　　㈡立機關：「戶口既清之後，便可從事於組織自治機
關，凡成年之男女，悉有選舉權、創制權、複決權、罷
免權。而地方自治草創之始，當先施行選舉權，由人民
選舉職員，以組織立法機關，並執行機關。」

　　又在執行機關設立後，其下「設立多少專局，隨地
方所宜定之，初以簡便爲主。而其首要，在糧食管理局，
量地方之人口，儲備至少足供一年之糧食。地方之農業，
必先供足地方之食，然後乃准售之外地。故糧食一類，
當由地方公局買賣。對於人民需要之食物，永定最廉之

價，使自耕自食之外，餘人得按口購糧，不准轉賣圖利。地方餘糧，則由公局轉運，售賣之後，其溢利歸諸地方公有，以辦公益。」「其餘衣、住、行三種需要之生產製造機關，悉當歸地方之支配，逐漸設局管理。」對糧食工業、衣服工業、居住工業、交通工業等，都要次第興建，逐步進行。

　　㈢**定地價**：地價如何去定？「其法：以地價之百分抽一，爲地方自治之經費；如每畝值十元者，抽其一角之稅，值百元者抽其一元之稅，值千元者抽十元之稅等是也。此爲抽稅之一方面，隨地主報多報少，所報之價，則永以爲定，此後凡公家收買土地，悉照此價，不得增減。而此後所有土地之買賣，亦由公家經手，不能私相授受。原主無論何時，只能收回此項所定之價；而將來所增之價，悉歸於地方團體之公有。如此則社會發達，地價愈增，則公家愈富。由眾人所用之勞力以發達之結果，其利益亦眾人享有之；不平之土地壟斷，資本專制，可以免却，而社會革命，罷工風潮，悉能消弭於無形。此定地價一事，實吾國民生根本之大計，無論地方自治，或中央經營，皆不可不以此爲著手之急務也。」這種定地價的方法，就是平均地權的方法，今日我們在臺灣大致已在進行，惟有一事尚未辦到，就是「土地買賣由公家經手」，如能做到這一著，公價與黑市價之懸殊，便可消除，漲價歸公之目的，才可實現。

　　㈣**修道路**：自治區內，公家可以自由規劃其交通。人民的義務勞力，當首先用於築道路。道路宜分幹路支路兩種，幹路以同時能往來通過四輛自動車爲度，支路

以同時能往來通過兩輛自動車爲度，此等車路，宜縱橫
徧佈於境內，並連接於鄰境。築就之後，宜分段保管，
時時修理，不得稍有損壞。目前臺灣交通發達，郊區與
農村，亦公路縱橫，利於各種車輛行駛，已合乎中山先
生設計的規模。

　　㈤**墾荒地**：「荒地有兩種，其一爲無人納稅之地，此
種荒地，當由公家收管開墾。其二爲有人納稅而不耕之
地，此種荒地，當課以值百抽十之稅，至開墾完竣爲止，
如三年後仍不開墾，則當充公，由公家開墾。」對無地主
之荒地，由公家收管開墾，至有主之荒地，則課徵荒地
稅，限期開墾，雙管齊下，務使荒地盡墾，地盡其利，
變爲生產之良田，以裕民食。

　　又墾荒地外，「凡山林、沼澤、水利、礦場，悉歸公
家所有，由公家管理開發。開墾後支配之法，亦分兩種：
其爲一年收成者，如植五穀菜蔬之地，宜租於私人自種；
其數年或數十年乃能收成者，如森林果藥之地，宜由公
家管理。開荒之工事，則由義務勞力爲之，如是，數年
或數十年之後，自治區域，當可變成桃源樂地，錦繡山
河矣。」

　　㈥**設學校**：「凡在自治區域之少年男女，皆有受教育
之權利，學費、書籍、與夫學童之衣食，當由公家供給。
學校之等級，由幼稚園、而小學、而中學，當陸續按級
而登，以至大學而後已。教育少年之外，當設公共講堂、
書庫、夜學，爲年長者養育智識之所。」其所講教育內容，
包括學校教育（公費教育），成年教育，義務教育多種，
現在世界各國，仍未完全做到。

以上自治開始之六事，如辦有成效，當逐漸推廣，及於他事。今後之要務，爲地方自治團體所應辦者，則「農業合作」、「工業合作」、「交通合作」、「銀行合作」、「保險合作」等事。此外更有對於自治區域以外之運輸交易，當由自治機關設專局以經營之。

伍、中央政府的基本架構

現行中央政權與治權機關有三：一是國民大會，二是總統，三是五院。五院中的立法院與監察院，本是治權機關，由於憲法賦予職權與五權憲法不同，兼有政權機關性質。

一、國民大會

依據《中華民國憲法》第二十五條規定：「國民大會是代表人民行使政權機關」。《建國大綱》二十四條規定：國民大會是行使「中央統治權」的機關。「政權」與「統治權」有無區別，亦有不同的解釋。其實，「政權」與「統治權」，都是「人民管理政府之權」，由國民大會代表以行之。可見國民大會是政權機關，代表全國人民行使政權，以管理中央政府。

二、總統

憲法規定總統由國民大會選舉之，位居五院之上。至其重大職權，計有下列九項：㈠代表國家元首權，㈡

統率軍隊權，㈢公布法令權，㈣外交權，㈤宣布戒嚴權，
㈥赦免權，㈦任免官員權，㈧緊急命令權，㈨院際紛爭
調和權。較法國總統權力爲大，比美國總統權力爲小。
因此，五權憲法的總統，其職權介於總統制總統與內閣
制虛位元首之間，是具有相當的實際職權，這種設計，
頗合五權憲法的精神。

三、五院

　　五院分立的中央政府，其組織與職權，已在現行憲
法中論及，茲再簡述各院的權位如下：

　　㈠**行政院**：行政院是五院的中心，因爲所主管的政
務是行政，最能表現政府的功能，凡國計民生之事，都
與行政院有關。且直接向立法院負責，有似內閣制的總
理，並顯示其地位重要。其院長副院長由總統提名，徵
求立法院同意任命之；政務委員及各部會首長，由院長
提名，報請總統任命之；並對院長負責，院長獨掌行政
大權。

　　㈡**立法院**：五權憲法的立法院，屬於治權機關，本
來與民主國家的國會不同。現制立法委員由各省選區選
舉，其行使職權範圍，則大致與歐美國會相似，計有制
定法律權、議決法案權、議決預算權、質詢權、同意權、
修憲提案權。其中「議決法案權」，包括戒嚴案、大赦案、
宣戰案、媾和案、條約案等。

　　㈢**司法院**：司法院爲國家最高司法機關，依照現行
憲法，其院長、副院長、大法官，由總統提名經監察院
同意任命之。憲法規定其職權是：「民事、刑事、行政訴

訟之審判，憲法與重要法令之解釋，及公務員之懲戒。」以上職權概由司法院獨立行使。

㈣**考試院**：考試院爲國家最高考試機關，與各院並立，構成中央政府的主要一環。政府要選賢與能，建立萬能政府，必須採行公開的考試制度以爲選拔，而要採行考試制度，自非尊重行使考試權的考試院不可。它的主要職權爲考試與銓敍。中山先生說：「國民大會及五院職員，與夫全國大小官吏，其資格由考試院定之。」（〈孫文學說〉）《建國大綱》第十五條規定：「凡候選及任命官員，無論中央與地方皆需經中央考試銓定資格者乃可。」現制考試的對象，應包括各級候選人，全國大小官員，專門技術人員，乃至醫師、律師、會計師等等，此項規定，甚合遺教精神。至考試院院長、副院長，考試委員的產生，係由總統提名經監察院同意任命之，與司法院院長及副院長的任命相同。

㈤**監察院**：現代一般民主國家的議會掌握監察權，往往擅用此權，挾制行政機關，使其不得不俯首聽命，成爲議會專制。中山先生有鑒於此，主張把它從議會中分出，成立監察院，獨立行使此權，其作用在協助行政，以整肅政風，補助行政監督之不足。現行憲法規定，監察委員由各省議會選舉之，監察院院長與副院長則由委員中互選之。其重要職權爲彈劾、糾舉、糾正、審計、同意、調查等項。內中同意權、彈劾權與糾舉權，是對「人」而言；糾正權是對「事」而言；調查權是對「人」與「事」而言；審計權是對「財」而言。凡政府機關有關「人」、「事」、「財」的案件，都是監察院行使職權的對

象，其權力的廣大，實駕乎歷代監察制度之上。

但是在民國八十一年修憲之後，監察權已頗有改變。詳見本書第十七章之分析。

四、現制中央政府與五權憲法

五權憲法有兩大基本精神，一是權能區分，二是政權與治權分開。「五五憲草」係根據此項原則制定，故與五權憲法出入不大。現行憲法所建立的中央政府，因透過政治協商會議的關係，有違五權憲法的基本原則，故研究中國憲法者，多建議修改，但在未修改以前，我們應予遵行。

陸、均權制度

均權制度又叫均權主義，是修正中央集權或地方分權制度的一種折衷主張，爲中山先生所創建，應包含下列幾個問題：一、均權制度的由來與含義，二、中央與地方職權畫分的標準，三、均權制度的優點。

一、均權制度的由來與含義

歐美國家通常實行兩種制度，一是中央集權，便是把國家權力完全集中於中央政府，二是地方分權，將地方政務歸之於地方政府，中央僅保留監察指揮之權。換言之，中央集權是中央之權多於地方，地方分權是地方之權多於中央，這兩種制度都有其缺點。就中國政制來

說，自古以來，即有內輕外重或強幹弱枝的主張，但過
分中央集權的政制，往往引發地方勢力的武裝反抗；而
地方分權的結果，又易造成割據的形勢。現今各國，凡
是單一國多採中央集權制，聯邦國多採地方分權制，各
有利弊，均非完善制度，因此中央集權之法國，發生地
方分權運動；地方分權之美國，又從事於立法統一運動。
我國雖為單一國，然廣土眾民，各地形勢不同，即不可
實行中央集權制，亦不可採用地方分權制。中山先生為
補偏救弊，調整中央與地方政府的權力關係，乃提出適
合國情的均權制度。他說：

> 關於中央及地方之權限，採均權主義，凡事務有
> 全國一致之性質者，盡歸中央，有因地制宜之性
> 質者，盡歸地方，不偏於中央集權或地方分權制。
> （〈中國國民黨第一次全國代表大會宣言〉）

《建國大綱》第十七條也有如此規定，不過將「均
權主義」易為「均權制度」而已。由此可知均權制度，
是鑑於中央集權制與地方分權制的缺點而創立的。
　　蔣中正先生對均權制度有精闢的解釋。他說：

> 本條所謂『均權』，乃是指由國家最高機關，按事
> 務之性質而將各種事權分別盡歸中央與地方政
> 府，所謂不偏於中央集權或地方分權，這是　總
> 理從事實上解決中央與地方政府間一切不應有的
> 爭議之具體辦法，可說是最合理的一種調整。（《總

理遺敎》六講)

研讀此項後，更可明白均權制度是一種非常完善的政治
體制。

二、中央與地方職權畫分的標準

下分中山先生的主張與現行憲法的規定。

㈠**中山先生的主張**：中央與地方權力的畫分標準，
不是採槪括主義，即採列舉主義，或槪括與列舉同時採
用。中山先生則以事務的性質爲權力畫分的標準。他說：

> 權力之分配，不當挾一中央與地方之成見，而惟
> 以其本身之性質爲依歸，事之非舉國一致不可者，
> 以其權屬於中央，事之應因地制宜者，以其權屬
> 於地方，易地域的分類，而爲科學之分類，斯爲
> 得之。(〈中華民國之基礎〉)

又說：

> 權之分配，不當以中央或地方爲對象，而當以權
> 之性質爲對象，權之宜屬於中央者，屬之中央可
> 也，權之宜屬於地方者，屬之地方可也，例如軍
> 事外交，宜統一不宜分歧，此權宜屬於中央者也。
> 敎育衞生，隨地方情況而異，此權之宜屬於地方
> 者也。更分析以言，同一軍事也，國防固宜屬中
> 央，然警備隊之設，豈中央所能代勞，是又宜屬

於地方矣。同一教育也，濱海之區，宜側重水產，山谷之地，宜側重礦業或林業，是故宜予地方以措置之自由。然學制及義務教育年限，中央不能不爲畫一範圍，是中央亦不能不過問教育事業矣。是則同一事業，猶當於某種程度以上屬之中央，某種程度以下屬之地方。

　㈡**現行憲法的規定：**中華民國憲法以均權制度爲原則，採用列舉主義，對中央、省、縣三級政府權限之畫分，明白而具體，使此一制度更能發揮其高度效果。

　　1.中央政府之權限：憲法第一○七條，規定左列事項，由中央立法並執行之：

　　⑴外交。

　　⑵國防與國防軍事。

　　⑶國籍法及刑事、民事、商事之法律。

　　⑷司法制度。

　　⑸航空、國道、國有鐵路、航政、郵政及電政。

　　⑹中央財政與國稅。

　　⑺國稅與省稅、縣稅之畫分。

　　⑻國營經濟事業。

　　⑼幣制及國家銀行。

　　⑽度、量、衡。

　　⑾國際貿易政策。

　　⑿涉外之財政經濟事項。

　　⒀其他依本憲法所定關於中央之事項。

　　2.省市政府之權限：憲法第一○九條，規定左列

事項由省立法並執行之，或交由縣執行之。

　　⑴省教育、衛生、實業及交通。

　　⑵省財產之經營及處分。

　　⑶省市政。

　　⑷省公營事業。

　　⑸省合作事業。

　　⑹省農林、水利、漁牧及工程。

　　⑺省財政及省稅。

　　⑻省債。

　　⑼省銀行。

　　⑽省警政之實施。

　　⑾省慈善及公益事業。

　　⑿其他依國家法律賦予之事項。

　　前項各款，有涉及二省以上者，除法律別有規定外，得由有關各省共同辦理。各省辦理第一項各項事務，其經費不足時，經立法院議決，由國庫補助之。

　　3.縣市政府之權限：憲法第一一〇條規定左列事項，由縣立法並執行之。

　　⑴縣教育、衛生、實業及交通。

　　⑵縣財產之經營及處分。

　　⑶縣公營事業。

　　⑷縣合作事業。

　　⑸縣農林、水利、漁牧及工程。

　　⑹縣財政及縣稅。

　　⑺縣債。

　　⑻縣銀行。

(9)縣警衛之實施。

(10)縣慈善及公益事項。

(11)其他依國家法律及省自治法賦予之事項。

前項各款，有涉及二縣以上者，除法律別有規定外，得由有關各縣共同辦理。

㈢**未列舉權限之發生與解決**：中央與省市，省與縣市之間，有甚多權限，無法一一列舉。如發生未列事項時，究應如何處理？憲法第一一一條有明白規定：「除第一○七條，第一○八條，第一○九條及第一一○條列舉事項外，如果有未列舉事項發生時，其事務有全國一致之性質者屬於中央，有全省一致之性質者屬於省，有一縣之性質者屬於縣，遇有爭議時，由立法院解決之。」上項規定，對未列舉事項發生爭議，便可獲得合理與合法的解決。

三、 均權制度的優點

中央集權制有優點亦有缺點，其優點是：㈠法律政令劃一，㈡中央政府對外對內均能表現統一制度的權力，㈢中央對地方易於控制。其缺點則爲：㈠政令不能適應各地情勢與需求，㈡削弱地方政府的自治權力，㈢地方政府難於應付緊急事變。地方分權制的優缺點正與中央集權制相反。而均權制度則取兩者之所長，而去其所短，調整中央與地方政府的權限，且有下列優點：

㈠**適合中國國情**：中國歷代以來，中央與地方的權力關係，調劑得宜，則國泰民安，天下太平；反之便兵連禍結，戰亂頻仍，陷國家於危岌的局面。因爲過度的

中央集權，容易流於專制政治，引發地方的軍事反抗；過分的地方分權，又常造成割據分裂之局。欲使中央與地方關係調劑得宜，均權制度，自然是合理的原則，最適合中國國情。

㈡**避免極端政治**：中央集權與地方分權制，其優缺點前已言之，均權制度兼有兩者的優點：「不偏於中央集權或地方分權」，執兩用中，不走極端，既不會造成專制政治，亦不會演變為地方割據，使中央與地方的權限，相互為用。中山先生說：

> 畫分中央與省之權限，使國家統一與省自治各遂其發達，而不相妨礙，同時確定縣為自治單位，以深植民權之基礎。（〈北上宣言〉）

可見地方自治與均權制度，在實施上是相得益彰，互為表裡。

㈢**富有彈性**：中山先生對中央與地方政府的權限，未作詳細畫分，主張按事務性質為畫分的標準，「凡事務有全國一致之性質者，畫歸中央，有因地制宜之性質者，畫歸地方。」這個原則，非常富有彈性，可以針對情勢需要，採取適當措施，以應付新的變化。高納教授亦贊成此項原則。他說：「因為任何列舉的權力，雖然在當時很適當，但情境改變之後，即生困難，而有正式的修改或斟酌情形的解釋的必要了。」（Gerner原著，顧敦鍛譯，《政治學大綱》，第十六章〈各體政府的優點和缺點〉）

這是說列舉主義不能適應新的情勢變化，不如按事務性
質畫分權限，富有彈性。

第十五章
民權主義的憲政爭議

壹、「權能區分」說的辯證

一、導言

　　過去研究中山思想的學者多認為「權能區分」是中山先生思想上的獨創發明，並無前例可循❶。批評中山思想的學者❷，則認為此一學說混淆了「權利」（right）及「權力」（power）兩項觀念。依照權能區分說，所謂「權」，亦即民權、政權，實係人民之權力（people's power）。而「能」，則係政府本身之權力。但是這兩者均忽略了人民的基本權利內涵，包括集會、結社、言論、信仰、遷徙、居住……等各項權利的保障。由於在西方的民主觀念中，權利與自由為一體之兩面，因此權能區分說過分側重對政治權力的控制，也就相對的忽略了對自由權的保障。

　　上述的批評並非無的放矢。吾人細觀中山先生的言論，的確會存有「中國人享有自由太多，成為一盤散沙」的印象，而以為中山思想對自由權故意有所抑低。但是

❶例如姚立明氏指出，國民大會是中山先生權能區分理論下之產物，既無西方學理可資學習，亦無其他實務借鏡。參見姚立明〈論國民大會之改革〉，《中華民國憲政改革論文研討會論文》（臺北，民79年12月）。

❷參見楊泰順、鄒篤麒，〈內閣制體制下國民大會的角色與功能〉，《中華民國憲政改革論文研討會論文》，（臺北，民79年12月）；及楊泰順，〈民權主義與當代民主精神〉，《中山學說與國家發展論文集》，（臺北：民主基金會，民80年6月）。

如果我們進一步檢視相關的文獻與言論，卻會了解到這樣的印象事實上是有所偏頗的。

在〈民權主義〉第三講中，中山先生指出：

> 歐洲在一兩百年以來，本是爭平等自由，但是爭得的結果，實在是民權。因為有了民權，平等自由才能夠存在，如果沒有民權，平等自由不過是一種空名詞。

另外中山先生也特別注意到美國的民權發展史，他指出：

> 六十年前（指一八六〇年代）美國解放黑奴，打破奴隸制度，實行人類的平等以後，在現在的共和國家以內，才漸漸有真平等自由的希望。但是真平等自由是在什麼地方立足呢？要附屬到什麼東西呢？是在民權上立足的，要附屬於民權。民權發達了，平等自由才可以長存。（〈民權主義〉第三講）

由此可見，中山先生的「民權」概念，事實上已包涵了西方民主發展史上的「民權」(civil rights)觀念，而不只是專指「人民權力」而已，亦即兼顧了「權利」與「權力」問題。

另外，在〈中國國民黨第一次全國代表大會宣言〉中，中山先生也在「國民黨之政綱」的「對內政策」一

項中，明揭指出「確定人民有集會、結社、言論、出版、居住、信仰之完全自由權」，另外他也考慮到經濟人權、男女平權及勞工權利等問題，因此明白的列出下列的權利保障條款：

㈠「實行普通選舉制、廢除以資產爲標準之階級選舉。」

㈡「注意改善下級軍官及兵士之經濟狀況，並增進其法律地位。」

㈢「改良農村組織，增進農人生活。」

㈣「制定勞工法，改良勞動者之生活狀況，保障勞工團體，並扶助其發展。」

㈤「於法律上、經濟上、教育上、社會上確認男女平等之原則，助進女權之發展。」

㈥「勵行教育普及，以全力發展兒童本位之教育，整理學制系統，增高教育經費，並保障其獨立。」

㈦「企業之有獨占的性質者，及爲私人之力所不能辦者，如鐵道、航路等，當由國家經營管理之。」（以上均引自民國十三年〈中國國民黨第一次全國代表大會宣言〉）

由以上的引文可知，中山先生的「權能區分」學說，雖然強調「政權」（即「民權」）包括了選舉、罷免、創制、複決等四項，但同時卻也廣泛的包涵了各種自由平等權利，其中包括一般西方民主國家的「民權」內涵，以及在當代不斷擴張成長的男女平權、經濟人權及社會人權等概念。這也說明了中山先生雖然認爲中國人過去像一盤散沙，太過自由，但卻呈現自由內涵不足，仍有

❸ 約翰彌爾, (John Stuart, Mill, 1806-1873), 英國哲學家、心理學家、國民經濟學家和社會學家; 1806 年 5 月 20 日生於倫敦, 1873 年 5 月 8 日卒於阿維尼翁。哲學家詹姆斯·彌爾之子; 16 歲時組織了「功利主義學會」; 1865-1868 年爲激進的自由黨下院議員; 支持爭取婦女權利的活動, 探討當時的經濟政策和殖民政策。

彌爾是英國實證主義的創始人和精神領袖, 是除孔德之外 19 世紀最重要、最有影響的實證主義者。他繼承了英國哲學的古典經驗主義, 認爲認識的唯一源泉是經驗, 唯一允許的科學的認識方法是歸納法。科學認識的目的不是把握事物的原因, 而是把握事物的普遍規律性, 即得出現象的經驗性定律。所有認識都是概括。彌爾在他的《邏輯學》(兩卷本, 1843 年、1875 年) 中最先提出一種實驗自然科學的精密理論和一般實驗研究的方法論。他甚至想把歷史科學提升爲一種自然科學, 這種科學應當研究各民族生活的自然規律。彌爾堅決要求對於所有科學, 包括社會科學都只有一種研究的邏輯。對於社會科學, 他建議採用綜合的方法, 因爲社會現實是複雜的。

彌爾的社會倫理學建立在徹底的功利主義基礎之上, 但並不是把人理解爲純粹利己的生物; 他不

待擴展成長的缺憾。由此可知「權能區分」的本質, 並不只是在「人民權力」與「政府權力」之間做一釐清, 而係以人民爲權利之主體, 享受廣泛之自由權利的保障, 同時能主動的運用選舉、罷免、創制、複決等四項參政權, 以節制政府的五權 (即「治權」) 行使。

二、「權能區分」說的先例

如前所述, 過去許多學者均認爲「權能區分」說係中山先生的獨創發明, 並無前例可循。但是近來的研究成果卻顯示, 中山先生的「權能區分」說, 實與十九世紀英國政治思想家約翰·彌爾(John Stuart Mill)❸的「權能區分」說, 有相當重要的關係, 而他的「國民大會」的設計, 也與彌爾氏的「人民議會」制度, 若合符節❹。

綜而言之, 約翰·彌爾的權能區分說與孫文學說之間有下列的異同點:

㈠彌爾氏將「權」定義爲人民的主權或對政府的最高控制權。中山先生則將其定義爲「政權」或「民權」, 亦即人民管理政府或國事之權, 兩者十分接近。

㈡彌爾氏將「能」定義爲管理與處理衆人之事的能力。中山先生則定義爲「治權」或「政府權」, 即政府本身做事之權。兩者性質亦頗類同。

㈢彌爾氏將國會定名爲「人民議會」(popular house), 由於人數衆多, 不擔負立法職權, 但擁有通過或拒絕法律草案的權利。中山先生則將政權機構定名爲「國民大會」(英譯爲 National Assembly), 行使四權。

㈣彌爾氏主張立法功能由「立法委員會」承擔，其成員係少數受過高度訓練的政治專才。在「人民議會」決定制定某一法律後，始由「立法委員會」接續，擔負起立法任務。中山先生則主張由立法院行使治權中五權（行政、立法、司法、考試、監察）之一的立法權，立法委員需由經過考試及格的專家擔任，其職掌亦係「專家立法」之性質。

㈤彌爾氏受英國自由主義之影響，主張代議民主、有限政府及專家政治。中山先生則兼受早期英國自由主義及十九、二十世紀之交的美國進步主義之雙重影響，主張直接民權、萬能政府及專家政治。但彌爾氏雖主張「有限政府」，卻也在十九世紀的時空背景下，預見工業化及社會變遷的影響，而強調政府角色將與日俱增。中山先生則在目睹西方議會政治的腐化之餘，特別強調萬能政府及人民直接行使政權、監督政府的重要性。可是國民大會本身卻是由國民代表代行直接民權，因此本身仍是行使「間接民權」的機構。

附表一　約翰‧彌爾與中山先生「權能區分觀」之比較

	約翰‧彌爾	孫中山
「權」之定義	人民的主權或對政府的最高控制權	即「政權」，「民權」。人民管理政府及國事之權。
「能」之定義	管理與處理眾人之事的能力	即「治權」，「政府權」。政府做事之權。
機構名稱	人民議會(popular house)	國民大會(national assembly)
機構功能	人數眾多不適合立法，但擁有通過或拒絕法律草案的權利。	行使政權，即選舉、罷免、創制、複決四權。
立法機構名稱	立法委員會	立法院

同意像孔德所主張的那樣為公眾幸福犧牲個人，而是把平衡個人、社會和國家之間的利益與需要視為改造社會的主要問題。

彌爾應被看作是英國政治科學和政治社會學的創始人之一。他的著作《論自由》就含有這些學科的基本論點，並且提出了自由激進主義的體系，這個體系被稱為19世紀的政治福音。此外還有《政治經濟學原理》，他在這部著作中發揮了亞當‧斯密和李嘉圖的經濟和社會學說，並且接近馬克思主義以前的社會主義；最後還有《論文與探討，政治、哲學和歷史》四卷本。

彌爾的實證主義社會學影響十分廣泛，明顯地反映在19世紀和20世紀第一季紀英國、俄國和美國的社會學思想的基本觀點上。

❹有關約翰‧彌爾的「權能區分」說，參見張明貴，《約翰彌爾》（臺北：東大，民75年），第6、7章。李西潭，〈約翰彌勒與中山先生權能區分論之比較研究〉，《中山社會科學譯粹》（高雄：中山大學中山學術研究所），3卷3期。

立法機構功能	由少數受過高度訓練的政治人才組成，在國會決定制定某一法律時，由其負起立法任務。但本身不具備通過或拒絕法案的權利。	本身即為「國會」。行使治權中五權之一的立法權。立法委員需經考試及格方能就任。
政府職能	有限政府(但政府角色將因工業化與社會變遷而與日俱增)	萬能政府
民主形式	代議民主與專家政治	直接民權與專家政治(但中央政府層面之直接民權卻由國民大會間接行使)
中央與地方權力關係	地方分權(權力儘量分散，情報儘量集中)，充分自治	均權制(凡事務有全國一致性質者，劃歸中央；有因地制宜性質者，歸劃地方)，不偏於中央集權或地方分權

三、「權能區分」說的特性

　　中山先生在民國十一年的〈中華民國建設之基礎〉一文中，明白指出，「政治之權在於人民或直接以行使之，或間接以行使之；其在間接行使之時，為人民之代表者，或受人民之委任者，只盡其能，不竊其權，予奪之自由仍在於人民，是以人民為主體，人民為自動者。」

　　他又進一步指出：

　　　　分縣自治。……全民政治……二者，皆為直接民權，前者行於縣自治，後者行於國事。……五權分立……國民大會……二者，皆為間接民權。其與官治不同者，有分縣自治，全民政治，以行主權在民之實。……且為人民代表與受人民之委任者，不但須經選舉，尤須經考試，一掃近日金錢選舉、勢力選舉之惡習，可期為國家得適當之人才，此又庶政清明之本也。……綜上四者，實

行民治必由之道，而其實行之次第，則莫先於分縣自治，蓋無分縣自治，則人民無所憑藉，所謂全民政治，必末由實現。無全民政治，則雖有五權分立，國民大會，亦終末由舉主權在民之實也。

由以上的引文，我們可以確知，中山先生的「權能區分」說，實具備下列幾項重要特性❺：

㈠人民爲「政權」之主體，人民之代表者，或受其委任者，只盡其「能」，不竊其「權」，最後決定之權，仍由人民主控。因此「權能區分」仍是以「權」爲主。

㈡分縣自治（即地方自治）及全民政治（即人民行使選舉、罷免、創制、複決四項政權）爲直接民權。五權分立及國民大會，則爲間接民權。但民權主義的實施必須以前二者，即分縣自治和全民政治的實施爲前提，無此二者爲前提，而空有五權分立及國民大會，則無「主權在民」之實。換言之，直接民權爲間接民權行使之前提。

㈢國民大會雖係政權機構，卻係實施間接民權。因此，國民大會若欲實施選舉、罷免、創制、複決四權，必須以直接民權之先行使爲前提。如果民權的主體者——國民，本身未充分實施全民政治，尤其是尚未行使創制、複決二權，則國民大會實無越權，先代行此二項民權之理❻。基於此，國民實應先實施創制、複決二權，此實係「直接民權」之本意。

㈣「權能區分」既然是以「權」爲主體，則政權機構與治權機構之間就不是對等的關係，也就不存在所謂

❺有關權能區分的討論，可參見傅啓學，〈權能區分理論的研究〉，《中華學報》，1 卷 2 期。張世賢，〈從公共政策觀點闡述民權主義政治平等〉，《中華學報》，11 卷 1 期。

❻但亦有評論者指出，即使是「全民政治」已充分實現，亦即人民已行使創制、複決等權，國民大會仍不應行使此二權力，因爲創制（initiative）和複決（referendum）兩權，原本即爲必須由人民直接行使的「直接民權」，絕無假手國大代表代爲行使，變爲「間接民權」之理。基於此，國民大會自始即不應擁有創制、複決二權。

❼過去有不少人誤以為五院與國民大會之間彼此制衡，這實為對權力關係的嚴重誤解。按五權之間，彼此雖名為「分工合作」，但在運作時彼此可能相互制衡。但五院及國民大會之間，卻分屬「政權」、「治權」之不同範疇，而且實以「政權」為主體，斷無以「治權機構」（五院）制衡「政權機構」（國民大會）之理，反之亦然。

的制衡關係。換言之，國民大會（政權機構）與五院（治權機構）之間，也不存在制衡關係❼。

㈤在治權方面，五院之間基於分工需要，存在相輔相成之合作關係。但五院之中，卻只有立法院扮演著「國會」之功能，因此其他四院基於對民意負責之原則，必須受到立法院的監督，並獲得立法院的同意而任命。但為了避免國會權力獨大，中山先生乃將一般西方議會中的監察、彈劾權抽離出，並繼承中國傳統的御史監察制度，特別設立監察院，負責三權以外對政府官員的糾舉、彈劾之責。另外則繼承中國獨立的考試（科舉）制度的精神，設立考試院，負責全國官員（包括民意代表）的考試、檢定工作。但是，西方的行政、立法、司法三權之間，係依事權而做分工，是對「事」的制衡。中山先生所增列的考試、監察二權，是秉持中國傳統政治制度的特性，乃係對「人」的監督及考核。因此五權之間，並不存在西方三權政治下完全的制衡關係，而係一種分工合作的立場。基於此，中山先生強調在治權（「能」）方面，係「五權分立」，而非「五權制衡」。五權之間，也不可能完全平衡。監察、考試二權職權較為有限，亦係順理成章之安排。（參見附表二、附表三）

附表二　權能區分說的內涵

1.分類	2.內容	3.行使方式	
一、權（政權）	選舉 罷免 創制 複決 　四項政權 （並包涵各種自由權利及基本人權）	I.直接民權	II.間接民權
		分縣自治(地方自治) 全民政治(人民直接 行使四權)	國民大會(國大代 表代行四權)

二、能(治權)	行政 立法 司法 考試 監察 } 五種治權		五權分立

附表三　權能區分說的基本制度性架構

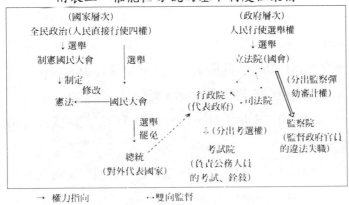

→ 權力指向　　　↔雙向監督
⇢ 象徵性的指揮關係　⇨權力釋出

貳、　制憲背景與五五憲草

一、制憲背景

　　自清末以來，我國即已展開制憲運動，但真正制憲成功，卻一直遲至民國三十五年年底，才終告底定。在漫長的四十餘年間，滿清與民國政府一共制定了八部憲法或憲法性法律❶：

　　㈠光緒三十四年八月一日頒發的「憲法大綱」。

　　㈡宣統三年九月十三日頒發的「十九信條」。

　　㈢民國一年一月十二日公布的「中華民國臨時政府組織大綱」。

❶各部憲法原文及相關內容的討論，參見荊知仁，《中國立憲史》（臺北：聯經，民73年）；劉瀚宇，《中華民國憲法導論》（臺北：三民，民76年）；胡春惠編，《民國憲政運動》（臺北：正中，民67年）；陳荷夫編，《中國憲法類編》（北京：中國社會科學出版社，1980）；中國人民大學法律系編，《中外憲法選編》（北京：人民出版社，1982）。

㈣民國一年三月十一日公布的「中華民國臨時約法」。

㈤民國三年五月一日公布的「中華民國約法」，亦稱「袁（世凱）氏約法」或「新約法」。

㈥民國十二年十月十日的「中華民國憲法」，亦稱「曹錕憲法」或「賄選憲法」，係根據民國二年底定的「天壇憲草」修訂完成。（此係第一部正式憲法，但旋即在十三年多爲段祺瑞的臨時政府所廢棄）。

㈦民國二十年六月一日公布的「中華民國訓政時期約法」。

㈧民國三十五年十二月二十五日通過，民國三十六年一月一日公布的「中華民國憲法」。

其中以施行至今的第八部「中華民國憲法」最爲重要。但是在制定這部憲法之前，先制訂了下列多部憲法草案：

㈠民國二十五年五月五日公布之「中華民國憲法草案」。亦稱「五五憲草」。

㈡民國二十九年四月通過之「國民參政會憲政期成會憲草修正草案」❷。亦即對「五五憲草」之修正草案。

㈢民國三十五年一月三十一日通過之「政治協商會議修改五五憲草原則及憲法草案」。

㈣民國三十五年十一月二十二日通過之「中華民國憲法草案」。

多次修憲草案提出的原因，一方面固然是因時空變遷，制憲工作因爲國家面臨戰亂而一再拖延，民意亦因而變動。另一方面則是由於由中國國民黨一黨主導的「五

❷此一名稱係根據胡春惠編，前揭書，頁 923。在荊知仁，前揭書中，名稱則爲「國民參政會憲政期成會憲法草案」。

五憲草」，不能爲其他各黨派所充分接受，因此對於憲法
內容提出許多不同的修正意見。最後才歷經多次折衝協
商，商定對憲法內容的共通意見；使制憲任務終告完成
❸。

❸ 有關制憲工作的背景細節，參
見張君勱，《中華民國民主憲法十
講》(上海：商務，民 36 年)；荆
知仁，前揭書，第 3 篇。

二、 五五憲草的特性

「五五憲草」受到中山先生後期的憲政主張影響甚
鉅。在民國十三年四月十二日手書的《建國大綱》中，
中山先生明白指出：

> 憲法頒布之後，中央統治權則歸於國民大會
> 行使之，即國民大會對於中央政府官員有選舉權，
> 有罷免權；對於中央法律有創制權，有複決權。
> ❹

❹ 此係根據「建國大綱」第 24 條。

基於此一設計，「五五憲草」賦與國民大會極大的權
限，憲草中第三十二條規定：

> 國民大會之職權如下：
> 一、選舉總統、副總統、立法院院長、副院
> 　　長、監察院院長、副院長、立法委員、
> 　　監察委員。
> 二、罷免總統、副總統、立法、司法、考試、
> 　　監察各院院長、副院長、立法委員、監
> 　　察委員。
> 三、創制法律。

四、複決法律。

五、修改憲法。

六、憲法賦與之其他職權。

　　根據此一規定，國民大會的職權將極為膨脹。茲特列表示之。

附表四　五五憲草中國民大會基本職權

```
┌──────────────────────────────────────────────────┐
│         ┌ 總統、副總統                              │
│  1  選舉 ┤ 立法院院長、副院長、立法委員              │
│         └ 監察院院長、副院長、監察委員              │
│         ┌ 總統、副總統                              │
│         │ 立法院院長、副院長、立法委員              │
│  2  罷免 ┤ 監察院院長、副院長、監察委員              │
│         │ 司法院院長、副院長                        │
│         └ 考試院院長、副院長                        │
│  3  創制 ┐                                         │
│         ├ 法律                                     │
│  4  複決 ┘                                         │
│  5  修改──憲法                                      │
└──────────────────────────────────────────────────┘
```

　　由此可知，在「五五憲草」中，國民大會此一「間接民權」的機構，已取代了全民實施選舉、罷免、創制、複決的「全民政治」，成為「權能區分」說的主體。換言之，「間接民權」機構已取代了「直接民權」的行使。嚴格說來，這是有違「權能區分」說的本意的。

　　更嚴重的問題是，在「五五憲草」中對國民大會的召開做了相當嚴格的限制，第三十一條對此做了具體的

規定：

> 國民大會每三年由總統召集一次會期一月必
> 要時得延長一月。
> 國民大會經五分之二以上代表之同意得自行
> 召集臨時國民大會。
> 總統得召集臨時國民大會。
> 國民大會之開會地點在中央政府所在地。

從上述的規定可知，國民大會每三年才召開一次，每次只有一個月的會期(必要時可再延一個月)，開會時間實在太短。而若要召開臨時會，除非是由總統主動召集，否則要五分之二以上的代表同意方得召開，以中國的幅員之大，國大代表人數之多(多達二、三千人)，實在不易完成召集工作。但相對的，國民大會卻有如此複雜的任務得完成，尤其對立法委員、監察委員的選舉權之行使，更需要對候選人背景有充分的了解，方得勝任，因此若要在短暫的會期中完成上述各項重任，恐怕終將流於形式，真正的主控者則轉為總統及行政系統。基於此，除非將國大開會之會期大幅度延長，發揮西方國家議會之功能外，否則實無以擔負起「政權主體」之重任❺。

由於上述的制度安排之困境，薩孟武先生在「五五憲草」通過後不久，即著文指出，「五五憲草」若付諸實施，將造成「總統獨裁」❻。這非但不合「權能區分」之原旨，更將使「政權」的真正主體──國民，失去了對

❺但若將「國民大會」視為國會，又將使立法院的國會功能面臨衝突之困境。

❻見薩孟武，〈中華民國憲法草案的特質〉，《東方雜誌》，33卷12號。引自胡春惠編，前揭書，頁854-866。

國事之主導權。基於此，在日後的修憲草案中，都將國民大會職權的安排視爲一項要務。在國民黨方面，對於強化國民大會職權，一向頗爲堅持，因此多強調「國民大會實權化」。但其他的在野黨派，包括中國青年黨、民主社會黨、民主同盟及中國共產黨，則頗有不同之意見。其中最爲徹底的一項異見，則爲民國三十五年一月召開之政治協商會議憲法草案組所協定的憲草修改原則，其中規定：「全國選民行使四權，名之曰國民大會」，換言之，國民大會將完全「虛位化」。另外修改原則中也規定：「創制複決兩權之行使，另以法律定之」，換言之，若創制複決行使法未制定，此二權將無法實施。

再者，在此一修定原則中，也規定憲法修改權，屬於立監兩院聯席會議，修改後之條文，應交選舉總統之機關複決，而不再歸「國民大會」（業已虛位化）掌理。

至於治權機構的權力安排，在此憲草修改原則中，也與「五五憲草」的設計迥然不同，立法院改由選民直接選舉，職權相當於民主國家的議會（此與中山先生的原意相同）。而監察院則改由省級議會選舉，並包括議會性質的同意權，而不僅是「五五憲草」所規定的彈劾、懲戒等權 ❼。嚴格而論，此時對監察權的安排已非中山先生之原意，尤其是監委的選舉方式及同意權的增列，更與西方兩院制國家的參議院、上議院的情況相仿，而非「五權分立」說中將議會代議職權分出，單獨行使彈劾、監察權之原旨。不過在民國八十一年的修憲中，又將其中的同意權刪除，並將選舉方式廢除，而係由總統提名監委，經國民大會同意而任命。

❼「五五憲草」中規定的監察院職權包括：彈劾、懲戒、審計，並對國民大會負責。在政協的憲草修定原則中，則改爲：同意、彈劾及監察權。亦即增列「同意權」，刪除「審計權」，另將「懲戒權」改爲「監察權」。

　　除了立法院及監察院的職掌差異外，行政權、立法權之間的關係也做了重大的調整。「五五憲草」中原規定（第五十九條），「行政院院長、副院長、政務委員、各部部長、各委員會委員長，各對總統負其責任」，在政協的憲草修改原則中，則改爲「行政院對立法院負責」，而行政院的主要人事任命（包括院長、副院長、部長、委員長等），也由「五五憲草」原規定的「由總統於政務委員中任命之」，改爲「行政院長由總統提名，經立法院同意任命之」。無寧唯是，在憲草修改原則中，更採取了西方責任內閣制之精神，（而不再是「五五憲草」的總統制），明白規定「如立法院對行政院全體不信任時，行政院長或辭職，或提請總統解散立法院，但同一行政院長，不得再提請解散立法院。」但此一饒富內閣制精神的安排，在最後的制憲過程中又做了修正，而降低了內閣制的色彩。

　　再者，關於總統權限，「五五憲草」所賦與總統的人事任命權，在憲草修改原則中，已大幅度萎縮。至於原先「五五憲草」第四十四條的規定，「國家遇有緊急事變，或國家經濟上有重大變故，須爲急速處分時，總統得經行政會議之議決，發布緊急命令，爲必要之處置，但應於發布命令後三個月內提交立法院追認。」在憲草修改原則中，則改爲：「總統經行政院決議，得依法發布緊急命令，但須於一個月內，報告立法院。」時間由三個月減爲一個月，足見總統的緊急處分權，也已大幅度縮小了。

　　由以上的對比，吾人可知，原來「五五憲草」所規定的「國大實權化」及「強勢總統」的制度化安排，在政協的修改原則中，已完全變質，並轉化而爲「國大虛

❽「五五憲草」中另外還對地方自治、國民經濟、社會政策, 做了重要的安排, 但因本節側重其中的「權能區分」關係, 無法論列。相關的研究參見張亞澐,〈五權憲法與其他憲法之比較研究〉,《中華學報》, 2卷1期; 高旭輝,〈五權憲法中國民大會的幾個問題〉,《中華學報》, 5卷2期; 喬寶泰著,《中華民國憲法與五五憲草之比較研究》。

❶「中華民國憲法」的起草者張君勱先生特別就「無形國大」做了說明:「我人以為國大代表的性質, 應側重直接民權。即令暫時不能以選民全體構成國民大會, 至少應以此項直接民權, 推廣於全國的鄉縣議會, 所以政協會中決定無形國大之制, 其用意即在於此。惟有如此, 乃可將國大置於直接民權的基礎上, 自成一個系統。至於立法委員直接由人民選出, 其所行使的職權與各民主國的國會相等。然後立法院乃能代表民意, 不致成為政府的附屬機關。國大與立法院兩機關系統分明, 自能各盡其責。」參見張君勱,《中華民國民主憲法十講》, 第四講〈國民大會問題〉(上海: 商務, 民36年), 頁49。

❷對於此點, 張君勱亦有清楚之說明:「二中全會之後, 政府要求改無形國大為有形國大。於是政協憲草小組中決定國民大會在總統選舉之日召集, 此為國大的職權一。修改憲法的權, 亦為國大

位化」、「立法院國會化」、「監察院參議院化」, 並饒富責任內閣制之精神。其間的有關「權能區分」的制度設計, 更是南轅北轍❽。

叁、中華民國憲法與國民大會

一、國民大會的基本職權

由於政協的憲草修改原則將國民大會「虛位化」(即改為「無形國大」)❶, 與「五五憲草」的國大「實權化」相異甚夥, 最後的制憲工作乃折衝協調, 儘量取其中線。由於國民黨堅持必須保留國民大會這一機構, 而在野黨派則主張大幅度縮減其功能❷。「中華民國憲法」的最後定稿乃出現了高度的妥協性色彩。亦即:

憲法第廿七條:「國民大會之職權如下:

一、選舉總統、副總統。

二、罷免總統、副總統。

三、修改憲法。

四、複決立法院所提之憲法修正案。

關於創制、複決兩權, 除前項第三、第四兩款規定外, 俟全國有半數之縣市曾經行使創制、複決兩項政權時, 由國民大會制定辦法並行使之。」

此外，則是憲法第四條所規定之「國土變更」決議權。

換言之，國民大會雖然並未「虛位化」，卻成為職權十分有限的機構。除了六年一次的總統、副總統選舉外，只有甚少有機會行使的罷免權、修憲權、複決修憲案權和變更國土等權限。此外頗受爭議的創制、複決二權則因憲法第廿七條中的特別規定而形同虛設。由於選舉以外的權限甚少行使，乃有不少學者將其比擬為美國的總統「選舉人團」（electoral college）❸。

二、國民大會與美國「選舉人團」之異同

但是國民大會與選舉人團之間，有關總統、副總統之選舉權行使，仍有許多重要的分野。

首先，國民大會是以縣市為單位的代表（蒙古則為盟、旗之代表），再加上邊疆地區民族代表、僑民代表、職業婦女團體代表等合併組成。而美國的選舉人團則係由各州代表所構成。這是由於依照中山先生的理念，縣為自治單位，因之國民大會乃以縣市代表為其主體。而美國則係聯邦制國家，故以州為單位❹。

其次，國民大會代表總額並不固定，隨人口增長而增加。憲法第廿六條即規定「每縣市及其同等區域各選出代表一人，但其人口逾五十萬者，每增加五十萬人，增選代表一人。」至於美國的選舉人團，人數則較為固定，每一州的選舉人人數是該州的聯邦參議員和眾議員人數之合。由於每一州有兩位參議員和眾議員至少一人（多則不一定，視人口多寡決定，但眾議員之總額則固定為

所當行使，此為國大的職權二。但除此選舉總統修改憲法之外，國大並無其他職權。換詞言之，國大任期與總統同，總統期滿之年，即為國大召集之年，除此以外國大並無其他會期，此其三。」（前揭書，頁52）。但後來在制憲時，仍然加進了召開國大臨時會的要求。亦即憲法第30條：「國民大會遇有左列情形之一時，召集臨時會：

一、依本憲法第四十九條之規定，應補選總統、副總統時。

二、依監察院之決議，對於總統、副總統提出彈劾案時。

三、依立法院之決議，提出憲法修正案時。

四、國民大會代表五分之二以上請求召集時。

國民大會臨時會，如依前項第一款或第二款應召集時，由立法院院長通告集會。依第三款或第四款應召集時，由總統召集之。」嚴格說來，在上述4項召集臨時會的要件中，除了第4項外，都未偏離張君勱所定的職權範圍。

❸張君勱氏即承認：「我人以為國大的地位如此，則國大等於一選舉機關，與美國兩院的相等人數合組而成的總統選舉人會（案：即「選舉人團」）略相類似。」（前揭書，頁52）。

❹但依照民35年11月22日立法院通過之「中華民國憲法草案」，國大代表的組成，卻包括了

省之代表，其第 26 條規定：「國民大會以左列代表組織：

一、由各省區及蒙古各盟西藏直接選出之立法委員。

二、由各省議會及蒙古各盟西藏地方議會選出之監察委員。

三、由各縣及相當於縣之其他地方區域選出之代表。

四、由僑居國外國民選出之代表。」

但是，在最後定稿的「中華民國憲法」中，剔除了上述第 1、2 項有關立委、監委得兼任國大代表之規定，另外則增加了職業及婦女代表，使國大代表爲縣市代表之屬性增強。

❺ 美國首都華盛頓特區(District of Columbia)原無總統選舉人。1961 年 3 月 29 日批准之憲法第 23 條修正案規定：「美國政府所在地的特區，應依國會規定方式選派：

一定數目的總統副總統選舉人，其人數如同特區是一個州一樣，等於它在國會有權擁有的參議員和衆議員人數的總和，但決不得超過人口最少之州的選舉人人數。他們是在各州所選派的選舉人以外增添的人，但爲選舉總統和副總統，應被認爲是一個州選派的選舉人；他們應在特區集會，履行第 3 條修正案所規定的職責。」

根據上述規定，華盛頓市（哥倫比亞特區）事實上至多可以有 3

四百三十五人），故依美國現有之五十州計算，再加上首都華盛頓（哥倫比亞特區）❺，共計有五百三十八位選舉人。（其計算方式爲：100（參議員名額）＋435（衆議員名額）＋3（哥倫比亞特區三席）＝538（總額））。除非美國增加新州，或改變配額，否則選舉人團之總數乃係固定的。

第三，國民大會係在中央政府所在地集會（依據憲法第三十一條）。而美國選舉人團則係在各州集會，計算總統候選人之得票數後，再由國會兩院於選舉過後第一年的一月六日在首都華盛頓計票。此時總統選舉（在前一年的十一月第一個星期一過後的第一個星期二舉行）結果雖早已揭曉，但選舉人團的最後投票結果，才被視爲最後的勝敗依據。

第四，國民大會代表行使的係「法定職權」，亦即依據己意行使投票權，而非人民之「委任代表」（根據民意之委託而行使投票權）。憲法第三十二條並規定：「國民大會代表在會議時所爲之言論及表決，對會外不負責任。」由此益可見對其投票權之行使，實享有充分之自由。至於美國之選舉人團，原先在美國制憲之初亦具「法定代表」之性質，但後來逐漸演變爲某種形式之「委任代表」（選民投票給選舉人，而選舉人則事先聲明他支持那一位總統候選人），但此種「委任代表」性質卻非完全強制性，過去亦曾發生過多次選舉人違背選前承諾，最後改投其他總統候選人之情事。因此嚴格而論，總統選舉人仍係「法定代表」，但受慣例之影響，帶有濃厚之「委任代表」色彩❻。

三、國民大會及總統的角色及功能

由於「中華民國憲法」將國民大會的職權大幅度削弱，而憲政體制中的政府的架構又係按照「修正式內閣制」方式安排❼，總統雖非完全之「虛位元首」，但大部份的權限均係象徵性之權力，實與中山先生的原初設計大相逕庭❽。基於此，在「中華民國憲法」（不包括「動員戡亂時期臨時條款」）的憲政結構下，總統與國民大會均成為實質權力十分有限的國家主權象徵。亦即成為「國家」與「政府」分立之下的「政權」代表者。換言之，在此種制度設計下的「權能區分」，已與「國家」及「政府」之區分相疊合，而形成一種具備「內閣制」精神的權力架構(參見附表五)。其最主要之特色係使國民大會及總統超然於政府權力及政黨政治的運作之外，成為國家（而非「政府」）象徵權力的代表者。在這樣的架構下，政黨政治的運作以及五院之間的關係，均屬「治權」之行使，並須以對「國家」效忠、對「政權」負責為其前提。而反對黨派的政治運作，也必須僅限於「反對政府」（即反對執政黨），卻必須「忠於國家」，並向「政權」機制負責。這樣的制度性安排，固然大幅度減縮了原先所規範的國民大會的職權，但也增強了國民大會及總統的「非黨派性」色彩，對於政治的安定性及國家主權的維護，實有安定之功。尤其對於政黨政治的發展及國家認同的強化，更有積極之意義。

席總統選舉人名額（因為人口最少的州只有1席眾議員和兩席參議員，共計3名選舉人），此係原先之選舉人團總額435名之外的3名，合為438名。

❻有關選舉人團之研究，參見 Martin Diamond, *The Electoral College and the American Idea of Democracy* (Washington: American Enterprise Institute, 1977); A. M. Bickel, *Reform and Continuity: The Electoral College, the Convention and the Party System* (New York: Harper & Row, 1971)。

❼此係根據張君勱氏之解釋。參見張君勱，前揭書，第五講〈行政權〉。

❽在《五權憲法》中，中山先生主張「行政首領就是大總統」。在《孫文學說》中，則指出「各縣人民投票選舉總統，以組織行政院，……國民大會職權，專司憲法之修改，及制裁公僕之失職。」若根據此一引文，總統具實權，當非「虛位元首」，而國民大會的職權也甚為有限，與《建國大綱》所賦與國大之廣泛權限，迥然不同。

附表五　中華民國憲法架構下的權能關係及國大職能

分　類	Ⅰ.政權(權)	Ⅱ.治權(能)
基本功能	代表「國家」(State)	代表「政府」(Government 或 Regime)
機構及職權	一、總統 (對外代表國家，爲象徵性之國家元首，不負責實際政治成敗) 象徵性權力包括： 1.統率全國陸海空軍 2.對外代表中華民國 3.依法公布法律、發佈命令(須經行政院長或／及有關部會首長副署) 4.依憲法規定，締結條約、宣戰、媾和 5.依法宣布戒嚴(須經立法院之通過或追認)、解嚴(須經立法院之通過或追認) 6.依法大赦、特赦、減刑、復權 7.依法任免文武官員 8.依法授與榮典 9.發佈緊急命令(得經行政院會議之決議，並在一個月內提交立法院追認，否則無效) 10.調解解決五院間之爭執	一、五院職能 1.行政院(代表狹義之政府，負責實際之政治成敗，即「內閣」，並對立法院負責) 2.立法院(即「國會」或「衆議院」) 3.司法院(負責釋憲及獨立之司法審判) 4.考試院(負責考選及銓敍等工作) 5.監察院(負責議會之監察、彈劾、糾擧、審計等工作)
	二、國民大會 (代表全國人民行使政權) 職權包括： ①選擧總統、副總統 ②罷免總統、副總統 ③修改憲法 ④複決立法院所提之憲法修正案 ⑤創制、複決權(須經全國過半數縣市曾經行使此二項政權爲前提)❶ ⑥變更領土之決議權	二、五院間之制衡關係 | 1.對「事」制衡	2.對「人」制衡：
a.行政①	
b.立法	a.考試②
.司法	b.監察③	 小註： ①在動員戡亂體制下，總統得設置動員戡亂機構，決定有關之大政方針，並調整中央政府之行政機構，因而限制並取代了部分之行政權。 ②在動員戡亂體制下，總統得調整人事機構，並在行政院下設置人事行政局，剝奪了考試院的人事權限。 ③在憲法規定之權限中，監察院負擔了屬於議會功能的同意權，以及屬於對「事」監督的糾正權，與監察權的原初設計不符。
	小註： ❶在動員戡亂體制下，國民大會得行使創制、複決二權，不受過半數縣市行使之前提限制。但此項權限之行使係以總統認爲有必要爲前提。實際上則從未行使過。 另外在動員戡亂體制下，國民大會在閉會期間得設置研究機構，研討憲政有關問題。此一機構(國民大會憲政研討會)業已隨動員戡亂時期的結束而廢除。	

基於上述的分析，雖然在現行的憲政架構下，國民大會的職權與中山先生的原先制度設計並不相符，但這種將「國家」與「政府」分立的內閣制設計，卻又與中山先生「權能區分」說的原旨相似。尤其與〈民權主義〉第五講中的君權（國家權力）、相權（政府權力）之劃分，若合符節：

> 在君權時代，君主雖然沒有才幹，但是很有權力，像三國阿斗和諸葛亮，便可以明白。諸葛亮是有能沒有權的；阿斗是有權沒有能的。阿斗雖然沒有能，但是他什麼政事都付諸諸葛亮去做，諸葛亮很有能，所以在西蜀能夠成立很好的政府，並且能夠六出祁山，和魏、吳鼎足而三。

阿斗有權無能，諸葛亮有能無權。這意味著政府的權力來自人民（即國民大會及全民政治）的賦與，人民的權力在民主的時代亦即國家的權力（在君主時代之國家權力則爲「君權」），因此國家的權力乃係「有權無能」，而政府本身則「有能無權」，它的權力完全來自國家，亦即人民的授與。如果政府本身的表現是「無能」，則國家（亦即人民的集體代表）自可收回是項權力，交給有能力的人行使。在政黨政治的時代中，這也就意味「無能」的執政黨必須將政府交還給人民（即國家），由人民決定交給其他的政黨執政。因此，輪流執政的政黨政治，就扮演著「諸葛亮」式的角色，若「諸葛亮」有能，則繼續執政，若無能，則將政府交還給「阿斗」（即「人民」

與「國家」)，由「阿斗」透過政權的行使選擇其他有能者執政。這樣的權力關係的確凸顯了「國家」與「政府」分立的必要性，以及阿斗式的虛君（國家的代表者）和有能的諸葛亮（即行政首長）之間的實質關係。換言之，透過議會內閣制和虛位元首的政制安排，的確可以彰顯中山先生的政制設計中，所未能充分發揮的「權能區分」效果。其具體關係亦可以下表闡明之。

附表六　「阿斗」與「諸葛亮」：權能區分說的引申

體制　　　分類	阿斗（權）	諸葛亮（能）
I 君主體制	「君」權	「相」權
特徵	有權無能	有能無權
II 立憲君主體制	虛君（元首）	內閣（首相）
特徵	代表國家	代表政府
III 立憲共和體制*	虛位元首（「總統」或「主席」）	內閣（總理）
特徵	代表人民與國家	代表政府
IV 議會內閣制	總統（虛位元首）	總理（行政首長）
特徵	代表人民與國家	代表政府
V 五權憲法體制	全民政治與國民大會	總統及五院
特徵	代表政權	代表治權
VI 中華民國憲法（修正式內閣制）	總統及國民大會（總統代表國家）	五院（以行政院為政府之主體，行政院長相當於內閣總理）
特徵	代表國家，統而不治	代表政府，治而不統

※小註：此處之立憲共和體制，不包括採「總統制」之國家。

基於此，在中華民國憲法的制度設計下，國民大會乃成為主要行使國家象徵權力的民權主體，而向國民大會負責的總統，也就成為國家的代表者，既不承擔實際的行政責任，也不對政治成敗負責，卻成為超越政黨政治及五權運作的國家權力象徵。由於國大的職權十分有限，總統的職權亦多係象徵性，因此國民大會及總統乃

超越治權之運作，亦即儘量不涉及五權間之權力關係，而僅就高層次的國家大政方針做一籌謀。其中諸如國大之修憲權，變更國土決議權，總統、副總統之選舉、罷免權等之行使，以及總統之各項儀式性權力（如統率三軍，公布法律，發布命令，宣布大赦、特赦，任免官員，授與榮典），調解五院間爭執等權限，都有位高崇隆、客觀超然的特性。在這樣的政制設計下，總統及國民大會乃成為單純的國家主權象徵，亦可視為幾乎「不為非」的職位或機構，但也因此而成為國家長治久安的權威來源。至於政府主體中最高行政機關之行政院，卻必須對實際政治成敗（亦即有「能」或無「能」）負責，甚至可能因為立法院的拒絕同意（憲法第五十六條）或重要政策上之不贊同(憲法第五十八條)，而被迫去職。因此在五權之間的權力轉承和政黨競爭，勢將成為常態，內閣（行政院）垮臺之情事亦將無法禁絕，但由於「政府」與「國家」之間已預做劃分，因此儘管政府會為有「能」、無「能」而負責，甚或去職，國家卻將維持高度的穩定。而在野的黨派儘可「反對政府」，卻必須「忠於國家」（Oppose the Government, but Loyal to the State)，也可使政局在權力轉承中維持穩定，又不致發生重大的憲政危機或國家認同危機。

因之，現行中華民國的憲政制度，雖然與「權能區分」及五權憲法的原初設計理念不盡相合，卻透過「內閣制」的政制安排，使總統及國民大會成為國家主權的象徵以及政權行使的主體，相對的釐清了「國家」與「政府」的關係，而且促成政治穩定化，不但有利於民主的

成長，也使「權能區分」說，得到了另一種版本的制度
化闡明。

肆、五院關係

在五權憲法的理念下，五院之間彼此分工合作，向
政權共同負責，形成了效能良好的萬能政府。但是這畢
竟只是一種理想，實際上五權憲法的理念如何落實運作，
一直是憲法學界爭議的問題。其中的主要問題，有下列
幾項：

(一)總統是否應兼任行政院長。中山先生在《五權憲
法》中主張總統兼爲行政首長，而且說過「選舉總統，
以組織行政院」的話。但他也說過：「授意總統，任命閣
員，成立責任內閣」❶。如果總統兼任行政院長或閣揆，
這將使總統與五院間的關係變得相當複雜。一方面，他
是國民大會選出的總統，要對代表「政權」的國民大會
負責；另一方面，他又是代表「治權」的行政院長，在
五院之間，要受到立法院以及監察院、考試院等之監督。
換言之，他一方面對外代表「國家」，另一方面又對內代
表「政府」，既係國家元首，又係政府行政首長，兩項重
要任務集於一身，極易造成權力過於龐大，而且也容易
因爲承擔過鉅的政治責任，而造成政局不穩❷。基於此，
比較合理的安排，應係將總統與行政院長，分由兩人擔
任，各司其職，不相重疊❸。

(二)立法院的「國會」屬性問題。立法委員既係由具

❶參見朱湛，前揭文，頁11。
❷身兼總統與閣揆的企圖，在其他國家亦出現過。1991年秋波蘭舉行國會大選後，原執政的團結工聯聲望大幅度下落，團結工聯的領導人，也是波蘭總統的華勒沙（正確音譯係「華文沙」），曾企圖自兼總理，以挽回頹勢，最後卻因國會強烈反對，波蘭國內亦憂心出現新的獨裁而作罷。
❸民35年3月參政會第四屆第二次大會，就基於此一考慮，對「五五憲草」提出修正觀點，「爲避免總統與國大直接發生衝突，應以不兼任行政院長爲宜」。

備專業學養的立法專家擔任，是否仍應擁有西方民主議會中的預算審核權、倒閣權、任命同意權、質詢權等。如果立法院本身就是「國會」，則上述的權力自然必須一律保有(監察權分出的項目除外)。但是，如果立法院只是一個「專家立法」的機構，是否應該立法則須交由其他機構先做決定，則此一「其他機構」是否就是指國民大會，還是另有其他機構？但是以政府立法事務及國會監督事務的龐雜，如果由「國民大會」承擔此一責任，則國民大會會期勢必需要大幅度延長，變成常設國會。而且，國民大會在四項「政權」之外勢必需要擴增新的權限，否則將無以承擔如此繁重的責任。但是，創制、複決二權之行使，在全球各民主國家中，除了瑞士一國外，很少有經常行使者（指全國性而非地區性的創制、複決權），如果我國以國大這一個「間接民權機構」，經常性或日常性的行使此二項「直接民權」，實有違「直接民主」之本意❹。基於此，惟有賦與立法院充分的國會權限(監察權、彈劾權等除外)，另外強化立法委員的專家資格，以提昇立委的專業立法職能，才是五權憲法下對立法院職權的合理設計。

　　㈢立法院與行政院之關係。如果立法院係完全之國會，則行政院與立法院之間勢必需要以某種制衡機制，形成有效監督，否則非但不足以造成「萬能政府」，反而會因權力配置不當，而衍生頻繁的政爭。基於此，在行政院及立法院之間，勢需以西方民主體制中之內閣及國會制衡權限，做一規劃設計。儘管基於「五權分工合作」之立場，過度的制衡關係不足以取，但完全無制衡機制，

❹在前一章中，我們已明白指出，「五五憲草」賦予國民大會廣泛的權力，但卻只有每3年共2個月的短暫會期，實係甚不合理之安排，但如果將國民大會改為一經常開會之機構，則又將變成「太上國會」，則立法院職權必將大幅度萎縮，並使實質的國會監督權移向國民大會，此又有違「五權分工」、「權能區分」之原旨。

❺中華民國憲法第57條規定:
「行政院依左列規定,對立法院負責:

一、行政院有向立法院提出施政方針及施政報告之責。立法委員在開會時,有向行政院院長及行政院各部會首長質詢之權。

二、立法院對於行政院之重要政策不贊同時,得以決議移請行政院變更之。行政院對於立法院之決議,得經總統之核可,移請立法院覆議。覆議時,如經出席立法委員三分之二維持原決議,行政院院長應即接受該決議或辭職。

三、行政院對於立法院決議之法律案、預算案、條約案,如認為有窒礙難行時,得經總統之核可,於該決議案送達行政院10日內,移請立法院覆議。覆議時,如經出席立法委員三分之二維持原案,行政院院長應即接受該決議或辭職。」

根據上項條款之規定,立法院之「倒閣權」已提高到三分之二多數(而不是二分之一的過半數),因此「倒閣」的機會已大為減低。而行政院因受到「三分之二」規定的保障,當其未能得到「二分之一」多數支持時,得提請覆議,此時行政院只要再得到三分之一強立委的支持,就可安渡難關。但是,如果完全取消上述規定,兩院之間若發生歧見及職權衝突時,就不知將如何處理。如果將「解決衝突」的權限交付總統,

實質上只會造成行政權獨大,釀成更嚴重的弊端,實有違強化效能、萬能政府之旨。

因此,現行之中華民國憲法,根據「修正式內閣制」之精神,賦與立法院有限之「倒閣權」,亦相對的賦與行政院「移請覆議權」❺,實係一項必要之制衡設計。儘管此一設計曾被許多論者批評為「以三權制衡取代五權分工」,「以內閣制取代五權體制」,但是在國民大會擴權問題有其實質困難的前提下,我們卻無法想像,在行政院與立法院之間,若無任何之制衡機制(即使是相當有限的),將如何使五權之間形成有效的運作關係,並使五權體制發揮分工合作之效能。因此,儘管「修正式內閣制」並非唯一可考量的制度設計方案,其他如「總統制」、「雙重首長制」,亦有其可行性,但立法院與行政院之間卻必須維持某些制衡機制,並釐清權力關係,遇政爭時得順暢運作,卻是無可怠忽的。

㈣監察院的職掌及定位。監察院自立法機構獨立出來,一般認為有兩項優點❻:第一,立法機構若行使監察權,容易引起黨派間之政爭,以致無法客觀的監察行政部門❼。如果改由獨立而且不受政黨政治宰制的監察院單獨行使,將可發揮超然而積極的功能,並澄清吏治,改善政府效能;第二,立法機構往往以立法為其主要功能,對於附帶之監察權,容易忽略,尤其對國會議員本身之重大行為缺失,往往充耳不聞,或僅以內部規章,警告了事,卻無法使其因彈劾方式去職。基於此,若依五權憲法之理念,監察院行使彈劾權、糾舉權之對象,應上至總統、副總統、各級議員、乃至政府各階層官員,

均應包羅在內。但是，彈劾權若經常行使，其行使對象又廣及一般之民選官員及議員，則其實施之效果，實與人民行使之罷免權無異，換言之，實有以彈劾權(治權)侵犯罷免權（政權）之爭擾。如果監察權之行使有任何疏失，更易引發訾議，因此如何確保監察委員公正廉明、監察院本身公正無私，實係獨立之監察權的成敗關鍵。此外，監察院本身的職掌也因儘量使其純正，即局限為對「人」之監督，而不應包括對事之監察權（如糾正權），否則斷難使監察院承擔起職司風憲、澄清吏治、不受政黨政治羈絆等重大任務。

　　㈤考試院的職掌及定位。根據五權憲法的設計，治權機構必須由「有德有能」者在其位，監察院的職掌可以保證使貪腐無德者去職，確保官箴。而考試院的職掌，則可選賢與能，使政府官員及民意代表均具備任事的資格與能力。基於此，獨立的考試機構，實屬必要。唯有擺脫行政系統的牽制，才可確保政府人員之甄拔不致徇私苟且，造成結黨營私、冗員充斥等積弊。但是，考試院本身的職掌究竟應該有多大，是負責所有與考選相關的工作，還是僅僅負責考試這一項工作即可，卻不無可爭議之處。若將「考選」工作做廣義解釋，則舉凡公務人員之考試、甄拔、銓敘及一般人事職權，均係交由考試院掌理，另外民選官員、議員之選舉工作，亦應自行政系統移轉至考試院，方得確保選務工作的公正無私，不受政黨政治之影響。這也比較合乎「考」、「選」之本意。但若將「考選」做狹義之解釋，則僅負責政府官員之考試、甄拔，亦不無道理。至於人事權限，則回歸各

則總統本人就將介入政爭，並承擔政事成敗之責。這實有違「阿斗有權無能，諸葛亮有能無權」的「權能區分」原理。

❻參見呂亞力，前揭文，頁104。

❼例如美國參議院就很少批准對總統的彈劾。而僅有的兩次成功例子，一次是1868年對江森總統(President Andrew Johnson)的彈劾(impeachment)。另一次則是1974年對尼克森總統(President Richard Nixon)提出責難(arraignment)，尚未提出彈劾前，尼克森就已自行去職。因此，嚴格說來，美國國會對總統的彈劾權只成功的使用過一次。但江森總統的彈劾去職，也與當時國會中的黨爭有關，因此一般認為此一權力的行使，必須超然公正擺脫政黨之爭，否則將破壞憲政下的制衡原則。由此益可見五權憲法將監察權、彈劾權獨立出來，實係一項明智的安排。

行政機構，由其依實際需要做裁量，只要確定所有官員都具備適任資格，考試院即不必多管，這也是另一種合理之解釋。但在這兩種解釋之間，考試院的職掌大小卻相異甚夥，而與其他四院之關係也頗不相同，論者仍有不同之主張，迄今並無定論。

㈥司法院的職掌及定位。司法工作性質頗為明確，必須獨立行使，爭論甚少。但是司法院之下應否包括檢察系統，以及檢察系統若設置在司法院之外，則應隸屬於行政院之下，或應隸屬於具「準司法」職能的監察院，則頗有爭議。另外，負責憲法解釋的機構，究應係目前憲法所規定之「大法官會議」，還是美國式的「最高法院」，也不無爭論。而各級法院究竟應採「三級制」（地方法院、高等法院、最高法院），還是「四級制」（最高法院之上另設「憲法法院」），也有不同意見。另外，司法院在立法院與行政院之間是否應積極扮演公正裁量之角色，例如可否主動審查立法院通過之法案是否違憲，還是應採「不告不理」之被動原則，亦牽涉到對五院關係及制衡機制的整體解釋❽。這均是值得吾人重視的問題。

❽關於司法院的「違憲審查」功能，參見林子儀，〈司法護憲功能之檢討與改進──如何健全違憲審查制度〉，《改革憲政》（臺北：國家政策研究資料中心，民79年），頁193-288。

伍、總統的權力

一、總統的權力──憲法的規定

現行憲法第四章關於總統權力的設計，完全係基於議會內閣制精神而安排。總統僅具象徵性權力及有限的

保留權力，而非總統制之下的權力設計此可從下列的憲
法有關條文中看出。

　　憲法第三十七條規定，「總統依法公布法律、發布命
令，須經行政院長之副署，或行政院院長及有關部會首
長之副署」，即係典型的責任內閣制設計，總統僅具象徵
地位，不對法令負實際責任，此亦係「副署制」之基本
精神❶。

　　憲法第三十八條規定，「總統依本憲法之規定，行使
締結條約及宣戰、媾和之權」。在第五章「行政」的第五
十八條中則規定，「行政院院長、各部會首長，須將應行
提出於立法院之法律案、預算案、戒嚴案、大赦案、宣
戰案、媾和案、條約案及其他重要事項，或涉及各部會
共同關係之事項，提出於行政院會議議決之」。由此可知，
總統之締約、宣戰、媾和等權，是本於行政院會議的議
決而行使，而非總統本人主動行使的。

　　同理，第三十九條規定，「總統依法宣布戒嚴，但須
經立法院之通過或追認。立法院認為必要時，得決議移
請總統解嚴。」若與上引之第五十八條合而觀之，可知戒
嚴案也係由行政院會議議決，再由總統依法宣布的。而
立法院若認為無戒嚴之必要，也得決議請總統宣布解嚴，
這均是須由行政院院長或相關部長副署的命令，而非總
統可獨斷行使的。

　　第四十條規定，「總統依法行使大赦、特赦、減刑及
復權之權」，若與第三十八條相對照，也可看出類似上一
條文之特性❷。此處雖然只有「大赦案」一項列入行政
院之職權，但實已包括其他之相關內涵。（見「赦免法」

❶副署制普遍見之於議會內閣制
國家。譬如義大利憲法第89條即
規定：「共和國總統之任何法令，
如未經提出此項法令並對其負責
的各部部長之簽署，均無效。」

❷類似的規定均可見之於一般之
議會內閣制國家。例如日本戰後
憲法第7條即規定：「天皇根據內
閣的建議與承認，為國民行使下
列有關國事的行為：……㈥認證
大赦、特赦、減刑、免除刑罰執
行及恢復權利。」義大利憲法第
87條亦規定，總統「得宣布免罪
減刑和修改刑事判決。」

第六條)。

第四十一條,「總統依法任免文武官員」,但由於均須經行政院長副署(包括任免行政院長本身),此權實不在總統本身,自不待言❸。

第四十二條,「總統依法授與榮典」。此係典型之儀式性權力。

第四十三條,「國家遇有天然災害、癘疫、或國家財政經濟上有重大變故,須爲急速處分時,總統於立法院休會期間,得經行政院會議之決議,依緊急命令法,發布緊急命令,爲必要之處置。但須於發布命令後一個月內,提交立法院追認。如立法院不同意時,該緊急命令立即失效。」此係保留之權力,凡議會內閣制國家之元首,多擁有急難時之處分權力,但條文中卻明白規定「得經行政院會議之決議」,足見決定權仍在行政院。而且緊急命令期效只有一個月,一個月內若未經立法院同意,則即失效,足見其條件規定得十分嚴格,絕非總統個人所得輕易行使。

第四十四條,「總統對於院與院間之爭執,除本憲法有規定者外,得召集有關各院院長會商解決之。」此一條文常被解釋爲「賦與總統實權」。但實際上,憲法第五十三條明白規定「行政院爲國家最高行政機關」,而立法、監察、考試三院均爲合議制,院長所能個別決定的事項十分有限,而司法院長又不可能干涉法官獨立審判之職權❹。基於此,總統對於院與院間之爭執,只有形式上,象徵意義的協調之權,至於協調之後所做的決定,並不表示係總統之實權。我們試比較採取議會內閣制的義大

❸類似的規定也見之於議會內閣制下之「虛位元首」。日本戰後憲法第 7 條規定:天皇「認證國務大臣和法律規定其他官吏的任免、全權證書以及大使、公使的國書」,但這並不意味天皇享有外交實權或任免之權。義大利憲法第 87 條亦規定,總統(在法律有規定的場合下得任命國家公務人員」。此均係象徵性權力。

❹中華民國憲法第 80 條規定:「法官須超出黨派以外,依據法律獨立審判,不受任何干涉」。第 81 條規定:「法官爲終身職,非受刑事或懲戒處分或禁治產之宣告,不得免職。非依法律,不得停職、轉任或減俸。」基於此,司法院長依憲法很難對其所屬法官發揮政治影響力,也很難代表司法院對其他四院做出具體之承諾。

利，其憲法第八十八條亦規定：「共和國總統在聽取各該院議長之意見後，得解散兩院或兩院之任何一院」。雖然義大利總統得解散議會，但這不表示總統有解散議會之實權。而中華民國憲法雖規定總統「得召集有關各院院長會商解決之」，亦僅表達總統係國家元首，係國家統一之象徵，具有「統而不治」的領導地位，但卻並不意味此係統治之實權。

根據以上有關總統職權之分析，若再回溯檢討憲法第三十五條「總統為國家元首，對外代表中華民國」，及第三十六條「總統統率全國陸海空軍」，這兩條條文，亦均係象徵性權力，與一般議會內閣制國家總統的權力殊無二致❺。基於此，中華民國憲法之下的總統，應係議會內閣制之下的總統，迨無疑問。

二、動員戡亂體制下的總統權力

但是如果我們將「動員戡亂時期臨時條款」所賦與的總統權力，做一比較，則情況迥然不同。此一時期總統的權力已大幅擴張，絕非議會內閣之下的國家元首所可比擬，而且由於總統「有權無責」，且任期不受限制，因此他的權力不僅比總統制之下的總統要大，而且還要比法國第五共和的超級總統權力更大。

臨時條款第一條規定：「總統在動員戡亂時期，為避免國家或人民遭遇緊急危難，或應付財政經濟上重大變故，得經行政院會議之決議，為緊急處分，不受憲法第三十九條或第四十三條所規定程序之限制」。由於不受第三十九條之限制，總統宣布戒嚴，就不再須要經過立法

❺義大利憲法（第87條）即規定：「共和國總統為國家元首並象徵國家的統一。……（總統）統帥武裝部隊，擔任依法成立的國防最高委員會的主席，根據兩院決議得宣佈戰爭狀態。」

院的通過或追認，而立法院認為必要時，也無權決議移
請總統解嚴。至於不受四十三條之限制，則表示原規定
行政院發布緊急命令後一個月內，須提交立法院追認，
立法院不同意時，該緊急命令立即失效。現在不再受此
一條文規定的限制，則表示立法院已無權使此緊急命令
失效了。

　　換言之，一旦解除了憲法第三十九條及四十三條規
定的程序限制，總統即可長期或無限期的宣布戒嚴或發
布緊急命令，而不受立法院的箝制。但如果我們孤立的
看待此一條文(即不與其他臨時條款條文相對照)，尚可
解釋此僅能表達行政院長不受立法院箝制，因此，仍有
可能是行政院長本人獨擅大權，不受代表國會之立法院
的制衡。因此，光看此一條文，僅能證明總統或行政院
長的權力伸張，不受立法部門約束，卻無法確定究竟是
總統權力較大或行政院長權力較大。

　　但臨時條款第二條規定：「前項緊急處分，立法院得
依憲法第五十七條第二款規定之程序變更或廢止之。」而
依憲法第五十七條第二款之規定，「立法院對於行政院之
重要政策不贊同時，得以決議移請行政院變更之。行政
院對於立法院之決議，得經總統之核可，移請立法院覆
議。覆議時，如經出席立法委員三分之二維持原決議，
行政院院長應即接受該決議或辭職。」換言之，如果有三
分之二多數的出席立委要求行政院變更或廢止緊急處
分，行政院長只有接受此一要求，否則只有辭職。但總
統卻依然安於其位，不受影響(總統只對國民大會負責)。
這顯示臨時條款賦與總統的權力保障較大。行政院長則

有可能因緊急處分不爲立法委員三分之二多數之支持，
而不得不變更決定，或辭職以示負責。

　　臨時條款第三條進一步規定：「動員戡亂時期，總統
副總統得連選連任，不受憲法第四十七條連任一次之限
制」❻。這顯示臨時條款進一步擴張了總統的任期。並解
除了總統制國家限制總統任期(僅有一任或兩任)，以防
杜強人專政的制度性防杜措施。此一規定，無疑將使強
權總統出現的可能機會，大爲增加。

　　臨時條款第四條更進而規定：「動員戡亂時期，本憲
政體制授權總統得設置動員戡亂機構，決定動員戡亂有
關大政方針，並處理戰地政務」。根據此一條文，設置國
家安全會議，總統爲主席，行政院長及有關部長皆爲會
議成員，總統得指揮行政院長及有關部長，這使得原爲
責任內閣制下之閣揆的行政院長，轉變而爲總統之僚屬
❼。此時原憲法精神之議會內閣制實已完全轉爲總統獨
任制。而且由於動員戡亂時期民主政治之運作受到多方
限制，集會結社及組織政黨之自由亦受到戒嚴及緊急命
令之箝制，因此總統選舉也受到非民主因素的干擾。在
這樣的處境下，總統所面臨的民意監督實較正常民主體
制下之總統爲小，相對的，則形成實權遠超過總統制下
總統之「強權總統」，而且是「有權無責」的強權總統。
此時，正常的憲政民主運作實已不易進行。即使五院與
國民大會均仍存在，但基本的憲政設計均不再發揮應有
的功能。而原具內閣制精神的憲政體制，亦已失去其應
有之法治權威。憲法擔負「國家根本大法」的功能，則
已不復見。相反的，動員戡亂時期臨時條款卻超越了位

❻在議會內閣制國家，總統因不
具行政實權，多無任期限制。半
總統制國家（如芬蘭、法國）亦
然。但是在總統制國家，爲約束
總統權力行使，多限制其任期爲
至多一任或兩任。美國原已有憲
政慣例，總統任期最多兩任，結
果因爲羅斯福（Franklin
Roosevelt)總統連任三次，破壞
了此一慣例，美國人民乃於1951
年通過第22條憲法修正案，規定
「無論何人，當選擔任總統職務
不得超過兩次；無論何人，在他
人當選總統任期內擔任總統職務
或代理總統兩年以上，不得當選
擔任總統職務一次以上。」
❼但國家安全會議的實際功能則
隨總統之喜好而強弱不同。在蔣
中正總統時代，此一機構甚爲重
要。在嚴家淦、蔣經國總統時代，
漸趨萎縮，目前更是功能不振。

❽「動員戡亂時期條款」是以「制訂」而非「修訂」方式通過，但通過時卻又引用了「修憲」的程序（國民大會代表總額五分之一提議、三分之二出席、出席代表四分之三的決議）。其合憲性問題，頗引人爭議。相關之討論，參見胡佛，前揭文，頁40-41。

❾「合憲」意指合乎憲法的規定，或合乎憲法本身規定之程序。相對的，違憲（unconstitutional）則是指違反了憲法的內涵或規定之程序。在一般民主國家，多有專設機構處理違憲爭議之問題，在美國、日本係最高法院，在法國係憲法委員會，在德國、義大利係憲法法院，在我國則爲司法院（大法官會議）。憲法第78條即規定：「司法院解釋憲法，並有統一解釋法律及命令之權。」

階最高的憲法，而成爲奇特的國家權力的至高來源❽。

在這套特殊的臨時憲政制度下，總統還可適應動員戡亂需要，調整中央政府之行政機構及人事機構（見臨時條款第五條），亦即調整原先的五權制度，造成五權憲法的嚴重變貌。其中，尤以行政院設立人事行政局，對考試院職權的影響至爲鉅大，亦頗不符合五權分工合作之原理。

但是，非常體制的憲政運作終非常態，而在憲法之上另立一套「非常憲法」的作法，更不符憲政主義及民主憲法之原則。因此，這套違憲的臨時條款，終於在國人的民主要求下，於民國八十年七月隨動員戡亂時期的結束而廢止，也使中華民國憲法得以重現天日。

三、動員戡亂時期結束後的總統權力

不過，爲了使動員戡亂時期設立之機構得繼續存在，並獲得法源依據，在動員戡亂時期結束前，國民大會特別在「中華民國憲法增修條文」第九條中規定：「總統爲決定國家安全有關大政方針，得設國家安全會議及所屬國家安全局。行政院設人事行政局。」

若就此一條文探討動員戡亂時期結束後之總統權力，無疑的，總統權力已較原先憲法本文中所規定者爲大。而且由於「中華民國憲法增修條文」本身具「合憲性」❾，與臨時條款性質完全不同，因此，總統之權力擴張實係合憲之舉。但是，總統權力的擴張究竟是使總統成爲「半總統制」之下的總統，還是依然係「議會內閣制」之下的國家元首，則不無爭議。此一問題，可從下

述的幾個方向探討。

第一，總統若係實際操控國家安全會議及國家安全局，則可解釋為總統已實際掌握國家安全事務，而廣義之國家安全事務，則可包羅國防、外交、治安、兩岸關係及情報等事項。相對的，其他國內事務若統由行政院長掌管，則此種事權劃分方式，的確使總統兼具實權，不再是「統而不治」的國家元首，而且還兼具部分行政職權。此種制度實與芬蘭式的「半總統制」頗為接近，卻與一九五八至一九八六年間法國第五共和下的強勢總統制相距甚遠。因此，吾人可以將此比擬為「半總統制」。

第二，總統若僅係在名義上督導國家安全會議及國家安全局，卻不真正涉入國家安全事務，則總統依然只是「統而不治」，亦即扮演議會內閣制之下的國家元首角色，而不是半總統制下之總統。

第三，總統若與行政院長同一黨籍，且係該黨領袖，而總統又不同於芬蘭總統的中立角色（不介入政黨活動），而實際領導著政黨政治之運作，則在總統兼為黨領袖，行政院長及立法委員同受其領導及指揮的處境下，總統將有可能成為法國第五共和體制之下的強勢總統。此種「強勢總統」與動員戡亂時期「強權總統」之最大區別，在前者（「強勢」）具合憲地位，後者（「強權」）卻有違憲之嫌，且非民主運作之常規。

第四，總統若與行政院長不同黨籍，而依議會內閣制之特性，行政院長實係立法院多數黨之領袖，則總統之權力將僅限於國家安全會議及國家安全局此兩機構，而行政院勢將儘量架空此二機構之職權，使總統之實際

權力甚爲有限。此時，依憲法規定而論，雖係「半總統制」之下的總統，但實際權力卻可能與一般「議會內閣制」之下的總統無異。而且此一處境與法國第五共和在一九八六至一九八八年「共治」時期的情況亦頗爲不同，因爲法國總統可藉擔任部長會議主席、主持國防最高會議及委員會、向國會兩院提出咨文等方式，發揮實質之影響力。而在中華民國的憲政體制下，總統卻無這些權力及機會。同時，行政院長亦可藉指揮國防部、外交部、大陸委員會、情治系統等方式，使不同黨籍的總統在指揮國家安全會議及國家安全局時，不易發揮實際效力。基於此，若眞正發生不同黨籍的情況時，總統將成爲「統而不治」的象徵性元首。

基於此，在動員戡亂時期結束後的總統權力，實有半總統制、強勢總統制及議會內閣制這三種可能方向。具體的情況則視今後政黨政治的發展實況而定。

陸、總統、行政、立法的三者關係

一、修正式內閣制的內涵

中華民國憲法體制，依憲法主要起草人之一的張君勱先生的解釋，係一種「修正式的內閣制」。這種修正式內閣制❶，具備下列各項基本內涵：

(一)行政院長由總統提名，經立法院同意而任命（見憲法第五十五條）。此項規定合乎議會內閣制「同意權」

❶依照民 35 年政協之「五五憲草」修改原則第 6 項規定：「行政院爲國家最高行政機關，行政院長由總統提名，經立法院同意任命之。行政院對立法院負責。」此實已根本改變「五五憲草」之原初設計，而饒富「議會內閣制」之色彩。「五五憲草」第 59 條之規定是：「行政院院長副院長政務委員各部部長各委員會委員長各對總統負其責任。」由對總統負責改爲對立法院負責，足見憲法基本精神已從五五憲草之「強勢總統制」變爲「責任內閣制」或「議會內閣制」。

設計之精神，亦合乎議會中政黨政治運作之常規。而總統儘管有提名權(nominating power)，卻無任命權(appointing power)，因此總統惟有尊重立法院多數之意見，才能使其提名權受到尊重。反之，如果他根據個人好惡而提名，他的提名權必將面臨立法院的否決。這說明總統之提名權實係象徵性權力，立法院之同意權才是實質之權力。

(二)憲法第五十七條第二款、第三款規定，「立法院對於行政院之重要政策不贊同時，得以決議移請行政院變更之。行政院對於立法院之決議，得經總統之核可，移請立法院覆議」。另外，相對的，「行政院對於立法院決議之法律案、預算案、條約案，如認為有窒礙難行時，得經總統之核可，於該決議案送達行政院十日內，移請立法院覆議。」但上述這兩種覆議，「如經出席立法委員三分之二維持原案，行政院院長應即接受該決議或辭職。」有人認為此種覆議方式，與美國總統之「覆議權」相若，因此我國憲法實具美國總統制憲法之形式及精神。但是在美國總統制之下，總統所否決之法案若被國會三分之二多數所否決，則總統只要接受該法案或決議即可，絕無辭職之理❷。但是在我國的憲政設計中，卻變為一種「信任權」之行使，而且具有部分的「倒閣」效果。此顯為立憲者為求政治穩定，以三分之二的特別多數(而非二分之一的簡單多數)保障內閣不會被輕易推翻而安排的，但卻反映了責任內閣制的議會「信任權」之精神。此亦與總統制之精神大異其趣。

(三)憲法第三十七條規定，「總統依法公布法律，發布

❷美國憲法第1條第7款對此做了具體的規定，其原文為：
「所有徵稅議案應首先在眾議院提出，但參議院得像對其他議案一樣，提出或同意修正案。
眾議院和參議院通過的每一議案，在成為法律前應送交合眾國總統。總統如批准該議案，即應簽署；如不批准，則應將該議案連同其反對意見退回最初提出該議案的議院。該院應將此項反對意見詳細載入本院議事錄並進行複議。如經複議後，該院三分之二議員同意通過該議案，該議案連同反對意見應一起送交另一院，並同樣由該院進行複議，如經該院三分之二議員贊同，該議案即成為法律。但在所有這種情況下，兩院表決都應由贊成票和反對票決定；對該議案投贊成票和反對票的議員姓名分別載入各院議事錄。如任何議案在送交總統後10天內(星期日除外)未經總統退回，該議案即成為法律，如同總統已簽署一樣，但因國會休會而使該議案不能退回者除外；在此種情況下，該議案不能成為法律。
凡必須由參議院和眾議院一致同意的每項命令、決議或表決(關於休會問題除外)，都應送交合眾國總統，該項命令、決議或表決在生效前應由總統批准；如總統不批准，應按照關於議案所規定的規則和限制，由參議院和眾議院三分之二議員重新通過。」

❸副署權是責任內閣制的一項重要內涵，顯示權在內閣，此制源始於英國。自從 1707 年女王安妮(Ann)拒絕批准蘇格蘭民團法案(the Scotish Militia Act)以來，迄今二百多年，英王對法令規章從未批駁或拒絕公布。也就是對國會及內閣的決定，皆予尊重，不作否定。英王的這種名義上的核定公布權實質上已成為義務，後來很多國家的憲法仿效英制，均概括地規定內閣的副署權。引自胡佛，〈當前政治民主化與憲政結構〉，《改革憲政》(臺北：國家政策研究資料中心，民 79 年)，頁 31。

❹質詢大略可分為兩種，第一種稱為國會詢問(parliamentary question)可以以口頭(oral)或書面(written)兩種方式行之。詢問目的是確保政府提供充分的資訊並對國會負責。第二種質詢則稱為interpellation，在議員與行政官員就政府某一政策或行動進行辯論後，往往就伴隨著信任投票(vote of confidence)，結果很可能導致倒閣。

另外，在美國總統制之下，參眾兩院院會雖然均無總質詢制，但在眾議院的常設委員會(standing committee)中，則可進行對政府官員的詢問。

命令，須經行政院院長之副署，或行政院院長及有關部會首長之副署。」此種「副署權」之行使，係責任內閣制之基本內涵❸，使總統成為一僅具象徵權力，不對實際權力運作負責的國家元首。而副署之行政院長或部會首長，卻需負實際責任。此一副署制度，也使得總統依個人意願卻缺乏相關人員副署之法律或命令，不具效力。由此也可印證憲法的議會內閣制精神。

㈣憲法第五十七條第一款規定：「行政院有向立法院提出施政方針及施政報告之責。立法委員在開會時，有向行政院院長及行政院各部會首長質詢之權。」此為行政院向立法院負責之表示。而質詢權本係議會內閣制之特色，顯示主權在於國會。在美國的參、眾兩院中，均無質詢制度，行政系統之官員無需到院備詢❹。我國將質詢明白列入憲法中，也凸顯了議會內閣制的高度色彩。

㈤在政協修改「五五憲草」的十二原則中，曾規定(第六項第二款)：「如立法院對行政院全體不信任時，行政院長或辭職，或提請總統解散立法院，但同一行政院長，不得再提請解散立法院。」但此一原則並未在憲法中成為條文。許多人根據此點而強調我國憲政體制並非真正的議會內閣制，而只是形似而已。但這種解釋，只能說明我國憲政體制並非完全之議會內閣制，但仍係一種「修正式內閣制」。其具體理由是：在「倒閣權」方面，立法院並非完全無「倒閣權」，只是倒閣要件變為三分之二的特別多數，行使時較為艱難(見前述第二項)。至於行政院雖無解散立法院之權限，但「解散議會」，並非構成議會內閣制之絕對要件。例如在北歐之挪威即規定，

國會任期四年，中途不得解散，但挪威仍係議會內閣制
國家。由此可見，不具「解散議會權」，仍然可以是議會
內閣制國家，我國憲政體制並不因此就不具備議會內閣
制之特性。

(六)憲法第七十五條規定：「立法委員不得兼任官吏」。
此一規定顯與議會內閣制的通例不合。但亦有內閣制國
家，如荷蘭，規定議員不得兼任閣員。而法國第五共和
亦規定政府閣員不得兼任國會議員❺。由此可見，我國
立委不得兼任官吏之規定，並非內閣制設計下的唯一特
例。

由以上六項分析，我國憲政制度實深具內閣制之特
色，雖非典型之英國式議會內閣制，但若稱之為「修正
式內閣制」或「五權式內閣制」❻，實非過當之辭。

二、從修正式內閣制到議會內閣制

上文已就中華民國憲法的修正式內閣制做一分析。
如果吾人要進一步探討，如何將此一修正式內閣制轉變
為典型的議會內閣制，使行政、立法兩權之互動關係更
為清晰，也使權責關係更為相稱，則應做下列的憲政調
整工作。

(一)修改憲法第七十五條，改為：「立法委員得兼任政
務官」。但這並不意味所有的政務官均應由立法委員出
任，而僅係立法委員亦可出任政務官。這將使得議會內
閣制的特性更為凸顯，但卻不會完全阻斷非立法委員出
任政務官的機會。

(二)按照政協修改五五憲草之原則，規定「如立法院

❺雖然第五共和是「半總統制」
或「強勢總統制」，但在憲法草擬
時，仍是按照「責任內閣制」設
計政府與議會之關係。基於此，
雖然法國政府的部會首長多係國
會議員出身，但由於憲法23條規
定政府閣員不得兼任國會議員，
當選閣員後即辭去議員之職。
❻一般較少使用「五權式內閣制」
一辭。其原因是五權憲法雖可順
利的結合議會內閣制，但中山先
生本人在其著述中，曾極力抨擊
導致政府無能的議會內閣制。當
辛亥革命成功，他自海外返回抵
滬後，曾明白表示不贊成內閣制。
但是後來為了限制袁世凱的權
力，中山先生又同意宋教仁氏所
擬的臨時政府組織法草案（富內
閣制色彩），並公布了內閣制精神
的臨時約法。基於此，議會內閣
制雖然並非中山先生設計五權憲
法的初衷，卻也不是五權體制的
真正敵體。將兩者結合，在現實
上仍是可行的。參見荊知仁，《中
國立憲史》（臺北：聯經，民73
年），頁231。

對行政院全體不信任時，行政院長或辭職，或提請總統解散立法院，但同一行政院長，不得再提請解散立法院」。換言之，行政院長在其每一任上，只能解散立法院一次，這樣的安排，可以減少國會被解散的機會。但設置「倒閣權」及「解散國會權」，卻可使議會內閣制的權責關係，更為明晰。

㈢若為求政治穩定，避免倒閣頻仍的現象出現，造成政局動盪，可參考德國憲政體制的「建設性倒閣權」之設計 ❼，規定立法院在對行政院行使不信任投票時，必須提出繼任之行政院長人選，以示負責。並可避免倒閣後政府無法立即賡續的缺憾。

第四，為了使立法院充分發揮國會功能，修憲後監察院已改為職司風憲、澄清吏治的準司法機構，不再兼掌同意權。因此，修改憲法第九十條、第九十四條，取消監察院之同意權，並應將其轉移給立法院。另外憲法第七十九條、第八十四條，有關司法院院長、副院長及大法官，以及考試院院長、副院長、考試委員之同意權行使之規定，亦應自監察院轉移至立法院。使立法院之國會功能，將更為完備。但是，修憲後國民大會卻將上述之各項同意權自監察院移往國民大會，完全破壞「權能區分」原則，並不合理。

經由上述四項之修憲方式，當使議會內閣制更為確定，而且因修憲幅度不大，修憲程序亦不複雜，因此在現實上亦不難運作。

❼「建設性倒閣權」亦稱「建設性不信任投票」。根據戰後德國基本法之規定，聯邦議會必須根據多數議員的意見，選出一名繼任人，並請聯邦總統罷免總理時，才可對聯邦總理表示不信任，導致倒閣。此一規定，可以減少倒閣的機會，而且可以使反對黨不經大選就可把執政黨趕下臺，並取而代之，組織新政府。1972年5月，在野的基民聯盟曾對社民黨的布蘭德政府提出不信任案，結果失敗。1982年10月，反對黨基民一基社聯盟結合自民黨，再次對社民黨的施密特政府提出不信任案，結果成功，由柯爾組聯合政府，取代社民黨執政。這是戰後德國惟一成功的一次倒閣。

第十六章
民權主義與憲政改革

壹、民權主義與憲政主義

所謂憲法,是規範人民之主要權利義務,國家之基本政府組織及基本國策的根本大法。中山先生同意此一觀點,並說:「憲法者國家之構成法,亦即人民權利之保障書也。」此一界定,大抵上是基於自由主義及憲政主義的傳統,強調對人民自由權利的保障。但是,古典自由主義及憲政主義還有另一項重要觀點,卻未被中山先生所採納,那就是「有限政府」(limited government)。

十八、十九世紀的自由主義者及制憲者普遍接受洛克的觀念,認為人生而自由,政府則係人為之組織,是人民自由之敵,必須善加監督❶。但是古典自由主義者卻深知無政府的弊害,不但將使自由無以保障,反而將造成社會的紛亂。基於此,他們認為唯有以憲法和法律限制政府的權力,使政府能維持基本的法律及社會秩序,又不致戕害人民的自由與權利。此外,政府也應依分權(division of power)方式相互制衡❷,節制權力的運作,才能使「有限政府」的觀念落實。

❶洛克認為,國家之成立,始於社會契約,設置國家的目的,在保障人民的權利與自由。故絕對不允許政治權力超過此一必要之限度,侵害到人民的權利與自由。因此,必須以法律規定及限制政府的權力運用,避免濫權,而立法的方針又要依國民意志而決定。基於此,立法權與執行權必須分立,分由不同的機關掌理。由此可知,民主政治的體現,必須以實行法治為前提,亦即使政府依法行政,而所有的法律又必須遵循憲法之規定,才得樹立憲政權威。民主、法治、分權與憲法之關係,於此可見。參見林紀東,《比較憲法》,第1編第4章,李鴻禧,〈當前憲政問題〉,《改革憲政》(前揭書)頁94-95。

❷法國人權宣言(1789年)第16條即明白指出:「凡權利無保障和分權未確立的社會,就沒有憲法」。由此可知,保障人民權利,對政府權力予以限制,做分權之設計,實係民主憲法之要件。

❸進步主義運動是指興起於本世紀之交，受到盎格魯‧薩克森(Anglo-saxon)後裔及新教徒(Protestant)廣泛支持的運動。持續時間約有 20 年之久。進步主義基本上乃是針對美國內戰結束以來，政黨政治腐化、政治爲商業利益操縱等現象，起而自覺的一項改革運動。其主要內涵包括：
㈠要求以政府管制及法律約束等方式，限制大企業的發展，尤其是反托拉斯(anti-trust)及管制鐵路事業，最爲著稱。
㈡要求實現社會正義，尤其是對貧民、婦女、兒童、勞工的基本福祉，加以重視。對都市貧民窟的生活改善，也甚表關心。
㈢要求直接民主(direct democracy)。將聯邦參議員改爲直選（原係間接由各州州議會選舉，1913 年通過憲法第 17 號修正案，改爲人民直選）。實施初選制(primary election)、市經理制(city manager，聘請非黨派性、專業的市經理管理市政，藉以避免政黨分贓及腐化)；並行使罷免(recall)、創制(initiative)、複決(referendum)等權。
㈣掀起新聞界的「扒糞運動」(muck-raking)、保護消費者運動、社會改革運動等。
在老羅斯福(Theodore Roosevelt)總統執政期間(1901-1909)，進步主義到達最高潮，原屬共和黨的羅斯福總統甚至自組進步黨(Progessive Party)參與 1912 年的大選。一次大戰爆發後，進步主義漸趨式微。但進步主義的主張，卻在小羅斯福(Franklin D. Roosevelt)執政期間，爲「新政」所接納，而改變了自由主義的基本面貌。有關中山先生與美國進步主義之研究，參見習賢德，〈美國進步主義改革運動(1890-1920)及其對孫中山先生

基於此，憲法乃成規範人民主要權利義務，以及規定基本組織的根本大法。一方面既要保障人權，另一方面則要節制政府權力，使其成爲「有限政府」。

但是，十九世紀末葉以後的美國，由於議會腐化，代議政治無法眞實反映民意，乃興起進步主義(progressivism)運動❸，要求以直接民主方式，賦與人民直接的監督管道，也使政府在民意的支持下，能獲得自主的執政能力，而不受議會的無謂干擾。中山先生受到此一潮流的影響，乃強調直接民權的重要性，並希望以民權的直接行使，配合五權的分工合作，藉以實現「權能區分」的理想，並促成「萬能政府」之實現。

「萬能政府」與「有限政府」表面上雖係敵體，但實際上「萬能政府」卻非無所不爲、戕害民權的「無限政府」或「極權政府」。相反的，「萬能政府」仍然繼承了某些「有限政府」的基本前提，諸如人權保障、政府分工、民意監督等。但是「萬能政府」論對政府功能與角色的解釋，卻與「有限政府」論十分不同。前者強調政府改善民生、促進社會進步及國家富強的積極角色。後者則受到自由放任(laissez faire)說的影響 ❹，而強調政府只須維持最基本的職能，對人民自由的限制越小越好。因此，管得越少的政府，就是越好的政府。

中山先生的「萬能政府」學說，在他在世時並未受到普遍肯認，但在他過世之後卻與西方福利國家的發展若合符節。一九三〇年代，歐美各國面臨經濟大恐慌(Great Depression)，「有限政府」的理論面臨挑戰，古典自由主義亦受到質疑，逐漸取而代之的是國家職能擴

張，介入人民生活並保障人民基本生活品質的福利國家學說。美國總統羅斯福採取一連串的「新政」（New Deal）❺措施，擴大政府職能，介入人民的經濟與社會生活，由於成效良好，普受多數自由主義者的肯定。自由主義乃改弦更張，並分化而為新自由主義（new liberalism）與保守主義（conservatism）兩大陣營。新自由主義接納了進步主義的觀點，強調國家與社會中人群福祉的重要性，並修正了古典自由主義的個人主義觀點，而強調國家應提供必要的教育設施、物質資源與福利措施，並改善窮人和受壓抑者的基本生計。至於人權與自由的理念，也從政治範疇擴張到社會與經濟的領域，而出現所謂的經濟人權與社會人權。羅斯福總統倡導「免於飢饉與免於恐懼的自由」❻，即代表著人權與自由觀念的擴張，此已非古典自由主義所能規範。

因此，自由主義在一九三〇年代以後，已加進了福利國家的觀念內涵，主張除了個人自由的保護與發展之外，政府也應在生活、保健、教育與就業等問題上保障個人的基本權利。但從古典自由主義者（此時已變成「保守主義者」）的角度看來，新自由主義實已為社會主義及進步主義觀念所滲透，而夾雜太多的福利國家、大政府的色彩，對個人自由實已造成嚴重妨礙。

但是，新自由主義對政府角色的觀點，卻與中山先生的民權主義及民生主義主張，趨於接近。而在這種增進政府職能、擴大國家角色、促進社會福利、保障經濟人權的思潮影響下，新興民主國家的憲法中，也添進了新的內涵，亦即在保護個人基本人權與自由、規範政府

的影響〉，《全國三民主義研究所第三屆研究生學術討論會論文》（臺北：民 79 年）。

❹自由放任（laissez-faire），係法文「自由放任」之意。主張國家對經濟事務的管制越少越好。國家應將其角色限制在保護個人及財產、國防及少數的公共設施（如道路、港埠等）上。此一學說認為，經濟活動是自然、和諧、無害的，應讓人們不受管制的自由追求利益。主張自由放任的英國學者亞當‧斯密（Adam Smith, 1723-1790）即認為，每個人依其利己心的作用，追求幸福，則社會整體亦必得到幸福。而那個人應投資那一種事業，那一種事業能產生最大的價值，此種問題，與其委託政治家或立法者判斷，不如由各人自做決定，結果更佳。但反對自由放任說的人卻認為，對私人經濟活動加以節制，乃是必要的。例如公用事業（如水力、電力、電話、公共運輸工具）皆需實施公營，或由政府加以管制，而企業若規模過大，有壟斷之虞時，也應以反托拉斯方式加以管制。自由放任學說原為古典自由主義主要內涵之一，當代自由主義受到福利國家學說影響後，自由放任學說成為「自由是尚主義」（libertarianism，或譯放任主義）堅持之立場。

❺新政（New Deal）是 1933 至 1939 年間，美國總統羅斯福（Franklin D. Roosevelt）為解決經濟大恐慌而採取的一連串經濟與社會改革措施。在這次大恐慌中，有一千五百萬人失業。羅斯福總統初期的新政措施（尤其是在 1933 年 3 月到 6 月間），是致力於恢復經濟，包括銀行復興法案、全國（工業）復興法案、

農業調節法案等，使銀行免於破產、提高產業價格、增加就業機會。此外還設立田納西管理局，實施區域改革計劃。在1935年到1936年間，又推動了社會安全法案、勞工關係法案，使新政擴大到人民社會生活的領域，也大幅度的擴張了政府的職權，及中央政府的權限範圍。

但在新政實施過程中，最高法院曾多次裁決政府新法案違憲。但在1936年大選，羅斯福大獲勝利，象徵選民普遍支持新政措施後，最高法院才逐漸改取合作態度。1939年，羅斯福宣布新政業已結束，美國應面對新的大戰情勢。但新政的影響卻持續至今，仍然影響美國人民生活的許多層面。參見K. Louchheim, *The Making of the New Deal* (Cambridge, Mass.: Harvard University Press, 1984); H. Zinn, *New Deal Thought* (New York: Bobbs-Merrill, 1966).

❻ 1941年8月9日至12日，美國總統羅斯福和英國首相邱吉爾在紐芬蘭灣邊的軍艦上密秘會晤，會後發表大西洋憲章(Atlantic Charter)，並聲明：譴責侵略戰爭、支持全球人民有權選擇自己的政府、免於飢饉及免於恐懼的自由、海上自由航行及侵略者解除武裝等。大西洋憲章後來成為聯合國設立的主要藍本之一。而免於恐懼、免於飢饉的自

結構及限制政府權力等傳統內涵之外，特別強調國家對人民的經濟人權、社會人權等應加以保障，進一步並且將基本國策帶入憲法本文之中。

基於此，吾人試觀本世紀初葉以後的憲法，如德國的威瑪憲法（一九一九年）、法國的第四共和憲法（一九四六年）、義大利憲法（一九四七年）、日本憲法（一九四六年），均有相當多的條文或篇幅規定社會及經濟權利❼，並強調國家的保障及政府職能的介入。中華民國憲法制定於一九四六年，在第二章「人民之權利與義務」及第十三章「基本國策」部分，就對人民之基本福利，多所規定，也反映了此一新的憲政思潮。

綜合以上之分析，我們乃可歸納出當代憲法的基本特性及內涵如次：

㈠規範國家的整個統治結構，包括中央政府、議會、司法體系、地方政府等。此外，並提出分權之設計，而權責之劃分、制衡之設計，亦應列入其中。此即政府內部之關係。

㈡保障人民之權利及自由，並對政府權力之行使，加以明文之限制。其中，政府的權力（power）係列舉的，列舉之外的權力皆非人民之授權，不得行使。而人民之權利（right）則除特別規定者外，皆不受限制❽。此即人民與政府之關係。

㈢規範國家之基本政策，藉以保障並增進人民的福祉和自由，改善國民的生活，促進經濟、社會、文化的進步。此係當代憲法新增添之內涵。本世紀初以前之憲法多無此一規定。

在上述三項中，前二項乃是民主憲法之要件，如缺乏此二要件，即稱不得上係憲法。即使有憲法之名，仍無憲法之實。例如許多共產黨國家，在所謂的憲法中明訂共產黨的統治地位不容挑戰❾，共產黨是國家惟一的統治力量的泉源，不容人民推翻。此即完全違反保障人權、限制統治結構權力行使之憲法基本特質，並非真正的民主憲法。而此類共黨政權也算不上是「憲治政府」（constitutional government）。

貳、憲政主義與法治

憲政主義（constitutionalism）的主要內涵是法治（rule of law）。所謂法治，依照英國憲法學者狄西（Albert Venn Dicey, 1835-1922）❶的解釋，其中包括三項基本內涵：

㈠法律享有至高的地位，只有違法才受懲罰，但法律絕不可受到蠻橫的強權或君王特權的影響，而政府也不可以自由裁量的方式影響法律的行使。如果是因特權或官僚任意裁決而對人民施以懲罰，那就違背了法治的原則。

㈡法律之前人人平等。不管是官員或百姓，也不論階級出身，都應在普通法庭受公平之審判。這也就意味著，不得因官員犯法而網開一面，或因官員涉身司法案件，就為其開設特別的法庭（tribunal）。

㈢英國的憲法，即不成文法，是個人權利的歸結

由，也代表著自由權利的擴張。❼例如在義大利憲法第一篇「公民的權利與義務」中，就有「社會倫理」和「經濟」兩章，共17條，專門規定人民的經濟與社會權利。

❽中華民國憲法第22條規定：「凡人民之其他自由及權利，不妨害社會秩序公共利益者，均受憲法之保障」。即係此意。

❾前蘇聯憲法（1977年通過）第6條規定：「蘇聯共產黨是蘇聯社會的領導力量和指導力量，是蘇聯社會政治制度以及國家和社會組織的核心。」類似規定普遍存在各共黨國家的憲法中，此實明顯違反人權宣言（1789年）第3條：「整個主權的本源主要是寄託於國民。任何團體，任何個人都不得行使主權所未明白授予的權力。」

❶ 狄西（Albert Venn Dicey, 1835-1922），英國法學家，以研究憲法著稱。著《憲法研究導論》（*Introduction to the Study of the Law of the Constitution*, 1885）、《十九世紀英國法律與輿論關係演講集》（*Lectures on the Relation between Law and Public Opinion in England during the Nineteenth Century*, 1905）。狄氏畢業於牛津大學，曾執業律師，並在1882年擔任英國法講座教授。他的憲法著作至今仍受到學界重視。

(consequence)，而不是個人權利的來源(source)，因此憲法乃是普通法的結果。

關於上述三原則，第三項係英國針對特別情境下的分析，並不具普遍性。至於前二項，雖然亦有不少爭議❷，但大抵上已被一般民主國家所接受。而在一般成文憲法之國家，法治原則首在肯定憲法的優位性(supremacy)，不同於狄西的上述的第三項原則，所有的法律都必須無違於憲法。一般民主國家多在憲法中規定違憲審查或司法審查(judicial review)制度，使有違憲爭議的法律問題得以經正當程序而解決或排除。因此「憲法優位性」以及「所有法律不得違背憲法」，乃成為法治的原則，亦即憲政主義的首要原則。

上述的「憲法優位性」原則，也是「法治」原則與「法制原則」(principle of legality)之間的主要區別所在。法制原則意味著政府的施政必須完全依據法律，如果違法則人民可以訴請法院裁決。但是法律本身是否侵犯憲法或基本人權，卻非法制原則所在意。但是法治卻是以憲法及基本人權為規範的，因此也否認了「惡法亦法」的法制權威性。此一原則實係憲政主義的體現。誠如在前文中指出的，憲法必須無違保障人權、限制統治結構權力行使之原則，因此違背此一原則的所謂「憲法」，自然也有違「法治」之原則(但卻有可能是合乎「法制原則」的)。

法治原則的另一項重要內涵，是程序正當(due process)原則。在美國憲法修正案中，就有許多有關程序正當的規定。我們可以舉其中第四、第五及第十四條

❷許多人認為狄西過度重視法之權威，卻忽略了在英國議會至上的處境下，無限主權的國會可能會通過任何形式或內涵的法律，導致政府濫權，或對人民的不公。參見articles "rule of law" both in *The Blackwell Encyclopedia of Political Institutions* (New York: Basil Blackwell, 1987) & *The Blackwell Encyclopedia of Political Thought,* (1987)。

一款這三項爲例。

第四條修正案

人民的人身、住宅、文件和財產不受無理搜查和扣押的權利，不得侵犯。除依可能的理由，以宣誓或代誓宣言證實，並詳細寫明搜查地點和扣押的人或物，不得發出搜查和扣押狀。

第五條修正案

無論何人，除根據大陪審團的報告和公訴書，不得以死罪或其他重罪案受審，但發生在陸、海軍中或發生於戰時或出現公共危險時服現役的民兵中的案件除外。任何人都不得因同一犯罪行爲而兩次遭受生命或身體的危險；不得在任何刑事案件中被迫自證其罪；不依正當法律程序，不得被剝奪生命、自由或財產。私有財產不給予公平賠償，不得充作公用。

第十四條修正案

第一款　所有在合衆國出生或歸化合衆國並受其管轄的人，都是合衆國和他們居住州的公民。不論何州，都不得制定或實施剝奪合衆國公民的特權或豁免權的任何法律；不經正當法律程序，不得剝奪任何人的生命、自由或財產；在州管轄範圍內，也

不得拒絕給予任何人以平等法律保護。

上述三項條文主旨在使人民受到正當的法律程序的保護，藉以避免政府或執法人員違法濫權，造成對人民權益及自由的侵害❸。

在中華民國憲法中，亦在第八條中做了適當的規定：

第八條　（人身自由之保障）

　　人民身體之自由應予保障，除現行犯之逮捕由法律另定外，非經司法或警察機關依法定程序，不得逮捕拘禁。非由法院依法定程序，不得審問處罰。非依法定程序之逮捕、拘禁、審問、處罰，得拒絕之。

　　人民因犯罪嫌疑被逮捕拘禁時，其逮捕拘禁機關應將逮捕拘禁原因，以書面告知本人及其本人指定之親友，並至遲於二十四小時內移送該管法院審問。本人或他人亦得聲請該管法院，於二十四小時內向逮捕之機關提審。

　　法院對於前項聲請，不得拒絕，並不得先令逮捕拘禁之機關查覆。逮捕拘禁之機關，對於法院之提審，不得拒絕或遲延。

　　人民遭受任何機關非法逮捕拘禁時，其本人或他人得向法院聲請追究，法院不得拒絕，並應於二十四小時內向逮捕拘禁之機關追究，依法處理。

❸在「人權宣言」中，亦有類似對適當程序之規定，如：
第7條　除非在法律所規定的情況下並按照法律所指示的手續，不得控告、逮捕或拘留任何人。凡動議、發布、執行或令人執行專斷命令者應受處罰；但根據法律而被傳喚或被扣押的公民應當立即服從；抗拒則構成犯罪。
第9條　任何人在其未被宣告為犯罪以前應被推定為無罪，即使認為必須予以逮捕，但為扣留其人身所不需要的各種殘酷行為都應受到法律的嚴厲制裁。
由此可見「程序正當」原則已普遍為一般民主憲法所肯認。

　　根據此一條文，吾人可知過去有些法律實與此一憲法規定之精神相違背。例如民國六十九年司法院大法官會議即做出釋字第一六六號解釋，指出「違警罰法」中規定，由警察官署裁決之拘留、罰役，係關於人民身體自由所爲之處罰，即有違憲法第八條第一項之本旨，應迅速改由法院依法定程序爲之。換言之，不應再由警察官署承擔裁決之權。此一解釋即說明了正當程序及法治原則的重要性。

　　基於上述的分析，吾人可以充分了解，憲政主義必須以法治原則爲其內涵，亦即肯定憲法優位性及程序正當之原則。但法治卻不同於法制原則，因爲法治必須合憲，而憲法又必須合於保護人權及限制政府權限之憲政主義原則。因之，所謂的憲政民主必須是：

　　㈠憲法的內涵必須以保護人權、限制政府權力之行使爲前提。

　　㈡所有的法律必須無違於憲法的規定，並合於「法治」原則（而不只是「法制」原則）行使法律。

　　㈢政府依照憲法規定及法治原則實施民主政治，並定期選舉，反映眞實的民意。

　　由此看來，近代的許多政治體制，如納粹、法西斯、君主專制、共產政權及威權政體，雖然有其個別之憲法，也可能在一定範圍內實施「法制」（如納粹德國及解體前的蘇聯）❹，但卻非憲政民主國家。而他們的憲法，自非眞正民主意義的憲法。

　　在下一單元中，我們將進一步根據憲政主義的原則，

❹社會主義國家通常會強調他們的法制是「社會主義法制」，而非一般民主國家的「資本主義法制」或「資產階級法制」。但是這種社會主義法制卻不是建立在人生而平等、保護人權及有限政府等觀念之上。相反的其中卻採取階級歧視政策（工農階級優先於其他階級）、出身等差待遇（「紅」、「專」出身比「黑」、「富」出身優秀），並賦與共產黨員種種特權；強調共產黨是唯一合法的統治力量，而鞏固共產黨的領導是全民的責任等等。中共的「四個堅持」，就是此種法制下的產物。

探討憲法與人權的關係，以及中華民國憲法中的人權規定。

叁、憲法與人權

一、自由、民權與人權

何謂自由，「人權宣言」（一九八九年）第四條寫道：「自由就是指有權從事一切無害於他人的行為。因此，人的自然權利的行使，只以保證社會上其他成員能享有同樣權利為限制。此等限制僅得由法律規定之。」

此一定義，實係古典自由主義對自由（freedom）❶ 之基本界定。亦係一種消極（negative）之自由。此即強調個人不受干涉及獨立不倚。相對於此種消極之自由，當代修正論的自由主義者與福利國家論者，則進一步主張另一種積極（positive）的自由。亦即，充分意義的個人自由應包含擁有自我實現的機會，因此，如果某些資源、能力或才能是有效地達成自我實現所必須的，那麼擁有這些條件，就必須被視為自由本身的構成部分❷。基於此，自由的核心意義應該是：擁有實現人們理想生活，並促成自我實現的各種條件或機會。而現代國家實有義務為其國民提供這些必備的條件或機會。這也是本章上一節所述，當代民主憲法所增添的新內容，亦即當代新自由主義對人權與自由的擴張性解釋。

相對於上述兩種自由的觀點，中山先生的看法如何

❶相對於"freedom"，另一個自由的英文字彙"liberty"，則係指法律上所界定的自由權利，如行動自由、言論自由、政治參與等。

❷參見傅鑑、姚欣榮譯，約翰·格雷（John Gray）著，《自由主義》（臺北：桂冠，1991），第 7 章。另外自由還有「內在自由」與「外在自由」之分，相關的討論，參見周陽山，《自由與權威》，（臺北：三民，民 79 年）。

呢？在〈民權主義〉第二講中，他說：

> 現在中國人還不懂自由是甚麼，……從前歐洲在
> 民權初萌芽的時代，便主張爭自由；到了目的已
> 達，各人都擴充自己的自由，於是由於自由太過，
> 便生許多流弊。所以英國有一個學者叫做彌勒氏
> 的，便說一個人的自由，以不侵犯他人的自由為
> 範圍，才是真自由；如果侵犯他人的範圍，便不
> 是自由。……由此可知彼中學者已漸知自由不是
> 一個神聖不可侵犯之物，所以也要定一個範圍來
> 限制他了。

　　從這段引文看來，他的自由觀實接近古典自由主義
者的消極觀點，亦即以不侵犯他人的自由為範圍，並且
和「人權宣言」的解釋相近，認為自由與法治是一體之
兩面，不可侵犯到他人的自由，這才是真自由。

　　但是，在〈民權主義〉第三講中，他又說到：

> 說到社會上的地位平等，是始初起點的地位平等，
> 後來各人根據天賦的聰明才力，自己去造就，因
> 為各人的聰明才力有天賦的不同，所以造就的結
> 果，當然不同；造就既是不同，自然不能有平等，
> 像這樣講來，才是真正平等的道理。如果不管各
> 人天賦的聰明才力，就是以後有造就高的地位，
> 也要把他們壓下去，一律要平等，世界便沒有進
> 步，人類便要退化。所以我們講民權平等，又要

❸ 洛爾斯(John Rawls,
1921～)哈佛大學教授，1971 年
出版《公正論》，*A Theory of
Justice* (Cambridge: Harvar-
d University Press, 1971)，成
爲當代最重要的政治哲學家之
一。本書在倫理學上提出一套有
別於功利主義 (utilitarianism,
亦譯「效益主義」) 的解釋體系，
並將傳統上由洛克、盧梭、康德
等所代表的社會契約論普遍化，
且將它推到更高的抽象層次。並
自憲法所根據的公正原則提昇到
更高的抽象的哲學層次，深入探
討公正原則的奠立。全書無論是
篇幅或論點，都相當冗長複雜，
相關的研究論述頗多，據統計，
已有超過一千篇的論文專門探討
本書。相關的基本參考資料，英
文部分有: Brian Barry, *The-
ories of Justice* (Berkeley:
University of California
Press, 1989); N. Daniels ed.,
Reading Rawls (Oxford:
Blackwell, 1975); R. P.
Wolff, *Understanding Rawls*
(Princeton: Princeton Uni-
versity Press, 1977)。中文之研
究，參見石元康，〈從原初的境況
到公正的社會: 洛爾斯的契約
論〉，周陽山編，《當代政治心靈》
（臺北: 正中，民 80 年），頁
110-137。

世界有進步，是要人民在政治上的地位平等。因
爲平等是人爲的，不是天生的；人造的平等，只
有做到政治上的地位平等。……必要各人在政治
上的立足點都平等，……那才是眞平等，那才是
自然之眞理。」

　　此處所指的「立足點平等」，實與積極的自由所指的
「促成自我實現的條件與機會」均等的理念，相當接近。
只是中山先生所強調的是政治地位上的立足點平等，而
積極自由論者所強調的則廣及經濟、社會、文化等方面，
所有能促成自我實現的條件和機會的均等。不過，此處
所指的機會和條件，並非指每一層面均相同，而應和中
山先生所強調的一樣，是指最基本的立足點相同，否則
便成爲「齊頭式的平等」，反而有害於社會的進步了。

　　由此看來，中山先生的自由觀實包含了消極自由與
積極自由這兩個層面，只是他在針對前者時，使用「自
由」一辭；而他所指的「眞平等」，則與積極的自由相類。

　　但是，究竟什麼才是積極自由的內涵呢？亦即，究
竟有那些機會和條件必須具備，才能促進人們的自我實
現，才能達到所謂的「眞平等」呢？無疑的，不同的時
空、不同的歷史條件、不同的意理解釋，會有不同的看
法。

　　針對此一問題，著名的當代政治思想家洛爾斯
(John Rawls)❸ 在其名著《正義論》(*A Theory of
Justice*)一書中提出了兩項檢證原則:

　　㈠每一個人都有權利擁有最高度的自由，而且大家

擁有的自由在程度上是相等的。一個人所擁有的自由要
與他人擁有同等的自由能夠相容。

　　㈡社會與經濟上的不平等將以下列的原則來安排：
第一，對處於最不利地位的人是最有利的(to the
greatest benefit of the least advantaged)；第二，
它們是隨附於職位與工作的，而這些職位與工作都是在
機會公平均等(fair equality)的條件下對所有人們開放
的❹。

　　　上述的第一項原則，常被視爲積極自由的定義❺，
乃是基於古典自由主義的傳統而設立的,亦被稱之爲「最
大的均等自由原則」(the greatest equal liberty prin-
ciple)，它所指涉的主要是政治上的自由(liberty)權利，
如參政權、言論自由、結社自由等。但是洛爾斯了解到，
這些自由權利的實際價值(value)大小實與每個人擁有
的物質資源多少關係甚大，因此，他強調的是自由本身，
而非價值，應平等的分配。而且他特別強調，此一「最
大的均等自由原則」應優先於第二項原則，亦即自由本
身應擺在首要地位。

　　　第二項原則，亦被稱之爲「差異原則」(the differ-
ence principle)，一般學界多認爲，其中頗有平等主義
的意味(egalitarian flavor)，亦常被福利國家論者及新
自由主義者視爲重要的理論基礎。而其中所細分出的第
一項原則，是要求改善社會不平等的狀況，使處於最不
利地位的人，獲得最大可能的利益。換言之，要使在社
會中地位最低、收入最微薄、財富最少的人們獲得地位
上最大的改善。而在實踐上這也就意味著政府應運用賦

❹ 參見石元康，前揭文，頁
125-126.但本書在譯文上做了一
些修正。

❺ 參見林毓生,《思想與人物》(臺
北：聯經，民72年)，頁92。林
著採用之譯文與本書所使用者，
略有文字上之出入。

稅調節、社會安全、福利國家等手段，使地位最不利的人得到最有利的改善。但是由於洛爾斯堅持第一原則（最大的均等自由原則）應放在首要的地位，因此此一差異原則的運用實有其極限。亦即，雖然最不利地位的人得到了最有利的改善，但前提卻是不得破壞自由之原則。因此，如果在改善的過程中妨礙了基本的自由與人權（例如以革命或流血方式達成財富的重分配），這樣的作法本身就已違反了公正的原則，是不足取的。

至於「差異原則」的第二項，亦即機會公平均等的開放原則，洛爾斯則與自由主義者的觀點頗不相同。自由主義者雖然承認平等的重要性，但他們所指的平等只是機會的平等，卻不主張社會、經濟地位的平等，因為要求平等的同時必然會戕害自由及競爭的原則 ❻，但是社會、經濟地位的不平等，卻造成了階級及社會地位的差異，也造成了教育、認知等方面的機會不平等，甚至可能影響到人們的聰明才智，（因為聰明才智有很大部份是由社會環境所型塑的），並影響到實質的參政機會及參政能力。因此，在自由與平等之間，實存在著密切相關而又對立緊張的關係。洛爾斯卻認為，如果工作或職位是對有能力的人開放，這仍有其缺陷，因為個人的能力往往是先天及後天的社會因素造成的。因此，民主的平等，是要儘量的將社會及自然環境對人造成的不平等狀況，降低到最低的程度，使大家在競爭的出發點上平等（亦即立足點平等）。但是，不僅如此，政府或國家還應以一些社會福利及教育上的特殊措施，使出發點上較落後的人儘快的趕上。此外，他也將聰明才智視為一種集

❻左派理論家多主張經濟或社會平等，但這勢必威脅到財產權及自由市場的運作，甚至造成基本自由的萎縮。因此，當代自由主義者往往費許多精力解釋，為什麼政治自由及基本人權的保障應列為首要，經濟上的平等卻是不必要的。而福利國家論者則站在折衷的立場，強調自由的優先性，但也強調機會平等的重要性。不過無論如何調和，自由與平等之間的互斥緊張關係，仍是存在的。這也成為當代政治與社會哲學的爭論主題之一。

體擁有的資產，唯有在不平等對大家均有利時，此一不平等才被允許。

由此看來，洛爾斯的觀點實較中山先生的「眞平等」觀點更進一層，他所強調的立足點平等，不僅是機會的平等，而且還將聰明才智本身的高低，視爲社會與自然環境影響下的一種條件因素。而聰明才智的改善，也成爲政府促進眞平等的一項目標。相對的，中山先生的觀點則較接近自由主義者的論證，認爲只要機會均等即可，卻不可能使聰明才智亦均等，否則就等於是使聰明才智較高者反被「壓下去」，造成「假平等」了。由於這項觀點的差異，中山先生的立足點平等主要局限在政治層面，亦即對政治權利的保障。而洛爾斯卻將聰明才智本身視爲自然與社會環境影響下的一項條件（而非中山先生所看做的「天賦條件」），應以社會、經濟環境的改善，促使其日趨平等。基於此，洛爾斯的差異原則，實預設了保障更徹底的經濟與社會人權的必要性。

自由觀念的分析，到此處實已進入了人權(human rights)的範疇。爲了區別起見，一般接受的是兩種方式。分類，第一項概念是公民自由(civil liberty)，意即由憲法所保障的人身自由、言論自由、財產權、宗教自由、遷徙自由等，同時也以限制政府權力行使爲其要件。

第二項概念則是公民權利(civil rights)，亦即由憲法或法律所保障人民受政府提供的各項福利，換言之，它是政府積極性的義務，亦即保障積極性自由的必備條件。其中包括義務教育、改善弱勢人口的社會經濟條件、社會安全制度、醫療保險等❼。屬當代福利國家或社會

❼此一分類引自蘭尼，前揭書，頁364。

❽自由是尚主義(libertar-
ianism)，亦譯放任主義，是一種
極端的自由主義，主張將國家角
色縮減到最小程度，只要維持一
種「夜警」(nightwatchman)的
功能即可。它認為如果國家的權
力超過了「夜警」的功能，就一
定會侵害到個人的自然權利，也
就違犯了道德的原則，而形成了
對自由的威脅。另外它也強烈主
張國家在經濟事務上採取自由放
任的資本主義政策，並反對福利
國家論及新自由主義擴大國家職
能的觀點，認為政府不應介入人
們的社會及經濟生活，更不應為
了社會福利措施而擴充政府規
模，造成國家機器及官僚體系的
膨脹。

另外也有人將無政府主義(anar-
chism)列為自由是尚主義的一
支。嚴格說來，此二者仍有相當
的區別，實不宜混淆。當代最著
名的自由是尚主義的著作是哈佛
大學教授諾錫克(Robert
Nozick)的《無政府、國家與烏托
邦》(*Anarchy, State, and
Utopia,* 1974)。另外，也有人將
海耶克(Friedrich Hayek)及弗
瑞德曼(Milton Friedman)列
為此一思潮的代表人物，但他們
實係古典自由主義的承繼者，雖
然其主張與自由是尚主義相近，
但卻並未真正加入自由是尚主義
的運動行列。有關諾錫克的中文
研究，參看石元康，〈自然權利、
國家與公正：諾錫克的極端自由

福利的內涵。

對於上述第一項的公民自由，各民主國家多已有基本共識，保障之方式及內涵大致相同。而第二項的公民權利，則較受不同政見及意識型態的政黨政治之影響，例如在民主社會主義政黨執政的國家，社會福利的照顧範圍較廣，政府之積極性角色亦較為廣泛；而在保守黨或右派政黨當政的國家，福利範圍較為有限，政府功能亦較為縮減。但是，無論如何，由於社會人權及福利政策業已是普遍為當代各民主國家接納的原則，因此即使是在右派或保守主義當政的國家，也不可能再堅持古典自由主義或自由是尚主義(libertarianism)❽的立場，僅以最小幅度的國家(minimal state)自限。而正如本章前一節所述，在本世紀初葉以後訂定的新憲法中，已將許多社會福利的公民權利明白列入憲法，成為人民具體權利的一部分。因此，不管是那一政黨執政，都不能違背憲法所設定的基本人權和福利政策，而走回自由放任時代的老路了。由此看來，二十世紀的憲政民主，的確是以人權的擴張、國家職能的擴展為其特色。換言之，「有限政府」的理念雖然依舊是憲法的主要原則之一，但大政府(great government)的理念，也與其相結合，成為當代民主體制的主要特徵。

如果我們回顧中山先生在〈民權主義〉第五講中所講的一段話，當可看出「有限政府」與「大政府」兩者間的矛盾所在。他說：

有一位美國學者說：『現在講民權的國家，最怕的

是得到了一個萬能政府，人民沒有方法去節制他，最好的是得一個萬能政府，爲人民謀幸福。』這一說是最新發明的民權學理，但所怕、所欲都是在一個萬能政府。

但是當代的人權與憲法理論，基本上卻解決了上述「既怕又欲」的困局。其具體解決方式則是：

㈠以公民自由，即憲法所保障的人身自由，限制政府權力的行使，此即「有限政府」的體現。

㈡以憲法保障的公民權利，要求政府實現其義務，改善人民的社會、經濟、文化等條件，促進人群間之平等，藉以擴增人民的積極性自由。在此一過程中，「萬能政府」乃逐漸出現。

當然，誠如前述，「萬能政府」並非無所不爲的政府，因爲人民才是主權之所在，因此當人民透過直接民權或間接民權的方式，限制政府權力運作之際，政府就必須將權力交還給人民，這才合乎「只盡其能，不竊其權」的眞諦❾。

繼續，我們將就中華民國憲法中的人權保障，透過比較的途徑，做一具體之分析。

二、中華民國憲法與人權

美國學者蘭尼，曾經將各主要民主國家憲法中有關人權的重要規定，做一列舉❿，並得出附表一中所列出的項目。其中大部分的項目在中華民國憲法中都可找到相關的內涵，且多集中於中華民國憲法的第二章「人民

主義〉，周陽山主編，前揭書，頁172-205。

❾如果有人繼續追問：政府如果不將權力交回給人民怎麼辦？這意味政府正走向專制，亦即憲政民主面臨危機。到目前爲止，人類的經驗與智慧尚無法根本解決此一問題。譬如1933年希特勒透過民主選舉而執政，但上臺後不久即廢除了威瑪憲法，走向納粹極權。類似的現象，也在全球許多地區出現過。關於民主的成長及其逆退，參見Juan Linz & Alfred Stepan, *The Breakdown of Democratic Regimes in Latin America* (Baltimore: Johns Hopkins University Press, 1978); Hannah Arendt, *The Origins of Totalitarianism,* (1951) Reprint (Cleveland: Meridan, 1966); J. L. Talman, *The Origins of Totalitarian Democracy* (New York: Praeger, 1961); K. D. Bracher, *The German Dictatorship* (London: Penguin, 1973); 摩爾（Barrington Moore)著，拓夫譯，《民主與獨裁的社會起源》，（臺北：桂冠，1991)。

❿引自，蘭尼前揭書，頁367-370。

之權利及義務」及第十三章「基本國策」。這也印證了我們在前文中的說法，中華民國憲法中的人權規定，包羅了消極自由與積極自由兩種層面，也包含了公民自由與公民權利兩種內容。其中尤以「基本國策」一章，包容了人權的內涵，更凸顯了當代憲法的特性。

附表一　各國憲法的人權規定與我國憲法的比較

一、對政府權力的限制

(一)對信仰自由和意見自由的保護	我國憲法相關條款
宗教信仰	七、十三
言論自由	十一
出版自由	十一
通信保密自由	十二
維護少數民族的語言與文化	一六八、一六九、增修條文十八
(二)行動保障	
集會自由	十四
請願自由	十六
投票權利	十七、一三〇
祕密投票自由	一二九
禁止蓄奴	另以法律定之
職業自由	十五、一五二
住宅隱私權	十
遷徙自由	十
組織工會和商會的自由	十四(一五三)
罷工自由	(一五三)、(一五四)
集體談判自由	(一五三)、(一五四)

⓫人身保護令(Habeas Corpus Act)，是英國在 1679 年頒布的保護人身權利的法律。1642 年英王查理一世宣布討伐國會，但因資產階級得到廣大農民和城鄉手工業者的支持，打敗了英王的軍隊。1649 年 1 月處死了英王查理一世，建立了共和國，由克倫威爾執政。後來由於資產階級害怕英國人民的力量，又和封建勢力妥協，立查理二世爲英王。斯圖亞特(Stuart)王朝復辟之後，大肆迫害新教徒和反王權派。爲反對斯圖亞特王朝任意逮捕並無限期監禁，「輝格黨」(Whig Party爲自由黨前身)援引舊例，通過議會而制定《人身保護令》，迫使英王查理二世簽署，法案雖遭到「托利黨」(Tory Party，爲保守黨前身)把持的貴族院的拒絕；但儡於羣衆運動的壓力，國王查理二世不得不於 1679 年 5 月 26 日批准。《人身保護令》共 20 條，主要內容是：除叛國犯、重罪犯和戰時或遇緊急狀態外，任何人非依法院簽發並載明緣由的逮捕證，不

(三)保障個人免於非法起訴	
禁止非法扣押	八
法律不溯及既往	另以法律定之
禁止連坐	(二十二)
禁止非法搜索和逮捕	八
非經合法起訴不得審判	八
一罪不二罰	無
禁止刑求逼供	八
保釋金和罰金不得過高	另有規定
禁止酷刑	(八)
政治犯不予引渡	另以法律定之
廢止死刑	無
不因債務而判處徒刑	另有規定
人身保護令❶	八
保障正當法律程序	八
保障迅通速公平審判	八
保障審判公正	八十
保障舉證權利	另以法律定之
被告有權不做對自己不利的供詞	另以法律定之
提供法律服務	另有規定
保障法律平等	七
(四)對財務的保障	
徵收民產應做適當補償	(一四三)
保障專利權和版權	另以法律定之
保障契約義務的履行	另以法律定之

受逮捕羈押；已依法逮捕者應視里程遠近，定期移送法院審理；經被捕人或其代理人申請，法院可簽發人身保護狀，得令逮捕機關或人員申訴逮捕理由，解送、保釋或釋放被捕人，違者可處罰金；不得以同一罪名再度拘押准予保釋的人犯；英格蘭的居民罪犯不得押送其他地區拘禁。

《人身保護令》形式上淵源於英國普通法中傳統的法院令狀之一的人身保護狀。早在大憲章頒布以前，人身保護令狀制度就已存在，該狀由王座法院發出，命令有關官吏將監禁的罪犯交出，並說明監禁該人的緣由。「大憲章」(Magna Carta,1215)確認對有關殺人或傷人致殘的案件，王座法院當及時無償地簽發「人身保護令狀」。在亨利四世(公元1485年至1509年)時代，人身保護令狀曾成為防止王權之不當行使而設立的主要救濟手段。

《人身保護令》頒布之後，曾經過幾度修改，1862年擴大了《人身保護令》的適用範圍；1960年又作了進一步的修改。英國刑事訴訟法中，至今仍以簽發人身保護狀作為審判監督程序之一，由高等法院王座庭主司其事。相關之研究著作，參見William F. Duker, *A Constitutional History of Habeas Corpus*, (Westport: Greenwood Press, 1980)

二、政府的義務

(一)提供經濟協助	我國憲法相關條款
保障工作權	十五、增修條文十八
保障同工同酬	(一五三)、增修條文十八
保障最低工資	(一五三)
規定最高工時	(一五三)
失業救濟	一五〇
社會安全	一五二、一五五
(二)提供社會服務	
教育	一五八、一五九
	一六〇、一六一
	一六四、一六七、
	增修條文十八
禁止童工	一五三、(一五六)
保障家庭和親子關係	一五六
維護古蹟	一六六
休閒及文化	一六五、一六六

說明:「另以法律定之」,是指另有明文之法律規定此一權利。「另有規定」,
是指在其他法律中有相關之規定。引號( )則表示此一憲法條款在
實質上已包含了此一權利內涵,雖然並非一字一句做了具體之規定。

在上述的人權規定中,我國的法制規定約可分爲下
列幾種狀況:

(一)憲法已明白規定者。大部分人權規定均屬此類。
如憲法第十二條規定:「人民有秘密通訊之自由。」第十
三條規定:「人民有信仰宗教之自由。」均是。

(二)憲法有相關規定,另以法律明白規定者。例如憲

法第一百五十三條規定國家應制定保護勞工之法律。第十四條則規定，人民有集會及結社之自由。此實已保障組織工會之自由。但明文之規定，則見於「工會法」。

㈢憲法無相關規定，但法律有明白規定者。例如「禁止蓄奴」之規定，見之於「刑法」第二百九十六條。政治犯不予引渡之規定，見之於「引渡法」第三條（不過附有但書）。而法律不溯及既往之規定，見之於「民法總則施行法」第一條。保證舉證之權利，亦見之於「民事訴訟法」第二百七十七條。此類人權保障之規定頗多，不一一列舉。

㈣憲法無相關規定，亦不爲我法制體系所採納者。例如我國並未廢除死刑。而頗受爭議的「一罪不二罰」的原則，在我國刑法第十二章中，訂定了「保安處分」，規定「有犯罪之習慣或以犯罪爲常業或因游蕩或懶惰成習而犯罪者，得於刑之執行完畢或赦免後，令入勞動場所，強制工作。」（刑法第九十條），此一規定顯然與「一罪不二罰」原則不符，因此亦可視爲我國並不採納此一原則。

㈤我國憲法規定特別詳盡者。例如有關婦女權益之保障（見憲法第一百三十四條，第一百五十六條及增修條文第十八條）；人民教育權之規定（見憲法第一百五十八條至一百六十七條）；少數民族權益之保障（見憲法一百三十五條、一百六十八條、一百六十九條及增修條文第十八條）等。

若從比較憲法角度分析，我國憲法之人權規定還有幾項特色：

㈠我國憲法對人民權利之明文限制較少。譬如德國威瑪憲法第一○九條規定:「國家不得頒給勳章及榮典。德國人民不得領受外國政府給與之御稱或勳章」。我國憲法即無類似之規定,但是相對的,對人民其他權利(憲法明文規定以外之權利)之保障,亦較含混。憲法第二十二條所載「凡人民之其他自由及權利,不妨害社會秩序及公共利益者,均受憲法之保障」。但是如何才不妨害到「社會秩序及公共利益」,界限則較爲模糊。換言之,此將使立法者及執法者的解釋空間過大,容易戕害到人民的基本權益。

㈡我國憲法對婦女之權利特別重視。世稱最先進的民主國家之一的瑞士,因傳統之束縛,遲至一九七○年才修改憲法第七十四條,賦與婦女投票權,至一九七一年二月才使其成爲事實。但我國雖亦爲傳統深厚之國家卻早在本世紀中葉,即已規定婦女在法律上享有平等地位,而且還規定婦女在選舉上享有保障名額,(見憲法第一三四條)。此實爲一般民主國家所少見❷。若以美國爲例,倡議多年的「男女平權法案」(Equal Rights Amendament),至今尚未通過,亦未成爲憲法修正案的一部分,由此可見我國憲法在婦女人權上的先進意義。

㈢我國憲法對教育權特別重視。雖然德國威瑪憲法在第二編第四章中,專列了八條有關學校及教育的條款,內容十分詳細;戰後義大利憲法亦在第三十三、三十四條中對教育權做了相當具體的規範。但均未如同我國憲法第一六四條之規定:「教育、科學、文化之經費,在中央不得少於其預算總額百分之十五,在省不得少於其預

❷婦女參政權利最受保障的地區,爲北歐各國。冰島國會中有20%的女性議員,瑞典國會則有高達37%的女性議員。北歐最大的10個政黨均規定了婦女保障名額(通常是40%)。在1970年代初,挪威首都奧斯陸市議會的議員多數爲女性。1980年,冰島選出首位女性總統(Vigdis Finnbogadottir);在挪威,1981年和1986年起的內閣,首相均由女性政治家 Gro Brundtland 擔任。資料來源: P.J.Taylor ed. *World Government* (New York: Oxford University Press,1990),p.90.

算總額百分之二十五，在市、縣不得少於其預算總額百分之三十五，其依法設置之敎育文化基金及產業，應予以保障」。此種具體而翔實之預算規定，實爲世界各國所罕見。

　㈣我國憲法對社會福利、社會安全十分重視。一方面此係承繼威瑪憲法以來之憲政傳統，另一方面則凸顯了三民主義與民生主義的基本精神。憲法十三章第四節「社會安全」一節，明白規定了充分就業(第一五二條)、勞工及農民之保護(第一五三條)、勞資關係及糾紛之處理(第一五四條)、社會保險及社會救濟之實施(第一五五條)、婦女及兒童福利政策(第一五六條)，及衛生保健事業與公醫制度(第一五七條，增修條文第十八條)，均具體呈現了福利國家與民生主義的特徵。尤其有關「公醫」制度之規定，亦爲一般民主憲法所少見。

　㈤我國憲法中對「國民經濟」之規定，帶有濃厚之民生主義的學說色彩。其中第一四四條關於發展國家資本、第一四五條關於節制私人資本、鼓勵合作事業、第一四六條促成「農業之工業化」等規定，均具體而微，凸顯了民生主義及當代福利思潮之特性。但卻與「自由放任」的古典自由主義憲政思想，頗不相同。此亦說明我國憲法對「公民權利」及政府義務之重視，確爲一大特色。

　㈥我國憲法有關基本國策之規定，係著重與基本人權(尤其是「公民權利」)有關的部份，但對具體之政策內涵，較不在意。相對的，許多國家的憲法則在具體政策內涵上做了細緻之規定。例如瑞士憲法第二十五條規

定:「㈠聯邦有權制定關於漁獵的法律」;「㈡特別禁止不
預先麻醉宰殺牲畜」;第三十二條規定:「特許合作社及
其他私人企業經營蒸餾酒精的工業製造。……現有的本
國或循環蒸餾室有權用水果、壞水果、蘋果汁、葡萄酒、
葡萄皮、酒渣、龍膽根以及相同的原料製造非商業的蒸
餾酒精……」。如此詳細的規定,實超越了憲法爲「國家
根本大法」的基本任務,亦未被我國憲法所接納。

　　總結上述各項分析,我國憲法有關人權之規定,實
具有下列基本特徵:

　　㈠對基本之「公民自由」之限制規定較少,亦較含
混,但對「公民權利」之規定則較詳實、具體。

　　㈡強調福利國家學說及積極性自由,而與古典自由
主義的自由放任學說,頗不同調。

　　㈢對基本國策之規定,著重人權保護相關之內涵,
對其他公共政策,規定較少。

　　㈣強調立足點之平等,尤其是著重教育機會之均等,
以及文化之發展、倫理之維繫,以期從根本改善國民之
品質。此實與洛爾斯所強調之公正原則,若合符節。

　　但是,在具體的人權實施工作上,由於我國目前正
經歷著民主化、自由化的改革事業,「動員戡亂時期」亦
結束不久,「回歸憲政」的憲政改革工作也才正開展,因
此在具體的人權與自由維護工作上,還有相當多的任務
有待完成。因之,近年來有關人權保障及自由維護的改
善成果,雖已是舉世所共見,但離完善之境界,卻仍相
當遙遠,也有待國人之繼續努力。

肆、憲政改革與憲政傳統

　　民國七十六年，政府宣布解除戒嚴，開放黨禁、報禁，一時之間，新興政黨林立❶，言論市場亦大爲開拓。民國八十年，政府宣布「動員戡亂時期」結束，「臨時條款」廢除，國民大會通過「中華民國憲法增修條文」，同年底，國民大會、立法院及監察院的資深民代一同退職，全國選民選出第二屆國民大會代表，由其著手進行在臺四十多年來最重要的修憲工作；此一修憲工作，將對現行憲法做較大幅度的增修，以期符合此時此地的環境需要及民意需求。

　　在本節中，我們將就修憲與制憲之爭、修憲體例的選擇，以及相關的憲政主義問題，做一綜合分析。

一、修憲與制憲之爭

　　憲政改革面臨的首要問題，是究竟應以「修憲」還是「制憲」方式進行。但此一爭論實已誤解了憲政改革的本意。

　　所謂「憲政改革」，即是透過「改革」途徑進行憲法內容的調整。通常每一部成文的民主憲法，包括中華民國憲法，本身都規定了修憲的程序❷，但卻並未規定如何得推翻本憲法，另外制定一部新憲法。因此，「憲政改革」本身就預設了「修憲」的必然性，而「制憲」途徑卻已被排除在外了。這乃是因爲「制憲」並非憲政「改

❶截至民81年初，臺灣地區已有逾65個政黨正式辦理登記。但正式參選，扮演眞正政黨角色者，則不足10個。

❷憲法第174條規定：「憲法之修改，應依左列程序之一爲之：
一、由國民大會代表總額五分之一之提議，三分之二之出席，及出席代表四分之三之決議，得修改之。
二、由立法院立法委員四分之一之提議，四分之三之出席，及出席委員四分之三之決議，擬定憲法修正案，提請國民大會複決。此項憲法修正案，應於國民大會開會前半年公告之。」
由此可知，修憲途徑有二，或由國民大會提議，或由立法院發動，但最後均由國民大會決定是否通過。

革」，而實係憲政「革命」。

至於「憲政革命」其實現途徑有許多種，約略可分爲下列三類：

㈠發生暴力革命，舊政權被推翻，新政權成立，爲鞏固革命成果，體現新的政治意識形態，乃制定新憲法，當憲法完成後，交付公民複決，以獲取民意基礎。公民複決通過後，再按照新憲法本身的規定，實施大選，組成新政府及國會，使憲法成爲眞正的民主憲法。

㈡國家發生嚴重的政爭或政治、社會危機，政府被迫下臺，由反對派或中間人士接掌臨時政權。新接掌政權的領導人，爲徹底泯除政治動盪的根源，乃全盤改造舊憲法，重新安排政府權力架構，釐清權責關係（譬如說由「總統制」改爲「議會內閣制」），然後再將新憲法交付人民公決，通過後，重新舉行大選，由新的國會及政府接掌政權。此時如果臨時政權的領導人再獲民意肯定，將繼續執政，否則應將政權交出給選舉獲勝的政黨及其領導人。

㈢在野政黨在總統大選或國會選舉中獲得勝利，接掌政權。由於該黨之政治見解及意識形態觀點與原執政之政黨完全不合，乃決意重新制憲。當憲法完成後，交付公民複決，通過後依新憲法之規定，重新舉行大選，組成新政府，如果選舉結果該黨依然獲勝，則繼續執政，新憲法亦獲得民主基礎。如果大選失敗，則轉由其他政黨執政。

在上述三種途徑中，第一種是暴力革命成功，以新憲法取代舊憲法的例子，普遍出現在左派或共黨革命成

功的國家。中共在一九四九年制定具備憲法功能的「共同綱領」，一九五四年制定第一部「憲法」，即是明顯的例子。另外，一九五九年古巴建立了革命政府後，也旋即在二月間制定憲法性質的「根本法」，但直至一九七六年才正式制定「憲法」。

第二種情況則是在政治危機出現時發生的。著名的例子是法國第五共和的憲法。在第四共和（一九四六～一九五八）期間，法國政局因小黨林立，政潮迭生，以致對外應變無方。一九五八年三月，駐北非的法軍抗衡中央政府，要求由退隱田園的前法軍領袖戴高樂出掌政局，否則威脅政變。法國政府格於情勢危急，不得不邀戴高樂出任總理。戴氏於六月間上任後，立即組織憲法起草委員會，訂定新憲，大幅度擴增總統職權、縮減國會權力。同年九月底，新憲法交付公民複決，結果獲得通過。「第五共和」乃告誕生。並根據新憲法選舉總統與國會，戴高樂當選總統，其憲法至今仍為法國所沿用。

至於第三種情況，亦即在承平時期因政黨交迭執政而實施「憲政革命」，以新憲法取代舊憲法，情況則甚罕見。民主國家中似無先例。因此如何透過「和平途徑」以實現「憲政革命」，恐非憲政民主國家之常態。在西方民主國家中，連續執政最久的政黨是瑞典的社會民主工黨，自一九三二年起連續執政四十四年，至一九七六年才因反對黨聯手而下野。新上臺的保守政黨聯盟，雖然對過去長期執政的社會民主工黨不滿，但卻無任何「制憲」或「憲政革命」的舉措。（但在一九七一年，一九七五年，瑞典國會卻進行了兩度「修憲」任務）❸。因此，

❸瑞典並無一部單獨名為「憲法」的文件。而憲法在該國是指四部憲法性法律：㈠政府組織法；㈡王位繼承法；㈢新聞自由法；㈣議會法。1971年的修憲（修改「議會法」），將國會由兩院制改為一院制，議員任期3年，共有349席，由普選產生。1975年再行修憲，改變國王職權，原先規定國王有最高行政權，與議會共同行使立法權，修憲後（修改「政府組織法」），瑞典雖仍係君主立憲國家，國王卻不得再干預行政工作，首相及大臣只對議會負責，由議會任命，立法權亦由議會單獨行使；國王雖具最高軍銜，但軍隊則由內閣指揮。國王已成完全之虛位元首。

另外瑞典社會民主工黨在1982年捲土重來，又繼續執政達十年之久，直至1991年秋才再度下野，由保守派政黨聯盟接掌。自1930年代以來，社會民主工黨執政時間共計已超過半世紀之久。資料來源，*World Government*，前揭書，頁88-95；*New York Times*（紐約時報）1992年2月23日，E3版。

通常民主國家可以因為民主選舉結果而進行「修憲」，不過卻絕少有因政黨交替執政而進行「制憲」或「憲政革命」的。此種「和平的憲政革命」，在理論上或許可自圓其說，但卻甚少有實現的可能。

但是，究竟憲政民主國家為何率多採取「修憲」而非「制憲」的途徑，其理由則較複雜，吾人可從下列幾個方向分析。

首先，如果不同的執政黨僅因為該黨意識形態或政策立場差異，就要求進行「制憲」，將該黨之主張載入憲法，則「憲法」與「黨綱」何異？憲法又如何能負擔保護人權、限制政府權力、伸張公民自由與權利的重任？此種「憲法」又何得以稱之為「根本大法」或「權利保障書」，而不成為一黨之私的產物？

其次，如果甲黨在大選獲勝，獲得執政機會，並逕行制憲，則一旦乙黨亦在隨後之選舉中獲勝，是否可如法炮製，另行來一次制憲？如此一來，制憲工作頻仍，豈不是將憲法視為奪權工具和執政者的護身符？憲法既然隨時可以更換，又如何得以樹立憲政權威，延續憲政傳統呢？

再者，所謂「憲政主義」（亦譯為「立憲主義」），並非憲法訂定得越多越好❹，相反的，尊重憲法的權威，不輕易更動憲法的內涵（因此憲法多將修憲程序規定得十分嚴謹），使憲法成為法治及政治權威的泉源，才是憲政主義的真諦。

基於此，在近來有關憲政改革的擬議中，有些人提議「多階段制憲」或「多次制憲」，甚至提出第一次將憲

❹以中共為例，1954、1975、1978、1982，共制定了四部憲法，有的憲法壽命短到只有三年，完全成為統治集團的「御用」權力工具。此種制憲頻率，完全非制憲主義原則所可規範，更非民主憲政國家之應有作法。因此，制憲頻繁的國家，通常亦非實施憲政民主，或穩定的憲政民主之國家。

法修改爲「總統制」，第二次再改回「內閣制」或「混合制」。這些權宜式的主張，實已完全誤解了憲法精神及憲政主義的特性，而只將憲法視爲「最有利於奪權爭利的工具」。在此種意圖下所提出的「制憲」主張，自然也不願受到憲政主義原則的規範。因此也稱不上是以民主憲政爲依歸。

但是，在另外一些具體的憲改主張中，卻有一些實質的憲改理念值得探討，吾人試歸納爲以下兩種：

第一，以「三權」取代「五權」。因此必須裁撤考試、監察兩院（兼有主張裁撤國民大會者）。而由於修憲幅度過大，因之最好能以制憲方式爲之。

對於此一主張，我們願具體做逐項分析。首先，裁撤考試院之理由，是考試權權限過簡，不足以和行政、司法、立法等權抗衡。因此應改爲「考試委員會」或「文官委員會」，並取消「院」之名稱。

我們試以法國第五共和憲法與中華民國憲法做一形式對照，以回答此一詰難。

法國第五共和憲法，共分十五章，依序是：㈠主權；㈡共和國總統；㈢政府；㈣議會；㈤議會和政府的關係；㈥國際條約和協定；㈦憲法委員會；㈧司法機關；㈨特別最高法院；㈩經濟與社會委員會；㈠領土單位；㈡共同體；㈢參加的協定；㈣憲法的修改；㈤過渡條款。

中華民國憲法，共分十四章，依序是：㈠總綱；㈡人民之權利義務；㈢國民大會；㈣總統；㈤行政；㈥立法；㈦司法；㈧考試；㈨監察；㈩中央與地方之權限；

(出)地方制度；(出)選舉、罷免、創制、複決；(出)基本國策；(出)憲法之施行及修改。

我們將兩者並列的理由是，考試權的大或小，並不能影響考試院應否存在的問題。例如，在法國憲法中，第七章憲法委員會，第九章特別最高法院及第十章經濟與社會委員會，此三章之條文均甚少，其職權規定亦遠不如第二章總統、第三章政府、第四章議會等來得複雜，但由於此三機構之功能特殊，即使其內部組織編制不大，職權單純，依然得列為單章，並成為獨立行使職權之機構。同理，中華民國憲法中的考試、監察兩章即使條文較少，其職權亦較有限，但依然應依其功能之特殊性，列為單章，並成為獨立之機構。如果有人堅持認為，「五院」之名稱不順耳，必須改為「三院加兩委員會」，自無不可。但如果只是為了換一個名稱，結果卻是「換湯不換藥」，則又何需陷入「修憲」或「制憲」之爭，並引起複雜的憲改程序爭議？

其次，是關於監察院存廢的問題。經過修憲之後監委已改為由總統提名，並由國民大會行使同意權，另外，監委之資格應大幅度提高，亦已成共識，並立法完成。但是輿論中卻有另一種意見，主張監察權既然成效不彰，最好是將此一權力移往立法院，並根本廢除監察院，以達釜底抽薪之效。但此種說法卻忽略了一個嚴重的事實，那就是金權政治本亦係立法院的特徵之一，而立法委員之選舉亦普遍出現賄選傳聞。既然監察院的金權問題在立法院依然存在著，則將監察權一體移往立法院，豈不會造成「權上加權」、「金權加金權」，使問題更為嚴重？

在此一情況下，到底是採更多的分權設計，以減少權力集中，避免腐化現象的惡化好些呢？還是將五權改爲三權，使權力更爲集中，腐化現象更爲惡化，來得更爲理想呢？因此，真正合理的根本設計，是提昇監委資格，並改善監察權的行使成效，這才是真正解決問題（而不是使問題更形嚴重）的辦法❺。

基於此，將五權改爲三權的修憲或制憲擬議，在目前的時空條件下，乃是缺乏說服力的。

第二，恢復「五五憲草」的設計，將國大變爲實權機構，享有充分之選舉、罷免、創制、複決權。另外「兩權派」亦主張恢復創制、複決權之行使，藉以「制衡」立法院。

我們必須強調，此種修憲主張如果真的付諸實施，恐將造成更嚴重的憲政危機，使立法院與國民大會之間的政爭，永無寧日。而且也將使中華民國憲法起草者當年的努力，付諸流水❻。實不相宜。

在檢討了上述兩種修憲或制憲擬議後❼，我們將具體的分析，在中華民國憲法中，到底有那些條文是非改不可的。我們檢討的答案是：

㈠憲法第二十六條、六十四條、九十一條，有關國大代表、立法委員、監察委員之員額及選舉辦法等規定，必須調整。

㈡憲法第七十五條，立法委員不得兼任官吏之規定，若朝「議會內閣制」方向修憲，應予更改，但若維持現狀，不予更動，亦無不可。（立委若需擔任政務官，辭去立委之職即可）。

❺金權政治及賄選問題，當然必須徹底解決，但如果認爲只要將「五權改爲三權」或裁撤某一機構，即可解決問題，無寧是太過簡單的想法。此一問題，牽涉到文化、制度、選民結構等複雜層面，有待多方面之探討，絕非局部片面的改革所能奏效，更不是將問題簡單化，所能解決的。

❻中華民國憲法起草人張君勱先生當年曾指出：「此稿之立腳點在調和中山先生五權憲法與世界民主國憲法之根本原則；中山先生爲民國之創造人，其憲法要義自爲吾人所當尊重，然民主國憲法之要義，如人民監督政府之權，如政府對議會負責，既爲各國通行之制，吾國自不能自外。」因此，現行憲法中「修正式內閣制」的憲政設計雖然與五權憲法的理念及架構不盡相合，卻有效的結合了五權憲法的基本理念及一般民主憲法的權責相符原則，仍是值得吾人肯定，並善自珍攝的。更何況，中華民國憲法業已成爲一項重要的憲政傳統，捨此成果而遷就其他未經實踐檢證的憲法學說，是否合宜，也是值得反省的。

❼其他主張制憲或大幅度修憲之主張，如總統直選，國民大會虛位化等，在本書前面各章中多已有探討，不再一一贅述。

㈢憲法第八十五條中段，有關公務人員之選拔，應取消有關省區名額之規定。

㈣憲法第九十條，監察院之同意權，應予取消，宜轉至立法院，（而非擬議之國民大會）。而憲法第七十九條及第八十四條，有關司法院院長、副院長、大法官，以及考試院院長、副院長、考試委員等同意權之行使，亦應做相應之調整。

㈤憲法第一百六十四條，有關教育科學文化經費在預算中之比例，應予調整或凍結。但亦有論者指出，此一規定僅係建議性質，應不具強制力，不調整亦可。在上述兩種觀點中，似以應調整或凍結之理由，說服力較爲充分。

㈥憲法第一百六十八條、一百六十九條有關邊疆地區民族權益保障之條文，應做文字更動（取消「邊疆」等字眼），並加進對臺灣地區原住民之保障內容。

㈦憲法第二十二條、二十三條有關人民權利之保障，應做文字修正，明確規定根據那些項目始得限制權利與自由之行使；另外則應增加一些具體之人權保障內涵，如「一罪不二罰」、「禁止連坐」等之規定。

綜合上述內容，必須修憲之條文，不過十數條而已，透過小幅度之修憲即可達成。因此，既然小幅度修憲即可完成任務，就無須以大規模的「制憲」爭擾，而使問題日趨複雜了。

在下一章中，我們將就憲政改革工作的實際進度，以及兩階段修憲工作完成後的具體修憲內容，做一分析。

第十七章
憲政改革與憲法增修條文

　　民國七十九年七月，李登輝總統邀集海內外各界人士舉行國是會議，商討動員戡亂時期結束後的憲政改革問題。隨後並在國民黨內部達成「一機關、兩階段」的修憲共識，亦即由國民大會此一機關進行修憲，而排除了憲法第一百七十四條第二款規定，由立法院修憲的可能性。另一方面，亦確定由資深國代為主的第一屆國大負責第一階段程序性修憲，決定先廢除「動員戡亂時期臨時條款」，並通過憲法增修條文十條，完成第一階段修憲工作。然後再由新選出的第二屆國大代表進行第二階段的實質性修憲，通過憲法增修條文八條。但是由於執政黨內部對總統民選方式並未達成共識，民國八十三年八月，又進行了第三次修憲。隨後六年時間，憲政體制日趨紛亂，在李登輝總統的主導下，又推動了另外三次修憲，總計進行了六次修憲的重大改造工程，造成憲政體制的嚴重紊亂，也使得憲法作為「國家根本大法」及「社會共識重心」的基本要旨，面臨了根本的挑戰。在本章中，將從憲政主義 (constitutionalism) 與自由民主 (liberal democracy) 的學理出發，針對此六階段的修憲背景與過程、以及各條條文的具體內容，作逐條之批判分析，以期掌握憲政改革的基本歷程以及為何如此紛亂、歧出之背景。

壹、第一階段的修憲內容

　　第一階段的修憲係於民國八十年四月完成，於四月

二十二日由第一屆國民大會第二次臨時會通過增修條文第一條至第十條。前言中規定「爲因應國家統一之需要」，乃增修憲法條文。其具體內容如次。

第一條　國民大會代表依左列規定選出之，不受憲法第二十六條及第一百三十五條之限制：

一、自由地區每直轄市、縣市各二人，但其人口逾十萬人者，每增加十萬人增一人。

二、自由地區平地山胞及山地山胞各三人。

三、僑居國外國民二十人。

四、全國不分區八十人。

前項第一款每直轄市、縣市選出之名額及第三款、第四款各政黨當選之名額，在五人以上十人以下者，應有婦女當選名額一人，超過十人者，每滿十人應增婦女當選名額一人。

❶其名額分配如次：臺灣省 173 人，臺北市 28 人，高雄市 17 人，金門縣 2 人，連江縣 2 人，共計 219 人。另外再加上山胞 6 人，全國不分區名額 80 人，僑居國外國民 20 人，總計爲 325 人。第二屆國大代表選舉結果，國民黨得到 254 席(區域及山胞 179 席，不分區 60 席，僑選 15 席)，民進黨 66 席（區域 41 席，不分區 20 席，僑選 5 席），無黨籍 5 席（均爲區域）。在選票方面，國民黨爲 71.17%，民進黨 23.94%，其餘爲社民黨及無黨籍所獲得，共 4.89%。

依據憲法第二十六條第一款之規定，每縣市及其同等區域各選出代表一人，但其人口逾五十萬人者，每增加五十萬人增選代表一人。依此一規定，臺灣地區國大代表名額將顯然不合現況需要。因此增修條文第一條乃增加名額爲自由地區各直轄市、縣市各二人，其人口逾十萬人，每增加十萬人增一人。其員額在第二屆國大選舉時共計爲二百一十九名❶。

憲法第二十六條第二、三、四款中亦規定，由蒙、藏地區及邊疆選出國大代表，由於目前國家統治範圍未及於這些地區，而臺灣地區則有少數民族山地同胞（原

住民)，增修條文中乃列出平地山胞及山地山胞各三人，合計六人。此外，依憲法第二十六條第五款之規定，需選出「僑居國外之國民」代表，憲法增修條文中亦列出定額爲二十人。

至於憲法第二十六條第六、七款中所列的職業團體及婦女代表兩部分，在修憲過程中乃決定取消，但另規定婦女保障名額，爲當選人名額在五人以上十人以下者，應有婦女保障名額一名，超過十人者，每滿十人應再增加一名。但山胞名額中，則不受此一限制。因此，即使在山胞當選人六人之中，無任何一位女性當選人，亦不受限制。

在此次修憲過程中，另有一項重要規定，即增加所謂的「全國不分區名額」，在國大代表部分，規定爲八十人。此一規定原係爲保障臺灣地區的外省籍人士的權益而設計，目的在保障其參政機會，以補充地方選舉所可能出現的人口比例不符的缺憾。但在實際政治運作上，此一原意並未充分體現❷。爲了避免強化省籍意識與政治對立，無論是執政的中國國民黨或在野的民主進步黨，均未以省籍作爲提名不分區代表的主要考量。

第二條　立法院立法委員依左列規定選出之，不受憲法第六十四條之限制：
　　　一、自由地區每省、直轄市各二人，但其人口逾二十萬人者，每增加十萬人增一人；逾一百萬人者，每增加二十萬人增一人。
　　　二、自由地區平地山胞及山地山胞各三人。

❷據統計，在國民黨 60 席不分區國大代表中，有 34 位本省籍，26 位外省籍。參見李炳南〈統獨意識與臺灣的政治發展〉，《中華民國民族主義學會第二屆論文》，民 82 年 3 月 14 日。

三、僑居國外國民六人。

四、全國不分區三十人。

前項第一款每省、直轄市選出之名額及第三款、第四款各政黨當選之名額，在五人以上十人以下者，應有婦女當選名額一人，超過十人者，每滿十人應增婦女當選名額一人。

此一條文的訂定原則與第一條相仿。但立委的名額較國大代表爲少，則體現在下列三方面：

(一)地區選舉當選員額較少。依憲法第六十四條立法委員係由各省及直轄市選出，與國大代表由各縣市選出情況不同。因此在名額上亦規定較嚴，其人口逾二十萬人者，每逾十萬人才增加一名（國大代表是人口逾十萬人者，每逾十萬人即增加一名）。另外人口逾一百萬人者，每逾二十萬人方得增加一名。依此規定，在民國八十一年十二月第二屆立委選舉時，全國地區選舉出的立委總額是一百一十九名，比國大代表地區選舉總額二百一十九名，剛好少了一百名❸。

(二)僑居國外國民代表名額較少。國大代表部分爲二十名，立委部分則僅有六名，約佔其三分之一弱。

(三)不分區名額亦較少。國大部分爲八十名，立委部分則爲三十名，約佔其三分之一強。

在民國八十一年第二屆立委選舉中，各項立委選舉名額總額爲一百六十一席❹。

第三條　監察院監察委員由省、市議會依左列規定選出

❸依據此條文之規定，立法委員選區並非以縣、市爲單位，而係以省及院轄市爲名額計算基準範圍。但是爲了使各縣市皆能產生立法委員，中央選舉委員會在選區劃分時乃依照縣、市爲劃分單元，使人口較少的縣分，如澎湖、花蓮、臺東、連江、金門等，至少可以選出1席立法委員。但憲法本身的規定，仍是以省及院轄市爲單元。

❹第二屆立委選舉結果是：中國國民黨獲得101席，佔總席次62.7%（含自行參選）；民主進步黨獲得51席，佔總席次31.7%；中華社會民主黨及無黨籍獲得9席，佔總席次5.6%。在得票率方面，國民黨是61.7%（含自行參選），民進黨是36.1%（含自行參選）。但上述的數字因花蓮選舉弊案及中央選委會公告黃信介（民進黨籍）當選，而有所變更。

之，不受憲法第九十一條之限制：

一、自由地區臺灣省二十五人。

二、自由地區每直轄市各十人。

三、僑居國外國民二人。

四、全國不分區五人。

前項第一款臺灣省、第二款每直轄市選出之名額及第四款各政黨當選之名額，在五人以上十人以下者，應有婦女當選名額一人，超過十人者，每滿十人應增婦女當選名額一人。

省議員當選爲監察委員者，以二人爲限；市議員當選爲監察委員者，各以一人爲限。

　　監委名額一向較立委名額爲少，此次修憲決定以定額方式訂定名額，而非比照國大或立委部分，依人口增減而予調整。依此一設計，監委採定額，共爲五十二人。除非新增設直轄市，此一名額將不隨人口變化而調整。但是此一條文在第二階段修憲中被擱置。在增修條文第十五條中，監察院被改制爲非代議機構，不再具備國會功能，監委亦不再由省、市議會選出，而改由總統提名，經國民大會同意任命之。因此此一條文已不再具實質效力，是憲法修正條文中時效最短的一條條文。依「後法優於前法」的原則，本條文業已失其效力。（參見第十五條）

第四條　國民大會代表、立法院立法委員、監察院監察委員之選舉罷免，依公職人員選舉罷免法之規

定辦理之。僑居國外國民及全國不分區名額，
採政黨比例方式選出之。

　　關於國大、立委、監委的選舉罷免，另以選罷法規
定實施細節。憲法本身不做過為細瑣的規定。至於僑居
國外國民及全國不分區名額，則依政黨比例方式選出。
換言之，在選民以「選人」方式選出地區代表或民代之
外，還依政黨得票比例分配全國不分區及國外國民代表
名額。關於政黨比例的實施方式，依據各國實施經驗，
約略可分為下列三種：

　　㈠一票制：選民只投一票，選出地區性民意代表。
再以此選票加總，算出各政黨所得之總票數與所佔之比
例，扣除未達到「最低門檻」的政黨所得之票數，以及
無黨籍或獨立候選人之票數，算出各政黨應分得之政黨
比例，以比例分配政黨席次。目前中華民國即採取此制。
政黨得分配政黨議席之「最低門檻」，則訂為總選票的百
分之五。

　　㈡兩票不得轉換制：選民分別投兩票，第一票投給
地區候選人，第二票投給各政黨。亦即一票「選人」，另
一票「選政黨」。通常在投給各政黨的第二票中，會將各
政黨安排之政黨代表名單依次列出，但選民對此一次序
無法再做選擇，只能選政黨，而無法影響到政黨代表名
單本身的排行次序。目前德國的選舉制度即採此制❺。

　　㈢比例代表可轉換制：在政黨代表名單這一張選票
上，選民不但可以選政黨，而且可以在政黨代表名單的
次序上，選擇自己偏好的次序。因此，選民無論是對地

❺參見謝復生著，《政黨比例代表制》（臺北：理論與政策雜誌社，民81年），第7章。

❻義大利的選舉制度極為複雜，以國會議員選舉為例，全國分為31個選區，每一選區席次自2席至53席不等，選舉分為二階段。第一階段係根據各政黨在每一選區中的得票，依比例分配議席。第二階段再將比例代表分配後剩餘之議席（在1987年大選時，在630席國會議員席次之中，共有90席係第一階段分配後剩餘之議席），依各政黨在全國之總得票數，做一分配。不過各政黨至少必須在全國共得到三十萬票，並至少在某一選區中獲得1個議席，始能分配此一全國性名額。

區候選人或政黨代表名單，均可表達自己的偏好，但此一制度在實行上較為複雜，選民亦較不易適應，實施此一制度的國家有義大利❻。

　　㈣一票可轉換制：選民可投給一位或多位候選人，而且在多位候選人中，可依據選民個人偏好，決定其優先次序。目前愛爾蘭即實施此一制度。在國會選舉中，全國分為四十一個選區，每一選區可選出三至五位候選人。透過此種制度，亦可達到部分的比例代表制的效果。

　　目前我國實施的是一票制，今後則可能朝兩票制方向做修正。至於政黨得票的「最低門檻」，也有可能會降低，以利新興小黨的發展❼。

第五條　國民大會第二屆國民大會代表應於中華民國八十年十二月三十一日前選出，其任期自中華民國八十一年一月一日起至中華民國八十五年國民大會第三屆於第八任總統任滿前依憲法第二十九條規定集會之日止，不受憲法第二十八條第一項之限制。

依動員戡亂時期臨時條款增加名額選出之國民大會代表，於中華民國八十二年一月三十一日前，與國民大會第二屆國民大會代表共同行使職權。

立法院第二屆立法委員及監察院第二屆監察委員應於中華民國八十二年一月三十一日前選出，均自中華民國八十二年二月一日開始行使職務。

在上述的選舉中，選民可以表示個人對候選人的偏好。他可以將某些候選人的名字劃掉，或對某些候選人表示特別的偏好。參見：Francis Jacobs, "Italy," in *Western European Political Parties: (A Comprehensive Guide,* Longmanpub 1989)。但是上述之選舉制度，在 1993 年 4 月以後，可能將面臨重大變革。在 4 月 18 日舉行的公民複決中，將決定改變比例代表制，並規定每一政黨在一選區內只能推出一位候選人，而且在參議院選舉中，¾ 的席次將由跨過得票門檻而獲得最高票的候選人當選，其餘¼席次則仍由比例代表制產生。如果上述方案獲得通過，義大利國會兩院的選舉制度均將改變。見《聯合報》，臺北，民 82 年 4 月 2 日，第 9 版。

❼部分論者主張應維持 5%得票率的「政黨最低得票門檻」，有的則主張應降至 1%，有的則認為降為 2.5%應為合理。但是朝野二大主要政黨，國民黨與民進黨多主張應維持較高之門檻，其他在野小黨則力主大幅度降低。若參考❻中有關之義大利經驗，並參考臺灣地區之人口數，此一門檻數字應可定為十五萬人左右，亦即得票率 1.5～2%之間。但若係基於穩定兩黨制，杜絕多黨制的考量，則可能需提高此一門檻標準。

　　由於第一階段修憲是由資深國大着手，爲顧及其代表之民意不足，乃界定爲「程序修憲」，至於「實質修憲」，則應由新選出的第二屆國大着手。修憲條文第五條乃規定第二屆國大代表應於民國八十年年底前選出，任期自民國八十一年一月一日起，至第三屆國大選出，並集會時爲止。但因修憲時準備工作相當倉促，本條文第一段文字不通，文字亦過於冗長，「其任期自中華民國八十一年……集會之日止」，全句長達五十七字，但語意仍未充分表達，今後若有第三階段修憲，此段文字宜重組修正之。

　　本條文第二段是規定增額國大之任期，至民國八十二年一月三十一日爲止，過了此日之後，就完全由新選出的第二屆國大代表行使職權。

　　本條文第三段則明訂第二屆立委與監委均應於民國八十二年一月底之前選出，並自民國八十二年二月一日起開始行使職務。換言之，中華民國的政治體制自民國八十二年二月一日起，已進入正式的民主新紀元。所有的資深民代、增額民代，均不再執行其職權，而完全由第二屆的中央民代，代表全新的民意，並擔負起監督國家與政府的職責。

第六條　國民大會爲行使憲法第二十七條第一項第三款之職權，應於第二屆國民大會代表選出後三個月內由總統召集臨時會。

　　本條文係爲確保第二階段修憲得以順利召開，乃規定國民大會爲行使憲法第二十七條第一項第三款之職權，亦即完成修憲任務，應於第二屆國大代表選出後三個月內由總統召集臨時會。而此項任務，已在民國八十一年五月二十七日完成，並通過八條憲法增修條文。

　　上述六條條文均係程序性之修憲條文，亦合乎資深國大代表只做「程序修憲」之原旨。但從第六條以下，修憲性質卻有所不同，也引發較多之爭議。

第七條　　總統爲避免國家或人民遭遇緊急危難或應付財政經濟上重大變故，得經行政院會議之決議發布緊急命令，爲必要之處置，不受憲法第四十三條之限制。但須於發布命令後十日內提交立法院追認，如立法院不同意時，該緊急命令立即失效。

　　依據憲法第四十三條之規定，「國家遇有天然災害、癘疫，或國家財政經濟上有重大變故，須爲急速處分時，總統於立法院休會期間，得經行政院會議之決議，依緊急命令法，發布緊急命令，爲必要之處置。但須於發布命令後一個月內，提交立法院追認，如立法院不同意時，該緊急命令立即失效。」此一條文明白指出，發布緊急命令，須經行政院會議之決議，同時亦須獲得立法院之同意。憲法第六十三條亦規定，立法院有議決戒嚴案及國家其他重要事項之權。憲法第五十七條第二款亦規定，立法院對於行政院之重要政策不贊同時，得以決議移請

行政院變更之。依上述各條文規定，行政院發布緊急命令或戒嚴令，均需尊重立法院之意願。但若係立法院休會期間所發布之命令，則須在發布命令後一個月內，提交立法院追認。若立法院不同意，則該緊急命令立即失效。

增修條文第七條，則排除上述憲法條文之限制，規定即使是在立法院開會期間，行政院仍得經行政院會議之決議，發布緊急命令。而無須立即得到立法院之同意。但是在發布命令後十日內，仍須提交立法院追認，如立法院不同意，該緊急命令依然無效。此一新規定，一方面賦與行政院較大的緊急命令處分權，另一方面仍將此一期間界定爲十日，不致造成民主監督過程中斷太久。但究係實質修憲內涵，而非程序規定而已。

第八條　動員戡亂時期終止時，原僅適用於動員戡亂時期之法律，其修訂未完成程序者，得繼續適用至中華民國八十一年七月三十一日止。

此條文係程序性規定。規定僅適用於動員戡亂時期的法律，必須在民國八十一年七月底以前完成修訂程序，否則均將喪失法律效力。這是徹底根絕僅適用於動員戡亂時期法律規範效力的一項新規定。

第九條　總統爲決定國家安全有關大政方針，得設國家安全會議及所屬國家安全局。
行政院得設人事行政局。

前二項機關之組織均以法律定之，在未完成立法程序前，其原有組織法規得繼續適用至中華民國八十二年十二月三十一日止。

在動員戡亂時期所設置的國家安全會議、國家安全局及行政院人事行政局，原不具備法定地位，並被批評為「違憲機關」，但在修憲之後，正式列入憲法中，因而獲得了法定地位，不再係違憲的設施了。但國安會與國安局的組織法，必須在民國八十二年年底以前立法完成，換言之，雖然此二機構並不對立法院負責，但仍需受到立法院的立法規範。至於其實際組織配置及具體職權，則視立法院的運作情況而定❽。

第十條　自由地區與大陸地區間人民權利義務關係及其他事務之處理，得以法律為特別之規定。

此係第一階段修憲中的一項特色，即明白規定自由地區與大陸地區人民受到不同的法律規範的保護。民國八十一年七月三十一日，並據此而制定公布「臺灣地區與大陸地區人民關係條例」。其中規定，大陸地區係指「臺灣地區以外之中華民國領土」，而大陸地區人民則係指「在大陸地區設有戶籍或臺灣地區人民前往大陸地區居住逾四年之人民」。另外在「施行細則」中亦規定，「大陸地區，包括中共控制之地區及外蒙地區」。換言之，大陸地區之指涉，仍以憲法原先之規範為準據❾。

❽關於國安會的職掌，目前有三種不同的界定，第一是定位為決策機構，第二是定位為幕僚機構，第三則係行政機構。其中以支持第一種者居多，第三種支持者最少。但若將其定位為決策機構，其成員又包括總統、副總統、行政院長及國防、外交、內政等部部長，則一旦總統與行政院長為不同黨籍時，此一機構將難以發揮實際功能。若總統與行政院長為同一黨籍，則行政院長是否又必須聽命於總統及國安會的指令，因而轉變為總統個人的幕僚長，而不再是「最高行政首長」，這亦是引人爭議的問題。由此可以看出設置此一機構的爭議性及複雜性。

❾在憲法中新添入此一條文的目的之一，是規範臺灣地區與大陸地區人民的不同法律地位，使兩者享有之權利與義務皆有不同之規範。這亦是一方面既保持中華民國憲法對大陸地區的主權宣示，另一方面又得以特別顧及臺灣地區民眾權益的一項措施。

貳、第二階段的修憲內容

在上述十條條文修訂完成後，第一階段憲政改革工作即告終了。民國八十年年底，資深民代集體退職，第二屆國大代表選出，繼續着手第二階段的憲政改革工作，並完成了八條修憲條款。由於在此一階段政府本身的態度、輿論與民意變化甚大，直選總統的呼聲甚高，因此對於國民大會、監察院等機構職權均做了重大調整，也因而導致修憲條文的內容益趨複雜，而且部分條文的規定，已推翻了第一階段修憲條文的原先規定。由此也體現了政治情勢的變動實況。以下將做逐條之分析。

第十一條　　國民大會之職權，除依憲法第二十七條之規定外，並依增修條文第十三條第一項、第十四條第二項及第十五條第二項之規定，對總統提名之人員行使同意權。

前項同意權之行使，由總統召集國民大會臨時會為之，不受憲法第三十條之限制。

國民大會集會時，得聽取總統國情報告，並檢討國是，提供建言；如一年內未集會，由總統召集臨時會為之，不受憲法第三十條之限制。

國民大會代表自第三屆國民大會代表起，每四年改選一次，不適用憲法第二十八條第一

項之規定。

　　由於總統選舉方式將朝直選方式修正，國民大會職權乃面臨根本調整。經過政治協商結果，乃決定將原屬監察院的同意權，轉交給國民大會，亦即將原先對考試院院長、副院長、考試委員，以及司法院院長、副院長、大法官等之同意權，自監察院移轉至國民大會，由總統提名，經國民大會同意而任命。而爲行使上述各項同意權，憲法第三十條之規定，必需做一修正。因此修憲乃規定，「不受憲法第三十條之限制」。

　　爲了獲取國大代表的支持，使其允諾自行修憲取消選舉總統的權利，使總統藉由全民直選產生，在此條文中，乃加入了國大集會時「聽取總統國情報告，並檢討國是，提供建言」的權利。此外，國大集會也改爲每年至少一次，不再受憲法第三十條規定之限制。

　　另外，爲使總統、副總統、國大代表等任期一致，本條文中亦將國代任期自六年縮短爲四年。但係自第三屆國代開始實施。

　　國民大會職權在經過上述的修正後，其具體法定職權包括下列各項：

　　㈠國土變更決議權。（根據憲法第四條）

　　㈡修改憲法。（根據憲法第廿七條）

　　㈢複決立法院所提之憲法修正案。（根據憲法第廿七條）

　　㈣被凍結之創制、複決兩權。（根據憲法第廿七條）

　　㈤對司法院院長、副院長、大法官之任命行使同意

權。(根據增修條文第十一條及十三條)

㈥對考試院院長、副院長、考試委員之任命行使同意權。(根據增修條文第十一條及十四條)

㈦對監察院院長、副院長、監察委員之任命行使同意權。(根據增修條文第十一條及十五條)

至於憲法第二十七條規定的選舉、罷免總統、副總統的權利，則因修憲工作尙未完成，總統選舉方式尙未定案，因此國大代表是否仍具選舉、罷免權利，目前並不明朗。

雖然國大代表的任期縮短爲四年，而且選舉總統的權利亦可能取消，但國民大會改爲每年至少集會一次，並對司法、考試、監察三院高層人事行使任命同意權，卻將造成幾項制度性的困擾❶：

㈠國大原係「政權」機關，其原屬職權如修憲，選舉、罷免總統、副總統，領土疆域之變更等，均係牽涉到「國家」層次的重大事務，與負責「政府」事務的「治權」機關並不相同。因此在修憲中增列國大對司法、考試、監察三院高層人事的同意權，實不相宜。一方面這已混淆了「政權」、「治權」的分際，另一方面則使國民大會的任務複雜化，負擔了過多的「國會」功能。此三項人事同意權，實應交由立法院負責，始能發揮民意監督的實質功能。

㈡國民大會實係「國民代表大會」，嚴格而論，它並非政府的一部分，亦非「第二國會」。因此，以國大的職權及屬性而論，實不宜經常性的召開，更不宜檢討國是，侵害到立法院的基本權限。如果國民大會經常召開，並

❶參見陳春生〈國民大會是不是國會〉，《自立晚報》，民82年2月3日。董翔飛〈國大職能變遷與國大定位之互動關係〉，《政治評論》603期，民國82年3月號，頁10-11。

進行修憲、變更領土疆域、或行使同意權，則意味著國家基本體制經常面臨著調整，這絕非憲政常態，反而意味著「國無寧日」。事實上，國大目前甚至有設置「議長」的擬議，如果眞的使國民大會變成常態運作的議會，這勢將造成體制性的嚴重紛擾，並形成立法院與國民大會彼此對立的現象。

㈢國大代表原應係「無給職」，只有在開會期間得領取部分報酬，但在修憲之後，由於國大需經常集會，不少國大代表要求給予固定的薪酬，並比照立法委員、監察委員的待遇，結果引致社會強烈的反彈。司法院大法官會議特別就此做了解釋，規定應爲「無給職」，始平息此一爭議。

綜上所述，修憲之後國民大會的定位及角色問題已日趨複雜，如果國大本身還要透過修憲方式進一步擴張其職權，或變成一經常性開會的議會，則憲政體制就將出現嚴重的紛擾了。

第十二條　總統、副總統由中華民國自由地區全體人民選舉之，自中華民國八十五年第九任總統、副總統選舉實施。

前項選舉之方式，由總統於中華民國八十四年五月二十日前召集國民大會臨時會，以憲法增修條文定之。

總統、副總統之任期，自第九任總統、副總統起爲四年，連選得連任一次，不適用憲法第四十七條之規定。

總統、副總統之罷免，依左列規定：

一、由國民大會代表提出之罷免案，經代表總額四分之一之提議，代表總額三分之二之同意，即爲通過。

二、由監察院提出之彈劾案，國民大會爲罷免之決議時，經代表總額三分之二之同意，即爲通過。

副總統缺位時，由總統於三個月內提名候選人，召集國民大會臨時會補選，繼任至原任期屆滿爲止。

總統、副總統均缺位時，由立法院院長於三個月內通告國民大會臨時會集會補選總統、副總統，繼任至原任期屆滿爲止。

在第二階段修憲中，最受爭議的一項問題，即是總統應該如何選舉產生？其中主要有三種見解：第一種見解係主張採取「委任直選」方式，由選民投票給國大代表，再由國大代表依選民委任之意旨投給總統、副總統候選人。其中規定，國大代表候選人應在選舉前應先公佈他個人支持那一組總統、副總統候選人，而且在實際進行總統選舉時，亦依照此一承諾而投票，否則其投票將視爲無效。此種見解亦可簡稱爲「委選」。

第二種見解則主張採取公民直選，而不接受由國大代表行使委任投票的主張，此外亦不接受美國式或芬蘭式的「選舉人團」設計。此種主張亦與一般盛行於拉丁美洲的直選總統無異。此種見解亦簡稱爲「直選」❷。

❷持直選主張者，往往誤解美國之總統選舉係直接選舉，並且以爲美國透過選舉人團(electoral college)選舉總統，實與直選無異。事實上，美國總統採「選舉人團」間接選舉方式，其結果之性質及意義與直選完全不同。參見周陽山〈選舉人團與美國總統選舉〉，《美國月刊》，第8卷第2期，民82年2月，頁42-52。

第三種見解則係保留原憲法之規定，由國民大會代表依其個人意願，行使法定職權。此亦可稱之爲「回歸憲政」。

在上述三種見解中，多數國大代表原以支持第一種「委選」者最多，主張實施「直選」者次之，支持第三種「回歸憲政」者較少。但因「委任選舉」的規定較爲複雜，且當代採取「委任投票」的制度設計亦不多見，因此執政的國民黨中央在修憲前決定放棄，改採人民直選方案。但因黨內反對意見頗衆，在修憲時無法達成一致共識，乃決議拖延至民國八十四年五月二十日以前，再召集臨時會，商議解決。但由「中華民國自由地區人民選舉」，則無庸置疑。只是究竟是採「委任直選」或「人民直選」，則尚未定案。換言之，「回歸憲政」的第三案主張已經不可能實現。未來將在第一及第二種主張間做一選擇，或決定一折衷方案採擇之。

除了總統選舉的方式已確定改變外，總統任期亦自過去的六年一任縮短爲四年一任，得連任一次。

至於對總統的罷免規定，則將其嚴格化。憲法第一百條規定：「監察院對於總統、副總統之彈劾案，須有全體監察委員四分之一以上之提議，全體監察委員過半數之審查及決議，向國民大會提出之。」而「總統副總統選舉罷免法」第九條則規定，對上述之罷免案，國民大會採無記名投票，需達國大代表總額過半數，方得通過，並罷免之。至於國大代表本身提出罷免案，則需由國大代表總額六分之一以上，簽名、蓋章，方得提出。通過條件則亦爲總額過半數，方得通過。

　　在此次修憲中，則將上述兩種罷免方式的條件均規定得更嚴格，由國民大會代表提出之罷免案，需經代表四分之一之提議（原法律規定是「六分之一」），經代表總額三分之二之同意（原規定是「過半數」），方得通過。另外監察院對於總統、副總統的彈劾案，須經全體監察委員過半數之提議（原憲法之規定是「四分之一」），全體監察委員三分之二以上之決議（原憲法之規定是「過半數」），向國民大會提出。(參見憲法修定條文第十五條)而且當國民大會為罷免之決議時，需經代表總額三分之二之同意（原規定是「二分之一」），方得通過。由此可以看出彈劾及罷免的要件，均轉趨嚴格。

第十三條　司法院設院長、副院長各一人，大法官若干人，由總統提名，經國民大會同意任命之，不適用憲法第七十九條之有關規定。
　　　　　司法院大法官，除依憲法第七十八條之規定外，並組成憲法法庭審理政黨違憲之解散事項。
　　　　　政黨之目的或其行為，危害中華民國之存在或自由民主之憲政秩序者為違憲。

　　由於監察院性質轉變，不再具備同意權，司法院院長、副院長及大法官的同意權，轉交由國民大會行使。(參見修憲條文第十一條)

　　在此次修憲中，特別規定，應由大法官組成憲法法庭，審理政黨違憲之解散事項。由於此一規定，則使政

黨是否違憲的爭議，得由行政機構轉移至司法機構，強化了其中的公正性與客觀性。至於政黨違憲的定義，則明白定為「政黨之目的或其行為，危害中華民國之存在或自由民主之憲政秩序者」❸，定義雖然十分清晰，但由於事實上存在著以「終結中華民國」為目的之政黨，因此將此一違憲定義直接明定在憲法條文之中，似有強制解散意味，也使憲法法庭在裁量時，較缺乏彈性。

❸此條文與德國基本法之規定雷同。德國基本法第 21 條載明：「政黨依其目的及其黨員之行為，意圖損害或廢除自由、民主之基本秩序或意圖危害德意志聯邦共和國之存在者，為違憲。其有無違憲問題由聯邦憲法法院決定之。」引自張世賢編，《比較憲法與政府資料選輯》，（臺北：臺灣省公共行政學會，民 78 年），頁 90。

第十四條　考試院為國家最高考試機關，掌理左列事項，不適用憲法第八十三條之規定：

一、考試。

二、公務人員之銓敘、保障、撫卹、退休。

三、公務人員任免、考績、級俸、陞遷、褒獎之法制事項。

考試院設院長、副院長各一人，考試委員若干人，由總統提名，經國民大會同意任命之，不適用憲法第八十四條之規定。

憲法第八十五條有關按省區分別規定名額，分區舉行考試之規定，停止適用。

關於考試權的爭議，在本書前章有關考試權的憲改爭議中，已有詳述。修憲的結果，是簡化考試院的權限，其中保留了對考試、銓敘、保障、撫卹、退休等事項的掌理，取消了有關養老的權限。另外公務人員的任免、考績、級俸、陞遷、褒獎等事項，則僅保留其中有關法制部分的權限，至於實際的執行權限則不再歸考試院掌

理。

　　至於考試院院長、副院長、考試委員的同意權行使，因監察院職權的改變，改由國民大會行使。(參見修憲條文第十一條)

　　此外，倍受爭議的國家考試按省區分別規定名額的第八十五條部分條文，也在此次修憲中決定停止適用。

第十五條　監察院爲國家最高監察機關，行使彈劾、糾舉及審計權，不適用憲法第九十條及第九十四條有關同意權之規定。

　　監察院設監察委員二十九人，並以其中一人爲院長、一人爲副院長，任期六年，由總統提名，經國民大會同意任命之。憲法第九十一條至第九十三條、增修條文第三條，及第四條、第五條第三項有關監察委員之規定，停止適用。

　　監察院對於中央、地方公務人員及司法院、考試院人員之彈劾案，須經監察委員二人以上之提議，九人以上之審查及決定，始得提出，不受憲法第九十八條之限制。

　　監察院對於監察院人員失職或違法之彈劾，適用憲法第九十五條、第九十七條第二項及前項之規定。

　　監察院對於總統、副總統之彈劾案，須經全體監察委員過半數之提議，全體監察委員三分之二以上之決議，向國民大會提出，不受

憲法第一百條之限制。

監察委員須超出黨派以外，依據法律獨立行使職權。

憲法第一百零一條及第一百零二條之規定，停止適用。

在修憲過程中，監察院的屬性、定位及選舉方式，變動甚大。在第一階段修憲中，決定了監察委員的名額及選舉方式（見增修條文第三條）。但在第二階段修憲中，決定廢止是項規定，將監察委員改由總統提名，經國民大會同意任命之。增修條文第三條、第四條及第五條有關監察委員之規定，在公布一年之後，即告失效。（第一階段修憲後於民國八十年五月一日由總統令公布十條條文，第二階段則於民國八十一年五月二十八日，由總統令公布八條條文，兩者相距僅一年又二十八日。）

而監察院的職權，也做了重大調整，同意權部分完全取消，並移轉由國民大會行使。而彈劾權的行使，也出現幾項的主要改變：

㈠憲法第九十八條規定，「監察院對於中央及地方公務人員之彈劾案，須經監察委員一人以上之提議，九人以上之審查及決定，始得提出」。在修憲後改為「須經監察委員二人以上之提議，九人以上之審查及決定，始得提出」。

㈡增列監察院對監察院人員失職或違法彈劾之規定。換言之，監察權之行使，不僅包括行政院及其各部會（見憲法第九十五條、九十六條）、司法院及考試院（見

憲法第九十九條), 以及中央及地方公務人員(見憲法第九十七條、九十八條), 而且亦及於監察院本身。

㈢憲法第一百條規定,「監察院對於總統、副總統之彈劾案, 須有全體監察委員四分之一以上之提議, 全體監察委員過半數之審查及決議, 向國民大會提出之」。修憲後將彈劾條件規定得更為嚴格, 改為「須經全體監察委員過半數之提議, 全體監察委員三分之二以上之決議, 向國民大會提出, 不受憲法第一百條之限制」。這是為了對應監察委員人數銳減之後, 原彈劾條件可能過於簡易, 而改變規定的新條件。

在監察院調整職權的同時, 憲法第一百零一條、一百零二條有關監察委員言論免責權及不受逮捕或拘禁(現行犯除外)的規定, 亦停止適用。換言之, 在修憲之後, 監察委員將不再保有國會議員的言論免責權及免受逮捕拘禁的特權。而監察委員行使職權時也必須以保密為原則, 不必再以公開會議方式進行❹。

在本條文中, 將監察委員名額設定為二十九人, 也是其他憲法條文中少見的規定。例如憲法第七十九條規定「司法院設大法官若干人」, 第八十四條亦規定「考試委員若干人」, 再由相關之組織法規定詳細名額。若在憲法本文中做具體規定, 不但喪失彈性, 而且遇缺員時必須補齊。例如在民國八十二年初國民大會行使監察委員同意權時, 即有四位候選人未獲同意, 由於監委定額已明文載入憲法, 因此必須由總統再行提名, 補足餘額, 送請國民大會第二度行使同意權。這亦可視為此次修憲時在文字處理上的一項特別安排❺。

❹關於監察委員言論免責權的取消問題, 以及監察院改制的爭議, 陶百川、胡佛、文崇一等16位專家學者, 在民81年3月8日發表〈修憲前夕我們對憲政體制與權力之爭的看法〉, 強烈質疑此一修憲趨向, 並指出:「設若監察院不再是國會, 監察委員就不能再享有那些保障國會議員的言論免責權, 亦不能適用人身保障的規定。請問, 那些大官惡吏誰敢去糾舉他們, 誰又敢去彈劾他們」。此外, 這一聲明也反對將監委改由總統提名, 取消選舉人的規定。

❺此一安排, 係為了避免監察委員反彈, 因此乃放棄以修定監察院組織法, 在組織法中明定員額的舊規, 而採取以憲法明文規定這一方式。

第十六條　增修條文第十五條第二項之規定，自提名第
　　　　　二屆監察委員時施行。

　　　　　第二屆監察委員於中華民國八十二年二月一
　　　　　日就職，增修條文第十五條第一項及第三項
　　　　　至第七項之規定，亦自同日施行。

　　　　　增修條文第十三條第一項及第十四條第二項
　　　　　有關司法院、考試院人員任命之規定，自中
　　　　　華民國八十二年二月一日施行。中華民國八
　　　　　十二年一月三十一日前之提名，仍由監察院
　　　　　同意任命，但現任人員任期未滿前，無須重
　　　　　新提名任命。

　　　本條係就監察院改制與監察委員產生方式改變後的
程序性問題，做一規範，並規定就職的日期及法條生效
日期。另外則規定司法院、考試院人員之任命，不溯及
既往，現任人員任期未滿前，無須重新提名任命。

第十七條　省、縣地方制度，應包含左列各款，以法律
　　　　　定之，不受憲法第一百零八條第一項第一款、
　　　　　第一百十二條至第一百十五條及第一百二十
　　　　　二條之限制：
　　　　　一、省設省議會、縣設縣議會，省議會議員、
　　　　　　　縣議會議員分別由省民、縣民選舉之。
　　　　　二、屬於省、縣之立法權，由省議會、縣議
　　　　　　　會分別行之。

三、省設省政府，置省長一人，縣設縣政府，
置縣長一人，省長、縣長分別由省民、
縣民選舉之。

四、省與縣之關係。

五、省自治之監督機關爲行政院，縣自治之
監督機關爲省政府。

　　本條係此次修憲中重要的法制規範之一，亦即「地
方自治法制化」的相關規定。

　　依據憲法第一百零八條第一項第一款，「省縣自治通
則」應由中央立法並執行之，或交由省縣執行之。但是
由於「省縣自治通則」始終未能制定，地方自治的實施
受到法條規定的圍限，因此在修憲時乃決議不受憲法第
一百十二條、一百十三條、一百十四條、一百十五條、
一百二十二條等之限制，亦即在不召開省民代表大會及
未制定省自治法的情況下，逕行開放省長民選。縣的情
況亦同。在上述新的規範下，省、縣議會議員的選舉，
省、縣的立法權，省、縣長的民選，以及省與縣的關係，
均將以法律定之。據此，政府乃正在着手「省縣自治法」
的草擬工作，同時根據憲法第一百十八條，亦同時着手
「直轄市自治法」的草擬。

　　在本條文中，另外特別規定，省自治之監督機關爲
行政院，縣自治之監督機關爲省政府。確定了省、縣自
治必須受到上級機關的監督，以免造成下級政府獨行其
是，上級政府無權置喙的現象。

第十八條　國家應獎勵科學技術發展及投資，促進產業
　　　　　升級，推動農漁業現代化，重視水資源之開
　　　　　發利用，加強國際經濟合作。
　　　　　經濟及科學技術發展，應與環境及生態保護
　　　　　兼籌並顧。
　　　　　國家應推行全民健康保險，並促進現代和傳
　　　　　統醫藥之研究發展。
　　　　　國家應維護婦女之人格尊嚴，保障婦女之人
　　　　　身安全，消除性別歧視，促進兩性地位之實
　　　　　質平等。
　　　　　國家對於殘障者之保險與就醫、教育訓練與
　　　　　就業輔導、生活維護與救濟，應予保障，並
　　　　　扶助其自立與發展。
　　　　　國家對於自由地區山胞之地位及政治參與，
　　　　　應予保障；對其教育文化、社會福利及經濟
　　　　　事業，應予扶助並促其發展。對於金門、馬
　　　　　祖地區人民亦同。
　　　　　國家對於僑居國外國民之政治參與，應予保
　　　　　障。

　　本條文主要係對憲法第十三章「基本國策」中第三
節「國民經濟」、第四節「社會安全」、第五節「教育文
化」、第六節「邊疆地區」等相關內容之補充。由於國民
大會不願讓增修條文的條文數增加太多，因此乃將各種
不同的基本國策內涵合併於同一條文中。其中包含下列
幾種不同的內容：

㈠在國民經濟方面，包括：1.獎勵科學技術發展及投資，促進產業升級；2.推動農漁業現代化；3.重視水資源之開發利用；4.加強國際經濟合作；5.經濟及科學技術發展，應與環境及生態保護兼籌並顧。此係對憲法第十三章第四節之補充。

㈡在社會安全方面，包括：1.推行全民健康保險；2.促進現代和傳統醫藥之研究發展；3.維護婦女之人格尊嚴，保護婦女之人身安全；4.消除性別歧視，促進兩性地位之實質平等；5.對於殘障者之保險與就醫、教育訓練與就業輔導、生活維護與救濟，應予保障，並扶助其自立與發展。此係對憲法第十三章第四節之補充。

㈢在少數民族及特殊地區方面，包括：1.對於自由地區山胞之地位及政治參與，應予保障；2.對於山胞的教育文化、社會福利及經濟事業，應予扶助並促進其發展；3.對於金門、馬祖地區人民亦如同山胞，應予保障與扶助。上述三點，均係原憲法中所無之規定，乃針對自由地區的特定情況而增列。但臺灣原住民領袖中，不少人對於增修條文中未能使用「原住民」一詞，而仍延用舊稱「山胞」，則頗有不滿，並要求政府應採納「原住民」此一稱呼❻。

㈣在海外僑民方面，憲法第一百五十一條原已就發展僑民經濟，做了規範。本條文中，則進一步明文保障其參政權利及機會。使得僑民參政權，獲得正式的憲法位階。

❻原住民(aboriginal)，亦即土著居民,如加拿大的愛斯基摩人、美國的印地安人、紐西蘭的毛利人，意指在主體民族遷入前即居於該地的土著民族。臺灣地區的原住民,係指在漢人大量移居前,即已居住甚久的土著民族。包括平埔、泰雅、賽夏、布農、曹、魯凱、排灣、卑南、阿美、雅美、泰魯閣等族，其中平埔族早已漢化。原住民各族總人口約三十萬人，其中以雅美族人口最多。

叁、第三階段的修憲內容

　　民國八十三年八月一日，總統公布了第三階段修憲的條文。由於第一階段已完成了十條憲法增修條文，第二階段又已完成了八條憲法增修條文，在短短兩年間即已完成了十八條，其中第一、第二、第三、第四、第五條均因憲改方向的轉變而失效；另外第六、第八、第十六條則屬程序條款，也因時效原因而成具文。因此，國民黨修憲小組乃否定了原先所採取的「美國式修憲」的原則，亦即逐次增加新的增修條文，自第十九條起增加新的修憲條文。相反的，修憲小組卻將第一、第二兩階段的十八條一筆勾銷，重整為新的十條，並從零開始計算。換言之，在第三階段修憲之後，原先的十八條增修條文已不存在，而改為新的十條。以後若有新的增修條文，到底是從第十一條算起，還是再併入這現有的十條條文，則未可知。

　　這種詭異的修憲方式，在民主憲政國家並無先例可循，既違反了「美國式修憲」──逐條增列的原則；亦不同於「法國第五共和式修憲」──直接修正不適用之憲法條款。而且此種對修憲條文再重新修正、統整的修憲方式，只要多實施幾次，修憲的過程即會趨於混淆，也會造成國人對憲法變遷的內容及歷史沿革不易捉摸。而造成此種修憲方式的成因，則主要在於下列幾項理由：

　　㈠憲改方向不明確。由於三個階段的修憲目的各不相同，事前並無具體、確定的修憲方向，使得前一階段

的修憲條文，不到一兩年時間即已變得不合時宜，這也是何以在兩次修憲後，十八條增修條文之中，即已有七條條文出現瑕疵或失效的主因；爲了彌補此一缺憾，修憲小組才有取消十八條，另以新十條取代的決議。

(二)爲特定政治人物與政治目的而修憲。在第一階段修憲時，原係以「回歸憲法」、「結束動員戡亂體制」爲目的，因此除了有關國民大會、立法院、監察院等選舉之規範，以及國家安全會議、國家安全局與人事行政局之設置法源外，並無太多與原憲法條文衝突之規定。但是到了第二階段修憲時，卻爲了總統選舉與罷免問題，以及國民大會職權之調整，而造成整個憲政體制的混亂。其中尤以彈劾與罷免總統條件之嚴格化、監察院性質的調整、國民大會選舉權之取消，以及同意權之增加等項，最受爭議。這些新增添的規範不但造成「權能區分」理念的混淆、制衡機制的錯亂，而且也造成總統「有權而無責」，這些均係十分不合憲政主義原理的制度規劃。但是，在上述的修憲任務完成後，修憲工作卻如脫韁之馬，難以駕馭。目前已有國大代表和朝野政黨進一步主張應將憲政體制修正爲「總統制」，並取消國民大會，或將其改爲「第二院」，此外，還有根本取消監察院、考試院之擬議。這些修憲建議和第二階段的修憲任務一樣，均不脫爲特定政治人物或政治目的修憲之嫌，結果則造成修憲工作前後失據，也造成修憲條文迅速失去時效性，而且必須一修再修，最後乾脆全部重組，重新開始。

(三)朝野政黨共識未立，修憲過程一再出現變數。由於朝野各主要黨派對憲政體制、國家定位、兩岸關係均

有迥異的看法，而國民黨內也對憲政改革的幅度出現紛
歧，導致修憲過程中不斷出現暴力衝突和武打場面。在
此種混亂不安的情勢下，許多應形諸規範的憲改擬議，
只有暫時擱置，留到下一階段再視情勢修正。其中尤以
立法委員的任期（維持一任三年或比照總統、國大代表，
改為一任四年），最為明顯，但終因國大代表間的共識未
立，而未能成為修憲之內容，但也造成「選舉頻仍」現
象無法改變的困境。

　　但是，儘管在修憲內容與體例上，第二、三階段的
修憲出現了重大的瑕疵，但新修正的十條條文卻有其法
制上的正當性，也必須為國人所遵循。茲現就各條之條
文，做逐一的解析。

第一條　國民大會代表依左列規定選出之，不受憲法第
　　　　二十六條及第一百三十五條之限制：
　　　　一、自由地區每直轄市、縣市各二人，但其人
　　　　　　口逾十萬人者，每增加十萬人增一人。
　　　　二、自由地區平地原住民及山地原住民各三
　　　　　　人。
　　　　三、僑居國外國民二十人。
　　　　四、全國不分區八十人。
　　　　前項第三款及第四款之名額，採政黨比例方式
　　　　選出之。第一款每直轄市、縣市選出之名額及
　　　　第三款、第四款各政黨當選之名額，在五人以
　　　　上十人以下者，應有婦女當選名額一人，超過
　　　　十人者，每滿十人應增婦女當選名額一人。

國民大會之職權如左，不適用憲法第二十七條第一項第一款、第二款之規定：

一、依增修條文第二條第七項之規定，補選副總統。

二、依增修條文第二條第九項之規定，提出總統、副總統罷免案。

三、依增修條文第二條第十項之規定，議決監察院提出之總統、副總統彈劾案。

四、依憲法第二十七條第一項第三款及第一百七十四條第一款之規定，修改憲法。

五、依憲法第二十七條第一項第四款及第一百七十四條第二款之規定，複決立法院所提之憲法修正案。

六、依增修條文第四條第一項、第五條第二項、第六條第二項之規定，對總統提名任命之人員，行使同意權。

國民大會依前項第一款及第四款至第六款規定集會，或有國民大會代表五分之二以上請求召集會議時，由總統召集之；依前項第二款及第三款之規定集會時，由國民大會議長通告集會，國民大會設議長前，由立法院院長通告集會，不適用憲法第二十九條及第三十條之規定。

國民大會集會時，得聽取總統國情報告，並檢討國是，提供建言；如一年內未集會，由總統召集會議為之，不受憲法第三十條之限制。

國民大會代表自第三屆國民大會代表起，每四

年改選一次，不適用憲法第二十八條第一項之
規定。

國民大會第二屆國民大會代表任期至中華民國
八十五年五月十九日止，第三屆國民大會代表
任期自中華民國八十五年五月二十日開始，不
適用憲法第二十八條第二項之規定。

國民大會自第三屆國民大會起設議長、副議長
各一人，由國民大會代表互選之。議長對外代
表國民大會，並於開會時主持會議。

國民大會行使職權之程序，由國民大會定之，
不適用憲法第三十四條之規定。

此一條文中包括了下列各項主要內容：

㈠國民大會代表選舉之相關規範。

㈡國民大會之職權規範。

㈢國民大會集會程序之規範。

㈣國民大會集會時，總統應做國情報告，並檢討國
是。

㈤國民大會之任期，改爲四年一任（原憲法規定爲
六年一任）。

㈥規定第二屆國大代表及第三屆國大代表之任期。

㈦國民大會自第三屆起，將設立議長、副議長。

㈧國民大會行使職權之程序，由國民大會自定之，
不受憲法三十四條之限制，亦即不再由立法院以法
律方式定之。

㈠

在上列各項內容中，第一項有關國民大會代表選舉之規定，與第一階段修憲時第一條之規範基本上相同。依照此一規定，全國各地選出之第二屆國大代表名額爲二百一十九人，再加上全國不分區名額八十人，以及僑居國外國民二十人，總額爲三百一十九人。另外對於婦女保障名額之規定，每五人以上保障一位，亦無不同。此外，本次修憲特別明文規定，「僑居國外國民」代表及「全國不分區」代表，均應採政黨比例方式選出，此係第一階段修憲條文中所無之規範。至於「原住民」一詞，則爲第一階段修憲條文中所無。但對於原住民團體及輿論之要求，將原住民代表名額增加爲「一族一人」，亦即原住民「十族共十人」，此一擬議則未被採納，仍然規定爲「平地、山地原住民各三人」，共六人。

㈡

第二項國民大會之職權規範，係因應總統改爲民選而增列之新內容。其中規定包括下列各端：

㈠當副總統缺位時，由總統於三個月內提名候選人，召集國民大會補選之，繼任至原任期屆滿爲止。換言之，國民大會雖然已無選舉總統、副總統之職權，但副總統出缺時，仍由國民大會補選之。

㈡對於總統、副總統之罷免案，須經國民大會代表總額四分之一之提議，三分之二之同意後提出，並經中華民國自由地區選舉人總額過半數之投票，有效票過半數同意罷免時，才算通過。基於此，對總統、副總統之罷免，已變成分兩階段進行，第一階段須得到國大代表三分之二之同意；第二階段須有全國選民過半數以上之

參與投票，其中同意罷免之有效票又應占全部投票者之過半數。換言之，對總統、副總統之罷免條件已變成十分嚴格，而國大代表只有「罷免之提議權」，最後決定者則係全體選民。

㈢監察院向國民大會提出之總統、副總統彈劾案，經國民大會代表總額三分之二同意時，被彈劾人應即解職。而監察院對總統、副總統彈劾之要件，則係「全體監察委員過半數之提議，全體監察委員三分之二以上之決議」。換言之，和國大所提出之罷免案相仿，監察院對總統之彈劾案亦採兩階段方式進行。唯有在監察委員及國大代表各三分之二多數同意時，始能對總統進行罷免。為了區別本項與前項之分野，有的學者將本項界定為「彈劾性罷免案」，前項則為「政治性罷免案」。本項係由監察院發動，由國民大會行使同意權；前項則由國民大會發動，由全體選民行使同意權。

㈣修憲權，仍依照原先憲法之規定，由「國民大會代表總額五分之一之提議，三分之二之出席，及出席代表四分之三之決議得修改之」，並無改變。

㈤複決立法院所提之憲法修正案，亦無改變，係「由立法院立法委員四分之一之提議，四分之三之出席，及出席委員四分之三決議，擬定憲法修正案，提請國民大會複決。此項憲法修正案，應於國民大會開會前半年公告之。」

㈥新增加之同意權，係對總統提名任命之人員，行使同意權。其中包括：（甲）司法院院長、副院長及大法官。（乙）考試院院長、副院長及考試委員。（丙）監察

院院長、副院長及監察委員。此均爲原先憲法所無之規定。而設置同意權之背景，則係基於兩項原因：其一，在修憲之後，將監察院的國會屬性取消，監委不再由選舉產生，而改爲由總統提名並任命之。連帶的，監察院的同意權亦應取消，而對司法院院院長、副院長、大法官，以及考試院長、副院長、考試委員之同意權，則自監察院轉移至國民大會。至於對監察院院長、副院長及監察委員同意權，亦交由國民大會所掌握。其二，上列之同意權行使，本應交由立法院行使，可是由於對總統之選舉權已從國民大會手中轉交全體選民，爲了對國民大會有所「補償」，乃將同意權交由國民大會行使。

但是，一旦國民大會掌握了對司法、考試、監察等三院之高層人員的同意權，原先憲法中之「權能區分」原則，乃面臨嚴重的戕害。因爲國民大會乃是「政權機關」，而五院則是「治權機關」，彼此應採分工合作方式。基於此，五院間之互動關係與基本職掌，實不宜由國民大會此一政權機關涉入，但是國民大會現在卻可藉同意權之行使而干預五院之運作，則無異造成「權能不分」，實係對憲政基本精神的妨害。而在國民大會同意權的行使上，的確也出現了嚴重瑕疵，其中尤以國大代表張川田對考試院院長邱創煥的「掌摑」事件，最受人非議。基於此，上述之各項人事之同意權，實應改由立法院行使，立法院則可藉經常性之國會職權之運作，監督上述各院之人事，此亦較符合「制衡」與民主之精神，並無違「權能區分」之規範。

(三)

　　第三項係有關國民大會集會之規範。憲法第三十九條規定:「國民大會於每屆總統任滿前九十日集會,由總統召集之。」在修憲之後,總統改由選民直選產生,因此前述之規定,將行失效。

　　憲法第三十條規定,國民大會在下列情形之一時,得召集臨時會,其中包括:一、補選總統、副總統時;二、依監察院之決議,對於總統、副總統提出彈劾案時;三、依立法院之決議,提出憲法修正案時;四、國民大會代表五分之二以上請求召集時。在前述四種情形中,若依第一、第二種情形召集臨時會,應由立法院院長通告集會。若係第三、第四種情形,則係由總統召集。在修憲之後,國民大會將自第三屆起設置議長、副議長,因之在本項中規定「由國民大會議長通告集會,國民大會設議長前,由立法院院長通告集會」。但此類之集會,係指對「總統、副總統罷免案」(第二項第二款)及「議決監察院提出之總統、副總統彈劾案」(第二項第三款)。至於因「補選副總統」(第二項第一款)、「修改憲法」(第二項第四款)、「複決立法院所提之憲法修正案」(第二項第五款)及「對總統提名任命之人員,行使同意權」(第二項第六款),以及國大代表五分之二以上請求召集會議時,仍由總統召集之。

　　綜合上述分析,雖然在修憲之後,國民大會最重要的職權之一——選舉總統、副總統,業已取消,但是國民大會集會的機會卻頗有增加。這實係一種基於「權力交易」考量而做的憲政安排,但卻很可能因此而造成國民大會藉集會而自行擴權,甚至造成「尾大不掉」的現

象。

㈣

　　第四項規定「國民大會集會時，得聽取總統國情報告，並檢討國是，提供建言；如一年內未集會，由總統召集會議為之，不受憲法第三十條之限制」。根據是項規定，國民大會似乎已具備了一般國會「檢討國是，提供建言」之權，而總統須對國民大會做國情報告，似乎總統係對國民大會負責。但是這卻並非憲政制度之基本精神。因為在修憲之後，總統不再由國民大會選舉產生，自然也不對國民大會負責。更何況，我國憲政體制偏向「議會內閣制」，總統並非行政首長，而行政首長——行政院院長，又應對立法院負責。因此，總統每年對國民大會做國情報告，只是一項儀式性舉措，總統既然是由選民直選產生，當然是對選民而非國民大會直接負責。

　　至於國民大會對國是的建言之權，也不具實際的效力。因為國民大會並不具備真正的國會權力——如預算權、質詢權、調查權等。而且平常一年只召集會議一次，根本無法對政府做日常性之有效監督。基於此，前述之「國是建言權」，仍然只能視為在國民大會選舉總統權被刪除之後，一項形式性的補償。除非日後國民大會進一步掌握其他實質性的國會權力，並改成經常性集會，否則這一新增的權限，不過是「聊備一格」而已，並不因此而發揮實質之「國會」效力。基於此，雖然國民大會一直與立法院力爭國會主導地位，但由於立委主控預算權，連國民大會召開的預算經費也由立法院全權決定，因此，實際上連國民大會每年召開的時日多寡也是由立

法院所決定。由此看來，眞正的國會事實上只有立法院一機關而已。國民大會並不因爲修憲後新增之「國是建言權」而增加太多實質之權力。

㈤

第五項規定國大代表任期是「四年一任」，不再是過去的「六年一任」。這是配合總統任期改變，所做的一項調整。

㈥

第六項是一程序性條款，規定第二屆國大代表任期至民國八十五年五月十九日止。這是爲了配合總統之任期。自民國八十五年五月二十日起，即爲第三屆國民大會。

㈦

第七項規定「國民大會自第三屆起設議長、副議長各一人，由國民大會代表互選之。議長對外代表國民大會，並於開會時主持會議」。表面看來，國民大會設置議長，說明了在形式上國大已成「國會」的一部分，並且設立了「常設職」的議長，更可視爲國民大會「擴權」的一種表現。但是，如果只是增設議長、副議長，則僅說明國民大會已有對外代表該機構的議長一職，卻並不意味國民大會因此而成爲一「實權機關」。如果國大權力並未因此而擴增，國民大會仍是一個權力十分有限，非經常開會之機構，也不是一個正規的國會部門。因此，是否設立議長，與國民大會本身是否「常設化」，以及是否具備廣泛之實權，並無必然的關係。

㈧

第八項規定，國民大會行使職權之程序，由國民大會自定之，不受憲法第三十四條之限制，而三十四條中則規定「國民大會之組織、國民大會代表之選舉罷免及國民大會行使職權之程序，以法律定之」。現在取消了上述的限制，國民大會將可自行決定行使職權之程序，這無異是實質之擴權規定。與前述各項不同，此項所增添之權限乃是實質性的，並可藉此而擺脫立法院對國民大會之約束。因之，國民大會確實可透過此項修憲之規定，大幅度的為自己擴權。不過，相對的，立法院仍可透過預算權之行使，而限制國民大會之擴權行動。因此，立法院與國民大會之間的爭權、對立，仍然難以化解。不過，國民大會本身的擴權行動，則因本項之修憲條文，而獲得了法理的基礎。

第二條　總統、副總統由中華民國自由地區全體人民直接選舉之，自中華民國八十五年第九任總統、副總統選舉實施。總統、副總統候選人應聯名登記，在選票上同列一組圈選，以得票最多之一組為當選。在國外之中華民國自由地區人民返國行使選舉權，以法律定之。

總統發布依憲法經國民大會或立法院同意任命人員之任免命令，無須行政院院長之副署，不適用憲法第三十七條之規定。

行政院院長之免職命令，須新提名之行政院院長經立法院同意後生效。

總統為避免國家或人民遭遇緊急危難或應付財

政經濟上重大變故，得經行政院會議之決議發
布緊急命令，爲必要之處置，不受憲法第四十
三條之限制。但須於發布命令後十日內提交立
法院追認，如立法院不同意時，該緊急命令立
即失效。

總統爲決定國家安全有關大政方針，得設國家
安全會議及所屬國家安全局，其組織以法律定
之。

總統、副總統之任期，自第九任總統、副總統
起爲四年，連選得連任一次，不適用憲法第四
十七條之規定。

副總統缺位時，由總統於三個月內提名候選人，
召集國民大會補選，繼任至原任期屆滿爲止。

總統、副總統均缺位時，由行政院院長代行其
職權，並依本條第一項規定補選總統、副總統，
繼任至原任期屆滿爲止，不適用憲法第四十九
條之有關規定。

總統、副總統之罷免案，須經國民大會代表總
額四分之一之提議，三分之二之同意後提出，
並經中華民國自由地區選舉人總額過半數之投
票，有效票過半數同意罷免時，即爲通過。

監察院向國民大會提出之總統、副總統彈劾案，
經國民大會代表總額三分之二同意時，被彈劾
人應即解職。

本條文共分爲十項：

㈠有關總統、副總統直選之程序規定。

㈡有關行政院院長副署權之設限。

㈢有關行政院院長免職令之生效問題。

㈣有關總統緊急權力之有關規定。

㈤有關國家安全會議與國家安全局之法定地位。

㈥有關第九屆總統、副總統之任期規定。

㈦有關副總統缺位時之補選規定。

㈧總統、副總統均缺位時的補選規定及代理問題。

㈨有關總統、副總統罷免之程序規範。

㈩有關總統、副總統之彈劾規定。

㈠

　　第一項規定，民國八十五年起第九任總統、副總統將由中華民國自由地區全體人民直選產生。「總統、副總統應聯名登記，在選票上同列一組圈選，以得票最多之一組爲當選」。根據此一規定，總統選舉將不採「絕對多數」當選方式，而係由「相對多數」方式產生。換言之，只要得到相對多數之選民支持，而非過半數之「絕對多數」，即可當選。據此，總統選舉亦無所謂之「兩輪選舉」，而只要經「一輪選舉」，獲得相對多數的候選人，即告當選。

　　是項條文中，另規定「在國外之中華民國自由地區人民返國行使選舉權，以法律定之。」根據此一規定，擁有中華民國國籍之僑民，可返國行使投票權。這乃是一種「權宜性」之規範。原先的擬議之一，則是倣傚許多西方民主國家之規範，得在海外之領使館中行使投票權，但爲顧及海外投票之公信力問題，並避免技術上的

困難，乃規定須「返國行使選舉權」，以減少是類爭議。

(二)

　　依據憲法第三十七條之規定，行政院院長副署權之行使，乃是普遍性的，此原係本於「議會內閣制」之精神，意指行政院院長須對所有之命令負責，總統則是「儀式性之國家元首」，不負實際責任。在修憲之後，則將行政院院長之副署權範圍縮小，規定「總統發布依憲法經國民大會或立法院同意任命人員之任免命令，無須經行政院院長之副署」。換言之，包括行政院院長，監察院院長、副院長、監察委員，司法院院長、副院長、大法官，考試院院長、副院長、考試委員等之任命，均由總統負責，亦即掌有實質之任免權，而不再由行政院院長副署❼。這亦可視為總統權力之擴增與行政院院長權力之縮減。

(三)

　　第三項係一項重要的憲改新內容，規定「行政院院長之免職命令，須新提名之行政院院長經立法院同意後生效」。換言之，如果新提名之行政院院長，未能得到立法院之同意，則原任行政院院長將繼續留任，其免職令則不生效。此一規範，係根據二次大戰之後，德國（西德）基本法之「建設性倒閣權」規定而增設，旨在避免倒閣之後，因政爭而使新閣揆遲遲無法產生，造成政權動盪、政府領導階層真空的情事發生。基於此，乃規定必須在「新提名之行政院院長經立法院同意後」，原任行政院院長方得免職，藉以避免上述之「權力真空」情事發生❽。此一規定，對於日後政黨交替執政，亦可收安

❼在德國基本法中，雖採取「議會內閣制」，並規定「聯邦總統之命令，須經聯邦總理，或聯邦主管部長副署始生效力。」但是亦有但書存在，其中第五十八條即規定，此項規定「不適用於聯邦總理之任免」、「聯邦議會之解散」，另外在新總理未產生時，原任總理必須繼續執行其職務至繼任人任命為止，副署權在此亦不適用。但相較於修憲後我國行政院院長副署權之設限，德國總理之副署權範圍，實較我國行政院院長為廣。

❽在德國基本法第六十九條第三項中規定，「聯邦總理經聯邦總統之要求，聯邦閣員經聯邦總理或聯邦總統之要求，應繼續執行其職務至繼任人任命為止。」即係我國修憲後採取類似規範的主要藍本。

定之效。

㈣

依據憲法第四十三條之規定,「總統於立法院休會期間, 得經行政院會議之決議, 依緊急命令法, 發布緊急命令, 爲必要之處置, 但須於發布命令後一個月內提交立法院追認。如立法院不同意時, 該緊急命令立即失效。」在修憲之後, 此一規定業已放寬, 即使在立法院集會期間, 總統「得經行政院會議之決議, 發布緊急命令, 爲必要之處置。」但是此一緊急命令「須於發布命令後十日內提交立法院追認, 如立法院不同意時, 該緊急命令立即失效。」

上述兩項規範間之主要差異, 是原先憲法第四十三條規定, 緊急命令只有在「立法院休會時」, 得由總統「經行政院會議之決議」, 依法發布緊急命令, 爲必要之處置。此一憲法規範之基本精神, 係「國會主權論」。換言之, 緊急命令之決定者, 係立法院, 只有在立法院休會時, 總統才能以情況特殊, 以及行政院會議之決議爲由, 實施此一特別權力。

但是在動員戡亂時期, 卻凍結了此一部分的憲法條文, 將此一緊急命令的決定權, 轉交給總統與行政院, 因之, 依據「動員戡亂時期臨時條款」第一條之規定, 「總統在動員戡亂時期, 爲避免國家或人民遭遇緊急危難, 或應付財政經濟上重大變故, 得經行政院會議之決議, 爲緊急處分」, 至於緊急處分之時限, 卻未做規範。這顯示原先憲法規範「國會主權」之精神, 實已嚴重受損。基於此, 在動員戡亂時期結束後, 此一憲政瑕疵實

應力謀補救。但是執政黨中央仍然認為總統與行政院仍應掌握「緊急處分權」，因此力主保留此一條款，不過在程序上則有所讓步，改為「發布命令後十日內提交立法院追認，如立法院不同意時，該緊急命令立即失效」。換言之，「國會主權」之精神雖然未能恢復，但立法院仍保留了「十日內的否決權」，亦即仍然掌有被動的否決之權力。

　　不過，此一修憲後之規範，若與先進民主國家的相關憲法規範相比較，顯然有其缺憾之處。以法國第五共和憲法為例，第十六條中即規定：「當共和制度、國家獨立、領土完整或國際義務之履行，遭受嚴重且危急之威脅，致使憲法上公權力之正常運作受到阻礙時，總統經正式諮詢總理、國會兩院議長及憲法委員會後，得採取應付此一情勢之緊急措施。」同條文中規定「此項措施須出自保障憲法公權力在最短時間達成任務之意願，此項措施應諮詢憲法委員會之意見。國會應自動集會。國民議會在總統行使緊急權力期間不得解散。」換言之，在法國的憲政制度下，總統一旦行使緊急權力，國會則自動集會，並且在此期間不得解散。而我國當前的憲政規範則賦與總統與行政院為期十天的「特別權力空窗期」。十天雖然不長，但卻足以變更政治秩序，甚至可能會對立法院本身造成相當程度的影響。就此而論，我國修憲條文中的新規範，並不是一項保障「國會主權」的充分設計，而且仍然保留了「動員戡亂體制」下的基本特色，係以行政體系之便利為優先之考量，此顯與西方以「議會民主」為核心的憲政主義概念，仍存在著差距。

㈤

在動員戡亂時期，總統為適應動員戡亂需要，「得調整中央政府之行政機構、人事機構及其組織」（臨時條款第五條），此外，亦「授權總統得設置動員戡亂機構，決定動員戡亂大政方針，並處理戰地政務」（第四條）。基於上述之規定，政府乃設置隸屬於總統之國家安全會議及所屬之國家安全局。另外行政院之下則另設人事行政局。嚴格說來，這些機構之設置，均係為配合動員戡亂之需要，但亦屬「違憲」之設計。國家安全會議與國家安全局之職掌，與行政院多所重疊，而行政院人事行政局又與考試院之職掌多所扞格。基於此，此三機關的「合憲性」問題，長期以來一直引人詬病。在動員戡亂時期結束後，此三機關原應裁撤，但為了使此三機關得以持續存在，並解決「合憲性」問題，民國八十年第一次修憲時乃於憲法增修條文第九條中，將國家安全會議、國家安全局與行政院人事行政局三機關一併合法化，賦與其法源依據。在第三階段修憲時，進一步將其列入本項。

㈥

憲法第四十七條規定，「總統、副總統之任期為六年，連選得連任一次」。修憲後任期調整為四年一任，連選得連任一次。故於本項中做出新規定。

㈦

憲法第四十九條規定，「總統缺位時，由副總統繼任，至總統任期屆滿為止。」民國七十七年一月，蔣經國總統逝世，李登輝副總統繼任總統，任期至民國七十九年五月為止，即是依據本條文之規定。憲法第四十九條並

規定，「總統、副總統均缺位時，由行政院院長代行其職權，並依本憲法第三十條之規定，召集國民大會臨時會，補選總統、副總統，其任期以補足原任總統未滿之任期為止。」修憲之後，總統、副總統改由人民直選產生，不再由國民大會代表選舉。但是，本項中特別規定，當「副總統缺位時，由總統於三個月內提名候選人，召集國民大會補選，繼任至原任期屆滿為止。」換言之，國民大會仍保留了副總統缺位時的補選權。

(八)

本項規定，「總統、副總統均缺位時，由行政院院長代行其職權，並依本條第一項規定補選總統、副總統，繼任至原任期屆滿為止。」換言之，當總統、副總統均出缺時，必須由人民直選產生新的總統、副總統，而非由國民大會補選產生。此與前引之憲法第四十九條之規定不同。

(九)

總統、副總統之罷免，憲法第二十七條僅做權限之規定：「國民大會之職權如左：一、選舉總統、副總統。二、罷免總統、副總統。」實際上之細節規範，則係依據總統、副總統選舉罷免法之規定。其中之規定如次：

(一)由國民大會代表總額六分之一以上代表提出罷免聲請書。

(二)立法院院長接到罷免書後，於一個月內召開國民大會臨時會。

(三)由國民大會代表以無記名投票法表決罷免案，以代表總額過半數之贊成票通過之。

㈣國民大會代表，對就任未滿十二個月之總統，不得聲請罷免。罷免案一經否決，對於同一總統，原聲請人不得再爲罷免之聲請。

在修憲之後，上述之罷免規範業已取消，而罷免之要件亦已趨於更爲嚴格。本項中規定「罷免案須經國民大會代表總額四分之一之提議，三分之二之同意後提出，並經中華民國自由地區選舉人總額過半數之投票，有效票過半數同意罷免時，即爲通過。」換言之，在修憲之後，國民大會僅有罷免案之「發動權」，而且必須有三分之二的特別多數同意方得提出，再交由全民投票。而全民行使罷免之同意權時，須合乎「選舉人總額過半數」之要件，而且有效票應過半數。此與總統選舉採「相對多數」當選之規範相較，尤爲嚴格。由此可見對總統之罷免將十分嚴格，也極難通過。

㈩

憲法中對於總統彈劾之規定，見於第一百條：「監察院對於總統、副總統之彈劾案，須有全體監察委員四分之一以上之提議，全體監察委員過半數之審查及決議，向國民大會提出之。」修憲後，此一規定凍結，改以更嚴格的要件規範之。依據修憲條文第六條之規定，「監察院對於總統、副總統之彈劾案，須經全體監察委員過半數之提議，全體監察委員三分之二以上之決議，向國民大會提出，不受憲法第一百條之限制。」除此之外，在本項中進一步規定，監察院對總統、副總統之彈劾案，須再經「國民大會代表總額三分之二同意，被彈劾人應即解職」。根據此一修憲後之新規範，對總統之彈劾要件

不再是過半數之「普通多數」，而是監察委員與國大代表的雙重「特別多數」。由此可見彈劾案成立的要件亦已日趨嚴格。

第三條　立法院立法委員依左列規定選出之，不受憲法第六十四條之限制：

一、自由地區每省、直轄市各二人，但其人口逾二十萬人者，每增加十萬人增一人；逾一百萬人者，每增加二十萬人增一人。

二、自由地區平地原住民及山地原住民各三人。

三、僑居國外國民六人。

四、全國不分區三十人。

前項第三款、第四款名額，採政黨比例方式選出之。第一款每省、直轄市選出之名額及第三款、第四款各政黨當選之名額，在五人以上十人以下者，應有婦女當選名額一人，超過十人者，每滿十人應增婦女當選名額一人。

關於立法委之人數及分配，因顧及自由地區之需要，在本條中做了新的規範。根據此一規定，民國八十一年底選出之立法委員總額為一百六十一位，以後總額還會隨人口增減而調整。與憲法第六十四條之規定相較，除了自由地區應選名額增加，並增列原住民、僑民代表及全國不分區名額外，則以取消「職業團體」代表為其特色。另外蒙古、西藏及邊疆地區少數民族的保障名額亦

不再列入。至於婦女保障名額則已做出新的規定，凡是
地區立法委員應選名額在五人以上，十人以下者，包含
一位婦女保障名額，超過十人時，每滿十人應再增婦女
保障名額一位。

第四條　司法院設院長、副院長各一人，大法官若干人，
　　　　由總統提名，經國民大會同意任命之，不適用
　　　　憲法第七十九條之有關規定。
　　　　司法院大法官，除依憲法第七十八條之規定外，
　　　　並組成憲法法庭審理政黨違憲之解散事項。
　　　　政黨之目的或其行爲，危害中華民國之存在或
　　　　自由民主之憲政秩序者爲違憲。

　　　本條文分爲三項：
　　　㈠同意權行使主體之改變。
　　　㈡有關憲法法庭設立之規範。
　　　㈢政黨違憲之規定。
　㈠
　　　由於監察院在修憲後不再掌有同意權，對司法院院
長、副院長及大法官之同意權行使，改由國民大會掌有。
在本項中亦做出了相應之規定。
　　　至於大法官之總額，仍依照原先憲法之規定，不在
憲法中定出總額。僅在司法院組織法中，規定「司法院
置大法官十七人」。
　㈡
　　　修憲後有關司法院職掌規範之調整，以本項最爲重

要。依據憲法第七十八條規定,「司法院解釋憲法,並有統一解釋法律及命令之職」。在本項中,則另增列司法院大法官「組成憲法法庭審理政黨違憲之解散事項。」根據此一規定,民國八十二年二月總統公布「司法院大法官審理案件法」,第三章即規範「政黨違憲解散案件之審理」。其中重要規定如次:

第十九條:「政黨之目的或其行為,危害中華民國之存在或自由民主之憲政秩序者,主管機關得聲請司法院憲法法庭解散之。」

第二十條:「憲法法庭審理案件,以參與審理之資深大法官充審判長,資同以年長者充之。」

第二十一條:「憲法法庭應本於言詞辯論而為裁判。但駁回聲請而認無言詞辯論之必要者,不在此限。」

第二十四條:「憲法法庭行言詞辯論,須有大法官現有總額四分之三以上出席,始得為之。未參與辯論之大法官不得參與評議判決。」

第二十五條:「憲法法庭對於政黨違憲解散案件判決之評議,應經參與言詞辯論大法官三分之二之同意決定之。評論未獲前項人數同意時,應為不予解散之判決」。

由上述之法律規定可知,憲法法庭設立之主旨係審理政黨違憲之解散事項,因此「憲法法庭」並非「大法官會議」的代稱,兩者之專責並不相同。而憲法法庭應本於「言詞辯論」而為裁判,「未參與辯論之大法官不得參與評議判決」,均凸顯了憲法法庭對於政黨違憲案件之裁定,程序十分慎重。若未能得到參與辯論大法官三分之二的同意,即不得解散該政黨,這顯示憲法法庭對於

違憲爭議的審理態度，是相當審愼的。

㈢

　　本項規定「政黨之目的或其行爲，危害中華民國之存在或自由民主之憲政秩序者爲違憲」。其主要參考之憲政規範，爲德國基本法第二十一條第二項：「政黨依其目的及其黨員之行爲，意圖損害或廢除自由、民主之基本秩序，或意圖危害德意志聯邦共和國之存在者，爲違憲。其有無違憲問題由聯邦憲法法院決定之。」另外，也根據德國基本法之規範，將有無違憲交由憲法法庭(法院)裁決之。就此而言，本項可說是一項重要的「憲政移植」規範。

第五條　考試院爲國家最高考試機關，掌理左列事項，不適用憲法第八十三條之規定：

　　　　一、考試。

　　　　二、公務人員之銓敍、保障、撫卹、退休。

　　　　三、公務人員任免、考績、級俸、陞遷、褒獎之法制事項。

　　　　考試院設院長、副院長各一人，考試委員若干人，由總統提名，經國民大會同意任命之，不適用憲法第八十四條之規定。

　　　　憲法第八十五條有關按省區分別規定名額，分區舉行考試之規定，停止適用。

　　本條分爲三項內容：

　　㈠有關考試院職掌之規範。

㈡考試院高層人事同意權之行使。

㈢分區考試規定之停用。

㈠

　　依據憲法第八十三條之規定，考試院「掌理考試、任用、銓敘、考績、級俸、陞遷、保障、褒獎、撫卹、退休、養老等事項」。但是由於「動員戡亂臨時條款」第五條規定，「總統為適應動員戡亂需要，得調整中央政府之行政機構、人事機構及其組織」，並據以設置行政院人事行政局。在動員戡亂時期結束後，人事行政局依然獲得「合憲」之地位，因之，考試院之職掌必須予以調整，以免發生杆格。其中最重要的調整方向，是考試院僅掌理公務人員之任免、考績、級俸、陞遷、褒獎等之「法制事項」，而人事行政局則負責執行。因此透過本項之修正，考試院與行政院人事行政局之間事權分工，得以釐清。

㈡

　　考試院院長、副院長及考試委員，過去依憲法第八十四條之規定，係由總統提名，經監察院同意任命之，現因監察院不再掌有同意權，因此同意權改交由國民大會行使。

　　至於考試委員之名額，則仍依照憲法之原先規定，未予定額之規範。但在「考試院組織法」第三條中，則明定「考試委員名額定為十九人」。

㈢

　　憲法第八十五條規定：「公務人員之選拔，應實行公開競爭之考試制度，並應按省區分別規定名額，分區舉

行考試，非經考試及格，不得任用」。其中「按省區分別
規定名額」的規定，原係保障各省人士擔任公職之權益，
但在臺灣實施時顯有「過度保障少數」的不公平情況出
現，因此近年來已不再對大陸特定省籍人士採取保障名
額措施。本項則進一步將其載入憲法修正條文，以奠立
合憲之基礎。

第六條　監察院爲國家最高監察機關，行使彈劾、糾舉
及審計權，不適用憲法第九十條及第九十四條
有關同意權之規定。

監察院設監察委員二十九人，並以其中一人爲
院長、一人爲副院長，任期六年，由總統提名，
經國民大會同意任命之。憲法第九十一條至第
九十三條之規定停止適用。

監察院對於中央、地方公務人員及司法院、考
試院人員之彈劾案，須經監察委員二人以上之
提議，九人以上之審查及決定，始得提出，不
受憲法第九十八條之限制。

監察院對於監察院人員失職或違法之彈劾，適
用憲法第九十五條、第九十七條第二項及前項
之規定。

監察院對於總統、副總統之彈劾案，須經全體
監察委員過半數之提議，全體監察委員三分之
二以上之決議，向國民大會提出，不受憲法第
一百條之限制。

監察委員須超出黨派以外，依據法律獨立行使

職權。

憲法第一百零一條及第一百零二條之規定，停止適用。

本條文共分六項：

㈠監察院職掌之調整。

㈡監委名額、任期及對監委同意權之行使。

㈢彈劾權行使之要件。

㈣對監察院人員彈劾之規範。

㈤對總統、副總統彈劾權之行使。

㈥監察委員獨立職權行使之規範。

㈠

修憲後監察院不再是民意機關(國會)，同意權取消，改由國民大會行使，參見前文第一條第二項第六款之分析。

㈡

「監察院設監察委員二十九人」，此係第二階段修憲時憲法修正條文第十五條之規定。當時將監委名額明定於憲法中的主因（不同於「大法官若干人」、「考試委員若干人」之規定），是顧忌當時在任之監委，對監察院體制變革可能產生反彈，不願修正「監察院組織法」，將監委名額規定在該法之中，可能導致憲政工作發生新的變數。基於此，在五院之中，只有監察院這一院是將監委總額明定在憲法之中。其他如行政院政務委員、司法院大法官、考試院考試委員，憲法中均規定為「若干人」，再由相關組織法做出定額之規範。至於立法委員，則隨

選區之劃分與人口數之調整而增減，並無定額之規範。基於此，監察委員人數總額之規定，實不應再繼續列入憲法條文之中。由於此一缺憾，一方面將因此而使憲法失去安定性，可能會因情勢變遷而被迫一修再修監委之總額。另一方面，如果監委發生缺額情況，又因「違憲」之顧忌，而必須召開國民大會，行使同意權，以補足監委名額。由此觀之，在第四階段修憲時，允宜將此項中之監委名額改為「若干人」，然後在「監察院組織法」中，明定監委總額。若要修正監委總額，只要修訂「監察院組織法」即可。這才是合乎憲政規範之設計。

除了監委名額的規定外，監委任期定為一任六年，得連任。此一規定，曾引起學界與輿論界之不同反應。一般認為，在修憲之後，監察委員不再具備「國會議員」之身分，非由民選產生，而且須經總統提名，國民大會同意產生。而監委職司風憲、糾彈百官，對總統、副總統又有彈劾之權，必須超出黨派之外。因此，監察委員應心無旁騖，不受黨派與政治偏見之影響，一往直前，勇於監察之責。基於此，監委的任期必須延長，而且不應連任，以免為連任而心存顧忌。至於任期究竟應多長，有的主張比照司法院大法官，任期一屆九年。有的則主張為十年，甚至延長為十二年。但是監委不得連任，則為共同之主張。

本項中另規定，監委由總統提名，經國民大會同意任命之。不再由省、市議會間接選舉產生，以杜絕長期以來監委選舉發生賄選之爭擾。但監察院也因監委產生方式之改變，而發生基本性質之改變。

（三）

憲法第九十八條規定：「監察院對於中央及地方公務人員之彈劾案，須經監察委員一人以上之提議，九人以上之審查及決議，始得提出。」在本項中，則改爲「監察委員二人以上之提議」，換言之，彈劾權之行使將趨於嚴格。

（四）

依據憲法第九十七條第二項之規定，「監察院對於中央及地方公務人員，認爲有失職或違法情事，得提出糾舉案或彈劾案，如涉及刑事，應移送法院辦理。」第九十九條規定，「監察院對於司法院或考試院人員失職或違法之彈劾，應適用本憲法第九十五條、第九十七條及第九十八條之規定。」在上述兩條文中，獨對監察院人員之彈劾，未做規範。基於此，在修憲時，乃加入本項之規定，將「監察院人員失職或違法之彈劾」，列入憲法修正條文之中，使此一規範趨於完整。

但是本項中之「監察院人員」，究竟何指？是否包括監察委員本身，則不甚清楚。若依司法院大法官會議釋字第十四號之解釋，「在制憲者之意，當以立、監委員爲直接或間接之民意代表，均不認其爲監察權行使之對象。至立監兩院其他人員與國民大會職員，總統府及其所屬機關職員，自應屬監察權行使範圍。」由此可知，監察委員本身，應非屬監察權行使之對象。但是，在修憲之後，監委不再具民意代表之屬性，因此，上述之解釋文是否仍然適用，仍有待斟酌之處。不過，如果監察權得以監委本身爲行使對象，則監察權很可能會淪爲監委間

之政爭工具; 且對監委本身之令譽, 有嚴重之妨礙。因此本項中之「監察院人員」, 似應依釋字第十四號之解釋, 以監委以外之監察院人員為範圍。

㈤

此項規定對總統、副總統之彈劾, 須經「監委過半數之提議, 全體監察委員三分之二以上之決議, 向國民大會提出」。再依憲法增修條文第二條第十項之規定,「監察院向國民大會提出之總統、副總統之彈劾案, 經國民大會代表總額三分之二同意時, 被彈劾人應即解職」。上述之彈劾要件, 已較憲法原先之規範, 嚴格甚多。而且由於監察委員不再係由民選產生, 而係由總統提名, 經國民大會同意產生, 因此,「由總統提名之監委」, 是否能大公無私的彈劾總統, 實頗啓人疑竇。解決此一困境之方法, 應係如前文所述 (第六條第二項), 延長監委之任期為九年 (比照大法官), 並規定不得連任, 使其得不受連任因素之影響, 肩負職司風憲之重任。

㈥

本項規定「監察委員須超出黨派以外, 依據法律獨立行使職權」。此係因監委不再由間接民選產生, 不代表任何黨派, 自應超出黨派以外。但是本項中亦規定「憲法第一百零一條及第一百零二條之規定, 停止適用」, 則意味著監委的「言論免責權」及「不受逮捕之特權」, 均已取消。上述二權, 均係保障國會議員之特權, 一旦取消, 監委將可能因為監察權之行使, 而面臨當事人「興訟」、「纏訟」等困擾。而監察院之會議, 也因不再受「免責權」之保障, 必須改為祕密會議, 不得對外公開, 使

民意及輿論之監督，受到限制。此外，監委也因不再有
「不受逮捕之特權」，在對政府重要官員行使監察權時，
也會有所顧忌，難以發揮「大無畏」之精神，充分彰顯
監察權獨立、無私之特性。基於此，上述二項國會議員
特權之取消，實係對監察權行使的一大妨礙。在未來進
一步修憲時應予更正，以謀救濟。

第七條　國民大會代表及立法委員之報酬或待遇，應以
　　　　法律定之。除年度通案調整者外，單獨增加報
　　　　酬或待遇之規定，應自次屆起實施。

　　本條是參考一九九二年通過的美國憲法第二十七條
修正案而訂定。該修正案規定：「國會議員們通過的加薪
法案，必須等過一次選舉之後的下一屆會期才能生效。」
此一修正案早在美國立國之初，即由開國元勳麥迪遜
（James Madison）提出，但未通過。一九九二年五月，
由於此案得到超過四分之三──三十八個州議會的支
持，而成為正式的憲法修正案。此案宗旨是在節制國會
議員任意自我加薪，浪費公帑的情況。在我國修憲之中
倣效訂定之，亦可收同樣的功效。本條亦可視為外國憲
政規範移植的另一案例。

第八條　省、縣地方制度，應包含左列各款，以法律定
　　　　之，不受憲法第一百零八條第一項第一款、第
　　　　一百十二條至第一百十五條及第一百二十二條
　　　　之限制：

一、省設省議會，縣設縣議會，省議會議員、
縣議會議員分別由省民、縣民選舉之。

二、屬於省、縣之立法權，由省議會、縣議會
分別行之。

二、省設省政府，置省長一人，縣設縣政府，
置縣長一人，省長、縣長分別由省民、縣
民選舉之。

四、省與縣之關係。

五、省自治之監督機關爲行政院，縣自治之監
督機關爲省政府。

　　依據憲法第一百零八條第一項第一款，「省縣自治通
則」應由中央立法並執行之，或交由省縣執行之。由於
「省縣自治通則」並未完成立法，而民意趨向又是強烈
要求省、市長民選。基於此，第二階段修憲時，即在憲
法增修條文第十七條中，訂定有關省、縣自治的規範，
本條即係承襲自該一條文，賦與「地方自治」之合憲地
位。內容解釋請參照本書前節中有關上述第十七條之解
釋。

第九條　國家應獎勵科學技術發展及投資，促進產業升
　　　　級，推動農漁業現代化，重視水資源之開發利
　　　　用，加強國際經濟合作。

　　　　經濟及科學技術發展，應與環境及生態保護兼
　　　　籌並顧。

　　　　國家對於公營金融機構之管理，應本企業化經

營之原則；其管理、人事、預算、決算及審計，
得以法律爲特別之規定。

國家應推行全民健康保險，並促進現代和傳統
醫藥之研究發展。

國家應維護婦女之人格尊嚴，保障婦女之人身
安全，消除性別歧視，促進兩性地位之實質平
等。

國家對於殘障者之保險與就醫、教育訓練與就
業輔導、生活維護與救濟，應予保障，並扶助
其自立與發展。

國家對於自由地區原住民之地位及政治參與，
應予保障；對其教育文化、社會福利及經濟事
業，應予扶助並促其發展。對於金門、馬祖地
區人民亦同。

國家對於僑居國外國民之政治參與，應予保障。

　　本條文承襲自第二階段修憲之憲法增修條文第十八
條。但第三項有關公營金融機構之管理，則係新增之條
文。強調「應本企業化經營原則；其管理、人事、預算、
決算及審計，得以法律爲特別之規定」。增列此條之目的，
在賦與相關之公營銀行及金融機構之法源基礎。其他各
項之解釋，請參照本書前節中對上述第十八條條文之解
釋。

第十條　　自由地區與大陸地區間人民權利義務關係及其
　　　　　他事務之處理，得以法律爲特別之規定。

本條條文係承襲自第一階段修憲之憲法增修條文第十條。據此並制訂「臺灣地區與大陸地區人民關係條例」，藉以區分自由地區與大陸地區人民之分際。所謂「大陸地區」，係「包括中共控制地區及外蒙地區」，「大陸地區人民」，則是「在大陸地區設有戶籍或臺灣地區人民前往大陸地區居住逾四年之人民」。訂定此一條文之目的，在規範臺灣地區與大陸地區人民的不同法律地位，並保障臺澎金馬自由地區之人民權益。

肆、第四階段的修憲內容

民國八十五年二月一日，立法院舉行院長選舉，執政黨提名的劉松藩委員，僅以八十二比八十一的一票之差險勝在野黨提名的施明德委員，突顯出一個「剛剛過半」的多數黨的實質困境。隨後一、兩年間，包括立法院對行政院院長同意權的行使、核四預算案的朝野攻防戰，以及許多關鍵性法案的投票，都讓執政黨費盡苦心，深感「維持絕對多數」已是力不從心。基於此，李登輝總統乃在當選總統後不久，亟力尋思如何得透過第四次修憲，直接擴張總統、副總統的權力，削弱立法院的職權，取消立法院對行政院院長的同意權，同時並簡化地方政府組織層級，藉此取消地方基層選舉。透過上述的修憲途徑，一方面可以讓執政黨在失去立法院內實質多數支持的情況下，繼續維持執政地位；另一方面，也可將地方基層「黑金政治」的腐化現象，得到某種程度的

遏制。於是，在民國八十五年冬，總統府邀請政府官員，執政之國民黨、在野之民主進步黨、新黨及無黨籍人士，召開「國家發展會議」，商討憲政改革議題。會中，新黨籍人士因為憲政理念不符，宣布退出國家發展會議。但國民黨與民主進步黨兩大政黨，仍然在會中達成協議，並形成修憲基本共識，決定以「改良式雙首長混合制」為修憲之基本原則。

民國八十六年七月十八日，第三屆國民大會在逾千位憲政學者強烈反對，新黨籍國大代表全力杯葛的處境下，完成了第四階段修憲任務，通過中華民國憲法增修條文十一條。此次修憲，係自民國八十年四月第一次修憲以來，包括憲政結構、修憲幅度及政府機制，變動範圍最大的一次。其中主要特色有五：

1.將原先憲法之「議會內閣制」（parliamentarianism）精神，大幅度轉型為以總統為權力核心、行政院長為其實質之幕僚長、執行長的「半總統制」（semi-presidentialism）。換言之，行政院院長不再是真正的「最高行政首長」，而變為總統個人的主要僚屬。

2.取消立法院對行政院長的同意權，由總統直接任命行政院院長，一方面藉以擺脫立法院的有效制衡；另一方面，也因行政院院長失去立法院同意權的「背書」，而削弱了行政院院長的民意基礎。相對於總統直選所肩負的強勢民意基礎，行政院院長則顯得處處掣肘，既要面對總統的強勢領導，又要面臨立法院的政策、預算及立法監督，此外內閣閣員任命權也多操於總統、副總統之手，使行政院院長難以統整內閣團隊，發揮「責任內

閣」之一體精神。換言之，原先修憲時所規劃的「改良式雙首長混合制」，在實際的憲政運作上，已變爲混亂的「惡質化三頭馬車領導制」，此實爲舉世所罕見。

3.修憲時所參考的主要憲政範例，是法國第五共和的半總統制，但是，在法國憲政運作時配套設計，藉以化解內閣、國會對立的「安全閥」機制：倒閣權（即「不信任投票」）與解散國會權，卻在修憲後被曲解爲政局紛亂之根源。因之，在法國第五共和體制下，依慣例新任總理赴國會第一次報告後即應由國會議員行使「不信任案」投票，藉以檢測閣揆的民意基礎。但在我國修憲後卻未能實施，使得行政院院長的民意基礎不足，亦無力解決各種憲政僵局與政治危機。這實係外國憲政移植經驗的一次嚴重挫敗。

4.原先依照憲法之規範，監察院職掌彈劾權，但在本次修憲後，卻將監察院對總統、副總統的彈劾權移交立法院，而彈劾權行使之範圍，則局限爲「內亂外患罪」。換言之，總統、副總統若涉及貪污、詐欺、僞證、知情不報、申報不實，乃至其他個人重大官箴違失，均無任何機關可予監督或制裁。此一缺憾業已因連戰副總統個人涉及對伍澤元先生三千六百二十八萬元的私人借貸而引起國人高度關注，但也突顯出修憲所創造的機制——「總統、副總統有權無責，不受監督」。這實係修憲設計者因人設制、有意造就特權體制的重大困境。

5.除了中央政府體制的改變之外，修憲的另一項目的，是藉廢除臺灣省省長及省議員之選舉，以達成「精簡省府」的目標。至於廢除基層（鄉、鎭）選舉的國發

會共識，則因國民黨內的意見紛歧，目前尚未載入修憲
條文中，有待下一次的修憲，方能落實。

　　綜上所述，第四階段修憲乃是一次違背民主憲政主
義基本原理（包括「審愼修憲」、「權責相符」、「有限政
府」與「民主監督」等）的憲政任務。此次修憲不但造
成「有責者無權、有權者無責」的現象，而且也造成憲
政體制紛亂、內閣團隊精神不足與行政倫理淪喪。所幸
的是，在修憲條文實施逾半年後，各項憲政瑕疵均已逐
一呈現，無論輿論、民意、專家乃至原先支持修憲的在
野人士，均已了解修憲之嚴重錯誤。可預見的是，第五
階段之修憲勢將展開，望我國人以第四階段之修憲錯誤
爲借鑒，並培養尊重自由憲政主義之基本精神，敬重行
之有年的民主憲政規範與分權制衡機制，切毋再因個別
政治人物之師心自用，因人設制，因人誤事，而斷送憲
政百年大業之根基。

第一條　　國民大會代表依左列規定選出之，不受憲法第
　　　　　二十六條及第一百三十五條之限制：

　　　　　一、自由地區每直轄市、縣市各二人，但其人
　　　　　　　口逾十萬人者，每增加十萬人增一人。

　　　　　二、自由地區平地原住民及山地原住民各三人。

　　　　　三、僑居國外國民二十人。

　　　　　四、全國不分區八十人。

　　　　　前項第一款每直轄市、縣市選出之名額，在五
　　　　　人以上十人以下者，應有婦女當選名額一人，
　　　　　超過十人者，每滿十人，應增婦女當選名額一

人。第三款及第四款之名額，採政黨比例方式選出之，各政黨當選之名額，每滿四人，應有婦女當選名額一人。

國民大會之職權如左，不適用憲法第二十七條第一項第一款、第二款之規定：

一、依增修條文第二條第七項之規定，補選副總統。

二、依增修條文第二條第九項之規定，提出總統、副總統罷免案。

三、依增修條文第二條第十項之規定，議決立法院提出之總統、副總統彈劾案。

四、依憲法第二十七條第一項第三款及第一百七十四條第一款之規定，修改憲法。

五、依憲法第二十七條第一項第四款及第一百七十四條第二款之規定，複決立法院所提之憲法修正案。

六、依增修條文第五條第一項、第六條第二項、第七條第二項之規定，對總統提名任命之人員，行使同意權。

國民大會依前項第一款及第四款至第六款規定集會，或有國民大會代表五分之二以上請求召集會議時，由總統召集之；依前項第二款及第三款之規定集會時，由國民大會議長通告集會，不適用憲法第二十九條及第三十條之規定。

國民大會集會時，得聽取總統國情報告，並檢討國是，提供建言；如一年內未集會，由總統

召集會議爲之，不受憲法第三十條之限制。

國民大會代表每四年改選一次，不適用憲法第二十八條第一項之規定。

國民大會設議長、副議長各一人，由國民大會代表互選之。議長對外代表國民大會，並於開會時主持會議。

國民大會行使職權之程序，由國民大會定之，不適用憲法第三十四條之規定。

增修條文第一條包括了下列各項主要內容：

(1)國民大會代表選舉之相關規範，以及人數之設定。

(2)婦女保障名額及政黨比例選舉方式之相關規範。

(3)國民大會職權之相關規範。

(4)國民大會集會程序之相關規範。

(5)國民大會集會時，總統國情報告之相關規範。

(6)國民大會代表任期之規定。

(7)國民大會設置議長、副議長之規範。

(8)國民大會行使職權之程序，由國民大會自行決定。

　1.在上列各項內容中，第一項有關國民大會代表選舉之規定，與第一階段修憲時第一條之規範基本上相同。依照此一規定，全國各地選出之第二屆國大代表再加上全國不分區名額八十人，以及僑居國外國民二十人，總額爲三百三十四人。另外，「僑居國外國民」代表及「全國不分區」代表，均應採政黨比例方式選出，此係第一階段修憲條文中所無之規範。至於「原住民」一詞，則爲第一階段修憲條文中所無。但對於原住民團體及輿論

之要求，將原住民代表名額增加爲「一族一人」，亦即原住民「十族共十人」，此一擬議則未被採納，仍然規定爲「平地、山地原住民各三人」，共六人。

2.在本項中，明文規定各直轄市、縣市所選出之名額，在五人以上十人以下者，應有婦女當選名額一人，超過十人者，每滿十人應增婦女當選名額一人。此一規定與第三階段修憲之規範相同。但是新增另一項規定：在僑居國外國民和全國不分區部分，每滿四人，應有婦女當選名額一人。換言之，在此二部分合計共一百人的名額中，應有婦女保障名額至少二十五人。

由本項之規定可知，第四階段之修憲對婦女保障已有更爲明晰之規定，但是由於各直轄市及縣市當選名額之規定，仍未達婦女保障名額亦佔四分之一之理想，由此可知，在未來修憲中，仍有待更進一步之保障，方能使婦女權益之鞏固，更爲落實。

3.第三項國民大會之職權規定，係因應總統改爲民選而增列之新內容。其中規定包括下列各端：

(1)當副總統缺位時，由總統於三個月內提名候選人，召集國民大會補選之，繼任至原任期屆滿爲止。換言之，國民大會雖然已無選舉總統、副總統之職權，但副總統出缺時，仍由國民大會補選之。

(2)對於總統、副總統之罷免案，須經國民大會代表總額四分之一之提議，三分之二之同意後提出，並經中華民國自由地區選舉人總額過半數之投票，有效票過半數同意罷免時，才算通過。基於此，對總統、副總統之罷免，已變成分兩階段進行，第一階段須得到國大代表

三分之二之同意；第二階段須有全國選民過半數以上之
參與投票，而其中同意罷免之有效票又應占全部投票者
之過半數。換言之，對總統、副總統之罷免條件已變成
十分嚴格，而國大代表只有「罷免之提議權」，最後決定
者則係全體選民。

(3)此係新增之規定，立法院向國民大會提出之總統、
副總統彈劾案，經國民大會代表總額三分之二同意時，
被彈劾人應即解職。而立法院對總統、副總統彈劾之要
件，則係「立法院對於總統、副總統犯內亂或外患罪之
彈劾案，須經全體立法委員二分之一以上之提議，全體
立法委員三分之二以上之決議，向國民大會提出」。換言
之，和國大所提出之罷免案相仿，立法院對總統之彈劾
案亦採兩階段方式進行。唯有在立法委員及國大代表各
三分之二的特別多數同意時，始得對總統進行罷免。爲
了區別本項與前項之分野，有的學者將本項界定爲「彈
劾性罷免案」，前項則爲「政治性罷免案」。本項係由立
法院發動，由國民大會行使同意權；前項則由國民大會
發動，由全體選民行使同意權。

(4)修憲權，仍依照原先憲法之規定，由「國民大會
代表總額五分之一之提議，三分之二之出席，及出席代
表四分之三之決議得修改之」，並無改變。

(5)複決立法院所提之憲法修正案，亦無改變。係「由
立法院立法委員四分之一之提議，四分之三之出席，及
出席委員四分之三決議，擬定憲法修正案，提請國民大
會複決。此項憲法修正案，應於國民大會開會前半年公
告之。」

(6)係對總統提名任命之人員，行使同意權。其中包括：（甲）司法院院長、副院長及大法官。（乙）考試院院長、副院長及考試委員。（丙）監察院院長、副院長及監察委員。此均為原先憲法所無之規定。而設置同意權之背景，則係基於兩項原因：其一，在修憲之後，將監察院的國會屬性取消，監委不再由選舉產生，而改為由總統提名並任命之。連帶的，監察院的同意權亦應取消，而對司法院院長、副院長、大法官，以及考試院院長、副院長、考試委員之同意權，則自監察院轉移至國民大會。至於對監察院院長、副院長及監察委員之同意權，亦交由國民大會所掌握。其二，上列之各項同意權，本應交由立法院行使，可是由於對總統之選舉權已從國民大會手中轉交給全體選民，為了對國民大會有所「補償」，乃將同意權交由國民大會行使。

但是，一旦國民大會掌握了對司法、考試、監察等三院之高層人員的同意權，原先憲法中之「權能區分」原則，乃面臨嚴重的戕害。因為國民大會乃是「政權機關」，而五院則是「治權機關」，彼此應採分工合作方式。基於此，五院間之互動關係與基本職掌，實不宜由國民大會此一政權機關涉入，但是國民大會現在卻可藉同意權之行使而干預五院之運作，則無異造成「權能不分」，實係對憲政基本精神的戕害。基於此，上述之各項人事之同意權，實應改由立法院行使，立法院則可藉日常性國會職權之運作，監督上述各院之相關人事，此實較符合「制衡」與民主之精神，並無違「權能區分」之規範。

4.第四項係有關國民大會集會之規範。憲法第三十

九條規定：「國民大會於每屆總統任滿前九十日集會，由總統召集之。」在修憲之後，總統改由選民直選產生，因此前述之規定，業已失效。

憲法第三十條規定，國民大會在下列情形之一時，得召集臨時會，其中包括：一、補選總統、副總統時；二、依監察院之決議，對於總統、副總統提出彈劾案時；三、依立法院之決議，提出憲法修正案時；四、國民大會代表五分之二以上請求召集時。在前述四種情形中，第二項現已改為「依立法院之決議」。若依第一、第二種情形召集臨時會，應由立法院院長通告集會。若係第三、第四種情形，則係由總統召集。但目前已有國大議長、副議長之設置，依規定對總統、副總統之罷免案，以及議決立法院提出之總統、副總統彈劾案，應由國大議長通告集會。至於「補選副總統」、「修改憲法」、「複決立法院所提之憲法修正案」及「對總統提名任命之人員，行使同意權」，以及國大代表五分之二以上請求召集會議時，則仍由總統召集之。

綜合上述分析，雖然在修憲之後，國民大會最重要的職權之一——選舉總統、副總統，業已取消，但是國民大會集會的機會卻頗有增加。這實係一種基於權宜考量而做的憲政安排。

5.第五項規定「國民大會集會時，得聽取總統國情報告，並檢討國是，提供建言；如一年內未集會，由總統召集會議為之，不受憲法第三十條之限制」。根據是項規定，國民大會似乎已具備了一般國會「檢討國是，提供建言」之權限；而總統須對國民大會做國情報告，似

乎意味總統係對國民大會負責。但是這卻非目前憲政制度之基本精神。因爲在修憲之後，總統不再由國民大會選舉產生，自然也不對國民大會負責。更何況，我國憲政體制偏向「議會內閣制」，總統並非行政首長，而行政首長——行政院院長，又應對立法院負責。因此，總統每年對國民大會做國情報告，只是一項例行性之舉措，總統既然是由選民直選產生，當然是對選民而非國民大會直接負責。

至於國民大會對國是的建言之權，則不具實際效力。因爲國民大會並不具備眞正的國會權力——包括立法權、質詢權、調查權等。而且平常一年只召集會議一次，根本無法對政府做日常性之有效監督。基於此，前述之「國是建言權」，仍然只能視爲在國民大會選舉總統權被刪除之後，一項形式性的補償。除非日後國民大會進一步掌握其他實質性的國會權力，並改成經常性集會，否則，並不會因此一規定而發揮實質之「國會」監督效力。基於此，雖然長期以來部分國民大會代表一直與立法院力爭國會主導地位，但由於立委主控預算審查權，連國民大會每年召開的預算經費也由立法院決定，因此，實際上連國民大會每年召開的時日多寡也是由立法院所決定。由此看來，眞正的國會事實上只有立法院一機關而已。國民大會並不因爲修憲後新增之「國是建言權」而變成眞正的「國會」。

6.第六項規定國大代表任期是「四年一任」，不再是過去的「六年一任」。這是配合總統任期改變，所做的一項調整。

7.第七項規定「國民大會設議長、副議長各一人，由國民大會代表互選之。議長對外代表國民大會，並於開會時主持會議」。表面看來，國民大會設置議長，象徵著在形式上國大已成「國會」的一部分，並且設立了「常設職」的議長，更可視為國民大會「擴權」的一種表現。但是，如果只是增設議長、副議長，則僅能說明國民大會已有對外代表該機構的議長一職，卻並不意味國民大會因此而成為一「實權機關」。如果國大權力並未同步而擴增，國民大會仍是一個權力十分有限之機構，並不是一個正常的國會部門。因此，設立議長與否，與國民大會本身是否「常設化」，以及是否因此而具備廣泛之國會實權，實無必然的關係。

8.第八項規定，國民大會行使職權之程序，由國民大會自定之，不受憲法第三十四條之限制，而三十四條中則規定「國民大會之組織、國民大會代表之選舉罷免及國民大會行使職權之程序，以法律定之」。現在取消了上述的限制，國民大會將可自行決定行使職權之程序，這乃係實質性之擴權規定。與前述各項不同，此項新增添之權限乃是實質而具體的，並可藉此而擺脫立法院對國民大會之約束。因之，國民大會確實可透過此項修憲之規定，大幅度的為自身擴權。不過，相對的，立法院仍可透過預算權之行使，局部限制國民大會之擴權行動。

第二條　總統、副總統由中華民國自由地區全體人民直接選舉之，自中華民國八十五年第九任總統、副總統選舉實施。總統、副總統候選人應聯名

登記，在選票上同列一組圈選，以得票最多之
一組爲當選。在國外之中華民國自由地區人民
返國行使選舉權，以法律定之。

總統發布行政院院長與依憲法經國民大會或立
法院同意任命人員之任免命令及解散立法院之
命令，無須行政院院長之副署，不適用憲法第
三十七條之規定。

總統爲避免國家或人民遭遇緊急危難或應付財
政經濟上重大變故，得經行政院會議之決議發
布緊急命令，爲必要之處置，不受憲法第四十
三條之限制。但須於發布命令後十日內提交立
法院追認，如立法院不同意時，該緊急命令立
即失效。

總統爲決定國家安全有關大政方針，得設國家
安全會議及所屬國家安全局，其組織以法律定
之。

總統於立法院通過對行政院院長之不信任案後
十日內，經諮詢立法院院長後，得宣告解散立
法院。但總統於戒嚴或緊急命令生效期間，不
得解散立法院。立法院解散後，應於六十日內
舉行立法委員選舉，並於選舉結果確認後十日
內自行集會，其任期重新起算。

總統、副總統之任期爲四年，連選得連任一次，
不適用憲法第四十七條之規定。

副總統缺位時，由總統於三個月內提名候選人，
召集國民大會補選，繼任至原任期屆滿爲止。

　　總統、副總統均缺位時，由行政院院長代行其
職權，並依本條第一項規定補選總統、副總統，
繼任至原任期屆滿爲止，不適用憲法第四十九
條之有關規定。

　　總統、副總統之罷免案，須經國民大會代表總
額四分之一之提議，三分之二之同意後提出，
並經中華民國自由地區選舉人總額過半數之投
票，有效票過半數同意罷免時，即爲通過。

　　立法院向國民大會提出之總統、副總統彈劾案，
經國民大會代表總額三分之二同意時，被彈劾
人應即解職。

本條文內容共分十項：

⑴有關總統、副總統選舉之程序性規定。

⑵有關行政院院長副署權之限制。

⑶總統行使緊急處分權之要件。

⑷有關國家安全會議及其所屬國家安全局之規定。

⑸總統解散立法院之程序規定。

⑹總統、副總統任期之規定。

⑺有關副總統缺位之補選規定。

⑻總統、副總統均缺位時，行政院長代行職權及補
選程序之規定。

⑼有關總統、副總統罷免案行使之規定。

⑽立法院彈劾總統、副總統之規定。

　　1.第一項規定，民國八十五年起第九任總統、副總
統將由中華民國自由地區全體人民直選產生。「總統、副

總統應聯名登記，在選票上同列一組圈選，以得票最多之一組為當選」。根據此一規定，總統選舉將不採「絕對多數」當選方式，而係由「相對多數」方式產生。換言之，只要得到相對多數之選民支持，而非過半數之「絕對多數」，即可當選。據此，總統選舉亦無所謂之「兩輪選舉」，而只要經「一輪選舉」，獲得相對多數的候選人，即告當選。

是項條文中，另規定「在國外之中華民國自由地區人民返國行使選舉權，以法律定之。」根據此一規定，擁有中華民國國籍之僑民，可返國行使投票權。這乃是一種「權宜性」之規範。原先修憲的擬議之一，則是倣效許多西方民主國家之規範，僑民得在海外之領使館中行使投票權，但為顧及海外投票之公信力問題，並避免技術上的困難，乃規定須「返國行使選舉權」，以減少是類爭議。

2.依據憲法第三十七條之規定，行政院院長副署權之行使，乃是普遍性的，此原係本於「議會內閣制」之精神，意指行政院院長須對所有之命令負責，總統則是「儀式性之國家元首」，不負實際責任。在修憲之後，則將行政院院長之副署權範圍縮小，規定「總統發布行政院長與依憲法經國民大會或立法院同意任命人員之任免命令及解散立法院之命令，無須經行政院院長之副署」。換言之，包括行政院院長，監察院院長、副院長、監察委員，司法院院長、副院長、大法官，考試院院長、副院長、考試委員等之任命，均由總統單獨負責，亦即掌有實質之任免權，而不再由行政院院長副署❶。另外，

❶在德國基本法中，雖採取「議會內閣制」，並規定「聯邦總統之命令，須經聯邦總理，或聯邦主管部長副署始生效力。」但是亦有但書存在，其中第五十八條即規定，此項規定「不適用於聯邦總理之任免」、「聯邦議會之解散」，另外在新總理未產生時，原任總理必須繼續執行其職務至繼任人任命為止，副署權在此亦不適用。但相較於修憲後我國行政院院長副署權之設限，德國總理之副署權範圍，實較我國行政院院長為廣為大。

解散立法院之決定亦由總統個人決定。這均應可視爲總統權力之擴增與行政院院長權力之萎縮。

3.依據憲法第四十三條之規定,「總統於立法院休會期間, 得經行政院會議之決議, 依緊急命令法, 發布緊急命令, 爲必要之處置, 但須於發布命令後一個月內提交立法院追認。如立法院不同意時, 該緊急命令立即失效。」在修憲之後, 此一規定業已放寬, 即使在立法院集會期間, 總統「得經行政院會議之決議, 發布緊急命令, 爲必要之處置。」但是此一緊急命令「須於發布命令後十日內提交立法院追認, 如立法院不同意時, 該緊急命令立即失效。」

上述兩項規定間之主要差異, 是原先憲法第四十三條規定, 緊急命令只有在「立法院休會期間」, 得由總統「經行政院會議之決議」, 依法發布緊急命令, 爲必要之處置。此一憲法規範之基本精神, 係「國會主權論」。換言之, 緊急命令是否必要之決定者, 應係立法院, 只有在立法院休會時, 總統才能以情況特殊, 以及行政院會議之決議爲由, 單獨行使此一特別權力。

但是在動員戡亂時期, 卻凍結了此一部分的憲法條文, 將此一緊急命令的決定權, 轉交給總統與行政院。因之, 依據「動員戡亂時期臨時條款」第一條之規定, 「總統在動員戡亂時期, 爲避免國家或人民遭遇緊急危難, 或應付財政經濟上重大變故, 得經行政院會議之決議, 爲緊急處分」, 至於緊急處分行使之時限, 卻未做規範。這顯示原先憲法所規範「國會主權」之精神, 實已嚴重受損。基於此, 在動員戡亂時期結束後, 此一憲政

瑕疵實應迅予補救。但是，執政黨中央依然認為總統與
行政院必須掌握「緊急處分權」，因此力主保留此一條款，
不過在程序上則有所讓步，改為「發布命令後十日內提
交立法院追認，如立法院不同意時，該緊急命令立即失
效」。換言之，「國會主權」之精神雖然未能完全恢復，
但立法院仍保留了「十日內的否決權」，亦即掌有被動的
否決權。

　　不過，此一修憲後之規範，若與先進民主國家的相
關憲法規範相比較，顯然有其缺憾之處。以法國第五共
和憲法為例，第十六條中即規定：「當共和制度、國家獨
立、領土完整或國際義務之履行，遭受嚴重且危急之威
脅，致使憲法公權力之正常運作受到阻礙時，總統經正
式諮詢總理、國會兩院議長及憲法委員會後，得採取應
付此一情勢之緊急措施。」同條文中另規定，「此項措施
須出自保障憲法上公權力在最短時間達成任務之意願，
此項措施應諮詢憲法委員會之意見。國會應自動集會。
國民議會在總統行使緊急權力期間不得解散。」換言之，
在法國的憲政制度下，總統一旦行使緊急權力，國會應
自動集會，而且在此期間不得解散。而我國當前的憲政
規範則賦與總統與行政院為期十天的「特別權力空窗
期」。十天雖然不長，但卻足以變更政治秩序，甚至可能
會對立法院之職權造成相當程度的限制。就此而論，我
國修憲條文中的新規範，並不是一項保障「國會主權」
的憲政設計，而且仍然保留了「動員戡亂體制」下行政
專權的特色，係以行政體系之權宜便利為優先之考量，
此顯與西方先進民主國家以「議會民主」為核心的憲政

主義原則，存在著相當的距離。

　　4.在動員戡亂時期，總統爲適應動員戡亂需要，「得調整中央政府之行政機構、人事機構及其組織」（臨時條款第五條），此外，亦「授權總統得設置動員戡亂機構，決定動員戡亂大政方針，並處理戰地政務」（第四條）。基於上述之規定，政府乃設置隸屬於總統之國家安全會議及其所屬之國家安全局。另外在行政院之下則另設人事行政局。嚴格說來，這些機構之設置，均係爲配合動員戡亂之需要，但實屬「違憲」之設計。國家安全會議與國家安全局之職掌，與行政院多所重疊，而行政院人事行政局又與考試院之職掌多所扞格。基於此，此三機關的「憲政正當性」問題，長期以來一直引人詬病。在動員戡亂時期結束後，此三機關原應裁撤，但爲了使此三機關得以持續存在，並解決「合憲性」問題，民國八十年第一次修憲時乃於憲法增修條文第九條中，將國家安全會議、國家安全局與行政院人事行政局三機關一併合法化，賦與其法源依據。在第三階段修憲時，進一步將其列入本項。第四階段修憲時則繼續維持不變。

　　5.自第四次修憲起，行政院院長不再由立法院同意產生，但立法院得對行政院行使不信任投票（其規範見增修條文第三條）。一旦不信任案通過後，十日內總統得經諮詢立法院院長後，宣告解散立法院。但若係在戒嚴期間或緊急命令生效期間，則不得解散立法院。

　　本項之規定，係一般西方議會內閣制國家「信任制」與「解散國會」之配套性設置，一旦國會倒閣成立，則立即由國家元首宣布解散國會，訴諸選民之公決。

立院解散後，應於六十日內重新舉行選舉，並重新起算另一屆之立法院。

6.憲法第四十七條規定，「總統、副總統之任期爲六年，連選得連任一次」。修憲後任期調整爲四年一任，連選得連任一次。故於本項中予以規範。

7.憲法第四十九條規定，「總統缺位時，由副總統繼任，至總統任期屆滿爲止。」民國七十七年一月，蔣經國總統逝世，李登輝副總統繼任總統，任期至民國七十九年五月爲止，即依據本條文之規定。憲法第四十九條並規定，「總統、副總統均缺位時，由行政院院長代行其職權，並依本憲法第三十條之規定，召集國民大會臨時會，補選總統、副總統，其任期以補足原任總統未滿之任期爲止。」修憲之後，總統、副總統改由人民直選產生，不再由國民大會代表選舉。但是，本項中特別規定，當「副總統缺位時，由總統於三個月內提名候選人，召集國民大會補選，繼任至原任期屆滿爲止。」換言之，國民大會雖無權選舉總統，但仍保留了副總統缺位時的補選權。

8.本項規定，「總統、副總統均缺位時，由行政院院長代行其職權，並依本條第一項規定補選總統、副總統，繼任至原任期屆滿爲止。」換言之，當總統、副總統均出缺時，必須由人民直選產生新的總統、副總統，而非由國民大會補選產生。此與前引之憲法第四十九條之規定，已完全不同。

9.有關總統、副總統之罷免，憲法第二十七條僅就其範圍予以規範:「國民大會之職權如左: 一、選舉總統、副總統。二、罷免總統、副總統。」實際上之程序性規範，

則係依據總統、副總統選舉罷免法之規定。其中之規定
如次：

　　①由國民大會代表總額六分之一以上代表提出罷免
聲請書。

　　②立法院院長接到罷免書後，於一個月內召開國民
大會臨時會。

　　③由國民大會代表以無記名投票法表決罷免案，以
代表總額過半數之贊成票通過之。

　　④國民大會代表，對就任未滿十二個月之總統，不
得請聲罷免。罷免案一經否決，對於同一總統，原聲請
人不得再為罷免之聲請。

　　在修憲之後，上述之罷免規定業已取消，而罷免之
要件則趨於嚴格。本項中規定「罷免案須經國民大會代
表總額四分之一之提議，三分之二之同意後提出，並經
中華民國自由地區選舉人總額過半數之投票，有效票過
半數同意罷免時，即為通過。」換言之，在修憲之後，國
民大會僅有罷免案之「發動權」，而且必須有三分之二的
特別多數同意方得提出，再交由全體公民投票。而全民
行使罷免之同意權時，須合乎「選舉人總額過半數」之
要件，而且有效票亦應過半數。此與總統選舉採「相對
多數」即當選之規定相較，更趨嚴格。由此可見，對總
統之罷免規定比當選之要件更屬嚴格，也極難成立。

　　10.原先憲法中對於總統彈劾之規定，見於第一百
條：「監察院對於總統、副總統之彈劾案，須有全體監察
委員四分之一以上之提議，全體監察委員過半數之審查
及決議，向國民大會提出之。」修憲後，此一規定凍結，

在第四階段修憲時更將此權移交立法院行使。改以更嚴格的要件規範之，亦係此次修憲之一大爭議焦點。

第三條　行政院院長由總統任命之。行政院院長辭職或出缺時，在總統未任命行政院院長前，由行政院副院長暫行代理。憲法第五十五條之規定，停止適用。

行政院依左列規定，對立法院負責，憲法第五十七條之規定，停止適用：

一、行政院有向立法院提出施政方針及施政報告之責。立法委員在開會時，有向行政院院長及行政院各部會首長質詢之權。

二、行政院對於立法院決議之法律案、預算案、條約案，如認爲有窒礙難行時，得經總統之核可，於該決議案送達行政院十日內，移請立法院覆議。立法院對於行政院移請覆議案，應於送達十五日內作成決議。如爲休會期間，立法院應於七日內自行集會，並於開議十五日內作成決議。覆議案逾期未議決者，原決議失效。覆議時，如經全體立法委員二分之一以上決議維持原案，行政院院長應即接受該決議。

三、立法院得經全體立法委員三分之一以上連署，對行政院院長提出不信任案。不信任案提出七十二小時後，應於四十八小時內以記名投票表決之。如經全體立法委員二

分之一以上贊成，行政院院長應於十日內
提出辭職，並得同時呈請總統解散立法院；
不信任案如未獲通過，一年內不得對同一
行政院院長再提不信任案。

國家機關之職權、設立程序及總員額，得以法
律爲準則性之規定。

各機關之組織、編制及員額，應依前項法律，
基於政策或業務需要決定之。

本條文內容包括下列各項：
(1)行政院院長產生方式之規定。
(2)行政院與立法院之關係。
(3)有關國家機關之法律規定。
(4)機關組織、編制、員額之相關規定。

　1.第四階段修憲中，最重要的一項制度性變動，即
爲行政院院長的產生方式，由原先的經立法院同意產生，
改爲「由總統任命之」。換言之，總統不僅擁有原來憲法
所規定之對行政院院長的「提名權」，而且進一步擴展爲
實質的「任命權」。基於此，行政院院長不再須經立法院
過半數之同意產生，而變成由總統個人任命。這無疑是
憲法之基本精神——議會內閣制(parliamentarism)之
「同意權」的一項嚴重逆退。一旦行政院院長不再經由
立法院同意產生，他所肩負的民意基礎立即滑落，同時
行政院院長也將轉型而爲體現總統個人意旨的「執行
長」，卻不再是真正的「最高行政首長」。嚴格說來，本
條文的修憲幅度確實過大，並與憲法原先的基本精神

——行政院院長應為最高行政首長,亦即行政權之中樞,產生嚴重之扞格,並且形成「總統有權無責,行政院院長有責無權」的憲政扭曲,實係此次修憲的一大敗筆。

在具體的實踐經驗上,本項條文在實施逾半年之後,確已造成憲政危機。民國八十七年四月,行政院院長蕭萬長在內閣人事問題上,即因未獲得總統充分授權,而面臨「有責無權」的困境,包括交通部長蔡兆陽、法務部長廖正豪的辭職事件,以及稍早之外交部長擬議人選之一簡又新的人事風波,均凸顯了「閣揆權威不足」以及「跛腳行政院院長」的嚴重局限。除非行政院院長的任命權重歸於立法院,使行政院院長得到絕大多數立法委員的支持,否則此一權責不符,而且違背基本憲政主義精神的錯誤設計,終將引發無止盡的人事紛擾與權責之爭,甚至衍發「政府無能」的困境,實屬不智。

2.在行政院與立法院的關係方面,原先憲法五十七條之規定有三項,其中第一項與本項第一款規定相同,亦即「行政院有向立法院提出施政方針及施政報告之責。立法委員在開會時,有向行政院院長及行政院各部會首長質詢之權」。據此界定了行政院和立法院之間的基本關係,以及立法委員所具備的質詢權。

憲法五十七條第二、三項係有關覆議權(veto)之界定,「立法院對於行政院之重要政策不贊同時,得以決議移請行政院變更之。行政院對於立法院之決議,得經總統之核可,移請立法院覆議。覆議時,如經出席立法委員三分之二維持原決議,行政院院長應即接受該決議或辭職。」以及,「行政院對於立法院決議之法律案、預算

案、條約案，如認爲有窒礙難行時，得經總統之核可，於該決議案送達行政院十日內，移請立法院覆議。覆議時，如經出席立法委員三分之二維持原案，行政院院長應即接受該決議或辭職。」換言之，只要行政院院長得到至少三分之一立法委員的支持，就可推翻立法院原先的多數決決議，拒絕執行他所認爲窒礙難行的政策決議。但是，如果行政院院長連這三分之一的立法委員都掌握不到，他就必須執行立法院的決議，否則只有總辭一途。事實上，如果連這三分之一強的立委都不肯支持行政院院長，行政院院長也實在是做不下去，通常也只有離職一途。❷

　　但是，此一憲政規範在第四階段修憲後卻已徹底改變。新的規定是：

　　一、「行政院對於立法院決議之法律案、預算案、條約案，如認爲有窒礙難行時，得經總統之核可，於該決議送達十日內，移請立法院覆議。」與憲法第五十七條相對照，此次修憲已刪去了「重要政策」一項。考量修憲之意圖，這乃是因爲顧及立法院對「核四案」這一類重要政策之決議可能對行政院造成羈絆，爲了避免此類問題再發生，乃求從根拔除，乾脆將「重要政策」一項刪除，僅保留「法律案、預算案、條約案」等三項。❸

　　二、「立法院對於行政院移請覆議案，應於送達十五日內作成決議。如爲休會期間，立法院應於七日內自行集會，並於開議十五日內作成決議。覆議案逾期未議決者，原決議失效。」此係新增之期限規定。增設此一規定的目的是使行政院得因立法院之拖延逾期而失去覆議之

❷「覆議」（veto）係指行政機關對立法機關所通過之決議或法案，於一定法定期間內，送請立法機關，再爲審議表決。如果立法機關在覆議後再度通過該決議或法案，稱之「拒絕覆議」（veto override）。在美國，自二次大戰結束以來，平均每年總統會提出八件覆議案。我國則甚少實施。民國七十九年十月十七日，立法院針對勞動基準法第八十四條修正案行使覆議，結果以一六八票對廿五票，行政院推翻了立法院所提的修正案，恢復第八十四條原條文，此爲政府遷臺以來首度行使之覆議案。

❸但是將「重要政策」一項刪除，亦可解釋爲「對於立法院有關重要政策之決議，不可移請立法院覆議」，換言之，行政院只有照立法院之決議執行下去，無權拒絕，亦不可尋求覆議。果如上述之解釋，修憲起草者的意圖爲何，難實以論斷。

機會。但是，其中有關「立法院休會期間應自行集會」的規定，則係因修憲起草者對立法程序掌握不足，而作出「畫蛇添足」的贅筆。事實上，法律必須由總統公布始行生效，若係正值立法院休會期間，則行政院反而有較長之緩衝期，不必執行立法院之決議。若因此一新設之規定，而必須增開立法院臨時會，實在是勞民傷財，浪費公帑，並無必要。❹

三、「覆議時，如經全體立法委員二分之一以上決議維持原案，行政院院長應即接受該決議。」原先憲法之規定，若立法院維持原決議，則行政院院長必須接受該決議或辭職，現因行政院院長不再係經由立法院同意而產生，亦無須因立法院拒絕覆議而辭職。連帶的，覆議的門檻也就從原先的三分之二降為二分之一。❺

在第四階段修憲中，雖然取消了立法院對行政院院長的同意權，但卻也增加了由行政院院長呈請總統解散國會權，亦即立法院對行政院院長的不信任案，以及相對的解散立法院之權。修憲條文第三條第二項第三款規定，「立法院經全體立法委員三分之一以上連署，對行政院院長提出不信任案」。不信任案「如經全體立法委員二分之一以上贊成，行政院院長應於十日內辭職，並得同時呈請總統解散立法院」。此與一般議會內閣制國家的規定相仿。但是，不信任案的提出卻有一定的時間設限，亦即，「不信任案提出七十二小時後，應於四十八小時內以記名投票表決之。」，此一特殊之規定，是襲自法國第五共和憲法第四十九條，該條規定：

「國民議會得依不信任案之表決以決定政府之去留，

❹依據美國總統覆決權行使之規範，總統在收到國會通過的法案十日內(星期天除外)，如果既不簽署也不提覆議，則此法案自行生效。但是，如果在此十日結束之前國會業已休會，則總統將失去提出覆議之機會，因此只有當總統簽署後此法案才算生效。此一情況提供了總統在國會會期結束時未經正式之覆議，卻能讓某一法案胎死腹中的機會，一般稱之為「口袋覆議」(pocket veto)。在我國，憲法第七十二條中規定，「立法院法律案通過後，移送總統及行政院，總統應於收到後十日內公布之」。如果行政院經總統之核可向立法院提出覆議，則總統就不會公布該法律，自無該法律生效之問題，亦不致發生前述之「口袋覆議」之情事。

❺在美國，聯邦總統的覆議門檻是國會兩院議員的三分之一。在各州中，有六州規定，州長提出之覆議門檻是州議員的二分之一。

此項不信任案須經國民議會至少十分之一議員之連署，始得提出。動議提出四十八小時之後，始得舉行表決。」

但是，此一時間之設限卻容易造成混淆。所謂「不信任案提出七十二小時後」，究竟是以不信任案送交立法院秘書處時起算，還是送達立法院院會時起算，並不明晰。至於此七十二小時（三天），是否包括假日（或連續假日）在內，亦不明確。若不包括在內，則將可能發生正常休假日卻必須加開院會，處理不信任案的特例，實有違正常作息之常規，並不妥適。

另外，在不信任案提出七十二小時後，「應於四十八小時內以記名投票表決」之規定，實無異變相鼓勵立法委員阻礙議事程序（filibuster），藉以拖延表決，以保護行政院院長免於倒閣之威脅。這實非一正當之憲政運作方式，不足為訓。

更重要的是，本款最後規定「不信任案如未獲通過，一年內不得對同一行政院院長再提不任信任案」，這亦非一般議會制國家實施民主制衡之常態。試想：如果立法院與行政院之間處於焦灼、對立之狀態，則解散立法院，重新訴諸最新之民意，並進行國會改選，原係解決僵局之良方。但若因議事程序拖延導致不信任案未通過，結果卻要讓立法、行政兩院的惡性對立持續達一年之久，才能再度提出不信任案，則此種勉強而僵化之規定，實係政局紛亂動盪之源，絕難收穩定憲政秩序之效。

由此可知，此次修憲中有關倒閣權（即不信任案）與解散國會（立法院）權之設計，均已出現嚴重瑕疵，亟應再次修正，方可解決憲政僵局。

3.第三項有關「國家機關之職權、設立程序及總員額，得以法律為準則性之規定」。訂定此項之目的，係針對中央法規標準法第五條規定：「左列事項應以法律定之：一、憲法或法律有明文規定，應以法律定之者。二、關於人民之權利、義務者。三、關於國家各機關之組織者。四、其他重要事項應以法律定之者。」

基於此一條文之規範，國家機關組織必須以法律定之，政府深感立法院立法效率不彰，且政府組織之職權、設立程序及員額，又常受立法院制衡機制之羈絆，而中央法規標準法之修法又曠日廢時，且不易修正通過。因此，政府乃採取釜底抽薪之計，乾脆從修憲著手，透過執政黨與反對黨民主進步黨之合作，在國民大會以居於多數之優勢，訂定此項修憲條文。據此並提出「中央政府機關組織基準法」及「中央政府機關總員額法」兩項草案，讓政府機關組織及員額保持高度彈性。根據此二法之草案規定，今後各部會之三級機關❻，如經濟部之國際貿易局、工業局等之組織、員額等，均不必再以法律定之，並將以行政命令取代，不再須經過立法院之嚴格立法程序，以保持政府之高度彈性及自主性。但是，相對的，此亦凸顯政府本身便宜行事之權變心態，並不足取。

4.第四項係前述第三項之補充，進一步賦與各機關更大之自主權，並得基於政策或業務之需要，自行調整組織、編制及員額，不受立法院之監督及約制。

前述第三、第四兩項之規定，充分反映了在現階段修憲中行政權擴張、立法權式微的基本意圖，以及行政、

❻依照中央政府機關組織基準法草案之規定，五院、總統府、國家安全會議等為「一級機關」；部、委員會、總署為「二級機關」；局、處、署、委員會為「三級機關」。

立法兩權之間逐漸失衡的大趨勢。此種修憲心態，乃是將憲法本身視爲一種政治權謀的便宜工具，卻不是民主憲政主義所強調的，應將憲法視爲「社會的總構成」，是「國家的根本大法」，亦即「民主政治的穩定基石」。基於此，第四階段之修憲，實係自由民主與憲政主義基本精神之逆反，亦可視爲民主憲政秩序之逆退。修憲起草者❼，甘爲政治權謀之馬前卒，並將憲法降格爲政府奪權之工具，置制衡原則與民主規範於不顧。實難辭其咎，亦難免歷史最後之審判。

第四條　立法院立法委員自第四屆起二百二十五人，依
　　　　左列規定選出之，不受憲法第六十四條之限制：
　　　　一、自由地區直轄市、縣市一百六十八人。每
　　　　　　縣市至少一人。
　　　　二、自由地區平地原住民及山地原住民各四人。
　　　　三、僑居國外國民八人。
　　　　四、全國不分區四十一人。
　　　　前項第三款、第四款名額，採政黨比例方式選
　　　　出之。第一款每直轄市、縣市選出之名額及第
　　　　三款、第四款各政黨當選之名額，在五人以上
　　　　十人以下者，應有婦女當選名額一人，超過十
　　　　人者，每滿十人應增婦女當選名額一人。
　　　　立法院經總統解散後，在新選出之立法委員就
　　　　職前，視同休會。
　　　　總統於立法院解散後發布緊急命令，立法院應
　　　　於三日內自行集會，並於開議七日內追認之。

❼第四階段修憲的主導者，係李登輝總統，連戰副總統，及民主進步黨主席許信良。主要起草者及幕僚群，包括：蕭萬長、吳伯雄、饒穎奇、蔡政文、黃主文、謝瑞智、田弘茂、彭錦鵬、朱新民等人。民主進步黨方面，主要配合修憲的人士，包括李文忠、張俊宏、張川田等。

但於新任立法委員選舉投票日後發布者，應由新任立法委員於就職後追認之。如立法院不同意時，該緊急命令立即失效。

立法院對於總統、副總統犯內亂或外患罪之彈劾案，須經全體立法委員二分之一以上之提議，全體立法委員三分之二以上之決議，向國民大會提出，不適用憲法第九十條、第一百條及增修條文第七條第一項有關規定。

立法委員除現行犯外，在會期中，非經立法院許可，不得逮捕或拘禁。憲法第七十四條之規定，停止適用。

本條文包括下列各項：

⑴立法委員員額及組成之相關規定。

⑵有關政黨比例及婦女名額之規定。

⑶立法院經總統解散後視同休會。

⑷總統緊急命令之相關規定。

⑸立法院對總統、副總統彈劾權之規定。

⑹立法委員不受逮捕或拘禁之特權。

1.由於第四階段修憲的主要目的之一，是使臺灣省「省虛級化」，並取消省長民選及省議會選舉。同時為了解決省議會停止選舉後省議員的政治出路問題，乃決定將立法委員員額從第三屆的一百六十四人，擴增為第四屆的二百廿五人。究實而論，立法委員之員額實已過多，若再增添六十餘位立委，無論立法效率、委員會組織、編制及員額，乃至立法院整體之軟、硬體設施，均將面

臨嚴重之挑戰。但是，由於擴增員額乃係執政黨之政治性決定，受困於現實政治之壓力，在本條文中不得不作出相應之規定。

與第三階段修憲條文相比較，直轄市及縣市之立法委員擴增爲一百六十八人，每縣市至少一人。平地原住民及山地原住民各由三人增爲四人。僑居國外國民由六人增爲八人。全國不分區則由三十人增爲四十一人。後三者合計共增加十五人。區域立法委員則增加四十六人，合計共增加六十一人。

2.此項規定，僑居國外國民及全國不分區均採政黨比例方式選出。另規定婦女保障名額，在五人以上十人以下者，應有婦女當選名額一人；超過十人者，每滿十人應增婦女當選名額一人。

區域選出之立法委員，其婦女保障名額之規定，同前。

3.爲配合修憲條文第三條第二項第三款有關總統解散立法院之規定，在本項中進一步規定，立法院經總統解散後，在新選出之立法委員就職前，視同休會。

4.在增修條文第二條第三項中，規定總統發布緊急命令後十日內應提交立法院追認，如立法院不同意時，該緊急命令立即失效。在本項中則特別針對立法院解散後之相關規範作一規定:「總統於立法院解散後發布緊急命令，立法院應於三日內自行集會，並於開議七日內追認之」，以符合原先「十日內」之規定。

至於新選出之立法委員就職前所發布之緊急命令，則因前述之第二項業已規定，視同休會，只有在新任立

法委員就職後再行追認。如立法院不同意時，該緊急命令立即失效。

5.在本次修憲中，對總統、副總統之彈劾權自監察院移至立法院，但僅限於內亂或外患罪。憲法第九十條、第一百條及增修條文第七條第一項有關規定，均停止適用。換言之，監察院對總統、副總統之彈劾權，業已取消。立法院對於總統、副總統犯內亂或外患罪行使彈劾權，嚴格說來，與憲法第五十二條之規定，實有扞格之處，第五十二條的規定是：

「總統除犯內亂或外患罪外，非經罷免或解職，不受刑事上之追究。」

換言之，總統犯內亂或外患罪，應受刑事上之追究，此本屬司法權之範疇。現在修憲卻將立法院對總統之彈劾權，局限於內亂或外患罪，這實係將彈劾權的行使範圍作極度之減縮，將「彈劾權」與「司法權」之範圍等同於一，實係對彈劾權的嚴苛設限。果如是，彈劾權已無單獨設置之意義了。

6.立法委員不受逮捕或拘禁之特權，原係以立法委員的整個任期為時間範圍，基於此，憲法第七十四條規定：「立法委員，除現行犯外，非經立法院許可，不得逮捕或拘禁。」

但是，由於部分涉及司法案件的立委，藉此一條文之保護而拒絕出庭接受審理，亦因不受逮捕之特權而使法院無法令其拘提到案。因此，國民大會乃將立法委員不受逮捕與拘禁之特權，從「任期」縮減為「會期」，亦即在每一會期之間，仍可對其逮捕或拘禁。如此一來，

涉案的立法委員在每一會期之間的休會期，就難免於囹
圄之災了。

第五條　司法院設大法官十五人，並以其中一人為院長、
　　　　一人為副院長，由總統提名，經國民大會同意
　　　　任命之，自中華民國九十二年起實施，不適用
　　　　憲法第七十九條之有關規定。
　　　　司法院大法官任期八年，不分屆次，個別計算，
　　　　並不得連任。但並為院長、副院長之大法官，
　　　　不受任期之保障。
　　　　中華民國九十二年總統提名之大法官，其中八
　　　　位大法官，含院長、副院長，任期四年，其餘
　　　　大法官任期為八年，不適用前項任期之規定。
　　　　司法院大法官，除依憲法第七十八條之規定外，
　　　　並組成憲法法庭審理政黨違憲之解散事項。
　　　　政黨之目的或其行為，危害中華民國之存在或
　　　　自由民主之憲政秩序者為違憲。
　　　　司法院所提出之年度司法概算，行政院不得刪
　　　　減，但得加註意見，編入中央政府總預算案，
　　　　送立法院審議。

　　本條文分為六項：
　　(1)司法院院長、副院長及大法官之組成。
　　(2)司法院大法官之任期。
　　(3)民國九十二年提名之大法官，有關任期之特別規
定。

(4)憲法法庭之相關規定。

(5)政黨違憲之規定。

(6)有關司法概算之規定。

1.憲法第七十九條規定:「司法院設大法官若干人」。司法院組織法第三條規定:「司法院設大法官會議,以大法官十七人組織之,行使解釋憲法並統一解釋法律命令之職權。」第五條規定:「大法官之任期,每屆爲九年。」上述之各項規定,在本次修憲中均已作了大幅度的改變。首先,大法官人數自十七人改爲十五人,而且「以其中一人爲院長、一人爲副院長,由總統提名,經國民大會同意任命之」,換言之,院長、副院長均係大法官,此係過去所無之規定。由於目前大法官的任期至民國九十二年終止,因此特規定,本項「自中華民國九十二年起實施」。

2.3.司法院大法官之任期原先定爲九年,本次修憲將其減爲八年,而且「不分屆次,個別計算,並不得連任」。作此一規定的目的,是因本條第三項規定,大法官應由總統每四年任命其中之八位,至於另外七位則係舊任,藉以維續其經驗傳承,避免每次任命大法官時出現新人經驗不足、青黃不接的困境。基於此,在第三項中進一步規定,「中華民國九十二年總統提名之大法官,其中八位大法官,含院長、副院長,任期四年,其餘大法官任期爲八年。」換言之,院長、副院長及其餘六位法官任期均爲四年。由於院長、副院長不受任期保障,總統將可主動更換司法院的首長、副首長,此實係本次修憲另一項特異之處。❽

❽以美國爲例,最高法院大法官共九人,均爲終身職,最高法院院長(具大法官身分)係由總統任命,但總統卻不可令其去職。但在我國第四次修憲後,司法院大法官受任期之保障,同具大法官身分的司法院院長、副院長卻無此一保障,總統得隨時令其去職,這實係不合理之設計,也賦與了總統過大的任命權、干預最高司法機關之運作,對司法獨立有不良之影響。

4.依據憲法第七十八條規定,「司法院解釋憲法, 並有統一解釋法律及命令之職」。在本項中, 則另增列司法院大法官「組成憲法法庭審理政黨違憲之解散事項。」根據此一規定, 民國八十二年二月總統公布司法院大法官審理案件法, 第三章即規範「政黨違憲解散案件之審理」。其中重要規定如次:

第十九條:「政黨之目的或其行為, 危害中華民國之存在或自由民主之憲政秩序者, 主管機關得聲請司法院憲法法庭解散之。」

第二十條:「憲法法庭審理案件, 以參與審理之資深大法官充審判長, 資同以年長者充之。」

第二十一條:「憲法法庭應本於言詞辯論而為裁判。但駁回聲請而認無言詞辯論之必要者, 不在此限。」

第二十四條:「憲法法庭行言詞辯論, 須有大法官現有總額四分之三以上出席, 始得為之。未參與辯論之大法官不得參與評議判決。」

第二十五條:「憲法法庭對於政黨違憲解散案件判決之評議, 應經參與言詞辯論大法官三分之二之同意決定之。評論未獲前項人數同意時, 應為不予解散之判決」。

由上述之法律規定可知, 憲法法庭設立之主旨係審理政黨違憲之解散事項, 因此「憲法法庭」並非「大法官會議」的代稱, 兩者之專責亦不相同。而憲法法庭應本於「言詞辯論」而為裁判, 「未參與辯論之大法官不得參與評議判決」, 均凸顯了憲法法庭對於政黨違憲案件之裁定, 程序十分慎重。若未能得到參與辯論大法官三分之二的同意, 即不得解散該政黨, 這顯示憲法法庭對於

違憲爭議的審理態度，是相當審愼的。

5.本項規定「政黨之目的或其行爲，危害中華民國之存在或自由民主之憲政秩序者爲違憲」。其主要參考之憲政範例，爲德國基本法第二十一條第二項：「政黨依其目的及其黨員之行爲，意圖損害或廢除自由、民主之基本秩序，或意圖危害德意志聯邦共和國之存在者，爲違憲。其有無違憲問題由聯邦憲法法院決定之。」另外，也根據德國基本法之規範，將有無違憲交由憲法法庭裁決之。就此而言，本項可說是一項重要的「憲政移植」規範。

6.爲了保障司法獨立，改善司法人員待遇，本次修憲特別增訂本項規定，今後行政院不得刪減司法院所提之年度司法概算，但得加註意見，編入中央政府總預算案，送立法院審議。依照憲法第五十九條之規定，「行政院於會計年度開始三個月前，應將下年度預算案提出於立法院」。憲法第五十八條亦規定：「行政院院長、各部會首長，須將應行提出於立法院之……預算案……提出於行政院會議議決之」。由於本次修憲新增了本項之規定，無異將憲法原規定行政院之職權作了若干限制，以凸顯重視司法預算的精神。

在實際實施經驗上，在民國八十八年度中央政府總預算中，司法院及其所屬各機關預算，在歲出方面，共計爲一百廿九億五千餘萬元，約占中央政府總預算案的百分之一，較八十七年度法定預算增加三十五億二千餘萬元，增加幅度約爲百分之三十七點四。但是，其中包括增列司法法務官預算一億一千餘萬元，卻引起甚大爭

議，因爲法務官法草案尚未完成立法，但卻由司法院爲
其預先編列預算，實有違法之嫌。另外，各級法院增購
車輛過多(共一億六千餘萬元)，也引人詬病。不過，基
於尊重司法之精神，立法院仍然對司法預算獨立編列，
表達了基本敬重與肯定的態度。

第六條　考試院爲國家最高考試機關，掌理左列事項，
　　　　不適用憲法第八十三條之規定：
　　　　一、考試。
　　　　二、公務人員之銓敘、保障、撫卹、退休。
　　　　三、公務人員任免、考績、級俸、陞遷、褒獎
　　　　　　之法制事項。
　　　　考試院設院長、副院長各一人，考試委員若干
　　　　人，由總統提名，經國民大會同意任命之，不
　　　　適用憲法第八十四條之規定。
　　　　憲法第八十五條有關按省區分別規定名額，分
　　　　區舉行考試之規定，停止適用。

本條分爲三項內容：
⑴有關考試院職掌之規範。
⑵考試院高層人事同意權之行使。
⑶分區考試規定之停用。
　　1.本條文在此次修憲中並無改變。依據憲法第八十
三條之規定，考試院「掌理考試、任用、銓敍、考績、
級俸、陞遷、保障、褒獎、撫卹、退休、養老等事項」。
但是由於「動員戡亂臨時條款」第五條規定，「總統爲適

應動員戡亂需要，得調整中央政府之行政機構、人事機構及其組織」，並據以設置行政院人事行政局。在動員戡亂時期結束後，人事行政局依然獲得「合憲」之地位，因之，考試院之職掌必須予以調整，以免發生扞格。其中最重要的調整方向，是考試院僅掌理公務人員之任免、考績、級俸、陞遷、褒獎等之「法制事項」，而人事行政局則負責執行。因此透過本項之修正，考試院與行政院人事行政局之間事權分工，得以釐清。

2.考試院院長、副院長及考試委員，過去依憲法第八十四條之規定，係由總統提名，經監察院同意任命之，現因監察院不再掌有同意權，因此同意權改交由國民大會行使。

至於考試委員之名額，則仍依照憲法之原先規定，未予定額之規範。但在考試院組織法第三條中，則明定「考試委員名額定爲十九人」。在本次修憲中，並未將名額增訂於條文之中，仍維持「考試委員若干人」之規定。

3.憲法第八十五條規定：「公務人員之選拔，應實行公開競爭之考試制度，並應按省區分別規定名額，分區舉行考試，非經考試及格，不得任用」。其中「按省區分別規定名額」的規定，原係保障各省人士擔任公職之權益，但在臺澎金馬地區實施時顯有「過度保障少數」的不公平情況出現，因此近年來已不再對大陸特定省籍人士採取保障名額措施。本項則進一步將其載入憲法修正條文，使其具備合憲之基礎。

第七條　監察院爲國家最高監察機關，行使彈劾、糾舉

及審計權，不適用憲法第九十條及第九十四條有關同意權之規定。

監察院設監察委員二十九人，並以其中一人爲院長、一人爲副院長，任期六年，由總統提名，經國民大會同意任命之。憲法第九十一條至第九十三條之規定停止適用。

監察院對於中央、地方公務人員及司法院、考試院人員之彈劾案，須經監察委員二人以上之提議，九人以上之審查及決定，始得提出，不受憲法第九十八條之限制。

監察院對於監察院人員失職或違法之彈劾，適用憲法第九十五條、第九十七條第二項及前項之規定。

監察委員須超出黨派以外，依據法律獨立行使職權。

憲法第一百零一條及第一百零二條之規定，停止適用。

本條文共分六項：

(1)監察院職掌之調整。

(2)監察委員名額、任期及對監察委員同意權之行使。

(3)彈劾權行使之要件。

(4)對監察院人員彈劾之規定。

(5)監察委員獨立職權行使之規定。

(6)憲法相關條文停止適用之規定。

1.修憲後監察院不再是民意機關(國會)，同意權取

消，改由國民大會行使，參見修憲條文第一條第三項第六款相關之說明分析。

2.「監察院設監察委員二十九人」，此係第二階段修憲時憲法修正條文第十五條之規定。當時將監委名額明定於憲法中的主因（不同於「考試委員若干人」之規定），是顧忌當時在任之監委，對監察院體制變革可能產生反彈，不願修正監察院組織法，將監委名額規定在該法之中，進而導致憲改任務發生變數。基於此，在五院之中，過去只有監察院這一院是將監委總額明定在憲法增修條文之中。但在本次修憲後，司法院大法官名額也已在增修條文中明定為十五人。其他如行政院政務委員和考試院考試委員，則仍規定為「若干人」，再由相關組織法作定額之規範。至於立法委員及監察委員人數總額之規定，平情而論，實不應明文列入憲法條文之中。由於此一明文規定，一方面將因此使憲法失去彈性，可能會因情勢變遷而一修再修監委之總額規定。另一方面，如果監委發生缺額情況，則因「違憲」之顧忌，又必須另開國民大會，行使同意權，以補足監委名額。由此觀之，未來修憲時，允宜將此項中有關監委名額之規定回復改為「若干人」，然後在「監察院組織法」中，再明定監委名額。以後若要修正監委名額，只要修訂監察院組織法即可。這才是合乎憲政常態之合理規範。

除了監委名額的規定外，監委任期定為一任六年，得連任。此一規定，曾引起學界與輿論界之不同反應。一般認為，在修憲之後，監察委員不再具備「國會議員」之身分，非由民選產生，而且應經總統提名，國民大會

同意產生。而監委職司風憲、糾彈百官，必須超出黨派之外。因此，監察委員應心無旁騖，不受黨派與政治偏見之影響，一往直前，勇於監察之責。基於此，監委的任期必須延長，而且不應連任，以免為連任而心存顧忌，造成瞻前顧後，難以放手去做。至於任期究竟應多長，有的主張比照司法院大法官，任期一屆八年。有的則主張改為十年，甚至延長為十二年。但是監委不得連任，則係共同之主張。

本項中另規定，監委由總統提名，經國民大會同意任命之。不再如憲法第九十一條之規定，由省、市議會間接選舉產生，以杜絕長期以來監委選舉發生賄選之爭擾。但監察院也因監委產生方式之改變，而發生基本性質之變革。

3.憲法第九十八條規定:「監察院對於中央及地方公務人員之彈劾案，須經監察委員一人以上之提議，九人以上之審查及決議，始得提出。」在本項中，則改為「監察委員二人以上之提議」，換言之，彈劾權之行使已愈趨於嚴格。

4.依據憲法第九十七條第二項之規定，「監察院對於中央及地方公務人員，認為有失職或違法情事，得提出糾舉案或彈劾案，如涉及刑事，應移送法院辦理。」第九十九條規定，「監察院對於司法院或考試院人員失職或違法之彈劾，應適用本憲法第九十五條、第九十七條及第九十八條之規定。」在上述兩條文中，獨對監察院人員之彈劾，未做規範。基於此，在修憲時，乃加入本項之規定，將「監察院人員失職或違法之彈劾」，列入憲法修正

條文之中，使此一規範趨於完整。

但是本項中之「監察院人員」，究竟何指？是否包括監察委員本身，則不甚清楚。若依司法院大法官會議釋字第十四號之解釋，「在制憲者之意，當以立、監委員爲直接或間接之民意代表，均不認其爲監察權行使之對象。至立監兩院其他人員與國民大會職員，總統府及其所屬機關職員，自應屬監察權行使範圍。」由此可知，監察委員本身，不應爲監察權行使之對象。但是，在修憲之後，監委不再具民意代表之屬性，因此，上述之解釋文是否仍然適用，仍有待斟酌之處。不過，監察院已基於本項之規定，對涉案判刑確定的監委蔡慶祝，做出彈劾之處分，創下監察院彈劾監委之先例。

5.6.項規定「監察委員須超出黨派以外，依據法律獨立行使職權」。此係因監委不再由間接民選產生，不代表任何黨派，自應超出黨派以外。但是第六項中亦規定「憲法第一百零一條及第一百零二條之規定，停止適用」，則意味著監委的「言論免責權」及「不受逮捕之特權」，均已取消。上述二權，實係保障國會議員之特權，一旦取消，監委將可能因爲監察權之行使，而面臨當事人「興訟」、「纏訟」等困擾。而監察院之會議，也因不再受「免責權」之保障，必須改爲秘密會議，不得對外公開，使民意及輿論之監督，受到限制。此外，監委也因不再有「不受逮捕之特權」，在對政府重要官員行使監察權時，也會有所顧忌，難以發揮「大無畏」之精神，充分彰顯監察權獨立、無私之特性。基於此，上述二項國會議員特權之取消，實係對監察權行使的一大妨礙。

在未來進一步修憲時應予回復，才係正本清源之道。

在本次修憲中，決議將監察委員對總統、副總統之彈劾權取消，並移往立法院，交由立委行使。因此，在本條文中原先有關彈劾總統、副總統之規定，亦一併取消。

第八條　國民大會代表及立法委員之報酬或待遇，應以法律定之。除年度通案調整者外，單獨增加報酬或待遇之規定，應自次屆起實施。

本條是參考一九九二年通過的美國憲法第二十七條修正案而訂定，在本次修憲未予更動。該修正案規定：「國會議員們通過的加薪法案，必須等過一次選舉之後的下一屆會期才能生效。」此一修正案早在美國立國之初，即由開國元勳麥迪遜（James Madison）提出，但未通過。一九九二年五月，由於此案得到美國超過四分之三——三十八個州議會的支持，而成為正式的憲法修正案。此案宗旨是在節制國會議員任意自行加薪，造成民代自肥、浪費公帑的情況。在我國修憲之中倣效訂定之，亦可視為外國憲政規範移植的另一範例。

第九條　省、縣地方制度，應包括左列各款，以法律定之，不受憲法第一百零八條第一項第一款、第一百零九條、第一百十二條至第一百十五條及第一百二十二條之限制：

一、省設省政府，置委員九人，其中一人為主

　　　席，均由行政院院長提請總統任命之。

二、省設省諮議會，置省諮議會議員若干人，
　　由行政院院長提請總統任命之。

三、縣設縣議會，縣議會議員由縣民選舉之。

四、屬於縣之立法權，由縣議會行之。

五、縣設縣政府，置縣長一人，由縣民選舉之。

六、中央與省、縣之關係。

七、省承行政院之命，監督縣自治事項。

第十屆臺灣省議會議員及第一屆臺灣省省長之
任期至中華民國八十七年十二月二十日止，臺
灣省議會議員及臺灣省省長之選舉自第十屆臺
灣省議會議員及第一屆臺灣省省長任期之屆滿
日起停止辦理。

臺灣省議會議員及臺灣省省長之選舉停止辦理
後，臺灣省政府之功能、業務與組織之調整，
得以法律為特別之規定。

　　本條文包括下列各項：

　　⑴省縣地方制度之調整。

　　⑵省議員及省長選舉之停止。

　　⑶省政府功能、業務與組織之調整應以法律規範。

　　1.第四階段修憲的主要目的之一，是凍結臺灣省省
長及省議員選舉，並將省府組織精簡化，最後達到「省
虛級化」之目的。在本條文中，將憲法中第一百零八條、
第一百零九條、第一百十二條至第一百十五條，以及第
一百二十二條等相關之規範予以凍結，並作出下列規定：

一、「省設省政府，置委員九人，其中一人爲主席，均由行政院院長提請總統任命之。」換言之，省長不再經由民選產生，而重行改回過去由總統任命的省主席制。這意味著過去十年來的民主化趨勢，已有倒退之趨勢。民主化(democratization)係指參政管道與參政機會的擴增。基於此，省長改爲民選，總統改爲直選，均係民主化進展之具體例證，但現在乾脆從修憲手段上根本取消省長民選，本條第二項則進一步規定取消省議員選舉，實係民主參政機會銳減之明證。相對的，總統及行政院院長的人事權卻愈見增長，足見民主化進程確已萎縮倒退。

二、在省議員選舉取消之後，省議會改爲省諮議會，「置省諮議會議員若干人，由行政院院長提請總統任命之。」至於省諮議會的職掌及功能，則須視「省虛級化」的具體步驟及立法措施而定。

三、縣議會之地位不變，議員仍維持由民選產生。

四、屬於縣之立法權，由縣議會行之。

五、縣政府之地位不變，縣長仍維持由民選產生。

六、由於「省虛級化」，中央與省、縣之關係丕變，中央與縣（市）之關係立即拉近，並須直接處理縣（市）的預算及資源分配問題。

七、省承行政院之命，監督縣自治事項。

2.本項規定從民國八十七年十二月二十日，臺灣省省長及臺灣省議會議員之任期截止後，不再舉行省長及省議員選舉，省不再實施自治，省長及省議員就此亦將成爲絕響。

　　3.在省長、省議員選舉停止辦理後，省政府之功能、業務與組織之調整，其範圍究竟如何，得以法律爲特別之規定。其中尤以「省是否仍係公法人」的爭議，最爲引人注目，尚有待司法院大法官會議之釋憲，才能作一定論。由於本條文規定「省虛級化」，並將省長、省議員選舉停辦，在修憲完成前後，已造成臺灣省省長宋楚瑜與總統李登輝、副總統連戰、行政院院長蕭萬長等人之間持續的鬥爭、紛擾，並引發執政黨內部及朝野政黨之間一連串的政爭。截至民國八十七年五月初爲止，行政院尚未就臺灣省政府調整後之功能、業務與組織，提出任何確定的改造方案，至於省政府員工近五萬六千餘人的未來出路，也因持續的政爭而曖昧不明、懸而未決。此實係修憲造成的嚴重後遺症之一。

第十條　　國家應獎勵科學技術發展及投資，促進產業升級，推動農漁業現代化，重視水資源之開發利用，加強國際經濟合作。

　　　　　經濟及科學技術發展，應與環境及生態保護兼籌並顧。

　　　　　國家對於人民興辦之中小型經濟事業，應扶助並保護其生存與發展。

　　　　　國家對於公營金融機構之管理，應本企業化經營之原則；其管理、人事、預算、決算及審計，得以法律爲特別之規定。

　　　　　國家應推行全民健康保險，並促進現代和傳統醫藥之研究發展。

國家應維護婦女之人格尊嚴，保障婦女之人身
安全，消除性別歧視，促進兩性地位之實質平
等。

國家對於身心障礙者之保險與就醫、無障礙環
境之建構、教育訓練與就業輔導及生活維護與
救助，應予保障，並扶助其自立與發展。

教育、科學、文化之經費，尤其國民教育之經
費應優先編列，不受憲法第一百六十四條規定
之限制。

國家肯定多元文化，並積極維護發展原住民族
語言及文化。

國家應依民族意願，保障原住民族之地位及政
治參與，並對其教育文化、交通水利、衛生醫
療、經濟土地及社會福利事業予以保障扶助並
促其發展，其辦法另以法律定之。對於金門、
馬祖地區人民亦同。

國家對於僑居國外國民之政治參與,應予保障。

本條文共分下列十一項：

(1)獎勵科技發展，促進產業升級。

(2)經濟與科技發展，應兼顧環境及生態保護。

(3)對中小企業之保障。

(4)公營金融機構應本企業化之原則經營管理。

(5)全民健康保險之相關規定。

(6)婦女保障及兩性平權之相關規定。

(7)身心障礙者之權益保障。

⑻教育、科學、文化預算之相關規定。

⑼多元語言文化之保障。

⑽原住民族及金門、馬祖地區人民權益之保障。

⑾僑民參政權之保障。

本條文主要係對憲法第十三章「基本國策」中第三節「國民經濟」、第四節「社會安全」、第五節「教育文化」、第六節「邊疆地區」等相關內容之補充。由於國民大會不願讓增修條文的條文數增加太多，因此乃將各種不同的基本國策內涵合併於同一條文中。其中包含下列各種不同的內涵，特分類做一整體分析。

1.2.3.本條文之前三項係針對國民經濟方面做一補充規定。包括：①獎勵科學技術發展及投資，促進產業升級；②推動農漁業現代化；③重視水資源之開發利用；④加強國際經濟合作；⑤經濟及科學技術發展，應與環境及生態保護兼籌並顧。⑥國家對於人民興辦之中小型經濟事業應扶助並保護其生存與發展。這些規定均係對憲法第十三章第四節之補充，其中有關「中小企業保障」（第三項），則是本次修憲中新增之規定，旨在保障目前處於弱勢的中小企業，促進其生存與發展。

4.為了改善公營金融機構的經營效率，使其符合企業化之管理原則，特制定本項。為了使其更具彈性與競爭力，則明定「其管理、人事、預算、決算及審計，得以法律為特別之規定」，使其不受一般政府法規之束縛。

5.6.7.此三項係針對社會安全及弱勢者人權所作之規範。內容包括：①推行全民健康保險；②促進現代和傳統醫藥之研究發展；③維護婦女之人格尊嚴，保護婦

女之人身安全；④消除性別歧視，促進兩性地位之實質平等；⑤對於身心障礙者之保險與就醫、無障礙環境之建構、教育訓練與就業輔導、生活維護與救助，應予保障，並扶助其自立與發展。此係對憲法第十三章第四節之補充。

其中「身心障礙者」一辭，過去均稱之爲「殘障者」，現改用「身心障礙者」，以彰顯較高的敬意。此三項之內容基本上與前一階段修憲時規定者相仿，但在第七項中，增列「無障礙環境之建構」，使身心障礙者在公共環境中能得到較大的行動保障。另外，原先之「生活維護與救濟」一辭，亦改爲「生活維護與救助」，以示敬重。

8.本項是在此次修憲過程中，較引起爭議的一項新規定。增列之目的，是取消對教育、科學、文化預算的最低比例限制。憲法第一百六十四條的規定是：「教育、科學、文化之經費，在中央不得少於其預算總額百分之十五，在省不得少於其預算總額百分之二十五，在市縣不得少於其預算總額百分之三十五，其依法設置之教育文化基金及產業，應予以保障。」

由於憲法中有此一明文規定，歷年來各級政府在編列預算時往往費盡苦心，將許多與教育、科學、文化無關的預算勉強列入此一範疇，以免違憲，但實質上則是「摻水虛編」。現在則索性透過修憲，將憲法第一百六十四條之規定予以凍結，以袪除此一心頭之患。由於本項之規定乃係一種「權謀性」的憲政設計，通過之後曾引起許多教育、文化團體與人士的強烈抨擊，立法委員中亦有多人不表贊同，政府在民意壓力之下，被迫承諾將

按照原先憲法之規定，使教育、科學、文化得維持最低比例的預算經費。

9.10.此二項係特別針對原住民及特殊地區民眾之權益而訂定。包括：①肯定多元文化，並積極維護發展原住民族語言及文化❾；②對於自由地區原住民族之地位及政治參與，應予保障；③對於原住民族的教育文化、交通水利、衛生醫療、經濟土地、社會福利事業，應予保障扶助並促進其發展；④對於金門、馬祖地區人民亦如同原住民族，應予保障與扶助。上述四點，均係原憲法中所無之規定，乃針對自由地區的特定情況而增列，過去幾次修憲，均沿用舊稱「山地同胞」一辭。本次修憲則接納其族群之要求，改用「原住民族」此一敬重之稱謂。❿

11.在海外僑民方面，憲法第一百五十一條原已就發展僑民經濟，做了規範。本條文中，則進一步明文保障其參政權利及機會。使得僑民參政權，獲得正式的憲法位階之保障，僑民得返國行使投票權（參見增修條文第二條第一項）。

由於本條文所規範者，均係「基本國策」，隨著時空環境之轉變，國民大會代表勢必會不斷反映民意，要求增添新的內容。因之，今後修憲時本條文之內容勢將與時俱新，不斷調整。但究實而論，「基本國策」畢竟不同一般之「公共政策」，而憲法係國家根本大法，亦不同於一般的法律；因之，本條文之規定，實不應過於瑣細，或受時空環境之影響而變動過速，否則，憲法之安定性頓失，而「基本國策」之規定也僅止於宣示性之意義，

❾為了保障並發展原住民族的語言與文化，立法院已於民國八十七年五月完成「原住民族教育法」的初審工作，即將完成三讀之立法任務。

❿原住民(aboriginal people)，亦即原著居民，如加拿大的愛斯基摩人、美國的印地安人、紐西蘭的毛利人，意指在外來之主體民族遷入前即居於該地的土著民族。臺灣地區的原住民，係指在漢人大量移居前，即已居住數千年至數百年不等的土著民族。包括平埔、泰雅、賽夏、布農、曹、魯凱、排灣、卑南、阿美、雅美、泰魯閣等族，其中平埔族已漢化。原住民各族總人口約三十六萬人，其中以雅美族人口最多。

實非所宜。

第十一條　自由地區與大陸地區間人民權利義務關係及
　　　　　其他事務之處理，得以法律爲特別之規定。

　　本條條文係承襲自第一階段修憲之憲法增修條文第
十條。據此並制訂「臺灣地區與大陸地區人民關係條例」，
藉以區別自由地區與大陸地區人民之分際。所謂「大陸
地區」，係「包括中共控制地區及外蒙地區」，「大陸地區
人民」，則是「在大陸地區設有戶籍或臺灣地區人民前往
大陸地區居住逾四年之人民」。訂定此一條文之目的，在
規範臺灣地區與大陸地區人民的不同法律地位，並保障
臺澎金馬自由地區之人民基本權益。

伍、第五階段的修憲內容

　　民國八十八年九月三日，國民大會在輿論強烈反對
之下，以驚濤駭浪之勢，冒著全民斥責的逆流，勉強的
通過了第五階段的修憲條文。這是從民國八十年第一次
修憲以來，最受社會訾議的一次修憲。其中主要原因，
是國大代表違背了「利益迴避」原則，不顧民意反對，
主動將自身的任期延長達兩年之久，此不僅有違一般憲
政民主國家「國會不得爲自身謀利或延長任期」的基本
原理，也公然違背憲法增修條文中第八條明文的規定：
「國民大會代表及立法委員之報酬或待遇，應以法律定

之。除年度通案調整者外，單獨增加報酬或待遇之規定，應自次屆起實施。」國大代表雖號稱爲「無給職」，實質上近年平均之收入（待遇）則高達每人每年新臺幣兩百七十餘萬元（根據政府預算編列平均計算）。❶基於此，國大代表將自身任期延長達兩年的作法，實係一種「單獨增加報酬或待遇之規定」，實應從「次屆」國大起方得適用。但國民大會卻在民主進步黨黨團和部分國民黨代表私相授受之下，由國民大會議長蘇南成護航，以強渡關山之勢，將上述違背民意及基本正義原則的規定，硬闖過關，並從本屆起適用，結果，造成全民震愕、輿論譁然。

❶國大代表有兩位付薪之助理（每月共十萬元），以及其他選民服務費用、出國考察經費，開會期間另有開會津貼，每月平均可支領新臺幣十七萬元以上之津貼。

在上述的處境之下，執政的國民黨不得不順應民情，採取斷然的處置措施。一方面否認此一修憲的正當性（legitimacy），並且繼在野的民主進步黨及新黨立法委員之後，由國民黨籍立委領銜，連名向司法院大法官會議提請釋憲。另一方面，則採取黨紀懲處措施，將國民大會議長蘇南成（係國民黨籍不分區國大代表）開除出黨，蘇南成也因不再具國民黨籍，而喪失了國大代表資格，同時被迫辭去國大議長之職。此種因「國大自肥」而造成的憲政亂象，確實爲舉世所罕見，也充分凸顯了修憲本身的荒謬性。

在修憲案通過之後，學術界有廿六位大學校長，由臺大校長陳維昭領銜，聲明譴責國大自肥。而參與此一修憲案的部分民進黨籍國大代表，則公然聲援被國民黨懲處的蘇南成議長，並強調他們的修憲延任，是一種「必要之惡」，目的則在「終結國大」，逐年減縮國大代表的

名額，最後則乾脆「廢除國大」。但是，既然國大代表可以修憲自肥，甚至主動延長自己的任期，又有誰能保證日後他們不會再「修正」現階段的「承諾」，主動修出更嚴重的自肥條款？英國思想家愛克頓（Lord Acton）曾言：「權力造成腐化，絕對的權力造成絕對的腐化」，國大此一機關獨享修憲大權，不受箝制，正是藉「修憲大權而造成腐化」。在司法院大法官會議接受各黨籍立委聲請之釋憲案後，部分民進黨籍國大代表公然威脅大法官不得作出對他們（國大代表）不利的舉動，否則將再度動用修憲權，「甚至連大法官會議一齊修掉」。這樣粗鄙的語言暴力，更凸顯了部分國大代表的素質低劣和格局偏狹，也反映了「絕對的修憲權力勢將造成絕對的腐化。」

　　但是，國大的修憲自肥雖然以政治鬧劇告終，在其背後的政治權謀及運作過程，卻反映出主導修憲者本身的幽黯性格。

　　《聯合報》的一篇社論，正點出了這樣的困境❷：「國大延任案，表面看起來是風雨漸歇，高潮已過，但個中內情卻是漸漸才抽絲剝繭，逐一顯現。民進黨本來頗以延任案的原始提案人而沾沾自得，如今發現延任案受全民唾棄，遂亦漸漸噤聲不語；詎料，就在此時，大家發現延任案的原始版本居然是由三位國民黨籍國代彭錦鵬、謝瑞智、柯三吉所執筆草擬，再交由民進黨提案。國民黨員為反對黨擬出這麼一個舉國唾罵的修憲提案，本來已令人難以思議，何況這三人都具教授頭銜。❸當初以『學者』身分受提名出任不分區國代，本應具有國民黨內的清流作用，卻可能成為考紀會所擬懲處的對象。

❷見《聯合報》社論，民國八十八年九月十一日，第二版。

❸三位學者分別為：彭錦鵬，臺大政治系副教授兼中央研究院歐美研究所副研究員；謝瑞智，中央警官大學校長兼教授；柯三吉，中興大學副校長兼教授。

現在延任案儼然已成『全民公敵』,學術界有二十六位大學校長,由臺大校長陳維昭領銜聯署聲明譴責國大自肥;遂使這三位『學者』和二十六位大學校長,呈現出當前知識份子風範的對比,耐人尋味。」

「國大延任案在中華民國憲政發展史上值得記下一筆,不僅凶其造成『憲法破毀』而已,更因爲它赤裸裸地揭示了臺灣政壇不同力量之間形似對立、實則暗通款曲,相互爲用、成則唱和、敗則拆橋的虛僞面貌。在國民黨內的不同派系、不同管道之間的勢力如此;國民黨和民進黨之間如此;政治人物和『學者』之間的互利互惠關係更是如此。政客之間惟利是圖本不足怪,但以『學者』頭銜而甘爲政治附庸,一方面與傳統文化對知識份子的期望不相符合,另方面卻又不幸而爲當今常見的政學界奇譚寫照。」

在前節〈第四階段修憲條文的解析〉中,我們曾痛切的指出:第四階段的修憲違背了民主憲政主義基本原則,包括修憲程序必須公正審愼、權責必須相符、政府權力必須受到限制、以及政府施政必須受到民意監督等等。但是,修憲的結果卻是「有責者無權,有權者無責」,而且也造成憲政體制紛亂、內閣團隊精神不足與行政倫理淪喪。但是,在第五階段的修憲任務完成後,我們並未看到上述各項問題有任何的調整與改善,相反的,我們卻看到了一個完全不受箝制的修憲怪獸,在政治倫理與社會正義逐漸隱沒的時代裡,將憲政的基本權威摧殘殆盡,也讓國家的民主發展,籠罩著腐化與幽黯的陰影。所幸的是,社會輿論與清譽的鞭策,終於讓全民有機會

看到政客的真正面貌，而「憲法破毀」的結果，也讓社會大眾逐漸體會到憲政民主的呵護不易。從第五階段的修憲中，我們再一次看到一段反面的歷史教材，但也更清楚的體認到「光有選舉並不能帶來真正的民主」，惟有當我們正確體認到「有限政府」、「民主制衡」、「權責相符」等基本憲政主義原則並促其落實之後，憲政民主的基石才可能逐漸奠定。

　　第五階段修憲中的自肥與荒謬，正凸顯了上述憲政民主原則的正當性、迫切性與必要性，這也是另一次的歷史教訓。

第一條　國民大會代表第四屆為三百人，依左列規定以比例代表方式選出之。並以立法委員選舉，各政黨所推薦及獨立參選之候選人得票數之比例分配當選名額，不受憲法第二十六條及第一百三十五條之限制。比例代表之選舉方法以法律定之。

　　一　自由地區直轄市、縣市一百九十四人，每縣市至少當選一人。

　　二　自由地區原住民六人。

　　三　僑居國外國民十八人。

　　四　全國不分區八十二人。

　　國民大會代表自第五屆起為一百五十人，依左列規定以比例代表方式選出之。並以立法委員選舉，各政黨所推薦及獨立參選之候選人得票數之比例分配當選名額，不受憲法第二十六條

及第一百三十五條之限制。比例代表之選舉方法以法律定之。

一　自由地區直轄市、縣市一百人，每縣市至少當選一人。

二　自由地區原住民四人。

三　僑居國外國民六人。

四　全國不分區四十人。

國民大會代表之任期爲四年，但於任期中遇立法委員改選時同時改選，連選得連任。第三屆國民大會代表任期至第四屆立法委員任期屆滿之日止，不適用憲法第二十八條第一項之規定。第一項及第二項之第一款各政黨當選之名額，在五人以上十人以下者，應有婦女當選名額一人。第三款及第四款各政黨當選之名額，每滿四人，應有婦女當選名額一人。

國民大會之職權如左，不適用憲法第二十七條第一項第一款、第二款之規定：

一　依增修條文第二條第七項之規定，補選副總統。

二　依增修條文第二條第九項之規定，提出總統、副總統罷免案。

三　依增修條文第二條第十項之規定，議決立法院提出之總統、副總統彈劾案。

四　依憲法第二十七條第一項第三款及第一百七十四條第一款之規定，修改憲法。

五　依憲法第二十七條第一項第四款及第一百

七十四條第二款之規定，複決立法院所提
之憲法修正案。

六　依增修條文第五條第一項、第六條第二項、
第七條第二項之規定，對總統提名任命之
人員，行使同意權。

國民大會依前項第一款及第四款至第六款規定
集會，或有國民大會代表五分之二以上請求召
集會議時，由總統召集之；依前項第二款及第
三款之規定集會時，由國民大會議長通告集會，
不適用憲法第二十九條及第三十條之規定。

國民大會集會時，得聽取總統國情報告，並檢
討國是，提供建言；如一年內未集會，由總統
召集會議爲之，不受憲法第三十條之限制。

國民大會設議長、副議長各一人，由國民大會
代表互選之。議長對外代表國民大會，並於開
會時主持會議。

國民大會行使職權之程序，由國民大會定之，
不適用憲法第三十四條之規定。

增修條文第一條包括了下列各項主要內容：
(1)第四屆國民大會代表的名額分配與產生方式。
(2)第五屆國民大會代表的名額分配與產生方式。
(3)國民大會代表任期與立法委員一致之規範。
(4)婦女當選名額之規範。
(5)國民大會職權之相關規範。
(6)國民大會集會程序之規範。

(7)國民大會集會時，總統國情報告之規範。

(8)國民大會設置議長、副議長之規範。

(9)國民大會行使職權之程序，由國民大會自定之。

㈠從第四屆起，國民大會代表將改爲三百人（第三屆爲三百三十四人），同時全部國大代表均改爲由政黨比例代表方式產生，而不再經由地區選舉。換言之，所有的國大代表均係由政黨推出之比例代表，無黨籍人士將無法出任國大代表。有不少憲政學者認爲，此一規範顯然與憲法第二十五條的規定不符，該條規定：「國民大會——代表全國國民行使政權」，現在修憲後卻規定國民大會代表必須是「政黨代表」，非政黨（無黨籍）代表卻排除於「國民」之外，顯然與憲法精神相違。此一疑義，確實值得國人深入思考，大法官會議亦應作出適當之解釋，以厘清其是否違背前述憲法條文之規範。

至於第四屆國大代表的名額分配，在本項中則作出十分特異的規範。雖然所有的國大代表均係由政黨比例代表名單產生，而且係依附於立法委員選舉中各政黨在地區候選人得票數的比例，但在本項中卻又細分爲「地區性名額」（共一九四人）、「原住民」（共六人）、僑民（共十八人）及「全國不分區」（共八十二人）等四項。換言之，雖然第四屆國大代表均係「政黨代表」，但卻依然有「地區代表」與「全國不分區代表」之分。此一規範，究竟如何落實，還要看未來立法院所通過的具體法律規範而定。

㈡第五屆國民大會代表，名額將再次縮減，改爲總額一百五十人，其中「地區性名額」一百人，「原住民」

四人，「海外僑民」六人，「全國不分區」四十人。依照此一規定，「地區性代表」所佔比例將高達三分之二，「海外僑民」名額和「全國不分區」名額均將大幅度降低。至於具體之規範，仍有待立法院修法決定。

㈢國大代表的任期維持為四年，立法委員的任期則自三年延長為四年。但是由於自第四次修憲起，行政院院長不再由立法院同意產生，而立法院得對行政院行使不信任投票（倒閣權），一旦不信任案通過後，十日內總統得經諮詢立法院院長後，宣告解散立法院。換言之，立法委員的任期變為不固定，在四年任期中隨時可能有被提前解散的機會。基於此，一旦立法院被解散，重新選舉產生新的立法院，則席次分配乃依附於立法委員選舉的國民大會，亦將隨之解散與改組。此一規定，實為舉世民主國家所罕見。尤其是國民大會這樣一個「政權機關」竟然要依附在立法院這樣一個「治權機關」的選舉之上，在憲政法理上更是難以解釋。修憲至此，真可說是「既無理也說不清」。憲政根本大法已亂，夫復何言！

至於本項後段所規定，「第三屆國民大會代表任期至第四屆立法委員任期屆滿之日止」，則是此次修憲中最引人詬病之處。依照本次修憲條文第四條第三項之規定，「第四屆立法委員任期至中華民國九十一年六月三十日止」，第三屆國大代表自行修憲將任期延至此日為止，比原先規定之任期「中華民國八十九年六月三十日」，足足延長達兩年之久。這種「延任自肥」的修憲措施，竟然還想假託係一種「必要之惡」，乃「國會改革」與「憲政改革」的必要舉措，這種強辯的說法，真是要讓國人慨

嘆，世人不齒！

㈣在婦女保障名額方面，則延續第四階段修憲之規範，在「地區性代表」及「原住民代表」方面，係「五人以上十人以下者，應有婦女當選名額一人」。依此規定，「地區性代表」中應有婦女當選名額約爲三十八人，「原住民代表」中，則至少應爲一人。至於「海外僑民」及「全國不分區代表」部分，則因「每滿四人應有婦女一人」的規定，則分別應至少有四人及二十人，總計至少應有婦女名額六十三人。在總額三百人當中約佔五分之一強。

㈤在國民大會職權行使部分，此次修憲未有改變，此處不再贅述，請參考上節之說明。

㈥關於國民大會集會之相關規範，亦無改變，請參考上節第一條第四項之說明。

㈦關於國民大會集會時，總統國情報告之規範，悉如舊章。請參考上節中第一條第五項之說明。

㈧關於國民大會設置議長、副議長之規範，亦無改變，請參考上節中第一條第七項之說明。

㈨關於國民大會行使職權之程序，由國民大會自定，在上節中第一條第八項中已有說明，請參閱。

在國民大會選舉方式改變後，有關職權行使的規範，較受爭議者係關於「同意權」之行使。由於國大代表係依附立法委員選舉產生，且均爲「政黨代表」，基於此，國民大會對司法院大法官、考試院考試委員及監察院監察委員所行使之同意權，理應轉交由立法院行使，此係「民意代表」之本職，亦較符合「民意監督」之本意。

至於立法院如何行使這三項同意權，則可考慮由立法院
推派代表，邀請社會賢達、學術界及專業界人士，成立
三個具代表性之專業評審委員會，分別代表立法院進行
專業性之實質審查，對被提名人進行逐一的面談，過程
不對外公開，但其審查結果則報請立法院備查。此種兼
顧專業性與代表性的審查方式，遠較目前國民大會具高
度政治性的同意權行使程序，更符合專業精神，對同意
權行使對象之被提名人，亦較爲尊重。這也是未來憲政
改革應思考的另一項改革方案。

第二條　　總統、副總統由中華民國自由地區全體人民直
　　　　　接選舉之，自中華民國八十五年第九任總統、
　　　　　副總統選舉實施。總統、副總統候選人應聯名
　　　　　登記，在選票上同列一組圈選，以得票最多之
　　　　　一組爲當選。在國外之中華民國自由地區人民
　　　　　返國行使選舉權，以法律定之。
　　　　　總統發布行政院院長與依憲法經國民大會或立
　　　　　法院同意任命人員之任免命令及解散立法院之
　　　　　命令，無須行政院院長之副署，不適用憲法第
　　　　　三十七條之規定。
　　　　　總統爲避免國家或人民遭遇緊急危難或應付財
　　　　　政經濟上重大變故，得經行政院會議之決議發
　　　　　布緊急命令，爲必要之處置，不受憲法第四十
　　　　　三條之限制。但須於發布命令後十日內提交立
　　　　　法院追認，如立法院不同意時，該緊急命令立
　　　　　即失效。

總統為決定國家安全有關大政方針，得設國家安全會議及所屬國家安全局，其組織以法律定之。

總統於立法院通過對行政院院長之不信任案後十日內，經諮詢立法院院長後，得宣告解散立法院。但總統於戒嚴或緊急命令生效期間，不得解散立法院。立法院解散後，應於六十日內舉行立法委員選舉，並於選舉結果確認後十日內自行集會，其任期重新起算。

總統、副總統之任期為四年，連選得連任一次，不適用憲法第四十七條之規定。

副總統缺位時，由總統於三個月內提名候選人，召集國民大會補選，繼任至原任期屆滿為止。

總統、副總統均缺位時，由行政院院長代行其職權，並依本條第一項規定補選總統、副總統，繼任至原任期屆滿為止，不適用憲法第四十九條之有關規定。

總統、副總統之罷免案，須經國民大會代表總額四分之一之提議，三分之二之同意後提出，並經中華民國自由地區選舉人總額過半數之投票，有效票過半數同意罷免時，即為通過。

立法院向國民大會提出之總統、副總統彈劾案，經國民大會代表總額三分之二同意時，被彈劾人應即解職。

本條在第五階段修憲時並未修正，請參考第四階段

修憲條文之解釋，此處不贅。

第三條　行政院院長由總統任命之。行政院院長辭職或
　　　　出缺時，在總統未任命行政院院長前，由行政
　　　　院副院長暫行代理。憲法第五十五條之規定，
　　　　停止適用。
　　　　行政院依左列規定，對立法院負責，憲法第五
　　　　十七條之規定，停止適用：
　　一　行政院有向立法院提出施政方針及施政報
　　　　告之責。立法委員在開會時，有向行政院
　　　　院長及行政院各部會首長質詢之權。
　　二　行政院對於立法院決議之法律案、預算案、
　　　　條約案，如認為有窒礙難行時，得經總統
　　　　之核可，於該決議案送達行政院十日內，
　　　　移請立法院覆議。立法院對於行政院移請
　　　　覆議案，應於送達十五日內作成決議。如
　　　　為休會期間，立法院應於七日內自行集會，
　　　　並於開議十五日內作成決議。覆議案逾期
　　　　未議決者，原決議失效。覆議時，如經全
　　　　體立法委員二分之一以上決議維持原案，
　　　　行政院院長應即接受該決議。
　　三　立法院得經全體立法委員三分之一以上連
　　　　署，對行政院院長提出不信任案。不信任
　　　　案提出七十二小時後，應於四十八小時內
　　　　以記名投票表決之。如經全體立法委員二
　　　　分之一以上贊成，行政院院長應於十日內

提出辭職，並得同時呈請總統解散立法院；
不信任案如未獲通過，一年內不得對同一
行政院院長再提不信任案。

國家機關之職權、設立程序及總員額，得以法
律為準則性之規定。

各機關之組織、編制及員額，應依前項法律，
基於政策或業務需要決定之。

本條文亦未修正，請參考第四階段修憲條文之解釋
說明。

第四條　立法院立法委員自第四屆起二百二十五人，依
左列規定選出之，不受憲法第六十四條之限制：

一　自由地區直轄市、縣市一百六十八人。每
縣市至少一人。

二　自由地區平地原住民及山地原住民各四
人。

三　僑居國外國民八人。

四　全國不分區四十一人。

前項第三款、第四款名額，採政黨比例方式選
出之。第一款每直轄市、縣市選出之名額及第
三款、第四款各政黨當選之名額，在五人以上
十人以下者，應有婦女當選名額一人，超過十
人者，每滿十人應增婦女當選名額一人。

第四屆立法委員任期至中華民國九十一年六月
三十日止。第五屆立法委員任期自中華民國九

十一年七月一日起為四年，連選得連任，其選
舉應於每屆任滿前或解散後六十日內完成之，
不適用憲法第六十五條之規定。

立法院經總統解散後，在新選出之立法委員就
職前，視同休會。

總統於立法院解散後發布緊急命令，立法院應
於三日內自行集會，並於開議七日內追認之。
但於新任立法委員選舉投票日後發布者，應由
新任立法委員於就職後追認之。如立法院不同
意時，該緊急命令立即失效。

立法院對於總統、副總統犯內亂或外患罪之彈
劾案，須經全體立法委員二分之一以上之提議，
全體立法委員三分之二以上之決議，向國民大
會提出，不適用憲法第九十條、第一百條及增
修條文第七條第一項有關規定。

立法委員除現行犯外，在會期中，非經立法院
許可，不得逮捕或拘禁。憲法第七十四條之規
定，停止適用。

　　本條文第三項係本次修憲中新增，其餘各項悉如第
四階段修憲條文，此處不贅。

　　新增的第三項係「延任條款」的一部份，將立法委
員之任期延長五個月，自「民國九十一年一月三十一日」
延至「民國九十一年六月三十日」，並將第五屆立法委員
之任期延為「四年一任」。據此，國民大會代表之任期則
延長達兩年之久。

此項條文引發的爭議，除立委延任是否具備正當性外(許多立委均持反對意見)；另一爭議，則係此一規定是否可凍結增修條文第三條第二項第三款及第二條第五項之規定，亦即究竟總統能否行使對立法院之「解散權」。如果第四屆的立法委員任期確定是到「民國九十一年六月三十日止」，此一任期保障條款就具備憲法的約束力，則第四屆立法委員的任期就具備「剛性」的約束力。依照此一原理，立法委員在此期間將不得對行政院行使「倒閣權」，否則憲政制衡上的配套措施(立法院的「倒閣權」對行政院的「解散國會權」) 就將失衡。但是，如果上述的解釋是合理與正當的話，民國八十九年總統大選之後若出現新的政治情勢，又將如何化解？如果第五階段的修憲已將第四屆立委的任期確定為「三年又五個月」，而且不受「解散權」的約束，而立法院也無法行使「倒閣權」，則一旦出現行政院、立法院對峙不下的憲政僵局，就沒有解決憲政僵局的工具 (「倒閣」與「解散國會」的配套設計)可資運用了。這樣的憲政解釋實在過於牽強，也有違憲政制衡的基本原理。

但是，如果「倒閣權」與「解散國會權」仍然保留，第四屆立法委員和第三屆國大代表的任期，仍然可能因立法院提前解散而必須提前改選，則本條中「任期至中華民國九十一年六月三十日止」的規定，也就可能形同具文，這樣的憲政解釋，雖然較為合理，卻又凸顯了第五階段修憲本身的草率。如果修憲條文連這麼明顯的矛盾與扞格都無法顧及，又如何能考慮到整體的憲政權威與憲法的安定性？由上述的論辯分析，益加反映此次修

憲在文字著墨和法理分析上的嚴重缺憾,足為來者戒之。

第五條　司法院設大法官十五人,並以其中一人為院長、
　　　　一人為副院長,由總統提名,經國民大會同意
　　　　任命之,自中華民國九十二年起實施,不適用
　　　　憲法第七十九條之有關規定。
　　　　司法院大法官任期八年,不分屆次,個別計算,
　　　　並不得連任。但並為院長、副院長之大法官,
　　　　不受任期之保障。
　　　　中華民國九十二年總統提名之大法官,其中八
　　　　位大法官,含院長、副院長,任期四年,其餘
　　　　大法官期為八年,不適用前項任期之規定。
　　　　司法院大法官,除依憲法第七十八條之規定外,
　　　　並組成憲法法庭審理政黨違憲之解散事項。
　　　　政黨之目的或其行為,危害中華民國之存在或
　　　　自由民主之憲政秩序者為違憲。
　　　　司法院所提出之年度司法概算,行政院不得刪
　　　　減,但得加註意見,編入中央政府總預算案,
　　　　送立法院審議。

　　　　本條未修正。請參見第四階段修憲條文第五條之解
釋說明。

第六條　考試院為國家最高考試機關,掌理左列事項,
　　　　不適用憲法第八十三條之規定:
　　　　一　考試。

二　公務人員之銓敘、保障、撫卹、退休。

三　公務人員任免、考績、級俸、陞遷、褒獎之法制事項。

考試院設院長、副院長各一人，考試委員若干人，由總統提名，經國民大會同意任命之，不適用憲法第八十四條之規定。

憲法第八十五條有關按省區分別規定名額，分區舉行考試之規定，停止適用。

本條文未修正。請參見第四階段修憲條文第六條之解釋說明。

第七條　監察院為國家最高監察機關，行使彈劾、糾舉及審計權，不適用憲法第九十條及第九十四條有關同意權之規定。

監察院設監察委員二十九人，並以其中一人為院長、一人為副院長，任期六年，由總統提名，經國民大會同意任命之。憲法第九十一條至第九十三條之規定停止適用。

監察院對於中央、地方公務人員及司法院、考試院人員之彈劾案，須經監察委員二人以上之提議，九人以上之審查及決定，始得提出，不受憲法第九十八條之限制。

監察院對於監察院人員失職或違法之彈劾，適用憲法第九十五條、第九十七條第二項及前項之規定。

監察委員須超出黨派以外，依據法律獨立行使
職權。

憲法第一百零一條及第一百零二條之規定，停
止適用。

本條文未修正。請參見第四階段修憲條文第七條之
說明。

第八條　國民大會代表及立法委員之報酬或待遇，應以
　　　　法律定之。除年度通案調整者外，單獨增加報
　　　　酬或待遇之規定，應自次屆起實施。

本條文並未修正。但國大代表修憲為自身延任兩年，
為立法委員延任五個月的作法，是否即為「增加報酬或
待遇」，仍有待大法官會議的解釋，方得定案。如果解釋
確定為違憲的話，此次修憲的正當性就要面臨嚴峻的挑
戰了。如果解釋為「不違憲」的話，本條規範的實質約
束力就將大打折扣，日後各種類似「自肥」的新規定，
也就難以遏止，政治亂象也就更無寧日了。

第九條　省、縣地方制度，應包括左列各款，以法律定
　　　　之，不受憲法第一百零八條第一項第一款、第
　　　　一百零九條、第一百十二條至第一百十五條及
　　　　第一百二十二條之限制：
　　　　一　省設省政府，置委員九人，其中一人為主
　　　　　　席，均由行政院院長提請總統任命之。

二　省設省諮議會，置省諮議會議員若干人，由行政院院長提請總統任命之。

三　縣設縣議會，縣議會議員由縣民選舉之。

四　屬於縣之立法權，由縣議會行之。

五　縣設縣政府，置縣長一人，由縣民選舉之。

六　中央與省、縣之關係。

七　省承行政院之命，監督縣自治事項。

臺灣省政府之功能、業務與組織之調整，得以法律為特別之規定。

　　本條文基本上與第四階段修憲條文第九條相同，惟因臺灣省省議員及臺灣省省長之選舉均已取消，原先第二項之規定已不具時效，故予刪除。其他相關之解釋及說明，請參見第四次增修條文第九條之文字。

第十條　國家應獎勵科學技術發展及投資，促進產業升級，推動農漁業現代化，重視水資源之開發利用，加強國際經濟合作。

經濟及科學技術發展，應與環境及生態保護兼籌並顧。

國家對於人民興辦之中小型經濟事業，應扶助並保護其生存與發展。

國家對於公營金融機構之管理，應本企業化經營之原則；其管理、人事、預算、決算及審計，得以法律為特別之規定。

國家應推行全民健康保險，並促進現代和傳統

醫藥之研究發展。

國家應維護婦女之人格尊嚴，保障婦女之人身安全，消除性別歧視，促進兩性地位之實質平等。

國家對於身心障礙者之保險與就醫、無障礙環境之建構、教育訓練與就業輔導及生活維護與救助，應予保障，並扶助其自立與發展。

國家應重視社會救助、福利服務、國民就業、社會保險及醫療保健等社會福利工作；對於社會救助和國民就業等救濟性支出應優先編列。

國家應尊重軍人對社會之貢獻，並對其退役後之就學、就業、就醫、就養予以保障。

教育、科學、文化之經費，尤其國民教育之經費應優先編列，不受憲法第一百六十四條規定之限制。

國家肯定多元文化，並積極維護發展原住民族語言及文化。

國家應依民族意願，保障原住民族之地位及政治參與，並對其教育文化、交通水利、衛生醫療、經濟土地及社會福利事業予以保障扶助並促其發展，其辦法另以法律定之。對於澎湖、金門、馬祖地區人民亦同。

國家對於僑居國外國民之政治參與，應予保障。

　　本條係有關國家基本政策之條文，每次修憲時均有增添。第五次增修條文增加八、九兩項，前者(第八項)

係強調對社會救助、福利服務、國民就業、社會保險及醫療保健等社會福利工作的重視，以及相關預算應優先編列。後者（第九項）是強調對軍人貢獻的肯定，並對軍人退役後之就學、就業、就醫、就養等應予優惠與保障。兩項均屬社會福利及公共政策之範疇，對政府施政積極之宣示性意義。

第十一條　自由地區與大陸地區間人民權利義務關係及其他事務之處理，得以法律為特別之規定。

本條文自第一階段修憲起即未改變，請參照前文所作之解釋說明。

陸、第六階段的修憲內容

在第五階段修憲中，國民大會不顧民意與輿論的強烈反對，強行通過了「自肥」與「延任」條款，在第五節中，對此已有清楚的說明與批判。儘管國民大會藉修憲程序使此一荒謬的規定「合憲化」，但終於面臨釋憲機構──司法院大法官會議的反制。大法官會議在民國八十九年三月廿二日公布的釋字三九九號解釋令中，認為國民大會在第五次修憲時自肥與延任的作法，違背了基本的「憲政民主」原則與「程序正當」原則，應屬無效。換言之，第五次修憲中的相關規定應失其效力。緊接著，中央選舉委員會根據此一解釋，認定第三屆國民

大會自行延任兩年的修憲規定（見第五階段修憲條文第
四條），已失其效力，進而公布國民大會應於民國八十九
年四月廿九日進行改選，產生第四屆國民大會代表，並
與新當選的總統、副總統，於五月廿日同時就任新職。

　　但是，想「延任」與「自肥」卻不成的第三屆國民大
會代表，立刻對大法官會議的解釋產生了強烈的反彈，他
們認為，「國民大會才是惟一合法的制憲者與修憲者」，
除了國民大會之外，沒有任何其他機構可以改變此一憲
政規範。換言之，國民大會「想怎麼修憲就可以這麼修
憲」，「沒有任何其他憲政機關可以制衡國民大會」。
基於此，第五階段修憲時「延任」與「自肥」的規範是
不可能改變的，絕沒有所謂「失其效力」的問題。更有
部分國大代表揚言要進一步修憲，廢掉大法官會議，甚
至威脅大法官們，要讓最高法院取代大法官會議，成為
新的釋憲機關。此外，他們也指責中央選舉委員會作了
錯誤的決定，國民大會不應改選，他們延任兩年的規定
應屬有效，可以延任至民國九十一年六月三十日為止。

　　但是，絕大部分的民意與輿論卻肯定大法官會議的
釋憲，也支持中央選舉委員會依規定應改選國民大會的
決定。國民大會代表在自知理虧而正當性又嚴重不足的
處境中，乃急轉直下，轉而採取了另一項殺手鐧，在考
慮到自身「延任不成」與「連任困難」的雙重現實壓力
下，他們轉而要求「自廢國大」，將國民大會改為「非常
設機關」。換言之，他們要從根本著手，再度修憲，取消
國民大會的基本職權與定期集會之規範，讓過去五次修
憲中為國大擴權的所有規定一筆勾銷，一切歸「零」。

因為，唯有讓國民大會變為「非常設機關」，才能讓中央選舉委員會被迫取消「改選國大」的決定，也才能避免他們自身在四月廿九日國大代表改選時，面臨被選民唾棄、否定、甚至落選的現實壓力。

但是，國民大會代表的修憲想法，卻再次受到輿論與公議的交相指責，其中主要的質疑論點如次：

第一，國民大會「自廢武功」、「自行削權」的作法，固然有其背景與理由，但這卻是國大代表在「擴權」、「延任」與「自肥」不成之後的激烈轉折，突顯出嚴重的情緒性與荒謬性。更何況，國民大會代表的任期即將在民國八十九年五月十九日結束，在任期結束前未滿兩個月之內要進行如此大幅度的修憲，是否合適，是否真能反映「真正的民意」，在「程序正義」上是否允當，也是有待深究的。

第二，中華民國總統剛剛在民國八十九年三月十八日完成了改選，陳水扁先生與呂秀蓮女士分別當選總統、副總統，即將在五月廿日就任。但是國民大會卻趕在總統、副總統就任之前（也是國大代表即將卸任之前），匆忙進行大幅度的修憲，卻不讓改選之後新選出的國大代表，根據最新的民意進行慎重的修憲，這實係修憲正當性不足的另一項惡例，實不足取。

除此之外，國民黨與民進黨兩黨國大代表，也深恐剛落選的總統候選人宋楚瑜（此時已成立親民黨），藉國民大會改選而成功地在政壇建立起新的橋頭堡，進而形成國、民、親三黨勢均力敵的態勢。這也是從政治現實與權謀角度出發，亟謀再度聯手修憲，停止國大改選

的另一層考慮因素。

　　基於此，儘管民意與輿論對於國民大會再度修憲的正當性嚴重質疑，但國民大會依然強渡關山，趕在任期結束之前完成了第六次修憲，並且在第四屆國民大會代表選舉之前，從修憲途徑著手，根本取消了國民大會改選的憲政法源。因此，在一般憲政民主國家藉「定期改選」以反映民意、鑑別良窳的民主機制，也因國大代表的激烈轉折，而根本改弦易轍。

　　到底國民大會應否成為一常設的民意機構？若從六次修憲的過程與品質分析，國民大會代表的表現的確不佳，受人詬病，且與民意嚴重脫節。但此一困境同樣也出現在另一民意機構——立法院，而且後者為黑金政治污染的情況更為嚴重，問政品質也為社會大眾所訾議。基於此，光從國民大會代表的表現不佳，與民意脫節一項，實不足以構成「取消國大」或「廢除國大」的充分理由。

　　再就民主國家究竟應否設置「兩院制國會」分析，此實為見仁見智的問題，因為無論是「一院制」或「兩院制」，都有其成功與失敗的條件及背景。而且在實施「兩院制」的民主國家中，國會兩院的權力未必一般大，有時是一強一弱，有時甚至出現「一個半國會」的特殊現象（如挪威，在大選時先統一選出一院制的國會議員，在議員就任後再自行劃分為兩院，三分之一擔任上議院議員，另外三分之二為下議院議員）。

附表　全球三十六個民主國家的國會結構圖

1.強勢的兩院制：職權對稱但任期不一致 　澳洲、瑞士、德國、美國、哥倫比亞（一九九一以後）
2.中度強勢的兩院制：職權對稱且任期一致 　比利時、日本、義大利、荷蘭、哥倫比亞（一九九一以前）、丹麥（　九五三以前）、瑞典（一九七〇以前）
3.中度強勢的兩院制：職權既不對稱且任期不一致 　加拿大、法國、印度、西班牙、委內瑞拉
4.在中度強勢與弱勢之間的兩院制 　波札那、英國
5.弱勢的兩院制：職權不對稱但任期一致 　奧地利、愛爾蘭、瑞典、巴哈馬、牙買加、紐西蘭（一九五〇以前）、巴貝多、千里達
6.一院半體制 　挪威、愛爾蘭（一九九一以前）
7.一院制 　哥斯大黎加、馬爾他、丹麥、芬蘭、毛里西斯、紐西蘭、希臘、巴布亞新幾內亞、以色列、葡萄牙、盧森堡、愛爾蘭（一九九一以後）、瑞典（一九七〇以後）

說明：　1.兩院制國家的國會通常分為三種類型：
　　　　　①採取聯邦制，分設「參議院」（代表各州或各邦）及「眾議院」（代表全國人民，採某一人口基數為其選區劃分標準，但各州或各邦人口無論多寡，至少均有一位眾議院議員）。美國、德國、澳洲為此一類型之代表。
　　　　　②採取君主立憲制度，由傳統沿襲而來，分設「上議院」（過去稱為「貴族院」）及「下議院」（過去稱為「平民院」）。英國、日本為其代表。
　　　　　③多民族國家，為解決多元族裔的代表問題，設置「聯盟院」（或「聯邦院」）及「民族院」（以各民族為單位，設置不同名額的「民族代表」，成為國會議員），如解體前的蘇聯及南斯拉夫。
　　　　2.採行一院制的民主國家，均為人口較少的小國家，其中人口數以希臘居首（一〇五〇萬人）、瑞典居次（八八〇萬人），其餘各國人數均少於前二者，人口居較我國為少。
　　　　本圖表分類資料，引自 Arend Lijphart 所著：前揭書，頁二一二。標題及說明文字為本書作者所加。

但是，根據美籍荷裔學者李帕特 (Arend Lijphart) 的分析❶，在全球三十六個民主國家中，絕大部分均採行「兩院制」國會（見附表），此一國際民主經驗的歸納，雖然不足以作為國民大會應否存在的判準，但卻可讓吾人進一步思索：對於中華民國這樣一個新興民主政體而言，究竟應該建立起何種健全、穩定的民主機制？對於未來的修憲者而言，這些國際民主發展的經驗與教訓，更是規劃未來憲政藍圖時不可忽略的參考方略。基於此，第三屆國民大會在任期結束前一、兩個月，因擴權、延任不成而急轉直下，匆忙將國民大會「虛位化」的作法，實可視為另一項憲政上的錯誤示範，實足為後來者所戒。

❶參見 Arend Lijphart, *Patterns of Democracy: Government Forms and Performance in Thirty-Six Countries*, (Yale University Press, 1999) 第十一章。本文附表見頁二一二。

第一條　國民大會代表三百人，於立法院提出憲法修正案、領土變更案，經公告半年，或提出總統、副總統彈劾案時，應於三個月內採比例代表制選出之，不受憲法第二十六條、第二十八條及第一百三十五條之限制。比例代表制之選舉方式以法律定之。

國民大會之職權如左，不適用憲法第四條、第二十七條第一項第一款至第三款及第二項、第一百七十四條第一款之規定：

一、依憲法第二十七條第一項第四款及第一百七十四條第二款之規定，複決立法院所提之憲法修正案。

二、依增修條文第四條第五項之規定，複決立

法院所提之領土變更案。

三、依增修條文第二條第十項之規定，議決立法院提出之總統、副總統彈劾案。

國民大會代表於選舉結果確認後十日內自行集會，國民大會集會以一個月為限，不適用憲法第二十九條及第三十條之規定。

國民大會代表任期與集會期間相同，憲法第二十八條之規定停止適用。第三屆國民大會代表任期至中華民國八十九年五月十九日止。國民大會職權調整後，國民大會組織法應於二年內配合修正。

增修條文第一條包括了下列各項主要內容：

㈠國民大會代表的名額、產生條件及選舉方式。

㈡國民大會之職權。

㈢國民大會集會方式及集會期限。

㈣國民大會代表之任期及其他相關規範。

㈠在本次修憲後，國民大會不再是「常設化」的機關，只有當立法院提出憲法修正案、領土變更案、對總統、副總統的彈劾案等三項後，國民大會才會擇期召開。換言之，國民大會已由過去增設議長、副議長，每年至少集會一次，並聽取總統國情報告的民意機關，改為不定期、非常設，甚至可能歸於「虛位化」的備位機關。

關於國民大會產生之條件，分為三種：

⑴立法院提出憲法修憲案後，經公告半年，召開國

民大會。

⑵立法院提出領土變更案後，經公告半年，召開國民大會。

⑶立法院提出總統、副總統彈劾案後，三個月內召開國民大會。

至於上列三項通過之要件，則為：

⑴修憲案：依據憲法第一百七十四條第二款之規定，「由立法院立法委員四分之一之提議，四分之三之出席，及出席委員四分之三之決議，擬定憲法修正案，提請國民大會複決。」至於國民大會行使複決權通過之要件，則無特別之規定，依一般之通例，以過半數（總額之二分之一）之多數即為通過。

⑵領土變更案：依據增修條文第四條第五項之規定「中華民國領土，依其固有之疆域，非經全體立法委員四分之一之提議，全體立法委員四分之三之出席，及出席委員四分之三之決議，並提經國民大會代表總額三分之二之出席，出席代表四分之三之複決同意，不得變更之」。其通過之要件顯然比前一項嚴格。

⑶對總統、副總統之彈劾案：依據憲法增修條文第四條第七項之規定，「立法院對於總統、副總統之彈劾案，須經全體立法委員二分之一以上之提議，全體立法委員三分之二以上之決議，向國民大會提出」；至於國民大會通過的要件，依據憲法增修條文第二條第十項之規定，則為「國民大會代表總額三分之二同意」，被彈劾人應即解職。

關於國民大會代表選舉方式，依本項規定，係採「比

例代表制」方式產生，換言之，係由各政黨推舉代表產生，至於選舉制度之相關規範，則另以法律規定。由於此一選舉法之規範尚未制定，其細節無從得知。但選舉採「比例代表」方式產生國民大會代表，則顯已違背憲法第二十五條之規定：「國民大會……代表全國國民行使政權」。因為各政黨之代表只能代表各自的政黨，甚至只是超過當選門檻的各主要政黨（而非所有政黨），但卻不可能代表「全國國民」，此實為採取「比例代表制」選舉方式的一大缺憾。

此外，由於憲法修正案、領土變更案及對總統、副總統的彈劾案均係由立法院所提出，而立法院本係政黨政治運作之中心，若此三案能得到絕大多數立委之同意，其間各主要政黨顯已形成共同認可之基本共識。若再要求國民大會代表「全國國民」，對此三案進行複決投票，以免立法院擅權與濫權，則非政黨代表之一般國民，實應在國民大會中有其適當之代表，否則「非政黨人物」若無法在國民大會中取得一定之席位，則國民大會行使複決投票時，將無異於立法院各主要政黨之橡皮圖章，不過是秉承政黨之命，虛應故事。如此一來，又何須召開國民大會，多此一舉？

凡憲政民主國家，無論是採取「雙國會制」或行使兩輪式之複決制（先由議會某院通過，再由另一院通過；或先由議會通過，再交公民複決通過。），無不希望藉助兩輪投票（或複決）之多樣民意及多重程序，使決策更趨穩健，以避免單一機關專權、擅權，甚至濫權。但在此次修憲中，卻採取了完全比例代表的選舉方式，實

無異戕害了一般國民及非政黨人士的參政權與代議權，此誠屬嚴重之缺憾！

　　㈡依據前項規定之召開要件，國民大會之職權已萎縮為上述三項之單一任務，亦即對憲法修憲案，領土變更案及總統、副總統之彈劾案，行使複決權。

　　㈢國民大會於選舉結果確認後十日內自行集會，而無須由總統召集。但其任期僅為一個月，而非過去的「一任六年」或「一任四年」。這更確認國民大會「非常設機關」的基本特性。

　　㈣在第五階段修憲時，國民大會自行延長任期的規範已屬無效。任期至八十九年五月十九日為止。國民大會組織法也因其職權大幅度萎縮，而應於兩年內配合修正。目前國民大會人事將儘速精簡，其中部分人員擬轉往立法院任職。

第二條　　總統、副總統由中華民國自由地區全體人民直接選舉之，自中華民國八十五年第九任總統、副總統選舉實施。總統、副總統候選人應聯名登記，在選票上同列一組圈選，以得票最多之一組為當選。在國外之中華民國自由地區人民返國行使選舉權，以法律定之。

　　　　　總統發布行政院院長與依憲法經立法院同意任命人員之任免命令及解散立法院之命令，無須行政院院長之副署，不適用憲法第三十七條之規定。

　　　　　總統為避免國家或人民遭遇緊急危難或應付財

政經濟上重大變故，得經行政院會議之決議發布緊急命令，為必要之處置，不受憲法第四十三條之限制。但須於發布命令後十日內提交立法院追認，如立法院不同意時，該緊急命令立即失效。

總統為決定國家安全有關大政方針，得設國家安全會議及所屬國家安全局，其組織以法律定之。

總統於立法院通過對行政院院長之不信任案後十日內，經諮詢立法院院長後，得宣告解散立法院。但總統於戒嚴或緊急命令生效期間，不得解散立法院。立法院解散後，應於六十日內舉行立法委員選舉，並於選舉結果確認後十日內自行集會，其任期重新起算。

總統、副總統之任期為四年，連選得連任一次，不適用憲法第四十七條之規定。

副總統缺位時，總統應於三個月內提名候選人，由立法院補選，繼任至原任期屆滿為止。

總統、副總統均缺位時，由行政院院長代行其職權，並依本條第一項規定補選總統、副總統，繼任至原任期屆滿為止，不適用憲法第四十九條之有關規定。

總統、副總統之罷免案，須經全體立法委員四分之一之提議，全體立法委員三分之二之同意後提出，並經中華民國自由地區選舉人總額過半數之投票，有效票過半數同意罷免時，即為

通過。

立法院向國民大會提出之總統、副總統彈劾案，
經國民大會代表總額三分之二同意時，被彈劾
人應即解職。

㈠有關總統、副總統直選之程序規定。

㈡有關行政院院長副署權之設限。

㈢有關總統緊急權力行使之規定。

㈣有關國家安全會議與國家安全局之法定規範。

㈤總統解散立法院之程序規定。

㈥總統、副總統之任期規定。

㈦有關副總統缺位之補選規定。

㈧總統、副總統均缺位時，行政院長代行職權及補
選程序之規定。

㈨有關總統、副總統罷免案之規定。

㈩有關總統、副總統彈劾案之規定。

㈠第一項規定，民國八十五年起第九任總統、副總
統已由中華民國自由地區全體人民直接產生。「總統、
副總統應聯名登記，在選票上同列一組圈選，以得票最
多之一組為當選」。根據此一規定，總統選舉將不採「絕
對多數」當選方式，而係由「相對多數」方式產生。換言
之，只要得到相對多數之選民支持，而非過半數之「絕
對多數」，即可當選。據此，總統選舉亦無所謂之「兩
輪選舉」，而只要經「一輪選舉」，獲得相對多數的候
選人（實際上是「少數總統」），即告當選。

是項條文中，另規定「在國外之中華民國自由地區人民返國行使選舉權，以法律定之。」根據此一規定，擁有中華民國國籍之僑民，可返國行使投票權。這乃是一種「權宜性」之規範。原先修憲的擬議之一，是倣傚許多西方民主國家之先例，僑民得在海外之領使館中行使投票權，但為顧及海外投票行使時之公信力問題，並避免技術上的困難，乃規定須「返國行使選舉權」，以減少是類爭議。

㈡中華民國憲法基於「議會內閣制」之精神，規定「總統依法公布法律，發布命令，須經行政院院長之副署，或行政院院長及有關部會首長之副署。」（憲法第三十七條）。換言之，副署者負實際責任。行政院長為最高行政首長，自應擔負公布法律與發布命令之全責。但經過歷次修憲之後，權力核心卻逐漸移向總統，尤其是總統對行政院院長，司法院院長、副院長及大法官，考試院院長、副院長及考試委員，以及監察院院長、副院長及監察委員等高層職位之提名權，均享有完全之實權。因此，總統「發布行政院院長與依憲法經立法院同意任命人員之任免命令」，無須「行政院長副署」。換言之，行政院長對於這些重要職位人員之任免，已無決定之權，而總統卻獨享這些人事任命之實權。❷

在民國八十一年第二次修憲時，由於取消了國民大會選舉總統、副總統之權，改由全民直選，為恐國大代表反彈，乃於憲法增修條文第十一條中規定，將司法、考試、監察三院的人事同意權移交國民大會行使。但在第六次修憲後，國民大會又改為非常設機關，因此上述三

❷在德國基本法中，雖採取「議會內閣制」，並規定「聯邦總統之命令，須經聯邦總理，或聯邦主管部長副署始生效力。」但是亦有但書存在，其中第五十八條即規定，此項規定「不適用於聯邦總理之任免」、「聯邦議會之解散」，另外在新總理未產生時，原任總理必須繼續執行其職務至繼任人任命為止，副署權在此亦不適用。但相較於修憲後我國行政院院長副署權之設限，德國總理之副署權範圍，實較我國行政院院長為寬。

院之相關人事同意權又轉交立法院行使。但詭異的是，在西方憲政民主國家國會所普遍行使的閣揆（行政院長）同意權，竟然非立法院所能掌握。這是因為在民國八十五年七月第四次修憲期間，國民黨與民進黨達成協議，民進黨同意取消立法院的閣揆同意權，而國民黨則同意取消臺灣省長選舉，並採取「精省」（將臺灣省政府虛級化）措施。在第六次修憲時，國、民兩黨的執政、在野地位互換，但仍然達成政黨協議，將國民大會「虛位化」，於是立法院取得了對司法、考試、監察三院高層人事的同意權，但卻獨缺原先掌有的對行政院院長的同意權。這均係由於修憲過程一波三折、修憲者師心自用所致。

　　如果今後還有第七次、第八次的修憲，撇開政治權謀與政黨交易不論，到底立法院應該掌控那些同意權呢？平情而論，立法院實係日常政黨互動與政治決策之重心，而行政院又必須對立法院負責，因之，為了落實行政院之「責任內閣」精神，並強化行政、立法兩院間之制衡關係，行政院長必須得到立法院的充分信任，因此立法院對行政院長的同意權應予恢復。

　　至於司法、考試、監察三院的高層人事，因其必須超脫政黨政治，強調公正中立及專業形象，則不宜由立法院對其直接行使同意權。立法院應選出若干公正專業人士，組成審查委員會，對被提名之三院人員進行審慎細密之資格審查，其過程不應公開，最後逐一進行可否之投票，再報請立法院同意。換言之，行政院長必須肩負起最高行政首長之職，立法院之同意權實不容或缺，

而司法、考試與監察三院之高層人事，則必須超越黨派、公正廉明，且饒負專業知能，因此反而不宜由立法院對其直接行使同意權。由此看來，過去六次修憲的結果，顯然是另一項失當而歧出的轉折。

至於「解散立法院之命令」，亦應由行政院院長負其責。因此修憲取消行政院長對此命令之副署權，也違背了權責相符的民主制衡原則，亟應補救，迅予恢復。

㈢依據憲法第四十三條之規定，「總統於立法院休會期間，得經行政院會議之決議，依緊急命令法，發布緊急命令，為必要之處置，但須於發布命令後一個月內提交立法院追認。如立法院不同意時，該緊急命令立即失效。」在修憲之後，此一規定業已放寬，即使是在立法院集會期間，總統亦「得經行政院會議之決議，發布緊急命令，為必要之處置。」但是此一緊急命令「須於發布命令後十日內提交立法院追認，如立法院不同意時，該緊急命令立即失效。」

上述兩項規定之主要差異，是原先憲法第四十三條規定，緊急命令只有在「立法院休會期間」，得由總統「經行政院會議之決議」，依法發布緊急命令，為必要之處置。此一憲法規範之基本精神，係本於「國會主權論」。換言之，緊急命令是否必要之最後決定者，應係立法院。只有在立法院休會期間，總統才能以情況特殊、以及出於行政院會議之決議為由，單獨行使此一特別權力。

但是過去在動員戡亂時期，總統卻凍結了此一部分的憲法規範，將此一緊急命令的決定權，轉交由總統與

行政院行使。因之，依據「動員戡亂時期臨時條款」第一條之規定，「總統在動員戡亂時期，為避免國家或人民遭遇緊急危難，或應付財政經濟上重大變故，得經行政院會議之決議，為緊急處分」，至於緊急處分行使之時限，卻未予規範。這顯示原先憲法所規範之「國會主權」精神，實已嚴重斲傷。基於此，在動員戡亂時期結束後，此一憲政瑕疵實應迅予補救。但是，當時執政的國民黨中央依然認為，總統與行政院必須掌握「緊急處分權」，因此力主保留此一條款。不過在程序上卻有所讓步，改為「發布命令後十日內提交立法院追認，如立法院不同意時，該緊急命令立即失效」。換言之，「國會主權」之原旨雖然未能恢復，但立法院仍保留了「十日之內的否決權」，亦即享有「被動性的否決權」。

　　不過，此一修憲後之規定，若與一般憲政民主國家的相關憲政規範相比較，仍然有其缺憾之處。以法國第五共和憲法為例，其中第十六條即規定：「當共和制度、國家獨立、領土完整或國際義務之履行，遭受嚴重且危急之威脅，致使憲法公權力之正常運作受到阻礙時，總統經正式諮詢總理、國會兩院議長及憲法委員會後，得採取應付此一情勢之緊急措施。」同條文中另規定，「此項措施須出自保障憲法上公權力在最短時間達成任務之意願，此項措施應諮詢憲法委員會之意見。國會應自動集會。國民議會在總統行使緊急權力期間不得解散。」換言之，在法國的憲政制度下，總統一旦行使緊急權力，國會應自動集會，而且在此期間不得被解散。而我國當前的憲政規範卻賦予總統與行政院為期十天的「特別權

力空窗期」。這十天期間雖然不算長，但卻足以變更政治秩序，造成專權統治，甚至可能會對立法院之職權行使構成嚴重的限制。就此而論，我國修憲條文中的規範，終究不是一項保障「國會主權與民主制衡」的憲政設計，而且仍然沿襲著「動員戡亂體制」下行政獨大，總統專權的特色，實以行政體系之權宜便利為其優先之考量。此種制度設計，顯然與西方憲政民主國家以「議會民主」為核心的制衡原則，存在著相當的落差。

㈣在過去動員戡亂時期，總統為適應動員戡亂需要，「得調整中央政府之行政機構、人事機構及其組織」（臨時條款第五條），此外，亦「授權總統得設置動員戡亂機構，決定動員戡亂大政方針，並處理戰地政務」（第四條）。基於上述之規定，政府乃設置隸屬於總統之國家安全會議及其所屬之國家安全局。此外，在行政院之下則另設人事行政局。嚴格說來，這些機構之設置，均係為配合動員戡亂時期總統擴權之需要，但實屬「違憲」之設計。國家安全會議與國家安全局之職掌，與行政院多所重疊，而行政院之人事行政局又與考試院之職掌多所扞格。基於此，此三機關的「憲政正當性」問題，長期以來一直引發國人詬病。在動員戡亂時期結束後，此三機關原應裁撤，但為了維持總統與行政院的權力運作，使此三機關得以持續存在，並解決其中的「合憲性」問題，在民國八十年第一次修憲時，就將國家安全會議、國家安全局與行政院人事行政局三機關一併合法化，賦予其憲法法源依據。在第三階段修憲時，進一步將其列入本條文。第四、五、六等三階段修憲時則繼續維持不

變。

㈤自第四次修憲起，行政院院長不再經由立法院同意產生，但立法院得對行政院行使不信任投票（參見增修條文第三條）。一旦不信任案通過後，十日內總統得經諮詢立法院院長後，宣告解散立法院。但若係在戒嚴期間或緊急命令生效期間，則不得解散立法院。

本項之規定，係參考西方議會內閣制國家「不信任投票」與「解散國會權」之配套性制度設計，一旦國會通過對內閣的不信任案，則倒閣成功，應立即由國家元首宣布解散國會，訴諸選民之公決，由掌控國會多數的政黨組成新政府，以符合最新之民意，藉以形成多數統治。

本項另規定，立法院一旦被解散後，應於六十日內重新舉行選舉，並重新起算另一屆之立法院。

㈥憲法第四十七條規定，「總統、副總統之任期為六年，連選得連任一次」。修憲後任期調整為四年一任，連選得連任一次。

㈦憲法第四十九條規定，「總統缺位時，由副總統繼任，至總統任期屆滿為止。」民國七十七年一月，總統蔣經國先生逝世，由李登輝副總統繼任總統，任期至民國七十九年為止，即係依據本條文之規定。憲法第四十九條並規定，「總統、副總統均缺位時，由行政院院長代行其職權，並依本憲法第三十條之規定，召集國民大會臨時會，補選總統、副總統，其任期以補足原任總統未滿之任期為止。」修憲之後，總統、副總統改由人民直選，不再由國民大會代表選舉產生。但是，本項中

特別規定，當副總統缺位時，總統應於三個月內提名候選人，由立法院（取代原先之國民大會）補選繼任至原任期屆滿為止。避免為此舉行另一次的全民直選。

㈧本項特別規定，總統、副總統均缺位時，由行政院院長代行其職權，並依直選之程序，補選總統、副總統，繼任至原任期屆滿為止。換言之，當總統、副總統均出缺時，必須由人民直選產生，而非由民意機關代為補選繼任之。

㈨在第六次修憲中，原屬國民大會對總統、副總統之罷免權，移往立法院。這是立法院新增加的一項重要權限。由全體立法委員四分之一提議，全體立法委員三分之二同意後提出，交付全體選民投票。若經選舉人總額過半數之投票，有效票過半數同意罷免時，即為通過。此一程序規定十分嚴格，極不易通過。若選民通過罷免總統，依憲法第四十九條之規定，「總統缺位時，由副總統繼任，至總統任期屆滿為止。」若係副總統被罷免，則依本條文第七項規定，總統應於三個月內提名候選人，由立法院補選，繼任至原任期屆滿為止。若係總統、副總統均被罷免，則依本條文第八項之規定，應由選民直選，繼任至原任期屆滿為止。

㈩憲法本文對於彈劾總統之規定，見於憲法第一百條。「監察院對於總統、副總統之彈劾案，須有全體監察委員四分之一以上之提議，全體監察委員過半數之審查及決議，向國民大會提出之。」修憲後，此一規定凍結。在第四階段修憲時更將此一權限移往立法院行使，條件則益趨嚴格。規定由立法院全體立法委員二分之一

以上之提議，全體立法委員三分之二以上之決議，向國民大會提出，若經國民大會代表總額三分之二同意，被彈劾人應即解職。（參見增修條文第三條第七項之說明）

第三條　行政院院長由總統任命之。行政院院長辭職或出缺時，在總統未任命行政院院長前，由行政院副院長暫行代理。憲法第五十五條之規定，停止適用。

行政院依左列規定，對立法院負責，憲法第五十七條之規定，停止適用：

一、行政院有向立法院提出施政方針及施政報告之責。立法委員在開會時，有向行政院院長及行政院各部會首長質詢之權。

二、行政院對於立法院決議之法律案、預算案、條約案，如認為有窒礙難行時，得經總統之核可，於該決議案送達行政院十日內，移請立法院覆議。立法院對於行政院移請覆議案，應於送達十五日內作成決議。如為休會期間，立法院應於七日內自行集會，並於開議十五日內作成決議。覆議案逾期未議決者，原決議失效。覆議時，如經全體立法委員二分之一以上決議維持原案，行政院院長應即接受該決議。

三、立法院得經全體立法委員三分之一以上連署，對行政院院長提出不信任案。不信任案提出七十二小時後，應於四十八小時內

以記名投票表決之。如經全體立法委員二
分之一以上贊成，行政院院長應於十日內
提出辭職，並得同時呈請總統解散立法院；
不信任案如未獲通過，一年內不得對同一
行政院院長再提不信任案。

國家機關之職權、設立程序及總員額，得以法
律為準則性之規定。

各機關之組織、編制及員額，應依前項法律，
基於政策或業務需要決定之。

本條文內容包括：

㈠行政院院長產生之方式。

㈡行政院與立法院之關係。

㈢有關國家機關組織、編制及員額之法律規定。

㈣上項法律之相關規範。

㈠在民國八十六年七月的第四階段修憲中，最重要
的一項制度性變動，即為行政院院長的產生方式，由原
先的經立法院同意產生，改為「由總統任命之」。換言
之，總統不僅擁有原來憲法所規定之對行政院院長的「提
名權」，而且進一步擴展為實質的「任命權」。基於此，
行政院院長不再經立法院過半數之同意產生，而變成由
總統個人任命。一旦行政院院長不再經由立法院同意產
生，他所肩負的民意基礎立即滑落，同時行政院院長也
將轉型而為體現總統個人意志的「執行長」，卻不再是
實質上的「最高行政首長」。嚴格說來，本條文修改後

造成的影響十分深遠，並與憲法原先的基本精神 — 行政院院長應為法定之最高行政首長，亦即行政權之中樞 — 產生嚴重之扞格，並且造成「總統有權無責，行政院院長有責無權」的憲政扭曲，實與「有責者有權，有權者有責」的民主制衡原則不符。

在具體的實踐經驗上，本項條文在實施逾半年之後，即已形成憲政危機。民國八十七年四月，行政院院長蕭萬長在內閣人事問題上，即因未獲得總統充分授權，而面臨「有責無權」的困境，包括交通部長蔡兆陽、法務部長廖正豪的辭職事件，以及稍早因總統囑意外交部長由擬議人選簡又新出任所引發的人事風波，均凸顯了「閣揆權威不足」以及「跛腳行政院院長」的嚴重困境。除非行政院院長的同意權重歸於立法院，使行政院院長得到絕大多數立法委員的支持，否則此一權責不符，而且違背基本憲政民主精神的錯誤設計，終將引發無止盡的人事紛擾與權責之爭，甚至衍發「政府無能」的困境。

(二)在行政院與立法院關係方面，原先憲法五十七條之規定有三項，第一項與本項第一款之規定相同，亦即「行政院有向立法院提出施政方針及施政報告之責。立法委員在開會時，有向行政院院長及行政院各部會首長質詢之權」。據此規範了行政院和立法院之間的基本關係，以及立法委員所掌有的質詢權。

憲法五十七條第二、三項係有關覆議權 (veto) 之界定，其規範如次：「立法院對於行政院之重要政策不贊同時，得以決議移請行政院變更之。行政院對於立法委員之決議，得經總統之核可，移請立法院覆議。覆議時，

如經出席立法委員三分之二維持決議，行政院院長應即接受該決議或辭職。」另外，「行政院對於立法院決議之法律案、預算案、條約案，如認為有窒礙難行時，得經總統之核可，於該決議案送達行政院十日內，移請立法院覆議。覆議時，如經立法委員三分之二維持原案，行政院院長應即接受該決議或辭職。」換言之，只要行政院院長得到至少三分之一立法委員的支持，就可推翻立法院原先的決定，拒絕執行他認為窒礙難行的政策決議。但是，如果行政院院長連這總額三分之一的立法委員都掌握不到，意味著他已是明顯弱勢，此時他就必須執行立法院的決議，否則只有辭職一途，亦即內閣總辭。事實上，如果連總額三分之一的立委都不肯支持行政院院長，行政院院長也實在是難以推動政務了，通常只有下臺一途。❸

但是，此一憲政規範在第四階段修憲後卻已徹底改變。新的規定是：

一、「行政院對於立法院決議之法律案、預算案、條約案，如認為有窒礙難行時，得經總統之核可，於該決議送達十日內，移請立法院覆議。」此一規定與憲法第五十七條相對照，其中刪去了「重要政策」一項。考量修憲者之意圖，這乃是因為顧及政治現狀，部分立委對「核四案」這一類重要政策之決議往往不予認同，並對行政院造成實質羈絆。為了避免是類問題一再發生，乃由修憲著手，乾脆將「重要政策」一項刪除，僅保留「法律案、預算案、條約案」等三項，以免對行政權構成過多的干擾。

❸「覆議」(veto) 係指行政機關對立法機關所通過之決議或法案，於一定法定期間內，送請立法機關，再為審議表決。如果立法機關在覆議後再度通過該決議或法案，稱之「拒絕覆議」(veto override)。在美國，自二次大戰結束以來，平均每年總統會提出八件覆議案。我國則甚少實施。民國七十九年十月十七日，立法院針對勞動基準法第八十四條修正案行使覆議，結果以一六八票對廿五票，行政院推翻了立法院所提的修正案，恢復第八十四條原條文，此為政府遷臺以來首度行使之覆議案。

二、「立法院對於行政院移請覆議案，應於送達十五日內作成決議。如為休會期間，立法院應於七日內自行集會，並於開議十五日內作成決議。覆議案逾期未議者，原決議失效。」此係新增之規定。其目的是使行政院得因立法院之拖延逾期而使原決議失效，旨在保障行政院。但是，其中有關「立法院休會期間應自行集會」的新增規定，則係一項贅筆，這係因修憲者對立法程序掌握不足，而造成了「畫蛇添足」的結果。事實上，法律必須由總統公布方得生效，若係在立法院休會期間，總統若未立即公布，則行政院正可藉此而享有較長之緩衝期，不必急於執行立法院之決議，待休會結束後才提出覆議案。現在卻因此一新增之規定，而必須加開立法院臨時會，這實在是勞民傷財，浪費公帑，行政院也未蒙其利，殊無必要。❹

三、「覆議時，如經全體立法委員二分之一以上決議維持原案，行政院院長應即接受該決議。」原先憲法規定，若立法院維持原決議，則行政院院長必須「接受該決議或辭職」，現因行政院院長不再經由立法院同意而產生，則無須因立法院的拒絕而辭職。連帶的，覆議的門檻也就從原先的三分之二降為二分之一。

在第四階段修憲中，雖然取消了立法院對行政院院長的同意權，但卻也增加了「解散國會」之權，此即立法院對行政院院長的「不信任投票」，以及相對的呈請總統解散立法院之權。修憲條文第三條第二項第三款規定，「立法院得經全體立法委員三分之一以上連署，對行政院院長提出不信任案」。不信任案「如經全體立

❹ 依據美國總統覆決權行使之規範，總統在收到國會通過的法案十日內（星期天除外），如果既不簽署也不提覆議，則此法案自行生效。但是，如果在此十日結束之前國會業已休會，則總統將失去提出覆議之機會，因此只有當總統簽署後此法案才算生效。此一情況提供了總統在國會會期結束時未經正式之覆議，卻能讓某一法案胎死腹中的機會，一般稱之為「口袋覆議」（pocket veto）。在我國，憲法第七十二條中規定，「立法院法律案通過後，移送總統及行政院，總統應於收到後十日內公布之」。如果行政院經總統之核可向立法院提出覆議，則總統就不會公布該法律，自無該法律生效之問題，亦不致發生前述之「口袋覆議」之情事。

委員二分之一以上贊成，行政院院長應於十日內辭職，並得同時呈請總統解散立法院」。此與一般議會內閣制國家的規定相仿。但是，不信任案的提出卻有一定的時間設限，亦即，「不信任案提出七十二小時後，應於四十八小時內以記名投票表決之。」此一特殊之規定，移植自法國第五共和憲法第四十九條，該條文規定：

「國民議會得依不信任案之表決以決定政府之去留，此項不信任案須經國民議會至少十分之一議員之連署，始得提出。動議提出四十八小時之後，始得舉行表決。」

但是，此一時間設限之規定卻頗易造成混淆。所謂「不信任案提出七十二小時後」，究竟是以不信任案送交立法院秘書處時起算，還是送達立法院院會時起算，從文字分析並不明朗。至於此七十二小時（三天），是否包括假日（或連續假日）在內，亦不明確。若係不包括在內，則將可能發生正常休假日卻必須加開院會，特別處理不信任案的特例，此實有違政府運作之常規，並不妥適。

另外，在不信任案提出七十二小時後，「應於四十八小時內以記名投票表決」之規定，實無異變相鼓勵立法委員藉阻礙議事程序之手段 (filibuster)，以拖延表決時程，只要拖過時限，行政院院長即可免於倒閣之威脅。這亦非正當的憲政運作方式，實不足為訓。

更重要的是，本款在最後的文字中規定「不信任案如未獲通過，一年內不得對同一行政院院長再提不信任案」，這亦非一般議會民主國家運作之正軌。如果立法院與行政院之間處於僵化對峙之狀態，則解散立法院，

重新訴諸最新之民意，並進行國會改選，方係解決政治僵局之正途。但若因議事程序拖延導致不信任案未能通過，結果卻要讓立法、行政兩院的惡性對峙持續延宕達一年之久，才可再度由立法院提出不信任案，則此種勉強且僵化之規範，反將成為政局紛亂、動盪之根源，絕難收穩定政局，保障憲政秩序之效。

由此可知，修憲後有關倒閣權（即不信任案）與解散國會（立法院）權之制度設計，實已出現嚴重瑕疵。修憲後蕭萬長、唐飛兩位行政院長所面臨的政治僵局，即為明證。今後只有再次修憲，回歸西方憲政國家之正軌，方可解決此一種困境。

㈢第三項有關「國家機關之職權、設立程序及總員額，得以法律為準則性之規定」。訂定此項之目的，係針對「中央法規標準法」第五條之規定：「左列事項應以法律定之：一、憲法或法律有明文規定，應以法律定之者。二、關於人民之權利、義務者。三、關於國家各機關之組織者。四、其他重要事項應以法律定之者。」

由於上述條文之規定，國家機關組織必須以法律（而非行政命令）定之。長期以來，政府深感立法院的立法效率不彰，且政府各種機關組織之職權、設立程序及員額編制，又常受到立法院制衡機制之羈絆，未能完全依照政府草案通過。但若要將「中央法規標準法」修訂，則又曠日廢時，且難料能否如行政院之意願修正通過。為了落實以「行政權為中心」的目標，政府乃採取釜底抽薪之計，乾脆從修憲著手，透過國民黨與民主進步黨之合作，在國民大會以穩居多數之優勢，訂定此項修憲

條文。據此並提出「中央政府機關組織基準法」及「中央政府機關總員額法」兩項草案，使政府機關組織及員額能依照以行政院之旨意，自行調配，以保持高度彈性。根據此二法之草案規定，今後各部會之三級機關，如經濟部國際貿易局、工業局、法務部調查局等之組織、員額等，均不必再以法律定之，並將由行政命令取代，無須再受立法院之立法監督，藉以保持行政權之高度彈性與便宜性。此條文充分凸顯了政府行政當局便宜行事，不願接受民意制衡機關監督之權變心態。

㈣第四項係前述第三項之補充，進一步賦予政府各機關更大之自主權，並得基於政策或業務之需要，自行調整組織、編制及員額，卻不受立法院之監督及制衡。

前述第三、第四兩項之規定，充分反映了在現階段修憲中「行政權擴張、立法權式微」的基本傾向，凸顯出行政、立法兩權失衡的大趨勢。此種修憲傾向，乃是將憲政規範視為行政獨裁，不受制約的便宜工具，卻不是西方憲政主義所強調的，應將憲法視為「人民權利的保障書」、「社會共識的泉源」，以及「國家的根本大法」；亦即「民主政治的穩定基石」。基於此，修憲任務從第四階段之後，已成為自由民主與憲政主義基本精神之逆反，亦可視為民主憲政秩序的逆退。修憲起草者，甘為政治權謀之馬前卒，並將憲法降格而為執政者和行政當局擴權、奪權之工具，置民主制衡原則於不顧，這實係國人的大不幸。

第四條　立法院立法委員自第四屆起二百二十五人，依

左列規定選出之，不受憲法第六十四條之限制：

一、自由地區直轄市、縣市一百六十八人。每縣市至少一人。

二、自由地區平地原住民及山地原住民各四人。

三、僑居國外國民八人。

四、全國不分區四十一人。

前項第三款、第四款名額，採政黨比例方式選出之。第一款每直轄市、縣市選出之名額及第三款、第四款各政黨當選之名額，在五人以上十人以下者，應有婦女當選名額一人，超過十人者，每滿十人應增婦女當選名額一人。

立法院於每年集會時，得聽取總統國情報告。

立法院經總統解散後，在新選出之立法委員就職前，視同休會。

中華民國領土，依其固有之疆域，非經全體立法委員四分之一之提議，全體立法委員四分之三之出席，及出席委員四分之三之決議，並提經國民大會代表總額三分之二之出席，出席代表四分之三之複決同意，不得變更之。

總統於立法院解散後發布緊急命令，立法院應於三日內自行集會，並於開議七日內追認之。但於新任立法委員選舉投票日後發布者，應由新任立法委員於就職後追認之。如立法院不同意時，該緊急命令立即失效。

立法院對於總統、副總統之彈劾案，須經全體立法委員二分之一以上之提議，全體立法委員

三分之二以上之決議，向國民大會提出，不適
用憲法第九十條、第一百條及增修條文第七條
第一項有關規定。

立法委員除現行犯外，在會期中，非經立法院
許可，不得逮捕或拘禁。憲法第七十四條之規
定，停止適用。

本條文內容包括：

㈠立法委員員額及其組成之相關規定。

㈡有關政黨比例代表及婦女保障名額之規定。

㈢立法院聽取總統國情報告之規定。

㈣立法院經總統解散後視同休會。

㈤領土變更案之行使規範。

㈥總統緊急命令權之相關規定。

㈦立法院對總統、副總統彈劾權行使之規定。

㈧立法委員不受逮捕或拘禁之特權。

㈠由於第四階段修憲的主要目的之一，是使臺灣省
「省虛級化」，並取消省長民選及省議會選舉。同時為
了解決省議會停止選舉後省議員的政治出路問題，乃決
定將立法委員員額從第三屆的一百六十四人，擴增為第
四屆的二百二十五人。究實而論，立法委員員額本已過
多，若再增添六十餘位立委，無論立法效率、委員會之
組織、編制及員額，乃至立法院整體軟、硬體設施，均
將面臨嚴重之挑戰。但是，由於擴增立法委員員額乃出
自執政黨之政治考慮，受困於現實政治之壓力，在本條

文中乃不得不作出相應之規定。

　　與第三階段修憲條文規定相比較，直轄市及縣市之立法委員擴增為一百六十八人，每縣市至少一人。平地原住民及山地原住民各由三人增為四人。僑居國外國民由六人增為八人。全國不分區則由三十人增為四十一人。後三者合計共增加十五人。區域立法委員則增加四十六人，合計共增加六十一人。

　　㈡此項中規定，僑居國外國民及全國不分區均採比例方式選出。另規定婦女保障名額，在五人以上十人以下者，應有婦女當選名額一人；超過十人者，每十人應增婦女當選名額一人。

　　區域選出之立法委員，其婦女保障名額之規定，同前。

　　㈢在第六階段修憲後，增列「立法院於每年集會時，得聽取總統國情報告」。這是一項十分奇特的規定。依據中華民國憲法之基本精神，總統和國民大會均屬「國家」層次，超越五院之上，代表著「政權」機制。而五院則屬「政府」層次，代表「治權」的運作。基於此，在憲法本文中，並無總統赴立法院作國情報告之規定。但是在民國八十三年第三階段修憲時，為了讓國民大會擴權，變成每年定期開會，乃於修憲條文第一條中增列「國民大會集會時，得聽取總統國情報告」。此一規定在第四、第五兩階段修憲時均予維持。但國民大會代表依法並無對總統質詢之權。換言之，總統的國情報告係形式意義大於實質意義。在第六階段修憲後，轉將總統之國情報告移至立法院，但仍無配套的質詢之權，總統

亦不對立法院負責。相對的，總統任命的行政院長，卻必須接受立法院的質詢與監督，亦負政治成敗之責。基於此，本項條文的新增規定，並未改變基本的權責關係及制衡機制。

㈣過去憲法本文中並無解散立法院的機制，從民國八十五年第四階段修憲後，總統得應行政院長之請解散立法院，因此特別增加本項之規定，「立法院經總統解散後，在新選出立法委員就職前，視同休會」。

㈤在第六次修憲中，立法院新增了一項重要權限 ── 領土變更之提議權。在憲法本文的規範中，此一權限本屬國民大會掌有。憲法第四條規定：「中華民國領土依其固有之疆域，非經國民大會之決議，不得變更之」。現因修憲後國民大會不再成為常設性之機關，領土變更之提議權遂轉移至立法院。經立法委員四分之一之提議，全體立法委員四分之三之出席，及出席立委四分之三之決議，領土變更案即告成案，經公告半年後，選出新的國民大會（會期最長只有一個月），對領土變更案進行複決。經國民大會代表總額三分之二之出席，出席代表四分之三之同意，此案即可通過。否則即告失敗。此一規定，凸顯領土變更問題的慎重性。

㈥在增修條文第二條第三項中，規定總統發布緊急命令後十日內應提交立法院追認，如立法院不同意時，該緊急命令立即失效。在本項中則進一步針對立法院解散後之相關規範作出規定：「總統於立法院解散後發布緊急命令，立法院應於三日內自行集會，並於會議七日內追認之」，據此方能合乎原先之「十日內」規定。

　　至於新選出之立法委員就職前所發布之緊急命令，則因本條文之第二項業已規定，係「視同休會」，只有在新任立法委員就職之後再行追認。如立法院不同意，該緊急命令仍然失效。

　　㈦在第四次修憲中，將對總統、副總統之彈劾權自監察院移至立法院，但卻又將彈劾權之範圍，僅限於總統、副總統之內亂、外患。至於內亂、外患以外之行為是否可予彈劾，則曖昧不明，曾引起輿論界及學術界之爭議。在第六次修憲後，取消了內亂、外患等條件限制，其他違法失職行為亦可列入彈劾權之範圍，解決了是項爭擾。

　　至於彈劾之程序，則採審慎原則。須經全體立法委員二分之一以上之提議，全體立法委員三分之二以上之決議，此彈劾案方才成立。在三個月內，選出新的國民大會，經國民大會代表總額三分之二之同意，被彈劾人即解職。如係總統被彈劾解職，依憲法第四十九條規定，「由副總統繼任，至總統任期屆滿為止」。若被彈劾人為副總統，則依憲法增修條文第二條之規定，應於三個月內由總統提名候選人，由立法院補選，繼任至原任期屆滿為止。

　　㈧立法委員不受逮捕或拘禁之特權，原係以立法委員的整個任期（三年）為範圍，基於此，憲法第七十四條規定：「立法委員，除現行犯外，非經立法院許可，不得逮捕或拘禁。」

　　但是，由於部分涉及司法案件的立法委員，藉此一條文之保障而拒絕出庭接受法院審理，同時亦因不受逮

捕之特權，法院無法將其拘提到案。因此，國民大會乃將立法委員不受逮捕與拘禁之特權，從整個「任期」縮減為每一「會期」，亦即在每一會期之間的休會期間，仍可對其逮捕或拘禁。如此一來，涉案的立法委員在會期結束的休會期間，就無法再得到此一保護傘的庇護了。

第五條　司法院設大法官十五人，並以其中一人為院長、一人為副院長，由總統提名，經立法院同意任命之，自中華民國九十二年起實施，不適用憲法第七十九條之規定。司法院大法官除法官轉任者外，不適用憲法第八十一條及有關法官終身職待遇之規定。

司法院大法官任期八年，不分屆次，個別計算，並不得連任。但並為院長、副院長之大法官，不受任期之保障。

中華民國九十二年總統提名之大法官，其中八位大法官，含院長、副院長，任期四年，其餘大法官任期為八年，不適用前項任期之規定。

司法院大法官，除依憲法第七十八條之規定外，並組成憲法法庭審理政黨違憲之解散事項。

政黨之目的或其行為，危害中華民國之存在或自由民主之憲政秩序者為違憲。

司法院所提出之年度司法概算，行政院不得刪減，但得加註意見，編入中央政府總預算案，送立法院審議。

本條文分為六項:

㈠司法院院長、副院長與大法官之組成，以及產生之方式。

㈡司法院大法官之任期。

㈢民國九十二年提名之大法官，有關任期之特別規定。

㈣憲法法庭之相關規定。

㈤政黨違憲之規定。

㈥有關司法概算之規定。

㈠憲法第七十九條規定: 「司法院設大法官若干人」。司法院組織法第三條規定: 「司法院設大法官會議，以大法官十七人組織之，行使解釋憲法並統一解釋法律命令之職權。」第五條規定: 「大法官之任期，每屆為九年。」上述之各項規定，在第四次修憲時已作了大幅度的改變，第六次修憲後再做調整。首先，大法官人數自十七人改為十五人，而且「以其中一人為院長、一人為副院長，由總統提名，經立法院同意任命之」，換言之，院長、副院長均係大法官，此係過去所無之規定。由於大法官的任期至民國九十二年終止，因此特別規定，本項「自中華民國九十二年起實施，不適用憲法第七十九條之規定。」此外，司法院大法官若非出自法官系統（例如學者或政務官出身），則不適用憲法第八十一條有關「法官終身職」之規範，亦不得享有法官之終身職待遇。此一規範，原無須列在憲法之中，但因部分國民大會代表對大法官釋字三九九號解釋難以釋懷，

堅持將上述規定列入修憲條文中，遂出現此一瑣細之規定。

　　㈡㈢司法院大法官之任期原先定為九年，第四次修憲時將其縮減為八年，而且「不分屆次，個別計算，並得連任」。作此一規定的目的，是因本條第三項規定，大法官應由總統每四年任命其中之八位，至於另外七位則係原任。藉新舊交錯，以維續其經驗傳承，避免出現新任大法官過多，經驗不足、青黃不接的困境。基於此，在第三項中進一步規定，「中華民國九十二年總統提名之大法官，其中八位大法官，含院長、副院長，任期四年，其餘大法官任期為八年。」換言之，院長、副院長及其餘六位法官任期均為四年。由於院長、副院長不受任期保障，總統將可主動更換司法院的首長、副首長，此實係五院中獨有之規範。

　　㈣依據憲法第七十八條規定，「司法院解釋憲法，並有統一解釋法律及命令之權」。在本項中，則另增列司法院大法官「組成憲法法庭審理政黨違憲之解散事項」。根據此一規定，民國八十二年二月總統公布「司法院大法官審理案件法」，第三章即規定「政黨違憲解散案件之審理」。其中重要規定如次：

第十九條：「政黨之目的或其行為，危害中華民國之存在或自由民主之憲政秩序者，主管機關得聲請司法院憲法法庭解散之。」

第二十條：「憲法法庭審理案件，以參與之資深大法官充審判長，資同以年長者充之。」

第二十一條：「憲法法庭應本於言詞辯論而為裁判。但

　　　　　　　　駁回聲請而認為無言詞辯論之必要者，不
　　　　　　　　在此限。」
第二十四條：「憲法法庭行言詞辯論，須有大法官現有
　　　　　　　　總額四分之三以上出席，始得為之。未參
　　　　　　　　與辯論之大法官不得參與評議判決。」
第二十五條：「憲法法庭對於政黨違憲解散案件判決之
　　　　　　　　評議，應經參與言詞辯論大法官三分之二
　　　　　　　　之同意決定之。評議未獲前項人數同意時，
　　　　　　　　應為不予解散之判決。」

　　由上述之法律規定得知，憲法法庭設立之主旨係審
理政黨違憲之解散事項，因此「憲法法庭」並非「大法
官會議」的代稱，兩者之專責亦不相同。而憲法法庭應
本於「言詞辯論」而為裁判，「未參與辯論之大法官不
得參與評議判決」，凸顯出憲法法庭對於政黨違憲案件
之裁定，程序十分慎重。若未能得到參與辯論大法官三
分之二的同意，即不得解散該政黨，這顯示憲法法庭對
於違憲爭議的審理態度，是相當審慎的。

　　㈤本項規定，「政黨之目的或其行為，危害中華民
國之存在或自由民主之憲政秩序者為違憲」。其主要參
考之憲政範例，為德國基本法，其中第二十一條第二項
指出：「政黨依其目的及其黨員之行為，意圖損害或廢
除自由、民主之基本秩序，或意圖危害德意志聯邦共和
國之存在者，為違憲。其有無違憲問題由聯邦憲法法院
決定之。」另外，它也參考德國基本法之規範，將有無
違憲交由憲法法庭裁決之。就此而言，本項條文可說是
一項沿襲自德國的「憲政移植」規範。

㈥為了保障司法獨立，改善司法人員待遇，第四次修憲時特別增訂了本項規定，行政院不得刪減司法院所提之年度司法概算，但得加註意見，編入中央政府總預算案，送立法院審議。依照憲法第五十九條之規定，「行政院於會計年度開始三個月前，應將下年度預算案提出於立法院」。憲法第五十八條亦規定：「行政院院長、各部會首長，須將應行提出於立法院之……預算案……提出於行政院會議議決之」。由於修憲後新增了本項規定，無異將憲法所規定行政院之職權作了若干限制，藉以凸顯重視司法預算的精神。

根據實際的實施經驗，在民國八十八年度中央政府總預算中，司法院及其所屬各機關預算，在歲出方面，共計為一百二十九億五千餘萬元，約占中央政府總預算案的百分之一，較八十七年度法定預算增加三十五億二千餘萬元，增加幅度約為百分之三十七點四。但是，其中包括增列司法法務官預算一億一千餘萬元，卻引起甚大爭議，因為當時「法務官法」草案尚未完成立法，是否設置尚未得知，卻由司法院為其預先編列預算，這實有違法之嫌。另外，各級法院增購車輛過多（共一億六千餘萬元），也引起輿論詬病。不過，基於尊重司法之精神，立法院仍然對司法預算的獨立編列，表達了基本的敬重與肯定。

第六條　考試院為國家最高考試機關，掌理左列事項，不適用憲法第八十三條之規定：

　　一　考試。

二　公務人員之銓敘、保障、撫卹、退休。

三　公務人員任免、考績、級俸、陞遷、褒獎之法制事項。

考試院設院長、副院長各一人，考試委員若干人，由總統提名，經立法院同意任命之，不適用憲法第八十四條之規定。

憲法第八十五條有關按省區分別規定名額，分區舉行考試之規定，停止適用。

本條分為三項內容：

㈠有關考試院職掌之規範。

㈡考試院高層人事同意權之行使。

㈢分區考試規定之停用。

㈠本條文自第三次修憲以來均無改變。依據憲法第八十三條之規定，考試院「掌理考試、任用、銓敘、考績、級俸、陞遷、保障、褒獎、撫卹、退休、養老等事項」。但是由於「動員戡亂時期臨時條款」第五條規定，「總統為適應動員戡亂需要，得調整中央政府之行政機構、人事機構及其組織」，並據以設置行政院人事行政局。在動員戡亂時期結束後，人事行政局依然透過修憲（見增修條文第二條第四項）獲得「合憲」之地位，因之，考試院之職掌相對的必須予以調整，以免發生事權扞格之處。其中最重要的調整方向，是考試院僅掌理公務人員之任免、考績、級俸、陞遷、褒獎等之「法制事項」，而人事行政局則負責執行任務。因此透過本項之

修正，考試院與行政院人事行政局之間的事權分工，終於得以釐清。

㈡考試院院長、副院長及考試委員，過去依憲法第八十四條之規定，係由總統提名，經監察院同意任命之。修憲後因監察院不具同意權，則改交由國民大會行使。第六次修憲後再度因為國民大會已非常設之機關，遂改由立法院行使是項同意權。如前所述，考試委員本應超越黨派，獨立行使職權，則同意權實不宜由黨派色彩深厚的立委行使，這實非合宜的制度設計。

至於考試委員之名額，則仍依照憲法本文之規定，並未予定額之規範。但是在「考試院組織法」第三條中，則明定「考試委員名額定為十九人」，在歷次修憲中，均未將此名額列入修憲條文之中，繼續維持著「考試委員若干人」的規定。此係與監察院部分規定「監察委員定為廿九人」不同之處。

㈢憲法第八十五條規定：「公務人員之選拔，應實行公開競爭之考試制度，並應按省區分別規定名額，分區舉行考試，非經考試及格，不得任用」。其中「按省區分別規定名額」的規定，原係保障大陸地區各省人士擔任公職之權益，但在臺澎金馬地區實施時，卻會造成「過度保障少數」的不公平現象。近年來，考試院已不再對出身大陸特定省籍人士採取保障名額的措施。本項條文則進一步將其正式載入憲法修正條文中，使其具備憲政法理基礎。

第七條　監察院為國家最高監察機關，行使彈劾、糾舉

及審計權，不適用憲法第九十條及第九十四條有關同意權之規定。

監察院設監察委員二十九人，並以其中一人為院長、一人為副院長，任期六年，由總統提名，經立法院同意任命之。憲法第九十一條至第九十三條之規定停止適用。

監察院對於中央、地方公務人員及司法院、考試院人員之彈劾案，須經監察委員二人以上之提議，九人以上之審查及決定，始得提出，不受憲法第九十八條之限制。

監察院對於監察院人員失職或違法之彈劾，適用憲法第九十五條、第九十七條第二項及前項之規定。

監察委員須超出黨派以外，依據法律獨立行使職權。

憲法第一百零一條及第一百零二條之規定，停止適用。

本條文共分六項：

㈠監察院職掌之調整。

㈡監察委員之名額、任期及同意、任命方式。

㈢彈劾權行使之要件。

㈣對監察院人員彈劾之規定。

㈤監察委員獨立職權行使之規定。

㈥憲法相關條文停止適用之規定。

㈠第二次修憲後監察院不再是民意機關（國會），其同意權取消，先是改由國民大會行使，在第六次修憲後再改交由立法院行使。目前監察院的主要職掌為彈劾權、糾舉權及審計權。此外，依憲法九十五條、九十六條、九十七條等規定，亦兼具糾正權、調查權及調閱權。

㈡「監察院設監察委員二十九人」，此係第二階段修憲時憲法修正條文第十五條之原有規定。當時將監委名額明定於憲法中的主要考慮（不同於前條文中「考試委員若干人」之規定），是顧忌當時仍然在任的部分監察委員，恐其對監察院體制變動產生反彈，不願修正「監察院組織法」，將監察委員名額規定在該法之中，進而導致修憲任務出現變數。基於此，乃將監委總額明定於修憲條文中。在五院之中，過去一直只有監察院這一部分是將委員名額明定在憲法增修條文內。但在第四次修憲後，司法院大法官的名額也已在增修條文中明定為「十五人」。至於行政院政務委員和考試院考試委員，則仍依舊規定為「若干人」，另由相關的政府組織法作定額之規範。究實而論，立法委員及監察委員總額之規定，實無須明文列入憲法條文之中。因為此種規範將使憲法規定過於細瑣，失去彈性，而且可能會因情勢變遷而被迫一修再修相關條文。另一方面，如果監察委員發生缺額狀況，則因恐「違憲」之顧忌，又必須重新提名，再度行使同意權，以補足缺額。由此觀之，今後若再修憲時，允宜將類似之名額規定，一體改為不定額之「若干人」，然後在相關之「組織法」中，再作定額之規範。這才是維繫憲法恆久性之合理安排。

　　除了監委名額的規定外，憲法第九十三條規定監委任期為一任六年，得連任，至今並未修正。此一規定，曾引起學術界與輿論界之不同看法。一般認為，在修憲之後，監察委員不再具備「國會議員」之身分，且非經民選，而係經總統提名，立法院同意產生。監察委員職司風憲、糾彈百官，必須心無旁騖，不受黨派立場與政治偏見之影響。基於此，監委的任期應予延長，但不宜連任，以免為連任考慮而心存顧忌，導致瞻前顧後，難有作為。至於其任期究竟應定為幾年，有的意見認其應比照司法院大法官，定為八年。有的則主張改為十年，甚至延長為十二年，莫衷一是。但是監委只任一屆不宜連任，則係普遍之看法。

　　本項中另規定，監委由總統提名，經立法院同意任命之，而非憲法第九十一條之規定，由省、市議會間接選舉產生，此以杜絕過去監委選舉發生賄選等爭擾。

　　㈢憲法第九十八條規定：「監察院對於中央及地方公務人員之彈劾案，須經監察委員一人以上之提議，九人以上之審查及決議，始得提出。」在本項中，則改為「監察委員二人以上之提議」，換言之，彈劾權之行使要件已愈趨於嚴格。

　　㈣依據憲法第九十七條第二項之規定，「監察院對於中央及地方公務人員，認為有失職或違法情事，得提出糾舉案或彈劾案，如涉及刑事，應移送法院辦理。」第九十九條規定，「監察院對於司法院或考試院人員失職或違法之彈劾，應適用本憲法第九十五條、第九十七條及第九十八條之規定。」在上述兩條文中，獨對監察

院人員之彈劾，未作規範。基於此，在修憲時，乃加入本項之規定，將「監察院人員失職或違法之彈劾」，列入憲法修正條文之中，此一規範已日趨完整。

但是，本項中所列之「監察院人員」，究所何指？是否也包括監察委員本身，則不甚明晰。若依司法院大法官會議釋字第十四號之解釋，「在制憲者之意，當以立、監委員為直接或間接之民意代表，均不認其為監察權行使之對象。至立、監兩院其他人員與國民大會職員，總統府及其所屬機關職員，自應屬監察權行使範圍。」由此可知，過去因監察委員係民意代表，不應成為監察權行使之對象。但是，在修憲之後，監委不再具民意代表之身分，則上述之解釋文是否仍然適用，則有待斟酌之處。不過，監察院本身已基於本項之新規定，對因涉案且判刑確定的監察委員蔡慶祝，做出彈劾處分，創下監察院彈劾監察委員之先例。

(五)(六)兩項規定「監察委員須超出黨派以外，依據法律獨立行使職權」。此係因監委不再由民選產生，既非任何黨派代表，自應超出黨派以外，獨立行使職權。但是，第六項中規定「憲法第一百零一條及第一百零二條之規定，停止適用」，則意味著監委之「言論免責權」及「不受逮捕之特權」，亦均已取消。上述二項權力，原係保障國會議員之特權，一旦取消，監察委員將可能因為各項監察權之行使，而面臨受彈劾、糾舉、調查之當事人興訟、纏訟等困擾。而且監察院內部之會議，也因監委不再受到「言論免責權」之保障，必須改為秘密會議，不便對外公布。這也使民意監督及媒體公開，受

到限制。此外，監察委員也因不再具備「不受逮捕之特權」，在對政府重要官員行使各項監察權時，恐怕也會多所顧忌，難以發揮「諫奸發伏、職司風憲」之精神，並充分彰顯監察權獨立不倚、公正不阿之特性。基於此，上述兩項國會議員特權之取消，實係對監察權行使績效的一大限制。在未來進一步修憲時應考慮予以恢復，方係治本之道。

在修憲之後，監察院對總統、副總統之彈劾權均已取消，並移往立法院。在本條文中原先有關彈劾總統、副總統之規定，亦已一併取消。

第八條　立法委員之報酬或待遇，應以法律定之。除年度通案調整者外，單獨增加報酬或待遇之規定，應自次屆起實施。國民大會代表集會期間之費用，以法律定之。

本條文是倣傚一九九二年通過的美國憲法第二十七條修正案而制定。該修正案規定：「國會議員們通過的加薪法案，必須等過一次選舉之後的下一屆會期才能生效。」此一修正案早在美國立國之初，即由開國元勳麥迪遜 (James Madison) 提出，當時並未通過。一九九二年五月，由於此案得到美國五十州中超過四分之三 —— 三十八個州議會的支持，到達修憲程序門檻，終於成為正式的憲法修正案。此案宗旨是在節制國會議員任意自行加薪，造成民代自肥、浪費公帑的情況。在我國修憲之中倣傚訂定之，亦可視為外國憲政規範移植的另一範例。

國民大會在第五次修憲時公然違背此一條文之規範，自行延任兩年，引起國人大譁，終於面臨大法官釋憲之裁判，最後被迫再行修憲，將國民大會改為非常設機關，即係此一條文效用之展現。

第九條　省、縣地方制度，應包括左列各款，以法律定之，不受憲法第一百零八條第一項第一款、第一百零九條、第一百十二條至第一百十五條及第一百二十二條之限制：
一、省設省政府，置委員九人，其中一人為主席，均由行政院院長提請總統任命之。
二、省設省諮議會，置省諮議會議員若干人，由行政院院長提請總統任命之。
三、縣設縣議會，縣議會議員由縣民選舉之。
四、屬於縣之立法權，由縣議會行之。
五、縣設縣政府，置縣長一人，由縣民選舉之。
六、中央與省、縣之關係。
七、省承行政院之命，監督縣自治事項。
臺灣省政府之功能、業務與組織之調整，得以法律為特別之規定。

本條文包括下列各項：
㈠省縣地方制度之調整。
㈡省議員及省長選舉之停止。
㈢省政府功能、業務與組織之調整應以法律規範。

㈠第四階段修憲時的主要目的之一，是凍結臺灣省長及省議員的選舉，並將省府組織精簡化，最後達到「省虛級化」之目標。基於此，第四階段修憲時規定，將憲法中第一百零八條、第一百零九條、第一百十二條至第一百十五條，以及第一百二十二條等相關之規範予以凍結，並作出下列規定：

一、「省設省政府，置委員九人，其中一人為主席，均由行政院院長提請總統任命之。」換言之，省長不再經由民選產生，而重新改為過去由總統任命的省主席。這意味著從一九八〇年代以來臺灣的民主化浪潮，已有逆退之趨勢。民主化 (democratization) 係指人民參政管道與參政機會的擴增。基於此，將省長由官派改為民選，將總統由間接選舉改為公民直選，均係民主化進展之具體表徵。但現在卻從修憲手段上根本取消省長的民選，本條第二項則進一步取消了省議員的選舉，此實係民主參政機會銳減之明證。相對的，總統及行政院院長不受立法院箝制的規範卻愈見增長，足見中華民國民主化的規範並未與時俱進。

二、在省議員選舉取消之後，省議會改為省諮議會，「置省諮議會議員若干人，由行政院院長提請總統任命之。」至於省諮議會的職掌及功能，則日趨萎縮。

三、縣議會之地位不變，議員仍維持由民選產生。

四、屬於縣之立法權，由縣議會行之。

五、縣政府之地位不變，縣長仍維持由民選產生。

六、由於臺灣省「虛級化」，中央與省、縣之關係丕變，中央與縣（市）之關係則立即拉近，中央政府必

須直接處理各縣（市）的預算、資源及分配問題。

七、省承行政院之命，監督縣自治事項。

㈡本項規定從民國八十七年十二月二十日，臺灣省長及臺灣省議會之任期截止後，不再舉行省長及省議員選舉，省不再實施自治，省長及省議員就此均成歷史名詞。

㈢在省長、省議員選舉停止辦理之後，省政府之功能、業務與組織之調整，其範圍究竟如何，則以法律為特別之規定。其中尤以「省是否仍係公法人」的爭議，最引人注目，且難以定論。由於本條文規定「省虛級化」，並將省長、省議員選舉停辦，在修憲完成前後，已造成國民黨內主要政治人物，包括臺灣省長宋楚瑜與總統李登輝、副總統連戰、行政院院長蕭萬長等人之間持續的鬥爭、紛擾，並且引發執政黨內部及朝野各政黨之間持續的政爭。在精省之後一年內，行政院尚未就臺灣省政府調整後之功能、業務與組織，提出確定的改造方案，此實係修憲造成的另一項後遺症。

第十條　國家應獎勵科學技術發展及投資，促進產業升級，推動農漁業現代化，重視水資源之開發利用，加強國際經濟合作。

經濟及科學技術發展，應與環境及生態保護兼籌並顧。

國家對於人民興辦之中小型經濟事業，應扶助並保護其生存與發展。

國家對於公營金融機構之管理，應本企業化經

營之原則；其管理、人事、預算、決算及審計，
得以法律為特別之規定。

國家應推行全民健康保險，並促進現代和傳統
醫藥之研究發展。

國家應維護婦女之人格尊嚴，保障婦女之人身
安全，消除性別歧視，促進兩性地位之實質平
等。

國家對於身心障礙者之保險與就醫、無障礙環
境之建構、教育訓練與就業輔導及生活維護與
救助，應予保障，並扶助其自立與發展。

國家應重視社會救助、福利服務、國民就業、
社會保險及醫療保健等社會福利工作，對於社
會救助和國民就業等救濟性支出應優先編列。

國家應尊重軍人對社會之貢獻，並對其退役後
之就學、就業、就醫、就養予以保障。

教育、科學、文化之經費，尤其國民教育之經
費應優先編列，不受憲法第一百六十四條規定
之限制。

國家肯定多元文化，並積極維護發展原住民族
語言及文化。

國家應依民族意願，保障原住民族之地位及政
治參與，並對其教育文化、交通水利、衛生醫
療、經濟土地及社會福利事業予以保障扶助並
促其發展，其辦法另以法律定之。對於澎湖、
金門及馬祖地區人民亦同。

國家對於僑居國外國民之政治參與，應予保障。

本條文共分下列十三項:

(一)獎勵科技發展，促進產業升級。

(二)經濟與科技發展，應兼顧環境及生態保護。

(三)對中小企業之保障。

(四)公營金融機構本企業化之原則經營管理。

(五)全民健康保險之相關規定。

(六)婦女權益保障及兩性平權之相關規定。

(七)身心障礙者之權益保障。

(八)重視社會救助、福利服務、國民就業及相關預算之規定。

(九)對退伍軍人之權益保障。

(十)教育、科學、文化經費不再受憲法一百六十四條規定之限制。

(十一)對多元文化及原住民文化的重視。

(十二)對原住民族及澎湖、金門、馬祖人民權益之保障。

(十三)對於僑民參政權之保障。

本條文主要係對憲法第十三章「基本國策」中第三節「國民經濟」、第四節「社會安全」、第五節「教育文化」、第六節「邊疆地區」等相關內容之補充。由於國民大會不願讓增修條文的條文數增加太多，因此乃將各項不同的基本國策內涵合併於同一條文中，使本條文內容較為龐雜。其中包括下列各項不同的內涵，特分類做一整體分析。

(一)(二)(三)本條文之前三項係針對國民經濟方面做一補充規定。包括: ①獎勵科學技術發展及投資，促進產業

升級；②推動農漁業現代化；③重視水資源之開發利用；④加強國際經濟合作；⑤經濟及科學技術發展，應與環境及生態保護兼籌並顧；⑥國家對於人民興辦之中小型經濟事業應扶助並保護其生存與發展。這些規定均係對憲法第十三章第三節之補充，主要係宣示性之意義。

　　㈣為了改善公營金融機構的經營效率，使其符合企業化之管理原則，特制定本項。為了使這些機構更具經營彈性與競爭力，則明定「其管理、人事、預算、決算及審計，得以法律為特別之規定」，使其不受一般政府機關組織之法規束縛。

　　㈤㈥㈦此三項係對社會福利、社會安全及弱勢者人權所作之規範。內容包括：①推行全民健康保險；②促進現代和傳統醫藥之研究發展；③維護婦女之人格尊嚴，保護婦女之人身安全；④消除性別歧視，促進兩性地位之實質平等；⑤對於身心障礙者提供保險與就醫、建立起無障礙環境、提供教育訓練與就業輔導，並促進其生活之維護與救助措施，以扶助其自立與發展。此均係對憲法第十三章第四節之補充。

　　其中「身心障礙者」一詞，過去均稱之為「殘障者」，現為尊重起見，改用「身心障礙者」一詞。上列三項內容基本上與第三階段修憲時所規定者相仿，但在第四次修憲時，增列了「無障礙環境之建構」，期使身心障礙者在公共環境中的行動能得到較大的安全保障。另外，原先之「生活維護與救濟」一詞，則改為「生活維護與救助」，以示對身心障礙者人格之敬重。

　　㈧㈨在第五次修憲時，增列第八、九兩項條文。第

八項係強調對社會救助、福利服務、國民就業、社會保
險及醫療保險等社會福利工作的重視，並優先編列相關
之預算。第九項則強調對軍人的權益保障，肯定軍人對
社會之貢獻。並對軍人退役後之就學、就業、就醫、就
養等予優惠與保障。

　　此二項新增之條文均係社會福利之範疇，與五、六、
七等三項合併觀之，凸顯出國民大會代表對此類公共政
策之高度重視。但若要求詳盡且能與時俱進，則勢將經
常透過修憲途徑以變動調整，此實與憲法只對基本國策
做「原則性規定」的原理不盡相符。

　　以美國修憲過程為例，一九一九年通過的修正案第
十八條中規定，禁止「酒類之製造、銷售與運輸」，此
即有名的「禁酒條款」，此本屬公共政策之範疇，以普
通立法規範禁止即可。但在一九三三年憲法第二十一條
修正案中，卻因此一禁令已時過境遷，不合時宜，卻又
規定「憲法修正案第十八條自此廢止」。由此可見，在
憲法條文（及修正條文）中，實不宜作具時效性，或過
為細瑣之政策規範，以免一修再修。

　　㈩本項條文是在歷次修憲中，較引起爭議的一項規
定。其增列之目的，是取消對教育、科學、文化預算的
最低比例限制。依據憲法第一百六十四條的規定：「教
育、科學、文化之經費，在中央不得少於其預算總額百
分之十五，在省不得少於其預算總額百分之二十五，在
市縣不得少於其預算總額百分之三十五，其依法設置之
教育文化基金及產業，應予以保障。」

　　由於憲法有此一明文之規定，而政府經費又十分受

限，歷年來各級政府在編列預算時往往費盡苦心，將許多與教育、科學、文化無關的預算勉強列入此一範疇，以免引起違憲之爭擾。但實質上則是「摻水虛編」。現在則乾脆透過修憲，將憲法第一百六十四條之規定予以凍結，以免除此一心頭之患。由於本項新增之規定乃出自「權變性」的考量，在通過之後立即引起許多教育、文化團體及人士的強烈抨擊。許多立法委員亦不表贊同。政府在強大的民意壓力下，承諾將依舊按照憲法本文之規定，繼續維持教育、科學、文化佔百分之十五預算比例之經費，不予刪減，但實質上的憲政規範，則已取消。

　　㈡㈢此二項係特別針對原住民及外島地區民眾之權益而訂定。其中包括：①肯定多元文化，並積極維護發展原住民族語言及文化；②對於自由地區原住民族之地位及政治參與，應予保障；③對於原住民族的教育文化、交通水利、衛生醫療、經濟土地、社會福利事業，應予保障扶助並促進其發展；④對於澎湖、金門、馬祖等外島地區人民亦如同原住民族，應予保障與扶助。上述四點，均係憲法本文所無之規定，乃針對臺澎金馬等自由地區的特定情況而增列。在過去幾次修憲中，均沿用舊稱「山地同胞」一詞，後改用「原住民」一詞，最後則接受其族羣之要求，改用「原住民族」此一稱謂。

　　㈣在海外僑民方面，憲法第一百五十一條原已就發展僑民經濟，做了規範。本條文中，則進一步明文保障其參政權利及機會。基於此，僑民之參政權，已獲得憲法位階之正式保障，僑民並得返國行使投票權（參見增修條文第二條第一項）。

在本條文前述各項中所規範者，均屬「基本國策」範圍。隨著時空環境之轉變，修憲者勢必會不斷地反映最新的民意，並增添新的內容。因之，今後修憲時本條文之內容勢將與時俱新，不斷增加。但究實而論，「基本國策」畢竟不同於一般施政之「公共政策」，而憲法實係國家根本大法，亦不同於一般之法律文件。因之，本條文之規範，實不應過於瑣細，或因時空環境之調整而變動過鉅。否則，憲法之安定性頓失，而「基本國策」之規定也僅止於宣示性之意義，形同具文，實非所宜。

第十一條　自由地區與大陸地區間人民權利義務關係及其他事務之處理，得以法律為特別之規定。

本條條文係承襲自第一階段修憲之憲法增修條文第十條。據此並制訂「臺灣地區與大陸地區人民關係條例」，藉以區別自由地區與大陸地區人民之分際。所謂「大陸地區」，係「包括中共控制地區及外蒙地區」，「大陸地區人民」，則是「在大陸地區設有戶籍或臺灣地區人民前往大陸地區居住逾四年之人民」。訂定此一條文之目的，在規範臺灣地區與大陸地區人民的不同法律地位，並保障臺澎金馬自由地區之人民基本權益。

中華民國憲法

民國三十六年一月一日國民政府公布同年十二月二十五日施行

　　中華民國國民大會受全體國民之付託，依據孫中山先生創立中華民國之遺教，為鞏固國權，保障民權，奠定社會安寧，增進人民福利，制定本憲法，頒行全國，永矢咸遵。

第一章　總　綱

第一條　中華民國基於三民主義，為民有民治民享之民主共和國。

第二條　中華民國之主權屬於國民全體。

第三條　具有中華民國國籍者為中華民國國民。

第四條　中華民國領土，依其固有之疆域，非經國民大會之決議，不得變更之。

第五條　中華民國各民族一律平等。

第六條　中華民國國旗定為紅地，左上角青天白日。

第二章　人民之權利義務

第七條　中華民國人民，無分男女、宗教、種族、階級、黨派，在法律上一律平等。

第八條　人民身體之自由應予保障，除現行犯之逮捕由法律另定外，非經司法或警察機關依法定程序，不得逮捕拘禁。非由法院依法定程序，不得審問處罰。非依法定程序之逮捕、拘禁、審問、處罰，得拒絕之。

　　　　人民因犯罪嫌疑被逮捕拘禁時，其逮捕拘禁機關應將逮捕拘禁原因，以書面告知本人及其本人指定之親友，並至遲於二十四小時內移送該管法院審問。本人或他人亦得聲請該管法

院，於二十四小時內向逮捕之機關提審。

法院對於前項聲請，不得拒絕，並不得先令逮捕拘禁之機關查覆。逮捕拘禁之機關，對於法院之提審，不得拒絕或遲延。

人民遭受任何機關非法逮捕拘禁時，其本人或他人得向法院聲請追究，法院不得拒絕，並應於二十四小時內向逮捕拘禁之機關追究，依法處理。

第九條　　人民除現役軍人外，不受軍事審判。

第十條　　人民有居住及遷徙之自由。

第十一條　人民有言論、講學、著作及出版之自由。

第十二條　人民有祕密通訊之自由。

第十三條　人民有信仰宗教之自由。

第十四條　人民有集會及結社之自由。

第十五條　人民之生存權、工作權及財產權，應予保障。

第十六條　人民有請願、訴願及訴訟之權。

第十七條　人民有選舉、罷免、創制及複決之權。

第十八條　人民有應考試、服公職之權。

第十九條　人民有依法律納稅之義務。

第二十條　人民有依法律服兵役之義務。

第二十一條　人民有受國民教育之權利與義務。

第二十二條　凡人民之其他自由及權利，不妨害社會秩序公共利益者，均受憲法之保障。

第二十三條　以上各條列舉之自由權利，除為防止妨礙他人自由、避免緊急危難、維持社會秩序或增進公共利益所必要者外，不得以法律限制之。

第二十四條　凡公務員違法侵害人民之自由或權利者，除依法律受懲戒外，應負刑事及民事責任。被害人民就其所受損害，並得依法律向國家請求賠償。

第三章　國民大會

第二十五條　國民大會依本憲法之規定，代表全國國民行使政權。

第二十六條　國民大會以左列代表組織之：

　　　　　　一　每縣市及其同等區域各選出代表一人，但其人口
　　　　　　　　逾五十萬人者，每增加五十萬人，增選代表一人。
　　　　　　　　縣市同等區域以法律定之。

　　　　　　二　蒙古選出代表，每盟四人，每特別旗一人。

　　　　　　三　西藏選出代表，其名額以法律定之。

　　　　　　四　各民族在邊疆地區選出代表，其名額以法律定之。

　　　　　　五　僑居國外之國民選出代表，其名額以法律定之。

　　　　　　六　職業團體選出代表，其名額以法律定之。

　　　　　　七　婦女團體選出代表，其名額以法律定之。

第二十七條　國民大會之職權如左：

　　　　　　一　選舉總統、副總統。

　　　　　　二　罷免總統、副總統。

　　　　　　三　修改憲法。

　　　　　　四　複決立法院所提之憲法修正案。

　　　　　　關於創制複決兩權，除前項第三、第四兩款規定外，俟全
　　　　　　國有半數之縣、市曾經行使創制複決兩項政權時，由國民
　　　　　　大會制定辦法並行使之。

第二十八條　國民大會代表每六年改選一次。

　　　　　　每屆國民大會代表之任期，至次屆國民大會開會之日為
　　　　　　止。

　　　　　　現任官吏不得於其任所所在地之選舉區當選為國民大會
　　　　　　代表。

第二十九條　國民大會於每屆總統任滿前九十日集會，由總統召集之。

第三十條　國民大會遇有左列情形之一時，召集臨時會：

一　依本憲法第四十九條之規定，應補選總統、副總統時。

二　依監察院之決議，對於總統、副總統提出彈劾案時。

三　依立法院之決議，提出憲法修正案時。

四　國民大會代表五分之二以上請求召集時。

國民大會臨時會，如依前項第一款或第二款應召集時，由立法院院長通告集會。依第三款或第四款應召集時，由總統召集之。

第三十一條　國民大會之開會地點，在中央政府所在地。

第三十二條　國民大會代表在會議時所為之言論及表決，對會外不負責任。

第三十三條　國民大會代表，除現行犯外，在會期中，非經國民大會許可，不得逮捕或拘禁。

第三十四條　國民大會之組織、國民大會代表之選舉罷免及國民大會行使職權之程序，以法律定之。

第四章　總　統

第三十五條　總統為國家元首，對外代表中華民國。

第三十六條　總統統率全國陸海空軍。

第三十七條　總統依法公布法律，發布命令，須經行政院院長之副署，或行政院院長及有關部會首長之副署。

第三十八條　總統依本憲法之規定，行使締結條約及宣戰、媾和之權。

第三十九條　總統依法宣布戒嚴，但須經立法院之通過或追認。立法院認為必要時，得決議移請總統解嚴。

第四十條　總統依法行使大赦、特赦、減刑及復權之權。

第四十一條　總統依法任免文武官員。

第四十二條　總統依法授與榮典。

第四十三條　國家遇有天然災害、癘疫或國家財政經濟上有重大變故，

須為急速處分時，總統於立法院休會期間，得經行政院
會議之決議，依緊急命令法，發布緊急命令，為必要之處
置，但須於發布命令後一個月內提交立法院追認。如立法
院不同意時，該緊急命令立即失效。

第四十四條　總統對於院與院間之爭執，除本憲法有規定者外，得召集
有關各院院長會商解決之。

第四十五條　中華民國國民年滿四十歲者，得被選為總統、副總統。

第四十六條　總統、副總統之選舉，以法律定之。

第四十七條　總統、副總統之任期為六年，連選得連任一次。

第四十八條　總統應於就職時宣誓，誓詞如左：
「余謹以至誠，向全國人民宣誓，余必遵守憲法，盡忠
職務，增進人民福利，保衛國家，無負國民付託。如違誓
言，願受國家嚴厲之制裁。謹誓。」

第四十九條　總統缺位時，由副總統繼任，至總統任期屆滿為止。總
統、副總統均缺位時，由行政院院長代行其職權，並依本
憲法第三十條之規定，召集國民大會臨時會，補選總統、
副總統，其任期以補足原任總統未滿之任期為止。總統因
故不能視事時，由副總統代行其職權。總統、副總統均不
能視事時，由行政院院長代行其職權。

第五十條　總統於任滿之日解職，如屆期次任總統尚未選出，或選出後
總統、副總統均未就職時，由行政院院長代行總統職權。

第五十一條　行政院院長代行總統職權時，其期限不得逾三個月。

第五十二條　總統除犯內亂或外患罪外，非經罷免或解職，不受刑事上
之訴究。

第五章　行　政

第五十三條　行政院為國家最高行政機關。

第五十四條　行政院設院長、副院長各一人，各部會首長若干人，及不

管部會之政務委員若干人。

第五十五條　行政院院長，由總統提名，經立法院同意任命之。

立法院休會期間，行政院院長辭職或出缺時，由行政院副院長代理其職務，但總統須於四十日內咨請立法院召集會議，提出行政院院長人選，徵求同意，行政院院長職務，在總統所提行政院院長人選未經立法院同意前，由行政院副院長暫行代理。

第五十六條　行政院副院長、各部會首長及不管部會之政務委員，由行政院院長提請總統任命之。

第五十七條　行政院依左列規定，對立法院負責：

一　行政院有向立法院提出施政方針及施政報告之責。立法委員在開會時，有向行政院院長及行政院各部會首長質詢之權。

二　立法院對於行政院之重要政策不贊同時，得以決議移請行政院變更之。行政院對於立法院之決議，得經總統之核可，移請立法院覆議。覆議時，如經出席立法委員三分之二維持原決議，行政院院長應即接受該決議或辭職。

三　行政院對於立法院決議之法律案、預算案、條約案，如認為有窒礙難行時，得經總統之核可，於該決議案送達行政院十日內，移請立法院覆議。覆議時，如經出席立法委員三分之二維持原案，行政院院長應即接受該決議或辭職。

第五十八條　行政院設行政院會議，由行政院院長、副院長、各部會首長及不管部會之政務委員組織之，以院長為主席。

行政院院長、各部會首長，須將應行提出於立法院之法律案、預算案、戒嚴案、大赦案、宣戰案、媾和案、條約案及其他重要事項，或涉及各部會共同關係之事項，提出於

行政院會議議決之。

第五十九條　行政院於會計年度開始三個月前，應將下年度預算案提
出於立法院。

第六十條　行政院於會計年度結束後四個月內，應提出決算於監察院。

第六十一條　行政院之組織，以法律定之。

第六章　立　法

第六十二條　立法院為國家最高立法機關，由人民選舉之立法委員組
織之，代表人民行使立法權。

第六十三條　立法院有議決法律案、預算案、戒嚴案、大赦案、宣戰
案、媾和案、條約案及國家其他重要事項之權。

第六十四條　立法院立法委員，依左列規定選出之：

一　各省、各直轄市選出者，其人口在三百萬以下者五
人，其人口超過三百萬者，每滿一百萬人增選一
人。

二　蒙古各盟旗選出者。

三　西藏選出者。

四　各民族在邊疆地區選出者。

五　僑居國外之國民選出者。

六　職業團體選出者。

立法委員之選舉及前項第二款至第六款立法委員名額之
分配，以法律定之。婦女在第一項各款之名額，以法律定
之。

第六十五條　立法委員之任期為三年，連選得連任，其選舉於每屆任滿
前三個月內完成之。

第六十六條　立法院設院長、副院長各一人，由立法委員互選之。

第八十七條　立法院得設各種委員會。

各種委員會得邀請政府人員及社會上有關係人員到會備

詢。

第六十八條　立法院會期，每年兩次，自行集會，第一次自二月至五月底，第二次自九月至十二月底，必要時得延長之。

第六十九條　立法院遇有左列情事之一時，得開臨時會：
　　　　一　總統之咨請。
　　　　二　立法委員四分之一以上之請求。

第七十條　立法院對於行政院所提預算案，不得為增加支出之提議。

第七十一條　立法院開會時，關係院院長及各部會首長得列席陳述意見。

第七十二條　立法院法律案通過後，移送總統及行政院，總統應於收到後十日內公布之，但總統得依照本憲法第五十七條之規定辦理。

第七十三條　立法委員在院內所為之言論及表決，對院外不負責任。

第七十四條　立法委員，除現行犯外，非經立法院許可，不得逮捕或拘禁。

第七十五條　立法委員不得兼任官吏。

第七十六條　立法院之組織，以法律定之。

第七章　司　法

第七十七條　司法院為國家最高司法機關，掌理民事、刑事、行政訴訟之審判及公務員之懲戒。

第七十八條　司法院解釋憲法，並有統一解釋法律及命令之權。

第七十九條　司法院設院長、副院長各一人，由總統提名，經監察院同意任命之。
　　　　　司法院設大法官若干人，掌理本憲法第七十八條規定事項，由總統提名，經監察院同意任命之。

第八十條　法官須超出黨派以外，依據法律獨立審判，不受任何干涉。

第八十一條　法官為終身職，非受刑事或懲戒處分或禁治產之宣告，不

得免職，非依法律，不得停職、轉任或減俸。

第八十二條　司法院及各級法院之組織，以法律定之。

第八章　考　試

第八十三條　考試院為國家最高考試機關，掌理考試、任用、銓敘、考績、級俸、陞遷、保障、褒獎、撫卹、退休、養老等事項。

第八十四條　考試院設院長、副院長各一人，考試委員若干人，由總統提名，經監察院同意任命之。

第八十五條　公務人員之選拔，應實行公開競爭之考試制度，並應按省區分別規定名額，分區舉行考試。非經考試及格者，不得任用。

第八十六條　左列資格，應經考試院依法考選銓定之：

　　　　一　公務人員任用資格。

　　　　二　專門職業及技術人員執業資格。

第八十七條　考試院關於所掌事項，得向立法院提出法律案。

第八十八條　考試委員須超出黨派以外，依據法律獨立行使職權。

第八十九條　考試院之組織，以法律定之。

第九章　監　察

第九十條　監察院為國家最高監察機關，行使同意、彈劾、糾舉及審計權。

第九十一條　監察院設監察委員，由各省市議會、蒙古西藏地方議會及華僑團體選舉之。其名額分配，依左列之規定：

　　　　一　每省五人。

　　　　二　每直轄市二人。

　　　　三　蒙古各盟旗共八人。

　　　　四　西藏八人。

　　　　　　　五　僑居國外之國民八人。

第九十二條　監察院設院長、副院長各一人，由監察委員互選之。

第九十三條　監察委員之任期為六年，連選得連任。

第九十四條　監察院依本憲法行使同意權時，由出席委員過半數之議決行之。

第九十五條　監察院為行使監察權，得向行政院及其各部會調閱其所發布之命令及各種有關文件。

第九十六條　監察院得按行政院及其各部會之工作，分設若干委員會，調查一切設施，注意其是否違法或失職。

第九十七條　監察院經各該委員會之審查及決議，得提出糾正案，移送行政院及其有關部會，促其注意改善。
　　　　　　監察院對於中央及地方公務人員，認為有失職或違法情事，得提出糾舉案或彈劾案，如涉及刑事，應移送法院辦理。

第九十八條　監察院對於中央及地方公務人員之彈劾案，須經監察委員一人以上之提議，九人以上之審查及決定，始得提出。

第九十九條　監察院對於司法院或考試院人員失職或違法之彈劾，適用本憲法第九十五條、第九十七條及第九十八條之規定。

第一百條　監察院對於總統、副總統之彈劾案，須有全體監察委員四分之一以上之提議，全體監察委員過半數之審查及決議，向國民大會提出之。

第一百零一條　監察委員在院內所為之言論及表決，對院外不負責任。

第一百零二條　監察委員，除現行犯外，非經監察院許可，不得逮捕或拘禁。

第一百零三條　監察委員不得兼任其他公職或執行業務。

第一百零四條　監察院設審計長，由總統提名，經立法院同意任命之。

第一百零五條　審計長應於行政院提出決算後三個月內，依法完成其審核，並提出審核報告於立法院。

第一百零六條　監察院之組織，以法律定之。

第十章　中央與地方之權限

第一百零七條　左列事項，由中央立法並執行之：

一　外交。

二　國防與國防軍事。

三　國籍法及刑事、民事、商事之法律。

四　司法制度。

五　航空、國道、國有鐵路、航政、郵政及電政。

六　中央財政與國稅。

七　國稅與省稅、縣稅之劃分。

八　國營經濟事業。

九　幣制及國家銀行。

十　度量衡。

十一　國際貿易政策。

十二　涉外之財政經濟事項。

十三　其他依本憲法所定關於中央之事項。

第一百零八條　左列事項，由中央立法並執行之，或交由省縣執行之：

一　省縣自治通則。

二　行政區劃。

三　森林、工礦及商業。

四　教育制度。

五　銀行及交易所制度。

六　航業及海洋漁業。

七　公用事業。

八　合作事業。

九　二省以上之水陸交通運輸。

十　二省以上之水利、河道及農牧事業。

十一　中央及地方官吏之銓敘、任用、糾察及保障。

十二　土地法。

十三　勞動法及其他社會立法。

十四　公用徵收。

十五　全國戶口調查及統計。

十六　移民及墾殖。

十七　警察制度。

十八　公共衛生。

十九　振濟、撫卹及失業救濟。

二十　有關文化之古籍、古物及古蹟之保存。

前項各款，省於不牴觸國家法律內，得制定單行法規。

第一百零九條　左列事項，由省立法並執行之，或交由縣執行之：

一　省教育、衛生、實業及交通。

二　省財產之經營及處分。

三　省市政。

四　省公營事業。

五　省合作事業。

六　省農林、水利、漁牧及工程。

七　省財政及省稅。

八　省債。

九　省銀行。

十　省警政之實施。

十一　省慈善及公益事項。

十二　其他依國家法律賦予之事項。

前項各款，有涉及二省以上者，除法律別有規定外，得由有關各省共同辦理。

各省辦理第一項各款事務，其經費不足時，經立法院議決，由國庫補助之。

第一百十條　左列事項，由縣立法並執行之：

　　　　一　縣教育、衛生、實業及交通。

　　　　二　縣財產之經營及處分。

　　　　三　縣公營事業。

　　　　四　縣合作事業。

　　　　五　縣農林、水利、漁牧及工程。

　　　　六　縣財政及縣稅。

　　　　七　縣債。

　　　　八　縣銀行。

　　　　九　縣警衛之實施。

　　　　十　縣慈善及公益事項。

　　　　十一　其他依國家法律及省自治法賦予之事項。

　　　前項各款，有涉及二縣以上者，除法律別有規定外，得由有關各縣共同辦理。

第一百十一條　除第一百零七條、第一百零八條、第一百零九條及第一百十條列舉事項外，如有未列舉事項發生時，其事務有全國一致之性質者屬於中央，有全省一致之性質者屬於省，有一縣之性質者屬於縣。遇有爭議時，由立法院解決之。

第十一章　地方制度

第一節　省

第一百十二條　省得召集省民代表大會，依據省縣自治通則，制定省自治法，但不得與憲法牴觸。

　　　省民代表大會之組織及選舉，以法律定之。

第一百十三條　省自治法應包含左列各款：

　　　　一　省設省議會，省議會議員由省民選舉之。

二　省設省政府，置省長一人，省長由省民選舉之。

三　省與縣之關係。

屬於省之立法權，由省議會行之。

第一百十四條　省自治法制定後，須即送司法院。司法院如認為有違憲之處，應將違憲條文宣布無效。

第一百十五條　省自治法施行中，如因其中某條發生重大障礙，經司法院召集有關方面陳述意見後，由行政院院長、立法院院長、司法院院長、考試院院長與監察院院長組織委員會，以司法院院長為主席，提出方案解決之。

第一百十六條　省法規與國家法律牴觸者無效。

第一百十七條　省法規與國家法律有無牴觸發生疑義時，由司法院解釋之。

第一百十八條　直轄市之自治，以法律定之。

第一百十九條　蒙古各盟旗地方自治制度，以法律定之。

第一百二十條　西藏自治制度，應予以保障。

第二節　縣

第一百二十一條　縣實行縣自治。

第一百二十二條　縣得召集縣民代表大會，依據省縣自治通則，制定縣自治法，但不得與憲法及省自治法牴觸。

第一百二十三條　縣民關於縣自治事項，依法律行使創制、複決之權，對於縣長及其他縣自治人員，依法律行使選舉、罷免之權。

第一百二十四條　縣設縣議會，縣議會議員由縣民選舉之。

屬於縣之立法權，由縣議會行之。

第一百二十五條　縣單行規章，與國家法律或省法規牴觸者無效。

第一百二十六條　縣設縣政府，置縣長一人。縣長由縣民選舉之。

第一百二十七條　縣長辦理縣自治，並執行中央及省委辦事項。

第一百二十八條　市準用縣之規定。

第十二章　選舉、罷免、創制、複決

第一百二十九條　本憲法所規定之各種選舉，除本憲法別有規定外，以普通、平等、直接及無記名投票之方法行之。

第一百三十條　中華民國國民年滿二十歲者，有依法選舉之權；除本憲法及法律別有規定者外，年滿二十三歲者，有依法被選舉之權。

第一百三十一條　本憲法所規定各種選舉之候選人，一律公開競選。

第一百三十二條　選舉應嚴禁威脅利誘。選舉訴訟，由法院審判之。

第一百三十三條　被選舉人得由原選舉區依法罷免之。

第一百三十四條　各種選舉，應規定婦女當選名額，其辦法以法律定之。

第一百三十五條　內地生活習慣特殊之國民代表名額及選舉，其辦法以法律定之。

第一百三十六條　創制、複決兩權之行使，以法律定之。

第十三章　基本國策

第一節　國　防

第一百三十七條　中華民國之國防，以保衛國家安全，維護世界和平為目的。

國防之組織，以法律定之。

第一百三十八條　全國陸海空軍，須超出個人、地域及黨派關係以外，效忠國家，愛護人民。

第一百三十九條　任何黨派及個人不得以武裝力量為政爭之工具。

第一百四十條　現役軍人不得兼任文官。

第二節 外 交

第一百四十一條　中華民國之外交, 應本獨立自主之精神, 平等互惠之
原則, 敦睦邦交, 尊重條約及聯合國憲章, 以保護僑
民權益, 促進國際合作, 提倡國際正義, 確保世界和
平。

第三節 國民經濟

第一百四十二條　國民經濟應以民生主義為基本原則, 實施平均地權,
節制資本, 以謀國計民生之均足。

第一百四十三條　中華民國領土內之土地屬於國民全體。人民依法取
得之土地所有權, 應受法律之保障與限制。私有土地
應照價納稅, 政府並得照價收買。
附著於土地之礦及經濟上可供公眾利用之天然力, 屬
於國家所有, 不因人民取得土地所有權而受影響。
土地價值非因施以勞力資本而增加者, 應由國家徵
收土地增值稅, 歸人民共享之。
國家對於土地之分配與整理, 應以扶植自耕農及自
行使用土地人為原則, 並規定其適當經營之面積。

第一百四十四條　公用事業及其他有獨占性之企業, 以公營為原則, 其
經法律許可者, 得由國民經營之。

第一百四十五條　國家對於私人財富及私營事業, 認為有妨害國計民
生之平衡發展者, 應以法律限制之。
合作事業應受國家之獎勵與扶助。
國民生產事業及對外貿易, 應受國家之獎勵、指導及
保護。

第一百四十六條　國家應運用科學技術, 以興修水利, 增進地力, 改善
農業環境, 規劃土地利用, 開發農業資源, 促成農業

之工業化。

第一百四十七條　中央為謀省與省間之經濟平衡發展，對於貧瘠之省，應酌予補助。

省為謀縣與縣間之經濟平衡發展，對於貧瘠之縣，應酌予補助。

第一百四十八條　中華民國領域內，一切貨物應許自由流通。

第一百四十九條　金融機構，應依法受國家之管理。

第一百五十條　　國家應普設平民金融機構，以救濟失業。

第一百五十一條　國家對於僑居國外之國民，應扶助並保護其經濟事業之發展。

第四節　社會安全

第一百五十二條　人民具有工作能力者，國家應予以適當之工作機會。

第一百五十三條　國家為改良勞工及農民之生活，增進其生產技能，應制定保護勞工及農民之法律，實施保護勞工及農民之政策。

婦女兒童從事勞動者，應按其年齡及身體狀態，予以特別之保護。

第一百五十四條　勞資雙方應本協調合作原則，發展生產事業。勞資糾紛之調解與仲裁，以法律定之。

第一百五十五條　國家為謀社會福利，應實施社會保險制度。人民之老弱殘廢，無力生活，及受非常災害者，國家應予以適當之扶助與救濟。

第一百五十六條　國家為奠定民族生存發展之基礎，應保護母性，並實施婦女、兒童福利政策。

第　百五十七條　國家為增進民族健康，應普遍推行衛生保健事業及公醫制度。

第五節　教育文化

第一百五十八條　教育文化，應發展國民之民族精神，自治精神，國民
　　　　　　　　道德，健全體格與科學及生活智能。

第一百五十九條　國民受教育之機會，一律平等。

第一百六十條　六歲至十二歲之學齡兒童，一律受基本教育，免納學
　　　　　　　　費。其貧苦者，由政府供給書籍。
　　　　　　　　已逾學齡未受基本教育之國民，一律受補習教育，免納
　　　　　　　　學費，其書籍亦由政府供給。

第一百六十一條　各級政府應廣設獎學金名額，以扶助學行俱優無力
　　　　　　　　升學之學生。

第一百六十二條　全國公私立之教育文化機關，依法律受國家之監督。

第一百六十三條　國家應注重各地區教育之均衡發展，並推行社會教
　　　　　　　　育，以提高一般國民之文化水準，邊遠及貧瘠地區之
　　　　　　　　教育文化經費，由國庫補助之。其重要之教育文化事
　　　　　　　　業，得由中央辦理或補助之。

第一百六十四條　教育、科學、文化之經費，在中央不得少於其預算總
　　　　　　　　額百分之十五，在省不得少於其預算總額百分之二
　　　　　　　　十五，在市、縣不得少於其預算總額百分之三十五，
　　　　　　　　其依法設置之教育文化基金及產業，應予以保障。

第一百六十五條　國家應保障教育、科學、藝術工作者之生活，並依國
　　　　　　　　民經濟之進展，隨時提高其待遇。

第一百六十六條　國家應獎勵科學之發明與創造，並保護有關歷史、文
　　　　　　　　化、藝術之古蹟、古物。

第一百六十七條　國家對於左列事業或個人，予以獎勵或補助：
　　　　　　　　一　國內私人經營之教育事業成績優良者。
　　　　　　　　二　僑居國外國民之教育事業成績優良者。
　　　　　　　　三　於學術或技術有發明者。

　　四　從事教育久於其職而成績優良者。

第六節　邊疆地區

第一百六十八條　國家對於邊疆地區各民族之地位，應予以合法之保
　　　　　　　　障，並於其地方自治事業，特別予以扶植。

第一百六十九條　國家對於邊疆地區各民族之教育、文化、交通、水
　　　　　　　　利、衛生及其他經濟、社會事業，應積極舉辦，並扶
　　　　　　　　助其發展，對於土地使用，應依其氣候、土壤性質，
　　　　　　　　及人民生活習慣之所宜，予以保障及發展。

第十四章　憲法之施行及修改

第一百七十條　本憲法所稱之法律，謂經立法院通過，總統公布之法
　　　　　　　律。

第一百七十一條　法律與憲法牴觸者無效。

　　　　　　　　法律與憲法有無牴觸發生疑義時，由司法院解釋之。

第一百七十二條　命令與憲法或法律牴觸者無效。

第一百七十三條　憲法之解釋，由司法院為之。

第一百七十四條　憲法之修改，應依左列程序之一為之：

　　　　　　　　一　由國民大會代表總額五分之一之提議，三分
　　　　　　　　　　之二之出席，及出席代表四分之三之決議，得
　　　　　　　　　　修改之。

　　　　　　　　二　由立法院立法委員四分之一之提議，四分之
　　　　　　　　　　三之出席，及出席委員四分之三之決議，擬定
　　　　　　　　　　憲法修正案，提請國民大會複決。此項憲法修
　　　　　　　　　　正案，應於國民大會開會前半年公告之。

第一百七十五條　本憲法規定事項，有另定實施程序之必要者，以法律
　　　　　　　　定之。

　　　　　　　　本憲法施行之準備程序，由制定憲法之國民大會議
　　　　　　　　定之。

中華民國憲法增修條文

民國八十年五月一日總統令制定公布

八十一年五月二十八日總統令修正公布

八十三年八月一日總統令修正公布

八十六年七月二十一日總統令修正公布

八十八年九月十五日總統令修正公布

八十九年四月二十五日總統令修正公布第一、二、四～一○條條文

前　言　為因應國家統一前之需要，依照憲法第二十七條第一項第三款及第一百七十四條第一款之規定，增修本憲法條文如左：

第一條　國民大會代表三百人，於立法院提出憲法修正案、領土變更案，經公告半年，或提出總統、副總統彈劾案時，應於三個月內採比例代表制選出之，不受憲法第二十六條、第二十八條及第一百三十五條之限制。比例代表制之選舉方式以法律定之。

國民大會之職權如左，不適用憲法第四條、第二十七條第一項第一款至第三款及第二項、第一百七十四條第一款之規定：

一　依憲法第二十七條第一項第四款及第一百七十四條第二款之規定，複決立法院所提之憲法修正案。

二　依增修條文第四條第五項之規定，複決立法院所提之領土變更案。

三　依增修條文第二條第十項之規定，議決立法院提出之總統、副總統彈劾案。

國民大會代表於選舉結果確認後十日內自行集會，國民大會集會以一個月為限，不適用憲法第二十九條及第三十條之規定。

國民大會代表任期與集會期間相同，憲法第二十八條之規定停止適用。第三屆國民大會代表任期至中華民國八十九年五

月十九日止。國民大會職權調整後，國民大會組織法應於二年內配合修正。

第二條　總統、副總統由中華民國自由地區全體人民直接選舉之，自中華民國八十五年第九任總統、副總統選舉實施。總統、副總統候選人應聯名登記，在選票上同列一組圈選，以得票最多之一組為當選。在國外之中華民國自由地區人民返國行使選舉權，以法律定之。

總統發布行政院院長與依憲法經立法院同意任命人員之任免命令及解散立法院之命令，無須行政院院長之副署，不適用憲法第三十七條之規定。

總統為避免國家或人民遭遇緊急危難或應付財政經濟上重大變故，得經行政院會議之決議發布緊急命令，為必要之處置，不受憲法第四十三條之限制。但須於發布命令後十日內提交立法院追認，如立法院不同意時，該緊急命令立即失效。

總統為決定國家安全有關大政方針，得設國家安全會議及所屬國家安全局，其組織以法律定之。

總統於立法院通過對行政院院長之不信任案後十日內，經諮詢立法院院長後，得宣告解散立法院。但總統於戒嚴或緊急命令生效期間，不得解散立法院。立法院解散後，應於六十日內舉行立法委員選舉，並於選舉結果確認後十日內自行集會，其任期重新起算。

總統、副總統之任期為四年，連選得連任一次，不適用憲法第四十七條之規定。

副總統缺位時，總統應於三個月內提名候選人，由立法院補選，繼任至原任期屆滿為止。

總統、副總統均缺位時，由行政院院長代行其職權，並依本條第一項規定補選總統、副總統，繼任至原任期屆滿為止，不適用憲法第四十九條之有關規定。

總統、副總統之罷免案，須經全體立法委員四分之一之提議，全體立法委員三分之二之同意後提出，並經中華民國自由地區選舉人總額過半數之投票，有效票過半數同意罷免時，即為通過。

立法院向國民大會提出之總統、副總統彈劾案，經國民大會代表總額三分之二同意時，被彈劾人應即解職。

第三條　行政院院長由總統任命之。行政院院長辭職或出缺時，在總統未任命行政院院長前，由行政院副院長暫行代理。憲法第五十五條之規定，停止適用。

行政院依左列規定，對立法院負責，憲法第五十七條之規定，停止適用:

一　行政院有向立法院提出施政方針及施政報告之責。立法委員在開會時，有向行政院院長及行政院各部會首長質詢之權。

二　行政院對於立法院決議之法律案、預算案、條約案，如認為有窒礙難行時，得經總統之核可，於該決議案送達行政院十日內，移請立法院覆議。立法院對於行政院移請覆議案，應於送達十五日內作成決議。如為休會期間，立法院應於七日內自行集會，並於開議十五日內作成決議。覆議案逾期未議決者，原決議失效。覆議時，如經全體立法委員二分之一以上決議維持原案，行政院院長應即接受該決議。

三　立法院得經全體立法委員三分之一以上連署，對行政院院長提出不信任案。不信任案提出七十二小時後，應於四十八小時內以記名投票表決之。如經全體立法委員二分之一以上贊成，行政院院長應於十日內提出辭職，並得同時呈請總統解散立法院; 不信任案如未獲通過，一年內不得對同一行政院院長再提不信任案。

國家機關之職權、設立程序及總員額，得以法律為準則性之規定。

各機關之組織、編制及員額，應依前項法律，基於政策或業務需要決定之。

第四條　立法院立法委員自第四屆起二百二十五人，依左列規定選出之，不受憲法第六十四條之限制：

一　自由地區直轄市、縣市一百六十八人。每縣市至少一人。

二　自由地區平地原住民及山地原住民各四人。

三　僑居國外國民八人。

四　全國不分區四十一人。

前項第三款、第四款名額，採政黨比例方式選出之。第一款每直轄市、縣市選出之名額及第三款、第四款各政黨當選之名額，在五人以上十人以下者，應有婦女當選名額一人，超過十人者，每滿十人應增婦女當選名額一人。

立法院於每年集會時，得聽取總統國情報告。

立法院經總統解散後，在新選出之立法委員就職前，視同休會。

中華民國領土，依其固有之疆域，非經全體立法委員四分之一之提議，全體立法委員四分之三之出席，及出席委員四分之三之決議，並提經國民大會代表總額三分之二之出席，出席代表四分之三之複決同意，不得變更之。

總統於立法院解散後發布緊急命令，立法院應於三日內自行集會，並於開議七日內追認之。但於新任立法委員選舉投票日後發布者，應由新任立法委員於就職後追認之。如立法院不同意時，該緊急命令立即失效。

立法院對於總統、副總統之彈劾案，須經全體立法委員二分之一以上之提議，全體立法委員三分之二以上之決議，向國民大會提出，不適用憲法第九十條、第一百條及增修條文第七條第

一項有關規定。

立法委員除現行犯外，在會期中，非經立法院許可，不得逮捕或拘禁。憲法第七十四條之規定，停止適用。

第五條　司法院設大法官十五人，並以其中一人為院長、一人為副院長，由總統提名，經立法院同意任命之，自中華民國九十二年起實施，不適用憲法第七十九條之規定。司法院大法官除法官轉任者外，不適用憲法第八十一條及有關法官終身職待遇之規定。

司法院大法官任期八年，不分屆次，個別計算，並不得連任。但並為院長、副院長之大法官，不受任期之保障。

中華民國九十二年總統提名之大法官，其中八位大法官，含院長、副院長，任期四年，其餘大法官任期為八年，不適用前項任期之規定。

司法院大法官，除依憲法第七十八條之規定外，並組成憲法法庭審理政黨違憲之解散事項。

政黨之目的或其行為，危害中華民國之存在或自由民主之憲政秩序者為違憲。

司法院所提出之年度司法概算，行政院不得刪減，但得加註意見，編入中央政府總預算案，送立法院審議。

第六條　考試院為國家最高考試機關，掌理左列事項，不適用憲法第八十三條之規定:

一　考試。

二　公務人員之銓敘、保障、撫卹、退休。

三　公務人員任免、考績、級俸、陞遷、褒獎之法制事項。

考試院設院長、副院長各一人，考試委員若干人，由總統提名，經立法院同意任命之，不適用憲法第八十四條之規定。

憲法第八十五條有關按省區分別規定名額，分區舉行考試之規定，停止適用。

第七條　監察院為國家最高監察機關，行使彈劾、糾舉及審計權，不適用憲法第九十條及第九十四條有關同意權之規定。

監察院設監察委員二十九人，並以其中一人為院長、一人為副院長，任期六年，由總統提名，經立法院同意任命之。憲法第九十一條至第九十三條之規定停止適用。

監察院對於中央、地方公務人員及司法院、考試院人員之彈劾案，須經監察委員二人以上之提議，九人以上之審查及決定，始得提出，不受憲法第九十八條之限制。

監察院對於監察院人員失職或違法之彈劾，適用憲法第九十五條、第九十七條第二項及前項之規定。

監察委員須超出黨派以外，依據法律獨立行使職權。

憲法第一百零一條及第一百零二條之規定，停止適用。

第八條　立法委員之報酬或待遇，應以法律定之。除年度通案調整者外，單獨增加報酬或待遇之規定，應自次屆起實施。國民大會代表集會期間之費用，以法律定之。

第九條　省、縣地方制度，應包括左列各款，以法律定之，不受憲法第一百零八條第一項第一款、第一百零九條、第一百十二條至第一百十五條及第一百二十二條之限制：

一　省設省政府，置委員九人，其中一人為主席，均由行政院院長提請總統任命之。

二　省設省諮議會，置省諮議會議員若干人，由行政院院長提請總統任命之。

三　縣設縣議會，縣議會議員由縣民選舉之。

四　屬於縣之立法權，由縣議會行之。

五　縣設縣政府，置縣長一人，由縣民選舉之。

六　中央與省、縣之關係。

七　省承行政院之命，監督縣自治事項。

臺灣省政府之功能、業務與組織之調整，得以法律為特別之規

定。

第十條　國家應獎勵科學技術發展及投資，促進產業升級，推動農漁業現代化，重視水資源之開發利用，加強國際經濟合作。

經濟及科學技術發展，應與環境及生態保護兼籌並顧。

國家對於人民興辦之中小型經濟事業，應扶助並保護其生存與發展。

國家對於公營金融機構之管理，應本企業化經營之原則；其管理、人事、預算、決算及審計，得以法律為特別之規定。

國家應推行全民健康保險，並促進現代和傳統醫藥之研究發展。

國家應維護婦女之人格尊嚴，保障婦女之人身安全，消除性別歧視，促進兩性地位之實質平等。

國家對於身心障礙者之保險與就醫、無障礙環境之建構、教育訓練與就業輔導及生活維護與救助，應予保障，並扶助其自立與發展。

國家應重視社會救助、福利服務、國民就業、社會保險及醫療保健等社會福利工作，對於社會救助和國民就業等救濟性支出應優先編列。

國家應尊重軍人對社會之貢獻，並對其退役後之就學、就業、就醫、就養予以保障。

教育、科學、文化之經費，尤其國民教育之經費應優先編列，不受憲法第一百六十四條規定之限制。

國家肯定多元文化，並積極維護發展原住民族語言及文化。

國家應依民族意願，保障原住民族之地位及政治參與，並對其教育文化、交通水利、衛生醫療、經濟土地及社會福利事業予以保障扶助並促其發展，其辦法另以法律定之。對於澎湖、金門及馬祖地區人民亦同。

國家對於僑居國外國民之政治參與，應予保障。

第十一條　自由地區與大陸地區間人民權利義務關係及其他事務之處
　　　　　理，得以法律為特別之規定。

三民大專用書書目——國父遺教

三民主義	孫	文	著	
三民主義要論	周世輔	編著	前政治大學
三民主義要義	涂子麟	著	中山大學
大專聯考三民主義複習指要	涂子麟	著	中山大學
建國方略建國大綱	孫 文	著	
民權初步	孫 文	著	
國父思想	涂子麟	著	中山大學
國父思想	涂子麟 林金朝	編著	中山大學 臺灣師大
國父思想（修訂新版）	周世輔	著	前政治大學 臺灣大學
國父思想新論	周世輔	著	前政治大學
國父思想要義	周世輔	著	前政治大學
國父思想綱要	周世輔	著	前政治大學
國父思想概要	張鐵君	著	
國父遺教概要	張鐵君	著	
中山思想新詮 ——總論與民族主義	周世輔 周陽山	著	前政治大學 臺灣大學
中山思想新詮 ——民權主義與中華民國憲法	周世輔 周陽山	著	前政治大學 臺灣大學

三民大專用書書目——心理學

書名	著者	服務機構
心理學（修訂版）	劉安彥 著	傑克遜州立大學
心理學	張春興 楊國樞 著	臺灣師大等
怎樣研究心理學	王書林 著	
人事心理學	黃天中 著	淡江大學
人事心理學	傅肅良 著	前中興大學
心理測驗（修訂版）	葉重新 著	臺中師院
青年心理學	劉安彥 著	傑克遜州立大學
人格心理學概要	陳英豪 賈馥茗 莊稼嬰 著	省政府 國策顧問
兒童發展心理學	默瑞・湯馬斯 汪欲仙 著	蒙特雷國際研究院

三民大專用書書目——美術

書名	著者	服務機構
廣告學	顏伯勤 著	輔仁大學
展示設計	黃世輝 吳瑞楓 著	臺灣藝術學院
基本造形學	林書堯 著	臺灣藝術學院
色彩認識論	林書堯 著	臺灣藝術學院
造　形(一)	林銘泉 著	成功大學
造　形(二)	林振陽 著	成功大學
構　成(一)	林清田 編著	臺灣藝術學院
畢業製作	賴新喜 著	成功大學
設計圖法	林振陽 編著	成功大學
廣告設計	管倖生 著	成功大學
藝術概論（增訂新版）	陳瓊花 著	臺灣師大
藝術批評	姚一葦 著	前國立藝術學院
美術鑑賞（修訂版）	趙惠玲 著	臺灣師大
舞蹈欣賞	平珩 主編	國立藝術學院
戲劇欣賞——讀戲、看戲、談戲	黃美序 著	淡江大學